[제 2 판]

법률사무원을 위한

법인등기

– 각종 등기절차 및 서식 –

김 덕 원 저

진 원 사

제2판 머리말

법인등기에 관한 법령을 적용함에 있어 영리법인에 관한 법인의 등기는 상업등기법과 상법에 규정되어 있으나 비영리법인의 등기절차규정은 비송사건절차법에 의하여 대부분 상업등기법과 상업등기규칙의 규정을 준용하고 있습니다.

그런데 2014. 11. 21. 상업등기법과 상업등기규칙이 전면적으로 개정, 시행됨에 따라 이 책의 개정이 필요하게 되었습니다.

따라서 저자는 개정된 법률과 규칙에 맞게 이 책을 대폭 수정, 보완하였습니다.

이 책의 구성과 특징을 보면,

제1편에서는 총론을, 제2편에서는 사단 및 재단법인의 등기, 제3편에서는 사회복지법인의 등기, 제4편에서는 영농(영어)조합법인과 농업(영어)회사법인의 등기, 제5편에서는 학교법인의 등기, 제6편에서는 신용협동조합의 등기, 제7편에서는 새마을금고의 등기, 제8편에서는 재건축정비사업조합의 등기, 제9편에서는 농업협동조합 및 농협중앙회의 등기, 제10편에서는 법무법인 및 의료법인의 등기에 관한 모든 절차와 방법을 다루었다. 각 편마다 실무에 필요한 주요 이론 및 각종 서식과 함께 상세한 해설을 수록하였고, 특히 각종 신청서에 적용하는 정관과 의사록, 첨부서류 등을 빠짐없이 수록하였으므로 실무를 처음 다루는 분들도 그 절차를 쉽게 이해할 수 있도록 하였습니다.

나름대로 최상의 책이 될 수 있도록 열과 성을 다하였지만 미흡한 부분이 있거나 오류가 있다면 독자제현께서 너그러이 충고해주시기 바라며, 이 책을 출간하기까지 적극적인 관심과 도움을 베풀어 주신 진원사 양진수 사장님을 비롯한 편집부 등의 직원들에게 깊은 감사를 드립니다.

2018. 9.

김 덕 원 드림

머 리 말

법인은 자연인이 아니면서 법률에 의하여 권리능력이 인정되는 것, 즉, 권리와 의무의 주체가 될 수 있는 것을 말합니다. 그러나 자연인과 같이 눈에 보이는 존재가 아니기 때문에 그 존재 및 조직을 제3자에 대하여 공시하여 거래의 안정을 도모할 필요가 있습니다. 그래서 설립시부터 일정기간 내에 일정사항을 등기할 것을 요구하고 있고, 또한 등기사항의 변경이 생기거나 사무소를 신설할 때에도 마찬가지입니다.

이 책은 법인등기를 다루는 법률사무종사원 뿐만 아니라 일반인들도 쉽게 다가갈 수 있도록 구성된 책으로, 저자가 실무에서 실제 적용하였던 신청사례를 중심으로 실무에서 기본적으로 알아야 할 주요이론과 더불어 실무에서 자주 등장하는 신청사례에서부터 원인서류까지 그 전체를 일목요연하게 상세히 수록하였습니다.

이 책의 구성과 특징은 다음과 같습니다.

제1편에서는 총론을, 제2편에서는 사단 및 재단법인의 등기, 제3편에서 사회복지법인의 등기, 제4편에서는 영농(영어)조합법인과 농업(어업)회사법인의 등기, 제5편에서는 학교법인의 등기, 제6편에서는 신용협동조합의 등기, 제7편에서는 새마을금고의 등기, 제8편에서는 재건축정비사업조합의 등기, 제9편에서는 농업협동조합 및 농협중앙회의 등기에 관한 모든 절차와 방법을 다루었습니다. 각 편마다 실무에 필요한 주요이론 및 각종 서식과 함께 상세한 해설을 수록하였고, 특히 각종 신청서에 적용하는 정관과 각종 의사록, 첨부서류 등을 빠짐없이 수록하였으므로 실무를 처음 다루는 분들도 그 절차를 쉽게 이해할 수 있을 것입니다.

법인등기에 관한 법령을 적용함에 있어 영리법인에 관한 법인등기는 상업등기법과 상법에 규정되어 있으나 비영리법인의 등기절차규정은 단일화된 법령으로 정리되어 있지 않아 실무를 처리함에 있어서는 다소 어려움이 따를 것입니다.

이러한 경우에 있어서는 부득이 다른 법령을 유추적용하거나 합리적 해설에 의존할 수밖에 없습니다.

따라서 저자는 실무상 발생한 문제점이나 가치있다고 여겨지는 여러 사례를 종합적으로 분석하여 정리, 수록함으로써 실무에 효율적으로 활용할 수 있도록 하였습니다.

나름대로 최상의 책이 될 수 있도록 열과 성을 다하였지만 미흡한 부분이 있거나 오류가 있다면 독자제현께서 너그러이 충고해 주시기 바랍니다.

끝으로 본서를 출간하기까지 적극적인 관심과 도움을 주신 진원사 양진수 사장님을 비롯한 편집부 직원 여러분께 깊은 감사를 드립니다.

2012. 12.

김 덕 원 드림

■ 법령약어표 ■

【법　률】

공익법인의 설립·운영에 관한 법률 ………………………… 공익
공증인법 ……………………………………………………… 공증
농어촌특별세법 ……………………………………………… 농특세법
농업협동조합법 ……………………………………………… 농협
도시 및 주거환경정비법 …………………………………… 도정법
법무사법 ……………………………………………………… 법무
비송사건절차법 ……………………………………………… 비송법
사립학교법 …………………………………………………… 사학
사회복지사업법 ……………………………………………… 복지
상업등기법 …………………………………………………… 상등법
수산업협동조합법 …………………………………………… 수협
신용협동조합법 ……………………………………………… 신협

【규　칙】

상업등기규칙 ………………………………………………… 상등규

【시행령】

농어촌특별세법 시행령 ……………………………………… 농특세령
도시 및 주거환경정비법 시행령 …………………………… 도정법시행령

목　차

제1편 총　론 / 1

제 2 편 민법상 법인등기 / 21

제 3 편 사회복지법인등기 / 211

제 4 편 영농(영어)법인의 등기 (영농(영어)조합법인과 농(어)업회사법인) / 285

제 3 장 변경등기 ···································· 439

제 5 편 학교법인의 등기 / 503

제 6 편 신용협동조합의 등기 / 547

제 7 편 새마을금고의 등기 / 563

제 8 편 재건축정비사업조합의 등기 / 577

제 9 편 농업협동조합(중앙회 포함)의 등기 / 627

제1편

총　론

제1장 등기신청절차

제 1 절 기본원칙

1. 당사자신청주의

등기는 법령에 다른 규정이 있는 경우를 제외하고는 당사자의 신청 또는 관공서의 촉탁이 없으면 하지 못한다. 여기서 당사자라 함은 등기를 받는 주체인 각종 법인을 말한다.

등기신청은 당사자신청주의가 원칙이나 그 예외로 당사자의 신청이 아닌 등기관의 직권이나 법원의 촉탁에 의하여도 등기할 수 있다. 직권등기 및 촉탁등기를 하는 경우는 다음과 같다.

(1) 법률상 허용할 수 없는 등기를 직권 말소하는 경우(비송법 66조)

(2) 등기관의 과오로 인한 등기를 직권 경정하는 경우(비송법 66조)

(3) 당사자의 이의신청을 인용한 관할법원의 명령에 의하여 등기하는 경우(비송법 66조)

(4) 등기사유가 재판 등에 의하여 발생한 경우

2. 강제주의

법인등기는 법인 자신의 입장에서의 필요성보다도 오히려 그와 거래하는 일반공중의 입장에서의 필요성이 더욱 중시되기 때문에 민법상 기타 각종 특별법에는 등기기간을 규정하여 그 기간 내에 등기할 것을 강제하고 있으며 그를 해태한 때에는 등기신청당사자에게 과태료의 제도를 가하고 있다(민법 97조 등).

그러나 농업협동조합법, 수산업협동조합법 등 특별법에 따라서는 등기기간만을 규정하고 있을 뿐 그 해태에 대한 제재에 관해서는 전혀 규정이 없는 경우도 있다. 영농조합법인의 경우에는 그러한 규정이 없어 등기를 해태하여도 과태료를 과할 근거가 없으나, 농업회사법인의 경우에는 상법을 준용하므로 그에 대하여는 과태료를 과할 수 있다.

제2절 등기신청인과 신청대리인

1. 등기신청인

등기신청인 또는 등기의무자라 함은 등기를 신청해야 할 자를 말하는 것으로서 법인등기의 등기신청인은 원칙적으로 등기를 받는 법인일 것이나 구체적으로는 민법 기타 특별법이나 그 시행령에서 법인등기의 신청인으로 규정된 자가 등기신청인이 되며, 그 대표자에게 신청의무가 지워진다.

민법법인의 설립등기신청은 법인을 대표할 자가 신청하여야 하는바, 법인의 이사들은 원칙적으로 각자 대표권이 있으므로 각자가 등기신청을 할 수 있으나 대표권을 제한받은 이사는 등기신청을 할 수 없다(비송법 63조).

그러나 학교법인의 경우에는 이사장만이 대표권이 있으므로(사학 19조 1항), 이사장만이 등기신청을 할 수 있다.

2. 신청대리인

가. 대 리 인

대리인의 자격에는 특별한 제한이 없으므로 행위능력자이기만 하면 되나, 변호사, 법무사가 아니면 등기신청의 대리를 업으로 할 수 없으며(법무 3조), 대리인에 의하여 등기를 신청할 때에는 그 권한을 증명하는 서면을 제출해야 한다(비송법 66조).

변호사 또는 법무사가 아닌 자는 법원에 제출하는 서류의 작성이나 그 서류의 제출대행을 업으로 할 수 없으므로, 일반인이 등기신청인의 위임을 받아 대리인으로서 등기를 신청하는 경우에는 신청인과 대리인의 관계를 밝혀 보수를 받지 않는다는 사실을 소명하여야 하고(1995. 1. 6. 등기 3402-8), 법무사가 위임받은 사건을 다시 그 사무원에게 재위임하여 사무원 자신의 이름으로 복대리등기신청을 한 경우에는 법무사법 제3조에 위반된다(1994. 6. 30. 등기 3501-596).

나. 복대리인

복대리인이란 대리인이 자기 명의로 자기가 가진 권한의 전부 또는 일부를 행하게 할 자를 선임하여, 그 자를 직접 본인의 대리인으로 하는 제도이다.

복대리인은 그 권한 내에서 본인을 대리하며, 본인이나 제3자에 내하여 대리인과 동일한 권리와 의무를 갖는다(민법 123조).

복대리인이 등기를 신청할 때에는 신청서에 복대리인이라 표시하고 기명날인하여야 하며, 직접 등기소에 출석하여 신청하여야 한다.

신청서에는 복대리인에 대한 위임장과 본대리인에 대한 위임장을 각각 첨부하여야 한다.

선 례 **법인이 그 직원에게 등기신청행위를 위임할 수 있는 지 여부(등기선례 5-24)**

법인이 등기권리자 또는 등기의무자인 경우에는 법인의 대표자(대표이사 또는 이사장)가 그 대표권한에 기하여 직접 법인 명의의 등기신청을 하거나 대리인에게 위임하여 신청할 수 있다. 그러나 법인의 대표자는 당해 법인에 관한 등기신청의 권한을 그 법인 소속 직원에게 위임하여 등기신청을 하게 할 수는 없다. 왜냐하면 법인의 대표자는 법인의 대표자를 대리하여 법인의 업무수행에 필요한 재판상 또는 재판 외의 모든 행위를 포괄적으로 행사할 지배인(상사법인의 경우) 또는 대리인(특수법인의 경우)을 선임하고 그를 통하여 그 권한을 행사하게 하는 경우를 제외하고는, 법률에 특별한 규정이 없는 한 그에게 주어진 대표권의 행사를 그를 보조하는 소속 직원에게 직접 위임하여 행사하게 할 수는 없을 것이기 때문이다. 한편, 법무사가 아닌 자도 법인이나 법인 이외의 제3자로부터 등기신청의 위임을 받아 등기신청을 대리할 수는 있지만, 그러한 경우에도 계속적으로 등기신청 업무를 위임받아 대리하는 것은 보수의 유무를 떠나 법무사법 제3조의 규정에 위배될 것이다(1998. 12. 31. 등기 3402-1290 질의회답)

선 례 일반인에게 등기신청대리권이 있는지의 여부(등기선례 4-28)

등기의 신청은 그 권리자 또는 의무자가 상대방의 대리인이 되거나 쌍방이 동일인에게 위임하여 할 수 있으나, 변호사 또는 법무사가 아닌 자는 법원에 제출하는 서류의 작성이나 그 서류의 제출의 대행을 업으로 할 수는 없으므로 일반인이 등기신청인의 위임을 받아 대리인으로서 등기를 신청하는 경우에는 신청인과 대리인의 관계를 밝혀 보수를 받고 하지 않는다는 사실을 소명하여야 한다.(1995. 1. 6. 등기 3402-8 질의회답) 참조예규 : 제637호

제3절 등기신청서

1. 등기신청서

가. 신청서의 작성

등기를 신청하기 위한 서면(전자문서를 포함한다. 이하 "신청서"라 한다)에는 소정의 사항을 기재하고 신청인 또는 그 대리인이 기명날인(전자문서에 의한 신청시의 전자서명을 포함한다. 이하 같다)하여야 한다. 다만, 경미한 사항의 등기에 대하여는 대법원규칙으로 다르게 정할 수 있다(비송법 66조).

등기신청서에 날인할 자가 외국인으로서 인감을 제출하는 경우에는 인감신고서의 서명이 본인의 것임을 확인하는 본국 관공서 또는 본국 공증인이 관할관청으로서 인증한 증명서를 첨부함으로써 인감증명의 첨부에 갈음할 수 있다(1992. 1. 15. 등기예규 제740호). 또한 우리나라에 체류하는 외국

인인 경우에는 대한민국에 있는 공증인의 인증으로도 대신할 수 있다(2005. 2. 18. 등기선례 200502-13).

나. 신청서의 날인

등기신청서에는 신청인 또는 그 대리인이 기명 날인하여야 하는 바(비송법 66조), 신청서가 여러 장에 걸쳐 있을 때에는 신청인 또는 그 대리인은 각 장에 간인을 하여야 한다. 다만, 신청인이나 그 대리인이 수인일 때에는 간인은 그 중 1인만 해도 무방하다.

신청인이 수인인 때에는 전원이 연기명하여 신청하여야 하나 해외여행 등 정당한 사유로 연기명할 수 없는 자가 있는 때에는 그 사유를 증명하는 서면을 첨부하여 나머지 신청인이 기명 날인함으로써 등기를 신청할 수 있다(비송법 66조).

다. 일괄신청

동일당사자가 동일등기소에 수개의 등기사항에 대한 등기를 동시에 신청하는 때에는 등기목적, 등기사유가 다를지라도 1통의 신청서로써 일괄하여 신청할 수 있다.

따라서 이사변경, 사무소이전, 목적변경 등 수개의 등기사항에 대한 등기사유가 여러 차례에 걸쳐 발생했고 그 등기목적이 서로 다를 지라도 신청인이 같은 때에는 이를 한 신청서로써 일괄하여 신청할 수 있다. 다만 등기받을 당사자가 동일하고 관할등기소가 동일한 경우에 한하여 일괄신청이 가능하므로 등기기록의 종류를 달리하는 등기는 일괄신청을 할 수 없다.

주사무소의 타관이전시, 신사무소소재지에서의 주사무소이전등기는 구주사무소소재지 관할등기소에 구사무소소재지에서의 주사무소이전등기와 동시에 신청하여야 하지만(비송법 66조), 이러한 경우에는 1통의 신청서로 일괄신청할 수 없고 별도의 신청서를 작성하여야 한다.

일괄신청을 하는 때에는 신청서의 기재사항 중 등기의 사유와 등기할 사항은 일괄하여 기재하고 등록면허세액은 합계액을 기재한다.

2. 첨부청보

가. 대리권을 증명하는 서면

대리인에 의하여 등기신청을 하는 때에는 신청서에 그 권한을 증명하는 서면을 첨부하여야 한다. 법정대리인의 경우에는 가족관계등록부의 증명서, 임의대리인의 경우에는 위임장 등이 그 서면이 된다.

나. 허 가 서

관청의 허가를 요하는 등기를 신청하는 경우에는 신청서에 관청의 허가서 또는 그 인증있는 등본을 첨부하여야 한다(비송법 63조, 64조).

준칙주의를 택하고 있는 상법상의 회사설립에는 관청의 허가가 필요 없는 것이 원칙이나(상법 172조), 허가주의를 택하고 있는 민법상의 비영리법인설립에는 주무관청의 허가를 얻어야만 법인으로 할 수 있다(민법 32조). 특별법상의 각종 법인의 설립은 대부분 주무관청의 허가나 인가를 얻도록 규정하고 있고 그 외에 사무소이전이나 임원의 선임, 해임, 정관의 변경, 출자의 변경, 법인의 합병 등에도 관청의 허가를 얻도록 규정한 경우가 많다.

관청의 허가를 필요로 하는 사항에는 관청에 등록을 요하는 사항도 포함되므로 이러한 등기를 신청하는 경우에는 주무관청의 등록증을 첨부하여야 한다(1984. 6. 15. 등기 제218호).

은행법, 단기금융업, 증권업 등은 허가(인가)가 전제된다고 보아야 하므로 허가서를 첨부하여 등기신청을 하여야 하며, 기존 법인의 목적을 변경하거나 추가하여 허가사항인 목적사업을 영위하기 위하여는 등기 전에 당해 관청의 허가(인가)를 받고 이를 등기신청시 첨부하여야 할 것이다(선례 1994. 3. 30. 등기 3402-270).

다. 연기명날인불능증명서

다수의 신청인이 공동으로 등기를 신청하도록 규정된 경우 그 중 일부 신청인이 부득이한 사유로 인하여 정해진 기간 내에 등기신청서에 기명날인할 수 없는 경우에는 본의 아니게 다른 신청인까지 해태의 제재를 받게 될 것이므로 신청인이 다수인 경우 그 중 일부 신청인이 해외출장중이거나 또는 기명날인할 수 없을 정도의 중상 등으로 기명 날인할 수 없는 정당한 사유가 있는 때에는 그 사유를 증명하는 연기불능증명서를 첨부하여 다른 신청인만의 기명 날인으로 그 등기를 신청할 수 있다(비송법 66조).

이 때 위 증명서는 일정한 형식이 필요 없고 또 반드시 공문서일 필요도 없으며 객관적으로 그 정당성만 증명되면 사인의 증명서도 무방하다.

증 명 서

사단(재단)법인 OOOO회
이사 O O O

위 사람은 20OO년 O월 O일부터 O개월 예정으로 현재 OO국에 체류중(출장중 또는 여행중)에 있으므로 법정의 등기기간 내에 귀환하기가 불가능하여 OO등기신청서(그 위임장)에 연기명날인할 수 없으므로 이를 증명합니다.

20OO년 O월 O일

사단(재단)법인 OOOO회
이사장 O O O (인)
(또는 감사 O O O (인)

라. 첨부정보의 원본환부

등기신청서에 첨부하는 서류는 원래 그 원본을 첨부해야 할 것이나 첨부서류 중에는 의사록, 허가서, 면허장 등과 같이 신청인 자신에게도 그를 보존해야 할 필요가 있을 경우가 있을 것이므로 그러한 경우에는 신청인은 원본과 함께 상위 없다는 뜻을 기재한 사본을 첨부하고 그 원본은 환부를 청구할 수 있다. 다만, 전자문서로 제출한 경우에는 그러하지 아니하다(상등규 60조).

대리인에 의해서도 원본환부를 청구할 수 있고 그 때에는 대리권을 증명하는 위임장을 첨부해야 하지만 등기신청위임장 외에 반드시 별도의 위임장을 첨부해야 하는 것은 아니고 등기신청위임장의 위임사항에 원본환부청구에 관한 사항도 위임한다는 취지를 기재하면 된다.

마. 첨부정보의 원용

1통의 첨부서류가 동시에 신청하는 수 건의 등기신청에 공통적으로 필요한 경우에는 맨 앞의 신청서에만 이를 첨부하고 다른 신청서에는 동시에 제출하는 맨 앞의 등기신청서에 첨부한 것을 수용한다는 취지만 부기해 줌으로서 그 첨부를 생략할 수 있다.

부동산등기에는 첨부서류의 원용규정을 적용하는 경우가 많으나 상업등기와 법인등기에는 1개의 신청서로 전등기사항을 기재하므로 첨부서류를 원용하는 경우는 많지 않다.

[첨부정도의 원용기재방식]

- 이상 생략 -

첨 부 서 류

1. 정관 1통
1. 이사회의사록 1통
1. 주무관청의 허가서 1통

1. 위임장 1통
다만, 이사회의사사록 1통은 동시 제출하는 OO등기신청서에 첨부된 것을 원용함.

- 이하 생략 -

제4절 법인등기 첨부서류 공증

1. 정관의 공증

법인등기에 있어서 설립등기의 경우에는 원시정관을 등기신청서에 첨부하여야 하나, 이 정관은 공증인의 인증을 받지 아니한다.

2. 총회의사록 및 이사회의사록의 공증

법인등기를 신청할 때 신청서에 첨부하는 법인의 총회·이사회 등의 의사록은 공증인의 인증을 받아야 한다. 다만 자본금의 총액이 10억원 미만인 회사를 "상법" 제296조 제1항에 따라 발기설립하는 경우 또는 대통령령이 정하는 공법인이나 비영리법인의 경우에 대하여는 그러하지 아니하다(공증 66조의2).

민법법인은 등기소에 제출하는 의사록에는 공증인의 인증을 받아야 한다(1996. 6. 18. 등기 3402-479). 그러나 등기소에 제출하는 의사록이 아닌 경우에는 법률상 공증을 하여야 한다는 제한이 없다.

가. 공증인의 관할

법인등기신청서에 첨부하는 의사록은 공증인의 인증만 받으면 되고 그 관할구역에는 제한이 없다.

나. 법인등기신청시 의사록인증 제외대상 법인

공증인법 제66조의2 제1항 단서에서 "대통령령이 정하는 공법인 또는 비영리법인"이란 민법 제32조에 따라 주무관청의 허가를 받아 설립된 비영리법인 또는 공법인 중 다음의 요건을 모두 갖춘 법인으로서 주무관청의 추천을 받아 법무부장관이 지정·고시하는 법인을 말한다.

(1) 설립 목적 및 수행 사무가 공익적일 것

(2) 주무관청의 감독으로 법인총회 등의 결의절차와 내용의 진실성에 대한 분쟁의 소지가 없을 것

제5절 인감의 제출과 등록면허세 등 납부

1. 인감의 제출

가. 인감제출자

등기신청서에 날인한 자는 미리 등기소에 그 인감을 제출하여야 하고 대리인에 의하여 등기를 신청하는 경우에는 그 위임인의 인감을 제출하여야 한다(비송법 66조).

인감의 제출은 주사무소소재지 등기소에서 당사자가 등기를 신청할 때에 한하며 관공서의 촉탁에 의하여 등기를 신청할 때와 분사무소소재지 등기소에서 등기를 신청할 때에는 적용하지 아니한다(비송법 66조). 다만 분사무소의 경우에도 상법상 지배인과 동일한 권한이 있는 특수법인의 대리인은 지배인과 같이 분사무소에 인감을 제출하여 인감증명을 발급 받을 수 있다.

인감의 제출은 최초의 설립등기를 신청할 때 뿐 아니라 그 후 법인의 대표자가 변경되는 때에도 하며, 종전의 인감대지에 기재되어 있는 사항이 변경되는 명

칭변경, 각 사무소의 이전 등의 변경등기나 경정등기를 신청하는 때에는 변경 또는 경정된 사항으로 기재된 인감을 재제출하여야 한다.

한개 법인의 수인의 대표자가 있는 경우에는 각기 다른 인감을 제출하여야 하며 동일 인감으로 공용할 수는 없다.

나. 신청인이 외국인인 경우

등기신청서에 날인할 자가 외국인으로서 인감을 제출하는 경우에는 인감신고서의 서명이 본인의 것임을 확인하는 본국관공서 또는 본국공증인이 관할관청으로서 인증한 증명서를 첨부할 수 있고(1987. 12. 28. 등기 제742호), 우리나라에 체류하는 외국인인 경우에는 대한민국에 있는 공증인의 인증으로도 가능하다(등기예규 제992조). 서명에 의하지 않고 날인하여 공증인의 인증을 받아 신청할 수도 있다.

그러나 날인제도가 없는 외국인인 경우에는 인감제출을 생략할 수 있다(외국인의서명날인에관한법률).

다. 인감제출의 첨부서면 등

인감의 제출(재제출을 포함한다) 또는 개인감의 제출은 상업등기규칙 소정의 인감신고서 또는 개인신고서에 인감대지를 첨부하여 제출하여야 한다.

인감대지에 찍는 도장은 등기소에 신고하고자 하는 도장으로서 대조에 적당하고 가로·세로 2.4센티미터의 정사각형 안에 들어갈 수 있는 것이어야 하며, 가로·세로 1센티미터의 정사각형 안에 들어가는 것이 아니어야 한다(상등규 35조).

인감을 처음 제출할 때의 인감신고서나 인장의 분실, 마멸 또는 훼손 등으로 인하여 종전의 인감을 개인한 때의 개인신고서에는 신고인의 성명 다음에 인감증명법에 의하여 신고한 인감을 찍고 작성한 후 3월 이내의 그 인감증명을 첨부하여야 한다(상등규 35조).

2. 등록면허세, 등지신청수수료 납부

등록면허세는 재산권과 그 밖의 권리의 취득·이전·변경 또는 소멸에 관한 사항을 공부(등기부)에 등기하는 경우에 부과하며 신청인의 영업소 소재지를 관할하는 시, 군, 구에 납부하여야 한다.

등기신청시 등록면허세영수필확인서 1부와 영수필통지서 1부를 첨부하여야 하는데 현재 납부정보를 전산송부방식으로 처리하고 있기 때문에 등록면허세영수필통지서는 첨부할 필요가 없고, '등록면허세영수필확인서' 1부만 첨부하면 된다(등기예규 제1372호 5①).

2014. 1. 1.부터 변경등기시의 종전 등록면허세 23,000원(지방교육세 4,600원)은 40,200원(지방교육세 8,040원)으로, 주사무소이전시 신주사무소에서의 등록면허세 70,000원(지방교육세 15,000원)은 112,500원(지방교육세 22,500원)으로 각 증액 변경되었다.

등록면허세 발급신청은 시, 군, 구청의 등록세면허세 담당자에게 등록면허세신고서를 작성하여 제출하되 첨부서류로서 등기신청서에 첨부한다.

다만, 변경등기는 정액 등록면허세이므로 대법원 인터넷등기소에서 "정액등록면허세납부서작성란" 코너를 이용하여 법인의 기본사항을 입력하여 작성·출력한 납부서를 가지고 직접 금융기관(농협, 우체국)에 납부할 수 있다.

※ 2014. 1. 1.자 변경된 등록면허세

1. 변경등기 : 48,240원(등록면허세 40,200원, 교육세 8,040원 {종래는 23,000원(등록세), 27,600(교육세)}
2. 본점이전 : 135,000원(등록면허세 112,500원, 교육세 22,500원 {(종래는 75,000원(등록세), 15,000원(교육)}

<table>
<tr><th colspan="4">법인등기 등록면허세</th></tr>
<tr><td>과세대상</td><td>과세표준</td><td>일반세율</td><td>중과세율
(대도시 과밀억제권역내)</td></tr>
<tr><td>회사설립</td><td>설립자본금</td><td>4/1000</td><td>12/100 (일반세율의 3배)</td></tr>
<tr><td>유상증자</td><td>증자자본금</td><td>4/1000</td><td>12/1000 (3배, 설립 후 5년 이내)</td></tr>
<tr><td>타관본점
이전등기</td><td colspan="3">1. 대도시외(대도시외 ↔ 대도시외)
신주사무소 시/구/군청에 135,000원(등 : 112,500원 + 교 : 22,500원) 납부하고, 구주사무소 시/구/군청에 48,240원(등 : 40,200원 + 교육세 8,040원)을 납부함.

2. 대도시 내(과밀억제권역내)
(1) 대도시내 법인이 대도시 외로 이전할 시 등록면허세가 면제됨. 단, 2018. 12. 31.까지 한시적임(지방세특례제한법 제79조 제2항).
※ 그러나 구주사무소 등록면허세는 48,240원임에 유의
(2) 대도시 외의 법인이 대도시 내로 이전할 경우에는 설립으로 보아 3배 중과하여 과세표준인 자본금의 12/1000의 세율적용(지방세법 제28조 제1항).
(3) 대도시 내에서의 주사무소이전 : 신주사무소 135,000원, 구본점 48,240원
예) 수원 → 인천
※ 단, 서울특별시내로의 전입(수원 → 서울)은 대도시 내로 보아 위 (2)와 같이 중과세</td></tr>
<tr><td>관내본점
이전등기</td><td colspan="3">같은 등기소 구역 내에서의 이전 ; 신소재지군청 - 135,000원, 구소재지 군청 - 납부않음
※ 단, 인천과 남양주시의 경우, '관내이전'이라도 대도시외에서 대도시 내로 이전할 때에는 (예 ; 강화군 → 부평군) 설립으로 보아 중과세</td></tr>
<tr><td>기 타
변경등기</td><td colspan="3">정액세 : 48,240원, 중과세적용 없음</td></tr>
</table>

<table>
<tr><th colspan="5">법인등기 신청수수료액</th></tr>
<tr><th colspan="2" rowspan="2">등 기 의 목 적</th><th colspan="3">수 수 료</th><th rowspan="2">비 고</th></tr>
<tr><th>서면방문 신청</th><th>전자표준 양식신청</th><th>전자신청</th></tr>
<tr><td rowspan="5">1. 합명·합자·유한책임·주식·유한회사·외국회사 및 합자조합의 등기</td><td>회사 또는 합자조합의 설립등기, 외국회사의 영업소 설치등기</td><td>30,000원</td><td>25,000원</td><td>20,000원</td><td></td></tr>
<tr><td>본점(합자조합의 주된 영업소 및 외국회사의 영업소를 포함한다)
※ 다른 등기소 관할구역내로 이전하는 경우의 신소재지에 하는 본점이전등기</td><td>30,000원</td><td>25,000원</td><td>20,000원</td><td>구소재지에서 하는 본점이전등기의 신청수수료와 본점이전과 동시에 이에 부수하여 다른 등기를 신청하는 경우의 그 등기신청에 따른 수수료는 별도로 납부하여야 함</td></tr>
<tr><td>합병·분할·분할합병으로 인한 설립등기</td><td>30,000원</td><td>25,000원</td><td>20,000원</td><td>소멸회사에 관한 해산등기 또는 존속회사에 관한 변경등기의 신청수수료는 별도로 납부하여야 함</td></tr>
<tr><td>조직변경으로 인한 설립등기</td><td>30,000원</td><td>25,000원</td><td>20,000원</td><td>조직변경으로 인한 해산등기의 신청수수료와는 별도로 납부하여야 함</td></tr>
<tr><td>상호, 명칭, 본점, 목적, 공고방법, 존립기간, 1주의 금</td><td>6,000원</td><td>4,000원</td><td>2,000원</td><td>위 등기의 목적마다 신청수수료를 납부하여야 함</td></tr>
</table>

	액, 발행할 주식의 총수 등의 변경				
	경정 및 성명·주민등록번호·주소 등의 변경등기	6,000원	4,000원	2,000원	위와 같음. 다만, 등기관의 과오로 인한 착오 또는 유루발견 및 행정구역·지번변경, 주민등록번호정정 등을 원인으로 하는 경우에는 신청수수료 없음
	지점설치·이전등기·동일 등기소 관할구역 내의 본점이전 등기, 전환사채의 등기, 해산의 등기, 청산인에 관한 등기 등 위에서 열거한 등기 이외의 기타 등기	6,000원	4,000원	2,000원	위와 같음. 멸실회복등기의 경우에는 신청수수료 없음
2. 상호등기·상호가등기 및 그 등기의 변경, 말소등기 등 일체의 등기		6,000원	4,000원		위와 같음
3. 무능력자와 법정대리인등기 및 그 등기의 변경, 말소등기 등 일체의 등기					
4. 지배인등기 및 그 등기의 변경, 말소 등 일체의 등기					

※ 민법법인등기, 특수법인등기 및 외국법인등기의 신청수수료는 위 1호를 준용함
※ 유한책임신탁등기의 서면방문신청 수수료는 위 1호를 준용함
※ 합자조합 및 일부 등기목적은 현재 전자신청서비스를 제공하지 않음

제6절 등기기간과 등기해태의 제도

1. 등기기간의 계산

법인등기는 민법 기타 사립학교법 등의 특별법에 일정한 기간 내에 등기하도록 규정되어 있는 바, 이처럼 규정된 기간을 등기기간이라 한다.

그러나 이와 같은 법인등기의 등기기간은 일반공중의 거래안전을 보호코자 함에 그 취지가 있을 뿐이므로, 설사 그 등기기간이 경과한 뒤의 등기신청이라 할지라도 그 신청의 효력에는 아무런 영향이 없고 과태료의 제재를 받을 뿐이다(민법 97조 등).

등기기간의 기산점에 관하여는 등기사항이 허가를 요하는 경우에는 그에 관한 허가서가 도달한 날로부터 기산한다는 민법 제53조의 규정 외에 다른 규정이 없다.

그러나 초일이 오전 영시로부터 시작한 때에는 초일을 산입하고(민법 157조), 기간의 만료는 그 말일이 종료한 때에 종료될 것이나, 말일이 공휴일인 때에는 그 익일로서 만료된다(민법 159조, 161조).

이사, 감사 등이 예선되어 미리 그 취임승낙을 한 경우에는 이에 따라 계산하는 것이라 할 것이고, 등기할 사항으로 관청의 허가(인가)를 요하는 것에 관하여는 그 서류가 도달한 날로부터 등기기간을 기산하여(상법 177조), 외국회사에 관한 등기사항이 외국에서 생긴 때에는 그 등기기간은 통지가 도달한 날부터 기산한다(상법 615조).

등기기간은 등기사유의 효력이 발생한 날로부터 기산하여야 한다고 보아야 하는 바, 각 등기사유의 효력이 언제 발생하느냐는 그 시기가 항상 일정하지는 않다.

관청의 허가가 요건인 경우에 있어서 이사 등의 임기만료 후에 주무관청의 허가서가 도착하더라도 등기해태에 따른 등기기간의 계산은 임기만료시부터 하여야 할 것이다.

2. 각종 등기기간

민법상 법인의 설립등기는 허가가 있는 날로부터 3주간 내에 주된 사무소소재지에서 하여야 하고(민법 49조), 분사무소 설치등기도 주된 사무소 및 분사무소에서 3주간 내에 등기하여야 한다.

주사무소를 이전하는 등기는 구사무소소재지에서 3주간 내에(민법 51조), 기타 등기사항의 변경등기는 변경된 때부터 3주간 내에 등기하여야 한다(민법 52조).

청산인은 파산의 경우를 제외하고는 그 취임 후 3주간 내에 해산등기와 청산인선임등기를 하여야 하며(민법 85조), 청산이 종결한 때에도 3주간 내에 청산종결등기를 하여야 한다(민법 94조).

그 외 특별법에서 달리 설립등기의 기간을 정하지 않는 영농조합법인과 농업회사법인의 경우에는 설립등기의 기간이 없으며, 일단 법인으로 설립등기를 한 후에는 거의 대부분이 변경등기의 기간을 3주간 내로 정하고 있다.

제7절 등기신청의 취하

등기신청인은 등기관이 등기신청을 각하하거나 등기의 실행을 완료하기 전까지는 그 등기신청을 취하할 수 있다. 대리인 및 복대리인이 취하함에 있어서는 취하에 관한 특별수권이 있어야 한다.

[서식 1] 취 하 서

취 하 서

1. 신청인 : 사단(재단법인) OOOO
   OO시 OO구 OO로 OO(OO동)
   이사장 O O O

ㅇㅇ시 ㅇㅇ구 ㅇㅇ로 ㅇㅇ(ㅇㅇ동)

2. 등기의 목적 : 주사무소이전의 등기

3. 접수년월일 및 접수번호 : 20ㅇㅇ년 ㅇ월 ㅇ일 접수 제ㅇㅇㅇ호

위 등기신청을 취하합니다.

20ㅇㅇ년 ㅇ월 ㅇ일

위 대리인 법무사 ㅇ ㅇ ㅇ (인)

ㅇㅇ지방법원 ㅇㅇ등기소 귀중

제 2 편

민법상 법인등기

제1장 설립등기

제1절 총 설

민법상의 법인을 성립하려면 법인을 설립하고자 하는 설립자가 학술, 종교, 자선, 기예, 사교, 기타 영리 아닌 사업을 목적으로 정관작성 내지 재산출연 등의 설립행위를 한 후 주무관청의 허가를 얻어 주된 사무소에서 설립등기를 함으로서 성립한다.

즉 민법상 법인의 성립에는 다음의 요건이 필요하다.

1. 비영리목적

민법상의 법인은 반드시 학술, 종교, 자선, 기예, 사교, 기타 영리 아닌 사업을 목적으로 해야 한다(민법 32조).

영리 아닌 사업이라 함은 구성원의 경제적 이익을 목적으로 하지 않는 사업을 말하나, 비영리사업의 목적을 달성하기 위한 수단으로서 그 본질에 반하지 않는 범위 내에서 필요한 영리적 수익사업을 할 수는 있다. 또한 반드시 공익 즉 사회 전반의 이익일 필요는 없고 비공익사업이라 할지라도 비영리사업이기만 하면 된다.

비영리법인의 성질을 갖는 특별법인 중 학교법인(사학 6조, 46조), 사회복지법인(복지 28조)은 수익사업을 할 수 있는 명문규정이 있다. 그러나 영리행위를 하는 때에도 그 수익은 언제나 사업목적수행에 충당되어야 하며 어떤 형태로든지 구성원의 경제적 이익으로 분배되어서는 아니된다.

특수법인 중 건설공제조합, 농업협동조합, 수산업협동조합, 대한교원공제회 등은 각기 그 사업에서 얻은 이익을 구성원에게 배분되므로 비영리법인에 해당하지 아니한다는 것이 판례의 입장이다(대판 1977. 12. 13. 77누91, 1993. 6. 29. 92누14168).

2. 설립행위(정관작성과 재산출연)

사단법인의 경우에는 반드시 2인 이상의 설립자가 법인의 근본규칙을 정한 서면, 즉 정관을 작성하여 기명 날인하여야 한다(민법 40조).
재단법인의 경우에는 설립자(1인 이어도 무방)가 일정한 재산을 출연하고 위와 같은 정관을 작성하여 기명날인하여야 한다(민법 43조).

가. 사단법인

사단법인의 정관은 2인 이상의 설립자가 작성하여 기명날인하여야 한다.
정관에는 목적, 명칭, 사무소의 소재지, 자산에 관한 규정, 이사의 임면에 관한 규정, 사원자격의 득실에 관한 규정, 존립시기나 해산사유를 정하는 때에는 그 시기 또는 사유 등의 필요적 기재사항을 반드시 기재하여야 하고(민법 40조), 또 그 외에도 어떤 사항이라도 임의로 기재할 수 있는 바, 이러한 임의적 기재사항도 공서양속과 강행법규에 반하지 않는 한 일단 정관에 기재되면 필요적 기재사항과 똑같이 정관의 기재로서 유효하고, 그 변경에는 정관변경절차를 거쳐야 한다.
정관에는 설립자들이 반드시 기명 날인하여야 하며(민법 40조), 기명 날인이 없는 정관은 효력이 없다.

나. 재단법인

재단법인의 설립행위로 사단법인과 같이 법인의 근본규칙을 정한 서면, 즉 정관을 작성하여야 한다(민법 43조).
정관에는 필요적 기재사항인 목적, 명칭, 사무소의 소재지, 자산에 관한 규정, 이사의 임면에 관한 규정을 정하고 그 외 존립시기 및 해산사유 등 필요에 따라 임의적 기재사항을 정하고 설립자가 기명 날인하여야 한다.
재단법인 설립행위는 일정한 재산의 출연 및 서면에 의한 정관작성이 요건인 요식행위이므로 그 실질은 재단에 법인격취득의 효과를 발생시키려는 의사표시를 요소로 하는 법률행위이고, 설립자는 사단법인과 달리 1인이어도 무방하다.

재단법인의 경우 정관작성 외에 설립자는 별도의 재산출연행위가 사단법인과 근본적인 차이가 있다.

재산출연행위는 증여나 유증과 비슷한 무상행위이며 출연재산의 종류는 동산, 부동산, 현금 등이나 채권이라도 무방하다.

3. 주무관청의 허가

민법상의 법인설립은 허가주의를 취하고 있기 때문에 반드시 주무관청의 허가를 얻어야 하며, 정관변경의 경우에도 주무관청의 허가를 얻어야 한다(민법 42조, 45조 3항).

주무관청이란 원칙적으로 법인이 목적으로 하는 사업을 주관하는 중앙행정관청을 말하나, 행정권한의위임및위탁에관한규정에 의하여 허가권이 그 하부기관 또는 지방자치단체에 위임되어 있는 경우가 많다.

법인의 사업목적이 두 개 이상의 행정관청의 소관사항인 때에는 그들 행정관청 모두의 허가를 얻어야 하며, 그 중 어느 하나의 허가를 얻지 못하면 법인으로 설립되지 아니한다.

민법 제32조의 규정에 의하여 법인의 설립허가를 받고자 하는 자는 법인설립허가신청서에 다음 각 호의 서류를 첨부하여 주무관청(행정안전부장관 또는 경찰청장 등)에 제출하여야 한다. 다만 아래의 첨부 서면은 각 주무관청에 따라 일부 다를 수도 있다.

(1) 설립발기인의 성명, 주소, 양력(설립발기인이 법인 또는 조합인 경우에는 그 명칭, 주된 사무소소재지, 대표자의 성명, 주소와 정관 또는 조합계약 및 최근의 사업활동)을 기재한 서류 : 1부

(2) 설립취지서 : 1부

(3) 정　관 : 1부

(4) 설립발기인이 개인인 경우에는 창립총회회의록, 설립발기인이 법인 또는 조합인 경우에는 법인설립에 관한 의사의 결정을 증명하는 서류 : 1부

(5) 임원취임예정자의 이력서(명함판사진 첨부), 취임승낙서(인감증명 첨부) 및 신

원증명서 : 각 1부

(6) 사원명부 : 1부(사단법인의 경우)

(7) 재산의 종류, 수당 및 금액을 기재한 재산목록(재단법인의 경우에는 기본재산과 운용재산으로 구분하여 기재하여야 한다) 및 기부의 신청이 있는 경우에는 그 사실을 증명하는 서류 : 각 1부

(8) 부동산, 예금, 유가증권 등 주된 재산에 관한 등기소, 금융기관 등의 증명서 : 1부

(9) 사업개시예정일 및 사업개시 이후 그 사업연도분의 사업계획 및 수지예산을 기재한 서류 : 1부

(10) 설립발기인이 수인인 경우에 대표자에 의하여 신청되는 경우에는 다른 설립발기인의 위임장 : 각 1부

4. 설립등기

민법상의 법인은 정관작성, 재산의 출연, 주무관청의 설립허가 등의 절차를 마친 후 그 주된 사무소에서 설립등기를 함으로서 성립한다(민법 33조).

제2절 등기절차

1. 등기신청인

법인을 대표할 자가 등기신청인이 되며, 법인의 이사들은 원칙적으로 각자 대표권이 있으므로 각자가 등기신청을 할 수 있으나 대표권을 제한받는 이사는 등기신청을 할 수 없다(비송법 62조). 대표권 있는 이사는 당해 법인의 인감증명을 받기 위하여는 관할등기소에 인감신고를 하여야 한다.

등기신청은 대리인에 의하여도 할 수 있다. 대리인에 의하여 등기신청을 하는 경우에는 신청서에 그 권한을 증명하는 서면을 첨부하여야 한다(비송법 66조).

2. 등기기간

등기기간은 주무관청으로부터 허가서가 도달한 날로부터 3주간 이내에 주된 사무소소재지에서 설립등기를 하여야 한다(민법 49조). 여기서 허가서가 도달한 날로부터라 함은 민법의 기간계산의 원칙에 따라 도착일 다음날부터 기산한다.

3. 등기사항

가. 목 적

목적이란 법인이 영위하고자 하는 사업 또는 그 사업을 통하여 법인이 추구하고자 하는 목표를 가리키는 것으로서 이를 등기사항으로 정하고 있는 것은 법인은 원래 정관으로 정한 목적의 범위 내에서만 권리능력이 있으며(민법 34조), 그 목적사업 이외의 사업은 영위할 수 없기 때문에 목적을 특정함으로써 법인의 권리능력의 범위를 일반에게 공시하고 주무관청의 업무감독범위를 확정하기 위하여 필요하기 때문이다.

목적을 기재할 때에는 사회관념상 법인이 어떤 종류의 사업을 영위하고자 하는지를 알 수 있도록 구체적으로 특정해서 기재하여야 하나 반드시 1개의 사업에 한정할 필요는 없고 수개의 사업이라도 무방하다.

민법상의 법인은 반드시 학술, 종교, 자선, 기예, 사교, 기타 비영리 사업을 목적으로 해야 하나 목적달성의 수단으로서 필요한 수익사업을 할 수 있다.

다만, 그 경우에는 그 수익을 비영리사업목적에 충당되어야 하며 어떤 형태로든 구성원이나 설립자에게 귀속되어서는 아니된다.

나. 명 칭

법인의 명칭은 법인이 영위하는 사업을 나타내는 명칭이거나 인명이나 지명을 나타내는 명칭 등 아무런 제한이 없고 한글로 표기하기만 하면 외국어로 된 명칭도 상관없다.

다. 사 무 소

법인의 사무소는 반드시 1개일 필요는 없고 수개이어도 무방하나 사무소가 수개인 때에는 반드시 그 모두를 등기하되 그 중 1개를 주된 사무소, 나머지를 분사무소로 등기해야 한다.

사무소를 기재할 때에는 최소행정구역까지만 기재해도 되는 정관과는 달리 반드시 그가 소재하는 지번까지 확정하여 기재해야 한다.

통상 정관변경의 번거로움 때문에 관할구역 내의 사무소이전에 대비하여 정관에는 최소행정구역까지만 표시하고 이사회 또는 이사과반수 결의에 의하여 구체적인 사무소주소를 정할 수 있도록 하는 경우가 많다.

라. 설립허가연월일

주무관청으로부터 설립허가를 얻은 설립허가연월일을 기재한다. 그러나 설립등기가 단순한 대항요건에 불과한 법제(일본민법 45조)에서는 이를 따로 등기사항으로 할 실익이 있겠으나, 설립등기를 법인의 성립요건으로 하고 있는 우리 법제(민법 33조)에서는 이를 등기사항으로 할 실익이 별도 없다 할 것이다.

마. 존립시기나 해산사유를 정한 때에는 그 시기 또는 사유

존립시기란 "법인설립일로부터 만 10년간" 또는 "2050년 12월 31일까지"라고 정하는 것과 같이 법인의 존속에 시간적 제한을 가하여 그 시기의 도래로써 법인은 당연히 해산하기로 정하는 것을 말하고, 해산사유라 함은 "설립자 OOO가 사망하면 법인은 해산한다"라고 정하는 것과 같이 법정의 해산사유 이외에 일정한 사유가 발생하면 법인은 당연히 해산하기로 정하는 것을 말하는 바, 존립시기나 해산사유는 정관의 절대적 기재사항은 아니지만 만일 이에 관한 사항을 정한 때에는 정관에 기재해야만 효력이 발생하고 또 이를 등기해야만 제3자에게 대항할 수 있다.

그러나 사단법인의 경우에는 이에 관한 사항을 정관에 기재하여 등기했다고 해도 그 시기도래나 사유발생 전에는 전연 해산할 수 없는 것은 아니고 총사원의 4분의 3 이상의 동의로서 언제든지 해산할 수 있다.

바. 자산의 총액

자산의 총액이란 적극재산에서 소극재산(채무 등)을 뺀 순재산액을 의미한다. 이를 등기사항으로 한 것은 법인채무의 일반담보인 법인의 재산상태를 공시하여 채권자를 보호하고자 하는 취지이다.

사단법인은 설립 당초에는 자산이 전혀 없어도 상관이 없으나, 재단법인에는 자산의 총액이 반드시 있어야 하고 그 기재가 없는 것은 등기가 되지 않는다.

따라서 사단법인설립등기의 경우에는 자신총액을 O으로 기재한 신청도 무방하나 자산총액 미정이라거나 아예 그에 관한 기재가 없는 신청은 수리할 수 없다 할 것이다.

사. 출자방법을 정한 때에는 그 방법

출자방법이란 예컨대 사단법인의 정관에 사원의 출연의무가 정해졌거나 재단법인의 정관에 설립자가 정기적 출연에 출연행위를 정한 것과 같은 것을 말하는 것으로서 이에 관한 정함은 자산에 관한 규정으로서 정관에 기재해야 하고 정관에 기재된 경우에 한하여 등기사항이 된다.

회비, 분납금 등의 명목이라 할지라도 그것이 법인에 대한 금전출납방법을 정해 놓은 것이라면 그것은 출자로서 그 방법을 등기하지 않으면 안되지만 재단법인의 경우 출연금품이나 기타의 자산으로부터 생기는 과실에 관한 규정은 출자방법이 아니므로 등기할 필요가 없다.

아. 이사의 성명, 주민등록번호와 법인을 대표할 이사의 성명, 주소

법인의 이사의 수에는 제한이 없으며(단, 공익법인은 5인 이상 15인 이하를 두되 주무관청의 승인을 얻어 그 수를 증감할 수 있음. 공익 5조) 정관으로 그를 수인으로 정할 수도 있는 바, 그 경우에는 내외적 업무집행은 재적이사 과반수의 찬성으로서 결정하고(민법 58조, 공익 9조) 대외적 업무에서는 이사 각자가 단독으로 대표함이 원칙이다(민법 59조 1).

그런 이사 각자의 법인대표권은 정관으로(사단법인의 경우에는 사원총회의 결의에 의해서도) 제한할 수 있다(민법 59조).

동일인이 이사에 재선되어 중임이 된 경우에 비록 그 성명과 주소가 변동되지 아니하여도 일단 그 자격이 상실되고 새로운 자격을 취득한 것이므로 여기에 의하여 그 변동사항으로 등기를 하여야 하며, 이를 퇴임과 취임으로 등기하지 않고 중임으로 등기한다.

자. 이사의 대표권을 제한한 때에는 그 제한

이사는 법인의 사무에 관하여 각자 법인을 대표함이 원칙이나(민법 59조), 정관이나 사원총회의 결의에 의하여 제한할 수 있다(민법 59조 1항 단서).

정관에 의한 대표권의 제한은 ① 이사의 다수결 또는 전원에 의한 공동대표, ② 사원총회의 의결을 조건으로 하는 결의, ③ 이사장에게만 대표권을 주고 평이사에게는 대표권을 제한하는 경우 등이 있다.

실무상 이사장에게만 대표권을 주는 경우와 공동대표로 하는 경우가 많으며 사원총회에 의한 제한은 별로 없다.

법인의 이사는 법인의 이익과 상반되는 사항에 대하여는 대표권이 없다(민법 64조). 이 때에는 이해관계인이나 검사의 청구에 의하여 법원이 선임한 특별대리인이 법인을 대표한다(민법 64조).

4. 첨부서류 등

민법상 법인의 설립등기를 신청할 때에는 일반적인 첨부서면 이외에 다음 서류를 첨부해야 한다(비송법 63조 2항).

가. 정 관

비영리법인의 설립등기를 신청하는 경우에 정관에는 상법상 주식회사(상법 292조)나 유한회사와 같이 정관을 공증하여야 하는 규정이 민법에는 없으므로 공증인의 인증을 받을 필요는 없으나, 총회의사록은 공증인의 인증을 받아야 하고, 영리법인인 경우에는 정관과 총회의 의사록에 공증인의 인증을 받아야 한다(등기선례 4-883).

등기신청서에 첨부하는 정관은 주무관청의 허가를 받은 정관이어야 하므로, 주무관청의 허가를 받은 사실을 소명하는 자료를 첨부하여야 한다. 통상 주무관청은 허가한 정관에 관인을 날인하고, 공문으로 설립허가서와 정관을 설립자에게 통보하고 있다.

나. 이사의 자격증명서

최초의 이사는 정관에 정해지는 것이 보통이므로 그 경우에는 정관 이외에 별도로 이사자격증명서를 첨부할 필요가 없으나 그렇지 않는 경우에는 이사의 자격증명서로서 그를 선임한 선임서나 창립총회의사록 및 취임승낙서 등을 첨부해야 한다.

공익법인은 이사를 선임하는 경우 주무관청의 허가를 받아야 하므로 그 이사 선임에 관한 주무관청의 승낙서가 필요하나 일반의 민법법인의 경우에는 그러한 규정이 없으므로 총회의 선임으로 가능하다.

다. 주무관청의 설립허가서 또는 그 인증있는 등본

민법상의 법인설립은 반드시 주무관청의 허가를 받아야 하고(민법 32조), 그 설립등기신청서에는 허가서나 허가서의 등본을 첨부해야 하는 바, 등본을 첨부하는 경우에는 허가기관이 인증한 등본이어야 한다.

주무관청은 설립허가서에 그 설립허가조건을 부여하고 설립등기 후 보고하도록 함이 보통이다.

공익법인이 이사를 선임하는 경우에는 주무관청의 허가를 받아야 하므로 그 이사선임에 관한 주무관청의 승낙서가 필요하나 일반의 민법법인의 경우에는 그러한 규정이 없으므로 총회의 선임으로 가능하다. 다만, 정관 또는 최초의 설립허가시에 주무관청에서 이사선임에 관하여 주무관청의 승낙을 조건으로 한 경우에는 그에 따라야 한다.

라. 재산목록

민법법인의 정관에는 자산에 관한 규정을 두어야 하고(민법 40조, 43조), 법인등기에는 자산의 총액을 등기하도록 되어 있는 바(민법 49조 2항 6호), 자산의 총액을 등기하는 경우에는 재산목록을 첨부하여야 한다(비송법 63조 2항 4호).

마. 기 타

(1) 대리인에 의하여 신청할 때에는 그 대리권을 증명하는 서면으로서 위임장을 첨부해야 한다.
(2) 설립등기신청인인 이사 전원의 인감을 제출하여야 한다.
(3) 소정의 등록면허세와 교육세 등을 납부한 영수필통지서 및 확인서를 첨부해야 한다 함은 일반적 첨부정보로써 앞에서 설명한 바와 같다.

[서식 2] 사단법인 설립등기신청서

사단법인 설립등기신청				
접 수	년 월 일	처 리 인	등기관 확인	각종 통지
	제 호			

등 기 의 목 적	사단법인의 설립		
등 기 의 사 유	사단법인을 설립하기 위하여 정관을 작성하고 (20○○년 ○월 ○일 창립총회를 마치고) 20○○년 ○월 ○일 주무관청의 허가를 얻었으므로 다음 사항의 등기를 구함.		
설 립 허 가 서 도 착 연 월 일	20○○년 ○월 ○일		
주사무소/분사무소 신청구분	1. 주사무소 신청 ☐	2. 분사무소 신청 ☐	3. 주·분사무소 일괄신청 ☐
등 기 할 사 항			
명 칭	사단법인 ○○○회		

주 사 무 소	○○시 ○○구 ○○로 ○○(○○동)
이사의 성명 및 주민등록번호	이사 ○ ○ ○ (○○○○○○－○○○○○○○) 이사 ○ ○ ○ (○○○○○○－○○○○○○○) 이사 ○ ○ ○ (○○○○○○－○○○○○○○)
이사의 대표권에 대한 제한	이사 ○ ○ ○ (○○○○○○－○○○○○○○) ○○시 ○○구 ○○로 ○○(○○동) 외에는 대표권 없음
등 기 할 사 항	
목 적	본회는 ○○○○○○ 를 행함을 목적으로 한다. 위 목적을 달성하기 위하여 다음 사업을 행한다. 1. ○○○○의 설치 운영 1. ○○○○의 연구 및 조사 1. ○○○○의 장학사업 1. 위 각 호에 관련된 부내사업
분 사 무 소	○○시 ○○구 ○○로 ○○(○○동)
설립허가연월일	20○○년 ○월 ○일
존립기간 또는 해산사유	법인성립일로부터 만 20년 (또는 해산사유 : 본 법인의 사원이 ○명 이하로 된 경우, 또는 본 법인을 해산하고자 할 때에는 총회(또는 이사회)에서 각각 재적구성원 3분의 2 이상의 찬성으로 의결하여 주무관청의 허가를 받아야 한다)
자산의 총액	금 ○○○○○원
출 자 방 법	1. 회비 1. 정부, 지방자치단체의 출연금 보조금 및 ○○○회 지원금 1. 출연금품 1. 찬조금 1. 기타 수입금
기 타	해당 없음

신청등기소 및 등록면허세/수수료						
순번	신청등기소	구분	등록면허세 지방교육세	농어촌특별세	세액합계	등기신청수수료
			금 원 금 원	금 원	금 원	금 원
합 계						
등기신청수수료 납부번호						
과 세 표 준 액	금 원					

첨 부 서 면	
1. 정 관 1통	1. 자산총액증명서(재산목록) 1통
1. 창립총회의사록(이사자격증명서) 1통	1. 인감신고서 및 인감증명서 각 1통
1. 취임승낙서와 인감증명서 각 1통	1. 법인인감카드발급신청서 1통
1. 주민등록표등(초)본 통	1. 등록면허세영수필확인서및통지서 1통
1. 이사회의사록(필요한 경우) 1통	1. 위임장(대리인이 신청할 경우) 1통
1. 주무관청 설립허가서 또는 인증 있는 허가서 등본 1통	

년 월 일

신청인 명 칭

주사무소

대표자 성 명 (인) (전화 :)

주 소

대리인 성 명 (인) (전화 :)

주 소

지방법원 등기소 귀중

- 신청서 작성요령 -

1. 해당란이 부족할 때에는 별지를 이용합니다.
1. 해당 등기신청과 관계없는 사항에 대하여는 "해당없음"으로 기재하거나 삭제하고,

필요한 사항은 추가 기재합니다.
1. 「인감증명법」에 따른 인감증명서 제출과 함께 관련 서면에 인감을 날인하여야 하는 경우, 본인서명사실확인서를 제출하고 관련 서명을 하거나 전자본인서명확인서 발급증을 제출하고 관련 서면에 서명을 하면 인감증명서를 제출하고 관련 서면에 인감을 날인한 것으로 봅니다.

(용지규격 21㎝×29.7㎝)

[주] 1. 등기의 사유 중 (　　)안의 사유는 설립당초의 이사를 정관에서 정하지 아니하여 이사선임을 위한 창립총회를 별도로 개최한 경우에 한하여 기재한다.

2. 설립허가서도착연월일은 주무관청으로부터 허가서(앞면 공문포함)가 도달한 다음날부터 등기기간을 기산하므로 이를 확인하기 위하여 기재한다(교부받은 경우는 교부일자임).

3. 민법상 법인의 명칭에 관해서는 상법상 회사의 경우(상법 19조)와는 달리 그 명칭 중에 반드시 법인의 종류를 표시하는 사단법인 또는 재단법인이라는 문자를 사용해야 한다는 명문규정이 없으나 법인의 종류를 쉽게 알 수 있게 하기 위하여 그 명칭 중에 사단법인 또는 재단법인이라는 문자를 병용하는 것이 일반적이다.
등기부상 로마자 등의 표기를 병기하고자 할 경우(대법원 등기예규 제1543호)는 명칭 오른쪽에 괄호를 사용하여 병기할 수 있으며, 병기되는 로마자 등의 표기는 반드시 정관에 기재되어 있어야 한다.

4. 주사무소는 창립총회 등에서 정한 주된 사무소소재지를 기재하며, 정관에는 소재지의 최소행정구역을 표시함으로서 족하지만 신청서에는 그 소재 지번까지 모두 기재하여야 한다.

5. 이사의 성명 및 주민등록번호란에는 정관에서 정한 또는 창립총회에서 선출된 이사의 성명·주민등록번호를 기재하고, 주민등록번호가 없는 재외국민 또는 외국인의 경우에는 주민등록번호 대신 생년월일을 기재하여야 한다. 외국인의 성명은 국적과 원지음을 한글 등으로 기재한 후, 괄호를 사용하여 로마다 등의 표기를 병기할 수 있다{예 : 이사 미합중국 존에프케네디(John. F. Kennedy)}. 이사의 수와 임기는 제한이 없으며 정관으로 정한 바에 따른다.

6. 이사가 수인인 때에는 이사 각자가 단독대표함이 원칙이나 정관이나 창립총회에서 그 대표권을 제한할 때에는 그 대표권자만이 법인을 대표할 수 있으며 그 제한규정은 등기하지 아니하면 제3자에게 대항할 수 없다. 실무상 특정이사에게만 대표권을 주거나 수인으로 하여금 공동으로 대표를 정하는 것으로 대표권을 제한하고 있으며 이에 관한 사항을 기재한다. 민법법인의 감사는 등기사항이 아니다.

7. 목적은 비영리목적이기만 하면 되고 반드시 공익목적이어야 하는 것은 아니

다. 정관에서 그 법인의 목적과 법인이 영위하고자 하는 사업의 종류를 별도의 조항으로 규정하고 있는 경우에는 목적조항에 기재된 사항뿐 아니라 사업의 종류 조항에 기재된 사항도 아울러 기재하여 특정하여야 하며 사업의 종류는 내용을 명확히 알 수 있도록 구체적으로 기재해야 한다.

8. 분사무소는 정관에 분사무소를 정한 경우 또는 창립총회에서 분사무소를 설치하였을때 기재하며, 주사무소와 동일하게 소재 지번까지 기재하여야 한다. 설립등기시 본·지점 일괄신청을 하지 않았을 경우, 설립등기 후 3주 이내에 분사무소 소재지 관할등기소에서 분사무소설치 등기신청을 하여야 한다.
9. 설립허가연월일은 주무관청의 설립허가서에 기재된 허가일자(수개의 관청의 허가를 받은 때에는 최종허가관청의 허가일자)를 기재한다.
10. 존립시기 또는 해산사유를 정관에 정하여진 경우에 한하여 기재하며, 존립시기는 특별한 사정이 없는 한 정할 필요가 없다.
11. 자산의 총액이란 적극재산에서 소극재산을 공제한 액을 의미한다. 재단법인의 경우에는 설립당초부터 자산의 존재가 반드시 필요하지만 사단법인의 경우에는 설립당초에는 자산이 전혀 없어도 무방하다. 그러나 자산의 총액이 등기사항으로 규정되어 있으므로 이를 0으로 기재하여야 한다.
12. 출자의 방법은 정관에 정해진 출자에 관한 규정의 내용 중 그에 관한 사항을 기재한다. 다만 출연금품이나 기타 자산에서 생기는 과실은 출자에 속하지 않는다. 그리고 회비의 출자는 사단법인의 경우에 한한다.
13. 등록면허세는 과세표준액(자산의 총액)금 1,000분의 2이고, 등록면허세액의 최저액이 112,500원 미만인 경우에는 이를 112,500원(지방교육세 22,500원은 별도임)을 하나, 대도시내에서 설립등기를 신청하는 경우에는 당해 세율의 3배의 등록면허세를 납부하여야 한다. 여기서 대도시라 함은 수도권정비계획법 시행령 제9조 별표 1에 지정되어 있는 권역을 의미한다. 지방교육세는 100분의 20이다. 다만 설립과 동시에 분사무소를 설치하는 경우 주사무소에서는 설립에 관한 등록면허세만을 납부하면 된다.
조세특례제한법과 지방세법에 의하여 등록면허세가 감면되는 경우에는 농어촌특별세도 그 감면등록면허세의 100분의 20을 납부하여야 한다.
등기신청수수료는 설립의 경우 30,000원(서면방문), 25,000원(전자표준양식), 20,000원(전자신청)이다.
14. 과세표준은 자산의 총액을 기재한다.
15. 이사의 임명에 관하여는 민법에 구체적인 규정이 없고 정관에 정하도록 규정하고 있으며, 통상 사단법인의 경우에는 사원총회, 재단법인의 경우에는 이사회에서 선임하도록 규정하고 있다.
등기신청시에는 정관으로 정한 방법으로 선임된 이사의 자격을 증명하는 서면으로서 사단법인의 경우에는 창립총회의사록, 재단법인의 경우에는 설립자의 이사선임서 등을 첨부할 것이나, 설립당초부터의 이사를 정관으로 정한 때에는 이를 따로 첨부할 필요 없이 정관의 기재를 원용하면 된다. 민법상 법인의 등기신청서에 첨부하는 의사록은 공증인의 인증을 받아야 한다(공증 제60조의2 1항, 4).

16. 이사회의사록은 대표권 있는 이사의 자격을 증명하는 서면으로서, 그리고 정관에서 주사무소를 최소행정구역까지만 정한 경우 그 주사무소를 정한 서면으로서 필요한 것이다. 대표권 있는 이사를 정관으로 정하거나, 정관에서 주사무소의 주소를 확정적으로 정한 경우에는 이를 따로 첨부할 필요가 없고, 정관에서 이사회의 권한으로 정하고 그 사항을 이사회에서 결의한 경우 이사회의사록을 첨부하여야 한다.
17. 등기신청 서류 중 외국어로 작성된 문서는 이를 번역하여 번역문을 첨부하여야 하며, 번역인의 자격에는 제한이 없으나 번역인의 성명, 주소를 기재하고 기명날인 또는 서명하여야 한다(번역문은 공증 받을 필요는 없음).
18. 이사의 취임승낙서 등에 대하여, 설립당초의 이사를 정관으로 정한 때에도 취임승낙서는 따로 첨부해야 하나 사단법인의 경우 그를 창립총회에서 선임하고 선임자의 기명날인과 그의 취임승낙의 기재가 있는 의사록을 첨부한 때에는 그 기재를 원용하여 이를 따로 첨부하지 않아도 무방하다. 다만 대표자와 감사는 인감증명을 제출하여야 한다. 취임승낙서에는 본인의 진의를 확인할 수 있도록 인감증명법에 의하여 신고한 인감을 찍고 그 인감증명서(발행일로부터 3월 이내의 것)를 첨부하거나, 그 서면에 본인이 기명날인 또는 서명하였다는 공증인의 공증서면을 첨부하여야 한다.

    취임하는 자가 외국인인 경우에는 그 서면에 본국 관공서에 신고한 인감을 날인하고 그 인감증명서를 첨부하거나 그 서면에 본인이 서명하였다는 본국 관청의 증명서면을 첨부할 수 있으며, 본국에 인감증명제도가 없는 외국인의 경우에는 본인이 취임승낙서에 서명하였다는 본국 관공서의 증명서면이나 본국 또는 우리나라 공증인의 공증서면으로 대신할 수 있다. 대표권 없는 이사의 경우 공증 받은 창립총회의사록 상에 취임승낙의 뜻이 기재되고 기명날인이 되었을 때는 인감증명서를 제출할 필요가 없다.
19. 이사는 주민등록번호, 대표권 있는 이사는 주소와 주민등록번호를 등기하여야 하므로 이를 소명하는 주민등록등(초)본을 첨부하여야 한다.

    대표권 제한으로 인하여 대표권 없는 이사는 주민등록증 사본, 자동차운전면허증 사본으로도 가능하다.
20. 민법상의 법인은 반드시 주무관청의 허가를 받아야 하며 설립등기시 첨부서면으로 허가서 또는 허가기관이 인증한 등본을 첨부하여야 한다. 허가서 원본을 제출한 경우 허가서 사본에 대하여 등기관이 원본대조필을 한 후 원본을 반환받을 수 있다.

21. 등기신청서에 기명날인할 사람(법인의 대표자 등)은 미리(설립등기와 동시에) 등기소에 인감을 제출하여야 한다. 인감신고서에는 인감증명법에 의하여 신고한 인감을 날인하고 발행일로부터 3개월 이내의 인감증명서를 첨부하여야 한다. 또한 인감신고서와 인감대지도 함께 제출하여야 한다.
22. 이 등기는 법인을 대표할 이사가 신청하여야 한다.
23. 위임장은 대리인에 의하여 신청하는 경우에 한하여 첨부한다.
24. 법인인감증명서는 법인인감카드 또는 전자증명서(HSM USB)로 발급받을 수 있으므로 설립등기 완료 후 법인인감도장을 지참하여 법인인감카드 또는 전자증명서(HSM USB)를 발급받도록 한다.

[첨부서류 1] 위 임 장

위 임 장

법무사 홍 길 동
OO시 OO구 OO로 OO(OO동)
전화 : OOO-OOO, 팩스 : OOO-OOO

위 사람을 대리인으로 정하고 다음사항의 권한을 위임한다.

다 음

1. 사단법인 OOO회 설립등기신청서의 작성 및 제출하는 행위
1. 등기신청의 취하에 관한 행위
1. OOO의 원본환부 및 수령하는 행위
1. 기타 이에 부수되는 일체의 행위

20OO년 O월 O일

위임인 사단법인 OOO회
OO시 OO구 OO로 OO(OO동)
이사장 김 갑 동 (인)

[주] 법인을 대표할 이사가 대리인에게 위임해야 하며 위임장에 날인하는 인장은 등기소에 제출하는 인감과 동일한 인장이거나, 인감증명법에 의한 인영과 동일한 것이어야 한다.

[첨부서류 2] 사단법인 정관례

사단법인 OOO회 정관

제1장 총 칙

제1조 (명칭) 본 법인은 "사단법인 OOO회"(이하 "본회"라 한다)이라 한다.

※ 민법법인은 법령상 사용이 금지된 명칭 이외에는 그 명칭 선택에 있어서 아무런 제한이 없으나 "OO청"처럼 국가기관으로 오인될 우려 있는 명칭이나, 타인이 등기한 명칭과 동일하거나 상호 혼동될 우려 있는 명칭은 사용하지 않는 것이 상당하다.

명칭에서 법인의 종류를 정하지 아니하면 등기시에 등기관이 이를 기재하여야 하므로, 상법 제19조와 같은 명문규정은 없으나 법인의 종류를 쉽게 알 수 있도록 그 명칭 중에 사단법인 또는 재단법인의 문자를 병용함이 상당하다.

제2조 (사무소와 분사무소) 본회는 사무소를 OO시 OO구 OO로 OO(OO동)에 두고 분사무소를 OO시 OO구 OO로(OO동)에 둔다.

[유례] 본회는 사무소를 OO시내에 둔다.

[유례] 본회는 사무소를 OO시내에 두고 분사무소를 OO시내에 둔다.

제3조 (목적) 본회는 … 함을 목적으로 한다.

※ 민법법인의 목적은 비영리목적이어야 하나, 반드시 공익목적이어야 하는 것은 아니고 비영리, 비공익목적도 상관없으며, 다만, 비영리사업의 목적달성을 위한 수단으로서 필요한 수익사업을 할 수 있으므로 이 때에는 주무관청의 허가를 받아서 할 수 있다.

제4조 (사업) 본회는 전조의 목적을 달성하기 위하여 다음 사업을 행한다.

1. OOOO의 설치 운영
2. OOOO의 공동구입 및 판매알선
3. OOOO의 연구 및 조사
4. 지역발전을 위한 제반 봉사사업
5. 문화 및 홍보사업
6. 연구결과의 발간 및 출판
7. 기타 위 각 호에 부대하는 사업

제5조 (법인 이외의 수혜자) 이 법인의 제4조 각호에 규정된 목적사업을 수행함에 있어서 그 수혜자에게 제공하는 이익은 이를 무상으로 한다. 다만 수혜자에게 그 대가의 일부를 부담시킬 때에는 미리 OO부장관의 승인을 받아야 한다.

제 2 장 회 원

※ 사단법인은 인적결합이므로 회원이 존재하지만 재단법인은 재산의 집합체이므로 정관에는 이 회원에 관한 사항은 기재할 사항이 아니다.

제6조 (회원의 종류 및 가입)

① 본회의 회원은 다음 2종으로 한다.

(가) 정회원 : 본회의 목적에 찬동하고 가입한 자

(나) 명예회원 : 본회에 특별한 공로가 있거나 학식 경험이 있는 자로서 총회의 추천을 받은 자(준회원 및 특별회원으로 표시할 수도 있음)

② 본회의 회원으로 가입하고자 하는 자는 소정의 서식에 의한 신청을 하고 총회의 승인을 받아야 한다.

제7조 (회원의 권리) 회원은 총회를 통하여 이 법인의 운영에 참여하되, 정회원은 발의권과 의결권, 피선거권을 가지나 명예회원(준회원, 특별회원)은 발의권만 받는다.

제8조 (회원의 의무) 회원은 본 법인의 정관 및 결의사항을 준수할 의무를 지명총회에서 정한 입회금 및 회비를 납부하여야 한다.

제9조 (회비)

① 정회원은 총회에서 정한 회비를 납부해야 한다.

② 이미 납부한 회비 기타 갹출금은 이유 여하를 불문하고 반환하지 아니한다.

제10조 (회원자격의 상실) 회원은 다음 각 호의 1에 해당될 때에는 회원의 자격을 상실한다.

1. 본인의 탈퇴신고가 있는 때
2. 사망하였을 때
3. 제명되었을 때
4. O년 이상 회비를 납부하지 아니한 때

제11조 (제명)

① 회원이 본회의 명예를 훼손한 때 또는 본회의 목적에 위배되는 행위를 하거나 회원으로서의 의무를 위반한 때에는 총회의 결의로 제명할 수 있다.

② 회원의 제명에 관한 의결은 회원 4분의 3 이상의 출석과 출석회원 과반수의 찬성으로 한다.

제12조 (임원의 재입회) 정관 제10조와 제11조의 규정에 의하여 탈퇴 또는 제명된 자는 탈퇴 또는 제명된 날로부터 O년 이내에 재입회할 수 없다.

제13조 (탈퇴시 회비 등 반납) 회원이 그 자격을 상실한 경우에는 기납부한 각종 회비, 부과금 등의 반환 및 기타 재산상의 청구를 할 수 없다.

제3장 자산 및 회계

제14조 (출자방법) 본회의 출자방법은 다음과 같다.

1. 회 비
2. 출연금품
3. 찬조금
4. 기타 수입금

제15조 (자산의 구성) 본회의 자산은 다음 각 호에 게기한 것으로 구성한다.

1. 별지 목록 기재의 재산
2. 회 비
3. 자산으로부터 생기는 과실
4. 사업에 따른 수입
5. 기타 수입

제16조 (자산의 종류)

① 본회의 자산은 이를 기본재산과 보통재산 2종으로 한다.

② 기본재산은 다음 각 호에 게기한 것으로 하되 이를 처분하거나 담보로 제공할 수 없다. 다만, 부득이한 사유가 있는 때에는 총회의 결의를 거쳐 주무관청의 허가를 받아 그 일부를 처분하거나 담보로 제공할 수 있다.

1. 별지 목록 기재의 재산 중 기본재산으로 기재된 재산
2. 기본재산으로 하기로 지정하여 출연된 재산
3. 이사회에서 기본재산으로 하기로 결의한 재산

③ 보통재산은 기본재산의 원본 이외의 재산으로 한다.

제17조 (경비지출) 본회의 경비는 보통재산에서 지출한다.

제18조 (회비의 회비) 회원의 회비는 이사회에서 정한다.

[유례]

제O조(회원의 회비) 회원의 회비는 연 10만원으로 하되, 그 납부기간은 당해연도 6월말까지로 한다.

제19조 (자산의 관리) 본회의 자산은 이사회의 결의에 의하여 정한 관리방법에 따라 이사장이 관리한다.

[유례]

제O조(재산의 관리) 이 법인의 기본재산을 매도, 증여, 임대, 교환 또는 담보로 제공하거나 의무를 부담, 권리의 포기를 할 때에는 총회의 의결을 거쳐 주무관청의 승인을 받아야 한다.

제20조 (현금보관) 자산 중에서 현금은 금융기관에서 예치하거나 국채 또는 공채 등 확실한 유가증권으로 바꾸어 보관한다.

제21조 (잉여금의 처분) 회계연도 말에 잉여금이 생긴 때에는 이사회의 결의에 따라 그 전부 또는 일부를 기본재산으로 하거나 다음 회계연도에 이월시킨다.

제22조 (예산의 의결, 결산의 승인)

① 본회의 매년도 세입세출예산은 연도개시 전에 이사회의 결의를 거쳐 총회의 승인을 받아야 한다.

② 세입세출결산은 연도 종료 후 1월 내에 연도말 현재의 재산목록과 함께 감사의 감사를 거쳐 총회의 승인을 받아야 한다.

제23조 (특별회계)

① 본회는 수익사업을 행하거나 또는 기타 필요한 때에는 이사회의 결의에 의하여 특별회계를 둘 수 있다.

② 전항의 특별회계는 전조의 세입세출예산에 계정해야 한다.

제24조 (수익 등의 사용) 전조의 특별회계로부터 생긴 수익 또는 잉여금은 이를 모두 기본재산이나 보통재산으로 하여야 한다.

제25조 (회계연도) 본회의 회계연도는 매년 1월 1일에 시작하여 12월 31일에 끝난다.

제26조 (회계감사) 감사는 회계감사를 연 2회 이상하여야 한다.

제27조 (임원의 보수) 사업운영을 전담하는 이사를 제외한 임원에게는 보수를 지급하지 아니한다.

제 4 장 임원 및 직원

제28조 (임원의 종별 및 원수) 본회에는 다음의 임원을 둔다.

이사 5인 이상 15인 이내(이사장 1인, 상무이사 1인 포함)

감사 2인 이내

※ 민법상으로는 감사는 필수기관이 아니고 등기사항도 아니며, 대표권 있는 이사를 이사장으로, 이사를 상무·전무이사 등으로 등기할 수 없음은 전술한 바와 같다. 이사의 수에도 제한규정이 없으나, 공익법인에 대해서는 이사는 5인 이상 15인 이하, 감사는 2인을 두되 주무관청의 승인을 얻어 그 수를 증감할 수 있다(공익 5).

제29조 (임원의 자격) 임원은 본 법인의 발전에 기여한 정회원으로 한다.

제30조 (임원의 선임)

① 이사 및 감사는 회원 중에서 총회의 결의에 의하여 선임한다.

② 이사장 및 상무이사는 이사 중에서 이사회의 결의에 의하여 선임한다.

③ 전 2항의 임원은 겸할 수 없다

[유례]

제O조 ① 전항과 동일 ② 임원은 임원 상호간에 민법 제777조에 규정된 친족관계 있는 자가 임원정수의 2분의 1을 초과하지 못한다.

제31조 (임원의 직무)

① 이사장은 본회의 업무를 통괄하고 본회를 대표한다.

② 상무이사는 이사장을 보좌하여 통상업무를 처리하고 이사장 유고시에는 이사장의 직무를 대행한다.

③ 이사는 이사회를 조직하고 업무집행을 결정한다.

④ 감사는 민법 제67조의 업무를 행한다.

[유례]

② 이사장이 사고가 있거나 궐위된 때에는 이사회에서 선출한 이사가 그 직무를 대행한다.

제32조 (보선) 임원이 임기 중에 궐위된 경우 3월 내에 총회에서 후임임원을 선출하여야 하며, 그 보선된 임원의 임기는 전임자의 잔여기간으로 한다.

제33조 (임원의 임기)

① 이사의 임기는 3년, 감사의 임기는 2년으로 한다. 단, 재임할 수 있다.

※ 공익법인에 있어서는 이사의 임기는 4년, 감사의 임기는 2년을 초과할 수 없다(공익 5③).

② 보궐을 위하여 취임한 임원의 임기는 전임자의 잔여기간으로 한다.

제34조 (임기만료 등의 경우) 임원은 사임 또는 임기만료된 때에는 후임자가 선임될 때까지는 그 직무를 행한다.

제35조 (자격상실에 의한 퇴임) 임원이 회원의 자격을 상실한 때에는 그 직에서 퇴임한 것으로 본다.

[유례]

제O조(이사장) 이사장은 이 법인을 대표하고 법인의 직무를 통할한다.

제O조(이사) 이사는 이사회에 출석하여 본회의 업무에 관한 사항을 심의하고, 총회, 이사회의 결의 또는 이사장으로부터 위임받은 사항을 처리한다.

제O조(감사의 직무) 감사의 직무는 다음 각 호와 같다.

1. 법인의 재산상황 감사
2. 이사회의 운영과 그 업무에 관한 사항의 감사
3. 제1호 및 제2호의 감사결과 부정 또는 부당한 점을 발견할 때에는 이를 이사회, 총회에 그 시정을 요구하고 주무관청에 보고하는 일
4. 제3호의 보고를 위하여 필요한 때에는 총회 또는 이사회의 소집을 요구하는 일
5. 법인의 재산상황 또는 총회, 이사회의 운영과 그 업무에 관한 사항에 대하여 이사장 또는 총회, 이사회에서 의견을 진술하는 일

제36조 (임원의 해임)

① 임원이 본회의 명예를 훼손하거나 본회의 목적에 반하는 행위를 한 때 또는 임원의 직무를 위반한 때에는 총회의 결의에 의하여 해임할 수 있다.

② 임원의 해임결의는 총회원 4분의 3 이상의 출석과 출석회원 과반수 이상으로

한다.

제37조 (직원) 본회는 간사, 서기, 기타의 유급직원을 두며 이사장이 임면한다.

제 5 장 회 의(총회와 이사회)

제38조 (회의의 종류)

① 회의는 총회와 이사회의 2종으로 하되, 총회는 최고의결기구로서 회원으로 구성한다.

② 총회는 정기총회와 임시총회의 2종으로 한다.

③ 정기총회는 매년 O월에 주사무소의 소재지에서 개최하고 임시총회와 이사회는 수시 필요한 때에 이를 개최한다.

[유례]

제O조(회의의 종류)

① 위와 동일(생략) ② 위와 동일(생략)

③ 정기총회는 매년 1회 소집하되 회계연도 종료 후 1개월 이내에 개최한다.

④ 임시총회는 이사회의 의결 또는 재적회원 3분의 1 이상의 소집요구가 있거나 감사가 제O조 제O호의 규정에 의하여 소집요구를 한 때에 개최한다.

⑤ 이사장이 총회를 소집하고자 할 때에는 회의 개최 7일 이전에 회의일시, 안건, 장소 등을 명시하여 각 회원에게 개별통지하여야 한다.

※ 이사회는 민법상은 필수기관이 아니나 공익법인에 있어서는 반드시 이사회를 두어야 한다(공익 6).

제39조 (회의의 소집)

① 총회는 이사장이 소집한다.

② 이사장은 이사회의 결의나 회원 5분의 1 이상 또는 감사가 회의의 목적사항을 제시하여 청구한 때에는 총회를 소집해야 한다.

③ 이사장은 이사 5분의 1 이상 또는 감사가 회의의 목적사항을 제시하여 청구한 때에는 이사회를 소집해야 한다.

④ 총회는 회의 1주일 전에 그 회의의 목적사항을 기재한 통지서를 발송하여 이를 소집한다.

제40조 (회의의 의장) 이사장은 총회와 이사회의 의장이 된다.

제41조 (개회의 정족수) 회의는 회원 또는 이사과반수의 출석이 없으면 개회하지 못한다.

제42조 (총회의결의 정족수)

① 총회의 의사는 정관에 특별한 규정이 있는 경우를 제외하고는 출석회원 과반수로서 이를 의결한다.

② 가부동수일 때는 의장이 이를 결정한다.

[유례]

제O조(총회의 의결정족수) 총회는 민법 또는 정관에 특별한 규정이 없는 한 재적 정회원 과반수의 출석으로 개회하고 출석 정회원 과반수의 찬성으로 의결한다.

제O조(총회의결 제척사유) 임원 및 정회원이 다음 각 호의 1에 해당할 때에는 그 의결에 참여하지 못한다.

1. 임원취임 및 해임에 있어서 그 자신에 관한 사항
2. 금전 및 재산의 수수에 관련되는 사항으로서 회원 자신과 법인과의 이해가 상반되는 자에 관한 사항

※ 위 2.의 규정을 두지 않을 경우에는 당해 회원은 의결권을 행사할 수 있다고 해석된다.

제43조 (서면에 의한 표결 및 표결의 위임) 부득이한 사유로 회의에 출석할 수 없는 사원 또는 이사는 사전에 통지된 사항에 한하여 서면으로 표결할 수 있고, 다른 사원 또는 이사에게 표결권을 위임할 수 있다.

※ 민법법인의 총회는 서면결의를 할 수 있으나(민법 73), 이사회는 서면결의의 근거가 없으므로 서면결의는 인정되지 않으며, 공익법인의 이사회의 경우에는 명문으로 의사는 서면결의에 의할 수 없다고 정하고 있다(공익 9③).

제44조 (총회에 부여할 사항) 다음에 게기하는 사항은 총회에 부의한다.

1. 사업계획의 승인
2. 세입세출의 예산 및 결산의 승인
3. 정관의 변경 및 법인의 해산
4. 재산의 처분, 매도, 증여, 기채, 담보, 대여, 취득 등의 승인
5. 임원의 선출 및 해임
6. 감사보고처리에 관한 사항
7. 기타 주요사항 및 이사장이 부의한 사항

제45조 (이사회의 구성) 이사회는 이사장과 이사로 구성한다.

제46조 (이사회의 소집)

① 이사회는 정기이사회와 임시이사회로 구분하고 이사장이 소집하며 그 의장이 된다.

② 정기이사회는 년 2회 내지 3회 개최한다.

③ 임시이사회는 이사장이 필요하다고 인정할 때 소집한다.

④ 이사장이 이사회를 소집하고자 할 때에는 회의 개최 7일 이전에 회의일시, 장소, 안건 등을 명시하여 통지하여야 한다.

제47조 (소집의 특례)

① 이사장은 다음 각 호에 해당하는 소집요구가 있을 때에는 이사회를 소집하여야 한다.

1. 재적이사 3분의 1 이상이 소집요구를 한 때

2. 제O조 제O호에 의거 감사 2인이 소집요구를 한 경우

② 이사장이 제1항의 소집요구를 받은 후 14일이 경과하여도 소집을 하지 않을 때에는 재적이사 과반수의 찬성으로 주무관청의 승인을 받아 회의를 소집할 수 있다.

제48조 (이사회의 부의할 사항) 다음에 게기하는 사항은 이사회에 부의한다.

1. 업무집행에 관한 사항
2. 사업계획의 수립
3. 세입세출의 예산 및 결산의 승인에 관한 의안
4. 정관변경 및 법인 해산에 관한 의한
5. 총회에서 위임받은 사항
6. 재산의 처분, 매도, 증여, 기채, 담보, 대여, 취득 등 재산관리에 관한 사항
7. 기타 법인운영 및 회무집행에 관하여 이사장이 부의한 사항

[유례] 공익법인의 경우

1. 예산, 결산, 차입금 및 재산의 취득, 처분과 관리에 관한 사항
2. 정관변경에 관한 사항
3. 법인의 해산에 관한 사항
4. 임원의 임면에 관한 사항
5. 수익사업에 관한 사항
6. 기타 법령이나 정관에 의하여 그 권한에 속하는 사항

※ 공익법인의 경우에는 위 사항은 반드시 이사회에서 심의결정해야 한다.

제49조 (이사회 의결정족수)

① 이사회는 재적이사 과반수의 출석과 출석이사 과반수의 찬성으로 의결한다.

② 이사회에 참석하지 못할 때에는 위임장으로 다른 이사에게 위임하여 의결권을 행사할 수 있다.

제50조 (의사록) 회의의 의사에 관하여는 다음에 게기하는 사항을 기재한 의사록을 작성하여 의장과 출석한 이사가 기명 날인하여야 한다.

1. 회의일시 및 장소
2. 회원 또는 이사의 현재 수
3. 출석한 회원 또는 이사의 수(표결권을 위임한 회원 또는 이사 포함)
4. 의결사항
5. 의사의 경과요령 및 발언자의 발언요지

제6장 사 무 국(사무국을 둔 경우)

제51조 (사무국) 이 법인이 업무를 처리하기 위하여 사무국을 두고 사무국장 1인과 직원 약간 명을 둘 수 있다.

제52조 (직원)

① 사무국장은 이사회의 동의를 얻어 이사장이 임명한다.

② 사무국장은 이사장의 지시를 받아 법인의 제반업무를 처리하고 이사회에 출석하여 발언할 수 있다.

③ 사무직원은 이사장이 임명한다.

제53조 (사무국장의 임기) 사무국장의 임기는 3년으로 한다.

제7장 정관의 변경 및 해산

제54조 (정관의 변경) 이 정관은 총회에서 회원 3분의 2 이상의 동의를 얻고 주무관청의 허가를 받아 이를 변경할 수 있다.

제55조 (해산, 잔여재산의 처분)

① 본회는 민법 제77조 및 제78조의 규정에 의하여 해산한다.

② 총회원의 4분의 3 이상의 출석과 출석회원 3분의 2 이상의 찬성으로 법인을 해산할 수 있다.

③ 본회가 해산한 때의 잔여재산은 총회의 결의를 거쳐 주무관청의 허가를 받아 본회의 유사한 목적을 가진 다른 단체에 출연한다.

※ 민법 제78조는 정관으로 달리 정하지 아니하는 한 해산결의는 총사원의 4분의 3 이상의 동의가 필요하다. 그러나 재단법인은 사원총회가 없으므로, 사원의 결의에 의한 법인의 해산은 있을 수 없다.

제8장 부 칙

제1조 (시행세칙) 이 정관의 시행에 필요한 시행세칙은 이사회의 결의에 의하여 이를 따로 정한다.

제2조 (설립당초의 임원 및 그 임기)

① 본회의 설립당초의 이사 및 감사는 다음 사람이 된다.

이사(이사장) O O O

이사(상무이사) O O O

이사 O O O

이사 O O O

이사 O O O

감사 O O O

② 제23조의 규정에 불구하고 설립당초의 이사의 임기는 20OO년 12월 31일, 감사의 임기는 20OO년 12월 31일까지로 한다.

※ 설립당초의 임원은 정관으로 정함이 보통이나 그렇지 아니한 경우에는 사단

법인의 경우에는 창립총회, 재단법인의 경우에는 설립자가 선임할 수도 있다.

제3조 (사업계획, 수지결산보고) 다음년도 사업계획서 및 예산서, 해당연도 사업실적서와 수지결산서는 회계연도 종료 후 2개월 이내에 재산목록, 사업현황, 감사보고서 등을 첨부하여 주무관청에 제출하여야 한다.

제4조 (시행일) 이 정관은 법인설립등기일로부터 시행한다.

위 사단법인 OO회를 설립하기 위하여 이 정관을 작성하고 설립자 전원이 이에 기명 날인하다.

20OO년 O월 O일

설립자 O O O (인)
설립자 O O O (인)
(설립자 전원이 연기명 날인)

※ 사단법인의 설립자(발기인)은 반드시 2인 이상이어야 하나, 재단법인의 설립자는 1인이어도 무방하다.
(이하 재산목록 기재는 생략함)

[주] 1. 사단법인의 설립자(발기인)은 2인 이상이어야 하나, 재단법인의 설립자는 1인이어도 무방하다.
2. 맨 앞장에는 허가서 공문을 첨부해야 한다.
3. 정관 장수마다 주무관청의 간인을 날인하여야 하고, 설립자의 인감도장은 간인은 하지 말고 말미에만 날인한다. 위 정관에는 사단법인의 법인도장을 날인할 곳이 없다.
4. 위 정관은 공증이 필요없다.

[첨부서류 3] 창립총회의사록

창립총회의사록

20OO년 O월 O일 OO시 OO분, OO시 OO구 OO로 OO(OO동) 창립사무소에서 창립총회를 개최하다.

총사원수 O명　　출석사원수 O명

설립자대표 OOO는 위와 같이 법정수에 달하는 사원이 출석하여 본 총회가 적법하게 성립되었음을 알리고 회의 진행을 위하여 의장을 선임하여 줄 것을 요구한 바, 참석사원 전원일치 합의로 설립자대표 OOO를 의장으로 선임한 즉, 동인은 즉석에서 그 취임을 승낙하고 개회를 선언한 후 다음의 의안에 관하여 심의를 구하다

제1호　의 안　창립총회 보고의 건

의장은 이 법인을 설립하기 위하여 의장 외 O명이 발기인이 되어 설립에 필요한 소정의 절차를 완료하고 이 법인 설립취지와 사업목적에 찬성하는 발기인 여러분의 성원에 힘입어 오늘 총회를 개최하게 된 경위를 설명하고 상세히 그 경과를 보고하다.

제2호　의 안　정관 승인의 건

의장은 별지 정관을 낭독하고 축소설명을 가한 후, 그 승인 여부를 물은 바, 참석사원 전원의 찬성으로 원안대로 승인하여 가결하다.

제3호　의 안　임원 선임의 건

의장은 이사장 및 이사 O인, 감사 O인을 정관의 규정에 따라 선임할 필요성이 있음을 설명하고 그 선임방법을 물은 바, 무기명 비밀투표로 선출하자는 제안이 있자 참석사원 전원 이의 없이 그에 찬동하여 즉시 투표를 행한 결과 다음과 같이 선출되다.

이사(이사장)	O	O	O (OOOOOO－OOOOOOO)
이사(상무이사)	O	O	O (OOOOOO－OOOOOOO)
이사	O	O	O (OOOOOO－OOOOOOO)
이사	O	O	O (OOOOOO－OOOOOOO)
감사	O	O	O (OOOOOO－OOOOOOO)

위 피선자들은 즉석에서 각 그 취임을 승낙하다.

제4호　의 안　사무소 및 분사무소 설치장소 결정의 건

의장은 본회의 사무소와 분사무소를 다음 장소에 설치함이 상당하다는 취지를 설명하고 그 가부를 물은 바, 전원 이의 없이 찬성하여 그를 승인 가결하다.

사 무 소 : OO시 OO구 OO로 OO(OO동)

분사무소 : OO시 OO구 OO로 OO(OO동)

제5호 의 안 사업계획서 및 수지예산표 승인의 건

의장은 별지 사업계획서 및 수지예산표에 대한 내역을 상세히 설명하고, 그 승인 여부를 물은 바, 참석사원 전원 이의 없이 이를 원안대로 승인 가결하다.

의장은 이상으로서 회의목적인 의안 전부의 심의를 종료하였으므로 폐회한다고 선언하다(회의종료시각 : OO시 OO분).

위 의사의 경과와 결의를 명확히 하기 위하여 이 의사록 3통을 작성하여 의장과 출석한 발기인이 다음과 같이 기명 날인하다.

20OO. O. O.

사단법인 OOO회
OO시 OO구 OO로 OO(OO동)
의장겸 이 사 장 O O O (인)
상무이사 O O O (인)
이 사 O O O (인)

[첨부서류 4] 이사회의사록

이 사 회 의 사 록

1. 개최일시 : 20OO년 O월 O일 OO시 OO분
1. 개최장소 : OO시 OO구 OO로 OO(OO동) 당 법인 사무실
1. 이사총수 : O명
1. 출석이사수 : O명
1. 감사총수 : O명
1. 출석감사수 : O명

최연장자인 이사 OOO는 위와 같이 법정수에 달하는 이사가 출석하였으므로 본 이사회가 적법히 개최되었음을 알리고 의장을 선출하여 줄 것을 요구한 바, 출석이사 전원일치로 이사 OOO를 의장으로 선출하니 동인은 의장석에 등단하여 다음 의안을 부의하고 심의를 구하다.

제1호 의 안 이사장 선임의 건

의장은 이사 중에서 본회를 대표할 이사장을 선임해야 한다는 취지를 말한 바, 출석이사 전원 진지하게 토의한 결과 만장일치로 다음과 같이 본회를 대표할 이사를 선임하다.

이사장 O O O (OOOOOO－OOOOOOO)
OO시 OO구 OO로 OO(OO동)

위 피선자는 즉석에서 취임을 승낙하다.

[유례] 의상은 이사 중에서 본회를 대표할 이사를 선임해야 한다는 취지를 말하다. 이사 OOO로부터 이사 OOO를 본회를 대표할 이사로 추대하자는 취지의 발언이 있고 이사 OOO의 동의가 있고, 전원 그에 찬동하여 다음과 같이 본회를 대표할 이사를 선임하다.

이사장 O O O (OOOOOO－OOOOOOO)
OO시 OO구 OO로 OO(OO동)

피선자는 즉석에서 취임을 승낙하다.

제2호 의 안 사무소 및 분사무소 설치장소 결정의 건

의장은 본회의 사무소와 분사무소를 다음 장소에 설치함이 상당하다는 취지를 설명하고 그 가부를 물은 바 전원 이의 없이 찬성하여 그를 승인 가결하다.

사 무 소 : OO시 OO구 OO로 OO(OO동)
분사무소 : OO시 OO구 OO로 OO(OO동)

의장은 이상으로서 회의목적인 의안 전부의 심의를 종료하였으므로 폐회한다고 선언하다(회의종료시각 : OO시 OO분).

위 결의를 명확히 하기 위하여 이 의사록을 작성하고 의장과 출석한 이사가 기명날인하다.

2000. O. O.

사단법인 OOO회
OO시 OO구 OO로 OO(OO동)
의장겸 이 사 장 O O O (인)
상무이사 O O O (인)
이 사 O O O (인)

[첨부서류 5] 재산목록

재 산 목 록

1. 자산의 부
   (1) 기본재산 금 OOO원
      가. 토지(회관부지) OO㎡, 금 OOO원
      나. 건물(회관건물) OO㎡, 금 OOO원
   (2) 보통재산 금 OOO원
      가. 현금 금 OOO원
      나. 예금 금 OOO원
      다. 유가증권 금 OOO원
      라. 비품, 기타(자동차, 사무용품 등) 금 OOO원
   자산의 총액 금 OOOOO원

2. 부채의 부
   (1) 차입금 금 OOO원
   (2) 미불금 금 OOO원
   (3) 전수금 금 OOO원
   부채의 총액 금 OOOOO원

3. 순재산의 총액 금 OOOOO원

위는 설립당초의 당 법인의 재산목록임.

2000년 0월 0일

사단법인 000회
이사 0 0 0 (인)

[첨부서류 6] 법무부가 제공하는 법인 관련 재산목록 서식

재 산 목 록

재산구분		수 량	소재지	평가액(원)	취득원인	비 고
기본재산	현 금	계좌				예치금
	주 식	주				
	채 권					
	【동산 소계】					기업(법인)체 포함
	건 물	m				
	전(田)	m				
	답(沓)	m				
	대(垈)	m				
	임야(林野)	m				
	기 타					
	【부동산 소계】					
	기 타					
	【합 계】					
보통재산	현 금					
	【합 계】					
【총 계】						

작성자 : 사단법인 0000 발기인 대표 000 (날인 또는 서명)
재단법인 0000 출연자 000 (날인 또는 서명)

[첨부서류 7] 회원명부

회 원 명 부

2000년 0월 0일 현재

번호	성 명	주 소	직업	주민등록번호	비고

[주] 이 회원명부는 등기신청서에 첨부할 서류는 아니다.

[첨부서류 8] 취임승낙서

취 임 승 낙 서

본인은 2000년 0월 0일 창립총회(또는 이사회)에서 이사장(또는 이사, 감사)로 선임되었으므로 그 취임을 승낙합니다.

2000년 0월 0일

이사장(또는 이사, 감사) 0 0 0 (인)
(000000－0000000)
00시 00구 00로 00(00동)

사단법인 OOO회 귀중

[주] 취임승낙서에는 인감을 날인하고 인감증명서 및 주민등록등(초)본을 첨부하여야 한다.

[첨부서류 9] 인감신고서

인감·개인(改印) 신고서

(신고하는 인감날인란) (인감제출자에 관한 사항)

상호(명 칭)		사단법인 OOOO	등기번호	
본점(주사무소)		OO시 OO구 OO로 OO(OO동)		
인감제출자	자격/성명	이사장 O O O		
	주민등록번호	OOOOOO-OOOOOOO		
	주 소	OO시 OO구 OO로 OO(OO동)		

□ 위와 같이 인감을 신고합니다. □ 위와 같이 개인(改印)하였음을 신고합니다.

년 월 일 (인감 날인란)

신고인 본 인 성 명 (인)

대리인 성 명 (인)

지방법원 등기소 귀중

주 1. 개인인감 날인란에는 「인감증명법」에 의하여 신고한 인감을 날인하고 그 인감증명서(발행일로부터 3개월 이내의 것)를 첨부하여야 합니다. 개인(改印)신고의 경우, 개인인감을 날인하는 대신에 등기소에 신고한 유효한 종전 인감을 날인하여도 됩니다. 또한 인감제출자가 기명날인 또는 서명하였다는 공증인의 인증서면으로 갈음할 수 있습니다.

2. 인감·개인신고서에는 신고하는 인감을 날인한 인감대지를 첨부하여야 합니다.

3. 지배인이 인감을 신고하는 경우에는 인감제출자의 주소란에 지배인을 둔 장소를 기재하고, 「상업등기규칙」 제35조제3항의 보증서면(영업주가 등기

소에 신고한 인감 날인)을 첨부하여야 합니다. 위 보증서면은 아래의 보증서면란에 기재하는 것으로 갈음할 수 있습니다.

보 증 서 면

위 신고하는 인감은 지배인 OOO의 인감임이 틀림없음을 보증합니다.

대표이사 (법인인감)

위 임 장

성 명 : 주민등록번호(-)
주 소 :

위의 사람에게, 위 인감신고 또는 개인신고에 관한 일체의 권한을 위임함.

20 년 월 일

인감(개인) 신고인 성 명 **(인)**

[주] 1. 이 인감신고서는 등기소에 제출하는 것으로서, 인감크기는 변의 길이가 2.4센티미터 정사각형 안에는 들어갈 수 있고, 1센티미터 정사각형 안에는 들어갈 수 없는 것이어야 한다.
2. 인감을 분실할 경우에는 개인신고를 할 수 있다.

[첨부서류 10] 인감대지

인 감 대 지

	신고하는 인감날인란	상 호(명 칭) : 사단법인 OOOOO 자격 및 성명 : 이사장 O O O 주민등록번호 : OOOOOO-OOOOOOO

[주] 1. 자격은 대표이사(이사), 이사장, 지배인, 대리인, 상호사용자, 무능력자, 법정대리인 등으로 기재한다.
2. 현행 상업등기규칙에는 인감대지의 규격이 정하여져 있지 아니하나 인감대지의 규격은 가로 16센티미터 세로 4센티미터로 하는 것이 좋다.

[첨부서류 11] 인감카드 등(재)발급신청서

인감카드 등 (재)발급신청서

상 호(명 칭)			등기번호	
본 점(주사무소)				
인감 제출자	사석 / 성명			
	주민등록번호			

발급사유	□ 최초발급 □ 카드분실 □ 카드훼손 □ 인감증명서발급기능 □ 기타 ( )		
매체구분	□ 인감카드 □ HSM USB	인감카드 비밀번호	(변경후 :)
수 수 료	금 원	납부번호	

위와 같이 인감카드 등의 (재)발급을 신청합니다.

년 월 일 (인감 날인란)

신청인 인감제출자 (본 인) 성 명 (인) (전화 :)
(대리인) 성 명 (인) (전화 :)

지방법원 등기소 귀중

접수번호		인감카드번호	

주 1. 인감카드 비밀번호란에는 (재)발급받아 사용할 인감카드의 비밀번호를 기재하며, 아라비아숫자 6자릿수를 기재하여야 합니다. 다만, 인감카드 재발급의 경우에는 기

존 인감카드의 비밀번호와 재발급받아 사용할 인감카드의 비밀번호(변경 후)를 기재하여야 합니다.

2. 인감카드의 (재)발급을 신청하는 경우에는 등기소에 제출한 인감을 날인하여야 합니다. 다만, 인감카드 재발급의 경우 기존 인감카드 비밀번호를 기재할 수 없을 때에는 인감제출자 본인은 신분증명서 사본을, 위임에 의한 대리인은 인감제출자가 「인감증명법」에 따라 신고한 인감을 신청서에 날인하고 그 인감증명서 및 대리인의 신분증명서 사본을 각각 첨부하여야 합니다.
3. 인감카드의 재발급을 신청할 때에는 「등기사항증명서 등 수수료규칙」으로 정하는 수수료를 납부하여야 합니다. 다만, 인감카드를 반납할 때에는 수수료를 납부할 필요가 없습니다.

위 임 장

성 명 : 주민등록번호(-)
주 소 :

위의 사람에게, 위 (재)발급신청서에 기재된 인감카드 등의 발급신청과 그 수령 등에 관한 일체의 권한을 위임함.

20○○년 ○월 ○일

인감신고인 성 명 (인) (전화)

[첨부서류 12] 전자증명서발급신청서

전 자 증 명 서 발 급 신 청 서

상호(명칭)		등기번호	
본점(주사무소)		관할등기소	
지점(분사무소)		관할등기소	

<table>
<tr><td rowspan="4">신
청
인</td><td>자격 / 성명</td><td></td><td>주민등록번호</td><td colspan="2"></td></tr>
<tr><td>주 소</td><td colspan="4"></td></tr>
<tr><td>전화번호</td><td colspan="4"></td></tr>
<tr><td>전자우편주소</td><td colspan="4"></td></tr>
<tr><td colspan="2">지배인의 발급신청에 대한 대표자의 확인</td><td colspan="2">지배인 ○○○의 전자증명서 발급신청을 확인함</td><td colspan="2">대표자 ○○○ (법인인감)</td></tr>
</table>

발 급 사 유	☐ 신규발급 ☐ 변경발급 ☐ 갱신발급 ☐ 초기화발급		
수수료	금 원	납부번호	

법무법인·법무법인(유한)·법무사합동법인의 지배인	☐ 법무사 ☐ 변호사	자격등록번호	

위와 같이 전자증명서의 발급을 신청합니다.

년 월 일

신청인 본 인 성 명 (법인인감)
대리인 성 명 (명 칭) (인) (전화 :)
(자격등록번호 :)

지방법원 등기소 귀중

접수번호		첨부서면	1. 신분증명서 2. 자격을 증명하는 서면의 사본

주 1. 신청인란에는 대표이사 등 전자증명서를 발급받는 사람에 관한 사항을 기재합니다.
2. 전자증명서의 비밀번호는 아라비아숫자 6개 내지 8개로 구성하며 인감증명서 발급용 비밀번호는 아라비아숫자 6개로 구성합니다.
3. 변경발급 또는 갱신발급의 경우에는 전자증명서를 제시하여야 하나, 신청서 또는 위임장에 법인인감이나 개인인감을 날인할 필요는 없습니다.
4. 전자증명서를 신규발급 또는 초기화발급 받은 경우에는 발급일부터 10일 이내에 대법원 인터넷등기소(http://www.iros.go.kr)에서 이용등록을 하여야 합니다.
5. 대리인의 자격등록번호, 법무법인·법무법인(유한)·법무사합동법인의 지배인이 자격자 대리인인 경우 그 자격등록번호를 기재하여야 합니다.

위 임 장

성 명 (명 칭) :
사무소 소재지 :

위 사람에게, 전자증명서 발급신청과 그 수령 등에 관한 일체의 권한을 줌.

20 년 월 일

위임인 성 명 (법인인감)

[서식 3] 재단법인 설립등기신청서

<table>
<tr><td colspan="5">재단법인설립등기신청</td></tr>
<tr><td rowspan="2">접 수</td><td>년 월 일</td><td rowspan="2">처 리 인</td><td>등기관 확인</td><td>각종 통지</td></tr>
<tr><td>제 호</td><td></td><td></td></tr>
</table>

<table>
<tr><td>등 기 의 목 적</td><td colspan="3">재단법인의 설립</td></tr>
<tr><td>등 기 의 사 유</td><td colspan="3">재단법인을 설립하기 위하여 정관을 작성하고 (20○○년 ○월 ○일 창립총회를 마치고) 20○○년 ○월 ○일 주무관청의 허가를 얻었으므로 다음 사항의 등기를 구함.</td></tr>
<tr><td>설 립 허 가 서
도 착 연 월 일</td><td colspan="3">20○○년 ○월 ○일</td></tr>
<tr><td>주사무소/분사무소
신청구분</td><td>1.주사무소 신청 □</td><td>2.분사무소 신청 □</td><td>3.주·분사무소 일괄신청 □</td></tr>
<tr><td colspan="4">등 기 할 사 항</td></tr>
<tr><td>명 칭</td><td colspan="3">재단법인 ○○○회</td></tr>
<tr><td>주 사 무 소</td><td colspan="3">○○시 ○○구 ○○로 ○○(○○동)</td></tr>
<tr><td>이사의 성명 및
주민등록번호</td><td colspan="3">이사 ○ ○ ○ (○○○○○○-○○○○○○○)</td></tr>
</table>

	이사 ○ ○ ○ (○○○○○○-○○○○○○○) 이사 ○ ○ ○ (○○○○○○-○○○○○○○)
이사의 대표권에 대한 제한	이사 ○ ○ ○ (○○○○○○-○○○○○○○) ○○시 ○○구 ○○로 ○○(○○동) 외에는 대표권 없음
등 기 할 사 항	
목 적	본회는 ○○○○○○ 를 행함을 목적으로 한다. 위 목적을 달성하기 위하여 다음 사업을 행한다. 1. ○○○○의 설치 운영 1. ○○○○의 연구 및 조사 1. ○○○○의 장학사업 1. 위 각 호에 관련된 부대사업
분 사 무 소	경기도 ○○시 ○○구 ○○로 ○○(○○동)
설립허가연월일	20○○년 ○월 ○일
존립기간 또는 해산사유	법인성립일로부터 만 20년 (또는 해산사유 : 본 법인을 해산하고자 할 때에는 총회 또는 이사회에서 재적구성원 3분의 2 이상의 찬성으로 의결하여 주무관청의 허가를 받아야 한다)
자산의 총액	금 ○○○○○원
출 자 방 법	1. 출연금품 1. 찬조금 1. 기타 수입금
기 타	해당 없음

신청등기소 및 등록면허세/수수료						
순번	신청등기소	구분	등록면허세	농어촌특별세	세액합계	등기신청수수료
			지방교육세			
			금 원	금 원	금 원	금 원
			금 원			

<table>
<tr><td rowspan="2">합 계</td><td></td><td rowspan="2"></td><td rowspan="2"></td><td rowspan="2"></td></tr>
<tr><td></td></tr>
<tr><td colspan="2">등기신청수수료 납부번호</td><td colspan="3"></td></tr>
<tr><td>과 세 표 준 액</td><td colspan="4">금 원</td></tr>
<tr><td colspan="5">첨 부 서 면</td></tr>
<tr><td colspan="2">1. 정관 1통
1. 임원자격증명서(선임서) 각 1통
1. 취임승낙서와 인감증명서 각 1통
1. 주민등록표등(초)본 통
1. 이사회의사록(필요한 경우) 1통
1. 주무관청 설립허가서 또는 인증 있는 허가서 등본 1통</td><td colspan="3">1. 자산총액증명서(재산목록) 1통
1. 인감신고서 및 인감증명서 각 1통
1. 법인인감카드발급신청서 1통
1. 등록면허세영수필확인서및통지서 1통
1. 위임장(대리인이 신청할 경우) 1통</td></tr>
<tr><td colspan="5">년 월 일

신청인 명 칭
주사무소
대표자 성 명 (인) (전화 :)
주 소
대리인 성 명 (인) (전화 :)
주 소

지방법원 등기소 귀중</td></tr>
</table>

- 신청서 작성요령 -

1. 해당란이 부족할 때에는 별지를 이용합니다.
1. 해당 등기신청과 관계없는 사항에 대하여는 "해당없음"으로 기재하거나 삭제하고, 필요한 사항은 추가 기재합니다.
1. 「인감증명법」에 따른 인감증명서 제출과 함께 관련 서면에 인감을 날인하여야 하는 경우, 본인서명사실확인서를 제출하고 관련 서명을 하거나 전자본인서명확인서 발급증을 제출하고 관련 서면에 서명을 하면 인감증명서를 제출하고 관련 서면에 인감을 날인한 것으로 봅니다.

(용지규격 21㎝ × 29.7㎝)

[주] 1. 등기의 사유 중 ( )안의 사유는 설립당초의 이사를 정관에서 정하지 아니하여 이사선임을 위한 창립총회를 별도로 개최한 경우에 한하여 기재한다.

2. 설립허가서도착연월일은 주무관청으로부터 허가서가 도달한 다음날부터 등기기간을 기산하므로 이를 확인하기 위하여 기재한다(교부받은 경우는 교부일자임).

3. 민법상 법인의 명칭에 관해서는 상법상 회사의 경우(상법 19조)와는 달리 그 명칭 중에 반드시 법인의 종류를 표시하는 사단법인 또는 재단법인이라는 문자를 사용해야 한다는 명문규정이 없으나 법인의 종류를 쉽게 알 수 있게 하기 위하여 그 명칭 중에 사단법인 또는 재단법인이라는 문자를 병용하는 것이 일반적이다.

등기부상 로마자 등의 표기를 병기하고자 할 경우(대법원 등기예규 제1543호)는 명칭 오른쪽에 괄호를 사용하여 병기할 수 있으며, 병기되는 로마자 등의 표기는 반드시 정관에 기재되어 있어야 한다.

4. 주사무소는 창립총회 등에서 정한 주된 사무소소재지를 기재하며, 정관에는 소재지의 최소행정구역을 표시함으로서 족하지만 신청서에는 그 소재지번까지 모두 기재하여야 한다.

5. 이사의 성명 및 주민등록번호란에는 정관에서 정한 또는 창립총회에서 선출된 이사의 성명·주민등록번호를 기재하고, 주민등록번호가 없는 재외국민 또는 외국인의 경우에는 주민등록번호 대신 생년월일을 기재하여야 한다. 외국인의 성명은 국적과 원지음을 한글 등으로 기재한 후, 괄호를 사용하여 로마다 등의 표기를 병기할 수 있다{예 : 이사 미합중국 존에프케네디(John. F. Kennedy)}. 이사의 수와 임기는 제한이 없으며 정관으로 정한 바에 따른다.

6. 이사가 수인인 때에는 이사 각자가 단독대표함이 원칙이나 정관이나 창립총회에서 그 대표권을 제한할 때에는 그 대표권자만이 법인을 대표할 수 있으며 그 제한규정은 등기하지 아니하면 제3자에게 대항할 수 없다. 실무상 특정 이사에게만 대표권을 주거나 수인으로 하여금 공동으로 대표를 정하는 것으로 대표권을 제한하고 있으며 이에 관한 사항을 기재한다. 민법법인의 감사는 등기사항이 아니다.

7. 목적은 비영리목적이기만 하면 되고 반드시 공익목적이어야 하는 것은 아니다. 정관에서 그 법인의 목적과 법인이 영위하고자 하는 사업의 종류를 별도의 조항으로 규정하고 있는 경우에는 목적조항에 기재된 사항뿐 아니라 사업의 종류 조항에 기재된 사항도 아울러 기재하여 특정하여야 하며 사업의 종류는 내용을 명확히 알 수 있도록 구체적으로 기재해야 한다.

8. 분사무소는 정관에 분사무소를 정한 경우 또는 창립총회에서 분사무소를 설치하였을 때 기재하며, 주사무소와 동일하게 소재 지번까지 기재하여야 한다.

설립등기시 본·지점 일괄신청을 하지 않았을 경우, 설립등기 후 3주 이내에 분사무소 소재지 관할등기소에서 분사무소설치 등기신청을 하여야 한다.

9. 설립허가연월일은 주무관청의 설립허가서에 기재된 허가일자(수개의 관청의 허가를 받은 때에는 최종허가관청의 허가일자)를 기재한다.
10. 존립시기 또는 해산사유를 정관에 정하여진 경우에 한하여 기재하며, 존립시기는 특별한 사정이 없는 한 정할 필요가 없다.
11. 자산의 총액이란 적극재산에서 소극재산을 공제한 액을 의미한다. 재단법인의 경우에는 설립당초부터 자산의 존재가 반드시 필요하지만 사단법인의 경우에는 설립당초에는 자산이 전혀 없어도 무방하다. 그러나 자산의 총액이 등기사항으로 규정되어 있으므로 이를 O으로 기재하여야 한다.
12. 출자의 방법은 정관에 정해진 출자에 관한 규정의 내용 중 그에 관한 사항을 기재한다. 다만 출연금품이나 기타 자산에서 생기는 과실은 출자에 속하지 않는다. 그리고 회비의 출자는 사단법인의 경우에 한한다.
13. 등록면허세는 과세표준액(자산의 총액)금 1,000분의 2이고, 등록면허세액의 최저액이 112,500원 미만인 경우에는 이를 112,500원(지방교육세 22,500원은 별도임)을 하나, 대도시내에서 설립등기를 신청하는 경우에는 당해 세율의 3배의 등록면허세를 납부하여야 한다. 여기서 대도시라 함은 수도권정비계획법 시행령 제9조 별표 1에 지정되어 있는 권역을 의미한다. 지방교육세는 100분의 20이다. 다만 설립과 동시에 분사무소를 설치하는 경우 주사무소에서는 설립에 관한 등록면허세만을 납부하면 된다.
    조세특례제한법과 지방세법에 의하여 등록면허세가 감면되는 경우에는 농어촌특별세도 그 감면등록면허세의 100분의 20을 납부하여야 한다.
    등기신청수수료는 설립의 경우 30,000원(서면방문), 25,000원(전자표준양식), 20,000원(전자신청)이다.
14. 과세표준은 자산의 총액을 기재한다.
15. 이사의 임명에 관하여는 민법에 구체적인 규정이 없고 정관에 정하도록 규정하고 있으며, 통상 사단법인의 경우에는 사원총회, 재단법인의 경우에는 이사회에서 선임하도록 규정하고 있다.
    등기신청시에는 정관으로 정한 방법으로 선임된 이사의 자격을 증명하는 서면으로서 재단법인의 경우에는 설립자의 이사선임서 등을 첨부할 것이나, 설립당초부터의 이사를 정관으로 정한 때에는 이를 따로 첨부할 필요 없이 정관의 기재를 원용하면 된다. 민법상 법인의 등기신청서에 첨부하는 의사록은 공증인의 인증을 받아야 한다(공증 제60조의2 1항, 4).
16. 이사회의사록은 대표권 있는 이사의 자격을 증명하는 서면으로서, 그리고 정관에서 주사무소를 최소행정구역까지만 정한 경우 그 주사무소를 정한

서면으로서 필요한 것이다. 대표권 있는 이사를 정관으로 정하거나, 정관에서 주사무소의 주소를 확정적으로 정한 경우에는 이를 따로 첨부할 필요가 없고, 정관에서 이사회의 권한으로 정하고 그 사항을 이사회에서 결의한 경우 이사회의사록을 첨부하여야 한다.

17. 등기신청 서류 중 외국어로 작성된 문서는 이를 번역하여 번역문을 첨부하여야 하며, 번역인의 자격에는 제한이 없으나 번역인의 성명, 주소를 기재하고 기명날인 또는 서명하여야 한다(번역문은 공증 받을 필요는 없음).
18. 이사의 취임승낙서 등에 대하여, 설립당초의 이사를 정관으로 정한 때에도 취임승낙서는 따로 첨부해야 한다. 취임승낙서에는 본인의 진의를 확인할 수 있도록 인감증명법에 의하여 신고한 인감을 찍고 그 인감증명서(발행일로부터 3월 이내의 것)을 첨부하거나, 그 서면에 본인이 기명날인 또는 서명하였다는 공증인의 공증서면을 첨부하여야 한다.

    취임하는 자가 외국인인 경우에는 그 서면에 본국 관공서에 신고한 인감을 날인하고 그 인감증명서를 첨부하거나 그 서면에 본인이 서명하였다는 본국 관청의 증명서면을 첨부할 수 있으며, 본국에 인감증명제도가 없는 외국인의 경우에는 본인이 취임승낙서에 서면을 하였다는 본국 관공서의 증명서면이나 본국 또는 우리나라 공증인의 공증서면으로 대신할 수 있다. 대표권 없는 이사의 경우 공증 받은 창립총회의사록상에 취임승낙의 뜻이 기재되고 기명날인이 되었을 때는 인감증명서를 제출할 필요가 없다.
19. 이사는 주민등록번호, 대표권 있는 이사는 주소와 주민등록번호를 등기하여야 하므로 이를 소명하는 주민등록등(초)본을 첨부하여야 한다.

    대표권 제한으로 인하여 대표권 없는 이사는 주민등록증 사본, 자동차운전면허증 사본으로도 가능하다.
20. 민법상의 법인은 반드시 주무관청의 허가를 받아야 하며 설립등기시 첨부서면으로 허가서 또는 허가기관이 인증한 등본을 첨부하여야 한다. 허가서 원본을 제출한 경우 허가서 사본에 대하여 등기관이 원본대조필을 한 후 원본을 반환받을 수 있다.
21. 등기신청서에 기명날인할 사람(법인의 대표자 등)은 미리(설립등기와 동시에) 등기소에 인감을 제출하여야 한다. 인감신고서에는 인감증명법에 의하여 신고한 인감을 날인하고 발행일로부터 3개월 이내의 인감증명서를 첨부하여야 한다. 또한 인감신고서와 인감대지도 함께 제출하여야 한다.
22. 이 등기는 법인을 대표할 이사가 신청해야 한다.
23. 위임장은 대리인에 의하여 신청하는 경우에 한하여 첨부한다.
24. 법인인감증명서는 법인인감카드 또는 전자증명서(HSM USB)로 발급받을 수 있으므로 설립등기 완료 후 법인인감도장을 지참하여 법인인감카드 또는 전

자증명서(HSM USB)를 발급받도록 한다.

[첨부서류 1] 재단법인 정관례

재단법인 OOO회 정관

제 1 장 총 칙

제1조 (명칭) 본 법인은 "재단법인 OOO회"(이하 "본회"라 한다)이라 한다.

※ 민법법인은 법령상 사용이 금지된 명칭 이외에는 그 명칭 선택에 있어서 아무런 제한이 없으나 "OO청"처럼 국가기관으로 오인될 우려 있는 명칭이나, 타인이 등기한 명칭과 동일하거나 상호 혼동될 우려 있는 명칭은 사용하지 않는 것이 상당하다.

명칭에서 법인의 종류를 정하지 아니하면 등기시에 등기관이 이를 기재하여야 하므로 상법 제19조와 같은 명문규정은 없으나 법인의 종류를 쉽게 알 수 있도록 그 명칭 중에 사단법인 또는 재단법인의 문자를 병용함이 상당하다.

제2조 (사무소와 분사무소) 본회는 사무소를 OO시 OO구 OO로 OO(OO동)에 두고 분사무소를 OO시 OO구 OO로 OO(OO동)에 둔다.

[유례] 본회는 사무소를 OO시내에 둔다.

[유례] 본회는 사무소를 OO시내에 두고 분사무소를 OO시내에 둔다.

제3조 (목적) 본회는 … 함을 목적으로 한다.

※ 민법법인의 목적은 비영리목적이어야 하나, 반드시 공익목적이어야 하는 것은 아니고 비영리, 비공익목적도 상관없으며, 다만, 비영리사업의 목적달성을 위한 수단으로서 필요한 수익사업을 할 수 있으므로 이때에는 주무관청의 허가를 받아서 할 수 있다.

제4조 (사 업) 본회는 전조의 목적을 달성하기 위하여 다음 사업을 행한다.

1. OOOO의 설치 운영
2. OOOO의 연구 및 조사
3. OOOO의 공동구입 및 판매알선
4. OOOO의 연구조사
5. 기타 위 각 호에 부대하는 사업

제 2 장 자산 및 회계

제5조 (출자방법) 본회의 출자방법은 다음과 같다.

1. 출연금품
2. 찬조금
3. 기타 수입금

제6조 (자산의 구성) 본회의 자산은 다음 각 호에 게기한 것으로 구성한다.

1. 별지 목록 기재의 재산
2. 회비
3. 자산으로부터 생기는 과실
4. 사업에 따른 수입
5. 기타 수입

제7조 (자산의 종류)

① 본회의 자산은 이를 기본재산과 보통재산 2종으로 한다.

② 기본재산은 다음 각 호에 게기한 것으로 하되 이를 처분하거나 담보로 제공할 수 없다. 다만, 부득이한 사유가 있는 때에는 이사총수의 3분의 2 이상의 동의를 얻어 주무관청의 허가를 받아 그 일부를 처분하거나 담보로 제공할 수 있다.

1. 별지 목록 기재의 재산 중 기본재산으로 기재된 재산
2. 기본재산으로 하기로 지정하여 출연된 재산
3. 이사회에서 기본재산으로 하기로 결의한 재산

③ 보통재산은 기본재산의 원본 이외의 재산으로 한다.

제8조 (경비지출) 본회의 경비는 보통재산에서 지출한다.

제9조 (자산의 관리) 본회의 자산은 이사회의 결의에 의하여 정한 관리방법에 따라 이사장이 관리한다.

제10조 (현금보관) 자산 중에서 현금은 금융기관에서 예치하거나 국채 또는 공채 등 확실한 유가증권으로 바꾸어 보관한다.

제11조 (잉여금의 처분) 회계연도 말에 잉여금이 생긴 때에는 이사회의 결의에 따라 그 전부 또는 일부를 기본재산으로 하거나 다음 회계연도에 이월시킨다.

제12조 (예산의 의결, 결산의 승인)

① 본회의 매년도 세입세출예산은 연도개시 전에 이사회의 결의에 의하여 이를 정한다.

② 세입세출결산은 연도 종료 후 1월 내에 연도말 현재의 재산목록과 함께 감사의 감사를 거쳐 이사회의 승인을 받아야 한다.

제13조 (특별회계)

① 본회는 수익사업을 행하거나 또는 기타 필요한 때에는 이사회의 결의에 의하여 특별회계를 둘 수 있다.

② 전항의 특별회계는 전조의 세입세출예산에 계정해야 한다.

제14조 (수익 등의 사용) 전조의 특별회계로부터 생긴 수익 또는 잉여금은 이를 모두 기본재산이나 보통재산으로 하여야 한다.

제15조 (회계연도) 본회의 회계연도는 매년 1월 1일에 시작하여 12월 31일에 종료한다.

[유례]

제O조(회계연도) 본회의 회계연도는 매년 7월 1일에 시작하여 다음해 6월말에 종료한다.

제 3 장 임원 및 직원

제16조 (임원의 종별 및 원수) 본회에는 다음의 임원을 둔다.

이사 5인 이상 15인 이내(이사장 1인, 상무이사 1인 포함)

감사 2인 이내

※ 민법상으로는 감사는 필수기관이 아니고 등기사항도 아니며, 이사를 이사장, 상무이사, 전무이사 등으로 등기할 수 없으며, 이사의 수에도 제한규정이 없으나, 공익법인에 대해서는 이사는 3인 이상 15인 이하, 감사는 2인을 두되 주무관청의 승인을 얻어 그 수를 증감할 수 있다(공익 5①).

제17조 (임원의 선임)

① 이사 및 감사는 이사회의 결의에 의하여 선임한다.

② 이사장 및 상무이사는 이사 중에서 이사회의 결의에 의하여 선임한다.

③ 전 2항의 임원은 겸할 수 없다

제18조 (임원의 직무)

① 이사장은 본회의 업무를 통괄하고 본회를 대표한다.

② 상무이사는 이사장을 보좌하여 통상업무를 처리하고 이사장 유고시에는 이사장의 직무를 대행한다.

③ 이사는 이사회를 조직하고 업무집행을 결정한다.

④ 감사는 민법 제67조의 업무를 행한다.

제19조 (임원의 임기)

① 이사의 임기는 3년, 감사의 임기는 2년으로 한다. 단, 재임할 수 있다.

② 보궐을 위하여 취임한 임원의 임기는 전임자의 잔여기간으로 한다.

※ 민법법인에는 이사의 임기제한규정이 없으나, 공익법인에 있어서는 이사의 임기는 4년, 감사의 임기는 2년을 초과할 수 없다(공익 5③).

제20조 (임기만료 등의 경우) 임원은 사임 또는 임기만료된 때에는 후임자가 선임될 때까지는 그 직무를 행한다.

제21조 (임원의 해임)

① 임원이 본회의 명예를 훼손하거나 본회의 목적에 반하는 행위를 한 때 또는 임원의 직무를 위반한 때에는 이사회의 결의에 의하여 해임할 수 있다.

② 임원의 해임은 이사정수의 3분의 2 이상의 찬성으로 의결한다.

제22조 (직원) 본회는 간사, 서기, 기타의 유급직원을 두며 이사장이 임면한다.

제4장 이 사 회

제23조 (구성) 이사회는 이사로서 구성한다.

※ 이사회는 민법상은 필수기관이 아니나 공익법인에 있어서는 반드시 이사회를 두어야 한다(공익 6).

제24조 (이사회의 소집)

① 이사회는 이사장이 소집한다.

② 이사장은 이사 5분의 1 이상 또는 감사가 회의의 목적사항을 제시하여 청구한 때에는 이사회를 소집해야 한다.

제25조 (의장) 이사장은 이사회의 의장이 된다.

제26조 (개회의 정족수) 이사회는 이사과반수의 출석이 없으면 개회하지 못한다.

제27조 (의결의 정족수)

① 이사회의 의사는 이 정관에 특별한 규정이 없는 한 출석이사 과반수로서 이를 의결한다.

② 가부동수일 때는 의장이 이를 결정한다.

※ 위 2항의 규정을 두지 아니하면 일반적으로 의결이 가부동수인 경우에는 부결되는 것으로 해석된다.

제28조 (서면에 의한 표결 및 표결의 위임) 부득이한 사유로 이사회에 출석할 수 없는 이사는 사전에 통지된 사항에 한하여 서면으로 표결할 수 있고, 다른 이사에게 표결권을 위임할 수 있다.

이때 서면으로 표결하거나 표결을 위임한 이사는 출석한 것으로 본다.

※ 민법법인의 총회는 서면결의를 할 수 있으나(민법 73), 이사회는 서면결의의 근거가 없으므로 서면결의는 인정되지 않으며, 공익법인의 이사회의 경우에는 명문으로 의사는 서면결의에 의할 수 없다고 정하고 있다(공익 9③).

제29조 (이사회에 부여할 사항) 다음에 게기하는 사항은 이사회에 부의한다.

1. 사업계획
2. 세입세출의 예산 및 결산에 관한 의안
3. 정관변경에 관한 의안
4. 기타 법인운영 및 회무집행에 관하여 이사장이 부의한 사항

[유례] 공익법인의 경우

1. 예산, 결산, 차입금 및 재산의 취득, 처분과 관리에 관한 사항
2. 정관변경에 관한 사항
3. 법인의 해산에 관한 사항
4. 임원의 임면에 관한 사항

5. 수익사업에 관한 사항
6. 기타 법령이나 정관에 의하여 그 권한에 속하는 사항

※ 공익법인의 경우에는 위 사항은 반드시 이사회에서 심의결정해야 한다(공익 7).

제30조 (의사록) 이사회의 의사에 관하여는 다음에 게기하는 사항을 기재한 의사록을 작성하여 의장과 출석한 이사가 기명날인하여야 한다.

1. 회의일시 및 장소
2. 이사의 현재 수
3. 출석한 이사의 수(표결권을 위임한 이사 포함)
4. 의결사항
5. 의사의 경과요령 및 발언자의 발언요지

제 5 장 정관의 변경 및 해산

제31조 (정관의 변경) 이 정관은 이사회에서 이사총수의 3분의 2 이상의 동의를 얻고 주무관청의 허가를 받아 이를 변경할 수 있다.

제32조 (해산, 잔여재산의 처분)

① 본회는 민법 제77조 제1항의 규정에 의하여 해산한다.

② 본회가 해산한 때의 잔여재산은 이사회의 결의를 거쳐 주무관청의 허가를 받아 본회의 유사한 목적을 가진 다른 단체에 출연한다.

제 6 장 부 칙

제1조 (시행세칙) 이 정관의 시행에 필요한 시행세칙은 이사회의 결의에 의하여 이를 따로 정한다.

제2조 (설립당초의 임원 및 그 임기)

① 본회의 설립당초의 이사 및 감사는 다음 사람이 된다.

이사(이사장)	○ ○ ○
이사(상무이사)	○ ○ ○
이사	○ ○ ○
이사	○ ○ ○
이사	○ ○ ○
감사	○ ○ ○

② 제19조의 규정에 불구하고 설립당초의 이사의 임기는 20○○년 12월 31일, 감사의 임기는 20○○년 12월 31일까지로 한다.

※ 설립당초의 임원은 정관으로 정함이 보통이나 그렇지 아니한 경우에는 사단법인의 경우에는 창립총회, 재단법인의 경우에는 설립자가 선임할 수도 있다.

위 재단법인 OO회를 설립하기 위하여 이 정관을 작성하고 설립자 전원이 이에 기명날인한다.

2000년 O월 O일

설립자 O O O (인)
설립자 O O O (인)
(설립자가 수인인 때에는 그 전원이 연기명 날인)

※ 사단법인의 설립자(발기인)은 반드시 2인 이상이어야 하나, 재단법인의 설립자는 1인이어도 무방하다.
(이하 재산목록 기재는 생략함)

[첨부서류 2] 이사회의사록

이사회의사록

1. 개최일시 : 20OO년 O월 O일 OO시 OO분
1. 개최장소 : OO시 OO구 OO로 OO(OO동) 당 법인 사무실
1. 이사총수 : O명
1. 출석이사수 : O명
1. 감사총수 : O명
1. 출석감사수 : O명

최연장자인 이사 OOO는 위와 같이 법정수에 달하는 이사가 출석하였으므로 본 이사회가 적법하게 개최되었음을 알리고 의장을 선출하여 줄 것을 요구한 바, 출석이사 전원일치로 이사 OOO를 의장으로 선출하니 동인은 의장석에 등단하여 다음 의안을 부의하고 심의를 구하다.

제1호 의 안 이사장 선임의 건

의장은 이사 중에서 본회를 대표할 이사장을 선임해야 한다는 취지를 말한 바, 출석이사 전원이 진지하게 토의한 결과 만장일치로 다음과 같이 본회를 대표할 이사를 선임하다.

이사장 O O O (OOOOOO－OOOOOOO)
OO시 OO구 OO로 OO(OO동)

위 피선자는 즉석에서 취임을 승낙하다.

[유례] 의장은 이사 중에서 본회를 대표할 이사를 선임해야 한다는 취지를 말한 바, 이사 OOO로부터 이사 OOO를 본회를 대표할 이사로 추대하자는 취지의 발언이 있고 이사 OOO의 동의가 있고, 전원 그에 찬동하여 다음과 같이 본회를 대표할 이사를 선임하다.

이사장 O O O (OOOOOO－OOOOOOO)
OO시 OO구 OO로 OO(OO동)

위 피선자는 즉석에서 취임을 승낙하다.

제2호 의 안 사무소 및 분사무소 설치장소 결정의 건

의장은 본회의 사무소와 분사무소를 다음 장소에 설치함이 상당하다는 취지를 설명하고 그 가부를 물은 바 전원 이의 없이 찬성하여 그를 승인 가결하다.

사 무 소 : OO시 OO구 OO로 OO(OO동)
분사무소 : OO시 OO구 OO로 OO(OO동)

의장은 이상으로서 회의목적인 의안 전부의 심의를 종료하였으므로 폐회한다고 선언하다(회의종료시각 : OO시 OO분).

위 결의를 명확히 하기 위하여 이 의사록을 작성하고 의장과 출석한 이사가 기명날인하다.

20OO. O. O.

재단법인 OOO회 (직인)
OO시 OO구 OO로 OO(OO동)
의장겸 이 사 장 O O O (인)
상무이사 O O O (인)
이 사 O O O (인)

[첨부서류 3] 재산목록

재 산 목 록

1. 자산의 부
   (1) 기본재산 금 OOO원
      가. 토지(회관부지) OO㎡, 금 OOO원
      나. 건물(회관건물) OO㎡, 금 OOO원
   (2) 보통재산 금 OOO원
      가. 현금 금 OOO원
      나. 예금 금 OOO원
      다. 유가증권 금 OOO원
      라. 비품, 기타(자동차, 사무용품 등) 금 OOO원
   사산의 총액 금 OOOOO원

2. 부채의 부
   (1) 차입금 금 OOO원
   (2) 미불금 금 OOO원
   (3) 전수금 금 OOO원
   부채의 총액 금 OOOOO원

3. 순재산의 총액 금 OOOOO원

위는 설립당초의 당 법인의 재산목록임.

2OOO년 O월 O일

재단법인 OOO회
이사 O O O (인)

[첨부서류 4] 법무부가 제공하는 법인 관련 재산목록 서식

재 산 목 록

재산구분		수 량	소재지	평가액(원)	취득원인	비 고
기본재산	현 금	계좌				예치금
	주 식	주				
	채 권					
	【동산 소계】					기업(법인)체 포함
	건 물	m				
	전(田)	m				
	답(畓)	m				
	대(垈)	m				
	임야(林野)	m				
	기 타					
	【부동산 소계】					
	기 타					
	【합 계】					
보통재산	현 금					
	【합 계】					
【총 계】						

작성자 : 사단법인 OOOO 발기인 대표 OOO (날인 또는 서명)

재단법인 OOOO 출연자 OOO (날인 또는 서명)

[첨부서류 5] 선 임 서

선 임 서

재단법인 ○○○회의 이사를 다음과 같이 선임한다.

이사(이사장) ○ ○ ○ (-)
이사(상무이사) ○ ○ ○ (-)
이사 ○ ○ ○ (-)
이사 ○ ○ ○ (-)
감사 ○ ○ ○ (-)

20○○년 ○월 ○일

재단법인 ○○○회
○○시 ○○구 ○○로 ○○(○○동)
설립자 ○ ○ ○ (인)
설립자 ○ ○ ○ (인)
(설립자가 전원이 연기명 날인)

[주] 설립자의 의사를 확인할 수 있는 인감증명서를 첨부하여야 한다.

[서식 4] 사단(재단)법인 설립등기신청서(종중의 경우)

사단(재단)법인 설립등기신청

접 수	년 월 일	처 리 인	등기관 확인	각종 통지
	제 호			

등 기 의 목 적	사단(재단)법인의 설립
등 기 의 사 유	사단(재단)법인을 설립하기 위하여 정관을 작성하고 (20○○년 ○월 ○일 창립총회를 마치고) 20○○년 ○월 ○일 주무관청의

	허가를 얻었으므로 다음 사항의 등기를 구함.
설 립 허 가 서 도 착 연 월 일	20○ ○년 ○월 ○일
주사무소/분사무소 신청구분	1. 주사무소 신청 □ 2. 분사무소 신청 □ 3. 주·분사무소 일괄신청 □
등 기 할 사 항	
명 칭	사단(재단)법인 ○ ○ ○종중
주 사 무 소	○ ○시 ○ ○구 ○ ○로 ○ ○(○ ○동)
이사의 성명 및 주민등록번호	이사 ○ ○ ○ (OOOOOO－OOOOOOO) 이사 ○ ○ ○ (OOOOOO－OOOOOOO) 이사 ○ ○ ○ (OOOOOO－OOOOOOO)
이사의 대표권에 대한 제한	이사 ○ ○ ○ (OOOOOO－OOOOOOO) ○ ○시 ○ ○구 ○ ○로 ○ ○(○ ○동) 외에는 대표권 없음
등 기 할 사 항	
목 적	본 법인은 ○ ○ ○종중의 재산의 유지, 관리 및 선조를 숭봉하며, 선조의 위업을 현양하고, 종족의 친목과 번영을 도모하되, 문화창달, 유적보전, 관리를 목적으로 한다. 위 목적을 달성하기 위하여 다음 사항을 행한다. 1. 본 법인 소유 재산의 유지, 보존, 관리에 관한 사업 1. 시조의 위업앙양, 유적보존, 관리에 관한 사업 1. 선조의 위업현양 및 문화유물의 수호, 보존, 관리 및 개발에 관한 사업 1. 선조제향 봉행과 제각, 단소관리, 보존에 관한 사업 1. 장학 및 육영에 관한 사업 1. 문화 및 복지에 관한 사업 1. 효행, 모범, 유공, 표창 및 포상 1. 대종보 및 제문헌의 수집 편역과 종족에 관련된 전기 등 발간 사업 1. 기타 위 목적 달성에 부대되는 일체의 사업
분 사 무 소	○ ○시 ○ ○구 ○ ○로 ○ ○(○ ○동)
설립허가연월일	20○ ○년 ○월 ○일

존립기간 또는 해산사유	없음
자산의 총액	금 ○○○○○원
출 자 방 법	1. 회비(사단법인의 경우) 1. 출연금품 1. 찬조금 1. 기타 수입금
기 타	해당 없음

신청등기소 및 등록면허세/수수료

순번	신청등기소	구분	등록면허세 / 지방교육세	농어촌특별세	세액합계	등기신청수수료
			금 원 금 원	금 원	금 원	금 원
합 계						
등기신청수수료 납부번호						
과 세 표 준 액	금 원					

점 부 서 면

1. 정 관 1통 1. 창립총회의사록(임원선임서) 각 1통 1. 취임승낙서와 인감증명서 각 1통 1. 주민등록표등(초)본 통 1. 이사회의사록 1통 1. 자산총액증명서(재산목록) 1통	1. 주무관청의 설립허가서(또는 인증있는 허가서 등본) 1통 1. 인감신고서 및 인감증명서 각 1통 1. 법인인감카드발급신청서 1통 1. 등록면허세영수필확인서및통지서 1통 1. 위임장(대리인이 신청할 경우) 1통

년 월 일

신청인 명 칭

주사무소

대표자	성 명	(인)	(전화 :)
	주 소		
대리인	성 명	(인)	(전화 :)
	주 소		

지방법원 등기소 귀중

- 신청서 작성요령 -

1. 해당란이 부족할 때에는 별지를 이용합니다.
1. 해당 등기신청과 관계없는 사항에 대하여는 "해당없음"으로 기재하거나 삭제하고, 필요한 사항은 추가 기재합니다.
1. 「인감증명법」에 따른 인감증명서 제출과 함께 관련 서면에 인감을 날인하여야 하는 경우, 본인서명사실확인서를 제출하고 관련 서명을 하거나 전자본인서명확인서 발급증을 제출하고 관련 서면에 서명을 하면 인감증명서를 제출하고 관련 서면에 인감을 날인한 것으로 봅니다.

(용지규격 21㎝ × 29.7㎝)

[주] 1. 등기의 사유 중 ( )안의 사유는 사단법인의 경우이다.

2. 설립허가서도착연월일은 주무관청으로부터 허가서가 도달한 다음날부터 등기기간을 기산하므로 이를 확인하기 위하여 기재한다(교부받은 경우는 교부일자임).

3. 종중은 원칙적으로 사단법인으로 설립하나, 종중재산은 관리하기 위하여 재단법인으로 설립할 수 있다. 재단법인일 경우에는 재단법인 OOO종중 등으로 표시하면 된다.

   법인의 명칭에 관해서는 상법상 회사의 경우(상법 19조)와는 달리 그 명칭 중에 반드시 법인의 종류를 표시하는 사단법인 또는 재단법인이라는 문자를 사용해야 한다는 명문규정이 없으나 법인의 종류를 쉽게 알 수 있게 하기 위하여 그 명칭 중에 사단법인 또는 재단법인이라는 문자를 병용하는 것이 일반적이다.

4. 주사무소는 창립총회 등에서 정한 주된 사무소소재지를 기재하며, 정관에는 소재지의 최소행정구역을 표시함으로서 족하지만 신청서에는 그 소재 지번까지 모두 기재하여야 한다.

5. 이사의 성명 및 주민등록번호란에는 정관에서 정한 또는 창립총회에서 선출된 이사의 성명·주민등록번호를 기재한다. 이사의 수와 임기는 제한이 없으며 정관으로 정한 바에 따른다.

6. 이사가 수인인 때에는 이사 각자가 단독대표함이 원칙이나 정관이나 창립총회에서 그 대표권을 제한할 때에는 그 대표권자만이 법인을 대표할 수 있으며 그 제한규정은 등기하지 아니하면 제3자에게 대항할 수 없다. 실무상 특정 이사에게만 대표권을 주거나 수인으로 하여금 공동으로 대표를 정하는 것으로 대표권을 제한하고 있으며 이에 관한 사항을 기재한다. 민법법인의 감사는 등기사항이 아니다.
7. 분사무소는 정관에 분사무소를 정한 경우 또는 창립총회에서 분사무소를 설치하였을 때 기재하며, 주사무소와 동일하게 소재 지번까지 기재하여야 한다. 설립등기시 본·지점 일괄신청을 하지 않았을 경우, 설립등기 후 3주 이내에 분사무소 소재지 관할등기소에서 분사무소설치 등기신청을 하여야 한다.
8. 설립허가연월일은 주무관청의 설립허가서에 기재된 허가일자를 기재한다.
9. 자산의 총액이란 적극재산에서 소극재산을 공제한 액을 의미한다. 재단법인의 경우에는 설립당초부터 자산의 존재가 반드시 필요하지만 사단법인의 경우에는 설립당초에는 자산이 전혀 없어도 무방하다. 그러나 자산의 총액이 등기사항으로 규정되어 있으므로 이를 0으로 기재하여야 한다.
10. 출자의 방법은 정관에 정해진 출자에 관한 규정의 내용 중 그에 관한 사항을 기재한다. 다만 출연금품이나 기타 자산에서 생기는 과실은 출자에 속하지 않는다. 그리고 회비의 출자는 사단법인의 경우에 한한다.
11. 등록면허세는 과세표준액(자산의 총액)금 1,000분의 2이고, 등록면허세액의 최저액이 112,500원 미만인 경우에는 이를 112,500원(지방교육세 22,500원은 별도임)을 하나, 대도시내에서 설립등기를 신청하는 경우에는 당해 세율의 3배의 등록면허세를 납부하여야 한다. 여기서 대도시라 함은 수도권정비계획법 시행령 제9조 별표 1에 지정되어 있는 권역을 의미한다. 지방교육세는 100분의 20이다. 다만 설립과 동시에 분사무소를 설치하는 경우 주사무소에서는 설립에 관한 등록면허세만을 납부하면 된다.
조세특례제한법과 지방세법에 의하여 등록면허세가 감면되는 경우에는 농어촌특별세도 그 감면등록면허세의 100분의 20을 납부하여야 한다.
등기신청수수료는 설립의 경우 30,000원(서면방문), 25,000원(전자표준양식), 20,000원(전자신청)이다.
12. 과세표준은 자산의 총액을 기재한다.
13. 이사의 임명에 관하여는 민법에 구체적인 규정이 없고 정관에 정하도록 규정하고 있으며, 통상 사단법인의 경우에는 사원총회, 재단법인의 경우에는 이사회에서 선임하도록 규정하고 있다.
등기신청시에는 정관으로 정한 방법으로 선임된 이사의 자격을 증명하는 서면으로서 사단법인의 경우에는 창립총회의사록, 재단법인의 경우에는 설립자의 이사선임서 등을 첨부할 것이나, 설립당초부터의 이사를 정관으로 정한 때에는 이를 따로 첨부할 필요 없이 정관의 기재를 원용하면 된다. 민법상 법인의 등기신청서에 첨부하는 의사록은 공증인의 인증을 받아야 한다(공증 제60조의2 1항, 4).

14. 이사회의사록은 대표권 있는 이사의 자격을 증명하는 서면으로서, 그리고 정관에서 주사무소를 최소행정구역까지만 정한 경우 그 주사무소를 정한 서면으로서 필요한 것이다. 대표권 있는 이사를 정관으로 정하거나, 정관에서 주사무소의 주소를 확정적으로 정한 경우에는 이를 따로 첨부할 필요가 없고, 정관에서 이사회의 권한으로 정하고 그 사항을 이사회에서 결의한 경우 이사회의사록을 첨부하여야 한다.
15. 이사의 취임승낙서 등에 대하여, 설립당초의 이사를 정관으로 정한 때에도 취임승낙서는 따로 첨부해야 한다. 취임승낙서에는 본인의 진의를 확인할 수 있도록 인감증명법에 의하여 신고한 인감을 찍고 그 인감증명서(발행일로부터 3월 이내의 것)을 첨부하거나, 그 서면에 본인이 기명날인 또는 서명하였다는 공증인의 공증서면을 첨부하여야 한다.
    취임하는 자가 외국인인 경우에는 그 서면에 본국 관공서에 신고한 인감을 날인하고 그 인감증명서를 첨부하거나 그 서면에 본인이 서명하였다는 본국 관청의 증명서면을 첨부할 수 있으며, 본국에 인감증명제도가 없는 외국인의 경우에는 본인이 취임승낙서에 서면을 하였다는 본국 관공서의 증명서면이나 본국 또는 우리나라 공증인의 공증서면으로 대신할 수 있다. 대표권 없는 이사의 경우 공증 받은 창립총회의사록상에 취임승낙의 뜻이 기재되고 기명날인이 되었을 때는 인감증명서를 제출할 필요가 없다.
16. 이사는 주민등록번호, 대표권 있는 이사는 주소와 주민등록번호를 등기하여야 하므로 이를 소명하는 주민등록등(초)본을 첨부하여야 한다.
    대표권 제한으로 인하여 대표권 없는 이사는 주민등록증 사본, 자동차운전면허증 사본으로도 가능하다.
17. 민법상의 법인은 반드시 주무관청의 허가를 받아야 하며 설립등기시 첨부서면으로 허가서 또는 허가기관이 인증한 등본을 첨부하여야 한다. 허가서 원본을 제출한 경우 허가서 사본에 대하여 등기관이 원본대조필을 한 후 원본을 반환받을 수 있다.
18. 등기신청서에 기명날인할 사람(법인의 대표자 등)은 미리(설립등기와 동시에) 등기소에 인감을 제출하여야 한다. 인감신고서에는 인감증명법에 의하여 신고한 인감을 날인하고 발행일로부터 3개월 이내의 인감증명서를 첨부하여야 한다. 또한 인감신고서와 인감대지도 함께 제출하여야 한다.
19. 위임장은 대리인에 의하여 신청하는 경우에 한하여 첨부한다.

20. 법인인감증명서는 법인인감카드 또는 전자증명서(HSM USB)로 발급받을 수 있으므로 설립등기 완료 후 법인인감도장을 지참하여 법인인감카드 또는 전자증명서(HSM USB)를 발급받도록 한다.

[첨부서류 1] 종중 정관례

정 관

종규
OOO종중
취지문

본 OOO종중의 설립취지는 과거 OO이씨 계해년(OOOO년)으로부터 종계를 구성하여 종도를 조싱하고 윤회경작하면서 OO공 이하 동 OO(지명)에 같이 모셔져 있는 OO파 직계선조 및 후손 10대묘소의 분향을 올리기 위한 숭조정신을 받들고 성역화하여 전국 자손들이 매년 봉제하기 편리하도록 하여 자손만대 영원히 수호하고 친목을 강구하기 위한 취지로 이 종규를 명확히 제정하는 바이다.

제1장 총 칙

제1조 (명칭) 본 법인은 "사단법인 OOO종중"이라 한다.

[유례]

제O조(명칭) 본회의 명칭은 "재단법인 OO이씨 OOOO회 유지재단"이라 한다.

제2조 (목적) 본 법인은 재산의 유지, 관리 및 선조를 봉사하며, 선조의 위업을 현양하고 종족의 친목과 번영을 도모하며, 문화창달, 유족보존, 관리를 목적으로 한다.

제3조 (사무소와 분사무소) 본 법인의 사무소는 OO시에 두고, 필요한 때에는 각 지방에 분사무소를 들 수 있다.

제4조 (제규약 및 규정) 이 본 회칙에 정한 이외의 필요한 사항은 별도의 규약 및 규정으로 정할 수 있다.

제5조 (존립기간) 본회의 존립기간은 영구로 한다.

제2장 회 원(사단법인으로 할 경우만)

제6조 (회원의 자격)

① 본회의 회원이 될 자격은 OO이씨 OO공파의 후손으로 구성한다.

② 본회의 전항 중에서 '정회원'과 '준회원'으로 구분하여 '정회원'은 법률상 성년의 남자와 여자를 말한다.
③ 본회의 회원으로 표결을 할 권리와 기타 권리행사 및 의무이행자는 '정회원'에 한하여 적용한다.
④ 본회는 매 회계계연도마다 회원에 대하여 상시 그 자격을 확인하여야 한다. 다만, 편의에 따라 신고등록제를 채택할 수 있다.
⑤ 본회의 정회원으로 취득될 때에는 본인 등이 본회에 그 자격사항을 신고하여 확인에 누락됨이 없이 하여야 하며, 누락된 불이익은 본인 등이 그 책임을 진다. 다만 신고는 구비서류를 갖추어 서면 신고하여야 한다.

제7조 (회원의 권리의무) 회원은 다음과 같은 권리를 취득한다.

1. 본회 재산권의 행사
2. 본회 재산의 이용권(소정의 절차에 따라)
3. 본회 총회에 출석발언권 및 의결권
4. 본회의 선거권 및 피선거권
5. 본회의 재산이용에 대한 이용료, 수수료, 운영에 필요한 부담 의무와 기타 필요에 따라 정한 의무

제8조 (회원의 자격상실) 회원은 사망에 따라 그 자격을 상실한다.

제 3 장 사 업

제9조 (사업범위) 본 법인은 이 규약의 목적을 달성하기 위하여 다음 각 호의 사업을 행할 수 있다.

1. 본 법인 소유재산의 유지, 보존, 관리에 관한 사업과 제례 및 행사에 관한 사업
2. 시조 OOOO이 위업앙양, 유적보존, 관리에 관한 사항과 선조의 유물 유적에 대한 보존 유지사업
3. 선조제향 봉행과 제각, 단소관리, 보존에 관한 사업
4. 회원의 복지와 교육 및 장학사업, 회원간의 친목 및 체육 문화사업
5. 회원 상호간의 경조에 대한 부조사업
6. 충효사상과 도의앙양을 위한 계몽활동에 관한 사업
7. 효행, 모범, 유공, 표창 및 포상
8. 기타 종중의 발전을 위한 부수사업
9. 각종 중요계약에 관한 사항
10. 대종보 및 제문헌의 모집번역과 회원명부 또는 간행물에 관한 사항
11. 회보발간사업
12. 기타 위 목적 달성에 부대되는 일체의 사업

제4장 임원 및 직원

제10조 (임원의 정수)

① 본회의 임원은 다음과 같이 두고 업무를 담당케 한다.

1. 이사장 : 1명
2. 부이사장 : 5명 이상
3. 총무이사 : 1명
4. 이사 : 10명 이상
5. 감사 : 2명

② 본회의 업무집행을 위하여 다음과 같이 임원을 두고 업무를 담당케 할 수 있다. 다만, 업무량을 감안하여 상무이사가 겸임할 수 있다.

1. 관리이사 : 1명
2. 재무이사 : 1명
3. 간사 : 약간명

제11조 (임원의 선임)

① 이사 및 감사는 OOOO회 상임위원회의 추천에 의하여 이사회에서 선출하고 주무관청의 승인을 받아 취임한다(또는 이사장은 총회에서 전형방법으로 선출하며 임원은 이사장의 제청에 의하여 선출한다). 또한 이사장은 이사 중에서 이사회에서 선임한다.

② 상무이사는 본회의 이사장이 임명한다.

③ 임원의 결원이 있을 때에는 결원의 사유가 발생한 후 2월 이내에 보선하여야 한다.

④ 임원의 퇴임 전에 관여한 행위는 그 효력을 상실하지 아니한다.

⑤ 임원의 임원 상호간에 민법 제777조에 규정된 친족관계가 있는 자가 임원정수의 2분의 1을 초과할 수 없다.

⑥ 감사는 감사상호간 또는 감사와 이사간에 전항에 규정된 친족관계가 없는 자로 한다.

제12조 (임원의 임기)

① 임원의 임기는 3년으로 한다. 다만 연임할 수 있다.

② 결원으로 인하여 선출된 임원의 임기는 전임자의 잔여기간으로 한다.

[유례]

제O조(임원의 임기) ① 이사의 임기는 4년, 감사의 임기는 2년으로 하고 1회에 한하여 중임할 수 있다.

② 설립최초의 이사 과반수의 임기는 2년으로 하고 감사 1인의 임기는 1년으로 한다.

③ 보궐선임된 임원의 임기는 전임자의 잔임기간으로 한다.

제13조 (이사장의 직무) 이사장은 본회를 대표하고 업무를 통할하며, 이사회의 의장이 된다.

제14조 (부이사장의 직무) 부이사장은 이사장을 보좌하며 이사장 유고시 연장순에 따라 직무를 대행한다.

제15조 (상무이사 직무)

① 상무이사는 이사장을 보좌하며 업무집행을 항시 수행하며, 집행된 업무를 이사장 및 이사회에 보고하여야 한다.

② 상무이사는 이사장의 유고시 또는 긴급을 요하는 사항에 관하여 즉시 처리하고 추인을 받아야 한다.

제16조 (이사의 직무) 이사는 임원회에 참석하여 의견을 진술하고 의결에 참여할 수 있다.

[유례]

제O조(이사의 직무) ① 이사장은 본 법인의 업무를 통할하고 본 법인을 대표한다.

② 이사장이 유고시에는 이사장이 지명했거나, 지명을 할 수 없을 때에는 이사중에 연장자가 이사장의 직무를 대행한다(또는 이사장이 유고시에는 부이사장이 직무를 대행하되 연장순에 의한다).

③ 이사장 직무대행이사는 지체없이 이사장 선출절차를 밟아야 한다.

④ 이사는 이사회에 출석하여 법인의 업무에 관한 사항을 의결하고 이사회 또는 이사장으로부터 위임을 받은 사항을 처리한다.

제17조 (감사의 직무) 감사는 다음 직무를 행한다.

1. 본 법인의 재산상황 감사
2. 이사회의 운영과 그 사업의 집행상황 감사
3. 위 1, 2항의 감사결과 부정 또는 부당한 점이 있음을 발견하였을 때에는 이를 이사회에 시정을 요구하고 이사회 또는 주무관청에 보고
4. 위 3항의 보고를 하기 위하여 이사회의 소집요구
5. 법인의 재산상황 또는 이사회의 운영과 그 업무에 관한 사항에 대하여 이사회에 출석하여 의견진술

[유례]

제O조(감사의 직무) ① 감사는 임원회에 참석 또는 참석요구가 있을 때에는 의견을 진술한다.

② 감사는 본회의 재산과 업무집행 상황을 감사하여 총회에 보고하여야 한다.

제18조 (임원 개선의 청구와 해임) 회원은 총회원 1/5 이상의 연서로서 서면에 의하여 임원개선을 총회에 청구할 수 있다. 이 경우 총회에서 회원의 과반수 출석과 출석회원 2/3 이상의 찬성이 있을 때에는 당해 임원은 해임된다. 다만, 임원은

당해 회의 전에 변명할 기회를 주어야 한다.

[유례]

제O조(임원의 해임) 임원이 본 법인의 명예를 훼손하거나 본 법인의 목적에 반하는 행위를 한 때, 또는 임원의 직무를 위반한 때에는 이사회의 결의에 의하여 해임할 수 있다.

제19조 (제척사유) 임원이 다음 각 항에 해당할 때에는 의결의 제척사유가 된다.

1. 임원의 취임 및 해임에 있어 자신에 관한 사항일 때
2. 금전 및 재산의 수수가 관련된 사항으로서 임원 자신이 본 법인과의 이해가 상반된 때

제20조 (임원의 충실의무) 임원은 법령 및 규약과 총회의 의결사항을 준수하고 본회를 위하여 성실히 직무를 수행하여야 한다.

제21조 (임원의 보수와 실비변상) 본회의 임원은 그에 상응한 보수를 지급할 수 있다. 다만, 재정면을 고려하여 무보수로 하고 직무처리에 필요한 여비 및 기타 설비에 변상을 받을 수 있다.

제22조 (규약 및 기타 서류의 비치)

① 이사장은 규약과 총회 및 이사회 등의 의사록, 회원명부를 주사무소에 비치하여야 한다.

② 회원과 본회의 채권자는 언제든지 이사장에 대하여 전항의 서류의 열람 또는 사본을 청구할 수 있다.

제23조 (결산관계 서류비치)

① 이사장은 정기총회 7일 전에 사업보고서, 대차대조표, 손익계산서, 잉여금 처분안을 주사무소에 비치하여야 한다.

② 이사장은 전항의 서류에 감사의 의견서를 첨부하여 정기총회에 제출하고 총회의 승인을 얻어야 한다.

③ 회원은 언제든지 이사장에게 회계장부와 서류의 열람을 청구할 수 있다.

제24조 (직원) 직원에 관하여는 별도로 정하는 바에 의한다.

제5장 회 의(사단법인으로 설립하는 경우)

제25조 (회의통칙) 본회의 종별은 '총회'와 '이사회'로 구분한다.

제26조 (총회) 총회는 '정기총회'와 '임시총회'로 이를 구분한다.

제27조 (정기총회)

① 정기총회는 매사업연도 마감 후 2월 이내에 이사장이 이를 소집한다.

② 매사업연도는 9월 1일부터 다음년도 8월 31일까지로 한다.

제28조 (임시총회) 임시총회소집은 다음 각 호의 1에 해당하는 경우에 이사장이 이를 행한다.

1. 이사장이 긴급 및 필요하다고 인정할 때
2. 이사회가 필요하다고 인정할 때(이사과반수)
3. 회원이 전회원의 1/5 이상의 동의를 얻어 회의의 목적사항과 소집사유를 기재한 서면을 이사장에게 제출하고, 소집을 청구할 때(이사장은 청구를 접수한 날로부터 2주 내에 이를 소집한다)

제29조 (총회의 소집절차)

① 총회의 소집절차는 회의일시 2주 전에 회의 목적사항과 회의일시 및 장소를 기재한 서면을 각 회원에게 통지하여야 한다. 회원이 부득이 참석할 수 없을 때에는 서명 날인하여 위임할 수 있다.

② 이사장이 유고로 인하여 총회를 소집할 수 없을 때에는 다음 예정하는 순위에 따라 이를 소집한다.

1. 부이사장
2. 부이사장이 유고시 연장자 순위에 의함.

제30조 (총회의 의결사항)

① 다음 각 호의 사항은 총회에서 의결한다.

1. 규약의 제정 및 변경과 폐지
2. 매 사업연도의 수지 예산 수립
3. 중요 사업계획의 설정 및 변경
4. 결산의 승리
5. 경비의 부과와 징수방법
6. 임원의 선출과 해임
7. 회비 및 잉여금의 처분과 손실금의 처리
8. 재산의 취득과 변경 및 처분
9. 차입금의 한도액과 설정
10. 기타 이사회에서 필요하다고 인정되는 사항

② 전항 중 2, 3, 5호는 총회의 결의로서 이사회에 위임할 수 있다.

제31조 (총회의 결의방법)

① 총회의 의사는 법령이나 규약에 특별한 약정이 없는 한 지정된 시간 내 참석한 총회원의 출석으로 개의하고, 출석회원 과반수의 찬성으로 의결하며 가부동수인 때에는 의장이 이를 결정한다.

② 총회의 의장은 이사장이 되며, 이사장이 유고시에는 부이사장이(연장자 순에 따라) 의장의 직무를 대행한다.

제32조 (의결권의 제한) 총회에서 미리 통지한 사항에 한하여 의결하는 것을 원칙으로 한다. 다만, 총회에서 긴급하다고 인정된 사항에 대하여는 예외로 한다.

제33조 (의결권과 선거권의 대리)

① 회원은 각각 의결권과 선거권을 행사할 수 있다.

② 회원은 부득이 한 경우에 한하여 미리 통지한 의안에 대하여 서면 또는 대리인으로 하여금 의결권 또는 선거권을 행사할 수 있다.

③ 대리인이 대리할 수 있는 회원의 수는 1인에 한하며, 대리권을 인정할 서면을 본회의 이사장에게 제출하여야 한다.

제34조 (총회의 서면결의) 회원이 부득이한 사유로 인하여 총회에 참석할 수 없을 때에는 사전에 통지한 사항에 한하여 서면으로서 총회의 의결에 찬부를 통지할 수 있다.

제35조 (회의록) 총회의 회의에 관하여는 회의의 경과와 의결사항을 작성하고 총회에서 참석한 임원이 서명 날인하여야 한다.

제36조 (이사회)

① 이사회는 이사장, 부이사장, 이사로서 구성한다.

② 이사장은 이사회를 소집하고 그 의장이 된다.

③ 이사회는 구성권 과반수의 출석과 출석이사 과반수의 찬성으로 의결한다. 다만, 가부동수일 때에는 의장이 결정한다.

제37조 (이사회의 소집절차)

① 이사회의 소집절차는 회의 일시 1주일 전에 회의 목적사항과 회의일 및 장소를 기재한 서면을 각 임원에게 통지하여야 한다. 긴급을 요할 때에는 구성원 과반수의 동의를 얻어 이사장이 소집절차를 생략할 수 있다.

② 이사가 이사회를 소집할 필요가 있을 때에는 구성권 과반수의 동의를 얻어 이사장에 대하여 이사회를 소집할 것을 요구할 수 있다.

제38조 (이사회의 의결사항) 이사회는 다음 사항을 의결한다.

1. 정회원의 자격심사
2. 기채와 상환에 관한 사항
3. 총회에 부의할 사항
4. 총회에 위임할 사항
5. 본회에 업무집행에 관항 사항
6. 각종 시행규정 및 규칙의 제정과 개정 및 폐지
7. 기타 이사장이 필요하다고 인정하는 사항

제39조 (회의) 이사회의 의사에 관하여는 회의록을 작성하고 이사회에 참석한 이사는 자필 서명날인하여야 한다.

[유례] 종중을 재단법인으로 설립한 경우 이사회

제O장 이사회

제O조(구성) 이사회는 이사장이 소집한다.

제O조(소집) ① 이사회는 이사장이 소집한다.

② 이사장은 재적이사 5분의 1 이상의 요청이 있을 때 또는 제O조의 4호에 의거 감사가 회의목적을 제시하여 요청을 할 때에는 이사회를 소집한다.

③ 이사회를 소집하고자 할 때에는 적어도 회기 7일 전에 회의의 목적을 명시하여 각 이사에게 통지하여야 한다. 다만, 긴급하다고 인정되는 정당한 사유가 있을 때에는 통지기간에 대하여 예외로 할 수 있다.

④ OOOO회 회장은 이사회에 출석하여 의견을 개진할 수 있다.

제O조(의장) 이사장은 이사회의 의장이 된다.

제O조(정기이사회) 정기이사회는 매년 1회 개최하고, 필요한 때에는 수시로 임시이사회를 개최한다.

제O조(의결정족수) ① 이사회의 이사는 본 정관에 다른 규정이 없는 한 재적이사 3분의 2 이상 출석과 출석이사 과반수의 찬성으로 의결한다.

② 과부동수인 때에는 의장이 이를 결정한다.

③ 이사회는 위임장에 의한 서면결의는 할 수 없다.

제O조(이사회의 기능) 이사회는 다음 사항을 심의결정한다.

1. 본 법인의 사업계획운영에 관한 사항
2. 세입세출외 예산 및 결산에 관한 사항
3. 재산유지, 예산 및 결산에 관한 사항
4. 임원의 선출에 관한 사항
5. 정관변경 및 법인의 해산에 관한 사항
6. 기본재산의 처분(매매, 증여, 담보, 취득, 대여, 기채, 교환, 의무의 부담, 권리의 포기)에 관한 사항
7. 업무집행에 관한 사항
8. 업무집행에 필요한 규칙 제정에 관한 사항
9. 정관에 의하여 권한에 속하는 사항
10. 이사장이 부의하는 사항

제O조(의사록) 이사회의 의사에 관하여는 다음 사항을 기재한 의사록을 작성하여 의장과 출석한 이사가 기명날인하여야 한다.

1. 회의의 일시 및 장소
2. 이사의 현재 수
3. 출석한 이사의 수
4. 의결사항
5. 의사의 경과요령 및 발언자의 발언요지

제 6 장 자산 및 회계

제40조 (출자방법) 본 법인의 출자방법은 다음과 같다.

1. 회원의 회비(사단법인의 경우에 한함)
2. 출연금품

3. 찬조금
4. 기타 수입금

제41조 (자산의 구성) 본 법인의 자산은 다음과 같다.
1. 별지 목록 기재의 재산
2. 자산으로부터 생기는 과실
3. 사업에 따른 수입
4. 기타 수입

제42조 (자산의 종류)
① 본회의 자산은 이를 기본재산과 보통재산 2종으로 한다.
② 기본재산은 다음 각 호에 게기한 것으로 하되 이를 처분하거나 담보로 제공할 수는 없다. 다만, 부득이한 사유가 있는 때에는 총회의 결의를 거쳐 주무관청의 허가를 받아 그 일부를 처분하거나 담보로 제공할 수 있다.
1. 별지 목록 기재 재산 중 기본재산으로 기재된 재산
2. 기본재산으로 하기로 지정하여 출연된 재산
3. 이사회에서 기본재산으로 하기로 결의한 재산
③ 보통재산은 기본재산의 원본 이외의 재산으로 한다.

[유례] 재단법인의 경우

제O조(자산의 종류) ① 본 법인의 자산은 이를 기본재산과 보통재산으로 한다.
② 기본재산은 아래와 같다.
1. 본 법인설립시에 출연한 재산
2. 기부에 의하거나 기타 무상으로 취득한 재산, 다만 기부목적에 비추어 기본재산으로 하기 곤란하여 주무관청의 승인을 얻은 것은 예외로 한다.
3. 기타 보통재산 중 이사회에서 기본재산으로 편입한 재산
③ 보통재산은 기본재산 이외의 재산으로 한다.
④ 설립당초 및 현재의 기본재산의 목록은 별첨 목록과 같으며, 기본재산은 연 1회 그 목적을 작성하여 주무관청으로 보고한다.

제O조(재산의 관리) 기본재산을 매도, 증여, 교환 또는 담보로 제공하거나 의무의 부담, 권리의 포기 및 기채하고자 할 때에는 OOOO회 대의원총회의 의결로 안건을 부의하여 이사회에서 의결하여 주무관청의 허가를 받아야 한다. 그 전부 또는 일부를 기본재산으로 하거나 다음 회계연도에 이월한다.

제43조 (현금보관) 자산 중에서 현금은 금융기관에 예치하거나 국채 또는 공채 등 확실한 유가증권으로 보관한다.

제44조 (사업연도) 본회의 사업연도는 9월 1일부터 익년 8월 31일까지로 한다.

[유례]

제O조(회계연도) 본 법인의 회계연도는 매년 1월 1일부터 같은 해 12월 31일까

지로 한다.

제45조 (재정경비) 본회의 재정경비는 회비, 사업수익금, 찬조금, 각종 수수료로 종토에서 발생한 도조로 충당한다.

[유례]

제O조(경비의 유지방법) 본 법인의 경비는 기본재산에서 나오는 과실 및 기타 수입으로 충당한다.

제46조 (회계) 본회의 회계는 이사장이 정하거나 또는 일반 준칙에 의하여 처리한다.

제47조 (회계규정) 회계규정에 관하여는 별도로 정하는 바에 의하여 처리할 수 있다.

[유례]

제O조(예산의 의결, 결산의 승인) ① 본 법인의 매회계연도 세입세출예산은 매회계연도 개시 1개월 전까지 편성하여 이사회의 결의에 의하여 이를 결정한다.

② 세입세출예산은 회계연도종료 후 2개월 내에 회계연도말 현재의 재산목록과 함께 감사의 감사를 거쳐 이사회(또는 총회)의 승인을 받아야 한다.

제O조(회계감사) 감사는 연 2회 이상 회계감사를 하여야 한다.

제O조(특별회계) ① 본 법인은 수익사업을 행하거나 또는 기타 필요한 때에는 이사회의 결의에 의하여 특별회계를 둘 수 있다.

② 전항의 특별회계는 전조의 세입세출예산에 계정하여야 한다.

제O조(수익 등의 사용) 전조의 특별회계로부터 생긴 수익 또는 잉여금은 이를 모두 기본재산으로 하여야 한다.

제48조 (임원의 보수) 본 법인의 임원의 보수는 지급하지 아니함을 원칙으로 한다. 단, 실비보상은 예외로 한다.

제 7 장 사 무 국(사무국을 둔 경우)

제49조 (사무국) 이사장의 지시를 받아 업무를 처리하기 위하여 사무국을 둔다.

제50조 (직원)

① 사무국에 국장 1인과 직원 약간 명을 둘 수 있다.

② 사무국장은 이사회의 동의를 얻어 이사장이 임명한다.

③ 사무국장은 이사장의 지시를 받아 업무를 수행한다.

④ 사무직원은 사무국장의 지시를 받아 사무국의 업무를 처리한다.

제 8 장 보 칙

제51조 (해산사유 등) 본회가 해산사유가 있을 때에는 민법 규정에 따라 준용처리한다.

[유례] 재단법인의 경우

제O조(해산) 본 법인을 해산하고자 할 때에는 재적이사 3분의 2 이상의 찬성으로 의결하여 주무관청의 허가를 받아 처리한다.

제52조 (잔여재산의 귀속) 본 법인을 해산하고자 할 때에는 그 잔여재산은 OO이씨 OO공파종중에 증여한다.

[유례]

제O조(잔여재산의 귀속) 본 법인을 해산하고자 할 때에는 그 잔여재산은 주무관청의 허가를 받아 유사한 단체에 기증한다.

제54조 (법규준용) 이 규약에 대비된 사항과 법규에 저촉되는 사항은 법규에 의하여 준용처리한다.

제55조 (규약개정) 이 규약의 개정은 총회의 의결을 거쳐야 한다.

[유례] 재단법인의 경우

제O조(정관의 변경) 정관을 변경하고자 할 때에는 재적이사 3분의 2 이상의 찬성으로 결의하여 주무관청의 허가를 받아 이를 변경한다.

제56조 (공증 및 공시최고) 본회의 업무처리를 위하여 필요한 사항은 공정증서 작성 또는 공시최고규정에 따라 처리한다.

제57조 (권리포기) 본회의 규정 등에 의하여 권리행사할 사항에 관하여 참여 또는 위임 및 대리행위 조차 의사표시를 하시 않을 경우에는 그 해당 권리에 관하여 포기한 것으로 간주한다.

제58조 (각종 서식) 본회의 필요한 서식은 별도로 정한다.

[유례]

제O조(사업계획, 수지결산보고) 익년도 사업계획서 및 예산서, 해당연도사업실적서와 수지결산서는 회계연도종료 후 2개월 이내에 재산목록, 사업현황, 감사보고서 등을 첨부하여 주무관청에 제출하여야 한다.

부 칙

제1조 (시행일) 이 규약은 20OO년 O월 O일부터 시행한다.

[유례] (시행일) 본 법인의 정관은 설립등기일로부터 시행한다.

제2조 (경과규정)

① 이 규약시행 이전에 처리된 사항 중 정당하게 처리된 사항은 이 규정에 의하여 처리된 것으로 본다.

② 이 규약시행 이전에 처리된 사항 중 부당하게 처리된 사항은 이 규정에 의하여 처리하기로 한다.

③ 이 규정이 다수의 의견이 될 수 없다고 판단되었을 때에는 서면동의로 추인을 받거나 이 규정 제48조에 의하여 확정한다.

제3조 (설립당초의 임원 및 임기) 본 법인의 설립당초의 임원 및 임기는 별지와 같다(생략).

위 사단법인 OOO종중을 설립하기 위하여 이 정관을 작성하고 설립자 전원이 이에 기명날인한다.

2OOO년 O월 O일

발기인 O O O (인)
발기인 O O O (인)
(발기인 전원이 연기명 날인)

※ 사단법인의 설립자(발기인)은 반드시 2인 이상이어야 하나, 재단법인의 설립자는 1인이어도 무방하다.

[첨부서류 2] 이사회의사록(종중)

이 사 회 의 사 록

1. 개최일시 : 2OOO년 O월 O일 OO시 OO분
1. 개최장소 : OO시 OO구 OO로 OO(OO동) 당 법인 사무실
1. 이사총수 : O명
1. 출석이사수 : O명
1. 감사총수 : O명
1. 출석감사수 : O명

최연장자인 이사 OOO는 위와 같이 법정수에 달하는 이사가 출석하였으므로 본 이사회가 적법하게 개최되었음을 알리고 의장을 선출하여 줄 것을 요구한 바, 출석이사 전원일치로 이사 OOO를 의장으로 선임한 즉, 동인은 의장석에 등단하여 다음 의안을 부의하고 심의를 구하다.

제1호 의 안 이사장선임의 건

의장은 이사 중에서 본회를 대표할 이사장을 선임해야 한다는 취지를 말한 바, 출석이사 전원이 진지하게 토의한 결과 만장일치로 다음과 같이 본회를 대표할 이사를 선임하다.

이사장 ○ ○ ○ (○○○○○○－○○○○○○○)
○○시 ○○구 ○○로 ○○(○○동)

위 피선자는 즉석에서 취임을 승낙하다.

[유례] 의장은 이사 중에서 본회를 대표할 이사를 선임해야 한다는 취지를 말하다, 이사 ○○○로부터 이사 ○○○를 본회를 대표할 이사로 추대하자는 취지의 발언이 있고 이사 ○○○가 동의함에 따라 전원 그에 찬성하여 다음과 같이 본회를 대표할 이사를 선임하다.

이사장 ○ ○ ○ (○○○○○○－○○○○○○○)
○○시 ○○구 ○○로 ○○(○○동)

피선자는 즉석에서 취임을 승낙하다.

제2호 의 안 사무소 및 분사무소 설치장소 결정의 건

의장은 본회의 사무소와 분사무소를 다음 장소에 설치함이 상당하다는 취지를 설명하고 그 가부를 물은 바, 전원 이의 없이 찬성하여 승인가결하다.

사 무 소 : ○○시 ○○구 ○○로 ○○(○○동)
분사무소 : ○○시 ○○구 ○○로 ○○(○○동)

의장은 이상으로서 회의목적인 의안 전부의 심의를 종료하였으므로 폐회한다고 선언하다(회의종료시각 : ○○시 ○○분).

위 결의를 명확히 하기 위하여 이 의사록을 작성하고 의장과 출석한 이사가 기명날인하다.

20○○. ○. ○.

사단법인 ○○○회 (직인)
○○시 ○○구 ○○로 ○○(○○동)
의장겸 이 사 장 ○ ○ ○ (인)
상무이사 ○ ○ ○ (인)
이 사 ○ ○ ○ (인)

제2장 변경등기

제1절 총 설

변경등기란 등기가 행해진 후에 후발적으로 등기사항에 변경이 생긴 경우에 등기의 기재내용이 변경 후의 사실에 부합토록 하기 위해 하는 등기를 말한다.

변경등기는 넓게는 등기할 당초부터 착오나 유류로 인하여 등기사항의 기재가 사실과 일치하지 아니한 경우 그를 시정하기 위하여 행하는 경정등기까지를 포함하나, 좁게는 최초에 등기할 때에는 등기사항의 기재가 사실과 일치하였으나 등기를 마친 후에 새로운 사실이 발생하여 등기사항의 기재가 사실과 일치하지 않게 된 경우 그를 일치시키기 위하여 행하는 등기를 말한다.

변경등기는 사단법인의 경우 사원총회의 결의, 재단법인의 경우 이사회의 결의만에 의하여 주로 발생하나, 법인의 목적 및 명칭의 변경과 같이 정관의 변경에 수반하는 경우도 있다.

이 때 정관의 기재사항과 등기사항은 반드시 일치하는 것은 아니므로 정관변경이 있다고 하여 반드시 변경등기절차가 뒤따르는 것도 아니고, 변경등기에 반드시 정관변경이 필수적인 것도 아니다. 다만 그 등기사항이 정관에 규정된 사항인 경우에 한하여 변경등기시 반드시 정관변경절차를 거쳐야 한다.

민법상 법인의 정관변경은 사단법인의 경우에는 사원총회, 재단법인의 경우에는 설립자나 이사가 그 변경절차를 밟은 후 주무관청의 허가를 받아야만 비로소 그 효력이 발생되는 것이기 때문에(민법 42조, 46조), 정관변경에 기인한 변경등기신청서에는 정관변경에 관한 사원총회나 이사회의사록 등 이외에 주무관청의 허가서나 그 인증있는 등본도 첨부해야 한다.

제2절 각종 변경등기절차

변경등기를 요하는 경우로서는 사무소의 이전, 분사무소의 설치·이전·폐지, 명칭, 목적, 자산의 총액, 출자의 방법, 이사 등의 변경이나 존립시기 또는 그 해산사유의 설정·변경·폐지 등 여러 경우가 있는 바 이러한 변경등기는 그 변경사유가 발생한 때로부터 3주간 내에 대표권이 제한이 있는 때에는 대표권이 있는 이사, 그 제한이 없는 때에는 이사장 1인이 신청해야 한다(민법 50조 내지 52조).

등기기간의 계산은 등기사항의 변경의 효력이 발생한 때 즉 실제로 사무소를 이전하거나 분사무소를 설치·이전·폐지한 때 또는 기존의 등기사항의 변경의 효력이 발생한 때로부터 기산할 것이나 그 변경에 관하여 관청의 허가를 요하는 경우에는 그 허가서가 도착한 때로부터 기산한다(민법 53조).

이 등기를 신청할 때에는 신청서에 사무소의 이전, 분사무소의 설치·이전·폐지 또는 등기사항의 변경을 증명하는 서면을 첨부해야 하고 그 변경에 관하여 허가를 요하는 경우에는 관청의 허가서나 그 인증있는 등본을 첨부해야 한다.

제3절 사무소의 이전등기

1. 총 설

주사무소를 이전하는 때에는 구소재지에서는 3주간 내에 이전등기를, 분사무소에서는 같은 기간 내에 설립등기사항과 동일한 사항을 등기하여야 한다. 다만 동일한 등기소의 관할구역 내에서의 사무소를 이전한 때에는 그 이전한 것을 등기하면 된다(민법 49조, 51조). 여기서 사무소란 주사무소 뿐만 아니라 분사무소를 의미하므로 민법 제51조의 사무소의 이전은 주사무소뿐 아니라 분사무소에도 적용되어 분사무소를 이전한 경우에도 등기하여야 한다.

주사무소 소재지는 정관의 절대적 기재사항이므로 정관변경절차를 밟아 주무관청의 허가를 받아야 하지만, 정관에 최소행정구역까지만 표시해도 무방하지만 정관상 그 기재가 최소행정구역까지만 표시된 경우 동일한 행정구역 내에서 주사무소를 이전할 때에는 정관을 변경할 필요 없이 이전장소 및 이전시기 등 이전업무집행을 위한 이사과반수의 결의만으로도 할 수 있다.

그러나 정관상 주사무소의 기재가 그 소재지번까지 확정적으로 표시된 경우에 주사무소를 이전할 때나 정관상 주사무소의 기재가 최소행정구역까지만 표시된 경우라 할지라도 그를 다른 행정구역으로 이전할 때에는 언제나 사단법인의 경우에는 사원총회의 결의에 의하여, 재단법인의 경우에는 정관의 규정에 따라 설립자나 이사회가 정관을 변경하여 주무관청의 허가를 받고 다시 그 이전업무집행을 위한 이사과반수의 결의를 거쳐야 한다.

2. 등기절차

가. 등기신청인과 등기기간

이 등기는 법인을 대표하는 이사가 등기신청인이 된다(비송법 66조).

임시이사가 변경등기를 신청하는 경우에는 신청서에 그 자격을 증명하는 서면을 첨부하여야 한다(비송법 64조 2항).

등기기간은 주사무소를 실제 이전한 날로부터 3주간 내이다(민법 51조 1항).

주무관청의 허가가 필요한 경우에는 그 허가서가 도착한 날로부터 기산한다(민법 53조).

위와 같이 정해진 기간 내에 등기하지 아니하면 과태료의 제재를 받는다(민법 97조).

나. 등기사항

(1) 동일등기소관내에서 주사무소를 이전한 경우

주사무소소재지와 분사무소소재지 모두에서 “신주사무소소재지와 그 이전연월일”을 등기한다.

(2) 다른 등기소관내로 주사무소를 이전한 경우

(가) 구주사무소소재지와 분사무소소재지에서는 신주사무소소재지와 그 이전연월일을 등기하고, 구주사무소소재지에서는 그 등기기록을 폐쇄한다.

구주사무소소재지 관내에 분사무소의 등기가 있는 주사무소를 다른 관할구역으로 이전하고 구주사무소소재지에서 등기할 때에는 분사무소의 등기기록과 주사무소의 등기기록이 다르므로 구주사무소의 등기기록은 폐쇄하고 분사무소의 등기기록을 개설하여 분사무소의 등기를 하여야 한다.

(나) 신주사무소소재지에서는 "구주사무소에서 등기한 사항 중 현재 효력 있는 등기사항 전부와 구주사무소의 표시, 주사무소 이전의 취지 및 이전연월일과 법인성립연월일"을 등기한다.

다. 첨부서류 등

구 소재지의 등기신청서에는 대리인에 의하여 신청하는 경우의 위임장, 지방세법 소정의 등록면허세 또는 등록면허세가 감면되는 경우 소정의 농어촌특별세, 등기신청수수료 등 일반적인 첨부서면을 첨부하여야 한다.

또한 주사무소이전에 정관변경이 필요한 경우에는 정관변경을 결의한 사단법인의 사원총회의사록이나 재단법인의 이사회의사록과 정관변경에 필요한 관청의 허가서나 그 인증있는 등본 및 이전일자결정 등 이전업무집행사항을 결의한 이사회의사록 또는 이사과반수의 결의서를 첨부해야 한다.

정관의 변경이 필요 없는 경우에는 이전장소 및 이전일자 등 이전업무집행사항을 결의한 이사회의사록 또는 이사과반수 결의서만 첨부하면 된다.

민법법인의 사원총회 및 이사회의사록은 기명날인하여야 하고 서명으로 대체할 수 없으며(민법 76조 2항), 민법상 법인등기신청서에 첨부하는 사원총회의사록 또는 이사회의사록은 공증인의 인증을 받아야 한다. 다만, 공증인법에서 인증의 예외를 인정하는 법인의 경우에는 그러하지 아니하다(공증 66조의 2).

신소재지에서 하는 등기의 신청서에는 등록면허세와 등기신청수수료, 인감신고서, 위임장 외에 구소재지의 등기신청서에 첨부한 정관변경결의를 증명하는 서면 및 주무관청의 허가서 등 다른 서면을 첨부할 필요가 없다(비송법 66조).

주사무소이전등기의 등록면허세는 112,500원이나 주사무소가 대도시 외에서 서울 등 대도시로 이전하는 경우에는 설립으로 보고 그 설립에 해당하는 등록면허세의 3배의 등록면허세 외에 교육세를 납부하여야 하되(지방세법 28조), 등록면허세가 112,500원 이상인 경우에는 하한선인 112,500원 3배이다.

조세특례제한법, 지방세법, 관세법 등에 의하여 등록면허세가 감면되는 경우에 그 감면세액의 100분의 20의 농어촌특별세를 납부하여야 하나, 농어촌특별세도 감면 또는 면제되는 경우가 있다(농특세법 4조).

신소재지등기소에서는 등기신청수수료로 설립등기와 같은 금액은 30,000원(서면방문), 25,000원(전자표준양식), 20,000원(전자신청)을 납부하여야 한다. 또한 주사무소이전에 부수하여 분사무소를 설치하는 경우에는 주사무소이전의 등기신청수수료 외에 부수하여 등기하는 부분에 대한 등기신청수수료를 별도로 납부하여야 한다.

그러나 구소재지등기소에서의 등기신청수수료는 일반 변경등기로 보아 6,000원(서면방문), 4,000원(전자표준양식), 2,000원(전자신청)을 납부하면 된다. 그러나 명칭, 주사무소, 이사변경등기를 하나의 신청서로 신청할 경우에는 각각의 수수료 각 6,000원(서면방문), 4,000원(전자표준양식), 2,000원(전자신청)을 합산하여야 한다.

[서식 5] 사단(재단)법인 주사무소이전등기신청서

<table>
<tr><td colspan="5">사단(재단)법인 주사무소이전등기신청</td></tr>
<tr><td rowspan="2">접 수</td><td>년 월 일</td><td rowspan="2">처 리 인</td><td>등기관 확인</td><td>각종 통지</td></tr>
<tr><td>제 호</td><td></td><td></td></tr>
</table>

<table>
<tr><td>명 칭</td><td colspan="3">사단(재단)법인 ○○</td></tr>
<tr><td>주 사 무 소</td><td colspan="3">○○시 ○○구 ○○로 ○○(○○동)</td></tr>
<tr><td>등기의 목적</td><td colspan="3">주사무소 이전등기</td></tr>
<tr><td>등기의 사유</td><td colspan="3">20○○년 ○월 ○일 사원총회(이사회)의 결의에 의하여 정관을 변경하고 20○○년 ○월 ○일 주무관청의 허가를 받아 20○○년 ○월 ○일 주사무소를 다음 장소로 이전하였으므로 그 등기를 구함.</td></tr>
<tr><td>허가서도착연월일</td><td colspan="3">20○○년 ○월 ○일</td></tr>
<tr><td>주사무소/분사무소 신청구분</td><td>1. 주사무소 신청 □</td><td>2. 분사무소 신청 □</td><td>3. 주·분사무소 일괄신청 □</td></tr>
<tr><td colspan="4">등 기 할 사 항</td></tr>
<tr><td>신 주 사 무 소</td><td colspan="3">○○시 ○○구 ○○로 ○○(○○동)</td></tr>
<tr><td>주사무소를 이전한 뜻과 그 연월일</td><td colspan="3">20○○년 ○월 ○일</td></tr>
<tr><td>대리인을 둔 장소를 이전한 뜻</td><td colspan="3">(주사무소에 대리인을 두고 있는 특수법인의 경우)</td></tr>
<tr><td>기 타</td><td colspan="3"></td></tr>
</table>

<table>
<tr><td colspan="7">신청등기소 및 등록면허세/수수료</td></tr>
<tr><td rowspan="2">순번</td><td rowspan="2">신청등기소</td><td rowspan="2">구분</td><td>등록면허세</td><td rowspan="2">농어촌특별세</td><td rowspan="2">세액합계</td><td rowspan="2">등기신청수수료</td></tr>
<tr><td>지방교육세</td></tr>
<tr><td rowspan="2"></td><td rowspan="2"></td><td rowspan="2"></td><td>금 원</td><td rowspan="2">금 원</td><td rowspan="2">금 원</td><td rowspan="2">금 원</td></tr>
<tr><td>금 원</td></tr>
<tr><td rowspan="2"></td><td rowspan="2"></td><td rowspan="2"></td><td></td><td rowspan="2"></td><td rowspan="2"></td><td rowspan="2"></td></tr>
<tr><td></td></tr>
</table>

<table>
<tr><td rowspan="2">합 계</td><td></td><td rowspan="2"></td><td rowspan="2"></td><td rowspan="2"></td></tr>
<tr><td></td></tr>
<tr><td colspan="2">등기신청수수료 납부번호</td><td colspan="3"></td></tr>
<tr><td>과 세 표 준 액</td><td colspan="4">금 원</td></tr>
<tr><td colspan="5">첨 부 서 면</td></tr>
<tr><td colspan="2">1. 정관(필요한 경우) 1통
1. 사원총회(이사회)의사록 1통
1. 이사과반수결의서(필요한 경우) 1통
1. 주무관청허가서(필요한 경우) 1통</td><td colspan="3">1. 인감신고서 및 인감대지 각 1통
1. 등록면허세영수필확인서및통지서 1통
1. 위임장(대리인이 신청할 경우) 1통</td></tr>
<tr><td colspan="5">년 월 일

신청인 명 칭
주사무소
대표자 성 명 (인) (전화 :)
주 소
대리인 성 명 (인) (전화 :)
주 소

지방법원 등기소 귀중</td></tr>
</table>

- 신청서 작성요령 -

1. 해당란이 부족할 때에는 별지를 이용합니다.
1. 해당 등기신청과 관계없는 사항에 대하여는 "해당없음"으로 기재하거나 삭제하고, 필요한 사항은 추가 기재합니다.

(용지규격 21㎝ × 29.7㎝)

[주] 1. 주사무소를 다른 등기소의 관할구역으로 이전한 경우에 하는 주사무소이전등기신청의 경우, 신·구소재지 관할등기소에 제출한 2개의 등기신청을 1개의 신청서로 작성하여 구소재 관할등기소에 제출하면(상등법 58조 2항, 상등규 85조) 구관할 등기소에 접수된 신관할 등기소의 신청서를 우편으로 송부하지 않고 전산시스템에 의하여 통지한다(상등규 85조).

타관이전등기와 동시에 다른 변경등기를 신청할 경우 과거에는 구주사무용 이전등기신청서에 일괄신청하였으나 현재는 2008년 1월부터는 별도로 변경등기신청서를 제출하여야 하며 주사무소이전등기신청서보다 먼저 접수해야 한다.

2. 주사무소란에는 아직 주사무소이전이 완료된 것이 아니므로 이는 구사무소소재지를 기재한다.
3. 등기의 사유 중 사단법인의 경우에는 사원총회, 재단법인의 경우에는 이사회에서 정관변경을 결의한 취지를 기재하고, 이전일자는 현실로 사무소를 이전한 일자를 기재할 것이나, 이사회의사록 등에 기재된 이전일자를 기재하는 것이 실무이다. 다만, 주무관청의 허가일자가 그보다 늦은 때에는 주무관청의 허가일자를 기재하여야 한다.
4. 허가서 도착연월일은 주사무소이전에 정관변경이 필요한 경우에 한하여 기재한다.
5. 대리인이 있는 특수법인의 경우에는 주사무소이전과 동시에 대리인을 둔 장소의 이전이 있으면 신청서 제목에 대리인을 둔 장소이전이라는 표시를 별도로 하여 대리인란의 대리인을 둔 장소를 변경 기재하여야 한다. 즉, 일반적으로 '주사무소이전등기'이라고 기재하나, 특수법인의 경우에 대리인등기를 동시 신청하는 경우에는 등기목적을 "주사무소이전 및 대리인을 둔 장소 이전"이라고 기재한다.
6. 상업등기법에서는 지점소재지에서의 등기에 관하여 본점에서 등기할 때 일정한 경우에는 일시에 할 수 있도록 규정하고 있으나, 본점을 다른 등기소 관할구역으로 이전한 경우에는 본점이전등기는 일괄신청할 수 있다. 따라서 민법법인이 동일관내에 주사무소이전을 하는 경우에는 주사무소에서 분사무소의 등기를 동시신청할 수 있다. 주사무소, 분사무소등기를 동시에 주사무소에서 신청의 경우에는 각 분사무소별 등록면허세와 등기신청수수료를 별도로 납부하여야 한다.
7. 주사무소이전등기의 등록면허세는 112,500원, 지방교육세는 그 100분의 20이다. 주사무소가 대도시 외에서 서울 등 대도시로 이전하는 경우에는 설립으로 보아 자본의 총액을 기준으로 등록면허세를 부과하여야 하고, 이 때에도 자본금의 1,000분의 2에 해당하는 금액에서 3배를 가산하여야 한다.

   조세특례제한법, 지방세법, 관세법 등에 의하여 등록면허세가 감면되는 경우에 그 감면세액의 100분의 20의 농어촌특별세를 납부하여야 한다(농특세법 5조).
8. 등기신청수수료는 신소재지등기소에서는 설립등기와 같은 금액은 30,000원(서면방문), 25,000원(전자표준양식), 20,000원(전자신청)을 납부하여야 한다. 또한 주사무소이전에 부수하여 분사무소를 설치하는 경우에는 주사무소이전의 등기신청수수료 외에 부수하여 등기하는 부분에 대한 등기신청수수료를 별도로 납부하여야 한다.

그러나 구소재지등기소에서의 등기신청수수료는 일반 변경등기로 보아 6,000원(서면방문), 4,000원(전자표준양식), 2,000원(전자신청)을 납부하면 된다. 그러나 명칭, 이사변경등기를 하나의 신청서로 신청할 경우에는 수수료 각 6,000원(서면방문), 4,000원(전자표준양식), 2,000원(전자신청)을 합산하여야 한다.

9. 주사무소를 이전하면 인감증명사항 중 사무소의 표시가 달라지므로 다시 대표권 있는 이사의 인감신고를 하여야 한다.
10. 관내이전이라고 정관에 소재지번까지 정해져 있는 경우에는 총회의사록(정관변경을 하여야 함)을 첨부하여야 한다.
11. 신청인란에는 주사무소를 이전한 것을 전제로 신사무소소재지를 기재한다.
12. 민법법인은 이사 각자가 법인을 대표하는 것이 원칙이므로 이 등기는 대표권의 제한규정이 없는 때에는 이사 중의 1인이 신청하면 되나, 그 제한규정이 있는 때에는 대표권있는 이사가 신청한다.

[첨부서류 1] 사원총회(이사회)의사록

사원총회(이사회)의사록

20OO년 O월 O일 OO시 OO분, OO시 OO구 OO로 OO(OO동) 당 법인 회의실(또는 사무소)에서 사원총회(이사회)를 개최하다.

총사원수(또는 총이사수) : O명
출석사원수(또는 출석이사수) : O명

의장 OOO는 정관규정에 따라 의장석에 등단하여 위와 같이 법정수에 달하는 사원(이사)이 출석하였으므로 본 총회(이사회)가 적법히 성립되었음을 알리고 개회를 선언한 후, 다음의 의안을 부의하고 심의를 구하다.

제1호 의 안 주사무소이전의 건

의장은 사업형편상 당 법인의 주사무소를 다음 장소로 이전할 필요가 있음을 설명하고 그 가부를 물은 바, 전원 이의 없이 찬성하여 만장일치로 승인가결하다.

주사무소 이전장소 : OO시 OO구 OO로 OO(OO동)
이전연월일 : 20OO년 O월 O일

제2호 의 안 정관변경의 건

의장은 위 주사무소이전에 수반하여 현행 정관 제O조를 다음과 같이 변경해야 한다는 취지를 설명하고 그 가부를 물은 바, 전원 이의 없이 찬성하여 만장일치로 그를 승인 가결하다.

제O조(주사무소) 당 법인의 주사무소는 OO시 OO구 OO로 OO(OO동)에 둔다.
[유례] 제O조(주사무소] 본 법인의 사무소는 OO시에 둔다.

의장은 이상으로서 회의목적인 의안 전부의 심의를 종료하였으므로 폐회한다고 선언하다(회의종료시각 : OO시 OO분).

위 결의를 명확히 하기 위하여 이 의사록을 작성하고 의장과 출석한 이사가 기명 날인하다.

20OO. O. O.

사단(재단)법인 OOO회 (직인)
OO시 OO구 OO로 OO(OO동)
의장겸 이사 O O O (인)
이사 O O O (인)
이사 O O O (인)

[주] 1. 이는 주사무소이전과 그에 따른 정관변경을 결의한 의사록으로서 사단법인의 경우에는 사원총회의사록, 재단법인의 경우에는 이사회의사록으로 작성한다. 이들은 등기신청서에 첨부하는 의사록이므로 공증인의 인증을 받아야 한다.
2. 사단법인의 정관은 총사원 3분의 2 이상의 동의가 있는 때에 한하여 이를 변경할 수 있다. 그러나 정수에 관하여 정관에 다른 규정이 있는 경우에는 그 규정에 의한다(민법 42조 1항).
3. 재단법인의 정관은 그 변경방법에 정한 때에 한하여 변경할 수 있으나, 재단법인의 목적달성 또는 그 재산의 보전을 위하여 적당한 때에는 이 규정에 불구하고 명칭 또는 사무소의 소재지를 변경할 수 있다(민법 45조 2항).
4. 이사회가 없는 법인은 이사과반수의 결의로 의사록을 대신할 수 있다.

[첨부서류 2] 이사회의사록

이 사 회 의 사 록

20OO년 O월 O일 OO시 OO분, OO시 OO구 OO로 OO(OO동) 당 법인 회의실(또는 사무소)에서 이사회를 개최하다.

총이사수) : O명　　　출석이사수 : O명

의장 OOO는 정관규정에 따라 의장석에 등단하여 위와 같이 법정수에 달하는 이사가 출석하였으므로 본 이사회가 적법히 성립되었음을 알리고 개회를 선언한 후, 다음의 의안을 부의하고 심의를 구하다.

제1호 의 안 주사무소이전의 건

의장은 이사회의 결의를 거쳐 주무관청의 허가를 받아 변경한 정관 제O조의 규정에 따라, 주사무소를 다음 장소로 이전함에 있어서 그 이전시기를 결정하여 줄 것을 요구한 바, 전원 이의 없이 만장일치로 다음과 같이 가결하다.

주사무소 이전장소 : OO시 OO구 OO로 OO(OO동)
이전연월일 : 20OO년 O월 O일

[유례] 주사무소 이전에 정관변경을 요하지 않는 경우

의장은 사업형편상 본 법인의 주사무소를 다음 장소로 이전할 필요가 있음을 설명하고 그 가부를 물은 바, 전원 이의 없이 그를 찬성하여 승인 가결하다. 이어 그 이전시기 등 이전업무집행에 필요한 사항을 결정하여 줄 것을 요구한 바, 전원 이의 없이 만장일치로 다음과 같이 결정 가결하다.
주사무소 이전장소 : OO시 OO구 OO로 OO(OO동)
이전연월일 : 20OO년 O월 O일

의장은 이상으로서 회의목적인 의안 전부의 심의를 종료하였으므로 폐회한다고 선언하다(회의종료시각 : OO시 OO분).

위 결의를 명확히 하기 위하여 이 의사록을 작성하고 의장과 출석한 이사가 기명날인하다.

20OO. O. O.

사단(재단)법인 OOO회 (직인)
OO시 OO구 OO로 OO(OO동)
의장겸 이사 O O O (인)
이사 O O O (인)
이사 O O O (인)

[주] 이사회가 없는 사단법인은 이 의사록 대신에 다음의 이사과반수의 결의로 족하다.

[첨부서류 3] 이사과반수결의서

이사과반수결의서

20OO년 O월 O일 OO시 OO분, OO시 OO구 OO로 OO(OO동) 당 법인 회의실(또는 사무소)에서 이사 전원의 일치(또는 이사과반수의 일치)로서 다음 사항을 결의한다.

결 의 사 항

1. 당 법인의 주사무소와 분사무소를 다음과 같이 이전함.
   주사무소 : OO시 O구 OO로 OO(OO동)
   (분사무소) : OO시 O구 OO로 OO(OO동)
   이전연월일 : 20OO년 O월 O일

위의 결의사실을 명확히 하기 위하여 이 결의서를 작성하고 이에 기명날인하다.

20OO. O. O.

사단(재단)법인 OOO회
이사 O O O (인)
이사 O O O (인)
이사 O O O (인)

[서식 6] 사단(재단)법인 주사무소이전등기신청서(분사무소 소재지에서 신청하는 경우)

<table>
<tr><td colspan="5">사단(재단)법인 주사무소이전등기신청</td></tr>
<tr><td rowspan="2">접 수</td><td>년 월 일</td><td rowspan="2">처 리 인</td><td>등기관 확인</td><td>각종 통지</td></tr>
<tr><td>제 호</td><td></td><td></td></tr>
</table>

<table>
<tr><td>명 칭</td><td colspan="3">사단(재단)법인 ○○</td></tr>
<tr><td>주 사 무 소</td><td colspan="3">○○시 ○○구 ○○로 ○○(○○동)</td></tr>
<tr><td>분 사 무 소</td><td colspan="3">○○시 ○○구 ○○로 ○○(○○동)</td></tr>
<tr><td>등기의 목적</td><td colspan="3">주사무소 이전등기</td></tr>
<tr><td>등기의 사유</td><td colspan="3">20○○년 ○월 ○일 이사회의 결의에 의하여(20○○년 ○월 ○일 사원총회(이사회)에서 정관변경을 결의하고 20○○년 ○월 ○일 주무관청의 허가를 받아) 20○○년 ○월 ○일 주사무소를 다음 장소로 이전하고 20○○년 ○월 ○일 주사무소 소재지 관할 등기소에서 그 등기를 하였으므로 이 등기소에서 다음 사항의 등기를 구함.</td></tr>
<tr><td>허가서
도착연월일</td><td colspan="3">20○○년 ○월 ○일</td></tr>
<tr><td>주사무소/분사무소
신청구분</td><td>1. 주사무소
신청 □</td><td>2. 분사무소
신청 □</td><td>3. 주·분사무소
일괄신청 □</td></tr>
<tr><td colspan="4">등 기 할 사 항</td></tr>
<tr><td>주사무소를 이전한
뜻과 그 연월일</td><td colspan="3">주사무소 : ○○시 ○○구 ○○로(○○동)
이전연월일 : 20○○. ○. ○. 이전</td></tr>
<tr><td>기 타</td><td colspan="3"></td></tr>
</table>

<table>
<tr><td>등록면허세</td><td>금 원</td><td>지방교육세</td><td>금 원</td><td>농어촌특별세</td><td>금 원</td></tr>
<tr><td>세액 합계</td><td colspan="2">금 원</td><td>등기신청수수료</td><td colspan="2">금 원</td></tr>
<tr><td colspan="3">등기신청수수료 납부번호</td><td colspan="3"></td></tr>
</table>

<table>
<tr><td colspan="2">첨 부 서 면</td></tr>
<tr><td>1. 정관(정관변경이 필요한 경우) 1통
1. 주무관청허가서(정관변경이 필요한 경우) 1통</td><td>1. 등록면허세영수필확인서및통지서 1통
1. 위임장(대리인이 신청할 경우) 1통</td></tr>
<tr><td colspan="2">년 월 일
신청인 명 칭
주사무소
대표자 성 명 (인) (전화 :)
주 소
대리인 성 명 (인) (전화 :)
주 소
지방법원 등기소 귀중</td></tr>
</table>

- 신청서 작성요령 -

1. 해당란이 부족할 때에는 별지를 이용합니다.
1. 해당 등기신청과 관계없는 사항에 대하여는 "해당없음"으로 기재하거나 삭제하고, 필요한 사항은 추가 기재합니다.

(용지규격 21㎝ × 29.7㎝)

[주] 1. 주사무소의 표시는 이미 주사무소에서 등기한 사항이므로 신사무소소재지를 기재한다.

2. 등기의 사유 중 이전일자는 주사무소등기기록에 기재된 이전일자를 기재한다. 사단법인은 사원총회의, 재단법인은 이사회의 결의에 의하여 정관변경을 한다.
3. 허가서 도착연월일은 분사무소소재지에서의 등기기간 계산의 자료가 된다. 주사무소이전에 정관변경이 필요한 경우에는 주무관청의 정관변경허가를 받아야 하므로 이 때에 한하여 기재한다.
4. 등록면허세는 40,200원, 교육세는 등록면허세의 100분의 20(8,040원)을 납부하여야 한다(지방세법 제28조).
5. 등기신청수수료는 6,000원(서면방문), 4,000원(전자표준양식), 2,000원(전자신청)을 납부하여야 한다.
6. 분사무소에서는 다른 서면을 첨부할 필요없이 주사무소이전등기를 마친 후에

주사무소 법인등기사항전부증명서를 첨부한다.

7. 주사무소·분사무소 공통등기사항은 분사무소 소재지에서의 등기에 관하여 주사무소에서 등기를 할 때 일시에 할 수 있다. 다만, 주사무소이전등기는 동일관내의 분사무소를 제외하고는 이 등기와 동시신청을 할 수 없고, 타관할로의 주사무소이전 등기를 본점관할등기소에서 마친 후에 분사무소 관할등기소에서 주사무소이전 등기신청을 하여야 한다.
8. 신청인란에는 주사무소를 이전 후에 분사무소에서 신청하는 것이므로 신사무소소재지를 기재한다.
9. 민법법인은 이사 각자가 법인을 대표하는 것이 원칙이므로 이 등기는 대표권의 제한규정이 없는 때에는 이사 중의 1인이 신청하면 되나, 그 제한규정이 있는 때에는 대표권 있는 이사가 신청한다.

제4절 분사무소의 설치·이전·폐지의 등기

1. 총 설

법인이 분사무소를 설치한 때에는 주사무소소재지 및 그 분사무소소재지, 다른 분사무소소재지에서 3주간 내에 분사무소를 설치한 것을 등기하여야 한다(민법 50조 1항). 또한 주사무소 또는 분사무소의 소재지를 관할하는 등기소의 관할구역 내에 분사무소를 설치한 때에는 위 기간 내에 그 사무소를 설치한 것을 등기한다(민법 60조).

분사무소를 설치·이전·폐지함에는 사단법인의 경우에는 사원총회에서, 재단법인의 경우에는 정관규정에 따라 설립자나 이사회에서 정관을 변경하여 주무관청의 허가를 받고 다시 그 설치·이전·폐지 등의 업무집행을 위한 이사회의 결의를 거쳐야 한다. 다만 정관상 분사무소의 기재가 최소행정구역까지만 표시된 경우, 동일한 행정구역 내에서 분사무소를 이전하는 데에는 정관변경의 절차를 필요로 하지 않고 업무집행의 일환으로 이사회 또는 이사과반수의 결의로 이전할 분사무소의 주소를 확정하면 된다.

2. 등기절차

가. 등기신청인과 등기기간

이사의 대표권제한이 있는 때에는 대표권 있는 이사가 신청하며, 대표권제한이 없는 때에는 수인의 이사가 있어도 반드시 이사전원이 신청하여야 하는 것은 아니고, 그 중 1인이 신청하여도 된다(비송법 66조 2항).

임시이사가 등기를 신청하는 경우에는 신청서에 그 자격을 증명하는 서면을 첨부하여야 한다(비송법 64조 2항).

등기기간은 분사무소를 실제 설치·이전·폐지한 때로부터 3주간 내이다(민법 50조 내지 53조).

신청권한 있는 이사가 이 등기를 해태할 때에는 과태료의 제재를 받는다(민법 97조).

주무관청의 허가를 필요로 하는 하지 아니하는 경우에는 분사무소를 현실로 설치한 날부터, 주무관청의 허가가 필요한 경우에는 그 허가서가 도착한 날로부터 기산하되(민법 53조), 민법의 기간계산의 원칙상 그 다음날부터 계산한다(민법 157조).

등기에 관청의 허가가 필요한 때에는 그 허가서가 도착한 날부터 등기기간을 기산하므로, 분사무소의 설치·이전·폐지에 정관변경을 요하는 경우에는 실제로 분사무소를 설치·이전·폐지한 일자와 정관변경에 관한 관청의 허가서가 도착한 일자 중 늦은 쪽을 기준으로 하여 등기기간을 기산한다(민법 53조).

나. 등기사항

(1) 분사무소설치의 경우

주사무소소재지에서는 “신설분사무소 소재지와 그 설치연월일”을 당해 신설분사무소소재지에서는 “주사무소소재지에서 등기한 사항 중 분사무소에서 등기할 현재 효력 있는 등기사항과 법인성립연월일 및 당해 분사무소 설치연월일”을 등기한다(비송법 66조 2항).

(2) 분사무소폐지의 경우

분사무소폐지의 등기는 주사무소소재에서는 "폐지한 분사무소와 그 폐지의 취지 및 연월일"을 폐지한 당해 분사무소소재지에서는 "분사무소폐지의 취지와 그 연월일"을 기재한다.

다. 첨부서류 등

주사무소소재지에서 이 등기를 신청함에는 분사무소의 설치·이전·폐지 등에 따른 정관변경을 결의한 사단법인의 사원총회의사록이나 재단법인의 이사회의사록 및 정관변경에 관한 주무관청의 허가서나 그 인증있는 등본을 첨부해야 한다. 그리고 분사무소의 설치·이전·폐지 업무집행사항을 결정한 이사회의사록 또는 이사과반수결의서(이사회가 없는 경우)도 첨부해야 한다.

다만, 정관상의 분사무소 표시가 최소행정구역까지만 기재된 경우에는 동일한 행정구역 내에서의 분사무소이전등기에는 정관변경이 필요 없으므로 정관변경을 결의한 총회나 이사회의사록과 정관변경에 관한 주무관청의 허가서 등은 첨부할 필요가 없다. 사무소이전을 결의한 업무집행기관인 이사과반수의 결의서나 이사회의사록만을 첨부하면 된다.

법인의 분사무소 설치·이전·폐지의 등록면허세는 40,200원이나, 법인의 분사무소를 대도시에 설치한 경우에는 법인의 분사무소설치등기에 등록면허세의 3배의 등록면허세 외에 교육세를 납부하여야 하며(지방세법 28조).

조세특례제한법, 지방세법, 관세법 등에 의하여 등록면허세가 감면되는 경우에 그 감면세액의 100분의 20의 농어촌특별세를 납부하여야 하나, 농어촌특별세도 감면 또는 면제되는 경우가 있다(농특세법 4조).

등기신청수수료는 6,000원(서면방문), 4,000원(전자표준양식), 2,000원(전자신청)을 납부하여야 한다. 그러나 명칭, 주사무소, 이사변경등기를 하나의 신청서로 신청할 경우에는 각각의 수수료 각 6,000원(서면방문), 4,000원(전자표준양식), 2,000원(전자신청)을 합산하여야 한다.

[서식 7] 사단(재단)법인 분사무소설치등기신청서(법인설립 후 주사무소 소재지에서 신청하는 경우)

<table>
<tr><td colspan="5">사단(재단)법인 분사무소설치등기신청</td></tr>
<tr><td rowspan="2">접 수</td><td>년 월 일</td><td rowspan="2">처 리 인</td><td>등기관 확인</td><td>각종 통지</td></tr>
<tr><td>제 호</td><td></td><td></td></tr>
</table>

<table>
<tr><td colspan="2">명 칭</td><td colspan="3">사단(재단)법인 ○○</td></tr>
<tr><td colspan="2">주 사 무 소</td><td colspan="3">○○시 ○○구 ○○로 ○○(○○동)</td></tr>
<tr><td colspan="2">등기의 목적</td><td colspan="3">분사무소 설치등기</td></tr>
<tr><td colspan="2">등기의 사유</td><td colspan="3">20○○년 ○월 ○일 사원총회(이사회)에서 정관변경을 결의하고 20○○년 ○월 ○일 주무관청의 허가를 받아 20○○년 ○월 ○일 분사무소를 설치하였으므로 다음 사항의 등기를 구함.</td></tr>
<tr><td colspan="2">허가서도착연월일</td><td colspan="3">20○○년 ○월 ○일</td></tr>
<tr><td colspan="2">주사무소/분사무소
신청구분</td><td>1. 주사무소
신청 □</td><td>2. 분사무소
신청 □</td><td>3. 주·분사무소
일괄신청 □</td></tr>
<tr><td colspan="5">등 기 할 사 항</td></tr>
<tr><td rowspan="2">분사무소</td><td>명 칭</td><td colspan="3" rowspan="2">○○분사무소</td></tr>
<tr><td>소재지</td></tr>
<tr><td colspan="2">설 치 연 월 일</td><td colspan="3">20○○년 ○월 ○일</td></tr>
<tr><td colspan="2">기 타</td><td colspan="3"></td></tr>
</table>

<table>
<tr><td colspan="7">신청등기소 및 등록면허세/수수료</td></tr>
<tr><td rowspan="2">순번</td><td rowspan="2">신청등기소</td><td rowspan="2">구분</td><td>등록면허세</td><td rowspan="2">농어촌특별세</td><td rowspan="2">세액합계</td><td rowspan="2">등기신청수수료</td></tr>
<tr><td>지방교육세</td></tr>
<tr><td rowspan="2"></td><td rowspan="2"></td><td rowspan="2"></td><td>금 원</td><td rowspan="2">금 원</td><td rowspan="2">금 원</td><td rowspan="2">금 원</td></tr>
<tr><td>금 원</td></tr>
<tr><td rowspan="2"></td><td rowspan="2"></td><td rowspan="2"></td><td></td><td rowspan="2"></td><td rowspan="2"></td><td rowspan="2"></td></tr>
<tr><td></td></tr>
</table>

<table>
<tr><td rowspan="2">합 계</td><td></td><td rowspan="2"></td><td rowspan="2"></td><td rowspan="2"></td></tr>
<tr><td></td></tr>
<tr><td colspan="2">등기신청수수료 납부번호</td><td colspan="3"></td></tr>
<tr><td>과 세 표 준 액</td><td colspan="4">금 원</td></tr>
<tr><td colspan="5">첨 부 서 면</td></tr>
<tr><td colspan="2">1. 정관(필요한 경우) 1통
1. 사원총회(이사회)의사록 1통
1. 주무관청허가서(필요한 경우) 1통</td><td colspan="3">1. 등록면허세영수필확인서및통지서 1통
1. 위임장(대리인이 신청할 경우) 1통
〈기 타〉</td></tr>
<tr><td colspan="5">년 월 일

신청인 명 칭
주사무소
대표자 성 명 (인) (전화 :)
주 소
대리인 성 명 (인) (전화 :)
주 소

지방법원 등기소 귀중</td></tr>
</table>

- 신청서 작성요령-

1. 해당란이 부족할 때에는 별지를 이용합니다.
1. 해당 등기신청과 관계없는 사항에 대하여는 "해당없음"으로 기재하거나 삭제하고, 필요한 사항은 추가 기재합니다.

(용지규격 21㎝ × 29.7㎝)

[주] 1. 등기의 사유 중 (　　)안은 재단법인의 경우이며, 분사무소의 설치일자는 그 설치결의일자나 주무관청의 허가일자가 아니라 현실로 분사무소를 설치한 일자를 기재해야 하나 분사무소설치 업무집행결정을 위한 이사회의사록 또는 이사과반수결의서(이사회가 없는 경우)에 기재된 설치일자를 기재함이 실무이다.

2. 정관에 분사무소 소재지를 특정한 경우에는 정관변경이 필요하다. 보통은 정관에 분사무소 소재지의 최소행정구역정도만을 정하고 있으며, 이때에는 최소행정구역의 범위내에서는 이사회가 결정하면 된다. 분사무소의 명칭은 정한

경우 이를 기재하고 소재지는 주사무소와 같이 구체적인 장소까지 기재한다.

3. 상업등기법 제51조 제3항에 따라 회사의 본·지점의 이전·변경·폐지시에 지배인에 관한 등기와 동시에 신청하여야 할 지점에 관한 등기, 타관할로의 본점이전등기, 합병으로 존속·신설회사와 소멸회사의 본점관할등기가 다른 경우 등 일정한 경우를 제외하고는 본점에서 등기를 할 때 일시에 할 수 있으며, 이 경우에는 각 지점별 등록면허세와 등기신청수수료를 별도로 납부하여야 한다. 이는 민법법인등기와 특구법인등기에 준용한다. 따라서 특수법인의 분사무소에 대리인을 두고 있는 경우에는 일괄신청할 수 없고 별도로 그 분사무소에 신청하여야 한다.
4. 등록면허세는 40,200원, 교육세는 등록면허세의 100분의 20(8,040원)을 납부하여야 한다(지방세법 28조). 대도시의 경우에도 이는 변경등기에 해당하므로 3배의 가산은 되지 아니한다. 그러나 법인이 명칭·목적·임원등기 등을 하나의 신청서로 일괄등기 신청하더라도 각각에 대하여 산출한 세액을 합산하여 등록면허세를 납부하여야 한다.

   조세특례제한법 및 관세법, 지방세법에 의하여 등록면허세가 감면되는 경우, 그 감면세액이 100분의 20의 농어촌특별세를 납부하여야 한다(다만, 이것도 면제되는 경우도 있다).
5. 등기신청수수료는 6,000원(서면방문), 4,000원(전자표준양식), 2,000원(전자신청)을 납부하여야 한다.
6. 분사무소설치에 따른 정관변경을 결의한 사단법인의 사원총회나 재단법인의 이사회의사록을 첨부해야 하며 민법상의 법인등기신청서에 첨부하는 의사록은 반드시 공증인의 인증을 받아야 한다(공증 66조의2).
7. 분사무소설치에 관한 업무집행사항 결정을 위한 이사회의사록 또는 이사과반결의서(이사회가 없는 경우)를 첨부한다.
8. 주무관청의 허가서는 원본을 첨부할 수 있고, 등본을 첨부하는 경우에는 허가관청의 인증있는 등본을 첨부해야 한다.
9. 민법법인은 이사 각자가 법인을 대표하는 것이 원칙이므로 이 등기는 대표권의 제한규정이 없는 때에는 이사 중의 1인이 신청하면 되나, 그 제한규정이 있는 때에는 대표권 있는 이사가 신청한다.

[첨부서류 1] 사원총회의사록

사원총회의사록

20OO년 O월 O일 OO시 OO분, OO시 OO구 OO로 OO(OO동) 당 법인 회의실(또는 사무소)에서 사원총회를 개최하다.

총사원수 : O명　　　출석사원수 : O명

의장인 이사 OOO는 정관규정에 따라 의장석에 등단하여 위와 같이 법정수에 달하는 사원이 출석하였으므로 본 총회가 적법히 성립되었음을 알리고 개회를 선언한 후, 다음의 의안을 부의하고 심의를 구하다.

제1호 의 안　분사무소 설치의 건

의장은 당 법인의 사업이 날로 번창함에 따라 사업을 확장하기 위하여 다음 장소에 분사무소를 설치할 필요가 있음을 설명하고 그 가부를 물은 바, 전원 이의 없이 찬성하여 만장일치로 승인가결하다.

분사무소 : OO시 OO구 OO로 OO(OO동)(OO지부)

[유례] 사원총회에서 설치연월일까지 정한 경우

분사무소 : OO시 OO구 OO로 OO(OO동)(OO지부)

설치연월일 : 20OO년 O월 O일

[유례] 최소행정구역까지만 정한 경우

분사무소 : 본 법인의 분사무소를 OO시에 둔다.

제2호 의 안　정관변경의 건

의장은 위 분사무소에 수반하여 현행 정관 제O조를 다음과 같이 변경해야 한다는 취지를 설명하고 그 가부를 물은 바, 전원 이의 없이 찬성하여 만장일치로 그를 승인 가결하다.

제O조(분사무소) 당 법인은 다음 장소에 분사무소를 둔다.

분사무소 : OO시 OO구 OO로 OO(OO동)(OO지부)

분사무소 : OO시 OO구 OO로 OO(OO동)(OO지부)

[유례] 최초행정구역까지만 정한 경우

제O조(분사무소) 본 법인은 OO시에 분사무소를 둔다.

의장은 이상으로서 회의목적인 의안 전부의 심의를 종료하였으므로 폐회한다고 선언하다(회의종료시각 : OO시 OO분).

위 결의를 명확히 하기 위하여 이 의사록을 작성하고 의장과 출석한 이사가 기명날인하다.

2OOO. O. O.

사단법인 OOO회 (직인)
OO시 OO구 OO로 OO(OO동)
의장겸 이사 O O O (인)
이사 O O O (인)
이사 O O O (인)

[주] 1. 이는 분사무소설치와 그에 따른 정관변경을 결의한 의사록으로서 사단법인의 경우에는 사원총회의사록, 재단법인의 경우에는 이사회의사록으로 작성한다. 이들은 등기신청서에 첨부하는 의사록이므로 공증인의 인증을 받아야 한다.
2. 민법법인의 총회 및 이사회의사록은 기명날인하여야 하고 서면으로 대체할 수 없다.

[첨부서류 2] 이사회의사록

이 사 회 의 사 록

2OOO년 O월 O일 OO시 OO분, OO시 OO구 OO로 OO(OO동) 당 법인 회의실(또는 사무소)에서 이사회를 개최하다.

총이사수 : O명 출석이사수 : O명

의장인 이사 OOO는 정관규정에 따라 의장석에 등단하여 위와 같이 법정수에 달하는 이사가 출석하였으므로 본 이사회가 적법히 성립되었음을 알리고 개회를 선언한 후, 다음의 의안을 부의하고 심의를 구하다.

제1호 의 안 분사무소 설치의 건

의장은 이사회의 결의를 거쳐 주무관청의 허가를 받아 변경한 정관 제O조의 규정에 따라 다음 장소에 분사무소를 설치함에 있어서 그 설치시기를 결정하여 줄 것을 요구한 바, 전원 이의 없이 만장일치로 다음과 같이 가결하다.

분사무소 설치장소 : OO시 OO구 OO로 OO(OO동)
설치연월일 : 20OO년 O월 O일

의장은 이상으로서 회의목적인 의안 전부의 심의를 종료하였으므로 폐회한다고 선언하다(회의종료시각 : OO시 OO분).

위 결의를 명확히 하기 위하여 이 의사록을 작성하고 의장과 출석한 이사가 기명날인하다.

20OO. O. O.

재단법인 OOO회 (직인)
OO시 OO구 OO로 OO(OO동)
의장겸 이사 O O O (인)
이사 O O O (인)
이사 O O O (인)

[주] 1. 이는 분사무소설치와 그에 따른 정관변경을 결의한 의사록으로서 사단법인의 경우에는 사원총회의사록, 재단법인의 경우에는 이사회의사록으로 작성한다. 이들은 등기신청서에 첨부하는 의사록이므로 공증인의 인증을 받아야 한다.
2. 민법법인의 총회 및 이사회의사록은 기명날인하여야 하고 서면으로 대체할 수 없다.

[서식 8] 사단(재단)법인 분사무소설치등기신청서(신설분사무소 소재지에서 신청하는 경우)

사단(재단)법인 분사무소설치등기신청

접 수	년 월 일	처 리 인	등기관 확인	각종 통지
	제 호			

<table>
<tr><td colspan="2">명 칭</td><td>사단(재단)법인 ○○</td><td>등록번호</td><td>OOOOOO-OOOOOO</td></tr>
<tr><td colspan="2">주 사 무 소</td><td colspan="3">○○시 ○○구 ○○로 ○○(○○동)</td></tr>
<tr><td colspan="2">등기의 목적</td><td colspan="3">분사무소 설치등기</td></tr>
<tr><td colspan="2">등기의 사유</td><td colspan="3">20○○년 ○월 ○일 사원총회(이사회)에서 정관변경을 결의하고, 20○○년 ○월 ○일 주무관청의 허가를 받아 20○○년 ○월 ○일 ○○시 ○○구 ○○로 ○○(○○동)에 분사무소를 설치하고 주사무소소재지 관할등기소에서 그 등기를 하였으므로 이 등기소에서 다음 사항의 등기를 구함</td></tr>
<tr><td colspan="2">허가서도착연월일</td><td colspan="3">20○○년 ○월 ○일</td></tr>
<tr><td colspan="2">주사무소/분사무소 신청구분</td><td colspan="3">1. 주사무소 신청 □ 2. 분사무소 신청 □ 3. 주·분사무소 일괄신청 □</td></tr>
<tr><td colspan="5">등 기 할 사 항</td></tr>
<tr><td colspan="2">명 칭</td><td colspan="3">사단(재단법인) ○○</td></tr>
<tr><td colspan="2">주 사 무 소</td><td colspan="3">○○시 ○○구 ○○로 ○○(○○동)</td></tr>
<tr><td rowspan="2">분사무소</td><td>명 칭</td><td colspan="3">○○지부</td></tr>
<tr><td>소재지</td><td colspan="3">○○시 ○○구 ○○로 ○○(○○동)</td></tr>
<tr><td colspan="2">법인을 대표할 이사의 성명, 주소와 주민등록번호 및 취임연월일</td><td colspan="3">이 사 ○ ○ ○ (OOOOOO－OOOOOOO)
○○시 ○○구 ○○로 ○○(○○동)
20○○년 ○월 ○일 취임</td></tr>
<tr><td colspan="2">법인성립연월일</td><td colspan="3">20○○년 ○월 ○일</td></tr>
<tr><td colspan="2">분 사 무 소 설 치 연 월 일</td><td colspan="3">20○○년 ○월 ○일</td></tr>
<tr><td colspan="2">목 적</td><td colspan="3">1. ○○○○
1. ○○○○</td></tr>
<tr><td colspan="2">존립시기 또는 해 산 사 유</td><td colspan="3">1. ○○○○
1. ○○○○</td></tr>
<tr><td colspan="2">기 타</td><td colspan="3"></td></tr>
</table>

<table>
<tr><td>등록면허세</td><td>금 원</td><td>지방교육세</td><td>금 원</td><td>농어촌특별세</td><td>금 원</td></tr>
<tr><td>세액 합계</td><td colspan="2">금 원</td><td>등기신청수수료</td><td colspan="2">금 원</td></tr>
<tr><td colspan="3">등기신청수수료 납부번호</td><td colspan="3"></td></tr>
<tr><td colspan="6">첨 부 서 면</td></tr>
<tr><td colspan="3">1. 정관(필요한 경우) 1통
1. 사원총회(이사회)의사록(필요시) 1통
1. 주무관청허가서(필요시) 1통
1. 대리인선임 이사회의사록(특수법인 경우) 1통</td><td colspan="3">1. 대리인의 인감신고서 및 대표자의 인감증명서(특수법인인 경우) 각 1통
1. 등록면허세영수필확인서및통지서 1통
1. 위임장(대리인이 신청할 경우) 1통</td></tr>
<tr><td colspan="6">년 월 일

신청인 명 칭
주사무소
대표자 성 명 (인) (전화 :)
주 소
대리인 성 명 (인) (전화 :)
주 소

지방법원 등기소 귀중</td></tr>
</table>

- 신청서 작성요령 -

1. 해당란이 부족할 때에는 별지를 이용합니다.
1. 해당 등기신청과 관계없는 사항에 대하여는 "해당없음"으로 기재하거나 삭제하고, 필요한 사항은 추가 기재합니다.

(용지규격 21㎝ × 29.7㎝)

[주] 1. 분사무소만의 설치등기는 주 사무소에서 각 분사무소별 등기를 동시에 신청할 수 있다. 다만 특수법인이 대리인을 두고 있는 경우에는 주사무소에서 일괄신청할 수 없다.

2. 분사무소설치와 동시에 대리인선임등기를 신청하는 경우에 신청서의 제목에 대리인이 있음을 표시하여도 되나, 달리 표시하지 않아도 된다.

3. 분사무소이전의 관할등기소의 구역내의 경우에는 위 분사무소이전시 구분사무소에 신청하는 경우와 동일하며, 등기번호는 최초로 당해 분사무소에서 등

기하는 것이므로 기재하지 아니한다.

4. 등기의 사유 중 ( )안은 재단법인의 경우이며, 분사무소의 설치일자는 주사무소등기사항증명서에 기재된 설치연월일을 기재하며, 사원총회가 없는 재단법인은 이사회의 의결로써 한다.
5. 법인성립연월일은 주사무소등기사항증명서에 기재된 최초의 설립등기일자를 기재하며, 이는 주사무소이전시에도 변경되지 아니한다.
6. 분사무소의 명칭은 관내에 동일한 명칭이 있어도 가능하며, 분사무소의 명칭과 소재지, 목적 등 소정의 분사무소 등기사항은 주사무소 소재지에 기재된 대로 기재한다. 분사무소 설치를 하는 당해 등기소관내의 분사무소를 표시하되, 특수법인의 분사무소에 대리인을 두고 있는 경우에는 대리인에 관한 사항도 기재한다.
7. 분사무소설치에 관한 등록면허세는 40,200원, 교육세는 등록면허세의 100분의 20(8,040원)을 납부하여야 한다(지방세법 28조). 대도시에 분사무소를 설치한 경우에는 법인의 분사무소설치등기에 등록면허세의 3배의 등록면허세 외에 교육세를 납부하여야 하며(지방세법 28조), 조세특례제한법, 지방세법, 관세법 등에 의하여 등록면허세가 감면되는 경우에 그 감면세액의 100분의 20의 농어촌특별세를 납부하여야 한다(다만, 이것도 면제되는 경우도 있다).
8. 등기신청수수료는 6,000원(서면방문), 4,000원(전자표준양식), 2,000원(전자신청)을 납부하여야 한다.
9. 특수법인으로 대리인을 구고 있는 경우에는 대리인을 선임하였음을 증명하는 공증된 사원총회 또는 이사회의사록 등을 첨부한다.
10. 특수법인으로 당해 분사무소에 대리인을 두고 대리인에 대하여 인감신고를 할 필요가 있는 경우에는 당해 대리인의 인감신고서를 첨부한다. 법인의 대리인은 대표자의 인감날인을 인감신고서에 한다. 다만 인감전산화로 인하여 영업주 또는 대표자의 인감증명을 첨부하지 아니하고 등기관이 직권으로 확인한다.
11. 민법법인은 이사 각자가 법인을 대표하는 것이 원칙이므로 이 등기는 대표권의 제한규정이 없는 때에는 이사 중의 1인이 신청하면 되나, 그 제한규정이 있는 때에는 대표권있는 이사가 신청한다.

[첨부서류 3] 사원총회(이사회)의사록

사원총회(이사회)의사록

2000년 0월 0일 00시 00분, 00시 00구 00로 00(00동) 당 법인 회의실(또는 사무소)에서 사원총회(이사회)를 개최하다.

총사원수(또는 총이사수) : 0명
출석사원수(또는 출석이사수) : 0명

의장 000는 정관규정에 따라 의장석에 등단하여 위와 같이 법정수에 달하는 사원(이사)이 출석하였으므로 본 총회(이사회)가 적법히 성립되었음을 알리고 개회를 선언한 후, 다음의 의안을 부의하고 심의를 구하다.

제1호 의 안 분사무소설치의 건

의장은 당 법인의 분사무소를 다음 장소에 설치할 필요성을 설명하고 이에 수반하여 현행 정관 제O조를 다음과 같이 변경하여야 할 필요가 있음을 설명하고 그 가부를 물은 바, 전원 이의 없이 찬성하여 만장일치로 승인가결하다.

분사무소 설치장소 : 00시 00구 00로 00(00동)

제2호 의 안 정관변경의 건

의장은 위 분사무소설치에 수반하여 현행 정관 제O조를 다음과 같이 변경해야 한다는 취지를 설명하고 그 가부를 물은 바, 전원 이의 없이 찬성하여 만장일치로 그를 승인 가결하다.

제O조(분사무소) 당 법인의 분사무소는 00시 00구 00로 00(00동)에 둔다.

의장은 이상으로서 회의목적인 의안 전부의 심의를 종료하였으므로 폐회한다고 선언하다(회의종료시각 : 00시 00분).

위 결의를 명확히 하기 위하여 이 의사록을 작성하고 의장과 출석한 이사가 기명날인하다.

2000. 0. 0.

사단(재단)법인 000회 (직인)

OO시 OO구 OO로 OO(OO동) 의장겸 이사 O O O (인) 이사 O O O (인) 이사 O O O (인)

[주] 1. 사단법인의 정관은 총사원 3분의 2 이상의 동의가 있는 때에 한하여 이를 변경할 수 있다. 그러나 정수에 관하여 정관에 다른 규정이 있으면 그 규정에 의한다(민법 42조 1항).
2. 재단법인의 정관은 그 변경방법을 정관에 정한 때에 한하여 변경할 수 있으나 재단법인의 목적달성 또는 그 재산의 보전을 위하여 적당한 때에는 위 규정에 불구하고 명칭 또는 사무소의 소재지를 변경할 수 있다(민법 45조 2항).
3. 정관의 변경은 주무관청의 허가를 얻지 아니하면 그 효력이 없다(민법 42조 2항).

[서식 9] 사단(재단)법인 분사무소이전등기신청서(주사무소 소재지에서 신청하는 경우)

<table>
<tr><th colspan="5">사단(재단)법인 분사무소이전등기신청</th></tr>
<tr><td rowspan="2">접 수</td><td>년 월 일</td><td rowspan="2">처 리 인</td><td>등기관 확인</td><td>각종 통지</td></tr>
<tr><td>제 호</td><td></td><td></td></tr>
</table>

<table>
<tr><td>명 칭</td><td>사단(재단)법인 ○○</td><td>등기번호</td><td>제○○○○호</td></tr>
<tr><td>주 사 무 소</td><td colspan="3">○○시 ○○구 ○○로 ○○(○○동)</td></tr>
<tr><td>등기의 목적</td><td colspan="3">분사무소 이전등기</td></tr>
<tr><td>등기의 사유</td><td colspan="3">20○○년 ○월 ○일 이사회의 결의에 의하여{20○○년 ○월 ○일 사원총회(이사회)에서 정관변경을 결의하고 20○○년 ○월 ○일 주무관청의 허가를 받아} 20○○년 ○월 ○일 ○○시 ○○구 ○○로 ○○(○○동)(○○분사무소)을 다음 장소로 이전하였으므로 그 등기를 구함.</td></tr>
<tr><td>허가서도착연월일</td><td colspan="3">20○○년 ○월 ○일</td></tr>
</table>

<table>
<tr><td>주사무소/분사무소
신청구분</td><td>1. 주사무소
신청 □</td><td>2. 분사무소
신청 □</td><td>3. 주·분사무소
일괄신청 □</td></tr>
<tr><td colspan="4">등 기 할 사 항</td></tr>
<tr><td>신 분 사 무 소</td><td colspan="3">○○시 ○○구 ○○로 ○○(○○동)(○○분사무소)</td></tr>
<tr><td>이 전 연 월 일</td><td colspan="3">20○○. ○. ○. 이전</td></tr>
<tr><td>기 타</td><td colspan="3"></td></tr>
</table>

<table>
<tr><td>등록면허세</td><td>금 원</td><td>지방교육세</td><td>금 원</td><td>농어촌특별세</td><td>금 원</td></tr>
<tr><td>세액 합계</td><td colspan="2">금 원</td><td>등기신청수수료</td><td colspan="2">금 원</td></tr>
<tr><td colspan="3">등기신청수수료 납부번호</td><td colspan="3"></td></tr>
<tr><td colspan="6">첨 부 서 면</td></tr>
<tr><td colspan="3">1. 정관(필요한 경우) 1통
1. 사원총회(이사회)의사록 1통
1. 이사회이사록(총회의사록 등) 1통</td><td colspan="3">1. 주무관청의 허가서(또는 허가서등본) 1통
1. 등록면허세영수필확인서및통지서 1통
1. 위임장(대리인이 신청할 경우) 1통</td></tr>
<tr><td colspan="6">년 월 일

신청인 명 칭
주사무소
대표자 성 명 (인) (전화 :)
주 소
대리인 성 명 (인) (전화 :)
주 소

지방법원 등기소 귀중</td></tr>
</table>

- 신청서 작성요령 -

1. 해당란이 부족할 때에는 별지를 이용합니다.
1. 해당 등기신청과 관계없는 사항에 대하여는 "해당없음"으로 기재하거나 삭제하고, 필요한 사항은 추가 기재합니다.

(용지규격 21㎝ × 29.7㎝)

[주] 1. 분사무소의 이전권한은 정관에 달리 정하지 아니하는 한 분사무소설치와 같이 사원총회의 권한에 속한다. 그리고 분사무소이전에 주무관청의 허가를 받아야 하는 경우에는 그 허가서도 첨부한다.

2. 등기의 사유란 중 사단법인에서는 사원총회, 재단법인에서는 이사회에서 정관변경을 결의한 취지를 기재하여야 하며, 분사무소이전일자는 그 이전결의일이나 주무관청의 허가일이 아니라, 현실로 분사무소를 이전일자로 기재할 것이며, 분사무소이전 업무집행을 위한 이사회의사록(또는 이사과반수결의서)에 기재된 이전일자를 기재하는 것이 보통이다. 그러나 주무관청의 허가가 필요한 경우 주무관청의 허가일자가 이전일자보다 늦은 때에는 주무관청의 허가일자를 기재하여야 한다.

3. 허가서도착연월일은 분사무소이전에 정관변경이 필요한 경우에 한하여 기재한다.

4. 상업등기법 제51조 제3항에 따라 회사의 본·지점의 이전·변경·폐지시에 지배인에 관한 등기와 동시에 신청하여야 할 지점에 관한 등기, 타관할로의 본점이전등기, 합병으로 존속·신설회사와 소멸회사의 본점관할등기가 다른 경우 등 일정한 경우를 제외하고는 본점에서 등기를 할 때 일시에 할 수 있으며, 이 경우에는 각 지점별 등록면허세와 등기신청수수료를 별도로 납부하여야 한다. 여기에는 주사무소에서 신청하는지 분사무소에서 신청하는지, 동시신청인지 등을 구분하여 기재한다.

5. 등록면허세는 40,200원, 교육세는 등록면허세의 100분의 20(8,040원)을 납부하여야 한다(지방세법 28조). 조세특례제한법, 지방세법, 관세법 등에 의하여 등록면허세가 감면되는 경우에 그 감면세액의 100분의 20의 농어촌특별세를 납부하여야 한다(다만, 이것도 면제되는 경우도 있다).

6. 등기신청수수료는 6,000원(서면방문), 4,000원(전자표준양식), 2,000원(전자신청)을 납부하여야 한다.

7. 분사무소이전에 정관이 필요한 경우에는 정관변경을 결의한 사단법인의 사원총회의사록이나 재단법인의 이사회의사록을 첨부해야 한다.

8. 이전일자(정관변경이 필요 없거나 정관에 그 지번이 확정되지 아니한 때에는 이전장소도) 등 이전업무집행사항결정을 위한 이사회의사록(이사회가 없는 경우에는 이사과반수결의서)을 첨부해야 하며, 민법상 법인의 등기신청서에 첨부하는 의사록은 공증인의 인증을 받아야 한다.

9. 주무관청의 허가서는 분사무소이전에 정관변경이 필요한 경우에 한하여 첨부하되 등본을 첨부하는 경우에는 허가관청의 인증있는 등본을 첨부해야 한다.

10. 민법법인은 이사 각자가 법인을 대표하는 것이 원칙이므로 이 등기는 대표권의 제한규정이 없는 때에는 이사 중의 1인이 신청하면 되나, 그 제한규정이 있는 때에는 대표권 있는 이사가 신청한다.

[첨부서류 1] 사원총회(이사회)의사록

사원총회(이사회)의사록

2000년 0월 0일 00시 00분, 00시 00구 00로 00(00동) 당 법인 회의실(또는 사무소)에서 사원총회(이사회)를 개최하다.

총사원수(또는 총이사수) : 0명
출석사원수(또는 출석이사수) : 0명

의장인 이사 000는 성관규정에 따라 의장석에 등단하여 위와 같이 법정수에 달하는 사원(이사)이 출석하였으므로 본 총회(이사회)가 적법히 성립되었음을 알리고 개회를 선언한 후, 다음의 의안을 부의하고 심의를 구하다.

제1호 의 안 분사무소이전의 건

의장은 당 법인의 사업상 형편에 의하여 00시 00구 00로 00(00동)의 분사무소를 다음 장소에 이전할 필요가 있다고 설명하고 그 가부를 물은 바, 전원 이의 없이 그를 찬성하여 만장일치로 승인 가결하다.

분사무소 이전장소 : 00시 00구 00로 00(00동)

제2호 의 안 정관변경의 건

의장은 위 분사무소 이전에 수반하여 현행 정관 제0조를 다음과 같이 변경해야 한다는 취지를 설명하고 그 가부를 물은 바, 전원 이의 없이 찬성하여 만장일치로 그를 승인 가결하다.

제0조(분사무소) 당 법인은 다음 장소에 분사무소를 둔다.
분사무소 : 00시 00구 00로 00(00동)(00시 지부)

의장은 이상으로서 회의목적인 의안 전부의 심의를 종료하였으므로 폐회한다고 선언하다(회의종료시각 : 00시 00분).

위 결의를 명확히 하기 위하여 이 의사록을 작성하고 의장과 출석한 이사가 기명날인하다.

2000. 0. 0.

사단(재단)법인 OOO회 (직인)
OO시 OO구 OO로 OO(OO동)
의장겸 이사 O O O (인)
이사 O O O (인)
이사 O O O (인)

[주] 1. 이는 분사무소이전과 그에 다른 정관변경을 결의한 의사록으로서 사단법인의 경우에는 사원총회의사록, 재단법인의 경우에는 이사회의사록으로 작성하며, 공증인의 인증을 받아야 한다.
2. 정관의 변경은 주무관청의 허가를 얻지 아니하면 그 효력이 없다(민법 42조 2항). 단, 특수법인으로 공증인법시행령 및 법무부고시에 의하여 공증이 면제되는 경우에는 그러하지 아니하다.

[첨부서류 2] 이사회의사록

이 사 회 의 사 록

2000년 O월 O일 OO시 OO분, OO시 OO구 OO로 OO(OO동) 당 법인 회의실(또는 사무소)에서 이사회를 개최하다.

총이사수 : O명　　　출석이사수 : O명

의장인 이사 OOO는 정관규정에 따라 의장석에 등단하여 위와 같이 법정수에 달하는 이사가 출석하였으므로 본 이사회가 적법히 성립되었음을 알리고 개회를 선언한 후, 다음의 의안을 부의하고 심의를 구하다.

제1호 의 안 분사무소 이전의 건
의장은 이사회의 결의를 거쳐 주무관청의 허가를 받아 변경한 정관 제O조의 규정에 따라 분사무소를 이전함에 있어서 그 이전시기를 결정하여 줄 것을 요구한 바, 전원 이의 없이 만장일치로 다음과 같이 가결하다.

분사무소 이전장소 : OO시 OO구 OO로 OO(OO동)
이전연월일 : 2000년 O월 O일

[유례] 분사무소이전에 정관변경을 요하지 않는 경우

의장은 사업형편상 당 법인의 분사무소를 다음 장소로 이전해야 할 필요가 있음을 설명하고 그 가부를 물은 바, 전원 이의 없이 그를 찬성하여 승인 가결하므로, 이어 그 이전시기 등 이전업무집행에 필요한 사항을 결정하여 줄 것을 요구한 바, 전원 이의 없이 만장일치로 다음과 같이 승인 가결하다.

분사무소 이전장소 : OO시 OO구 OO로 OO(OO동)
이전연월일 : 20OO년 O월 O일

의장은 이상으로서 회의목적인 의안 전부의 심의를 종료하였으므로 폐회한다고 선언하다(회의종료시각 : OO시 OO분).

위 결의를 명확히 하기 위하여 이 의사록을 작성하고 의장과 출석한 이사가 기명날인하다.

20OO. O. O.

재단법인 OOO회 (직인)
OO시 OO구 OO로 OO(OO동)
의장겸 이사 O O O (인)
이사 O O O (인)
이사 O O O (인)

[주] 1. 분사무소이전장소와 일자는 이사회가 있는 경우에는 이사회의 결의로, 이사회가 없는 경우에는 이사과반수의 결의로 하며, 공증인의 인증을 받아야 한다. 다만, 특수법인으로 공증인법시행령 및 법무부고시에 의하여 공증이 면제되는 경우에는 그러하지 아니하다. 그리고 정관에서 분사무소이전도 사원총회의 권한으로 정한 경우에는 총회의 권한이다.
2. 민법법인의 총회 및 이사회의사록은 기명날인하여야 하고 서면으로 대체할 수 없다.

[서식 10] 사단(재단)법인 분사무소이전등기신청서(구분사무소 소재지에서 신청하는 경우)

<table>
<tr><th colspan="5">사단(재단)법인 분사무소이전등기신청</th></tr>
<tr><td rowspan="2">접 수</td><td>년 월 일</td><td rowspan="2">처 리 인</td><td>등기관 확인</td><td>각종 통지</td></tr>
<tr><td>제 호</td><td></td><td></td></tr>
</table>

<table>
<tr><td colspan="2">명 칭</td><td>사단(재단)법인 ○○</td><td>등기번호</td><td>제○○○○호</td></tr>
<tr><td colspan="2">주 사 무 소</td><td colspan="3">○○시 ○○구 ○○로 ○○(○○동)</td></tr>
<tr><td colspan="2">분 사 무 소</td><td colspan="3">○○시 ○○구 ○○로 ○○(○○동)</td></tr>
<tr><td colspan="2">등기의 목적</td><td colspan="3">분사무소 이전등기</td></tr>
<tr><td colspan="2">등기의 사유</td><td colspan="3">20○○년 ○월 ○일 ○○시 ○○구 ○○로 ○○(○○동)의 분사무소를 다음 장소로 이전하고, 20○○년 ○월 ○일 주사무소 소재지 관할등기소에서 등기를 하였으므로 이 등기소에서 그 등기를 구함.</td></tr>
<tr><td colspan="2">허가서도착연월일</td><td colspan="3">20○○년 ○월 ○일</td></tr>
<tr><td colspan="2">주사무소/분사무소
신청구분</td><td colspan="3">1. 주사무소 신청 □ 2. 분사무소 신청 □ 3. 주·분사무소 일괄신청 □</td></tr>
<tr><td colspan="5">등 기 할 사 항</td></tr>
<tr><td rowspan="2">분사무소</td><td>이 전 전
명 칭</td><td colspan="3">○○분사무소</td></tr>
<tr><td>이 전 전
소 재 지</td><td colspan="3">○○시 ○○구 ○○로 ○○(○○동)</td></tr>
<tr><td colspan="2">이 전 연 월 일</td><td colspan="3">20○○년 ○월 ○일</td></tr>
<tr><td colspan="2">기 타</td><td colspan="3">대리인을 둔 장소 이전(대리인을 두고 있는 특수법인의 경우)
대리인 ○ ○ ○
○○시 ○○구 ○○로 ○○(○○동)
20○○년 ○월 ○일</td></tr>
</table>

<table>
<tr><td>등록면허세</td><td>금 원</td><td>지방교육세</td><td>금 원</td><td>농어촌특별세</td><td>금 원</td></tr>
<tr><td>세액 합계</td><td colspan="2">금 원</td><td>등기신청수수료</td><td colspan="2">금 원</td></tr>
<tr><td colspan="3">등기신청수수료 납부번호</td><td colspan="3"></td></tr>
<tr><td colspan="6">첨 부 서 면</td></tr>
<tr><td colspan="3">1. 정관(필요한 경우) 1통
1. 등록면허세영수필확인서및통지서 1통</td><td colspan="3">1. 위임장(대리인이 신청할 경우) 1통</td></tr>
<tr><td colspan="6">년 월 일

신청인 명 칭
주사무소
대표자 성 명 (인) (전화 :)
주 소
대리인 성 명 (인) (전화 :)
주 소

지방법원 등기소 귀중</td></tr>
</table>

- 신청서 작성요령 -
1. 해당란이 부족할 때에는 별지를 이용합니다. 1. 해당 등기신청과 관계없는 사항에 대하여는 "해당없음"으로 기재하거나 삭제하고, 필요한 사항은 추가 기재합니다.

(용지규격 21㎝ × 29.7㎝)

[주] 1. 분사무소 이전일자는 주사무소의 등기기록에 기재된 이전일자이다. 이전후 분사무소 표시는 신소재지의 등기신청서에 기재하므로 여기서는 달리 기재할 필요가 없다.

2. 허가서도착연월일은 분사무소 이전에 정관변경이 필요한 경우에 한하여 기재한다.

3. 등기할 사항 중 법인성립연월일은 주사무소의 등기부에 기재된 최초의 설립등기일자를 기재한다.

4. 등록면허세는 40,200원, 교육세는 등록면허세의 100분의 20(8,040원)을 납부하여야 한다(지방세법 28조). 조세특례제한법, 지방세법, 관세법 등에 의하여 등록면허세가 감면되는 경우에 그 감면세액의 100분의 20의 농어촌특별세를

납부하여야 한다. 당해 분사무손에 대리인을 둔 경우에도 법인대리인은 법인 등기기록에 등기하므로, 달리 대리인등기에 관한 등록면허세는 납부할 필요가 없다.

5. 등기신청수수료는 6,000원(서면방문), 4,000원(전자표준양식), 2,000원(전자신청)을 납부하여야 한다.
6. 이 등기는 구분사무소 소재지 관할등기소에서는 3주이내 분사무소이전 등기신청을 하되, 대리인이 있는 경우에는 대리인을 둔 장소의 이전등기신청도 동시에 신청한다. 민법법인은 이사 각자가 법인을 대표하는 것이 원칙이므로 이 등기는 대표권의 제한규정이 없는 때에는 이사 중의 1인이 신청하면 되나, 그 제한규정이 있는 때에는 대표권 있는 이사가 신청한다.

[서식 11] 사단(재단)법인 분사무소폐지등기신청서(주사무소 소재지에서 신청하는 경우)

<table>
<tr><th colspan="6">사단(재단)법인 분사무소폐지등기신청</th></tr>
<tr><td rowspan="2">접 수</td><td>년 월 일</td><td rowspan="2">처 리 인</td><td>등기관 확인</td><td>각종 통지</td></tr>
<tr><td>제 호</td><td></td><td></td></tr>
</table>

<table>
<tr><td>명 칭</td><td>사단(재단)법인 ○○</td><td>등기번호</td><td colspan="3">제○○○○호</td></tr>
<tr><td>주 사 무 소</td><td colspan="5">○○시 ○○구 ○○로 ○○(○○동)</td></tr>
<tr><td>등기의 목적</td><td colspan="5">분사무소 폐지등기</td></tr>
<tr><td>등기의 사유</td><td colspan="5">20○○년 ○월 ○일 사원총회(이사회)에서 ○○분사무소를 폐지하였으므로(정관변경을 결의하고 20○○년 ○월 ○일 주무관청의 허가를 받아 분사무소를 폐지하였으므로) 다음 사항의 등기를 구함.</td></tr>
<tr><td>허가서도착연월일</td><td colspan="5">20○○년 ○월 ○일</td></tr>
<tr><td>주사무소/분사무소
신청구분</td><td colspan="5">1. 주사무소 신청 □   2. 분사무소 신청 □   3. 주·분사무소 일괄신청 □</td></tr>
<tr><td colspan="6">등 기 할 사 항</td></tr>
<tr><td>폐지할 분사무소의
명칭 및 소재지</td><td colspan="5">○○시 ○○구 ○○로 ○○(○○동)</td></tr>
</table>

폐 지 연 월 일	20○○년 ○월 ○일
기 타	대리인을 둔 장소 폐지(특수법인으로 대리인을 두고 있는 경우) 대리인 ○ ○ ○ 20○○. ○. ○. ○○시 ○○구 ○○로 ○○(○○동) 대리인 ○ ○ ○ ○○시 ○○구 ○○로 ○○(○○동) 20○○년 ○월 ○일

신청등기소 및 등록면허세/수수료						
순번	신청등기소	구분	등록면허세 지방교육세	농어촌특별세	세액합계	등기신청수수료
			금 원 금 원	금 원	금 원	금 원
합 계						
등기신청수수료 납부번호						
과 세 표 준 액	금 원					

첨 부 서 면	
1. 정관(필요한 경우) 1통 1. 이사회(사원총회)의사록 1통 1. 주무관청허가서(또는 인증있는 허가서 등본 1통	1. 등록면허세영수필확인서및통지서 통 1. 위임장(대리인이 신청할 경우) 통 〈기 타〉

년 월 일

신청인 명 칭
주사무소
대표자 성 명 (인) (전화 :)
주 소
대리인 성 명 (인) (전화 :)
주 소

지방법원 등기소 귀중

- 신청서 작성요령 -

1. 해당란이 부족할 때에는 별지를 이용합니다.
1. 해당 등기신청과 관계없는 사항에 대하여는 "해당없음"으로 기재하거나 삭제하고, 필요한 사항은 추가 기재합니다.

(용지규격 21㎝ × 29.7㎝)

[주] 1. 정관에 특별한 규정이 없으면 분사무소의 폐지권한은 이사회가 행사한다. 특수법인으로 분사무소에 대리인을 두고 있는 경우에는 대리인을 둔 장소의 폐지신청도 동시에 한다.

2. 사원총회가 없는 재단법인의 경우는 이사회에서 분사무소폐지의 결의를 하며, 분사무소를 폐지한 일자는 사원총회나 이사회에서 폐지일자를 별도로 정한 경우에는 그 정해진 일자를 기재할 것이나, 그렇지 아니한 경우에는 주무관청의 허가일자에 폐지된 것으로 기재해야 할 것이다. 다만 등기기간의 기간은 허가서도착일을 기준으로 한다. 분사무소폐지가 정관변경사항이 아닌 경우에는 주무관청의 허가가 불필요하다.

3. 상업등기법 제51조 제3항에 따라 회사의 본·지점의 이전·변경·폐지시에 지배인에 관한 등기와 동시에 신청하여야 할 지점에 관한 등기, 타관할로의 본점이전등기, 합병으로 존속·신설회사와 소멸회사의 본점관할등기가 다른 경우 등 일정한 경우를 제외하고는 본점에서 등기를 할 때 일시에 할 수 있으며, 이 경우에는 각 분사무소별 등록면허세와 등기신청수수료를 별도로 납부하여야 한다.

4. 등록면허세는 40,200원, 교육세는 등록면허세의 100분의 20(8,040원)을 납부하여야 한다(지방세법 28조). 조세특례제한법, 지방세법, 관세법 등에 의하여 등록면허세가 감면되는 경우에 그 감면세액의 100분의 20의 농어촌특별세를 납부하여야 한다. 그리고 이는 법인의 대리인(지배인)이므로 대리인이 있는 경우에도 대리인등기에 관한 별도의 등록면허세를 납부할 필요가 없다.

5. 등기신청수수료는 6,000원(서면방문), 4,000원(전자표준양식), 2,000원(전자신청)을 납부하여야 한다.

6. 첨부서류는 분사무소의 폐지에 따른 정관변경을 위한 사원총회나 이사회의사록을 첨부해야 하며, 공증인의 인증을 받아야 한다.

7. 주무관청의 허가서 원본(또는 인증있는 허가서등본)을 첨부한다.

8. 이 등기는 구분사무소 소재지 관할등기소에서는 3주이내 분사무소이전 등기신청을 하되, 대리인이 있는 경우에는 대리인을 둔 장소의 이전등기신청도 동시에 신청한다. 민법법인은 이사 각자가 법인을 대표하는 것이 원칙이므로 이 등기는 대표권의 제한규정이 없는 때에는 이사 중의 1인이 신청하면 되나, 그 제한규정이 있는 때에는 대표권 있는 이사가 신청한다.

[첨부서류 1] 사원총회(이사회)의사록

사원총회(이사회)의사록

20OO년 O월 O일 OO시 OO분, OO시 OO구 OO로 OO(OO동) 당 법인 회의실(또는 사무소)에서 사원총회(이사회)를 개최하다.

총사원수(또는 총이사수) : O명
출석사원수(또는 출석이사수) : O명

의장인 이사 OOO는 정관규정에 따라 의장석에 등단하여 위와 같이 법정수에 달하는 사원(이사)이 출석하였으므로 본 총회(이사회)가 적법히 성립되었음을 알리고 개회를 선언한 후, 다음의 의안을 부의하고 심의를 구하다.

제1호 의 안 분사무소 폐지의 건
의장은 당 법인의 영업 형편상 OO시 OO구 OO로 OO(OO동)의 분사무소를 폐지해야 할 필요가 있음을 설명하고 그 가부를 물은 바, 전원 이의 없이 그를 찬성하여 만장일치로 그 분사무소를 폐지하기로 승인 가결하다.

제2호 의 안 정관변경의 건
의장은 위 분사무소 폐지에 수반하여 현행 정관 제O조를 다음과 같이 변경해야 한다는 취지를 설명하고 그 가부를 물은 바, 전원 이의 없이 그와 같이 변경할 것을 만장일치로 승인 가결하다.

제O조(사무소) 당 법인은 사무소를 OO시 OO구 OO로 OO(OO동)에 둔다.
[유례] 의장은 위 분사무소 폐지에 수반하여 현행정관 제O조를 삭제해야 한다는 취지를 설명하고 그 가부를 물은 바, 전원 찬성하여 정관의 분사무소 규정을 삭제할 것을 만장일치로 승인 가결하다.

제3호 의 안 분사무소 폐지일자 결정의 건

의장은 위 분사무소 폐지일자를 결정하여 줄 것을 요구한 바, 주무관청이 허가가 언제 나올지 예측할 수 없어 그 일자를 당장 확정할 수 없으니, 주무관청의 허가서가 도착한 날을 폐지일자로 하기로 만장일치로 찬성하여 그를 승인 가결하다.

※ 분사무소 폐지일자는 정관변경결의와는 별도의 이사회 또는 이사회가 없는 경우에는 이사회과반수결의로 결정함이 보통이나 정관변경결의와 동시에 이를 결정할 수도 있으며, 그러한 경우에는 폐지일자결정을 위한 이사회를 따로 열 필요가 없다. 분사무소 폐지가 정관변경사항이 아닌 경우에는 사원총회(재단법인은 이사회)결의로 족하다.

의장은 이상으로서 회의목적인 의안 전부의 심의를 종료하였으므로 폐회한다고 선언하다(회의종료시각 : OO시 OO분).

위 결의를 명확히 하기 위하여 이 의사록을 작성하고 의장과 출석한 이사가 기명날인하다.

2OOO. O. O.

사단(재단)법인 OOO회 (직인)
OO시 OO구 OO로 OO(OO동)
의장겸 이사 O O O (인)
이사 O O O (인)
이사 O O O (인)

[주] 1. 분사무소 폐지일자는 정관변경결의와는 별도의 이사회(이사회가 없는 경우에는 이사과반수결의)에서 결정함이 보통이나 정관변경결의와 동시에 이를 결정할 수도 있으며, 이 경우에는 폐지일자결정을 위한 이사회를 따로 열 필요가 없다. 분사무소 폐지가 정관변경사항이 아닌 경우에는 사원총회(재단법인은 이사회)결의로 족하다.

2. 정관의 변경은 주무관청의 허가를 얻지 아니하면 그 효력이 없다(민법 42조 2항).

[첨부서류 2] 이사회의사록

이 사 회 의 사 록

2000년 0월 0일 00시 00분, 00시 00구 00로 00(00동) 당 법인 회의실(또는 사무소)에서 이사회를 개최하다.

총이사수 : 0명　　　출석이사수 : 0명

의장인 이사 000는 정관규정에 따라 의장석에 등단하여 위와 같이 법정수에 달하는 이사가 출석하였으므로 본 이사회가 적법히 성립되었음을 알리고 개회를 선언한 후, 다음의 의안을 부의하고 심의를 구하다.

제1호 의 안 분사무소 폐지의 건

의장은 이사회의 결의를 거쳐 주무관청의 허가를 받아 변경한 정관 제0조의 규정에 따라 00시 00구 00로 00(00동)의 분사무소를 폐지선언(시간은 00시 00분 이었음) 함에 있어서 그 분사무소의 사업정리관계상 그 폐지일자를 2000년 0월 0일로 결정함이 가장 적합하다는 취지를 설명하고, 그 가부를 물은 바, 전원 이의 없이 그를 찬성하여 만장일치로 승인 가결하다.

의장은 이상으로서 회의목적인 의안 전부의 심의를 종료하였으므로 폐회한다고 선언하다(회의종료시각 : 00시 00분).

위 결의를 명확히 하기 위하여 이 의사록을 작성하고 의장과 출석한 이사가 기명날인하다.

2000. 0. 0.

재단법인 000회 (직인)
00시 00구 00로 00(00동)
의장겸 이사 0 0 0 (인)
이사 0 0 0 (인)
이사 0 0 0 (인)

[주] 민법법인의 총회 및 이사회의사록은 기명날인하여야 하고 서면으로 대체할 수 없다.

[서식 12] 사단(재단)법인 분사무소폐지등기신청서(폐지하는 분사무소 소재지에서 신청하는 경우)

<table>
<tr><td colspan="5" align="center">사단(재단)법인 분사무소폐지등기신청</td></tr>
<tr><td rowspan="2">접 수</td><td>년 월 일</td><td rowspan="2">처 리 인</td><td>등기관 확인</td><td>각종 통지</td></tr>
<tr><td>제 호</td><td></td><td></td></tr>
</table>

<table>
<tr><td>명 칭</td><td>사단(재단)법인 ○○</td><td>등기번호</td><td colspan="2">제○○○○호</td></tr>
<tr><td>주 사 무 소</td><td colspan="4">○○시 ○○구 ○○로 ○○(○○동)</td></tr>
<tr><td>등기의 목적</td><td colspan="4">분사무소 폐지등기</td></tr>
<tr><td>등기의 사유</td><td colspan="4">20○○년 ○월 ○일 사원총회(이사회)에서 ○○분사무소를 폐지하고{정관변경을 결의하고, 20○○년 ○월 ○일 주무관청의 허가를 받아 20○○년 ○월 ○일 ○○시 ○○구 ○○로 ○○(○○동)의 분사무소를 폐지하고}, 20○○년 ○월 ○일 주사무소 소재지 관할등기소에 그 등기를 하였으므로 다음 사항의 등기를 구함.</td></tr>
<tr><td>허가서도착연원일</td><td colspan="4">20○○년 ○월 ○일</td></tr>
<tr><td>주사무소/분사무소
신청구분</td><td colspan="4">1. 주사무소 신청 □ 2. 분사무소 신청 □ 3. 주·분사무소 일괄신청 □</td></tr>
<tr><td colspan="5" align="center">등 기 할 사 항</td></tr>
<tr><td>폐지할 분사무소의
명칭 및 소재지</td><td colspan="4">(1) 분사무소만 폐지하는 경우
○○시 ○○구 ○○로 ○○(○○동) ○○분사무소
(2) 폐지할 분사무소에 대리인이 있는 경우(특수법인의 경우)
20○○년 ○월 ○일 ○○시 ○○구 ○○로 ○○(○○동) ○○분사무소 폐지 및 대리인 ○○○ 20○○년 ○월 ○일 대리인을 둔 분사무소폐지</td></tr>
<tr><td>폐 지 연 월 일</td><td colspan="4">20○○년 ○월 ○일</td></tr>
<tr><td>기 타</td><td colspan="4"></td></tr>
</table>

등록면허세	금 원	지방교육세	금 원	농어촌특별세	금 원
세액 합계	금 원		등기신청수수료	금 원	
등기신청수수료 납부번호					
첨 부 서 면					
1. 정관(필요한 경우) 1통 1. 등록면허세영수필확인서및통지서 1통			1. 위임장(대리인이 신청할 경우) 1통		
년 월 일 신청인 명 칭 주사무소 대표자 성 명 (인) (전화 :) 주 소 대리인 성 명 (인) (전화 :) 주 소 **지방법원 등기소 귀중**					

- 신청서 작성요령 -

1. 해당란이 부족할 때에는 별지를 이용합니다.
1. 해당 등기신청과 관계없는 사항에 대하여는 "해당없음"으로 기재하거나 삭제하고, 필요한 사항은 추가 기재합니다.

(용지규격 21㎝ × 29.7㎝)

[주] 1. 관할등기소내에 수개의 분사무소가 설치된 경우라도 같은 관내에는 한 등기기록에 기재하므로, 이 건 등기신청은 당해 등기소관내의 대표되는 분사무소 중 하나만을 기재한다.

2. 사원총회가 없는 재단법인의 경우는 이사회에서 분사무소폐지에 정관변경의 결의를 하며, 분사무소 폐지일자는 주사무소 등기기록에 기재된 폐지연월일을 기재한다. 그리고 분사무소 폐지가 정관변경사항이 아닌 경우에는 사원총회(재단법인은 이사회)의 결의로 하고, 주무관청의 허가는 불필요하다.

3. 상업등기법 제51조 제3항에는 지점을 폐지하는 경우 그 지점에 지배인을 둔 장소의 폐지등기를 동시에 신청하도록 규정하고 있다. 이 규정은 민법법인과 특수법인에 준용되므로, 특수법인으로 지배인과 동일한 권한을 가진 대리인

을 둔 법인도 동일하다.

4. 등록면허세는 40,200원, 교육세는 등록면허세의 100분의 20(8,040원)을 납부하여야 한다(지방세법 28조). 당해 분사무소에 대리인이 있더라도 개인지배인과 달리 별도의 대리인등기기록에 등기하는 것이 아니므로 대리인등기에 관한 등록면허세는 납부할 필요가 없다. 그리고 조세특례제한법 및 관세법, 지방세법에 의하여 등록면허세가 감면되는 경우, 그 감면세액이 100분의 20의 농어촌특별세를 납부하여야 한다(다만, 이것도 면제되는 경우도 있다).
5. 등기신청수수료는 6,000원(서면방문), 4,000원(전자표준양식), 2,000원(전자신청)을 납부하여야 한다.
6. 본·지점 공통등기사항을 지점관할등기소에 등기신청을 하는 경우에는 첨부서면의 제출이 면제된다(상등법 61조 2항).
7. 민법법인은 이사 각자가 법인을 대표하는 것이 원칙이므로 이 등기는 대표권의 제한규정이 없는 때에는 이사 중의 1인이 신청하면 되나, 그 제한규정이 있는 때에는 대표권 있는 이사가 신청한다.

제5절 명칭 또는 목적의 변경등기

1. 총 설

사단법인은 사원총회의 결의로써 명칭 또는 목적을 변경할 수 있으나(민법 42조), 재단법인은 원칙적으로 정관변경이 아니된다. 다만, 명칭, 사무소이전 등 경미한 사항은 목적달성 및 재산의 보전을 위하여 변경할 수 있다(민법 45조). 명칭이나 목적은 정관의 필요적 기재사항임과 동시에 등기사항(민법 40조, 43조, 49조 2항)이므로 이에 관한 변경등기를 하기 위해서는 반드시 정관변경절차를 거쳐야 한다. 즉, 사단법인의 경우에는 사원총회의 특별결의에 의하여, 재단법인의 경우에는 정관이 정하는 바에 따라 설립자나 이사회에서 정관을 변경하여 주무관청의 허가를 받아야 한다(민법 42조, 45조, 46조).

가. 명칭의 변경

명칭의 변경이란 법인이 자기를 표창하는 칭호를 변경하는 것으로서 “사단법인 OO"을 "OO 사단법인"으로 변경하는 경우처럼 배열순서를 바꾸는 것도 포함한다 할 것이다.

법인의 명칭을 변경함에는 유사상호에 대한 등기를 제한하는 규정은 없으나, 법령상 금지된 명칭으로 변경할 수 없다.

나. 목적의 변경

민법법인은 비영리 목적으로 설립되는 법인이므로 영리를 목적으로 하는 사업으로는 변경할 수 없다. 다만 법인의 목적달성을 위하여 부수적인 영리행위는 가능하다.

사단법인은 사원총회에서 비영리법인 소정의 목적사항으로 자유로이 그 목적을 변경할 수 있으나, 재단법인은 원칙적으로 그 변경이 허용되지 아니한다. 다만, 당해 재단법인의 정관에 정관변경에 관한 규정이 없더라도 재단법인의 목적을 달성할 수 없을 경우에는 설립자나 이사는 주무관청의 허가를 얻어 설립의 취지를 참작하여 그 목적 기타 정관의 규정을 변경할 수 있다.

2. 등기절차

가. 등기신청인과 등기기간

명칭이나 목적의 변경등기는 대표권의 제한이 없는 때에는 이사(이사가 없는 때에는 임시이사) 중의 1인이, 대표권의 제한이 있는 때에는 대표권 있는 이사가 신청인이 된다(비송법 66조).

등기기간은 명칭이나 목적의 변경의 효력이 발생한 때로부터 3주간 내이다(민법 52조). 따라서 이러한 변경등기는 그에 관한 정관규정의 변경의 효력이 발생하는 주무관청의 정관변경허가가 있은 때로부터 3주간 내에 신청해야 한다. 그 기간은 주무관청의 허가서가 도착한 날로부터 기산한다(민법 53조).

나. 등기사항

변경된 명칭이나 목적과 변경의 취지 및 그 연월일을 기재한다.

다. 첨부서류 등

일반적인 첨부서류 이외에 명칭이나 목적에 관한 정관규정의 변경을 특별결의한 사단법인의 사원총회의사록이나 재단법인의 이사회의사록과 정관변경에 관한 주무관청의 허가서나 그 인증있는 등본을 첨부해야 한다. 이에 첨부하는 의사록은 공증인의 인증을 받아야 한다(공증 66조의2).
등록면허세는 일반변경등기의 등록면허세인 40,200원이고, 교육세는 등록면허세의 100분의 20이다.
조세특례제한법, 지방세법, 관세법 등에 의하여 등록면허세가 감면되는 경우에 그 감면세액의 100분의 20의 농어촌특별세를 납부하여야 하나, 농어촌특별세도 감면 또는 면제되는 경우가 있다(농특세법 4조).
등기신청수수료는 6,000원(서면방문), 4,000원(전자표준양식), 2,000원(전자신청)을 납부하여야 한다. 그러나 명칭, 주사무소, 이사변경등기를 하나의 신청서로 신청할 경우에는 각각의 수수료 각 6,000원(서면방문), 4,000원(전자표준양식), 2,000원(전자신청)을 합산하여야 한다.

[서식 13] 사단(재단)법인 변경등기신청서(명칭변경)

<table>
<tr><td colspan="5" align="center">사단(재단)법인 변경등기신청</td></tr>
<tr><td rowspan="2">접 수</td><td>년 월 일</td><td rowspan="2">처 리 인</td><td>등기관 확인</td><td>각종 통지</td></tr>
<tr><td>제 호</td><td></td><td></td></tr>
</table>

명 칭	사단(재단)법인 ○○	등기번호	제○○○○호
주 사 무 소	○○시 ○○구 ○○로 ○○(○○동)		
등기의 목적	명칭 변경등기		
등기의 사유	(1) 주사무소에서의 경우		

	20○○년 ○월 ○일 사원총회(이사회)의 결의로 정관을 변경하고, 20○○년 ○월 ○일 주무관청의 허가를 받아 다음과 같이 명칭을 변경하였으므로 그 등기를 구함. (2) 분사무소에서의 경우 20○○년 ○월 ○일 사원총회(이사회)의 결의로 정관을 변경하고, 20○○년 ○월 ○일 주무관청의 허가를 받아 다음과 같이 명칭을 변경하고, 20○○년 ○월 ○일 주사무소 소재지 관할등기소에서 등기를 하였으므로, 이 등기소에서 그 등기를 구함.
허가서도착연월일	20○○년 ○월 ○일
주사무소/분사무소 신청구분	1. 주사무소 신청 □ 2. 분사무소 신청 □ 3. 주·분사무소 일괄신청 □
등 기 할 사 항	
명칭의 변경과 그 연월일	명 칭 : 사단(재단)법인 ○○○ 20○○. ○. ○. 변경
기 타	

신청등기소 및 등록면허세/수수료						
순번	신청등기소	구분	등록면허세 / 지방교육세	농어촌특별세	세액합계	등기신청수수료
			금 원 / 금 원	금 원	금 원	금 원
합 계						
등기신청수수료 납부번호						
과 세 표 준 액	금 원					

첨 부 서 면	
1. 정관(필요한 경우) 1통	1. 등록면허세영수필확인서및통지서 1통
1. 사원총회(이사회)의사록 1통	1. 위임장(대리인이 신청할 경우) 1통

1. 주무관청허가서(필요한 경우) 1통 1. 대표자의 인감신고서 1통	〈기 타〉

년 월 일

신청인 명 칭
주사무소
대표자 성 명 (인) (전화 :)
주 소
대리인 성 명 (인) (전화 :)
주 소

지방법원 등기소 귀중

- 신청서 작성요령 -

1. 해당란이 부족할 때에는 별지를 이용합니다.
1. 해당 등기신청과 관계없는 사항에 대하여는 "해당없음"으로 기재하거나 삭제하고, 필요한 사항은 추가 기재합니다.

(용지규격 21㎝ × 29.7㎝)

[주] 1. 명칭은 변경등기 전이므로 변경 전의 명칭을 기재한다.

2. 분사무소의 표시는 분사무소 소재지에서 신청하는 경우에 한하여 기재하는 것으로서 그 경우에는 주사무소 소재지 다음에 이 건 등기를 신청하는 당해 등기소관내의 분사무소 소재지도 기재한다.
3. 변경등기할 사항을 등기사항으로 기재한다. 변경연월일은 명칭변경 등의 사원총회결의의 효력발생일이고, 등기일자는 등기신청의 접수일자가 된다. 다만, 주무관청의 허가가 필요한 경우에는 그 허가일자가 변경일자가 된다.
4. 상업등기법 제51조 제3항에 따라 회사의 본·지점의 이전·변경·폐지시에 지배인에 관한 등기와 동시에 신청하여야 할 지점에 관한 등기, 타관할로의 본점이전등기, 합병으로 존속·신설회사와 소멸회사의 본점 관할등기가 다른 경우 등 일정한 경우를 제외하고는 본점에서 등기를 할 때 일시에 할 수 있으며, 이 경우에는 각 분사무소별 등록면허세와 등기신청수수료를 별도로 납부하여야 한다.
5. 등록면허세는 변경등기의 등록면허세인 40,200원, 교육세는 등록면허세의 100분의 20(8,040원)을 납부하여야 한다(지방세법 28조). 그러나 명칭·목

적·임원등기 등 각종 변경등기신청을 하나의 신청서로 일괄신청하더라도 각각에 대하여 산출한 세액을 합산하여 납부한다. 다만, 동일한 변경사항이 수개인 경우에는 1건의 등록면허세만 납부한다. 조세특례제한법, 지방세법, 관세법 등에 의하여 등록면허세가 감면되는 경우에 그 감면세액의 100분의 20의 농어촌특별세를 납부하여야 한다(다만, 이것도 면제되는 경우도 있다).

6. 등기신청수수료는 6,000원(서면방문), 4,000원(전자표준양식), 2,000원(전자신청)을 납부하여야 한다.
7. 정관을 변경하기 위하여 특별결의한 사단법인의 사원총회의사록이나 재단법인의 이사회의사록을 첨부해야 하며, 이들 의사록은 공증인의 인증을 받아야 한다.
8. 주무관청의 허가서 등본을 첨부하는 경우에는 허가관청의 인증있는 등본을 첨부하여야 한다.
9. 분사무소 소재지에서 신청하는 경우, 신청인란은 변경 후의 명칭으로 기재한다.
10. 민법법인은 이사 각자가 법인을 대표하는 것이 원칙이므로 이 등기는 대표권의 제한규정이 없는 때에는 이사 중의 1인이 신청하면 되나, 그 제한규정이 있는 때에는 대표권 있는 이사가 신청한다.

[첨부서류 1] 사원총회(이사회)의사록

사원총회(이사회)의사록

20OO년 O월 O일 OO시 OO분, OO시 OO구 OO로 OO(OO동) 당 법인 회의실(또는 사무소)에서 사원총회(이사회)를 개최하다.

총사원수(또는 총이사수) : O명
출석사원수(또는 출석이사수) : O명

의장인 이사 OOO는 정관규정에 따라 의장석에 등단하여 위와 같이 법정수에 달하는 사원(이사)이 출석하였으므로 본 총회(이사회)가 적법히 성립되었음을 알리고 개회를 선언한 후, 다음의 의안을 부의하고 심의를 구하다.

제1호 의 안 법인명칭변경의 건
의장은 당 법인의 사업형편상 당 법인의 본래의 명칭인 사단(재단)법인 OO를 다음과 같이 변경해야 할 필요가 있음을 상세히 설명하고 그 가부를 물은 바, 전원 이의 없이 찬성하여 만장일치로 그를 승인 가결하다.

명칭 : 사단(재단)법인 OOO

제2호 의 안 정관 일부변경의 건

의장은 위 명칭변경에 수반하여 현행 정관 제O조를 다음과 같이 변경해야 한다는 취지를 설명하고 그 가부를 물으니, 전원 이의 없이 그와 같이 변경할 것을 만장일치로 승인 가결하다.

제O조(명칭) 당 법인은 사단(재단)법인 OO이라 칭한다.

의장은 이상으로서 회의목적인 의안 전부의 심의를 종료하였으므로 폐회한다고 선언하다(회의종료시각 : OO시 OO분).

위 결의를 명확히 하기 위하여 이 의사록을 작성하고 의장과 출석한 이사가 기명날인하다.

20OO. O. O.

사단(재단)법인 OOO회 (직인)
OO시 OO구 OO로 OO(OO동)
의장겸 이사 O O O (인)
이사 O O O (인)
이사 O O O (인)

[주] 1. 이는 명칭에 관한 정관의 변경을 결의한 의사록으로서 사단법인의 경우에는 사원총회의사록, 재단법인의 경우에는 이사회의사록을 첨부한다.

2. 사단법인의 정관은 총사원 3분의 2 이상의 동의가 있는 때에 한하여 이를 변경할 수 있다. 그러나 정수에 관하여 정관에 다른 규정이 있는 때에는 그 규정에 의한다(민법 42조 1항).

3. 재단법인의 정관은 그 변경방법을 정관에 정한 때에 한하여 변경할 수 있으나, 재단법인의 목적달성 또는 그 재산의 보전을 위하여 적당한 때에는 위 규정에 불구하고 명칭 또는 사무소의 목적을 달성할 수 있다(민법 45조 2항).

4. 정관의 변경은 주무관청의 허가를 얻지 아니하면 그 효력이 없다(민법 42조 2항).

[서식 14] 사단(재단)법인 변경등기신청서(목적변경)

<table>
<tr><td colspan="5">사단(재단)법인 변경등기신청</td></tr>
<tr><td rowspan="2">접 수</td><td>년 월 일</td><td rowspan="2">처 리 인</td><td>등기관 확인</td><td>각종 통지</td></tr>
<tr><td>제 호</td><td></td><td></td></tr>
</table>

<table>
<tr><td>명 칭</td><td colspan="2">사단(재단)법인 ○○</td><td>등기번호</td><td colspan="2">제○○○○호</td></tr>
<tr><td>주 사 무 소</td><td colspan="5">○○시 ○○구 ○○로 ○○(○○동)</td></tr>
<tr><td>등기의 목적</td><td colspan="5">목적 변경등기</td></tr>
<tr><td>등기의 사유</td><td colspan="5">(1) 주사무소에서의 경우
20○○년 ○월 ○일 사원총회(이사회)의 결의로 정관을 변경하고, 20○○년 ○월 ○일 주무관청의 허가를 받아 다음과 같이 목적을 변경하였으므로 그 등기를 구함.
(2) 분사무소에서의 경우
20○○년 ○월 ○일 사원총회(이사회)의 결의로 정관을 변경하고, 20○○년 ○월 ○일 주무관청의 허가를 받아 다음과 같이 목적을 변경하고, 20○○년 ○월 ○일 주사무소 소재지 관할등기소에서 등기를 하였으므로, 이 등기소에서 그 등기를 구함.</td></tr>
<tr><td>허가서도착연월일</td><td colspan="5">20○○년 ○월 ○일</td></tr>
<tr><td>주사무소/분사무소 신청구분</td><td>1. 주사무소 신청 ☐</td><td colspan="2">2. 분사무소 신청 ☐</td><td colspan="2">3. 주·분사무소 일괄신청 ☐</td></tr>
<tr><td colspan="6">등 기 할 사 항</td></tr>
<tr><td>목적의 변경과 그 연월일</td><td colspan="5">목적 : "1. ○○창작활동 지원사업"을
"1. ○○창작활동 지원 및 환경조성에 관한 사업"으로 변경
20○○. ○. ○. 변경
목적 : 다음 목적을 추가
1. ○○○○○○
1. ○○○○○○
20○○. ○. ○. 변경</td></tr>
<tr><td>기 타</td><td colspan="5"></td></tr>
</table>

<table>
<tr><td colspan="7">신청등기소 및 등록면허세/수수료</td></tr>
<tr><td rowspan="2">순번</td><td rowspan="2">신청등기소</td><td rowspan="2">구분</td><td>등록면허세</td><td rowspan="2">농어촌특별세</td><td rowspan="2">세액합계</td><td rowspan="2">등기신청수수료</td></tr>
<tr><td>지방교육세</td></tr>
<tr><td rowspan="2"></td><td rowspan="2"></td><td rowspan="2"></td><td>금 원</td><td rowspan="2">금 원</td><td rowspan="2">금 원</td><td rowspan="2">금 원</td></tr>
<tr><td>금 원</td></tr>
<tr><td rowspan="2"></td><td rowspan="2"></td><td rowspan="2"></td><td></td><td rowspan="2"></td><td rowspan="2"></td><td rowspan="2"></td></tr>
<tr><td></td></tr>
<tr><td colspan="3" rowspan="2">합 계</td><td></td><td rowspan="2"></td><td rowspan="2"></td><td rowspan="2"></td></tr>
<tr><td></td></tr>
<tr><td colspan="4">등기신청수수료 납부번호</td><td colspan="3"></td></tr>
<tr><td colspan="2">과 세 표 준 액</td><td colspan="5">금 원</td></tr>
<tr><td colspan="7">첨 부 서 면</td></tr>
<tr><td colspan="4">1. 정관(필요한 경우) 1통
1. 사원총회(이사회)의사록 1통
1. 주무관청허가서(필요한 경우) 1통
1. 대표자의 인감신고서 1통</td><td colspan="3">1. 등록면허세영수필확인서및통지서 1통
1. 위임장(대리인이 신청할 경우) 1통
〈기 타〉</td></tr>
<tr><td colspan="7">년 월 일

신청인 명 칭
주사무소
대표자 성 명 (인) (전화 :)
주 소
대리인 성 명 (인) (전화 :)
주 소

지방법원 등기소 귀중</td></tr>
</table>

- 신청서 작성요령 -

1. 해당란이 부족할 때에는 별지를 이용합니다.
1. 해당 등기신청과 관계없는 사항에 대하여는 "해당없음"으로 기재하거나 삭제하고, 필요한 사항은 추가 기재합니다.

(용지규격 21㎝ × 29.7㎝)

[주] 1. 분사무소의 표시는 분사무소 소재지에서 신청하는 경우에 한하여 기재하는 것으로서 그 경우에는 주사무소 소재지 다음에 이 건 등기를 신청하는 당해 등기소관내의 분사무소 소재지도 기재한다.

2. 변경등기할 사항을 등기사항으로 기재한다. 변경연월일은 목적변경 등의 사원총회결의의 효력발생일이고, 등기일자는 등기신청의 접수일자가 된다. 다만, 주무관청의 허가가 필요한 경우에는 그 허가일자가 변경일자가 된다.

3. 상업등기법 제51조 제3항에 따라 회사의 본·지점의 이전·변경·폐지시에 지배인에 관한 등기와 동시에 신청하여야 할 지점에 관한 등기, 타관할로의 본점이전등기, 합병으로 존속·신설회사와 소멸회사의 본점 관할등기가 다른 경우 등 일정한 경우를 제외하고는 본점에서 등기를 할 때 일시에 할 수 있으며, 이 경우에는 각 분사무소별 등록면허세와 등기신청수수료를 별도로 납부하여야 한다.

4. 등록면허세는 변경등기의 등록면허세인 40,200원, 교육세는 등록면허세의 100분의 20(8,040원)을 납부하여야 한다(지방세법 28조). 그러나 명칭·목적·임원등기 등 각종 변경등기신청을 하나의 신청서로 일괄신청하더라도 각각에 대하여 산출한 세액을 합산하여 납부한다. 다만, 동일한 변경사항이 수개인 경우에는 1건의 등록면허세만 납부한다. 조세특례제한법, 지방세법, 관세법 등에 의하여 등록면허세가 감면되는 경우에 그 감면세액의 100분의 20의 농어촌특별세를 납부하여야 한다(다만, 이것도 면제되는 경우도 있다).

5. 등기신청수수료는 6,000원(서면방문), 4,000원(전자표준양식), 2,000원(전자신청)을 납부하여야 한다.

6. 정관을 변경하기 위하여 특별결의한 사단법인의 사원총회의사록이나 재단법인의 이사회의사록을 첨부해야 하며, 이들 의사록은 공증인의 인증을 받아야 한다.

7. 주무관청의 허가서 등본을 첨부하는 경우에는 허가관청의 인증있는 등본을 첨부하여야 한다.

8. 민법법인은 이사 각자가 법인을 대표하는 것이 원칙이므로 이 등기는 대표권의 제한규정이 없는 때에는 이사 중의 1인이 신청하면 되나, 그 제한규정이 있는 때에는 대표권 있는 이사가 신청한다.

[첨부서류 1] 사원총회(이사회)의사록

사원총회(이사회)의사록

2000년 0월 0일 00시 00분, 00시 00구 00로 00(00동) 당 법인 회의실(또는 사무소)에서 사원총회(이사회)를 개최하다.

총사원수(또는 총이사수) : 0명
출석사원수(또는 출석이사수) : 0명

의장인 이사 000는 정관규정에 따라 의장석에 등단하여 위와 같이 법정수에 달하는 사원(이사)이 출석하였으므로 본 총회(이사회)가 적법히 성립되었음을 알리고 개회를 선언한 후, 다음의 의안을 부의하고 심의를 구하다.

제1호 의 안 목적변경의 건

의장은 사업형편상 당 법인의 목적을 다음과 같이 변경해야 할 필요가 있음을 상세히 설명하고 그 가부를 물은 바, 전원 이의 없이 찬성하여 만장일치로 그를 승인 가결하다.

목적 : "1. ○○창작활동 지원사업"을
"1. ○○창작활동 지원 및 환경조성에 관한 사업"으로 변경

목적 : 다음 사항을 추가
1. ○○○○○○
1. ○○○○○○

제2호 의 안 정관 일부변경의 건

의장은 위 목적의 변경에 수반하여 현행 정관 제O조를 다음과 같이 변경해야 한다는 취지를 설명하고 그 가부를 물은 바, 전원 이의 없이 그와 같이 변경할 것을 만장일치로 승인 가결하다.

제O조(명칭) 당 법인은 다음 사업을 경영함을 목적으로 한다.
목적 : "1. ○○창작활동 지원사업"을
"1. ○○창작활동 지원 및 환경조성에 관한 사업"으로 변경

목적 : 다음 목적을 추가한다.

1. ○○○○○○○
1. ○○○○○○○

의장은 이상으로서 회의목적인 의안 전부의 심의를 종료하였으므로 폐회한다고 선언하다(회의종료시각 : ○○시 ○○분).

위 결의를 명확히 하기 위하여 이 의사록을 작성하고 의장과 출석한 이사가 기명날인하다.

2000. ○. ○.

사단(재단)법인 ○○○회 (직인)
○○시 ○○구 ○○로 ○○(○○동)
의장겸 이사 ○ ○ ○ (인)
이사 ○ ○ ○ (인)
이사 ○ ○ ○ (인)

[주] 1. 이는 목적사업에 관한 정관의 변경을 결의한 의사록으로서 사단법인의 경우에는 사원총회의사록, 재단법인의 경우에는 이사회의사록을 첨부한다.
2. 사단법인의 정관은 총사원 3분의 2 이상의 동의가 있는 때에 한하여 이를 변경할 수 있다. 그러나 정수에 관하여 정관에 다른 규정이 있는 때에는 그 규정에 의한다(민법 42조 1항).
3. 재단법인의 목적을 달성할 수 없는 때에는 설립자나 이사는 주무관청의 허가를 얻어 설립의 취지를 참작하여 그 목적 기타 정관의 규정을 변경할 수 있다(민법 46조 1항).
4. 정관의 변경은 주무관청의 허가를 얻지 아니하면 그 효력이 없다(민법 42조 2항).

제6절 출자방법의 변경등기

1. 총 설

민법상 법인에 있어서 출자방법을 정한 때에는 자산에 관한 규정으로서 그 방법을 반드시 정관에 기재하여 등기해야 한다(민법 40조, 49조).

출자의 방법이란 법인에 대한 재산의 출연방법을 말하는 것으로서 이의 변경에는 기존의 출자방법을 폐지하거나, 다른 방법으로 이를 새로 신설하는 경우가 모두 포함된다.

2. 등기절차

가. 등기신청인과 등기기간

이 등기는 대표권의 제한이 없는 때에는 이사(이사가 없는 때에는 임시이사) 중의 1인이, 대표권의 제한이 있는 때에는 대표권 있는 이사가 신청인이 된다(비송법 66조).

등기기간은 출자방법의 변경의 효력이 발생한 때로부터 3주간 내이다(민법 52조). 그러나 정관의 출자방법변경에 관한 주무관청의 허가가 있는 때로부터 3주간 내에 신청해야 하나 그 기간은 주무관청의 허가서가 도착한 날로부터 기산한다(민법 53조).

나. 등기사항

변경 또는 신설된 출자의 방법과 변경, 신설, 폐지의 취지 및 그 연월일을 기재한다.

다. 첨부서류 등

일반적인 첨부서류 이외에 출자방법에 관한 정관규정의 변경을 특별결의한 사단법인의 사원총회의사록이나 재단법인의 이사회의사록과 정관변경에 관한 주무관청의 허가서나 그 인증있는 등본을 첨부해야 한다. 이에 첨부하는 의사록은 공증인의 인증을 받아야 한다(공증 66조의2).

등록면허세는 일반변경등기의 등록면허세인 40,200원이고, 교육세는 등록면허세의 100분의 20이다.

조세특례제한법, 지방세법, 관세법 등에 의하여 등록면허세가 감면되는 경우에 그 감면세액의 100분의 20의 농어촌특별세를 납부하여야 하나, 농어촌특별세도 감면 또는 면제되는 경우가 있다(농특세법 4조).

등기신청수수료는 6,000원(서면방문), 4,000원(전자표준양식), 2,000원(전자신청)을 납부하여야 한다. 그러나 명칭, 주사무소, 이사변경등기를 하나의 신청서로 신청할 경우에는 각각의 수수료 각 6,000원(서면방문), 4,000원(전자표준양식), 2,000원(전자신청)을 합산하여야 한다.

[서식 15] 사단(재단)법인 변경등기신청서(출자방법변경)

사단(재단)법인 변경등기신청				
접 수	년 월 일	처 리 인	등기관 확인	각종 통지
	제 호			

명 칭	사단(재단)법인 ○○	등기번호	제○○○○호			
주 사 무 소	○○시 ○○구 ○○로 ○○(○○동)					
등기의 목적	출자방법의 변경등기					
등기의 사유	20○○년 ○월 ○일 사원총회(이사회)에서 정관변경을 결의하고, 20○○년 ○월 ○일 주무관청의 허가를 받아 출자방법을 다음과 같이 변경하였으므로 그 등기를 구함.					
허가서도착연월일	20○○년 ○월 ○일					
주사무소/분사무소 신청구분	1. 주사무소 신청	□	2. 분사무소 신청	□	3. 주·분사무소 일괄신청	□
등 기 할 사 항						
출 자 방 법	1. ○○○○○○○○					

	1. ○○○○○○○○○ 20○○. ○. ○. 변경
기 타	

등록면허세	금 원	지방교육세	금 원	농어촌특별세	금 원
세액 합계	금 원		등기신청수수료	금 원	
등기신청수수료 납부번호					

첨 부 서 면	
1. 정관(필요한 경우) 1통 1. 사원총회(이사회)의사록 1통 1. 주무관청허가서(필요한 경우) 1통	1. 등록면허세영수필확인서및통지서 1통 1. 위임장(대리인이 신청할 경우) 1통 〈기 타〉

년 월 일

신청인 명 칭
주사무소
대표자 성 명 (인) (전화 :)
주 소
대리인 성 명 (인) (전화 :)
주 소

지방법원 등기소 귀중

- 신청서 작성요령 -

1. 해당란이 부족할 때에는 별지를 이용합니다.
1. 해당 등기신청과 관계없는 사항에 대하여는 "해당없음"으로 기재하거나 삭제하고, 필요한 사항은 추가 기재합니다.

(용지규격 21㎝ × 29.7㎝)

[주] 1. 등기의 사유란 ( )는 사원총회가 없는 재단법인의 경우의 예이다.

2. 등록면허세는 변경등기의 등록면허세인 40,200원, 교육세는 등록면허세의 100분의 20(8,040원)을 납부하여야 한다(지방세법 28조). 그러나 명칭·목적·임원등기 등 각종 변경등기신청을 하나의 신청서로 일괄신청하더라도 각각에 대하여 산출한 세액을 합산하여 납부한다. 다만, 동일한 변경사항이 수

개인 경우에는 1건의 등록면허세만 납부한다. 조세특례제한법, 지방세법, 관세법 등에 의하여 등록면허세가 감면되는 경우에 그 감면세액의 100분의 20의 농어촌특별세를 납부하여야 한다(다만, 이것도 면제되는 경우도 있다).

3. 등기신청수수료는 6,000원(서면방문), 4,000원(전자표준양식), 2,000원(전자신청)을 납부하여야 한다. 그러나 명칭·목적·임원등기 등 각종 변경등기신청을 하나로 신청하는 경우 각각의 수수료 6,000원(서면방문), 4,000원(전자표준양식), 2,000원(전자신청) 합산하여야 한다.
4. 정관을 변경하기 위하여 특별결의한 사단법인의 사원총회의사록이나 재단법인의 이사회의사록을 첨부해야 하며 민법상 법인의 등기신청서에 첨부하는 이들 의사록은 공증인의 인증을 받아야 하다.
5. 주무관청의 허가서 등본을 첨부하는 경우에는 허가관청의 인증있는 등본을 첨부하여야 한다.
6. 민법법인은 이사 각자가 법인을 대표하는 것이 원칙이므로 이 등기는 대표권의 제한규정이 없는 때에는 이사 중의 1인이 신청하면 되나, 그 제한규정이 있는 때에는 대표권 있는 이사가 신청한다.

[첨부서류 1] 사원총회(이사회)의사록

사원총회(이사회)의사록

20OO년 O월 O일 OO시 OO분, OO시 OO구 OO로 OO(OO동) 당 법인 회의실(또는 사무소)에서 사원총회(이사회)를 개최하다.

총사원수(또는 총이사수) : O명
출석사원수(또는 출석이사수) : O명

의장인 이사 OOO는 정관규정에 따라 의장석에 등단하여 위와 같이 법정수에 달하는 사원(이사)이 출석하였으므로 본 총회(이사회)가 적법히 성립되었음을 알리고 개회를 선언한 후, 다음의 의안을 부의하고 심의를 구하다.

제1호 의 안 출자방법변경의 건

의장은 사업형편상 당 법인의 출자방법을 다음과 같이 변경해야 할 필요가 있음을 설명하고 그 가부를 물은 바, 전원 이의 없이 찬성하여 만장일치로 그를 승인가결하다.

출자방법 : 1. OOOOOOO
1. OOOOOOO

제2호 의 안 정관변경의 건
의장은 위 출자방법 변경에 수반하여 현행 정관 제O조를 다음과 같이 변경해야 한다는 취지를 설명하고 그 가부를 물은 바, 전원 이의 없이 그와 같이 변경할 것을 만장일치로 승인 가결하다.

제O조(출자방법) 당 법인의 출자방법은 다음과 같다.
출자방법 : 1. OOOOOOO
2. OOOOOOO
3. OOOOOOO

의장은 이상으로서 회의목적인 의안 전부의 심의를 종료하였으므로 폐회한다고 선언하다(회의종료시각 : OO시 OO분).

위 결의를 명확히 하기 위하여 이 의사록을 작성하고 의장과 출석한 이사가 기명날인하다.

2000. O. O.

사단(재단)법인 OOO회 (직인)
OO시 OO구 OO로 OO(OO동)
의장겸 이사 O O O (인)
이사 O O O (인)
이사 O O O (인)

[주] 1. 이는 출자방법에 관한 정관의 변경을 결의한 의사록으로서 사단법인의 경우에는 사원총회의사록, 재단법인의 경우에는 이사회의사록을 첨부한다.
2. 사단법인의 정관은 총사원 3분의 2 이상의 동의가 있는 때에 한하여 이를 변경할 수 있다. 그러나 정수에 관하여 정관에 다른 규정이 있는 때에는 그 규정에 의한다(민법 42조 1항).
3. 정관의 변경은 주무관청의 허가를 얻지 아니하면 그 효력이 없다(민법 42조 2항).

제7절 자산총액의 변경등기

1. 총 설

자산의 총액이란 법인이 보유하고 있는 정관상의 기본재산은 물론 기타 부동산, 동산 및 채권 등을 포함한 적극재산의 총액에서 채무 등의 소극재산을 공제한 순재산을 의미한다.

자산은 정관의 필요적 기재사항이며(민법 40조), 등기사항으로 정하고 있다(민법 49조 2항).

그런데 수시로 변동하는 자산총액은 정관의 필요적 기재사항이 아니므로 자산의 총액을 정관에 기재할 필요가 없고 이 자산총액의 변경등기에도 정관변경절차가 필요하지 않다. 다만 정관에 자산의 총액을 특정할 때에는 이를 변경할 때에도 변경등기를 하여야 한다.

그러나 재단법인의 기본재산의 변경은 정관변경에 해당하고 이 정관변경은 주무관청의 허가를 받아야 하므로 재단법인에서는 정관변경절차가 필요하고 또한 공시지가의 변경, 장부가격의 변경 등 형식적 자산의 변경이 아닌 자산의 매입, 매도 등으로 인한 경우에는 주무관청의 허가가 필요하다.

2. 등기절차

가. 등기신청인과 등기기간

이 등기는 대표권의 제한이 없는 때에는 이사(이사가 없는 때에는 임시이사) 중의 1인이, 대표권의 제한이 있는 때에는 대표권 있는 이사가 신청인이 된다(비송법 66조).

등기기간은 원래 자산의 총액이 사실상 변경된 때로부터 3주간 내이다(민법 52조). 그러나 형식적인 자산의 변경의 경우에는 매년 3월 내 또는 사업연도말에 해도 무방하다 할 것이므로, 결국 그 기간은 매년 3월말 또는 사업연도를 정한 때에는 사업연도말부터 기산하여 3주간 내라 할 것이다.

나. 등기사항

변경된 자산의 총액 및 변경취지와 그 연월일을 기재한다.

다. 첨부서류 등

일반적인 첨부서류 이외에 자산의 총액의 변경을 증명하는 서면을 첨부해야 한다. 그 서면으로는 재산목록이나 대차대조표 등을 첨부하는 것이 적당할 것이나 재산목록 등을 승인결의한 사단법인의 사원총회의사록이나 재단법인의 이사회의사록을 첨부해도 무방할 것이며, 형식적 변경의 경우에 그 변경을 증명하는 서면을 첨부하면 될 것이다.

사단법인의 경우 자산총액의 변경은 정관변경사항이 아니므로 주무관청의 허가는 필요 없으나 재단법인의 경우 기본재산의 변경은 정관변경에 해당하고 이는 주무관청의 허가를 받아야 한다.

등록면허세는 자산총액이 증가한 경우 증가액의 1,000분의 20의 등록면허세를 납부하여야 한다. 등록면허세의 최저한은 112,500원이므로 등록면허세액이 그 미만인 경우에는 이를 112,500원으로 하여 납부하여야 한다. 대도시 내에서 법인을 설립 또는 전입 후 5년 이내에 자산의 총액을 증가하는 경우에는 그 3배의 등록면허세를 가산하여 납부하여야 한다.

교육세는 등록면허세의 100분의 20이다.

조세특례제한법, 지방세법, 관세법 등에 의하여 등록면허세가 감면되는 경우에 그 감면세액의 100분의 20의 농어촌특별세를 납부하여야 하나, 농어촌특별세도 감면 또는 면제되는 경우가 있다(농특세법 4조).

등기신청수수료는 6,000원(서면방문), 4,000원(전자표준양식), 2,000원(전자신청)을 납부하여야 한다. 그러나 명칭, 주사무소, 이사변경등기를 하나의 신청서로 신청할 경우에는 각각의 수수료 각 6,000원(서면방문), 4,000원(전자표준양식), 2,000원(전자신청)을 합산하여야 한다.

[서식 16] 사단(재단)법인 변경등기신청서(자산총액변경)

<table>
<tr><td colspan="4">사단(재단)법인 변경등기신청</td></tr>
<tr><td rowspan="3">접 수</td><td>년 월 일</td><td rowspan="3">처 리 인</td><td>등기관 확인</td><td>각종 통지</td></tr>
<tr><td rowspan="2">제 호</td><td rowspan="2"></td><td rowspan="2"></td></tr>
</table>

<table>
<tr><td>명 칭</td><td>사단(재단)법인 ○○</td><td>등기번호</td><td>제○○○○호</td></tr>
<tr><td>주 사 무 소</td><td colspan="3">○○시 ○○구 ○○로 ○○(○○동)</td></tr>
<tr><td>등기의 목적</td><td colspan="3">자산의 총액 변경등기</td></tr>
<tr><td>등기의 사유</td><td colspan="3">20○○년 ○월 ○일 사원총회(이사회)에서 자산의 총액변경 결의에 의하여 정관을 변경하고, 20○○년 ○월 ○일 주무관청의 허가를 얻어 자산의 총액을 다음과 같이 변경하였으므로, 그 등기를 구함.</td></tr>
<tr><td>허가서도착연월일</td><td colspan="3">20○○년 ○월 ○일</td></tr>
<tr><td>주사무소/분사무소
신청구분</td><td colspan="3">1. 주사무소 신청 □ 2. 분사무소 신청 □ 3. 주·분사무소 일괄신청 □</td></tr>
<tr><td colspan="4">등 기 할 사 항</td></tr>
<tr><td>자 산 의 총 액</td><td colspan="3">금 300,000,000원
20○○. ○. ○. 변경</td></tr>
<tr><td>기 타</td><td colspan="3"></td></tr>
</table>

<table>
<tr><td>등록면허세</td><td>금 원</td><td>지방교육세</td><td>금 원</td><td>농어촌특별세</td><td>금 원</td></tr>
<tr><td>세액 합계</td><td colspan="2">금 원</td><td>등기신청수수료</td><td colspan="2">금 원</td></tr>
<tr><td colspan="3">등기신청수수료 납부번호</td><td colspan="3"></td></tr>
<tr><td colspan="6">첨 부 서 면</td></tr>
<tr><td colspan="3">1. 정관(필요한 경우) 1통
1. 재산목록(또는 사원총회의사록이나 이사회의사록) 1통
1. 주무관청허가서(필요한 경우) 1통</td><td colspan="3">1. 등록면허세영수필확인서및통지서 1통
1. 위임장(대리인이 신청할 경우) 1통
〈기 타〉</td></tr>
</table>

년 월 일

신청인	명 칭		
	주사무소		
대표자	성 명	(인)	(전화 :)
	주 소		
대리인	성 명	(인)	(전화 :)
	주 소		

지방법원 등기소 귀중

- 신청서 작성요령 -

1. 해당란이 부족할 때에는 별지를 이용합니다.
1. 해당 등기신청과 관계없는 사항에 대하여는 "해당없음"으로 기재하거나 삭제하고, 필요한 사항은 추가 기재합니다.

(용지규격 21㎝ × 29.7㎝)

[주] 1. 등기의 사유란 ( )는 사원총회가 없는 재단법인의 경우의 예이다.

2. 등기할 사항에는 종전 자산의 총액과 새로 증감한 자산금액을 합한 금액을 기재한다. 채무초과인 경우에는 '자산의 총액 금 O원(채무초과액 금 OOO원)'이라 기재한다.

   자산의 총액은 필요적 기재사항이 아니므로 자산의 총액변경의 경우 정관변경의 절차가 필요하지 아니하다. 그러나 재단법인이 경우에는 기본재산변경은 정관에 변경을 가져오므로 이 경우에는 주무관청의 허가를 얻어야 한다.

3. 등록면허세는 새로 증가한 자산금액의 1,000분의 2, 대도시 내에서 법인을 설립 또는 전입 후 5년 내에는 그 3배를 가산하나, 세액이 112,500원 미만인 때에는 112,500원이 된다. 교육세는 등록면허세의 100분의 20이다(지방세법 28조). 그러나 명칭·목적·임원등기 등 각종 변경등기신청을 하나의 신청서로 일괄신청하더라도 각각에 대하여 산출한 세액을 합산하여 납부한다. 조세특례제한법, 지방세법, 관세법 등에 의하여 등록면허세가 감면되는 경우에 그 감면세액의 100분의 20의 농어촌특별세를 납부하여야 한다(다만, 이것도 면제되는 경우도 있다).

4. 등기신청수수료는 6,000원(서면방문), 4,000원(전자표준양식), 2,000원(전자신청)을 납부하여야 한다. 그러나 명칭·목적·임원등기 등 각종 변경등기신청을 하나의 신청하는 경우 각각의 수수료 6,000원(서면방문), 4,000원(전자

표준양식), 2,000원(전자신청) 합산하여야 한다.

5. 첨부서류로 재산목록이나 대차대조표를 첨부하거나, 재산목록 등을 승인결의한 사원총회(사단법인의 경우) 또는 이사회(재단법인의 경우)의 의사록을 첨부한다. 의사록은 공증인의 인증을 받아야 하다.
6. 재단법인 등 자산의 총액변경에 관하여 주무관청의 허가가 필요한 경우에는 그 허가서를 첨부한다.
7. 자본금 및 그에 준하는 것(자본금 등)을 등기하여야 하는 특수법인의 설립등기 또는 자본금 등의 증액으로 인한 변경등기의 신청서에는 자본금 등에 관하여 납입 또는 급부가 있었음을 증명하는 서면을 첨부하여야 한다.
8. 민법법인은 이사 각자가 법인을 대표하는 것이 원칙이므로 이 등기는 대표권의 제한규정이 없는 때에는 이사 중의 1인이 신청하면 되나, 그 제한규정이 있는 때에는 대표권 있는 이사가 신청한다.

[첨부서류 1] 재산목록

재 산 목 록

1. 자산의 부
   (1) 기본재산 금 OOO원
      가. 토지(회관부지) OO㎡, 금 OOO원
      나. 건물(회관건물) OO㎡, 금 OOO원
   (2) 보통재산 금 OOO원
      가. 현금 금 OOO원
      나. 예금 금 OOO원
      다. 유가증권 금 OOO원
      라. 비품, 기타(자동차, 자전거, 사무용품 등) 금 OOO원
   자산의 총액 금 OOOOO원

2. 부채의 부
   (1) 차입금 금 OOO원
   (2) 미불금 금 OOO원
   (3) 전수금 금 OOO원
      부채의 총액 금 OOOOO원

3. 순재산의 총액 금 OOOOO원

위는 20OO년 O월 O일 현재 당 법인의 재산목록임.

20OO년 O월 O일

신청인 사단(재단)법인 OOO (직인)
○○시 ○○구 ○○로 ○○(○○동)
이사 O O O (인)

[첨부서류 2] 사원총회(이사회)의사록

사원총회(이사회)의사록

20OO년 O월 O일 OO시 OO분, OO시 OO구 OO로 OO(OO동) 당 법인 회의실(또는 사무소)에서 사원총회(이사회)를 개최하다.

총사원수(또는 총이사수) : O명
출석사원수(또는 출석이사수) : O명

의장인 이사 OOO는 정관규정에 따라 의장석에 등단하여 위와 같이 법정수에 달하는 사원(이사)이 출석하였으므로 본 총회(이사회)가 적법히 성립되었음을 알리고 개회를 선언한 후, 다음의 의안을 부의하고 심의를 구하다.

제1호 의 안 자산총액변경 및 재산목록, 수지계산서 승인의 건

의장은 당 법인 20OO년도 제O기(20OO. O. O.부터 20OO. O. O.까지)의 결산보고서와 대차대조표 및 손익계산서를 출석사원에게 배포한 후 검토를 위하여 약 20분간 정회를 선포한다.

곧이어 회의를 속개하여 자산총액을 변경하여야 할 필요성을 설명하고 그 의안의 승인 여부를 물은 바, 전원 이의 없이 찬성하여 만장일치로 그를 승인 가결하다.

자산총액 : 금 OOOOOOO원

[유례] 당 법인의 발전을 위하여 금 OOOOO원을 기본재산으로 편입하여 증자할

지 여부에 대하여 의견을 구한 바, 전원일치하여 위 금원을 기본재산으로 편입할 것을 승인 가결하다.

의장은 이상으로서 회의목적인 의안 전부의 심의를 종료하였으므로 폐회한다고 선언하다(회의종료시각 : OO시 OO분).

위 결의를 명확히 하기 위하여 이 의사록을 작성하고 의장과 출석한 이사가 기명날인하다.

2OOO. O. O.

사단(재단)법인 OOO회 (인)
OO시 OO구 OO로 OO(OO동)
의장겸 이사 O O O (인)
이사 O O O (인)
이사 O O O (인)

[첨부서류 3] 사원총회(이사회)의사록

사원총회(이사회)의사록

2OOO년 O월 O일 OO시 OO분, OO시 OO구 OO로 OO(OO동) 당 법인 회의실(또는 사무소)에서 사원총회(이사회)를 개최하다.

총사원수(또는 총이사수) : O명
출석사원수(또는 출석이사수) : O명

의장인 이사 OOO는 정관규정에 따라 의장석에 등단하여 위와 같이 법정수에 달하는 사원(이사)이 출석하였으므로 본 총회(이사회)가 적법히 성립되었음을 알리고 개회를 선언한 후, 사전에 통지한 사항인 다음의 의안을 부의하고 심의를 구하다.

제1호 의 안 결산승인의 건(정기총회의 경우에 결산을 승인한 경우)
의장은 별도 작성된 유인물을 배부하고, 당 법인 제O기(2OOO. O. O.부터

2000. 0. 0.까지)의 결산보고서와 대차대조표 및 손익계산서를 각 회원들에게 검토를 위하여 약 20분간 정회를 선포한다.
곧이어 회의를 속개하여 그 의안의 승인 여부를 물은 바, 출석회원 전원 만장일치로 그를 승인 가결하다.

제2호 의 안 재산목록, 수지계산서 승인의 건
의장은 감사 000로 하여금 별첨 재산목록과 수지계산서를 상세히 설명하게 한 후, 그 승인 가부를 물은 바, 전원 이의 없이 만장일치로 그를 승인 가결하다.

[유례] 당 법인의 발전을 위하여 금 00000원을 기본재산으로 편입하여 증자할 지 여부에 대하여 의견을 구한 바, 전원 일치하여 위 금원을 기본재산으로 편입할 것을 승인 가결하다.

의장은 이상으로서 회의목적인 의안 전부의 심의를 종료하였으므로 폐회한다고 선언하다(회의종료시각 : 00시 00분).

위 결의를 명확히 하기 위하여 이 의사록을 작성하고 의장과 출석한 이사가 기명날인하다.

2000. 0. 0.

사단(재단)법인 000회 (직인)
00시 00구 00로 00(00동)
의장겸 이사 0 0 0 (인)
이사 0 0 0 (인)
이사 0 0 0 (인)

[첨부서류 4] 재산목록 신·구대비표

재산목록 신·구대비표

재단법인 0000

변 경 후				변 경 전			
재산명	수 량	평가액(원)	비 고	재산명	수 량	평가액(원)	비 고

부동산	2	OOOOO		부동산	1	OOOOO	
현 금	1	OOOOO		현 금	1	OOOOO	
예 금	1	OOOOO	OO은행	예 금	1	OOOOO	OO은행
주 식	1	OOOOO	(주)OO	주 식	1	OOOOO	(주)OO
차 량	2	OOOOO		차 량	1	OOOOO	
합 계	7	OOOOOO			5	OOOOOO	

제8절 존립시기 또는 해산의 사유의 변경등기

1. 총 설

민법상 법인에 있어서 존립시기나 해산사유를 정한 때에는 그 시기나 사유를 반드시 정관에 기재하여 등기해야 한다(민법 40조).

따라서 이에 관한 변경등기를 하기 위해서는 사단법인의 경우에는 사원총회의 특별결의에 의하여, 재단법인의 경우에는 정관의 정하는 바에 따라 설립자나 이사회에서 정관을 변경하여 주무관청의 허가를 받아야 한다(민법 42조, 45조, 46조).

존립시기나 해산사유를 변경함에 있어서는 기존의 존립시기나 해산사유를 폐지하거나 다른 시기나 사유로 교체 또는 신설할 수 있으나, 이는 반드시 기존의 존립시기 도래 전이거나 해산사유 발생 전이어야 한다.

2. 등기절차

가. 등기신청인과 등기기간

이 등기는 대표권의 제한이 없는 때에는 이사(이사가 없는 때에는 임시이사)

중의 1인이, 대표권의 제한이 있는 때에는 대표권 있는 이사가 신청인이 된다(비송법 66조). 임시이사가 변경등기를 신청하는 경우에는 신청서에 그 자격을 증명하는 서면을 첨부하여야 한다(비송법 64조 2항).

등기기간은 존립시기나 해산사유 변경이 발생한 때로부터 3주간 내이다(민법 52조). 따라서 이러한 변경등기는 그에 관한 정관규정의 변경의 효력이 발생하는 주무관청의 정관변경허가가 있은 때로부터 3주간 내에 신청해야 한다. 그 기간은 주무관청의 허가서가 도착한 날로부터 기산한다(민법 53조).

나. 등기사항

변경 또는 신설된 존립시기나 해산사유와 변경, 신설, 폐지의 취지 및 그 연월일을 기재한다.

다. 첨부서류 등

일반적인 첨부서류 이외에 정관변경을 특별결의한 사단법인의 사원총회의사록이나 재단법인의 이사회의사록과 정관변경에 관한 주무관청의 허가서나 그 인증있는 등본을 첨부해야 한다. 이에 첨부하는 의사록은 공증인의 인증을 받아야 한다(공증 66조의2).

등록면허세는 일반변경등기의 등록면허세인 40,200원이고, 교육세는 등록면허세의 100분의 20이다.

조세특례제한법, 지방세법, 관세법 등에 의하여 등록면허세가 감면되는 경우에 그 감면세액의 100분의 20의 농어촌특별세를 납부하여야 하나, 농어촌특별세도 감면 또는 면제되는 경우가 있다(농특세법 4조).

등기신청수수료는 6,000원(서면방문), 4,000원(전자표준양식), 2,000원(전자신청)을 납부하여야 한다. 그러나 명칭, 주사무소, 이사변경등기를 하나의 신청서로 신청할 경우에는 각각의 수수료 각 6,000원(서면방문), 4,000원(전자표준양식), 2,000원(전자신청)을 합산하여야 한다.

[서식 17] 사단(재단)법인 변경등기신청서(존립시기 또는 해산사유변경)

<table>
<tr><td colspan="5" align="center">사단(재단)법인 변경등기신청</td></tr>
<tr><td rowspan="2">접 수</td><td>년 월 일</td><td rowspan="2">처 리 인</td><td>등기관 확인</td><td>각종 통지</td></tr>
<tr><td>제 호</td><td></td><td></td></tr>
</table>

<table>
<tr><td>명 칭</td><td>사단(재단)법인 ○○</td><td>등기번호</td><td colspan="3">제○○○○호</td></tr>
<tr><td>주 사 무 소</td><td colspan="5">○○시 ○○구 ○○로 ○○(○○동)</td></tr>
<tr><td>분 사 무 소</td><td colspan="5">○○시 ○○구 ○○로 ○○(○○동)</td></tr>
<tr><td>등기의 목적</td><td colspan="5">존립시기(또는 해산사유)의 설정(변경 · 폐지)등기</td></tr>
<tr><td>등기의 사유</td><td colspan="5">(1) 주사무소에서 등기하는 등기
20○○년 ○월 ○일 사원총회(이사회)에서 정관변경을 결의하고 20○○년 ○월 ○일 주무관청의 허가를 받아 존립시기(또는 해산사유)를 다음과 같이 변경(설정 또는 폐지)하였으므로 이 등기소에서 그 등기를 구함.
(2) 분사무소소재지에서의 등기하는 경우
20○○년 ○월 ○일 사원총회(이사회)에서 정관변경을 결의하고 20○○년 ○월 ○일 주무관청의 허가를 받아 존립시기(또는 해산사유)를 변경(설정 또는 폐지)하여, 20○○년 ○월 ○일 주사무소 소재지 관할등기소에서 등기를 하였으므로, 이 등기소에서 그 등기를 구함.</td></tr>
<tr><td>허가서도착연월일</td><td colspan="5">20○○년 ○월 ○일</td></tr>
<tr><td>주사무소/분사무소
신청구분</td><td>1. 주사무소
신청 ☐</td><td colspan="2">2. 분사무소
신청 ☐</td><td colspan="2">3. 주·분사무소
일괄신청 ☐</td></tr>
<tr><td colspan="6" align="center">등 기 할 사 항</td></tr>
<tr><td>존립시기(또는
해산사유)의
변경과 그 연월일</td><td colspan="5">(1) 존립기간 또는 해산사유 설정
20○○년 ○월 ○일 존립기간(또는 해산사유) : ○○○○○○설정
(2) 존립기간 또는 해산사유 폐지
20○○년 7월 1일 존립기간의 폐지
20○○년 ○월 ○일 해산사유 ○○○○○○의 폐지</td></tr>
</table>

기 타	

신청등기소 및 등록면허세/수수료						
순번	신청등기소	구분	등록면허세 지방교육세	농어촌특별세	세액합계	등기신청수수료
			금 원 금 원	금 원	금 원	금 원
합 계						
등기신청수수료 납부번호						
과 세 표 준 액	금 원					

첨 부 서 면	
1. 정관(필요한 경우) 1통 1. 사원총회(이사회)의사록 1통 1. 주무관청허가서 1통	1. 등록면허세영수필확인서및통지서 1통 1. 위임장(대리인이 신청할 경우) 1통 〈기 타〉

년 월 일

신청인 명 칭

주사무소

대표자 성 명 (인) (전화 :)

주 소

대리인 성 명 (인) (전화 :)

주 소

지방법원 등기소 귀중

- 신청서 작성요령 -

1. 해당란이 부족할 때에는 별지를 이용합니다.
1. 해당 등기신청과 관계없는 사항에 대하여는 "해당없음"으로 기재하거나 삭제하고, 필요한 사항은 추가 기재합니다.

(용지규격 21㎝ × 29.7㎝)

[주] 1. 분사무소의 표시는 분사무소 소재지에서 신청하는 경우에 기재하는 것으로서 그 경우에는 주사무소 소재지 다음에 이 건 등기를 신청하는 당해 등기소관내의 분사무소 소재지도 기재해야 한다.
2. 등기의 사유란에는 존립시기 또는 해산사유를 설정·변경·폐지하기 위하여 사단법인의 경우에는 사원총회, 재단법인의 경우에는 이사회에서 정관변경을 결의한 취지를 기재한다.
3. 등기할 사항의 존립시기나 해산사유를 폐지한 경우에는 기존의 등기사항과 구분되어 특정될 수 있도록 기재한다. 예컨대 "존립기간(해산사유)의 폐지"로 기재한다.
4. 상업등기법 제51조 제3항에 따라 회사의 본·지점의 이전·변경·폐지시에 지배인에 관한 등기와 동시에 신청하여야 할 지점에 관한 등기, 타관할로의 본점이전등기, 합병으로 존속·신설회사와 소멸회사의 본점 관할등기가 다른 경우 등 일정한 경우를 제외하고는 본점에서 등기를 할 때 일시에 할 수 있으며, 이는 민법법인에도 준용된다. 이 경우에는 각 분사무소별 등록면허세와 등기신청수수료를 별도로 납부하여야 한다.
5. 등록면허세는 변경등기의 등록면허세인 40,200원, 교육세는 등록면허세의 100분의 20(8,040원)을 납부하여야 한다(지방세법 28조). 그러나 명칭·목적·임원등기 등 각종 변경등기신청을 하나의 신청서로 일괄신청하더라도 각각에 대하여 산출한 세액을 합산하여 납부한다. 다만, 동일한 변경사항이 수개인 경우에는 1건의 등록면허세만 납부한다. 조세특례제한법, 지방세법, 관세법 등에 의하여 등록면허세가 감면되는 경우에 그 감면세액의 100분의 20의 농어촌특별세를 납부하여야 한다(다만, 이것도 면제되는 경우도 있다).
6. 등기신청수수료는 6,000원(서면방문), 4,000원(전자표준양식), 2,000원(전자신청)을 납부하여야 한다. 그러나 명칭·목적·임원등기 등 각종 변경등기신청을 하나의 신청하는 경우 각각의 수수료 6,000원(서면방문), 4,000원(전자표준양식), 2,000원(전자신청) 합산하여야 한다.
7. 존립기간 및 해산사유의 변경 또는 폐지는 그 기간 또는 사유발생전에 결의하여야 한다. 정관을 변경하기 위하여 특별결의한 사단법인의 사원총회의사록이나 재단법인의 이사회의사록을 첨부해야 하며 민법상 법인의 등기신청서에 첨부하는 이들 의사록은 공증인의 인증을 받아야 하다.
8. 정관변경을 하는 경우에는 주무관청의 허가서를 첨부하되 주무관청의 허가서의 등본을 첨부하는 경우에는 주무관청의 허가서인 인증있는 등본을 첨부해야 한다.
9. 민법법인은 이사 각자가 법인을 대표하는 것이 원칙이므로 이 등기는 대표권의 제한규정이 없는 때에는 이사 중의 1인이 신청하면 되나, 그 제한규정이

있는 때에는 대표권있는 이사가 신청한다.

[첨부서류 1] 사원총회(이사회)의사록

사원총회(이사회)의사록

20OO년 O월 O일 OO시 OO분, OO시 OO구 OO로 OO(OO동) 당 법인 회의실(또는 사무소)에서 사원총회(이사회)를 개최하다.

총사원수(또는 총이사수) : O명
출석사원수(또는 출석이사수) : O명

의장인 이사 OOO는 정관규정에 따라 의장석에 등단하여 위와 같이 법정수에 달하는 사원(이사)이 출석하였으므로 본 총회(이사회)가 적법히 성립되었음을 알리고 개회를 선언한 후, 다음의 의안을 부의하고 심의를 구하다.

제1호 의 안 존립시기(또는 해산사유)변경(설정 또는 폐지)의 건

의장은 사업형편에 따라 본 법인의 존립시기(또는 해산사유)를 다음과 같이 변경(설정 또는 폐지)해야 할 필요가 있음을 설명하고 그 가부를 물은 바, 전원 이의 없이 찬성하여 만장일치로 그를 승인 가결하다.

존립시기(또는 해산사유) OOOOOOOO

제2호 의 안 정관변경의 건

의장은 위 존립시기(또는 해산사유)의 변경(설정 또는 폐지)에 수반하여 현행 정관 제O조를 다음과 같이 변경(신설 또는 삭제)해야 한다는 취지를 설명하고 그 가부를 물은 바, 전원 이의 없이 찬성하여 만장일치로 승인 가결하다.

제O조(존립시기 또는 해산사유) 당 법인의 존립시기(또는 해산사유)는 OOOO OOOO로 한다.
(단, 존립시기를 폐지하는 경우에는 조문 삭제로 한다)

의장은 이상으로서 회의목적인 의안 전부의 심의를 종료하였으므로 폐회한다고 선언하다(회의종료시각 : OO시 OO분).

위 결의를 명확히 하기 위하여 이 의사록을 작성하고 의장과 출석한 이사가 기명날인하다.

2000. ○. ○.

사단(재단)법인 ○○○회 (직인)
○○시 ○○구 ○○로 ○○(○○동)
의장겸 이사 ○ ○ ○ (인)
이사 ○ ○ ○ (인)
이사 ○ ○ ○ (인)

제9절 이사 및 대표권제한규정의 변경등기

1. 총 설

이사는 대내적으로는 법인의 업무를 집행하고 대외적으로는 법인을 대표하는 민법상 법인의 상설필요기관으로서 그 성명과 주소는 등기사항으로 되어 있다(민법 49조 2항).

그리고 이사가 수인인 경우에는 대내적 업무집행은 이사 과반수로서 결정하고(민법 58조 2항), 대외적 법인대표는 이사 각자가 단독으로 대표함이 원칙이나(민법 59조 1항), 이사의 법인단독대표권은 정관으로(사단법인의 경우에는 사원총회결의에 의해서도) 이를 제한할 수 있는 바(민법 41조, 59조 1항), 이와 같은 이사의 대표권제한 역시 등기사항으로 되어 있다(민법 49조 2항).

민법법인에서는 기본적으로 이사회제도를 채택하지 아니하므로, 그 최저한의 제한규정이 없다. 따라서 이사는 1인 또는 수인이라도 무방하며, 다만 이를 정관에 기재하여야 한다(민법 57조, 58조).

그러나 공익법상의 경우에는 이사를 5인 이상 15인 이하로 하되 주무관청의 승인을 얻어 증감할 수 있다(공익 5조).

이사에 자격에 관하여 민법에서는 특별히 규정하고 있지 않다. 따라서 정관에 특별한 규정이 없는 한 사원이 아닌 자도 이사가 될 수 있으나, 이사는 영리법인이나 비영리법인 모두 자연인에 한한다.

가. 이사의 선임

민법상 법인의 이사의 임면에 관한 사항은 정관의 필요적 기재사항이지만(민법 40조, 43조), 그 임면방법은 법인에 따라 임의로 정할 수 있기 때문에 반드시 통일되어 있는 것이 아니다.

즉, 사원총회를 가지는 사단법인의 경우에는 사원총회에서, 사원총회가 없는 재단법인의 경우에는 이사회에서 선임하도록 정하고 있는 일반적이기는 하지만 이사장이 선임할 수 있도록 위임되어 있는 사단법인의 경우도 있고 설립자나 이사장이 선임하되 이사회의 동의를 얻도록 되어 있는 재단법인의 경우도 있으며, 그 외 이사선임권한을 상급단체에 위임하거나 제3자인 행정기관에 부여하는 경우도 있다.

그러나 어떠한 방법으로 선임되었든지 간에 이사와 법인과의 관계는 원래 위임관계로 이사의 취임은 그 선임행위만으로서 곧 바로 효력이 생기는 것은 아니고, 주무관청의 승인사항인 경우에는 그 승인과 피선자의 취임승낙이 있어야 비로소 그 효력이 발생한다.

현 이사의 임기만료 전에 후임이사를 미리 선임한 예선의 경우에는 전임자의 임기만료시부터 취임하여 임기가 개시된다.

정관으로 이사를 어느 보직에 취임한 자를 당연직으로 할 경우에는 그 당연직의 보직에 발령을 받은 자가 이사가 된다고 할 것이며, 이때에는 그 당연직에 보임되는 사령장이 선임결의서가 될 것이다.

나. 이사의 임기

민법에는 이사의 임기에 관한 규정이 없으나, 정관이나 선임기관의 결의로 임기를 정할 수 있다.

최초의 임원의 임기는 법인성립일 즉, 설립등기일로부터 진행하며, 임기의 기산점은 이사가 취임을 승낙할 때이다. 그리고 임기의 정함이 있는 경우 그 임기의 말일이 종료한 때에 임기는 만료한다(민법 157조, 159조).

다만 공익법인은 이사의 임기를 정관으로 정할 수 있으나 그 법률의 제한으로 임기는 4년을 초과할 수 없고 연임은 가능하다(공익 5조 3항).
재단법인의 이사의 임기는 그 취임일자로부터 기산하되 재단법인은 설립등기를 함으로써 성립하므로(민법 33조), 설립당시의 이사의 임기는 설립등기일로부터 기산하여야 한다.

다. 감독청의 승인

공익법인이 이사를 선임하는 때에는 주무관청의 허가를 받아야 하므로 그 이사선임에 관한 주무관청의 승낙서가 필요하나 일반 민법법인의 경우에는 그러한 규정이 없으므로 총회의 선임으로 가능하다. 다만 정관이나 최초의 설립허가시에 주무관청에서 이사선임에 관하여 주무관청의 승낙을 조건으로 한 경우에는 그에 따라야 한다.

라. 이사의 퇴임

이사의 퇴임에 관하여는 정관에 규정하는 바에 따르나(민법 40조 5항), 법인과 이사의 법률관계는 위임관계이므로, 정관에 정함이 없더라도 위임종료사유 등의 법정해제사유에 의하여 이사는 퇴임한다고 할 것이다.
또한 이사는 사형이나 무기징역 또는 무기금고 등의 형의 선고로 인하여 자격이 상실되면 당연히 그 직에서 퇴임되고(형법 43조 1항), 법인이 해산이나 이사 본인의 사망, 파산, 금치산선고에 의하여도 퇴임하게 된다.
따라서 이사는 절대로 사임할 수 없다는 정관규정이 있더라도 그러한 정관규정은 무효인 것으로서 이사는 자유로이 사임하여 그 직에서 물러날 수 있으며(민법 689조 1항) 정관에 해임에 관한 규정이 없는 경우라 할지라도 법인은 선임과 동일한 방법으로 이사를 해임하여 퇴임시킬 수 있음은 물론(민법 689조 1항) 이사 본인의 사망, 파산, 금치산선고에 의해서도 퇴임하게 된다(민법 690조). 그 밖에 이사는 정관소정의 임기가 만료된 때에도 퇴임하게 된다.
정관에 보궐을 위하여 취임한 임기는 전임자의 잔임기간으로 한다는 규정이 있는 경우라 할지라도 이는 이사의 임기를 모두 일치시키기 위한 규정일 뿐이므로 이사가 모두 사임하여 그 전원을 한꺼번에 개선한 경우의 개선된 이사의 임기는 전임자의 잔임기간이 아니라 정관 소정의 통상임기라 할 것이다.

이사의 임기가 만료된 때에는 같은 사람이 재선되어 같은 직에 다시 취임하는 경우에도 반드시 그 변경등기를 생략할 수 없는 바, 그 때 동일인이 그 임기만료일에 다시 취임하여 전임 임기만료일과 후임 임기개시일이 동일한 경우에는 등기실무상 중임이라 하여 그 퇴임취지와 재취임취지를 중복하여 기재하지 않고 단순히 중임의 취지만 기재하는 중임등기로 특별취급하고 있으나 임기만료된 이사가 정관규정에 따라 후임자가 취임할 때까지 계속 권리의무를 행사하던 중에 재선된 때처럼 전임 임기만료일과 후임 임기개시일이 서로 다른 경우에는 설사 동일인이 같은 직에 다시 취임한 경우라 할지라도 중임등기로 취급할 수는 없고 퇴임 및 취임등기로 해야 할 것이다.

그리고 임기만료된 이사가 후임자가 취임할 때까지 권리의무를 행사하다가 후임자가 취임한 후에 그 퇴임등기를 하는 경우에 퇴임일자는 그 권리의무행사종료일이 아니라 당초의 임기만료일로 기재해야 한다.

마. 제 명

민법은 사원의 제명에 관하여 특별히 규정하고 있지 않으나, 인적결합체인 사단법인은 구성원에 대하여 제명을 할 수 있다. 다만, 이 제명처분은 사원의 의사에 반하여 그 사원인 지위를 박탈하는 것이므로 법인의 이익을 위하여 불가피한 경우에 최종적인 수단으로만 인정되어야 할 것이다.

바. 대표권제한규정의 신설·변경·폐지

이사의 대표권은 정관이나 사원총회의 결의에 의하여 제한할 수 있고(민법 59조 1항). 정관에 의한 대표권의 제한은 ① 이사의 다수결 또는 전원에 의한 공동대표, ② 사원총회의 의결을 조건으로 하는 결의, ③ 이사장에게만 대표권을 주고 평이사에게는 대표권을 제한하는 경우 등으로 할 수 있다. 그러나 이사 전원에 대한 대표권제한은 허용되지 아니한다.

대표권제한등기를 신청할 때에는 대표권제한을 증명하는 정관 또는 총회의 의사록을 첨부하여야 한다(민법 41조).

대표권제한규정은 신설 또는 폐지되거나 대표권 있는 이사가 경질되어 변경된 때에는 그에 따른 변경등기를 해야 하는 바, 이때 대표권제한규정의 신설이나 폐지에는 정관변경사항이므로 정관변경절차를 밟아 주무관청의 허가를 받은 후에 등기신청하여야 한다.

대표권 있는 이사의 선임은 정관이 정하는 바에 따를 것이나 이사회에서 선임하는 것이 일반적이고 이사의 지위를 잃으면 그 법인대표권도 소멸되므로 대표권 있는 이사는 전술한 이사의 퇴임사유로 퇴임됨은 물론 이사직은 보류하면서 법인대표직만 사임하여 퇴임할 수도 있다.

2. 등기절차

가. 등기신청인과 등기기간

이 등기는 대표권의 제한이 없는 때에는 이사(이사가 없는 때에는 임시이사) 중의 1인이, 대표권의 제한이 있는 때에는 대표권 있는 이사가 신청인이 된다(비송법 66조). 임시이사가 변경등기를 신청하는 경우에는 신청서에 그 자격을 증명하는 서면을 첨부하여야 한다(비송법 64조 2항).

등기기간은 이사나 대표권 있는 이사가 취임 또는 퇴임하거나 대표권제한규정이 설정, 폐지, 임원승인 취소된 날로부터 3주간 내이다(민법 52조). 대표권제한규정의 설정, 변경, 폐지 등 정관변경을 필요로 하는 경우에는 그에 관한 주무관청의 허가서가 도착한 날로부터 그 기간을 기산한다(민법 53조).

나. 등기사항

(1) 이사의 취임등기

취임한 이사의 성명, 주민등록번호와 취임취지와 그 연월일을 기재한다.

이사의 취임일자는 당해 이사의 선임행위 및 취임승낙일과 전임자의 임기만료일, 주무관청의 허가일 중 늦은 쪽의 일자이다.

(2) 이사의 퇴임등기

퇴임한 이사의 성명과 퇴임사유 및 그 연월일을 기재한다.
임기만료나 사임으로 퇴임한 이사가 정관규정에 따라 계속 그 권리의무를 행사하다가 후임자가 취임하여 전임자의 퇴임등기를 하는 경우의 퇴임일자는 그 권리의무행사종료일이 아니라 당초의 임기만료일이나 사임일이다.

(3) 중임등기

이사의 임기가 만료된 때에 그 사람이 재선되어 다시 취임하는 경우에도 그 변경등기를 생략할 수 없다. 동일인이 다시 취임하여 전임 임기만료일과 후임 임기개시일이 동일한 경우에는 원칙적으로 취임등기와 퇴임등기를 하여야 하나, 실무에서는 중임이라 하여 그 퇴임취지와 재취임취지를 중복하여 기재하지 않고 단순이 중임의 취지만 기재하고 있다.
그러나 임기만료된 이사가 정관규정에 따라 후임자가 취임할 때까지 권리의무를 행사하던 중에 재선된 때처럼 전임임기만료일과 후임 임기개시일이 서로 다른 경우에는 중임등기가 아니라 퇴임 및 취임등기로 해야 할 것이다.
민법상 법인의 임원에 대한 중임결의가 그 임기만료 전에 이루어졌다 하더라도 임기만료일까지는 중임등기신청을 할 수 없다. 임기만료 전에 중임등기신청을 하려면 사임서를 받아 사임으로 인한 퇴임과 취임의 등기를 하면 된다.
주민등록번호가 기재된 임원의 중임등기신청시에는 중임되는 임원의 주민등록번호를 증명하는 서면을 다시 제출하지 않아도 된다(1998. 9. 8. 등기예규 제943호).
또한 공익법인의설립운영에관한법률이 적용되는 재단법인의 이사가 중임되어 그 변경등기를 신청하는 경우에는 그 취임승낙을 증명하는 서면을 첨부하여야 하지만 인감증명은 첨부할 필요가 없다(등기선례 1995. 1. 10).

(4) 대표권제한규정의 제정, 변경 폐지등기

대표권제한규정의 설정등기는 “대표권제한규정설정의 취지와 그 연월일 및 대표권 있는 이사의 성명 주소”, 변경등기의 경우에는 “변경된 대표권 있는 이사의 성명, 주소와 변경취지 및 그 연월일" 폐지등기의 경우에는 "대표권제한규정폐지의 취지와 그 연월일"를 등기한다.

대표권제한에 관한 등기를 할 때 특정한 이사 또는 이사장으로 표시할 수 있다. 다만, 이 경우에도 이사장은 등기사항이 아니며, 특별법에서 규정하는 회장, 부회장은 민법에서 기관으로 규정하지 아니하므로 대표권 규정을 "회장, 부회장 이외에는 대표권 없음" 등과 같이 등기할 수 없고, "이사 OOO 외에는 대표권이 없음" 등으로 기재하여야 한다.

다. 첨부서류 등

이 등기신청서에는 일반적인 첨부서류 이외에 다음 서류를 첨부한다.

(1) 이사의 취임등기

사단법인의 경우에는 사원총회의사록, 재단법인의 경우에는 이사회의사록, 주민등록등(초)본, 피선자의 취임승낙서를 첨부해야 한다. 취임승낙서에 날인하는 인감은 인감증명법에 의하여 신고된 인감이어야 하며, 그 인감증명도 첨부해야 한다. 다만 의사록에 피선자의 취임을 승낙한 취지의 기재가 있고 당해 피선자가 그 의사록에 날인한 경우에는 그 취임승낙의 기재를 승낙서에 갈음하여 피선자의 취임승낙서는 별도로 첨부하지 않아도 된다. 등기기록에 주민등록번호가 기재된 임원의 중임등기신청서에는 중임되는 임원의 주민등록번호를 증명하는 서면은 첨부하지 않아도 된다(1998. 9. 8. 등기예규 제943호).

민법상 법인의 등기신청서에 첨부하는 의사록은 공증인의 인증을 받아야 한다.

대표권 있는 이사의 취임등기를 신청할 때에는 인감신고서에 당해 이사의 인감대지 및 인감증명서도 제출해야 한다. 그러나 취임의 경우에는 종전에 제출한 인감에 변경사항이 없으면 제출하지 아니하여도 된다.

(2) 이사의 퇴임등기

(가) 일반적 첨부서면 중 정관을 첨부하여야 한다. 이것은 정관상 당해 법

인의 이사의 정수를 확인하기 위환 것이다.

(나) 사 임 서

사임으로 인한 퇴임의 경우에는 이를 첨부해야 한다.

의사록에 기명날인한 이사가 당해 사원총회나 이사회석상에서 사임하여 그 취지가 당해 의사록에 기재되어 있는 경우에는 그 기록을 사임서에 갈음하여 별도로 사임서를 첨부하지 않아도 된다. 사임서에 날인된 인영은 인감증명법에 의하여 신고한 것이어야 하며 그 인감증명도 첨부해야 한다.

(다) 사망진단서 또는 가족관계등록부의 증명서

사망으로 인한 퇴임의 경우에는 이를 첨부해야 한다.

(라) 사원총회의사록 또는 이사회의사록

해임에 의한 퇴임의 경우에는 해임을 증명하는 시면으로시 해임을 결의한 사단법인의 사원총회나 재단법인의 이사회의 의사록 등을 첨부해야 한다.

(마) 결격사유증명서

파산 또는 형의 선고 등으로 인한 퇴임의 경우에는 그 사유를 증명하는 재판서의 등본과 그 확정증명서, 가족관계등록부의 증명서 등을 첨부해야 한다.

그 외 주무관청의 임원승인 취소로 인한 경우에는 그 취소를 한 사실을 증명하는 공문 등을 첨부해야 한다.

(3) 대표권제한규정이 신설·변경·폐지등기

정관으로 대표권제한규정을 신설한 경우에는 그 정관변경을 결의한 사원총회의사록(사단법인의 경우)나 이사회의사록(재단법인의 경우)과 주무관청의 허가서를 첨부하여야 하고, 종전의 대표권 있는 이사가 경질된 때에는 구체적인 퇴임사유에 따라 이사퇴임의 경우에서와 같은 사임서, 사망진단서, 파산·금치산선고결정등본 등 전임자의 퇴임을 증명하는 서면과 새로 취임하는 이사의 자격을 증명하는 사원총회의사록 또는 이사회의사록과 취임승낙서, 주무관청의 허가서 등을 첨부해야 한다.
대표권제한규정을 폐지한 때에도 그 정관변경을 결의한 사원총회이사록 또는 이사회의사록과 주무관청의 허가서 등을 첨부해야 한다.

(4) 등록면허세, 교육세, 등기신청수수료 등

등록면허세는 일반변경등기의 등록면허세인 40,200원이고, 교육세는 등록면허세의 100분의 20이다.
조세특례제한법, 지방세법, 관세법 등에 의하여 등록면허세가 감면되는 경우에 그 감면세액의 100분의 20의 농어촌특별세를 납부하여야 하나, 농어촌특별세도 감면 또는 면제되는 경우가 있다(농특세법 4조).
등기신청수수료는 6,000원(서면방문), 4,000원(전자표준양식), 2,000원(전자신청)이며, 명칭, 주사무소, 이사변경등기를 하나의 신청서로 신청할 경우에는 각각의 수수료 각 6,000원(서면방문), 4,000원(전자표준양식), 2,000원(전자신청)을 합산하여야 한다. 그러나 수인의 이사, 대표자 등 임원의 퇴임, 취임으로 인한 변경등기는 일괄하여 하나의 임원변경등기신청으로 보아 6,000원(서면방문), 4,000원(전자표준양식), 2,000원(전자신청)만을 납부한다.

[서식 18] 사단(재단)법인 변경등기신청서(이사 등 변경)

<table>
<tr><th colspan="5">사단(재단)법인 변경등기신청</th></tr>
<tr><td rowspan="2">접 수</td><td>년 월 일</td><td rowspan="2">처 리 인</td><td>등기관 확인</td><td>각종 통지</td></tr>
<tr><td>제 호</td><td></td><td></td></tr>
</table>

명 칭	사단(재단)법인 ○○	등기번호	제○○○○호
주 사 무 소	○○시 ○○구 ○○로 ○○(○○동)		
등기의 목적	이사 변경등기		
등기의 사유	이사 ○○○은 20○○년 ○월 ○일 임기만료로 퇴임하고, 같은 날 사원총회(이사회)에서 다음 사람이 이사로 선임되어 같은 날		

	취임하였으므로 그 등기를 구함.
허가서도착연월일	20○○년 ○월 ○일
주사무소/분사무소 신청구분	1. 주사무소 신청 □ 2. 분사무소 신청 □ 3. 주·분사무소 일괄신청 □
등 기 할 사 항	
이사의 퇴임 · 취임 등과 그 연월일	1. 퇴임한 이사 이사 ○ ○ ○ (○○○○○○-○○○○○○○) 20○○년 ○월 ○일 임기만료 2. 취임한 이사 이사 ○ ○ ○ (○○○○○○-○○○○○○○) 20○○. ○. ○. 취임
기 타	

신청등기소 및 등록면허세/수수료						
순번	신청등기소	구분	등록면허세 지방교육세	농어촌특별세	세액합계	등기신청수수료
			금 원 금 원	금 원	금 원	금 원
합 계						
등기신청수수료 납부번호						
과 세 표 준 액	금 원					

첨 부 서 면	
1. 정관 1통 1. 사원총회(이사회)의사록 1통 1. 주무관청허가서(필요한 경우) 1통 1. 취임승낙서 및 인감증명서 각 1통	1. 주민등록초본 통 1. 등록면허세영수필확인서및통지서 1통 1. 위임장(대리인이 신청할 경우) 1통

		년 월 일
신청인	명 칭	
	주사무소	
대표자	성 명	(인) (전화 :)
	주 소	
대리인	성 명	(인) (전화 :)
	주 소	
		지방법원 등기소 귀중

- 신청서 작성요령 -

1. 해당란이 부족할 때에는 별지를 이용합니다.
1. 해당 등기신청과 관계없는 사항에 대하여는 "해당없음"으로 기재하거나 삭제하고, 필요한 사항은 추가 기재합니다.

(용지규격 21㎝ × 29.7㎝)

[주] 1. 이사변경 등기사유의 예

가. 이사가 사망(사임)하고 보선일 때 : 이사 OOO은 20OO년 O월 O일 사망(사임)하고, 20OO년 O월 O일 사원총회(이사회)에서 다음 사람이 이사로 선임되어 20OO년 O월 O일 주무관청의 승인을 얻어 20OO년 O월 O일 취임하였으므로 그 등기를 구함.

나. 이사가 임기만료로 퇴임하고 보선인 때 : 이사 OOO은 20OO년 O월 O일 임기만료로 퇴임하고 다음 사람이 이사에 취임하였으므로 그 등기를 구함.

다. 이사가 해임되고 보선인 때 : 이사 OOO은 20OO년 O월 O일 사원총회에서 해임되고 20OO년 O월 O일 다음 사람이 이사에 선임되어 취임하였으므로 그 등기를 구함.

라. 이사 사임(임기만료) 후 권리의무 행사 중 보선인 때 : 이사 OOO은 사임하고, 이사 OOO은 20OO년 O월 O일 임기만료로 퇴임하였으나 후임자가 없어 그 권리의무 행사 중 20OO년 O월 O일 다음 사람이 이사에 취임하였으므로 그 등기를 구함.

마. 이사가 파산선고로 보선인 때 : 이사 OOO은 20OO년 O월 O일 OO법원의 파산선고로 자격상실하고 20OO년 O월 O일 사원총회(이사회)에서

다음사람이 이사로 선임되어 20OO년 O월 O일 취임하였으므로 그 등기를 구함.

바. 이사가 중임인 때 : 이사 OOO은 20OO년 O월 O일 사원총회의 결의로 선임되어 중임하므로 그 등기를 구함.

사. 이사를 증원한 때 : 20OO년 O월 O일 이사정원을 증원하기로 정관을 변경하고 같은 날 다음 사람이 선임되어 취임하였으므로 그 등기를 구함.

2. 이사변경 등기할 사항의 예

가. 이사가 사망(사임)하고 보선인 때

이사 OOO   20OO년 O월 O일 사망(사임)

이사 O O O (OOOOOO－OOOOOOO)

20OO년 O월 O일 취임

나. 이사가 임기만료로 퇴임하고 보선인 때

이사 OOO   20OO년 O월 O일 퇴임

이사 O O O (OOOOOO－OOOOOOO)

20OO년 O월 O일 취임

다. 이사가 해임되고 부선인 때

이사 OOO   20OO년 O월 O일 해임

이사 O O O (OOOOOO－OOOOOOO)

20OO년 O월 O일 취임

라. 이사가 사임(임기만료) 후 권리의무행사 중 보선인 때

이사 OOO   20OO년 O월 O일 사임(퇴임)

이사 O O O (OOOOOO－OOOOOOO)

20OO년 O월 O일 취임

마. 이사가 파산·금치산선고로 자격상실하고 보선인 때

이사 OOO   20OO년 O월 O일 자격상실

이사 O O O (OOOOOO－OOOOOOO)

20OO년 O월 O일 취임

바. 이사가 중임인 때(퇴임일과 취임일이 같아야 한다)

이사 O O O (OOOOOO－OOOOOOO)

20OO년 O월 O일 중임

사. 이사를 증원한 때

1. 정관변경

제O조 (임원의 종별 및 인원의 수) 당 법인은 다음의 임원을 둔다.

1. 이사장 O명
2. 이사 O명

3. 상무이사 O명
4. 감사 O명
20OO년 O월 O일 변경

2. 이사증원
이사 O O O (OOOOOO－OOOOOOO)
20OO년 O일 O일 취임

3. 정관에서 정한 정원에 미달하는 이사의 임기만료 또는 사임으로 인한 등기는 할 수 없고, 이러한 경우에는 후임자가 취임할 때까지 그 권리의무를 행사하여야 하고 등기는 후임자의 취임과 동시에 퇴임등기를 신청하여야 한다. 이때의 등기기간은 후임자의 취임일로부터 기산한다. 주식회사와 달리 민법법인과 사내근로복지기금법인의 감사는 등기사항이 아니고, 공익법인도 동일하다. 그러나 새마을금고 등 일부 특수법인은 감사가 등기사항인 경우도 있다. 대리인등기가 있는 경우에는 그에 관한 사항을 증명하는 서면을 첨부하여야 한다.
4. 지점소재지에서의 본 · 지점공통 등기는 당해 지점에서 뿐만 아니라, 본점에서도 할 수 있다. 즉, 본점 소재지에서 본 · 지점 공통사항에 관하여 본점과 지점소재지의 신청서를 동시에 접수한 경우에, 본점등기기록에 그 등기를 완료한 후에 지체 없이 지점소재지에 그에 관한 사항을 전산으로 통지하도록 하고, 지점소재지에 그에 관한 통지가 도달한 경우, 지점소재지에 접수가 된 것으로 간주한다. 이는 비송사건절차법에서 민법법인에도 준용한다.
5. 상업등기법 제51조 제3항에 따라 회사의 본·지점의 이전·변경·폐지시에 지배인에 관한 등기와 동시에 신청하여야 할 지점에 관한 등기, 타관할로의 본점이전등기, 합병으로 존속·신설회사와 소멸회사의 본점 관할등기가 다른 경우 등 일정한 경우를 제외하고는 본점에서 등기를 할 때 일시에 할 수 있으며, 이는 민법법인에도 준용된다. 이 경우에는 각 분사무소별 등록면허세와 등기신청수수료를 별도로 납부하여야 한다.
6. 등록면허세는 변경등기의 등록면허세인 40,200원, 교육세는 등록면허세의 100분의 20(8,040원)을 납부하여야 한다(지방세법 28조). 그러나 명칭·목적·임원등기 등 각종 변경등기신청을 하나의 신청서로 일괄신청하더라도 각각에 대하여 산출한 세액을 합산하여 납부한다. 다만, 동일한 변경사항이 수개인 경우에는 1건의 등록면허세만 납부한다. 조세특례제한법, 지방세법, 관세법 등에 의하여 등록면허세가 감면되는 경우에 그 감면세액의 100분의 20의 농어촌특별세를 납부하여야 한다(다만, 이것도 면제되는 경우도 있다).
7. 등기신청수수료는 6,000원(서면방문), 4,000원(전자표준양식), 2,000원(전자신청)이며, 명칭, 주사무소, 이사변경등기를 하나의 신청서로 신청할 경우에는 각각의 수수료 각 6,000원(서면방문), 4,000원(전자표준양식), 2,000원(전자신

청)을 합산하여야 한다. 그러나 수인의 이사, 대표자 등 임원의 퇴임, 취임으로 인한 변경등기는 일괄하여 하나의 임원변경등기신청으로 보아 6,000원(서면방문), 4,000원(전자표준양식), 2,000원(전자신청)만을 납부한다.

8. 허가서도착연월일은 이사의 인원수증원의 경우처럼 정관변경이 필요한 경우와 당해 정관의 이사임면에 관하여 주무관청의 허가를 받도록 정한 경우에 한하여 기재한다.
9. 이사의 인원수 증원을 위한 정관변경이나 이사의 선임 · 해임 등을 결의한 사단법인의 사원총회나 재단법인의 이사회의사록을 첨부한다. 이러한 법인의 총회 등의 의사록은 공증인의 인증을 받아야 한다. 그러나 당연직 이사인 경우에는 그 당연직에 취임 또는 발령받은 사실을 증명하는 인사발령문을 첨부한다. 또한 당연직이사가 당연직의 보직이 변경된 경우에는 자격상실을 증명하는 서류인 인사발령문을 첨부한다. 특히 사임의 경우 대표권자를 제외하거 사임자가 총회에 참석하여 사임의 의사를 표시하고 그 의사록에 기명날인하였으며 그 의사록이 공증된 경우에는 사임의 의사표시는 유효하다.
10. 이사의 인원수 증원으로 정관변경을 위한 주무관청의 허가가 필요한 경우나 설립허가조건이 임원취인을 주무관청의 승인사항으로 한 경우 등에는 이를 첨부한다. 「공익법인의 설립 · 운영에 관한 법률」에 의하여 설립된 공익법인의 임원은 주무관청의 승인을 받아 취임하므로, 주무관청의 취임승인을 받아 임원변경등기 등을 신청해야 한다.
11. 이사 등의 사임을 증명하는 서면은 인감증명법에 의한 인감증명을 첨부하거나, 그 서면에 본인이 기명날인 또는 서명하였다는 공증인의 공증서면을 첨부하여야 한다.
12. 인감증명서는 본인의 진정한 의사를 확인하기 위한 것으로, 취임승낙취지가 기재된 피선자의 기명날인이 있는 의사록을 첨부한 경우에는 이를 생략할 수 있다. 다만 대표자는 인감증명법에 의한 인감증명을 첨부하여야 하나 중임의 경우는 예외이다.
13. 대표자는 등기소에서 인감증명을 받아야 하므로 인감증명을 받을 수 있는 대조용 인감대지와 인감신고를 제출하여야 한다. 다만 중임의 경우에는 종전의 인감을 습용할 수 있다.
14. 사임시에는 인감증명법에 의하여 신고한 인장으로 날인하여야 한다. 그러나 회의석상에서 사임한 취지의 기재가 있고 그 임원의 기명날인이 있는 의사록을 첨부한 때에는 이의 첨부를 생략할 수 있다.
15. 민법법인은 이사 각자가 법인을 대표하는 것이 원칙이므로 이 등기는 대표권의 제한규정이 없는 때에는 이사 중의 1인이 신청하면 되나, 그 제한규정이 있는 때에는 대표권 있는 이사가 신청한다.

[첨부서류 1] 사원총회(이사회)의사록(1)

사원총회(이사회)의사록

2000년 O월 O일 OO시 OO분, OO시 OO구 OO로 OO(OO동) 당 법인 회의실(또는 사무소)에서 사원총회(이사회)를 개최하다.

총사원수(또는 총이사수) : O명
출석사원수(또는 출석이사수) : O명

의장인 이사 OOO는 정관규정에 따라 의장석에 등단하여 위와 같이 법정수에 달하는 사원(이사)이 출석하였으므로 본 총회(이사회)가 적법히 성립되었음을 알리고 개회를 선언한 후, 다음의 의안을 부의하고 심의를 구하다.

제1호 의 안 이사의 인원수 증원의 건

의장은 당 법인의 사업의 번창으로 인하여 현행 정관상 이사 정원인 ㅇㅇ명 이사만으로는 업무처리가 불가능하므로, 부득이 이사를 ㅇㅇ명으로 증원해야 할 필요가 있음을 상세히 설명하고 그 가부를 물은 바, 전원 이의 없이 찬성하여 그를 만장일치로 가결하다.

[유례] 제1호 의 안 이사 사임 및 보선의 건

의장은 이사 OOO이 사임의사를 표명하여, 이에 대한 보선이 필요하므로 위 의안을 상정하고 사임이사에게 사임의사 발언을 하게 하다.

본 OOO회의 이사 OOO은 "일신상의 사정으로 20OO년 O월 O일자로 사임한다"고 말하다.

의장은 위와 같이 이사 OOO이 사임하므로 "본 회 정관 제O조에 의하여 이사를 보선하여야 한다"고 말하고 이를 보선하여 줄 것을 구한 바, 참석사원 전원일치되어 다음 사람을 이사로 선출한다.

이사 O O O (OOOOOO－OOOOOOO)
OO시 OO구 OO로 OO(OO동)

위 피선자는 즉석에서 그 취임을 승낙하다.

[유례] 총회에서 대표권 있는 이사(회장)를 선임 또는 보선하는 경우

제2호 의 안 대표권 있는 이사(회장) 보선의 건

의장은 본회의 대표권 있는 이사(회장)직을 20OO년 O월 O일자로 사임하였으므로 이를 보선하여 줄 것을 구한 바, 참석사원 전원일치로 다음 사람을 대표이사(회장)에 선출되다.

대표권 있는 이사(회장) O O O (OOOOOO－OOOOOOO)
OO시 OO구 OO로 OO(OO동)

위 피선자는 즉석에서 그 취임을 승낙하다.

제2호 의 안 정관변경의 건

의장은 위 이사의 인원수 증원에 수반하여 현행 정관 제O조를 다음과 같이 변경해야 한다는 취지를 설명하고 그 가부를 물은 바, 전원 이의 없이 찬성하여 만장일치로 그를 승인 가결하다.

제O조(임원의 종별 및 인원수) 본 법인에는 다음의 임원을 둔다.
이사 OO명(이사장 1명, 상무이사 1명 포함)
감사 OO명

의장은 이상으로서 회의목적인 의안 전부의 심의를 종료하였으므로 폐회한다고 선언하다(회의종료시각 : OO시 OO분).

위 결의를 명확히 하기 위하여 이 의사록을 작성하고 의장과 출석한 이사가 기명날인하다.

20OO. O. O.

사단(재단)법인 OOO회 (직인)
OO시 OO구 OO로 OO(OO동)
의장겸 이사(또는 사원) O O O (인)
이사(또는 사원) O O O (인)
이사(또는 사원) O O O (인)

[주] 이는 이사의 원수(대표권규정의 신설 등)에 관한 정관규정의 변경을 결의한 의사록으로서 사단법인의 경우에는 사원총회의사록, 재단법인의 경우에는 이사회의사록을 첨부하며, 공증인의 인증을 받아야 한다.

[첨부서류 2] 사원총회(이사회)의사록(2)

사원총회(이사회)의사록

2000년 0월 0일 00시 00분, 00시 00구 00로 00(00동) 당 법인 회의실(또는 사무소)에서 사원총회(이사회)를 개최하다.

총사원수(또는 총이사수) : 00명
출석사원수(또는 출석이사수) : 00명

의장인 이사 이몽룡은 정관규정에 따라 의장석에 등단하여 위와 같이 법정수에 달하는 사원(이사)이 출석하였으므로 본 총회(이사회)가 적법히 성립되었음을 알리고 개회를 선언한 후, 다음의 의안을 부의하고 심의를 구하다.

제1호 의 안 이사 증원의 건

의장은 정관의 변경에 따라 이사의 인원수가 증원되었으므로, 증원된 이사를 새로 선출해야 한다는 취지를 설명하고 그 선출방법을 물은 바, 무기명비밀투표로 선출하기로 전원 일치되어 즉시 투표를 실시한 결과 다음과 같이 선출되다.

이사 홍 길 동 (000000－0000000)
00시 00구 00로 00(00동)

위 피선자는 즉석에서 그 취임을 승낙하다.

제2호 의 안 이사 해임의 건

의장은 본 법인의 이몽룡은 본 법인의 목적에 위배되는 어떠어떠한 행위를 하였으므로, 부득이 해임함이 상당하다는 취지를 상세히 설명하고 그 가부를 물은 바, 전원이 찬성하여 만장일치로 그 해임을 가결하다..

[유례] 제2호 의 안 이사 해임의 건

의장은 본 법인의 이사 000은 어떠어떠한 사유로 그 직무에 관하여 부정행위가 있으므로(어떠어떠한 사유로 현재 구속 중인 바, 또는 법령 정관에 위반한 중대한 어떠어떠한 사유가 있는 바), 부득이 이사 000을 해임함이 상당함을 설명하고 그 가부를 물은 바, 전원이 찬성하여 만장일치로 그 해임을 가결하다.

제3호 의 안 이사 보선의 건

의장은 이사 OOO은 20OO년 O월 O일 사임하여(① 임기만료로 퇴임하여, ② 사망하여, ③ 해임되어, ④ 성년후견개시심판, ⑤ 파산선고로 퇴임하여, ⑥ 주무관청의 인가승인취소로) 결원이 생겼으므로, 그를 보선해야 한다는 취지를 설명하고 그 선출방법을 물은 바, 전원일치로 결의하고 즉시 투표한 결과 다음과 같이 선출되다.

이사 홍 길 동 (OOOOOO－OOOOOOO)

위 피선자는 즉석에서 그 취임을 승낙하다.

의장은 이상으로서 회의목적인 의안 전부의 심의를 종료하였으므로 폐회한다고 선언하다(회의종료시각 : OO시 OO분).

위 결의를 명확히 하기 위하여 이 의사록을 작성하고 의장과 출석한 이사가 기명날인하다.

20OO. O. O.

사단(재단)법인 OOO회 (직인)
OO시 OO구 OO로 OO(OO동)
의장겸 이사(또는 사원) 홍 길 동 (인)
이사(또는 사원) 이 몽 룡 (인)
이사(또는 사원) 장 길 산 (인)

[주] 이는 이사 해임, 선임, 증원에 관한 의사록으로서 사단법인의 경우에는 사원총회의사록, 재단법인의 경우에는 이사회의사록을 첨부하며, 공증인의 인증을 받아야 한다.

[첨부서류 3] 취임승낙서

취 임 승 낙 서

본인은 20OO년 O월 O일 사원총회(이사회)에서 귀 법인의 이사로 선임되었으므로 그 취임을 승낙합니다.

2000년 0월 0일

이사 ○ ○ ○ (인)

사단(재단)법인 OOOO 귀중

[주] 1. 인감증명법에 의하여 신고된 인감을 찍고 그 인감증명과 주민등록등(초)을 첨부해야 한다. 다만, 회의에 선임된 이사가 참석하여 이를 승낙하고 그 취지가 의사록에 기재된 경우에는 별도로 이 시면을 첨부할 필요 없다.
2. 취임승낙하는 임원이 여러 명인 경우 1장의 서면에 모두 작성할 수 있다.

[첨부서류 4] 사 임 서

사 임 서

본인은 귀 법인의 이사(대표권 있는 이사 등)인 바, 이번에 일신상의 형편에 의하여 그 직을 사임합니다.

2000년 0월 0일

이사(또는 대표권 있는 이사) ○ ○ ○ (인)

사단(재단)법인 OOOO 귀중

[주] 인감증명법에 의하여 신고된 인감을 찍고 그 인감증명을 첨부해야 한다.

[서식 19] 사단(재단)법인 변경등기신청서(이사의 변경 및 대표권제한규정이 설정된 경우)

사단(재단)법인 이사변경 및 대표권제한규정설정등기신청				
접 수	년 월 일	처 리 인	등기관 확인	각종 통지
	제 호			

명 칭	사단(재단)법인 ○○	등기번호	제○○○○호
주 사 무 소	○○시 ○○구 ○○로 ○○(○○동)		
등기의 목적	이사 및 대표권 있는 이사변경등기		
등기의 사유	(1) 대표권 있는 이사변경 이사 ○○○은 20○○년 ○월 ○일 임기만료로 퇴임하고, 다음 사람이 이사에 취임하고, 대표권 있는 이사의 변경이 있으므로, 그 등기를 구함. (2) 대표권규정설정 20○○년 ○월 ○일 사원총회(이사회)에서 대표권의 제한규정이 설정과 정관변경을 결의하고, 20○○년 ○월 ○일 주무관청의 허가를 얻어 20○○년 ○월 ○일 이사회에서 이사 ○○○가 대표권 있는 이사로 선임되어 같은 날 취임함에 따라, 대표권의 제한규정을 설정하였으므로(…설정하여 20○○년 ○월 ○일 주사무소 소재지 관할등기소에서 등기를 하였으므로 이 등기소에서) 그 등기를 구함.		
허가서도착연월일	20○○년 ○월 ○일		
주사무소/분사무소 신청구분	1. 주사무소 신청 □ 2. 분사무소 신청 □ 3. 주·분사무소 일괄신청 □		
등 기 할 사 항			
이사의 퇴임 · 취임 등과 그 연원일	이사 ○ ○ ○ (○○○○○○-○○○○○○○) 20○○년 ○월 ○일 퇴임		

	이사 ○ ○ ○ (○○○○○○-○○○○○○○) 20○○년 ○월 ○일 퇴임
이사의 대표권 제한규정	이사 ○ ○ ○ (○○○○○○-○○○○○○○) ○○시 ○○구 ○○로 ○○(○○동) 20○○년 ○월 ○일 변경 외에는 대표권이 없음
기 타	(2) 대표권 제한규정 설정의 경우 이사 ○ ○ ○ (○○○○○○-○○○○○○○) ○○시 ○○구 ○○로 ○○(○○동) 외에는 대표권이 없음 20○○년 ○월 ○일 대표권제한규정 설정

<table>
<tr><th colspan="7">신청등기소 및 등록면허세/수수료</th></tr>
<tr><th rowspan="2">순번</th><th rowspan="2">신청등기소</th><th rowspan="2">구분</th><th>등록면허세</th><th rowspan="2">농어촌특별세</th><th rowspan="2">세액합계</th><th rowspan="2">등기신청수수료</th></tr>
<tr><th>지방교육세</th></tr>
<tr><td rowspan="2"></td><td rowspan="2"></td><td rowspan="2"></td><td>금 원</td><td rowspan="2">금 원</td><td rowspan="2">금 원</td><td rowspan="2">금 원</td></tr>
<tr><td>금 원</td></tr>
<tr><td rowspan="2"></td><td rowspan="2"></td><td rowspan="2"></td><td></td><td rowspan="2"></td><td rowspan="2"></td><td rowspan="2"></td></tr>
<tr><td></td></tr>
<tr><td colspan="3" rowspan="2">합 계</td><td></td><td rowspan="2"></td><td rowspan="2"></td><td rowspan="2"></td></tr>
<tr><td></td></tr>
<tr><td colspan="4">등기신청수수료 납부번호</td><td colspan="3"></td></tr>
<tr><td colspan="2">과 세 표 준 액</td><td colspan="5">금 원</td></tr>
<tr><th colspan="7">첨 부 서 면</th></tr>
<tr><td colspan="4">1. 정관 1통
1. 사원총회(이사회)의사록 1통
1. 주무관청허가서(필요한 경우) 1통
1. 사임서 및 인감증명서 각 1통
1. 취임승낙서 및 인감증명서 각 1통
1. 주민등록초본 통</td><td colspan="3">1. 인감신고서 및 인감증명서 각 1통
1. 법인인감카드반납 및 법인인감 카드계속사용신청서 각 1통
1. 등록면허세영수필확인서및통지서 1통
1. 위임장(대리인이 신청할 경우) 1통</td></tr>
</table>

		년 월 일
신청인	명 칭	
	주사무소	
대표자	성 명	(인) (전화 :)
	주 소	
대리인	성 명	(인) (전화 :)
	주 소	

지방법원 등기소 귀중

- 신청서 작성요령 -

1. 해당란이 부족할 때에는 별지를 이용합니다.
1. 해당 등기신청과 관계없는 사항에 대하여는 "해당없음"으로 기재하거나 삭제하고, 필요한 사항은 추가 기재합니다.
1. 「인감증명법」에 따른 인감증명서 제출과 함께 관련 서면에 인감을 날인하여야 하는 경우, 본인서명사실확인서를 제출하고 관련 서명을 하거나 전자본인서명확인서 발급증을 제출하고 관련 서면에 서명을 하면 인감증명서를 제출하고 관련 서면에 인감을 날인한 것으로 봅니다.

(용지규격 21㎝ × 29.7㎝)

[주] 1. 대표권제한규정에 관한 등기사유의 예

가. 대표권제한규정 신설의 경우

2000년 0월 0일 사원총회(또는 이사회)에서 대표권의 제한규정의 설정과 정관변경을 결의하고 2000년 0월 0일 주무관청의 허가를 얻어 2000년 0월 0일 이사회에서 이사 000가 대표권 있는 이사로 선임되어 같은 날 취임함에 따라, 대표권의 제한규정을 다음과 같이 설정하였으므로(분사무소에서 등기할 때 : … 설정하여 2000년 0월 0일 주사무소소재지 관할등기소에서 등기를 하였으므로 이 등기소에서) 그 등기를 구함.

나. 대표권제한규정 폐지의 경우

2000년 0월 0일 사원총회(또는 이사회)에서 대표권의 제한규정 폐지와 정관변경을 결의하고 2000년 0월 0일 주무관청의 허가를 얻어 대표권의 제한규정을 폐지하였으므로(분사무소에서 등기할 때 : … 폐지하여 2000년 0월 0일 주사무소소재지 관할등기소에서 등기를 하였으므로 이 등기소에서) 그 등기를 구함.

다. 대표권제한규정 변경의 경우

2000년 0월 0일 대표권 있는 이사 000은 이사직을 사임하고 2000

년 O월 O일 사원총회(또는 이사회)에서 OOO가 이사로 선임되어 같은 날 취임하고 20OO년 O월 O일 이사회에서 OOO가 대표권 있는 이사로 선임되어 20OO년 O월 O일 주무관청의 허가를 얻어 같은 날 취임함에 따라 이사 및 대표권의 제한규정이 다음과 같이 변경되었으므로(분사무소에서 등기할 때 : … 변경되어 20OO년 O월 O일 주사무소소재지 관할등기소에서 등기를 하였으므로 이 등기소에서) 그 등기를 구함.

라. 대표권 있는 이사직만 사임한 경우

20OO년 O월 O일 대표권 있는 이사 OOO은 대표직만 사임하고 20OO년 O월 O일 사원총회(또는 이사회)에서 이사 OOO가 대표권 있는 이사로 선임되어 같은 날 취임함에 따라 대표권의 제한규정이 다음과 같이 변경되었으므로(분사무소에서 등기할 때 : … 변경되어 20OO년 O월 O일 주사무소소재지 관할등기소에서 등기를 하였으므로 이 등기소에서) 그 등기를 구함.

마. 대표권직만 해임하고 보선하는 경우

대표권 있는 이사 OOO은 20OO년 O월 O일 사원총회(또는 이사회)에서 대표직만 해임하고 같은 날 이사 OOO가 대표권 있는 이사로 선임되어 같은 날 취임함에 따라 대표권의 제한규정이 다음과 같이 변경되었으므로(분사무소에서 등기할 때 : … 변경되어 20OO년 O월 O일 주사무소소재지 관할등기소에서 등기를 하였으므로 이 등기소에서) 그 등기를 구함.

바. 이사의 해임·임기만료·사망으로 대표직이 상실되어 보선하는 경우

20OO년 O월 O일 이사 OOO은 사원총회(또는 이사회)에서 이사직을 해임(이사 OOO은 임기만료로 퇴임, 이사 OOO은 사망으로 이사직을 상실)되어 같은 날 사원총회(또는 이사회)에서 이사 OOO가 대표권 있는 이사로 선임되고 같은 날 취임함에 따라 대표권의 제한규정이 다음과 같이 변경되었으므로(분사무소에서 등기할 때 : … 변경되어 20OO년 O월 O일 주사무소소재지 관할등기소에서 등기를 하였으므로 이 등기소에서) 그 등기를 구함.

사. 단독대표를 공동대표로 변경하는 경우

20OO년 O월 O일 사원총회(또는 이사회)에서 단독대표규정을 공동대표규정으로 변경하고 같은 날 사원총회(또는 이사회)에서 이사 OOO 및 OOO가 공동으로 대표권 있는 이사로 선임되고 같은 날 취임함에 따라 대표권의 제한규정이 다음과 같이 변경되었으므로(분사무소에서 등기할 때 : … 변경되어 20OO년 O월 O일 주사무소소재지 관할등기소에서 등기를 하였으므로 이 등기소에서) 그 등기를 구함.

아. 공동대표를 각자 대표로 변경하는 경우

20OO년 O월 O일 사원총회(또는 이사회)에서 공동대표규정을 단독대

표규정으로 변경하고 같은 날 사원총회(또는 이사회)에서 이사 OOO 및 OOO가 대표권 있는 이사로 선임되고 같은 날 취임함에 따라 대표권의 제한규정이 다음과 같이 변경되었으므로(분사무소에서 등기할 때 : … 변경되어 2000년 0월 0일 주사무소소재지 관할등기소에서 등기를 하였으므로 이 등기소에서) 그 등기를 구함.

자. 이사 성명변경으로 인한 대표권의 제한규정변경의 경우

이사 OOO는 2000년 0월 0일 OO지방법원의 허가를 받아 그 성명을 OOO로 변경함에 따라 대표권의 제한규정이 다음과 같이 변경되었으므로(분사무소에서 등기할 때 : … 변경되어 2000년 0월 0일 주사무소소재지 관할등기소에서 등기를 하였으므로 이 등기소에서) 그 등기를 구함.

2. 대표권제한규정에 관하여 등기할 사항의 예

가. 대표권의 제한규정 신설의 경우

이사 O O O (OOOOOO-OOOOOOO) 외에는 대표권이 없음.

OO시 OO구 OO로 OO(OO동)

2000년 0월 0일 대표권제한규징 설징

나. 대표권의 제한규정 폐지의 경우

2000년 0월 0일 대표권제한규정 폐지

다. 대표권의 제한규정 변경의 경우

이사 OOO 2000년 0월 0일 사임

이사 O O O (OOOOOO-OOOOOOO) 2000년 0월 0일 취임

OO시 OO구 OO로 OO(OO동)

이사 OOO은 외에는 대표권이 없음

라. 대표권 있는 이사직만 사임한 경우

이사 O O O (OOOOOO-OOOOOOO) 외에는 대표권이 없음

OO시 OO구 OO로 OO(OO동)

2000년 0월 0일 변경

마. 대표권직만 해임하고 보선인 경우

이사 O O O (OOOOOO-OOOOOOO) 외에는 대표권이 없음

OO시 OO구 OO로 OO(OO동)

2000년 0월 0일 변경

바. 이사직 해임·임기만료·사망으로 대표권이 상실되어 보선하는 경우

이사 O O O (OOOOOO-OOOOOOO) 외에는 대표권이 없음

OO시 OO구 OO로 OO(OO동)

2000년 0월 0일 변경

사. 단독대표를 공동대표로 변경하는 경우

이사 OOO와 이사 OOO이 공동으로 대표함

이사 ○ ○ ○ (○○○○○○-○○○○○○○) ○○시 ○○구 ○○로 ○○(○○동)
이사 ○ ○ ○ (○○○○○○-○○○○○○○) ○○시 ○○구 ○○로 ○○(○○동)
20○○년 ○월 ○일 변경

아. 공동대표를 각자 대표로 변경하는 경우
이사 ○○○와 이사 ○○○ 이외에는 대표권이 없음
이사 ○ ○ ○ (○○○○○○-○○○○○○○) ○○시 ○○구 ○○로 ○○(○○동)
이사 ○ ○ ○ (○○○○○○-○○○○○○○) ○○시 ○○구 ○○로 ○○(○○동)
20○○년 ○월 ○일 변경

자. 이사 성명변경으로 인한 대표권의 제한규정변경의 경우
이사 ○ ○ ○ (○○○○○○-○○○○○○○) 이외에는 대표권이 없음
○○시 ○○구 ○○로 ○○(○○동)
20○○년 ○월 ○일 변경

3. 정관에서 정한 정원에 미달하는 이사의 임기만료 또는 사임으로 인한 등기는 할 수 없고, 이러한 경우에는 후임자가 취임할 때까지 그 권리의무를 행사하여야 하고 등기는 후임자의 취임과 동시에 퇴임등기를 신청하여야 한다. 이때의 등기기간은 후임자의 취임일로부터 기산한다. 주식회사와 달리 민법법인과 사내근로복지기금법인의 감사는 등기사항이 아니고, 공익법인도 동일하다. 그러나 새마을금고 등 일부 특수법인은 감사가 등기사항인 경우도 있다. 대리인등기가 있 경우에는 그에 관한 사항을 증명하는 서면을 첨부하여야 한다.
4. 지점소재지에서의 본 · 지점공통 등기는 당해 지점에서 뿐만 아니라, 본점에서도 할 수 있다. 즉, 본점 소재지에서 본 · 지점 공통사항에 관하여 본점과 지점소재지의 신청서를 동시에 접수한 경우에, 본점등기부에 그 등기를 완료한 후에 지체 없이 지점소재지에 그에 관한 사항을 산으로 통지하도록 하고, 지점소재지에 그에 관한 통지가 도달한 경우, 지점소재지에 접수가 된 것으로 간주한다. 이는 비송사건절차법에서 민법법인에도 준용한다.
5. 분사무소 소재지에서는 대표권 있는 이사만 등기한다. 민법법인이나 특수법인의 경우, 주무관청의 임원취임승인이 필요한 경우가 있으나, 상법상 회사는 원칙적으로는 주무관청의 임원승인제도는 없으며, 특별법령에 있는 경우에는 그에 따르면 된다. 공익법인 등 민법법인 중에서 이사의 취임에 주무관청의 허가가 필요한 경우에는 주무관청의 허가를 얻은 일자와 사유를 기재하되 주무관청의 허가가 필요 없는 경우에는 이를 기재하지 아니한다.
6. 상업등기법 제51조 제3항에 따라 회사의 본·지점의 이전·변경·폐지시에 지배인에 관한 등기와 동시에 신청하여야 할 지점에 관한 등기, 타관할로의 본점이전등기, 합병으로 존속·신설회사와 소멸회사의 본점 관할등기가 다른

경우 등 일정한 경우를 제외하고는 본점에서 등기를 할 때 일시에 할 수 있으며, 이는 민법법인에도 준용된다. 이 경우에는 각 분사무소별 등록면허세와 등기신청수수료를 별도로 납부하여야 한다.

7. 등록면허세는 변경등기의 등록면허세인 40,200원, 교육세는 등록면허세의 100분의 20(8,040원)을 납부하여야 한다(지방세법 28조). 그러나 명칭·목적·임원등기 등 각종 변경등기신청을 하나의 신청서로 일괄신청하더라도 각각에 대하여 산출한 세액을 합산하여 납부한다. 다만, 동일한 변경사항이 수개인 경우에는 1건의 등록면허세만 납부한다. 조세특례제한법, 지방세법, 관세법 등에 의하여 등록면허세가 감면되는 경우에 그 감면세액의 100분의 20의 농어촌특별세를 납부하여야 한다(다만, 이것도 면제되는 경우도 있다).
8. 등기신청수수료는 6,000원(서면방문), 4,000원(전자표준양식), 2,000원(전자신청)이며, 명칭, 주사무소, 이사변경등기를 하나의 신청서로 신청할 경우에는 각각의 수수료 각 6,000원(서면방문), 4,000원(전자표준양식), 2,000원(전자신청)을 합산하여야 한다. 그러나 수인의 이사, 대표자 등 임원의 퇴임, 취임으로 인한 변경등기는 일괄하여 하나의 임원변경등기신청으로 보아 6,000원(서면방문), 4,000원(전자표준양식), 2,000원(전자신청)만을 납부한다.
9. 정관변경이 필요한 경우에는 주무관청의 허가를 받아야 하는 바, 대표권제한규정을 신설하거나 폐지하는 등 정관변경사항인 경우에는 그에 관한 정관변경의 주무관청허가서가 도착한 일자를 기재한다.
10. 이사의 인원수 증원을 위한 정관변경이나 이사의 선임 · 해임 등을 결의한 사단법인의 사원총회나 재단법인의 이사회의사록을 첨부한다. 그리고 대표권제한규정의 신설·폐지를 한 경우의 정관변경, 이사의 선임 등을 결의한 사단법인의 사원총회의사록이나 재단법인의 이사회의사록을 첨부한다. 대표권설정에 관하여는 대표권 있는 이사를 이사회에서 선임하도록 정한 경우에는 그 선임한 이사회의사록을 첨부하되, 이사회가 없는 경우에는 이사회과반수결의서를 첨부한다. 다만, 이사회가 없는 법인의 대표권 있는 이사의 선임권한이 사원총회에 있으면 그를 첨부한다. 이러한 법인의 총회 등의 의사록은 공증인의 인증을 받아야 한다. 그러나 당연직 이사인 경우에는 그 당연직에 취임 또는 발령받은 사실을 증명하는 인사발령문을 첨부한다. 또한 당연직이사가 당연직의 보직이 변경된 경우에는 자격상실을 증명하는 서류인 인사발령문을 첨부한다. 특히 사임의 경우 대표권자를 제외하고 사임자가 총회에 참석하여 사임의 의사를 표시하고 그 의사록에 기명날인하였으며 그 의사록이 공증된 경우에는 사임의 의사표시는 유효하다.
11. 정관변경을 수반하는 대표권제한규정을 신설하거나 폐지한 경우에는 그에

따른 정관변경에 관한 주무관청의 허가서나 그 인증있는 등본을 첨부하여야 한다.

12. 이사의 인원수 증원으로 정관변경을 위한 주무관청의 허가가 필요한 경우나 설립허가조건이 임원취임을 주무관청의 승인사항으로 한 경우 등에는 이를 첨부한다. 「공익법인의 설립 · 운영에 관한 법률」에 의하여 설립된 공익법인의 임원은 주무관청의 승인을 받아 취임하므로, 주무관청의 취임승인을 받아 임원변경등기 등을 신청해야 한다.
13. 원칙적으로 취임승낙을 증명하는 서면과 그 취지를 확인하는 인감증명을 첨부하여야 하나, 그 취임승낙의 취지가 기재된 피선자의 기명날인이 있는 의사록을 첨부한 때에는 그 첨부를 생략할 수 있다. 다만 대표자는 인감증명법에 의한 인감증명을 첨부하여야 하나 중임의 경우는 예외이다. 최초로 취임하는 이사는 주민등록등(초)본을 첨부하되 주민등록번호가 기재된 이사가 중임되는 경우에는 이를 첨부하지 않아도 된다,
14. 이사 등의 사임을 증명하는 서면은 인감증명법에 의한 인감증명을 첨부하거나, 그 서면에 본인이 기명날인 또는 서명하였다는 공증인의 공증서면을 첨부하여야 한다.
15. 대표권 있는 이사가 변경되면 인감증명을 위한 인감대지가 변경되어야 하고, 대표권규정의 신설·폐지·변경의 경우에도 동일하므로 이때에는 대표자의 인감신고서와 인감대지를 첨부하되, 대표자 있는 이사가 중임한 경우에는 종전에 사용하던 인감의 계속사용을 인정할 수 있으며, 대표권 있는 각 이사 및 공동대표권을 가지는 이사는 각기 다른 인감을 체출하여야 한다.
16. 대표권 있는 이사의 사임 · 해임 · 개임 등에 의하여 카드를 반납하여야 할 경우에는 법인인감카드사건신고서(폐기신청)에 카드를 첨부하여 제출하여야 하며, 만일 분실 등으로 카드를 첨부할 수 없는 경우에는 그 카드를 발급받은 인감제출자가 서명 날인한 사유서를 제출하여야 한다. 인감을 제출한 자가 개임 등으로 그 자격이 상실되어 카드를 반납하여야 할 경우, 그 법인에서 카드를 계속 사용하고자 하는 경우에는 법인인감카드계속사용신청서를 제출하여야 하고, 등기관은 신청에 의하여 같은 법인의 새로운 인감제출자에게 그 카드를 계속사용하게 할 수 있다.
17. 민법법인은 이사 각자가 법인을 대표하는 것이 원칙이므로 이 등기는 대표권의 제한규정이 없는 때에는 이사 중의 1인이 신청하면 되나, 그 제한규정이 있는 때에는 대표권 있는 이사가 신청한다.

[첨부서류 1] 사원총회(이사회)의사록(1)

사원총회(이사회)의사록

20○○년 ○월 ○일 ○○시 ○○분, ○○시 ○○구 ○○로 ○○(○○동) 당 법인 회의실(또는 사무소)에서 사원총회(이사회)를 개최하다.

총사원수(또는 총이사수) : ○명
출석사원수(또는 출석이사수) : ○명

의장인 이사 ○○○는 정관규정에 따라 의장석에 등단하여 위와 같이 법정수에 달하는 사원(이사)이 출석하였으므로 본 총회(이사회)가 적법히 성립되었음을 알리고 개회를 선언한 후, 다음의 의안을 부의하고 심의를 구하다.

제1호 의 안 이사의 인원수 증원의 건
의장은 당 법인의 사업의 번창으로 인하여 현행 정관상 이시 정원인 ○○명 이사만으로는 업무처리가 불가능하므로, 부득이 이사를 ○○명으로 증원해야 할 필요가 있음을 상세히 설명하고 그 가부를 물은 바, 전원 이의 없이 찬성하여 그를 만장일치로 가결하다.

[유례] 제1호 의 안 이사 사임 및 보선의 건
의장은 이사 ○○○이 사임의사를 표명하여, 이에 대한 보선이 필요하므로 위 의안을 상정하고 사임이사에게 사임의사 발언을 하게 하다.
본 ○○○회의 이사 ○○○은 "일신상의 사정으로 20○○년 ○월 ○일자로 사임한다"고 말하다.
의장은 위와 같이 이사 ○○○이 사임하므로 "본 회 정관 제○조에 의하여 이사를 보선하여야 한다"고 말하고 이를 보선하여 줄 것을 구한 바, 참석사원 전원일치되어 다음 사람을 이사로 선출한다.

이사 ○ ○ ○ (○○○○○○－○○○○○○○)
○○시 ○○구 ○○로 ○○(○○동)

위 피선자는 즉석에서 그 취임을 승낙하다.

[유례] 총회에서 대표권 있는 이사(회장)를 선임 또는 보선하는 경우
제2호 의 안 대표권 있는 이사(회장) 보선의 건

의장은 본회의 대표권 있는 이사(회장)직을 20OO년 O월 O일자로 사임하였으므로 이를 보선하여 줄 것을 구한 바, 참석사원 전원일치로 다음 사람을 대표이사(회장)에 선출되다.

대표권 있는 이사(회장) O O O (OOOOOO－OOOOOOO)
OO시 OO구 OO로 OO(OO동)

위 피선자는 즉석에서 그 취임을 승낙하다.

[유례] 대표규정의 신설 · 폐지의 경우

제1호 의 안 대표권의 제한규정 신설(또는 폐지)의 건

의장은 본 회의 사업규모에 비추어 보아 본 회의 대표권제한규정을 신설(또는 폐지)할 필요가 있음을 상세히 설명하고 그 가부를 물은 바, 본회의 대표권제한규정을 신설(또는 폐지)하기로 전원 이의 없이 찬성하여 그를 만장일치로 가결하다.

제2호 의 안 정관변경의 건

위 대표권의 제한규정의 신설(또는 폐지)에 수반하여 현행 정관 제O조를 다음과 같이 변경할 필요가 있음을 설명하고 그 가부를 물은 바, 전원 이의 없이 찬성하여 만장일치로 그를 승인 가결하다.

제O조(임원의 직무권한 및 선임방법)
① 이사장은 회무를 통할하고 본회를 대표한다.
② 이사장은 이사회에서 선출한다.

제3호 의 안 대표권 있는 이사 선출의 건

의장은 대표권의 제한규정 신설에 관한 정관변경에 따라 대표권 있는 이사인 이사장을 선출해야 한다는 취지를 설명하고(대표권 있는 이사인 이사장 OOO가 20OO년 O월 O일 사임 · 주무관청으로부터 승인취소되어 결원이 생겼으므로 그를 보선해야 한다는 취지를 설명하고), 그 선출방법을 물은 바, 무기명 비밀투표로 선출하기로 전원 일치되어, 즉시 투표한 결과 다음과 같이 선출되다.

이사장(대표권 있는 이사) O O O (OOOOOO－OOOOOOO)
OO시 OO구 OO로 OO(OO동)

위 피선자는 즉석에서 그 취임을 승낙하다.

※ 민법법인의 이사회는 법정기관이 아니나, 이사회를 정관으로 정한 경우에는 정관의 규정에 의하여 대표권 있는 이사는 이사회에서 선임할 수도 있다.

의장 위와 같이 대표권 있는 이사(이사장) 보선에 따라 본 회의 이사대표권의 제한 규정이 다음과 같이 변경되었음을 구하고 그 승인을 구한 바, 전원일치되어 그를 승인 가결하다.

이사 대표권의 규정

이사 OOO 이외에는 대표권이 없음

제2호 의 안 정관 일부변경의 건

의장은 위 이사의 인원수 증원에 수반하여 현행 정관 제O조를 다음과 같이 변경해야 한다는 취지를 설명하고 그 가부를 물은 바, 전원 이의 없이 찬성하여 만장일치로 그를 승인 가결하다.

제O조(임원의 종별 및 인원수) 본 법인에는 다음의 임원을 둔다.

이사 OO명(이사장 1명, 상무이사 1명 포함)

감사 OO명

의장은 이상으로서 회의목적인 의안 전부의 심의를 종료하였으므로 폐회한다고 선언하다(회의종료시각 : OO시 OO분).

위 결의를 명확히 하기 위하여 이 의사록을 작성하고 의장과 출석한 이사가 기명날인하다.

20OO. O. O.

사단(재단)법인 OOO회 (직인)

OO시 OO구 OO로 OO(OO동)

의장겸 이사 O O O (인)

이사 O O O (인)

이사 O O O (인)

[주] 이는 이사의 원수(대표권규정의 신설 등)에 관한 정관규정의 변경을 결의한 의사록으로서 사단법인의 경우에는 사원총회의사록, 재단법인의 경우에는 이사회의사록을 첨부하며, 공증인의 인증을 받아야 한다.

[첨부서류 2] 사원총회(이사회)의사록(2)

사원총회(이사회)의사록

2000년 0월 0일 00시 00분, 00시 00구 00로 00(00동) 당 법인 회의실(또는 사무소)에서 사원총회(이사회)를 개최하다.

총사원수(또는 총이사수) : 00명
출석사원수(또는 출석이사수) : 00명

의장인 이사 이몽룡은 정관규정에 따라 의장석에 등단하여 위와 같이 법정수에 달하는 사원(이사)이 출석하였으므로 본 총회(이사회)가 적법히 성립되었음을 알리고 개회를 선언한 후, 다음의 의안을 부의하고 심의를 구하다.

제1호 의 안 이사 증원의 건

의장은 정관의 변경에 따라 이사의 인원수가 증원되었으므로, 증원된 이사를 새로 선출해야 한다는 취지를 설명하고 그 선출방법을 물은 바, 무기명비밀투표로 선출하기로 전원 일치되어 즉시 투표를 실시한 결과 다음과 같이 선출되다.

이사 홍 길 동 (000000－0000000)
00시 00구 00로 00(00동)

위 피선자는 즉석에서 그 취임을 승낙하다.

제2호 의 안 이사 해임의 건

의장은 본 법인의 이몽룡은 본 법인의 목적에 위배되는 어떠어떠한 행위를 하였으므로, 부득이 해임함이 상당하다는 취지를 상세히 설명하고 그 가부를 물은 바, 전원이 찬성하여 만장일치로 그 해임을 가결하다.

[유례] 제2호 의 안 이사 해임의 건

의장은 본 법인의 이사 000은 어떠어떠한 사유로 그 직무에 관하여 부정행위가 있으므로(어떠어떠한 사유로 현재 구속 중인바, 또는 법령 정관에 위반한 중대한 어떠어떠한 사유가 있는 바), 부득이 이사 000을 해임함이 상당함을 설명하고 그 가부를 물은 바, 전원이 찬성하여 만장일치로 그 해임을 가결하다.

제3호 의 안 이사 보선의 건

의장은 이사 OOO은 20OO년 O월 O일 사임하여(① 임기만료로 퇴임하여, ② 사망하여, ③ 해임되어, ④ 성년후견개시심판 ⑤ 파산선고로 퇴임하여 ⑥ 주무관청의 인가승인취소로) 결원이 생겼으므로, 그를 보선해야 한다는 취지를 설명하고 그 선출방법을 물은 바, 전원일치로 결의하고 즉시 투표한 결과 다음과 같이 선출되다.

이사 홍 길 동 (OOOOOO－OOOOOOO)

위 피선자는 즉석에서 그 취임을 승낙하다.

의장은 이상으로서 회의목적인 의안 전부의 심의를 종료하였으므로 폐회한다고 선언하다(회의종료시각 : OO시 OO분).

위 결의를 명확히 하기 위하여 이 의사록을 작성하고 의장과 출석한 이사가 기명날인하다.

20OO. O. O.

사단(재단)법인 OOO회 (직인)
OO시 OO구 OO로 OO(OO동)
의장겸 이사 홍 길 동 (인)
이사 이 몽 룡 (인)
이사 장 길 산 (인)

[주] 이는 이사 해임, 선임, 증원에 관한 의사록으로서 사단법인의 경우에는 사원총회의사록, 재단법인의 경우에는 이사회의사록을 첨부하며, 공증인의 인증을 받아야 한다.

제10절 사무소 또는 이사의 표시변경등기 등

1. 총 설

법인 사무소의 소재지에 변경이 없으나 행정구역 또는 구획, 그 명칭이 변경되어 주사무소, 분사무소 소재지나 이사의 주소 등 그 표시가 변경된 때에는 그에 관한 등기부의 기재는 그에 따라 당연히 변경된 것으로 보게 되므로(비송법 66조), 당사자의 신청이 없더라도 등기관이 직권으로 그 변경등기를 하여야 할 것이지만, 등기관의 직권발동을 촉구하는 의미에서 법인이 그 표시변경등기를 신청할 수 있다. 이때는 그 등록면허세가 면제되며(지방세법 28조), 이에 따라 농어촌특별세도 면제된다.

그리고 개명이나 주소의 전거 등으로 인하여 이사의 성명이나 주소 등 그 표시가 달라지게 된 때에는 일반의 경우와 같이 법인이 그 표시변경등기를 신청해야 한다. 이 때에는 등록면허세 및 등기신청수수료를 납부하여야 하며, 이 등기를 해태하면 과태료의 제재를 받는다.

주사무소의 행정구역변경, 대표권 있는 이사의 주소변경은 주사무소 뿐만 아니라 분사무소에서도 등기하여야 한다.

2. 등기절차

가. 등기신청인과 등기기간

이 등기는 대표권의 제한이 없는 때에는 이사(이사가 없는 때에는 임시이사) 중의 1인이, 대표권의 제한이 있는 때에는 대표권 있는 이사가 신청인이 된다(비송법 66조).

행정구역 또는 그 명칭으로 인한 변경등기는 직권사항이므로 당사자측에 신청을 강제하는 의미의 등기기간이란 있을 수 없다.

그러나 개명, 전거 등으로 인한 이사의 변경등기는 그 변경사유가 발생한 날로부터 3주간 내에 신청하여야 한다.

변경등기 사항이 분사무소에도 등기하여야 하는 것인 때에는 그 변경사유가 발생한 날로부터 3주간 내에 신청하여야 한다(민법 50조).

나. 등기사항

(1) 사무소의 표시변경등기

변경된 사무소의 표시와 변경취지 및 그 연월일을 기재한다.

(2) 이사의 표시변경등기

이사의 개명, 전거, 주민등록번호의 변경 등으로 인한 변경등기는 변경된 이사의 성명, 주민등록번호와 변경취지 및 그 연월일을 기재한다.

다. 첨부서류 등

행정구역개편으로 변경등기를 신청하는 때에는 행정구역이 개편되었다는 사실을 증명하는 서면을 첨부하면 되고, 그 외에 총회의사록 또는 관할 행정관청의 인가증 등을 첨부할 필요는 없다.

(1) 토지대장

이는 행정구역 또는 그 명칭변경으로 인한 사무소의 소재지나 이사의 주소변경등기에서 그 변경사실을 증명하기 위한 서면이다.

(2) 가족관계등록부의 증명서면 또는 주민등록등(초)본

이는 개명 또는 전거로 인한 이사의 성명이나 주소, 주민등록번호 등의 변경등기에는 그 변경사실을 증명하기 위한 서면이다.

(3) 등록면허세, 교육세, 등기신청수수료 등

행정구역변경, 주민등록번호의 변경, 등기관의 착오로 인한 변경등기의 경우에는 등록면허세와 교육세, 농어촌특별세와 등기신청수수료는 면제된다(지방세법 26조 1항, 농특세령 4조).

그러나 이사의 성명변경, 주소변경 등의 등기를 하는 때에는 일반 변경등기의 등록면허세인 40,200원이고, 교육세는 등록면허세의 100분의 20이다.

등기신청수수료는 6,000원(서면방문), 4,000원(전자표준양식), 2,000원(전자신청)이며, 명칭, 주사무소, 이사변경등기를 하나의 신청서로 신청할 경우에는 각각의 수수료 각 6,000원(서면방문), 4,000원(전자표준양식), 2,000원(전자신청)을 합산하여야 한다.

[서식 20] 사단(재단)법인 변경등기신청서(행정구역변경으로 인하여 사무소 표시가 변경)

사단(재단)법인 분사무소이전등기신청				
접 수	년 월 일	처 리 인	등기관 확인	각종 통지
	제 호			

명 칭	사단(재단)법인 ○○		등기번호	제○○○○호
주 사 무 소	○○시 ○○구 ○○로 ○○(○○동)			
분 사 무 소	○○시 ○○구 ○○로 ○○(○○동)			
등기의 목적	행정구역변경(또는 행정구역 명칭변경)으로 인한 주사무소(또는 분사무소) 주소변경등기			
등기의 사유	20○○년 ○월 ○일 행정구역변경(행정구역 명칭변경)으로 주사무소{○○시 ○○구 ○○로 ○○(○○동)의 분사무소}가 다음과 같이 변경되었으므로(…변경되어 20○○년 ○월 ○일 주사무소 소재지 관할등기소에서 등기를 하였으므로 이 등기소에서) 그 등기를 구함.			
주사무소/분사무소 신청구분	1. 주사무소 신청 □	2. 분사무소 신청 □	3. 주·분사무소 일괄신청 □	
등 기 할 사 항				

변경된 주소(주사무소 · 분사무소)와 그 연월 월일	주사무소(또는 분사무소) ○○시 ○○구 ○○로 ○○(○○동) 20○○년 ○월 ○일 변경
기 타	

신청등기소 및 등록면허세/수수료						
순번	신청등기소	구분	등록면허세 지방교육세	농어촌특별세	세액합계	등기신청수수료
			금 원 금 원	금 원	금 원	금 원
합 계						
등기신청수수료 납부번호						
과 세 표 준 액	금 원					

첨 부 서 면	
1. 행정구역변경증명서(토지대장등본) 1통 1. 인감신고서와 인감대지 각 1통	1. 위임장(대리인이 신청할 경우) 통 〈기 타〉

년 월 일

신청인 명 칭
주사무소
대표자 성 명 (인) (전화 :)
주 소
대리인 성 명 (인) (전화 :)
주 소

지방법원 등기소 귀중

- 신청서 작성요령 -
1. 해당란이 부족할 때에는 별지를 이용합니다. 1. 해당 등기신청과 관계없는 사항에 대하여는 "해당없음"으로 기재하거나 삭제하고, 필요한 사항은 추가 기재합니다. 1. 「인감증명법」에 따른 인감증명서 제출과 함께 관련 서면에 인감을 날인하여야 하는 경우, 본인서명사실확인서를 제출하고 관련 서명을 하거나 전자본인서명확인서 발급증을 제출하고 관련 서면에 서명을 하면 인감증명서를 제출하고 관련 서면에 인감을 날인한 것으로 봅니다.

(용지규격 21㎝ × 29.7㎝)

[주] 1. 분사무소에서 신청하는 경우는 당해 분사무소를 특정하기 위하여 신청서에 분사무소표시를 한다.

2. 상업등기법 제51조 제3항에 따라 회사의 본·지점의 이전·변경·폐지시에 지배인에 관한 등기와 동시에 신청하여야 할 지점에 관한 등기, 타관할로의 본점이전등기, 합병으로 존속·신설회사와 소멸회사의 본점 관할등기가 다른 경우 등 일정한 경우를 제외하고는 본점에서 등기를 할 때 일시에 할 수 있다.

3. 등록면허세 및 교육세, 농어촌특별세 및 등기신청수수료는 납부하지 아니한다(지방세법 제26조 제2항, 농특세법시행령 제4조에 의하여 비과세된다).

4. 민법법인은 이사 각자가 법인을 대표하는 것이 원칙이므로 이 등기는 대표권의 제한규정이 없는 때에는 이사 중의 1인이 신청하면 되나, 그 제한규정이 있는 때에는 대표권 있는 이사가 신청한다.

[서식 21] 사단(재단)법인 변경등기신청서(행정구역변경으로 인하여 이사의 주소가 변경된 경우)

사단(재단)법인 변경등기신청				
접 수	년 월 일	처 리 인	등기관 확인	각종 통지
	제 호			

명 칭	사단(재단)법인 ○○	등기번호	제○○○○호
주 사 무 소	○○시 ○○구 ○○로 ○○(○○동)		

분 사 무 소	○○시 ○○구 ○○로 ○○(○○동)
등기의 목적	행정구역변경(또는 행정구역 명칭변경)으로 인한 대표권 있는 이사의 주소변경등기
등기의 사유	20○○년 ○월 ○일 행정구역변경(행정구역 명칭변경)으로 대표권 있는 이사 ○○○의 주소가 다음과 같이 변경되었으므로(…변경되어 20○○년 ○월 ○일 주사무소 소재지 관할등기소에서 등기를 하였으므로 이 등기소에서), 그 등기를 구함.
주사무소/분사무소 신청구분	1. 주사무소 신청 □ 2. 분사무소 신청 □ 3. 주·분사무소 일괄신청 □
등 기 할 사 항	
변경된 주소와 변경연월일	대표권 있는 이사 ○○○의 주소 : ○○시 ○○구 ○○로 ○○(○○동) 20○○년 ○월 ○일 변경
기 타	

신청등기소 및 등록면허세/수수료						
순번	신청등기소	구분	등록면허세 지방교육세	농어촌특별세	세액합계	등기신청수수료
			금 원 금 원	금 원	금 원	금 원
합 계						
등기신청수수료 납부번호						
과 세 표 준 액	금 원					
첨 부 서 면						
1. 토지대장등본(또는 주민등록초본) 1통			1. 위임장(대리인이 신청할 경우) 통			

년 월 일

신청인	명 칭	
	주사무소	
대표자	성 명	(인) (전화 :)
	주 소	
대리인	성 명	(인) (전화 :)
	주 소	

지방법원 등기소 귀중

- 신청서 작성요령 -

1. 해당란이 부족할 때에는 별지를 이용합니다.
1. 해당 등기신청과 관계없는 사항에 대하여는 "해당없음"으로 기재하거나 삭제하고, 필요한 사항은 추가 기재합니다.

(용지규격 21㎝ × 29.7㎝)

[주] 1. 등기할 사항 중 "변경된 주소와 변경연월일"란에 분사무소에서 신청하는 경우에는 대표권 있는 이사의 주민등록번호도 기재한다.

2. 상업등기법 제51조 제3항에 따라 회사의 본·지점의 이전·변경·폐지시에 지배인에 관한 등기와 동시에 신청하여야 할 지점에 관한 등기, 타관할로의 본점이전등기, 합병으로 존속·신설회사와 소멸회사의 본점 관할등기가 다른 경우 등 일정한 경우를 제외하고는 본점에서 등기를 할 때 일시에 할 수 있다.

3. 등록면허세 및 교육세, 농어촌특별세 및 등기신청수수료는 납부하지 아니한다(지방세법 제26조 제2항, 농특세법시행령 제4조에 의하여 비과세된다).

4. 민법법인은 이사 각자가 법인을 대표하는 것이 원칙이므로 이 등기는 대표권의 제한규정이 없는 때에는 이사 중의 1인이 신청하면 되나, 그 제한규정이 있는 때에는 대표권 있는 이사가 신청한다.

[서식 22] 사단(재단)법인 변경등기신청서(개명, 전거로 인한 이사의 성명, 주소가 변경된 경우)

<table>
<tr><td colspan="5">사단(재단)법인 변경등기신청</td></tr>
<tr><td rowspan="2">접 수</td><td>년 월 일</td><td rowspan="2">처 리 인</td><td>등기관 확인</td><td>각종 통지</td></tr>
<tr><td>제 호</td><td></td><td></td></tr>
</table>

<table>
<tr><td>명 칭</td><td>사단(재단)법인 ○○</td><td>등기번호</td><td>제○○○○호</td></tr>
<tr><td>주 사 무 소</td><td colspan="3">○○시 ○○구 ○○로 ○○(○○동)</td></tr>
<tr><td>분 사 무 소</td><td colspan="3">○○시 ○○구 ○○로 ○○(○○동)</td></tr>
<tr><td>등기의 목적</td><td colspan="3">전거로 인한 대표권 있는 이사의 주소(개명으로 인한 이사의 성명), 성명 변경등기</td></tr>
<tr><td>등기의 사유</td><td colspan="3">(1) 개명의 경우
20○○년 ○월 ○일 ○○지방법원의 허가를 받아 이사 ○○○의 성명을 다음과 같이 변경하였으므로(…변경하고 20○○년 ○월 ○일 주사무소소재지 관할등기소에서 등기를 하였으므로 이 등기소에서) 그 등기를 구함.
(2) 주소변경의 경우
20○○년 ○월 ○일 이사 ○○○의 주소를 다음 장소로 이전하였으므로(… 이전하여 20○○년 ○월 ○일 주사무소소재지 관할등기소에서 등기를 하였으므로 이 등기소에서) 그 등기를 구함.</td></tr>
<tr><td>주사무소/분사무소
신청구분</td><td colspan="3">1. 주사무소 신청 □ 2. 분사무소 신청 □ 3. 주·분사무소 일괄신청 □</td></tr>
<tr><td colspan="4">등 기 할 사 항</td></tr>
<tr><td>변경된
주소(성명)의
이전(변경)연월일</td><td colspan="3">(1) 개명의 경우
이사의 성명 ○ ○ ○
20○○년 ○월 ○일 개명
(2) 주소변경의 경우
이사 ○○○의 주소 : ○○시 ○○구 ○○로 ○○(○○동)
20○○년 ○월 ○일 이전</td></tr>
</table>

기 타	

신청등기소 및 등록면허세/수수료						
순번	신청등기소	구분	등록면허세 지방교육세	농어촌특별세	세액합계	등기신청수수료
			금 원 금 원	금 원	금 원	금 원
합 계						
등기신청수수료 납부번호						
과 세 표 준 액	금 원					
첨 부 서 면						
1. 기본증명서(개명의 경우) 1통 1. 주민등록표초본(주소·주민등록번호 변경의 경우 1통 1. 인감신고서와 인감증명 각 1통			1. 등록면허세영수필확인서및통지서 1통 1. 위임장(대리인이 신청할 경우) 1통 〈기 타〉			

년 월 일

신청인 명 칭
주사무소
대표자 성 명 (인) (전화 :)
주 소
대리인 성 명 (인) (전화 :)
주 소

지방법원 등기소 귀중

<table><tr><td>

- 신청서 작성요령 -

1. 해당란이 부족할 때에는 별지를 이용합니다.
1. 해당 등기신청과 관계없는 사항에 대하여는 “해당없음”으로 기재하거나 삭제하고, 필요한 사항은 추가 기재합니다.

</td></tr></table>

(용지규격 21㎝ × 29.7㎝)

[주] 1. 등기할 사항 중 “변경된 주소와 변경연월일”란에 분사무소에서 신청하는 경우에는 대표권 있는 이사의 주민등록번호도 기재한다.

2. 상업등기법 제51조 제3항에 따라 회사의 본·지점의 이전·변경·폐지시에 지배인에 관한 등기와 동시에 신청하여야 할 지점에 관한 등기, 타관할로의 본점이전등기, 합병으로 존속·신설회사와 소멸회사의 본점관할등기가 다른 경우 등 일정한 경우를 제외하고는 본점에서 등기를 할 때 일시에 할 수 있으며, 이는 민법법인에도 준용된다. 이 경우에는 각 분사무소별 등록면허세와 등기신청수수료를 별도로 납부하여야 한다.

3. 개명 또는 전거로 인한 주소변경의 경우, 등록면허세는 변경등기의 등록면허세인 40,200원, 교육세는 등록면허세의 100분의 20(8,040원)을 납부하여야 한다(지방세법 28조). 그러나 명칭·목적·임원등기 등 각종 변경등기신청을 하나의 신청서로 일괄신청하더라도 각각에 대하여 산출한 세액을 합산하여 납부한다.

4. 등기신청수수료는 6,000원(서면방문), 4,000원(전자표준양식), 2,000원(전자신청)이며, 명칭, 주사무소, 이사변경등기를 하나의 신청서로 신청할 경우에는 각각의 수수료 각 6,000원(서면방문), 4,000원(전자표준양식), 2,000원(전자신청)을 합산하여야 한다.

5. 민법법인은 이사 각자가 법인을 대표하는 것이 원칙이므로 이 등기는 대표권의 제한규정이 없는 때에는 이사 중의 1인이 신청하면 되나, 그 제한규정이 있는 때에는 대표권 있는 이사가 신청한다.

제 3 편

사회복지법인등기

제1장 총 설

제1절 의 의

사회복지법인이라 함은 사회복지사업을 행할 목적으로 설립된 법인이나 그 연합체를 말한다.

사회복지사업이라 함은 다음의 법률에 의한 보호·선도 또는 복지에 관한 사업과 사회복지상담·노숙인 등 보호·직업보도·무료숙박·지역사회복지·의료복지·재가복지·사회복지관 운영·정신질환자 및 한센병력자 사회복귀에 관한 사업 등 각종 복지사업과 이와 관련된 자원봉사활동 및 복지시설의 운영 또는 지원을 목적으로 하는 사업을 말한다.

① 국민기초생활보장법 ② 아동복지법 ③ 노인복지법 ④ 장애인복지법 ⑤ 한부모가족지원법 ⑥ 영유아보육법 ⑦ 성매매방지 및 피해자보호 등에 관한 법률 ⑧ 정신보건법 ⑨ 성폭력방지 및 피해자보호 등에 관한 법률 ⑩ 입양특례법 ⑪ 일제하 일본군위안부 피해자에 대한 생활안정지원 및 기념사업 등에 관한 법률 ⑫ 사회복지공동모금회법 ⑬ 장애인·노인·임산부 등의 편의증진 보장에 관한 법률 ⑭ 가정폭력방지 및 피해자보호 등에 관한 법률 ⑮ 농어촌주민의 보건복지증진에 관한 특별법 ⑯ 식품등기부 활성화에 관한 법률 ⑰ 의료급여법 ⑱ 기초노령연금법 ⑲ 긴급복지지원법 ⑳ 다문화가족지원법 ㉑ 장애인연금법 ㉒ 장애인활동 지원에 관한 법률, ㉓ 노숙인 등의 복지 및 자립지원에 관한 법률 ㉔ 보호관찰 등에 관한 법률 ㉕ 장애아동복지지원법(이상 2001. 8. 4. 개정 → 2012. 8. 5. 시행)

제2절 사회복지법인의 성립요건

사회복지법사업법은 그 법인을 설립하고자 하는 자가 사회복지사업을 행할 목적으로 하여 일정한 재산을 출연하고 정관을 작성하여 시·도시자의 허가를 받은 후 그 주된 사무소의 소재지에서 설립등기를 함으로서 성립한다(복지 16조 2항).

즉 사회복지법인의 성립에는 다음의 요건이 필요하다.

1. 사회복지사업을 목적으로 할 것

사회복지사업은 사회복지사업법 제2조 제1항 소정의 사회복지사업을 목적으로 해야 하며, 그 이외사업을 목적으로 하여서는 아니된다.

그러나, 그 본래의 목적을 달성하기 위하여 필요한 경우에는 그 본질에 반하지 않는 범위 내에서 정관이 정하는 바에 따라 그 사업운영에 충당하기 위하여 영리적 이익사업을 행하는 것은 무방하다(복지 28조).

2. 설립행위(재산출연 및 정관작성)

가. 재산출연행위

사회복지법인은 반드시 사회복지사업의 운영에 필요한 자산을 소유해야 하므로(복지 23조 1항) 설립자는 법인을 설립하기 위하여 반드시 일정한 재산을 출연해야 한다.

재산의 출연이란 자기의 재산상의 손실행위로서, 생전행위인 증여든 사후행위인 유증이든 상관없다.

출연재산으로서는 동산이건 부동산이건 채권이건 상관없다.

나. 정관의 작성

정관이란 법인의 기본준칙을 기재한 서면으로서 사회복지법인의 정관에는 반드시 사회복지사업법 제17조 각호 소정의 필요적 기재사항을 기재해야 하고 그 외에도 어떠한 사항이건 임의로 이를 정관에 기재할 수 있는 바, 이러한 임의적 기재사항도 공서양속과 강행법규에 반하지 않는 한 일단 정관에 기재되면 필요적 기재사항과 동일하게 정관의 기재로서 유효하다.

3. 시·도지사의 설립허가

사회복지법인을 설립하기 위해서는 시·도지사의 허가를 받아야 한다(복지 16조 1항).

제2장 설립등기

제1절 총 설

사회복지법인은 소정의 절차를 마친 후 그 주된 사무소의 소재지를 관할하는 등기소에서 설립등기를 함으로서 성립한다(복지 16조 2항, 민법 33조).

설립등기 외의 등기사항에 대해서는 그 등기가 제3자에 대한 대항요건일 뿐이지만 법인의 설립사실 그 자체에 대해서는 설립등기가 그 성립요건이 된다.

제2절 등기절차

1. 등기신청인 및 등기기간

사회복지법인의 설립등기는 이사 전원이 공동으로 신청해야 한다.

등기기간은 시·도지사의 설립허가가 있는 때로부터 3주간 내이며 그 기간 내에 등기를 신청하지 아니하면 과태료가 부과된다.

2. 등기사항

사회복지법인의 등기사항은 다음과 같다.

가. 목 적

나. 명 칭

반드시 사회복지법인이라는 문자를 사용하도록 법률상 강제받지는 않으나 다른 종류의 법인과 확연히 구별될 수 있도록 그 명칭 중에 사회복지법인이라는 문자를 사용하는 것이 보통이며 기존법인과 혼동될 우려있는 명칭은 사용하지 않도록 한다.

다. 사 무 소

사무소는 반드시 1개일 필요는 없고 수개여도 무방하며 사무소가 수개인 때에는 그 중 1개를 주된 사무소로 하고 나머지를 분사무소로 하여 그 모두를 등기해야 한다. 사무소가 수개인 경우 정관에는 주된 사무소만 기재해도 무방하지만 등기할 때에는 주된 사무소 뿐만 아니라 분사무소도 반드시 등기해야 한다.

라. 설립허가연월일

시·도지사로부터 설립허가를 받은 연월일을 등기해야 한다.

마. 존립시기나 해산사유를 정한 때에는 그 시기 또는 사유

정관의 절대적 기재사항은 아니지만 만일 이를 정한 때에는 정관에 기재해야만 효력이 발생하고 이를 등기해야만 제3자에게 대항할 수 있다.
그러나 파산, 합병, 설립허가취소 등 법정해산사유는 정관에 기재할 필요도 없고, 또 설사 정관에 기재되어 있더라도 이는 등기할 필요가 없다.

바. 자산의 총액

자산의 총액이란 적극재산에서 소극재산을 뺀 총재산을 뜻하는 것으로써 사회복지법인은 반드시 사회복지사업에 필요한 자산을 소유해야 하며, 그 총액은 정관에 기재할 사항은 아니지만 반드시 등기하지 아니하면 아니된다.

사. 출자방법을 정한 때에는 그 방법

이를 정하지 아니한 때에는 등기할 필요가 없으나 이를 특히 정한 때에는 출자의 방법으로서 재산출연의 방법, 시기, 액수 등을 반드시 정관에 기재해야 하고, 또 그를 등기하지 아니하면 아니된다.

아. 이사의 성명, 주민등록번호와 이사의 대표권의 제한

사회복지법인에는 대내적으로 법인의 업무를 집행하고 대외적으로 법인을 대표하는 상설필요기관으로써 대표이사를 포함한 이사 5인 이상을 두고(복지 18조 2항) 그 성명과 주소를 등기해야 한다.

3. 첨부서류 등

일반적인 첨부서류 이외에 다음의 서류를 첨부한다.

가. 정 관

정관에는 목적, 명칭, 주된 사무소의 소재지, 사업의 종류, 자산 및 회계에 관한 사항, 임원의 임면 등에 관한 사항, 회의에 관한 사항, 정관의 변경에 관한 사항, 존립시기와 해산사유를 정한 때에는 그 시기와 사유 및 잔여재산의 처리방법, 공고 및 그 방법에 관한 사항을 기재한다.

나. 이사의 자격증명서

이사의 자격을 증명하는 서면으로서는 이사선임서 등을 첨부해야 한다. 그러나 최초의 이사는 정관에 이를 기재하는 것이 일반적인 통례이므로 그 경우에는 정관 이외에 이사의 자격을 증명하는 서면은 이를 따로 첨부할 필요가 없다. 다만, 그 경우에도 이사의 취임승낙서는 별도로 첨부해야 한다.

다. 설립허가서

시·도지사부터 설립허가를 받은 허가서나 허가기관의 인증이 있는 등본을 첨부해야 한다.

라. 자산의 총액을 증명하는 서면

명문의 규정은 없지만 자산의 총액에 관한 등기사항의 진정을 보장하기 위하여 실무상 이 증명서로서 주무관청이 발행한 자산증명서나 법인의 비치장부인 재산목록 등을 첨부한다.

마. 기 타

(1) 대리인에 의하여 신청할 때에는 그 대리권을 증명하는 서면으로서 위임장을 첨부해야 하고,

(2) 설립등기신청인인 이사 전원의 인감도 제출해야 하며,

(3) 소정의 등록면허세와 교육세를 납부한 영수필확인서 및 통지서도 첨부해야 한다.

[서식 23] 사회복지법인 설립등기신청서

<table>
<tr><th colspan="5">사회복지법인 설립등기신청</th></tr>
<tr><td rowspan="2">접 수</td><td>년 월 일</td><td rowspan="2">처 리 인</td><td>등기관 확인</td><td>각종 통지</td></tr>
<tr><td>제 호</td><td></td><td></td></tr>
</table>

<table>
<tr><td>등 기 의 목 적</td><td colspan="3">사단법인의 설립</td></tr>
<tr><td>등 기 의 사 유</td><td colspan="3">사단법인을 설립하기 위하여 정관을 작성하고 (20○○년 ○월 ○일 창립총회를 마치고) 20○○년 ○월 ○일 주무관청의 허가를 얻었으므로 다음 사항의 등기를 구함.</td></tr>
<tr><td>설 립 허 가 서
도 착 연 월 일</td><td colspan="3">20○○년 ○월 ○일</td></tr>
<tr><td>주사무소/분사무소
신청구분</td><td>1. 주사무소 신청 □</td><td>2. 분사무소 신청 □</td><td>3. 주·분사무소 일괄신청 □</td></tr>
<tr><td colspan="4">등 기 할 사 항</td></tr>
<tr><td>명 칭</td><td colspan="3">사회복지법인 ○○○</td></tr>
<tr><td>주 사 무 소</td><td colspan="3">○○시 ○○구 ○○로 ○○(○○동)</td></tr>
<tr><td>이사의 성명 및
주민등록번호</td><td colspan="3">이사 ○ ○ ○ (○○○○○○-○○○○○○○)
이사 ○ ○ ○ (○○○○○○-○○○○○○○)
이사 ○ ○ ○ (○○○○○○-○○○○○○○)</td></tr>
</table>

대표이사의 성명 및 주민등록번호, 주소	대표이사 ○ ○ ○ (○○○○○○－○○○○○○○) ○○시 ○○구 ○○로 ○○(○○동)
등 기 할 사 항	
목 적	본 법인은 요아동의 보호, 노인, 부랑인 및 정신질환자를 수용, 보호하고 그 재활을 지원함으로써 사회복지증진에 기여함을 목적으로 한다. 위 목적을 달성하기 위하여 다음 사업을 행한다. 1. 아동복지시설의 설치 운영 1. 노인복지시설의 설치 운영 1, 부랑인복지시설의 설치 운영 1. 정신질환자복지시설의 설치 운영 1. 기타 위 각호에 부대하는 사업
분 사 무 소	○○시 ○○구 ○○로 ○○(○○동)
설립허가연월일	20○○년 ○월 ○일
존립기간 또는 해산사유	존립시기 : 법인성립일로부터 만 20년 (또는 해산사유 : 1. 법인의 사업목적을 달성할 수 없게 된 때 2. 재적이사 4분의 3 이상의 찬성에 의한 이사회의 해산결의가 있는 때)
자산의 총액	금 ○○○○○원
출 자 방 법	1. 정부, 지방자치단체의 출연금 보조금 및 ○○○회 지원금 1. 출연금품 1. 찬조금 1. 기타 수입금
기 타	해당 없음

신청등기소 및 등록면허세/수수료						
순번	신청등기소	구분	등록면허세 지방교육세	농어촌특별세	세액합계	등기신청수수료
			금 원 금 원	금 원	금 원	금 원

<table>
<tr><td rowspan="2">합 계</td><td></td><td rowspan="2"></td><td rowspan="2"></td><td rowspan="2"></td></tr>
<tr><td></td></tr>
<tr><td colspan="2">등기신청수수료 납부번호</td><td colspan="3"></td></tr>
<tr><td>과 세 표 준 액</td><td colspan="4">금 원</td></tr>
<tr><td colspan="5">첨 부 서 면</td></tr>
<tr><td colspan="2">1. 정관 1통
1. 이사선임서 통
1. 이사회의사록 1통
1. 재산목록(자산총액증명서) 1통
1. 주무관청의 설립허가서(또는 허가서 등본) 1통
1. 이사 취임승낙서와 인감증명서, 주민등록등(초)본 통</td><td colspan="3">1. 대표이사의 인감신고서(인감대지 포함) 1통
1. 대표이사의 인감증명서 1통
1. 법인인감카드발급신청서 1통
1. 등록면허세영수필확인서및통지서 1통
1. 위임장(대리인이 신청할 경우) 1통</td></tr>
<tr><td colspan="5">년 월 일

신청인 명 칭
주사무소
대표자 성 명 (인) (전화 :)
주 소
대리인 성 명 (인) (전화 :)
주 소

지방법원 등기소 귀중</td></tr>
</table>

- 신청서 작성요령 -

1. 해당란이 부족할 때에는 별지를 이용합니다.
1. 해당 등기신청과 관계없는 사항에 대하여는 "해당없음"으로 기재하거나 삭제하고, 필요한 사항은 추가 기재합니다.
1. 「인감증명법」에 따른 인감증명서 제출과 함께 관련 서면에 인감을 날인하여야 하는 경우, 본인서명사실확인서를 제출하고 관련 서명을 하거나 전자본인서명확인서 발급증을 제출하고 관련 서면에 서명을 하면 인감증명서를 제출하고 관련 서면에 인감을 날인한 것으로 봅니다.

(용지규격 21㎝ × 29.7㎝)

[주] 1. 설립허가서도착연월일은 주무관청으로부터 허가서가 도달한 다음날부터 등기기간을 기산하므로 이를 확인하기 위하여 기재한다(교부받은 경우는 교부일자임).

2. 사회복지사업법에 의한 법인이 아닌 경우에는 사회복지법인이라는 명칭을 사용할 수 없으므로(복지 31조), 이 법에 의한 법인은 다른 종류의 법인과 확연히 구별될 수 있도록 그 명칭 중에 사회복지법인이라는 문자를 사용하는 것이 적절하고 기존법인과 혼동될 우려가 있는 명칭은 사용하지 않도록 한다.

3. 정관에는 사무소의 소재지를 최소행정구역까지만 기재할 수 있으나, 등기신청서에 기재하는 사무소의 주소는 정관의 경우와는 달리 그 소재 지번까지 기재하여 등기해야 한다.

4. 사회복지법인은 대표이사를 포함하여 이사 5인 이상 감사 2인 이상을 두어야 한다. 다만, 감사는 등기사항이 아니다.

5. 사회복지사업법에는 대표이사란 명칭이 있으므로 민법법인과 달리 대표이사로 표시하여 등기함이 타당하다.

6. 설립등기시에 분사무소를 기재하는 것은 설립당초부터 분사무소를 설치한 경우에 한한다.

7. 설립허가연월일은 주무관청이 법인설립허가서에 기재된 일자를 기재한다.

8. 존립시기 또는 해산사유는 정관에 정하여진 경우에 한하여 기재한다. 다만, 파산, 합병, 설립허가취소 등 법정해산사유는 정관의 필요적 기재사항도 아니고 등기사항도 아니므로 설사 그 사항이 정관에 기재되어 있더라도 이는 등기하지 않아도 된다.

9. 자산의 총액이란 적극재산에서 소극재산을 공제한 액을 의미하며, 사회복지법인의 경우에는 설립당초부터 자산의 존재가 반드시 필요하다.

10. 출자의 방법은 정관에 정해진 출자에 관한 규정의 내용 중 출자방법에 관한 사항을 기재한다. 다만, 출연금품이나 기타자산에서 생기는 과실은 출자에 속하지 않는다.

11. 사회복지법인의 설립과 합병에 관한 등기의 등록면허세와 교육세 및 농어촌특별세가 면제된다. 이 경우에는 등록면허세 감면통지서 또는 감면확인서를 첨부해야 할 것이다.

12. 등기신청수수료는 설립의 경우 30,000원(서면방문), 25,000원(전자표준양식), 20,000원(전자신청)이다.

13. 정관은 설립자가 사회복지사업법 제17조 소정의 사항을 기재하여 기명날인한 정관을 첨부하되, 주무관청의 허가를 증명하는 것이어야 한다.

14. 사회복지사업법은 재단법인과 유사하므로 이사선임서를 첨부할 것이나, 설

립당초의 이사를 정관을 정한 때에는 이를 첨부할 필요 없이 정관의 기재를 원용하면 된다.

15. 설립당초의 이사를 정관으로 정한 때에도 취임승낙서는 따로 첨부해야 하며, 취임승낙서에는 인감증명법에 의하여 신고한 인감을 찍고 3월 이내로 발행된 인감증명서를 첨부하여야 한다. 이사는 주민등록등(초)본을 첨부하여야 하고, 감사는 등기사항이 아니다.
16. 이사회의사록은 대표이사를 정관으로 정하거나, 정관에서 주사무소의 주소를 확정적으로 정한 경우에는 따로 첨부할 필요 없다.
17. 자산의 총액을 증명하는 자료로써 재산목록을 첨부하여야 한다.
18. 법인의 사업목적이 수개의 주무관청의 소관에 걸쳐 있을 때에는 그 각 소관 주무관청의 허가서를 각각 첨부해야 하며, 등본인 경우에는 허가관청의 인증있는 등본을 첨부해야 한다.
19. 법인대표자의 인감신고서와 인감대지 및 행정기관에서 발급한 인감증명서를 첨부하여 제출하여야 한다.
20. 법인의 설립등기를 하고자 하는 경우에는 법인인감발급카드신청서를 작성, 제출하여야 한다.
21. 이 등기는 법인을 대표할 대표이사가 신청해야 한다,
22. 위임장은 대리인에 의하여 신청하는 경우에 한하여 첨부한다.
23. 법인인감증명서는 법인인감카드 또는 전자증명서(HSM USB)로 발급받을 수 있으므로 설립등기 완료 후 법인인감도장을 지참하여 법인인감카드 또는 전자증명서(HSM USB)를 발급받도록 한다.

[첨부서류 1] 위 임 장

위 임 장

법무사 홍 길 동
OO시 OO구 OO로 OO(OO동)
전화 : OOO-OOO, 팩스 : OOO-OOO

위 사람을 대리인으로 정하고 다음사항의 권한을 위임한다.

다 음

1. 사회복지법인 OOO 설립등기신청서의 작성 및 제출하는 행위
1. 등기신청의 취하에 관한 행위
1. OOO의 원본환부 및 수령하는 행위
1. 기타 이에 부수되는 일체의 행위

20OO년 O월 O일

위임인 사회복지법인 OOO
OO시 OO구 OO로 OO(OO동)
대표이사 O O O (인)

[주] 법인을 대표할 대표이사가 대리인에게 위임해야 하며 위임장에 날인하는 인장은 등기소에 제출하는 인감과 동일한 인장이거나, 인감증명법에 의한 인영과 동일한 것이어야 한다.

[첨부서류 2] 사회복지법인 정관례

사회복지법인 OOO 정관

제1장 총 칙

제1조 (명칭) 본 법인은 "사회복지법인 OOO회·원·단" (이하 "법인회·원·단"이라 한다.)

※ 다른 법인과의 명칭상의 혼동을 피하기 위하여 다른 법인과 동일한 명칭은 사용하지 않도록 하고, 사회복지법인이 아닌 자는 사회복지법인이란 용어를 사용하지 못한다(복지 31조). 명칭 다음에 이하 "법인"이라 칭한다는 표현을 넣어 정관을 간명하게 하는 것이 좋다.

제2조 (사무소의 소재지)

① 본 법인은 주된 사무소는 OO시 OO구 OO로 OO(OO동)에 둔다.

② 본 법인은 사회복지법 제32조 및 민법 제49조 및 제50조의 규정에 의하여 다음과 같이 분사무소(지부)를 둔다.

1. OO분사무소 : OO시 OO구 OO로 OO(OO동)
2. OO분사무소 : OO시 OO구 OO로 OO(OO동)

※ 1. 분사무소가 없는 경우에는 제2항은 필요하지 않다.
2. 사무소의 소재지는 최소행정구역(서울특별시 또는 성남시)단위까지 만을 표기하는 방법과 소재지번까지를 구체적으로 기입하는 방법이 있다. 다만, 구체적으로 표시하면 관내 사무소이전의 경우에도 정관변경을 하여야 하는 번거로움이 있다.

제3조 (목적) 본 법인은 요아동의 보호, 노인, 부랑인 및 정신질환자를 수용보호하고 그 재활을 지원함으로서 사회복지증진에 기여함을 목적으로 한다.

[유례] 본 법인은 … 법의 규정에 의한 … 을 수행함으로써 … 함을 목적으로 한다.

※ 본 법인의 특성에 따라 목적을 개괄적으로 기재한다. 근거법은 ① 국민기초생활보장법 ② 아동복지법 ③ 노인복지법 ④ 장애인복지법 ⑤ 한부모가족지원법 ⑥ 영유아보육법 ⑦ 성매매방지 및 피해자보호 등에 관한 법률 ⑧ 정신보건법 ⑨ 성폭력방지 및 피해자보호 등에 관한 법률 ⑩ 입양특례법 ⑪ 일제하 일본군위안부 피해자에 대한 생활안정지원 및 기념사업 등에 관한 법률 ⑫ 사회복지공동모금회법 ⑬ 장애인·노인·임산부 등의 편의증진 보장에 관한 법률 ⑭ 가정폭력방지 및 피해자보호 등에 관한 법률 ⑮ 농어촌주민의 보건복지증진에 관한 특별법 ⑯ 식품등기부 활성화에 관한 법률 ⑰ 의료급여법 ⑱ 기초노령연금법 ⑲ 긴급복지지원법 ⑳ 다문화가족지원법 ㉑ 장애인연금법 ㉒ 장애인활동 지원에 관한 법률, ㉓ 노숙인 등의 복지 및 자립지원에 관한 법률 ㉔ 보호관찰 등에 관한 법률 ㉕ 장애아동복지지원법(복지 2조)(이상 2001. 8. 4. 개정 → 2012. 8. 5. 시행)

제4조 (사업의 종류) 본 법인은 제3조의 목적을 달성하기 위하여 다음 사업을 행한다.

1. 아동복지시설의 설치 운영
2. 노인복지시설의 설치 운영
3. 부랑인복지시설의 설치 운영
4. 정신질환자복지시설의 설치 운영
5. 기타 위 각호에 부대하는 사업

제 2 장 자산 및 회계

제5조 (자산의 구분)

① 본 법인의 자산은 기본재산과 보통재산으로 구분하되, 기본재산은 목적사업용 기본재산과 수익용 기본재산으로 구분하여 관리한다.

② 기본재산은 다음 각 호의 재산으로 하며, 그 이외에 재산은 보통재산으로 한다.

1. 별지 1의 기본재산목록에 기재된 재산
2. 부동산
3. 이사회결의에 의하여 기본재산에 편입된 재산

※ 1. 설립당초의 기본재산은 반드시 별지 1의 기본재산 목록에 등재되어야 한다.
 2. 설립당초의 목적으로 하지 않고 일정한 출연재산에서 얻어지는 과실로서 보호대상자에 대한 단순한 지원 등 사회복지사업을 지원하는 것을 목적으로 하는 경우에는 목적사업용 기본재산과 수익용 기본재산으로 구분하지 아니한다.

제6조 (자산의 관리)

① 기본재산을 매도, 증여, 교환, 임대, 담보제공 또는 용도변경을 하고자 하거나 그 밖에 권리의 포기, 의무의 부담 등의 처분을 하고자 하는 때에는 이사회의결을 거쳐 주무관청의 사전허가를 얻어야 한다.

② 기본재산과 보통재산의 운영과 관리에 관하여는 법령과 이 정관에 따로 정한 경우를 제외하고는 별도의 규정이 정하는 바에 의한다.

※ 기본재산의 취득은 주무관청의 허가사항이 아니다(복지 23조 3항).

제7조 (경비) 본 법인의 경비는 기본재산에서 생기는 과실, 수익사업의 수익금, 기부금과 그 밖의 수입으로 충당한다.

제8조 (회계의 구분 등)

① 본 법인의 회계는 법인에 속하는 법인 일반회계와 시설운영에 속하는 시설회계, 수익사업에 속하는 수익사업회계 및 기타 특별회계로 구분한다.

② 법인 일반회계 및 수익사업 회계는 대표이사가 집행하고, 시설회계는 그 시설의 장이 각각 집행한다.

※ 위 제2항은 법인의 사정에 따라 두지 않아도 된다.

제9조 (회계의 처리) 본 법인의 회계처리는 사회복지사업법 및 관계법규에서 따로 정한 경우를 제외하고는 별도의 규정이 정하는 바에 따른다.

※ 별도로 제정, 시행되는 사회복지법인 재무·회계규칙에 따르도록 한다.

제10조 (회계연도) 본 법인의 회계연도는 1월 1일부터 12월 31일까지로 한다.

제11조 (사업계획 및 예산) 본 법인의 매 회계연도의 사업계획 및 예산은 대표이사가, 시설의 사업계획 및 예산은 시설의 장이 각각 작성하여 매 회계연도 개시 1월 전에 이사회의 의결을 거쳐 주무관청에 제출한다.

제12조 (사업실적 및 결산) 본 법인의 매 회계연도의 사업실적 및 결산은 회계연도가 끝난 후 1월 이내에 대표이사가 작성하여 감사의 감사를 거친 후 이사회의 승인을 얻어 주무관청에 제출하여야 한다.

[유례] 이 법인에 매 회계연도 사업실적 및 결산은 회계연도가 끝난 후 1월 이내에 대표이사가 작성하여 감사의 감사를 거친 후 이사회의 의결을 거친 후 사회복지법인채무·회계규칙(보건복지부령)이 정하는 서류를 첨부하여 주무관청에 제출하여야 한다.

제13조 (잉여금의 처분) 본 법인의 매 회계연도 결산잉여금이 있을 때에는 차입금 상환 및 다음 회계연도에 이월하거나 기본재산에 편입하는 것을 원칙으로 하되, 이사회의결에 의하여 특정한 사업을 위한 기금으로 적립할 수 있다.

제14조 (예산 외의 채무부담) 수지예산으로서 정한 것 이외의 의무부담 또는 권리의 포기는 이사회의 의결을 거쳐야 한다.

제 3 장 임 원

제15조 (임원의 종별과 정수) 본 법인에는 다음의 임원을 둔다.

1. 대표이사 1인
2. 상임이사 1인
3. 이사 5인 이상 10인 이사(대표이사 및 상임이사 포함)
4. 감사 2인

※ 1. 대표이사의 명칭은 회장 등의 명칭을 붙이는 것도 가능하나 등기는 대표이사로만 등기된다.
2. 상임이사의 직이 필요한 때에는 상임이사를 둘 수 있다.
3. 이사의 정수는 대표이사를 포함하여 5인 이상, 감사는 2인 이상으로 하여야 하고, 임무의 심의에 적정한 수를 확정하여 기재한다. 다만, 감사는 등기사항이 아니다.

제16조 (임원의 선임)

① 대표이사, 이사 및 감사는 이사회에서 선출하고 대표이사는 이사 중에서 호선한다.

② 상임이사는 대표이사가 선임된 이사 중에서 지명하여 이사회의결을 거쳐 선임한다.

③ 이사를 임면하는 경우에는 보건복지부령이 정하는 바에 따라 지체 없이 이를 주무관청에 보고하여야 한다.

※ 1. 상임이사가 없는 때에는 제2항이 필요 없다.
2. 상임이사가 선임방법을 달리하여도 된다. 임원을 임면하려는 경우 선임 후 보고만 하면 된다. 다만, 현행법에서도 주무관청에서는 임원결격사유에 해당하는 자가 있는 경우에는 그 임면승인을 취소할 수 있다(복지 22조).

제17조 (임원선임의 제한)

① 이 임원은 이사 상호간의 관계에 있어서 사회복지사업법 제18조 제2항의 규정에 의한 "특별한 관계에 있는 자"가 아니어야 한다.

② 감사는 감사 상호간 또는 이사와의 관계에 있어서 사회복지사업법 제28조 제2항의 규정에 의한 "특별한 관계에 있는 자"가 아니어야 한다.

※ 여기서 특별한 관계에 있는 자는 이사현원의 5분의 1을 초과할 수 없다(복지 18조 2항).

제18조 (임원의 임기 등)

① 본 법인의 대표이사 및 이사의 임기는 3년으로 하고 감사의 임기는 2년으로 한다. 단 중임할 수 있다.

② 보궐에 의하여 취임한 이사와 감사의 임시는 전임자의 잔임기간으로 한다.

③ 임원 중 결원이 생긴 때에는 2월 이전에 선임하여야 하며, 임기가 만료되는 임원의 후임자는 임기만료 1월 이전에 선임하여야 한다.

※ 임원의 법정임기를 초과하여 종신적으로 하는 것 등은 불가하며, 이사 또는 감사 중에 결원이 생겼을 때에는 2개월 이내에 보충하여야 한다. 이 기간 내에 결원을 보충하지 아니하면 시·도지사는 지체 없이 이해관계인의 청구에 의하여 또는 직권으로 임시이사를 선임하여야 한다. 감사의 임기는 주식회사와 같이 취임 후 3년 내의 최종의 결산기에 관한 총회종결시까지로 함이 타당할 것이다.

제19조 (임원의 결격사유)

① 대표이사는 법인의 임원에 대하여 사회복지사업법 제19조 각호의 1에 해당하는 자는 법인의 임원으로 될 수 없다.

② 법인의 임원이 제1항의 사유에 해당할 때에는 그 직을 상실한다.

제20조 (임원의 해임)

① 대표이사는 법인의 임원에 대하여 사회복지사업 제22조의 규정에 의한 시·도지사의 해임명령을 받은 때에는 지체 없이 해임하여야 한다.

② 대표이사는 법인의 임원이 다음 각 호의 1에 해당할 때에는 이사회의 의결을 거쳐 해임할 수 있다.

1. 법령, 법인의 정관 또는 규정에 위반한 때
2. 고의 또는 중대한 과실로 법인에 상당한 손해를 기친 때
3. 직무태만, 품위손상, 기타 사유로 인하여 임원으로서 적당하지 아니하다고 인정되는 때
4. 기타 임원으로서의 능력이나 자질이 현저히 부족하다고 판단하는 때

※ 사회복지사업법에서는 임원의 해임사유 및 해임방법 등에 관하여 구체적으로 규정하고 있지 아니하나, 임원결격사유와 주무관청의 임원승인 취소사유를 규정하고 있으며 일반적으로 선임기관은 해임권한도 있다

고 할 수 있으므로 이사회에서 임원을 해임할 수 있을 것이다.

제21조 (임원의 직무)

① 대표이사는 본 법인을 대표하고, 제반업무를 총괄하며, 이사회의 의장이 된다.

② 상임이사는 대표이사를 보좌하고, 대표이사가 사고가 있는 때에는 그 직무를 대행한다.

③ 대표이사 유고시에는 대표이사가 지명하는 이사가 대표이사의 직무를 대행한다. 다만, 이표이사가 직무대행자를 지명하지 못한 경우에는 나머지 이사 중에서 연장자 순으로 그 직무를 대행한다.

④ 감사는 다음의 직무를 행한다.

1. 본 법인의 재산상황과 회계를 감사하는 일
2. 이사회의 운영과 그 업무에 관한 사항을 감사하는 일
3. 제1호 및 제2호의 감사결과 부정 또는 불비한 점이 있음을 발견한 때에는 이를 이사회와 주무관청에 보고하는 일
4. 이사회에 보고를 하기 위하여 필요한 때에는 이사회의 소집을 요구하는 일
5. 그 밖에 이사회 운영과 그 업무에 관한 사항에 대하여 이사회에 참석하여 의견을 진술하는 일

※ 상임이사가 없는 경우에는 제2항은 불요하나 이 경우 직무대행자를 별도로 정하여야 한다.

제22조 (대표권의 제한) 본 법인의 대표이사 이외의 이사는 본 법인을 대표하지 아니한다.

제23조 (임원의 대우) 본 법인의 상임이사를 제외한 임원은 명예직으로 하며, 예산의 범위 안에서 임원의 활동에 필요한 실비를 지급할 수 있다.

제24조 (겸직금지)

① 이사는 본 법인의 시설장을 제외한 직원을 겸할 수 없다.

② 감사는 본 법인의 이사 또는 시설장 및 직원을 겸할 수 없다.

제 4 장 이 사 회

제25조 (이사의 구성)

① 본 법인에 대표이사 및 이사로 구성되는 이사를 둔다.

② 감사는 이사회에 출석하여 발언할 수 있다.

제26조 (의결사항)

① 사업계획 실적 및 예산·결산에 관한 사항

② 재산의 취득·처분 및 관리에 관한 사항

③ 임원선출에 관한 사항

④ 수익사업에 관한 사항

⑤ 법인의 합병 및 해산에 관한 사항
⑥ 정관의 변경, 제 규정의 제정 및 개정에 관한 사항
⑦ 법인이 설치한 시설의 장의 임면에 관한 사항
⑧ 법인이 설치한 시설의 운영에 관한 사항
⑨ 기타 법인사업수행에 중요한 사항

※ 법인특성에 따라 의사회의결사항은 변동이 있을 수 있다. 상사법인과 달리 분할·분할합병, 조직변경 등에 관한 규정에 대하여는 이사회결의권이 없다.

제27조 (이사회의 소집 등)

① 이사회는 정기이사회와 임시이사회로 구분한다.
② 정기이사회는 매년 1월중에 개최하고, 임시이사회는 대표이사가 필요하다고 인정하는 때 또는 재적이사 3분의 1 이상의 서면요청이 있는 때와 감사의 연서에 의한 요청이 있는 때에 소집한다.
③ 이사회를 소집하고자 하는 때에는 대표이사가 회의목적을 명시하여 회의개최 7일 이전까지 각 이사에게 통지하여야 한다.
④ 대표이사는 재적이사 3분의 1 이상이 회의안건을 명시하여 소집을 요구한 때와 감사가 연서로 소집을 요구한 때로부터 14일 이내에 이사회를 소집하여야 한다.

제28조 (이사회의 개의와 의결정족수)

① 이사회는 이 정관에서 따로 정한 바를 제외하고는 재적이사 과반수의 출석으로 개의하고, 출석이사 과반수의 찬성으로 의결한다.
② 이사회의 의사는 원칙적으로 서면결의에 의할 수 없다. 다만, 다음의 경우에는 서면결의를 할 수 있다. 이 경우 대표이사는 자기 이사회에서 그 결과를 보고하여야 한다.
   1. 대표이사가 사항의 내용이 경미하다고 인정할 때
   2. 대표이사가 긴급을 요하는 사항으로 인정할 때

제29조 (의결권의 대리행사)

① 이사는 대리인으로 하여금 의결권 또는 표궐권을 행사하게 할 수 있다. 이 경우 그 이사는 출석한 것으로 본다.
② 대리인은 다른 이사이어야 하며, 대리인이 대리할 수 있는 이사의 수는 1인에 한한다.
③ 대리인은 대리권을 증명하는 서면을 의장에게 제출하여야 한다.

제30조 (의결제척사유) 대표이사 또는 이사가 다음 각 호의 1에 해당하는 때에는 그 의결에 참여하지 못한다.
   1. 임원선임 및 해임에 있어서 자신에 관한 사항
   2. 금전 및 재산의 수수를 수반하는 사항으로서 임원 자신이 법인과 직접 관

계되는 사항

제31조 (이사회회의록)

① 이사회의 의사에 관하여는 의사록을 작성하여야 한다.

② 의사록에는 의사의 경과·요령 및 결과를 기재하고, 의장과 출석한 이사 전원이 기명날인하여야 한다.

③ 대표이사는 의사록을 법인의 사무실에 비치하여야 한다.

제 5 장 수 익 사 업

제32조 (수익사업의 종류)

① 본 법인은 사회복지사업법 제28조의 규정에 의하여 다음의 수익사업을 할 수 있다.

1. 유휴부동산의 임대사업
2. 축산 및 과수, 원예, 기타 각종 영농사업
3. 수용인의 기술습득을 위한 가내수공업
4. 법인의 경비조달을 위한 목적사업에 관련되는 부대사업

② 제1항의 수익사업을 경영하기 위하여 대표이사는 이사회의 의결을 거쳐 관리자 또는 책임자를 임명한다.

[유례] 이 법인은 사회복지사업법 제28조의 규정에 의하여 법인의 설립 목적 수행에 지장이 없는 범위에서 수익사업을 할 수 있다.

제 6 장 사무조직 및 운영

제33조 (수익의 처분 및 관리) 수익사업에서 얻어지는 순수익은 법인의 목적사업에 충당하거나, 이사회의 의결에 의거 특정한 기금을 적립할 수 있다.

제34조 (사무국)

① 본 법인의 업무를 처리하기 위하여 법인사무국을 둔다.

② 사무국의 조직과 운영에 관하여는 별도의 규정으로 정한다.

제35조 (직원) 직원의 임용·복무·보수 등에 관하여는 별도의 규정으로 정한다.

제 7 장 정관변경 및 해산

제36조 (정관변경) 본 법인의 정관을 변경하고자 하는 때에는 재적이사 3분의 2 이상의 의결을 거쳐 주무관청의 인가를 받아야 한다.

※ 법인이 정관을 변경하려는 경우에는 시·도지사의 인가를 받아야 한다. 다만, 보건복지부령으로 정하는 경미한 사항의 경우에는 그러하지 아니하다.

제37조 (해산 및 합병) 본 법인을 해산하거나 다른 법인과 합병하고자 하는 때에는

재적이사 4분의 3 이상의 의결을 거쳐 주무관청의 허가를 받아야 한다.

제38조 (잔여재산의 귀속) 본 법인이 해산하는 때의 청산 후 잔여재산은 주무관청의 허가를 받아 본 법인과 유사한 목적을 가진 사회복지법인에 기부하거나, 국가 또는 지방자치단체에 귀속한다.

제8장 공 고 방 법

제39조 (공고의 방법)

① 본 법인이 법령과 정관 및 이사회의 의결에 의하여 공고하여야 할 사항은 본 법인의 게시판이나 일간신문에 싣는다.

② 제1항의 공고기간은 7일 이상으로 한다.

※ 상사법인과 달리 공고방법은 정관규정사항이나 등기사항은 아니다.

제9장 보 칙

제40조 (준용규칙) 이 정관에 규정하지 아니한 사항에 대하여는 사회복지사업법, 공익법인의 설립·운영에 관한 법률, 민법과 그 밖의 관계법규를 준용한다.

제41조 (운영규정) 이 정관은 총회에서 회원 3분의 2 이상의 동의를 얻고 주무관청의 허가를 받아 이를 변경할 수 있다.

제42조 (규정의 제·개정)

① 본 법인의 운영과 관련된 주요 규정의 제·개정에 대하여는 이사회의 의결을 거쳐야 한다.

② 제1항의 내용 중 주요규정의 여부는 이사회에서 결정한다.

부 칙

제1조 (시행일) 이 정관은 주무관청의 인가를 받은 날로부터 시행한다.

제2조 (설립당시의 임원선임에 대한 경과조치) 본 법인 설립당시 발기인 총회에서 선임된 임원은 이 정관에 의하여 선임된 것으로 본다.

제3조 (설립당시의 기본재산 등) 본 법인 설립당시의 기본재산, 임원은 별지 1, 2와 같다.

이상과 같이 사회복지법인 OOO원을 설립하기 위하여 재산을 출연하고 정관을 작성하여 발기인 전원이 기명날인하다.

20OO년 O월 O일

발기인대표 O O O (인)

발기인 ○ ○ ○ (인)
발기인 ○ ○ ○ (인)
발기인 ○ ○ ○ (인)

[별지 1] 기본재산목록

기 본 재 산 목 록

1. 목적사업용 기본재산

구 분	소 재 지	규모(㎡)	평가가액(천원)	출연자	비 고
토 지	OO시 OO동 OO	200	30,000	OO법인	
건 물	OO시 OO동 OO	120	20,000	OOO	
현 금			10,000	OOO	
	계	320	60,000		

2. 수익사업용 기본재산

구 분	소 재 지	규모(㎡)	평가가액(천원)	출연자	비 고
토 지	OO시 OO구 OO동 OO	180	25,000	OOO	
건 물	OO시 OO구 OO동 OO	100	18,000	OOO	
	계	280	43,000		

[별지 2] 임원명단

임 원 명 단

연번	직 위	임기	성 명	주민등록번호	주 소
1	대표이사	3년	○ ○ ○	○○○○○○-○○○○○○○	○○시 ○○로 ○○(○○동)
2	이 사	3년	○ ○ ○	○○○○○○-○○○○○○○	○○시 ○○로 ○○(○○동)
3	이 사	3년	○ ○ ○	○○○○○○-○○○○○○○	○○시 ○○로 ○○(○○동)
4	감 사	2년	○ ○ ○	○○○○○○-○○○○○○○	○○시 ○○로 ○○(○○동)
5	감 사	2년	○ ○ ○	○○○○○○-○○○○○○○	○○시 ○○로 ○○(○○동)

[첨부서류 3] 취임승낙서

취 임 승 낙 서

본인은 20○○년 ○월 ○일 귀 법인의 대표이사(또는 이사)로 선임되었으므로 그 취임을 승낙합니다.

20○○년 ○월 ○일

대표이사(또는 이사) ○ ○ ○ (인)
(○○○○○○-○○○○○○○)
○○시 ○○구 ○○로 ○○(○○동)

사회복지법인 ○○○ 귀중

[주] 취임승낙서에는 인감을 날인하고 인감증명서 및 주민등록등(초)본을 첨부하여야 한다.

[첨부서류 4] 인감신고서

인감·개인(改印) 신고서

(신고하는 인감날인란) (인감제출자에 관한 사항)

상호(명 칭)		사단법인 OOOO	등기번호	
본점(주사무소)		OO시 OO구 OO로 OO(OO동)		
인감제출자	자격/성명	이사장 O O O		
	주민등록번호	OOOOOO-OOOOOOO		
	주 소	OO시 OO구 OO로 OO(OO동)		

□ 위와 같이 인감을 신고합니다. □ 위와 같이 개인(改印)하였음을 신고합니다.

년 월 일

(인감 날인란)

신고인 본 인 성 명 (인)

대리인 성 명 (인)

지방법원 등기소 귀중

주 1. 개인인감 날인란에는 「인감증명법」에 의하여 신고한 인감을 날인하고 그 인감증명서(발행일로부터 3개월 이내의 것)를 첨부하여야 합니다. 개인(改印)신고의 경우, 개인인감을 날인하는 대신에 등기소에 신고한 유효한 종전 인감을 날인하여도 됩니다. 또한 인감제출자가 기명날인 또는 서명하였다는 공증인의 인증서면으로 갈음할 수 있습니다.

2. 인감·개인신고서에는 신고하는 인감을 날인한 인감대지를 첨부하여야 합니다.

3. 지배인이 인감을 신고하는 경우에는 인감제출자의 주소란에 지배인을 둔 장소를 기재하고, 「상업등기규칙」 제35조제3항의 보증서면(영업주가 등기소에 신고한 인감 날인)을 첨부하여야 합니다. 위 보증서면은 아래의 보증서면란에 기재하는 것으로 갈음할 수 있습니다.

보 증 서 면

위 신고하는 인감은 지배인 OOO의 인감임이 틀림없음을 보증합니다.

대표이사 (법인인감)

위 임 장

성 명 : 주민등록번호(-)

주 소 :

위의 사람에게, 위 인감신고 또는 개인신고에 관한 일체의 권한을 위임함.

20 년 월 일

인감(개인) 신고인 성 명 (인)

[주] 1. 이 인감신고서는 등기소에 제출하는 것으로서, 인감크기는 변의 길이가 2.4센티미터 정사각형 안에는 들어갈 수 있고, 1센티미터 정사각형 안에는 들어갈 수 없는 것이어야 한다.

2. 인감을 분실할 경우에는 개인신고를 할 수 있다.

[첨부서류 5] 인감대지

인 감 대 지

	신고하는 인감날인란	상 호(명 칭) : 사회복지법인 OOOOO 자격 및 성명 : 대표이사 O O O 주민등록번호 : OOOOOO-OOOOOOO

[주] 1. 자격은 대표이사(이사), 이사장, 지배인, 대리인, 상호사용자, 무능력자, 법정대리인 등으로 기재한다.

2. 현행 상업등기규칙에는 인감대지의 규격이 정하여져 있지 아니하나 인감대지의 규격은 가로 16센티미터 세로 4센티미터로 하는 것이 좋다.

[첨부서류 6] 인감카드 등(재)발급신청서

인감카드 등 (재)발급신청서

상 호(명 칭)			등기번호	
본 점(주사무소)				
인감 제출자	자격 / 성명			
	주민등록번호			

발급사유	□ 최초발급 □ 카드분실 □ 카드훼손 □ 인감증명서발급기능 □ 기타 ( )		
매체구분	□ 인감카드 □ HSM USB	인감카드 비밀번호	(변경후 :)
수 수 료	금 원	납부번호	

위와 같이 인감카드 등의 (재)발급을 신청합니다.

년 월 일 (인감 날인란)

신청인 인감제출자 (본 인) 성 명 (인) (전화 :)

(대리인) 성 명 (인) (전화 :)

지방법원 등기소 귀중

접수번호		인감카드번호	

주 1. 인감카드 비밀번호란에는 (재)발급받아 사용할 인감카드의 비밀번호를 기재하며, 아라비아숫자 6자릿수를 기재하여야 합니다. 다만, 인감카드 재발급의l 경우에는 기존 인감카드의 비밀번호와 재발급받아 사용할 인감카드의 비밀번호(변경 후)를 기재하여야 합니다.

2. 인감카드의 (재)발급을 신청하는 경우에는 등기소에 제출한 인감을 날인하여야 합니다. 다만, 인감카드 재발급의 경우 기존 인감카드 비밀번호를 기재할 수 없을 때에는 인감제출자 본인은 신분증명서 사본을, 위임에 의한 대리인은 인감제출자가 「인감증명법」에 따라 신고한 인감을 신청서에 날인하고 그 인감증명서 및 대리인의 신분증명서 사본을 각각 첨부하여야 합니다.

3. 인감카드의 재발급을 신청할 때에는 「등기사항증명서 등 수수료규칙」으로 정하는 수수료를 납부하여야 합니다. 다만, 인감카드를 반납할 때에는 수수료를 납부할 필요가 없습니다.

위 임 장

성 명 : 주민등록번호(-)
주 소 :

위의 사람에게, 위 (재)발급신청서에 기재된 인감카드 등의 발급신청과 그 수령 등에 관한 일체의 권한을 위임함.

20○○년 ○월 ○일

인감신고인 성 명 (인) (전화)

[서식 24] 사회복지법인 변경등기신청서(명칭변경)

사단(재단)법인 분사무소이전등기신청

접 수	년 월 일	처 리 인	등기관 확인	각종 통지
	제 호			

명 칭	사회복지법인 ○○○	등기번호	제○○○○호
주 사 무 소	○○시 ○○구 ○○로 ○○(○○동)		
등기의 목적	명칭 변경등기		
등기의 사유	(1) 주사무소의 경우 20○○년 ○월 ○일 이사회에서 정관변경을 결의하고 20○○년 ○월 ○일 주무관청의 인가를 받아 다음과 같이 명칭을 변경하였으므로 그 등기를 구함.		

	(2) 분사무소에서의 경우 20○○년 ○월 ○일 이사회에서 정관변경을 결의하고 20○○년 ○월 ○일 주무관청의 인가를 받아 20○○년 ○월 ○일 주사무소소재지 관할등기소에서 다음과 같이 명칭변경등기를 하였으므로 이 등기소에서 그 등기를 구함.
인가서도착연월일	20○○년 ○월 ○일
주사무소/분사무소 신청구분	1. 주사무소 신청 □ 2. 분사무소 신청 □ 3. 주·분사무소 일괄신청 □
등 기 할 사 항	
명칭의 변경과 그 연월일	명 칭 : 사회복지법인 ○○○○ 20○○. ○. ○. 변경
기 타	

신청등기소 및 등록면허세/수수료						
순번	신청등기소	구분	등록면허세 / 지방교육세	농어촌특별세	세액합계	등기신청수수료
			금 원 금 원	금 원	금 원	금 원
합 계						
등기신청수수료 납부번호						
과 세 표 준 액	금 원					
첨 부 서 면						

1. 이사회의사록 1통 1. 주무관청의 정관변경인가서 (또는 인가서등본) 1통 1. 인감신고서(인감대지 포함) 1통 1. 대표이사의 인감증명서 1통	1. 등록면허세영수필확인서및통지서 1통 1. 위임장(대리인이 신청할 경우) 1통 〈기 타〉

년 월 일

신청인 명 칭
주사무소
대표자 성 명 (인) (전화 :)
주 소
대리인 성 명 (인) (전화 :)
주 소

지방법원 등기소 귀중

- 신청서 작성요령 -

1. 해당란이 부족할 때에는 별지를 이용합니다.
1. 해당 등기신청과 관계없는 사항에 대하여는 "해당없음"으로 기재하거나 삭제하고, 필요한 사항은 추가 기재합니다.

(용지규격 21㎝ × 29.7㎝)

[주] 1. 명칭은 변경등기 전이므로 변경 전의 명칭을 기재한다.
2. 법인의 명칭은 정관기재사항이고, 정관기재사항의 변경에는 주무관청의 인가를 받아야 하므로 주무관청의 정관변경인가서 도착연월일을 기재한다.
3. 등기할 사항은 변경한 명칭을 기재한다.
4. 등록면허세는 변경등기의 등록면허세인 40,200원, 교육세는 등록면허세의 100분의 20(8,040원)을 납부하여야 한다(지방세법 28조). 그러나 명칭·목적·임원등기 등 각종 변경등기신청을 하나의 신청서로 일괄신청하더라도 각각에 대하여 산출한 세액을 합산하여 납부한다. 다만, 동일한 변경사항이 수개인 경우에는 1건의 등록면허세만 납부한다. 조세특례제한법, 지방세법, 관세법 등에 의하여 등록면허세가 감면되는 경우에 그 감면세액의 100분의 20의 농어촌특별세를 납부하여야 한다(다만, 이것도 면제되는 경우도 있다).
5. 등기신청수수료는 6,000원(서면방문), 4,000원(전자표준양식), 2,000원(전자신청)을 납부하여야 한다.
6. 정관을 변경하기 위하여 특별결의한 사회복지법인의 이사회의사록을 첨부해야 하며, 이에 첨부하는 의사록은 공증인의 인증을 받지 않는다.
7. 첨부서류 중 주무관청의 인가서등본을 첨부하는 경우에는 인가관청의 인증있는 등본을 첨부하여야 한다.

8. 명칭변경의 경우 이미 제출한 인감대지의 명칭이 달라지므로 주사무소에서 이 등기를 신청할 때에는 대표이사는 인감신고서에 변경된 명칭으로 기재된 인감대지를 첨부하여 다시 제출해야 한다. 다만 등기소에 이미 제출된 인영으로 인감신고를 하는 경우에는 인감증명을 제출할 필요가 없다.
9. 신청인란은 이사회에서 명칭변경을 결정한 후 이므로 변경 후의 명칭으로 기재한다.
10. 이 등기는 대표이사가 신청한다.

[첨부서류 1] 이사회의사록

이 사 회 의 사 록

20OO년 O월 O일 OO시 OO분, OO시 OO구 OO로 OO(OO동) 당 법인 회의실(또는 사무소)에서 이사회를 개최하다.

총이사수 : O명　　　　출석이사수 : O명

의장인 대표이사 OOO는 정관규정에 따라 의장석에 등단하여 위와 같이 법정수에 달하는 이사가 출석하였으므로 본 이사회가 적법히 성립되었음을 알리고 개회를 선언한 후, 다음의 의안을 부의하고 심의를 구하다.

제1호 의 안　법인명칭변경의 건

의장은 당 법인의 사업형편상 당 법인의 본래의 명칭인 사회복지법인 OOO를 다음과 같이 변경해야 할 필요가 있음을 상세히 설명하고 그 가부를 물은 바, 전원이의 없이 찬성하여 만장일치로 그를 승인 가결하다.

명칭 : 사회복지법인 OOOO

제2호 의 안　정관변경의 건

의장은 위 명칭변경에 수반하여 현행 정관 제O조를 다음과 같이 변경해야 한다는 취지를 설명하고 그 가부를 물으니 전원 이의 없이 그와 같이 변경할 것을 만장일치로 승인 가결하다.

제O조(명칭) 당 법인은 “사회복지법인 OOOO”이라 칭한다.

의장은 이상으로서 회의목적인 의안 전부의 심의를 종료하였으므로 폐회한다고 선언하다(회의종료시각 : OO시 OO분).

위 결의를 명확히 하기 위하여 이 의사록을 작성하고 의장과 출석한 이사가 기명날인하다.

2OOO. O. O.

사회복지법인 OOO (직인)
OO시 OO구 OO로 OO(OO동)
의장겸 대표이사 O O O (인)
이사 O O O (인)
이사 O O O (인)
이사 O O O (인)

[서식 25] 사회복지법인 변경등기신청서(목적사업변경)

<table>
<tr><th colspan="6">사회복지법인 변경등기신청</th></tr>
<tr><td rowspan="2">접 수</td><td colspan="2">년 월 일</td><td rowspan="2">처 리 인</td><td>등기관 확인</td><td>각종 통지</td></tr>
<tr><td colspan="2">제 호</td><td></td><td></td></tr>
</table>

<table>
<tr><td>명 칭</td><td>사회복지법인 ○○○</td><td>등기번호</td><td>제○○○○호</td></tr>
<tr><td>주 사 무 소</td><td colspan="3">○○시 ○○구 ○○로 ○○(○○동)</td></tr>
<tr><td>등기의 목적</td><td colspan="3">목적 변경등기</td></tr>
<tr><td>등기의 사유</td><td colspan="3">(1) 주사무소의 경우
20○○년 ○월 ○일 이사회에서 정관변경을 결의하고 20○○년 ○월 ○일 주무관청의 인가를 받아 다음과 같이 목적을 변경하였으므로 그 등기를 구함.
(2) 분사무소에서의 경우
20○○년 ○월 ○일 이사회에서 정관변경을 결의하고 20○○년 ○월 ○일 주무관청의 인가를 받아 다음과 같이 목적을 변경하고 20○○년 ○월 ○일 주사무소소재지 관할등기소에</td></tr>
</table>

	서 등기를 하였으므로 이 등기소에서 그 등기를 구함.
인가서도착연월일	20○○년 ○월 ○일
주사무소/분사무소 신청구분	1. 주사무소 신청 □ 2. 분사무소 신청 □ 3. 주·분사무소 일괄신청 □
등 기 할 사 항	
목적의 변경과 그 연월일	목적 : 다음 목적을 변경 "1. ○○○○○○○"을 "1. ○○○○○○○○○○"으로 변경 목적 : 다음 목적을 삭제 1. 각 항에 부대하는 사업 목적 : 다음 목적을 추가 1. ○○○○○○○○ 1. ○○○○○○○○ 1. 위 각 항에 관련된 부대사업 일체 20○○. ○. ○. 변경
기 타	

신청등기소 및 등록면허세/수수료						
순번	신청등기소	구분	등록면허세 지방교육세	농어촌특별세	세액합계	등기신청수수료
			금 원 금 원	금 원	금 원	금 원
합 계						
등기신청수수료 납부번호						
과 세 표 준 액	금 원					
첨 부 서 면						
1. 이사회의사록 1통			1. 등록면허세영수필확인서및통지서 1통			

<table>
<tr><td>1. 주무관청의 정관변경인가서
(또는 인가서등본) 1통</td><td>1. 위임장(대리인이 신청할 경우) 1통
〈기 타〉</td></tr>
<tr><td colspan="2">년 월 일

신청인 명 칭
주사무소
대표자 성 명 (인) (전화 :)
주 소
대리인 성 명 (인) (전화 :)
주 소

지방법원 등기소 귀중</td></tr>
</table>

- 신청서 작성요령 -

1. 해당란이 부족할 때에는 별지를 이용합니다.
1. 해당 등기신청과 관계없는 사항에 대하여는 “해당없음”으로 기재하거나 삭제하고, 필요한 사항은 추가 기재합니다.

(용지규격 21㎝ × 29.7㎝)

[주] 1. 등기할 사항인 정관상 사업의 조항에 기재된 사항의 변경도 목적변경으로 등기한다.

2. 등록면허세는 변경등기의 등록면허세인 40,200원, 교육세는 등록면허세의 100분의 20(8,040원)을 납부하여야 한다(지방세법 28조). 그러나 명칭·목적·임원등기 등 각종 변경등기신청을 하나의 신청서로 일괄신청하더라도 각각에 대하여 산출한 세액을 합산하여 납부한다. 다만, 동일한 변경사항이 수개인 경우에는 1건의 등록면허세만 납부한다. 조세특례제한법, 지방세법, 관세법 등에 의하여 등록면허세가 감면되는 경우에 그 감면세액의 100분의 20의 농어촌특별세를 납부하여야 한다(다만, 이것도 면제되는 경우도 있다).
3. 등기신청수수료는 6,000원(서면방문), 4,000원(전자표준양식), 2,000원(전자신청)을 납부하여야 한다.
4. 정관을 변경하기 위하여 특별결의한 사회복지법인의 이사회의사록을 첨부해야 하며, 이에 첨부하는 의사록은 공증인의 인증을 받지 않는다.
5. 정관변경인가서는 원본을 첨부하되 등본을 첨부하는 경우에는 주무관청의 인가서의 인증있는 등본을 첨부해야 한다.

6. 이 등기는 대표이사가 신청한다.

[첨부서류 1] 이사회의사록

이 사 회 의 사 록

20OO년 O월 O일 OO시 OO분, OO시 OO구 OO로 OO(OO동) 당 법인 회의실(또는 사무소)에서 이사회를 개최하다.

총이사수 : O명　　　　출석이사수 : O명

의장인 대표이사 OOO는 정관규정에 따라 의장석에 등단하여 위와 같이 법정수에 달하는 이사가 출석하였으므로 본 이사회가 적법히 성립되었음을 알리고 개회를 선언한 후, 다음의 의안을 부의하고 심의를 구하다.

제1호 의 안 목적변경의 건

의장은 당 법인의 사업형편상 당 법인의 목적을 다음과 같이 변경해야 할 필요가 있음을 상세히 설명하고 그 가부를 물은 바, 전원 이의 없이 찬성하여 만장일치로 그를 승인 가결하다.

목 적 : 다음 목적을 변경
"1. OOOOOOO"을
"1. OOOOOOOOO"으로 변경

다음 목적을 삭제
1. 각 항에 부대하는 사업

다음 목적을 추가
1. OOOOOOO
1. OOOOOOO
1. 위 각 항에 관련된 부대사업 일체

제2호 의 안 정관변경의 건

의장은 위 목적의 변경에 수반하여 현행 정관 제O조를 다음과 같이 변경해야 한다는 취지를 설명하고 그 가부를 물은 바, 전원 이의 없이 그와 같이 변경할 것을 만장일치로 승인 가결하다.

목 적 : 다음 목적을 변경한다.
"1. OOOOOOO"을
"1. OOOOOOOOO"으로 변경

다음 목적을 삭제한다.
1. 각 항에 부대하는 사업

다음 목적을 추가한다.
1. OOOOOOO
1. OOOOOOO
1. 위 각 항에 관련된 부대사업 일체

의장은 이상으로서 회의목적인 의안 전부의 심의를 종료하였으므로 폐회한다고 선언하다(회의종료시각 : OO시 OO분).

위 결의를 명확히 하기 위하여 이 의사록을 작성하고 의장과 출석한 이사가 기명날인하다.

20OO. O. O.

사회복지법인 OOO (직인)
OO시 OO구 OO로 OO(OO동)
의장겸 대표이사 O O O (인)
이사 O O O (인)
이사 O O O (인)
이사 O O O (인)

[서식 26] 사회복지법인 변경등기신청서(출자방법변경)

<table>
<tr><td colspan="5">사회복지법인 변경등기신청</td></tr>
<tr><td rowspan="2">접 수</td><td>년 월 일</td><td rowspan="2">처 리 인</td><td>등기관 확인</td><td>각종 통지</td></tr>
<tr><td>제 호</td><td></td><td></td></tr>
</table>

<table>
<tr><td>명 칭</td><td colspan="3">사회복지법인 ○○○</td><td>등기번호</td><td>제○○○○호</td></tr>
<tr><td>주 사 무 소</td><td colspan="5">○○시 ○○구 ○○로 ○○(○○동)</td></tr>
<tr><td>등기의 목적</td><td colspan="5">출자방법 변경등기</td></tr>
<tr><td>등기의 사유</td><td colspan="5">20○○년 ○월 ○일 이사회에서 정관변경을 결의하고, 20○○년 ○월 ○일 주무관청의 인가를 받아 출자방법을 다음과 같이 변경하였으므로 그 등기를 구함.</td></tr>
<tr><td>인가서도착연월일</td><td colspan="5">20○○년 ○월 ○일</td></tr>
<tr><td>주사무소/분사무소 신청구분</td><td colspan="2">1. 주사무소 신청 □</td><td colspan="2">2. 분사무소 신청 □</td><td>3. 주·분사무소 일괄신청 □</td></tr>
<tr><td colspan="6">등 기 할 사 항</td></tr>
<tr><td>출 자 방 법</td><td colspan="5">1. ○○○○○○○○
1. ○○○○○○○○
1. ○○○○○○○○
20○○. ○. ○. 변경</td></tr>
<tr><td>기 타</td><td colspan="5"></td></tr>
</table>

<table>
<tr><td>등록면허세</td><td>금 원</td><td>지방교육세</td><td>금 원</td><td>농어촌특별세</td><td>금 원</td></tr>
<tr><td>세액 합계</td><td colspan="2">금 원</td><td>등기신청수수료</td><td colspan="2">금 원</td></tr>
<tr><td colspan="3">등기신청수수료 납부번호</td><td colspan="3"></td></tr>
<tr><td colspan="6">첨 부 서 면</td></tr>
<tr><td colspan="3">1. 이사회의사록 1통
1. 주무관청의 정관변경인가서</td><td colspan="3">1. 등록면허세영수필확인서및통지서 1통
1. 위임장(대리인이 신청할 경우) 1통</td></tr>
</table>

(또는 인가서등본)	1통	〈기 타〉

년 월 일

신청인 명 칭
주사무소
대표자 성 명 (인) (전화 :)
주 소
대리인 성 명 (인) (전화 :)
주 소

지방법원 등기소 귀중

- 신청서 작성요령 -

1. 해당란이 부족할 때에는 별지를 이용합니다.
1. 해당 등기신청과 관계없는 사항에 대하여는 "해당없음"으로 기재하거나 삭제하고, 필요한 사항은 추가 기재합니다.

(용지규격 21㎝ × 29.7㎝)

[주] 1. 변경한 출자방법과 변경일자를 등기사항으로 기재한다.

2. 등록면허세는 변경등기의 등록면허세인 40,200원, 교육세는 등록면허세의 100분의 20(8,040원)을 납부하여야 한다(지방세법 28조). 그러나 명칭·목적·임원등기 등 각종 변경등기신청을 하나의 신청서로 일괄신청하더라도 각각에 대하여 산출한 세액을 합산하여 납부한다. 다만, 동일한 변경사항이 수개인 경우에는 1건의 등록면허세만 납부한다. 조세특례제한법, 지방세법, 관세법 등에 의하여 등록면허세가 감면되는 경우에 그 감면세액의 100분의 20의 농어촌특별세를 납부하여야 한다(다만, 이것도 면제되는 경우도 있다).
3. 등기신청수수료는 6,000원(서면방문), 4,000원(전자표준양식), 2,000원(전자신청)을 납부하여야 한다.
4. 정관을 변경하기 위하여 특별결의한 사회복지법인의 이사회의사록을 첨부해야 하며, 이에 첨부하는 의사록은 공증인의 인증을 받지 않는다.
5. 정관변경인가서는 원본을 첨부하되 등본을 첨부하는 경우에는 주무관청의 인가서의 인증있는 등본을 첨부해야 한다.
6. 이 등기는 대표이사가 신청한다.

[첨부서류 1] 이사회의사록

이 사 회 의 사 록

20OO년 O월 O일 OO시 OO분, OO시 OO구 OO로 OO(OO동) 당 법인 회의실(또는 사무소)에서 이사회를 개최하다.

총이사수 : O명　　　　출석이사수 : O명

의장인 대표이사 OOO는 정관규정에 따라 의장석에 등단하여 위와 같이 법정수에 달하는 이사가 출석하였으므로 본 이사회가 적법히 성립되었음을 알리고 개회를 선언한 후, 다음의 의안을 부의하고 심의를 구하다.

제1호 의 안 출자방법변경의 건

의장은 당 법인의 사업형편상 당 법인의 출자방법을 다음과 같이 변경해야 할 필요가 상세히 있음을 설명하고 그 가부를 물은 바, 전원 이의 없이 찬성하여 만장일치로 그를 승인 가결하다.

출자방법 : 1. OOOOOOOO
　　　　　 1. OOOOOOOO

제2호 의 안 정관변경의 건

의장은 위 출자방법에 수반하여 현행 정관 제O조를 다음과 같이 변경해야 한다는 취지를 설명하고 그 가부를 물으니 전원 이의 없이 그와 같이 변경할 것을 만장일치로 승인 가결하다.

제O조(출자방법) 당 법인의 출자방법은 다음과 같다.
출자방법 : 1. OOOOOOOO
　　　　　 1. OOOOOOOO

의장은 이상으로서 회의목적인 의안 전부의 심의를 종료하였으므로 폐회한다고 선언하다(회의종료시각 : OO시 OO분).

위 결의를 명확히 하기 위하여 이 의사록을 작성하고 의장과 출석한 이사가 기명날인하다.

20OO. O. O.

사회복지법인 OOO (직인)
OO시 OO구 OO로 OO(OO동)
의장겸 대표이사 ○ ○ ○ (인)
이사 ○ ○ ○ (인)
이사 ○ ○ ○ (인)
이사 ○ ○ ○ (인)

[서식 27] 사회복지법인 변경등기신청서(존립시기 또는 해산사유변경)

사회복지법인 변경등기신청

접 수	년 월 일	처 리 인	등기관 확인	각종 통지
	제 호			

명 칭	사회복지법인 ○○○	등기번호	제○○○○호
주 사 무 소	○○시 ○○구 ○○로 ○○(○○동)		
분 사 무 소	○○시 ○○구 ○○로 ○○(○○동)		
등기의 목적	존립기간(또는 해산사유) 설정(변경 · 폐지)등기		
등기의 사유	(1) 주사무소에서의 경우 20○○년 ○월 ○일 이사회에서 정관변경을 결의하고 20○○년 ○월 ○일 주무관청의 인가를 받아 존립시기(또는 해산사유)를 다음과 같이 변경(설정 또는 폐지)하였으므로 이 등기소에서 그 등기를 구함. (2) 분사무소 소재지에서의 경우 20○○년 ○월 ○일 이사회에서 정관변경을 결의하고 20○○년 ○월 ○일 주무관청의 인가를 받아 존립시기(또는 해산사유)를 변경(설정 또는 폐지)하고, 20○○년 ○월 ○일 주사무소소재지 관할등기소에서 등기를 하였으므로 이 등기소에서 그 등기를 구함.		

인가서도착연월일	20○○년 ○월 ○일		
주사무소/분사무소 신청구분	1. 주사무소 신청 □	2. 분사무소 신청 □	3. 주·분사무소 일괄신청 □
등 기 할 사 항			
존립시기(또는 해산사유)의 변경과 그 연월일	존립시기(또는 해산사유) : ○○○○○○○○ 20○○. ○. ○. 변경		
기 타			

신청등기소 및 등록면허세/수수료						
순번	신청등기소	구분	등록면허세 지방교육세	농어촌특별세	세액합계	등기신청수수료
			금 원 금 원	금 원	금 원	금 원
합 계						
등기신청수수료 납부번호						
과 세 표 준 액	금 원					
첨 부 서 면						
1. 이사회의사록 1통 1. 주무관청의 인가서(또는 인가서 등본) 1통			1. 등록면허세영수필확인서및통지서 1통 1. 위임장(대리인이 신청할 경우) 1통 〈기 타〉			

년 월 일

신청인 명 칭

주사무소

대표자 성 명 (인) (전화 :)

주 소

대리인 성 명 (인) (전화 :)
주 소

지방법원 등기소 귀중

- 신청서 작성요령 -

1. 해당란이 부족할 때에는 별지를 이용합니다.
1. 해당 등기신청과 관계없는 사항에 대하여는 "해당없음"으로 기재하거나 삭제하고, 필요한 사항은 추가 기재합니다.

(용지규격 21㎝ × 29.7㎝)

[주] 1. 등기의 사유란에는 존립시기 또는 해산사유를 설정·변경·폐지하기 위하여 이사회에서 정관변경의 결의를 한 취지를 기재한다.

2. 등기할 사항란에 존립시기나 해산사유를 폐지한 경우에는 이를 기재하지 아니하거나, 기재하는 경우에는 "존립시기(해산사유)의 폐지"로 기재한다.

3. 등록면허세는 변경등기의 등록면허세인 40,200원, 교육세는 등록면허세의 100분의 20(8,040원)을 납부하여야 한다(지방세법 28조). 그러나 명칭·목적·임원등기 등 각종 변경등기신청을 하나의 신청서로 일괄신청하더라도 각각에 대하여 산출한 세액을 합산하여 납부한다. 다만, 동일한 변경사항이 수개인 경우에는 1건의 등록면허세만 납부한다. 조세특례제한법, 지방세법, 관세법 등에 의하여 등록면허세가 감면되는 경우에 그 감면세액의 100분의 20의 농어촌특별세를 납부하여야 한다(다만, 이것도 면제되는 경우도 있다).

4. 등기신청수수료는 6,000원(서면방문), 4,000원(전자표준양식), 2,000원(전자신청)을 납부하여야 한다. 그러나 명칭·목적·임원등기 등 각종 변경등기신청을 하나의 신청하는 경우 각각의 수수료 6,000원(서면방문), 4,000원(전자표준양식), 2,000원(전자신청) 합산하여야 한다.

5. 정관을 변경하기 위하여 특별결의한 이사회의사록을 첨부해야 하며 등기신청서에 첨부하는 사회복지법인의 이사회의사록은 공증인의 인증을 받지 아니한다.

6. 정관변경을 하는 경우에는 주무관청의 인가서를 첨부하되 주무관청의 인가서의 등본을 첨부하는 경우에는 인증있는 등본을 첨부하여야 한다.

7. 이 등기는 대표이사가 신청한다.

[첨부서류 1] 이사회의사록

이 사 회 의 사 록

20OO년 O월 O일 OO시 OO분, OO시 OO구 OO로 OO(OO동) 당 법인 회의실(또는 사무소)에서 이사회를 개최하다.

총이사수 : O명　　　　출석이사수 : O명

의장인 대표이사 OOO는 정관규정에 따라 의장석에 등단하여 위와 같이 법정수에 달하는 이사가 출석하였으므로 본 이사회가 적법히 성립되었음을 알리고 개회를 선언한 후, 다음의 의안을 부의하고 심의를 구하다.

제1호 의 안　존립시기(또는 해산사유) 변경(설정 또는 폐지)의 건

의장은 당 법인의 사업형편에 따라 당 법인의 존립시기(또는 해산사유)를 다음과 같이 변경(설정 또는 폐지)해야 할 필요가 상세히 있음을 설명하고 그 가부를 물은 바, 전원 이의 없이 찬성하여 만장일치로 그를 승인 가결하다.

존립시기(또는 해산사유) : OOOOOOOO

제2호 의 안　정관변경의 건

의장은 위 존립시기(또는 해산사유)의 변경(설정 또는 폐지)에 수반하여 현행 정관 제O조를 다음과 같이 변경(신설 또는 삭제)해야 한다는 취지를 설명하고 그 가부를 물은 바, 전원 이의 없이 그와 같이 변경할 것을 만장일치로 승인 가결하다.

제O조(존립시기 및 해산사유) 당 법인의 존립시기(또는 해산사유)는 OOOOOOOO로 한다(단, 존립시기를 폐지하는 경우에는 조문 삭제로 한다).

의장은 이상으로서 회의목적인 의안 전부의 심의를 종료하였으므로 폐회한다고 선언하다(회의종료시각 : OO시 OO분).

위 결의를 명확히 하기 위하여 이 의사록을 작성하고 의장과 출석한 이사가 기명날인하다.

20OO.　O.　O.

사회복지법인 OOO (직인)
OO시 OO구 OO로 OO(OO동)
의장겸 대표이사 O O O (인)
이사 O O O (인)
이사 O O O (인)
이사 O O O (인)

[서식 28] 사회복지법인 변경등기신청서(자산총액변경)

사회복지법인 변경등기신청

접 수	년 월 일	처 리 인	등기관 확인	각종 통지
	제 호			

명 칭	사회복지법인 ○○○	등기번호	제○○○○호
주 사 무 소	○○시 ○○구 ○○로 ○○(○○동)		
등기의 목적	자산총액 변경의 등기		
등기의 사유	20○○년 ○월 ○일 이사회에서 자산의 총액 변경결의에 의하여 정관을 변경하고 20○○년 ○월 ○일 주무관청의 인가를 얻어 자산의 총액을 다음과 같이 변경하였으므로 그 등기를 구함.		
인가서도착연월일	20○○년 ○월 ○일		
주사무소/분사무소 신청구분	1. 주사무소 신청 □ 2. 분사무소 신청 □ 3. 주·분사무소 일괄신청 □		
등 기 할 사 항			
자 산 의 총 액	금 300,000,000원 20○○년 ○월 ○일 변경		
기 타			

<table>
<tr><td>등록면허세</td><td>금 원</td><td>지방교육세</td><td>금 원</td><td>농어촌특별세</td><td>금 원</td></tr>
<tr><td>세액 합계</td><td colspan="2">금 원</td><td>등기신청수수료</td><td colspan="2">금 원</td></tr>
<tr><td colspan="3">등기신청수수료 납부번호</td><td colspan="3"></td></tr>
<tr><td colspan="6">첨 부 서 면</td></tr>
<tr><td colspan="3">1. 재산목록(또는 이사회의사록) 1통
1. 주무관청의 인가서(또는 인가서 등본) 1통</td><td colspan="3">1. 등록면허세영수필확인서및통지서 1통
1. 위임장(대리인이 신청할 경우) 1통
〈기 타〉</td></tr>
<tr><td colspan="6">년 월 일

신청인 명 칭
주사무소
대표자 성 명 (인) (전화 :)
주 소
대리인 성 명 (인) (전화 :)
주 소

지방법원 등기소 귀중</td></tr>
</table>

<table>
<tr><td>- 신청서 작성요령 -
1. 해당란이 부족할 때에는 별지를 이용합니다.
1. 해당 등기신청과 관계없는 사항에 대하여는 “해당없음”으로 기재하거나 삭제하고, 필요한 사항은 추가 기재합니다.</td></tr>
</table>

(용지규격 21㎝ × 29.7㎝)

[주] 1. 등기할 사항인 자산의 총액은 종전의 자산의 총액과 새로 증가한 자산금액을 합한 금액을 기재한다. 만약 채무초과인 경우에는 “자산의 총액 금 O원(채무초과액 금 OOO원)”이라 기재한다.

2. 비영리법인의 자산증가에 대한 등록면허세는 새로 증가한 자산금액의 1,000분의 2, 대도시 내에서 법인을 설립 또는 전입 후 5년 내에는 그 3배를 가산하나, 세액이 112,500원 미만인 때에는 112,500원이 된다. 교육세는 등록면허세의 100분의 20이다(지방세법 28조). 그러나 명칭·목적·임원등기 등 각종 변경등기신청을 하나의 신청서로 일괄신청하더라도 각각에 대하여 산출한 세액을 합산하여 납부한다. 다만, 동일한 변경사항이 수개인 경우에는 1건의 등록

면허세만 납부한다. 조세특례제한법, 지방세법, 관세법 등에 의하여 등록면허세가 감면되는 경우에 그 감면세액의 100분의 20의 농어촌특별세를 납부하여야 한다(다만, 이것도 면제되는 경우도 있다).

3. 등기신청수수료는 6,000원(서면방문), 4,000원(전자표준양식), 2,000원(전자신청)을 납부하여야 한다. 그러나 명칭·목적·임원등기 등 각종 변경등기신청을 하나의 신청하는 경우 각각의 수수료 6,000원(서면방문), 4,000원(전자표준양식), 2,000원(전자신청) 합산하여야 한다.
4. 과세표준액 기재란은 자산이 증가할 경우에는 새로 증가한 자산금액을 기재하고, 감소한 경우에는 기재할 필요가 없다.
5. 첨부서류로 재산목록이나 대차대조표를 첨부하거나, 재산목록 등을 승인결의한 이사회의사록을 첨부한다. 사회복지법인 이사회의사록은 공증인의 인증을 받지 아니한다.
6. 정관변경을 한 경우에 주무관청의 인가가 필요하므로 이 때에는 그 인가서를 첨부한다.
7. 이 등기는 대표이사가 신청한다.

[첨부서류 1] 이사회의사록

이 사 회 의 사 록

20OO년 O월 O일 OO시 OO분, OO시 OO구 OO로 OO(OO동) 당 법인 회의실(또는 사무소)에서 이사회를 개최하다.

총이사수 : O명　　　　출석이사수 : O명

의장인 대표이사 OOO는 정관규정에 따라 의장석에 등단하여 위와 같이 법정수에 달하는 이사가 출석하였으므로 본 이사회가 적법히 성립되었음을 알리고 개회를 선언한 후, 다음의 의안을 부의하고 심의를 구하다.

제1호 의 안　재산목록, 수지계산서 승인의 건

의장은 감사 OOO로 하여금 별첨 재산목록과 수지계산서를 상세히 설명하게 한 후 그 승인 여부를 물은 바, 전원 이의 없이 찬성하여 만장일치로 그를 승인 가결하다.

의장은 이상으로서 회의목적인 의안 전부의 심의를 종료하였으므로 폐회한다고 선언하다(회의종료시각 : OO시 OO분).

위 결의를 명확히 하기 위하여 이 의사록을 작성하고 의장과 출석한 이사가 기명날인하다.

20OO. O. O.

사회복지법인 OOO (직인)
OO시 OO구 OO로 OO(OO동)
의장겸 대표이사 O O O (인)
이사 O O O (인)
이사 O O O (인)
이사 O O O (인)

[첨부서류 2] 재산목록

재 산 목 록

1. 자산의 부
   (1) 기본재산 금 OOO원
      가. 토지(회관부지) OO㎡, 금 OOO원
      나. 건물(회관건물) OO㎡, 금 OOO원
   (2) 보통재산 금 OOO원
      가. 현금 금 OOO원
      나. 예금 금 OOO원
      다. 유가증권 금 OOO원
      라. 비품, 기타(자동차, 사무용품 등) 금 OOO원
   자산의 총액 금 OOOOO원

2. 부채의 부
   (1) 차입금 금 OOO원
   (2) 미불금 금 OOO원
      부채의 총액 금 OOOOO원

3. 순재산의 총액 금 OOOOO원

위는 20OO년 O월 O일 현재 당 법인의 재산목록임.

20OO년 O월 O일

신청인 사회복지법인 OOO
OO시 OO구 OO로 OO(OO동)
이사 O O O (인)

[서식 29] 사회복지법인 변경등기신청서(이사 등 변경)

사회복지법인 변경등기신청

접 수	년 월 일	처 리 인	등기관 확인	각종 통지
	제 호			

명 칭	사회복지법인 ○○○	등기번호	제○○○○호
주 사 무 소	○○시 ○○구 ○○로 ○○(○○동)		
등기의 목적	이사 변경등기		
등기의 사유	이사 ○○○은 20○○년 ○월 ○일 임기만료로 퇴임하고 같은 날 이사회에서 다음 사람이 이사로 선임되어 같은 날 취임하였으므로 그 등기를 구함.		
인가서도착연월일	20○○년 ○월 ○일		
주사무소/분사무소 신청구분	1. 주사무소 신청 □ 2. 분사무소 신청 □ 3. 주·분사무소 일괄신청 □		
등 기 할 사 항			
이사의 퇴임 · 취임 등과 그 연월일	1. 퇴임한 이사 이사 ○ ○ ○ (OOOOOO－OOOOOOO)		

<table>
<tr><td></td><td>20○○. ○. ○. 임기만료
2. 취임한 이사
이사 ○ ○ ○ (○○○○○○-○○○○○○○)
20○○. ○. ○. 취임</td></tr>
<tr><td>기 타</td><td></td></tr>
</table>

<table>
<tr><td colspan="7">신청등기소 및 등록면허세/수수료</td></tr>
<tr><td rowspan="2">순번</td><td rowspan="2">신청등기소</td><td rowspan="2">구분</td><td>등록면허세</td><td rowspan="2">농어촌특별세</td><td rowspan="2">세액합계</td><td rowspan="2">등기신청수수료</td></tr>
<tr><td>지방교육세</td></tr>
<tr><td rowspan="2"></td><td rowspan="2"></td><td rowspan="2"></td><td>금 원</td><td rowspan="2">금 원</td><td rowspan="2">금 원</td><td rowspan="2">금 원</td></tr>
<tr><td>금 원</td></tr>
<tr><td rowspan="2"></td><td rowspan="2"></td><td rowspan="2"></td><td></td><td rowspan="2"></td><td rowspan="2"></td><td rowspan="2"></td></tr>
<tr><td></td></tr>
<tr><td colspan="3" rowspan="2">합 계</td><td></td><td rowspan="2"></td><td rowspan="2"></td><td rowspan="2"></td></tr>
<tr><td></td></tr>
<tr><td colspan="4">등기신청수수료 납부번호</td><td colspan="3"></td></tr>
<tr><td colspan="2">과 세 표 준 액</td><td colspan="5">금 원</td></tr>
<tr><td colspan="7">첨 부 서 면</td></tr>
<tr><td colspan="4">1. 정관등본 1통
1. 이사회의사록 1통
1. 주무관청의 정관변경인가서(또는 인가서등본) 1통
1. 취임승낙서{인감증명, 주민등록 등(초)본 첨부} 1통
1. 대표이사의 인감신고서와 인감대지 1통</td><td colspan="3">1. 사임서(인감증명서 첨부) 1통
1. 가족관계등록부의 증명서(사망시) 1통
1. 재판서등본(파산, 금치산) 1통
1. 등록면허세영수필확인서및통지서 1통
1. 위임장(대리인이 신청할 경우) 1통
〈기 타〉</td></tr>
<tr><td colspan="7">년 월 일

신청인 명 칭
주사무소</td></tr>
</table>

대표자	성 명	(인) (전화 :)	
	주 소		
대리인	성 명	(인) (전화 :)	
	주 소		

지방법원 등기소 귀중

- 신청서 작성요령 -

1. 해당란이 부족할 때에는 별지를 이용합니다.
1. 해당 등기신청과 관계없는 사항에 대하여는 "해당없음"으로 기재하거나 삭제하고, 필요한 사항은 추가 기재합니다.
1. 「인감증명법」에 따른 인감증명서 제출과 함께 관련 서면에 인감을 날인하여야 하는 경우, 본인서명사실확인서를 제출하고 관련 서명을 하거나 전자본인서명확인서 발급증을 제출하고 관련 서면에 서명을 하면 인감증명서를 제출하고 관련 서면에 인감을 날인한 것으로 봅니다.

(용지규격 21㎝ × 29.7㎝)

[주] 1. 이사 등 변경 등기사유의 예

가. 이사 등 증원 : 정관변경에 의하여 이사의 정원을 증원하고 20OO년 O월 O일 이사회에서 다음 사람이 이사로 선임되어 취임하였으므로 그 등기를 구함.

나. 이사 사망·사임 보선 : 대표이사 OOO, 이사 OOO은 사망(사임)하고 20OO년 O월 O일 이사회에서 다음 사람이 대표이사 및 이사에 선임되어 취임하였으므로 그 등기를 구함(또는 이사 OOO은 20OO년 O월 O일 사임하고, 20OO년 이사회에서 다음 사람을 대표이사 및 이사로 선임되어 20OO년 O월 O일 취임하였으므로 그 등기를 구함).

다. 이사(감사) 임기만료 퇴임·보선 : 이사(감사) OOO은 20OO년 O월 O일 임기만료로 퇴임하고 20OO년 O월 O일 이사회에서 다음 사람이 이사(감사)로 선임되어 같은 날 이사(감사)에 취임하였으므로 그 등기를 구함.

라. 이사(감사) 해임·보선 : 이사(감사) OOO은 20OO년 O월 O일 해임되고 다음 사람이 이사(감사)에 선임되어 취임하였으므로 그 등기를 구함.

마. 이사 사임·임기만료 후 권리의무 행사 중 보선 : 이사 OOO은 사임, 이사 OOO은 20OO년 O월 O일 임기만료로 퇴임하였으나 후임자가 없어 그 권리의무 행사 중 20OO년 O월 O일 조합원총회에서 다음 사람이 이사로 선임되어 취임하였으므로 그 등기를 구함.

바. 파산선고로 자격상실 보선 : 이사(감사) OOO은 OO법원의 파산선고로 퇴임하고 다음 사람이 이사(감사)에 선임되어 취임하였으므로 그 등기를 구함.

사. 이사(감사) 중임 : 이사(감사) OOO은 20OO년 O월 O일 임기만료 후 같은 날 중임하였으므로 그 등기를 구함.

2. 이사 등 변경 등기할 사항의 예

가. 이사 등 증원인 때

이사 O O O (OOOOOO－OOOOOOO)
20OO년 O월 O일 취임

나. 사망·사임 보선인 때

대표이사(이사) OOO 20OO년 O월 O일 사망(사임)
대표이사(이사) O O O (OOOOOO－OOOOOOO)
OO시 OO구 OO로 OO
20OO년 O월 O일 취임

다. 이사(감사)가 임기만료로 되임되고 보선인 때

이사(감사) OOO 20OO년 O월 O일 퇴임
이사(감사) O O O (OOOOOO－OOOOOOO)
20OO년 O일 O일 취임

라. 이사(감사)가 해임되고 보선인 때

이사(감사) OOO 20OO년 O월 O일 해임
이사(감사) O O O (OOOOOO－OOOOOOO)
20OO년 O월 O일 취임

마. 이사 사임·임기만료 후 권리의무 행사 중 보선인 때

이사 OOO 20OO년 O월 O일 사임
이사 OOO 20OO년 O월 O일 퇴임
이사 O O O (OOOOOO－OOOOOOO)
20OO년 O월 O일 취임

바. 파산선고로 자격상실 보선

이사(감사) OOO 20OO년 O월 O일 퇴임
이사(감사) O O O (OOOOOO－OOOOOOO)
20OO년 O월 O일 취임

사. 이사(감사)가 중임인 때

이사 O O O (OOOOOO－OOOOOOO)
20OO년 O월 O일 중임
이사(감사) O O O (OOOOOO－OOOOOOO)
20OO년 O월 O일 중임

3. 임원임면시에는 시·도시자에게 보고하면 되므로 사전에 허가 또는 인가를 받아야 하는 것은 아니다(복지 18조 5항).
4. 주무관청의 인가서도착연월일은 이사의 인원수 증원의 경우처럼 정권변경이 필요한 경우에 한하여 기재하는 사항으로서 정관변경에 관한 주무관청의 인가서가 도착한 때를 기재한다.
5. 등록면허세는 변경등기의 등록면허세인 40,200원, 교육세는 등록면허세의 100분의 20(8,040원)을 납부하여야 한다(지방세법 28조). 그러나 명칭·목적·임원등기 등 각종 변경등기신청을 하나의 신청서로 일괄신청하더라도 각각에 대하여 산출한 세액을 합산하여 납부한다. 다만, 동일한 변경사항이 수개인 경우에는 1건의 등록면허세만 납부한다. 조세특례제한법, 지방세법, 관세법 등에 의하여 등록면허세가 감면되는 경우에 그 감면세액의 100분의 20의 농어촌특별세를 납부하여야 한다(다만, 이것도 면제되는 경우도 있다).
6. 등기신청수수료는 6,000원(서면방문), 4,000원(전자표준양식), 2,000원(전자신청)이며, 명칭, 주사무소, 이사변경등기를 하나의 신청서로 신청할 경우에는 각각의 수수료 각 6,000원(서면방문), 4,000원(전자표준양식), 2,000원(전자신청)을 합산하여야 한다. 그러나 수인의 이사, 대표자 등 임원의 퇴임, 취임으로 인한 변경등기는 일괄하여 하나의 임원변경등기신청으로 보아 6,000원(서면방문), 4,000원(전자표준양식), 2,000원(전자신청)만을 납부한다.
7. 이사의 인원수 증원을 위한 정관이 필요한 경우에는 그 정관변경 결의의 이사회의록과 이사의 선임·해임 등을 결의한 이사회회의록을 첨부한다. 사회복지법인 이사회의사록은 공증인의 인증을 받지 아니한다.
8. 첨부서류 중 정관등본은 이사의 선임·해임 등이 정관소정의 방법에 의한 것임을 증명하기 위함과 당해 법인의 이사의 정수를 등기관이 확인할 수 있도록 하기 위하여 이를 첨부한다.
9. 주무관청의 정관변경인가서는 이사의 인원수 증원으로 정관변경을 위한 주무관청의 인가가 필요한 경우 등에 이를 첨부한다. 등본을 첨부하는 경우에는 인가관청의 인증 있는 등본을 첨부하여야 한다.
10. 취임승낙서에는 인감증명서를 첨부하여야 하나, 그 취임승낙취지가 기재된 피선자의 기명날인이 있는 의사록을 첨부한 경우에는 인감증명서의 첨부를 생략할 수 있다. 다만, 대표자와 감사는 인감증명법에 의한 인감증명서와 주민등록등(초)본을 첨부하되, 주민등록번호가 기재된 이사가 중임되는 경우에는 위 등(초)을 첨부하지 않아도 된다.
11. 대표이사의 인감신고서는 인감대지와 함께 제출하여야 한다. 다만 중임의 경우에는 종전의 인감을 습용할 수 있다.

12. 사임서에는 등기소에 제출된 인감도 동일한 인장으로 날인하여야 한다, 그러나 회의석상에서 사임한 취지의 기재가 있고, 그 임원의 기명날인이 있는 의사록을 첨부한 때에는 이의 첨부를 생략할 수 있다.
13. 이 등기는 대표이사가 신청한다.

[첨부서류 1] 이사회의사록(1)

이 사 회 의 사 록

20OO년 O월 O일 OO시 OO분, OO시 OO구 OO로 OO(OO동) 당 법인 회의실(또는 사무소)에서 이사회를 개최하다.

총이사수 : O명　　　　출석이사수 : O명

의장인 대표이사 OOO는 정관규정에 따라 의장석에 등단하여 위와 같이 법정수에 달하는 이사가 출석하였으므로 본 이사회가 적법히 성립되었음을 알리고 개회를 선언한 후, 다음의 의안을 부의하고 심의를 구하다.

제1호　의 안　이사의 인원수 증원의 건

의장은 당 법인의 사업번창으로 인하여 현행 정관상 이사 정원인 O명의 이사만으로는 업무처리가 불가능하므로 부득이 그들 O명으로 증원해야 할 필요가 있음을 상세히 설명하고 그 가부를 물은 바, 전원 이의 없이 찬성하여 만장일치로 그를 승인 가결하다.

제2호　의 안　정관변경의 건

의장은 위 이사의 인원수 증원에 수반하여 현행 정관 제O조를 다음과 같이 변경해야 한다는 취지를 설명하고 그 가부를 물은 바, 전원 이의 없이 찬성하여 만장일치로 그를 승인 가결하다.

제O조(임원의 종별 및 인원수)　당 법인에는 다음의 임원을 둔다.
이사 O명(대표이사 1명, 상무이사 1명 포함)
감사 O명

의장은 이상으로서 회의목적인 의안 전부의 심의를 종료하였으므로 폐회한다고 선언하다(회의종료시각 : OO시 OO분).

위 결의를 명확히 하기 위하여 이 의사록을 작성하고 의장과 출석한 이사가 기명날인하다.

2000. 0. 0.

사회복지법인 000 (직인)
00시 00구 00로 00(00동)
의장겸 대표이사 0 0 0 (인)
이사 0 0 0 (인)
이사 0 0 0 (인)
이사 0 0 0 (인)

[첨부서류 2] 이사회의사록(2)

이 사 회 의 사 록

2000년 0월 0일 00시 00분, 00시 00구 00로 00(00동) 당 법인 회의실(또는 사무소)에서 이사회를 개최하다.

총이사수 : 0명 출석이사수 : 0명

의장인 대표이사 000는 정관규정에 따라 의장석에 등단하여 위와 같이 법정수에 달하는 이사가 출석하였으므로 본 이사회가 적법히 성립되었음을 알리고 개회를 선언한 후, 다음의 의안을 부의하고 심의를 구하다.

제1호 의 안 이사 증원의 건

의장은 정관의 변경에 따라 이사의 인원수가 증원되었으므로 증원된 이사를 새로 선출해야 한다는 취지를 설명하고 그 선출방법을 물은 바, 무기명 비밀투표로 선출하기로 전원 일치되어 즉시 투표를 실시한 결과 다음과 같이 선출되다.

이사 0 0 0 (000000－0000000)
00시 00구 00로 00(00동)

위 피선자는 즉석에서 그 취임을 승낙하다.

제2호 의 안 이사 해임의 건

의장은 당 법인의 이사 OOO은 당 법인의 목적에 위배되는 어떠 어떠한 행위를 하였으므로 부득이 해임함이 상당하다는 취지를 상세히 설명하고 그 가부를 물은 바, 전원 이의 없이 찬성하여 만장일치로 그 해임을 가결하다.

제3호 의 안 이사 보선의 건

의장은 이사 OOO는 20OO년 O월 O일 사임하여 결원이 생겼으므로 그를 보선해야 한다는 취지를 설명하고 그 선출방법을 물은 바, 무기명 비밀투표로 선출하기로 전원 일치되어 즉시 투표를 실시한 결과 다음과 같이 선출되다.

이사 O O O (OOOOOO－OOOOOOO)
OO시 OO구 OO로 OO(OO동)

위 피선자는 즉석에서 그 취임을 승낙하다.

의장은 이상으로서 회의목적인 의안 전부의 심의를 종료하였으므로 폐회한다고 선언하다(회의종료시각 : OO시 OO분).

위 결의를 명확히 하기 위하여 이 의사록을 작성하고 의장과 출석한 이사가 기명날인하다.

20OO. O. O.

사회복지법인 OOO (직인)
OO시 OO구 OO로 OO(OO동)
의장겸 대표이사 O O O (인)
이사 O O O (인)
이사 O O O (인)
이사 O O O (인)

[첨부서류 3] 취임승낙서

취 임 승 낙 서

본인은 20○○년 ○월 ○일 이사회에서 귀 법인의 대표이사(또는 이사)로 선임되었으므로 그 취임을 승낙합니다.

20○○년 ○월 ○일

대표이사(또는 이사) ○ ○ ○ (인)
(○○○○○○－○○○○○○○)
○○시 ○○구 ○○로 ○○(○○동)

사회복지법인 ○○○ 귀중

[주] 취임승낙서에는 인감을 날인하고 인감증명서 및 주민등록등(초)본을 첨부하여야 한다.

[첨부서류 4] 사 임 서

사 임 서

본인은 귀 법인의 이사인 바, 이번에 일신상의 형편에 의하여 그 직을 사임합니다.

20○○년 ○월 ○일

이사 ○ ○ ○ (인)

사회복지법인 ○○○ 귀중

[주] 등기소에 제출된 인감도장으로 찍고 그 인감증명을 첨부해야 한다.

[첨부서류 5] 인감신고서

인감·개인(改印) 신고서

(신고하는 인감날인란) (인감제출자에 관한 사항)

상호(명 칭)		사회복지법인 OOOO	등기번호	
본점(주사무소)		OO시 OO구 OO로 OO(OO동)		
인감제출자	자격/성명	대표이사 O O O		
	주민등록번호	OOOOOO-OOOOOOO		
	주 소	OO시 OO구 OO로 OO(OO동)		

□ 위와 같이 인감을 신고합니다.
□ 위와 같이 개인(改印)하였음을 신고합니다.

년 월 일 (인감 날인란)

신고인 본 인 성 명 (인)
대리인 성 명 (인)

지방법원 등기소 귀중

주 1. 개인인감 날인란에는 「인감증명법」에 의하여 신고한 인감을 날인하고 그 인감증명서(발행일로부터 3개월 이내의 것)를 첨부하여야 합니다. 개인(改印)신고의 경우, 개인인감을 날인하는 대신에 등기소에 신고한 유효한 종전 인감을 날인하여도 됩니다. 또한 인감제출자가 기명날인 또는 서명하였다는 공증인의 인증서면으로 갈음할 수 있습니다.

2. 인감·개인신고서에는 신고하는 인감을 날인한 인감대지를 첨부하여야 합니다.

3. 지배인이 인감을 신고하는 경우에는 인감제출자의 주소란에 지배인을 둔 장소를 기재하고, 「상업등기규칙」 제35조제3항의 보증서면(영업주가 등기소에 신고한 인감 날인)을 첨부하여야 합니다. 위 보증서면은 아래의 보증서면란에 기재하는 것으로 갈음할 수 있습니다.

<table>
<tr><td>

보 증 서 면

위 신고하는 인감은 지배인 OOO의 인감임이 틀림없음을 보증합니다.

대표이사 (법인인감)

</td></tr>
<tr><td>

위 임 장

성 명 : 주민등록번호(-)
주 소 :

위의 사람에게, 위 인감신고 또는 개인신고에 관한 일체의 권한을 위임함.

20 년 월 일

인감(개인) 신고인 성 명 (인)

</td></tr>
</table>

[주] 1. 이 인감신고서는 등기소에 제출하는 것으로서, 인감크기는 변의 길이가 2.4센티미터 정사각형 안에는 들어갈 수 있고, 1센티미터 정사각형 안에는 들어갈 수 없는 것이어야 한다.

2. 인감을 분실할 경우에는 개인신고를 할 수 있다.

[첨부서류 6] 인감대지

인 감 대 지

	신고하는 인감날인란	상 호(명 칭) : 사회복지법인 OOOOO 자격 및 성명 : 대표이사 O O O 주민등록번호 : OOOOOO-OOOOOOO

[주] 1. 자격은 대표이사(이사), 이사장, 지배인, 대리인, 상호사용자, 무능력자, 법정대리인 등으로 기재한다.

2. 현행 상업등기규칙에는 인감대지의 규격이 정하여져 있지 아니하나 인감대지의 규격은 가로 16센티미터 세로 4센티미터로 하는 것이 좋다.

[첨부서류 7] 인감카드 등(재)발급신청서

인감카드 등 (재)발급신청서

상 호(명 칭)			등기번호	
본 점(주사무소)				
인감 제출자	자격 / 성명			
	주민등록번호			

발급사유	□ 최초발급 □ 카드분실 □ 카드훼손 □ 인감증명서발급기능 □ 기타 ( )		
매체구분	□ 인감카드 □ HSM USB	인감카드 비밀번호	(변경후 :)
수 수 료	금 원	납부번호	

위와 같이 인감카드 등의 (재)발급을 신청합니다.

년 월 일 (인감 날인란)

신청인 인감제출자 (본 인) 성 명 (인) (전화 :)
(대리인) 성 명 (인) (전화 :)

지방법원 등기소 귀중

접수번호		인감카드번호	

주 1. 인감카드 비밀번호란에는 (재)발급받아 사용할 인감카드의 비밀번호를 기재하며, 아라비아숫자 6자릿수를 기재하여야 합니다. 다만, 인감카드 재발급의l 경우에는 기존 인감카드의 비밀번호와 재발급받아 사용할 인감카드의 비밀번호(변경 후)를 기재하여야 합니다.

2. 인감카드의 (재)발급을 신청하는 경우에는 등기소에 제출한 인감을 날인하여야 합니다. 다만, 인감카드 재발급의 경우 기존 인감카드 비밀번호를 기재할 수 없을 때에는 인감제출자 본인은 신분증명서 사본을, 위임에 의한 대리인은 인감제출자가 「인감증명법」에 따라 신고한 인감을 신청서에 날인하고 그 인감증명서 및 대리인의 신분증

명서 사본을 각각 첨부하여야 합니다.
3. 인감카드의 재발급을 신청할 때에는 「등기사항증명서 등 수수료규칙」으로 정하는 수수료를 납부하여야 합니다. 다만, 인감카드를 반납할 때에는 수수료를 납부할 필요가 없습니다.

위 임 장

성 명 : 주민등록번호(-)
주 소 :

위의 사람에게, 위 (재)발급신청서에 기재된 인감카드 등의 발급신청과 그 수령 등에 관한 일체의 권한을 위임함.

20OO년 O월 O일

인감신고인 성 명 (인) (전화)

[서식 30] 사회복지법인 변경등기신청서(대표이사, 공동대표규정변경)

사회복지법인 변경등기신청

접 수	년 월 일	처 리 인	등기관 확인	각종 통지
	제 호			

명 칭	사회복지법인 ○○○	등기번호	제○○○○호
주 사 무 소	○○시 ○○구 ○○로 ○○(○○동)		
등기의 목적	대표이사(공동대표이사규정) 변경		
등기의 사유	대표이사 ○○○은 20○○년 ○월 ○일 임기만료로 퇴임하고, 같은 날 이사회의 결의로 다음 사람이 대표이사인 이사로 선임되어 같은 날 취임하였으므로 그 등기를 구함.		

인가서도착연월일	20○○년 ○월 ○일
주사무소/분사무소 신청구분	1. 주사무소 신청 □ 2. 분사무소 신청 □ 3. 주·분사무소 일괄신청 □
등 기 할 사 항	
대표이사, 이사 등의 퇴임 · 취임 및 그 연월일	1. 퇴임한 대표이사인 이사 대표이사인 이사 ○ ○ ○ (○○○○○○-○○○○○○○) 20○○. ○. ○. 임기만료 2. 취임한 대표이사인 이사 이 사 ○ ○ ○ (○○○○○○-○○○○○○○) 20○○. ○. ○. 취임 대표이사 ○ ○ ○ (○○○○○○-○○○○○○○) ○○시 ○○구 ○○로 ○○(○○동) 20○○. ○. ○. 취임
기 타	

신청등기소 및 등록면허세/수수료						
순번	신청등기소	구분	등록면허세 지방교육세	농어촌특별세	세액합계	등기신청수수료
			금 원 금 원	금 원	금 원	금 원
합 계						
등기신청수수료 납부번호						
과 세 표 준 액	금 원					

첨 부 서 면	
1. 이사회의사록 1통 1. 주무관청의 정관변경인가서(또는 인가서등본) 1통	1. 대표이사의 인감신고서와 인감대지 1통 1. 등록면허세영수필확인서및통지서 1통

<table>
<tr><td>1. 사임서(인감증명서 첨부) 2통
1. 취임승낙서{인감증명, 주민등록 등(초)본 첨부} 2통</td><td>1. 위임장(대리인이 신청할 경우) 1통</td></tr>
<tr><td colspan="2">년 월 일

신청인 명 칭
주사무소
대표자 성 명 (인) (전화 :)
주 소
대리인 성 명 (인) (전화 :)
주 소

지방법원 등기소 귀중</td></tr>
</table>

- 신청서 작성요령 -

1. 해당란이 부족할 때에는 별지를 이용합니다.
1. 해당 등기신청과 관계없는 사항에 대하여는 "해당없음"으로 기재하거나 삭제하고, 필요한 사항은 추가 기재합니다.
1. 「인감증명법」에 따른 인감증명서 제출과 함께 관련 서면에 인감을 날인하여야 하는 경우, 본인서명사실확인서를 제출하고 관련 서명을 하거나 전자본인서명확인서 발급증을 제출하고 관련 서면에 서명을 하면 인감증명서를 제출하고 관련 서면에 인감을 날인한 것으로 봅니다.

(용지규격 21㎝ × 29.7㎝)

[주] 1. 대표이사(공동대표이사규정)변경 등기사유의 예

가. 이사직 퇴임으로 인한 대표이사직의 퇴임보선 : 대표이사인 이사 OOO은 20OO년 O월 O일 사망(사임, 임기만료로 퇴임)하고, 20OO년 O월 O일 이사회의 결의로 다음 사람이 대표이사인 이사로 선임되어 같은 날 취임하였으므로 다음 사항의 등기를 구함.

나. 대표이사직만의 사임 후 : 대표이사인 이사 OOO는 20OO년 O월 O일 대표이사직만 사임하고, 20OO년 O월 O일 이사회의 결의로 다음 사람이 대표이사로 선임되어 같은 날 취임하였으므로 그 등기를 구함.

다. 중임 : 대표이사 OOO는 20OO년 O월 O일 임기만료이나 20OO년 O월 O일 이사회의 결의로 재선되어 같은 날 중임하였으므로 다음 사항의 등기를 구함.

라. 공동대표규정설정 : 20OO년 O월 O일 이사회의 결의로 공동대표규정을 설정하였으므로(… 설정하고 주무관청으로부터 정관변경인가를 받았으므로) 다음 사항의 등기를 구함.

마. 공동대표규정폐지 : 20OO년 O월 O일 이사회의 결의로 공동대표규정을 폐지함에 따라(… 폐지하고 주무관청으로부터 정관변경인가를 받아) 다음 사람이 각자 대표하게 되었으므로 다음 사항의 등기를 구함.

2. 대표이사(공동대표이사규정)변경 등기할 사항의 예

가. 대표이사인 이사가 이사직 퇴임으로 인한 대표이사직 퇴임 보선인 때

대표이사인 이사 OOO　　20OO년 O월 O일 사망(사임, 퇴임)
이사 O O O (OOOOOO－OOOOOOO)
대표이사 O O O (OOOOOO－OOOOOOO)
OO시 OO구 OO로 OO(OO동)
각 20OO년 O월 O일 취임

나. 대표이사직만의 사임 후 보선인 때

대표이사 OOO　　20OO년 O월 O일 사임
대표이사(이사) O O O (OOOOOO－OOOOOOO)
OO시 OO구 OO로 OO(OO동)
20OO년 O월 O일 취임

다. 중임인 때(퇴임일과 취임일이 같아야 한다)

공동대표이사 O O O (OOOOOO－OOOOOOO)
OO시 OO구 OO로 OO(OO동)
20OO년 O월 O일 중임

라. 공동대표규정설정

공동대표이사 O O O (OOOOOO－OOOOOOO)
OO시 OO구 OO로 OO(OO동)
20OO년 O월 O일 공동대표규정설정
공동대표이사 O O O (OOOOOO－OOOOOOO)
OO시 OO구 OO로 OO(OO동)
20OO년 O월 O일 공동대표규정설정

마. 공동대표규정폐지

대표이사 O O O (OOOOOO－OOOOOOO)
OO시 OO구 OO로 OO(OO동)
20OO년 O월 O일 공동대표규정폐지
대표이사 O O O (OOOOOO－OOOOOOO)
OO시 OO구 OO로 OO(OO동)
20OO년 O월 O일 공동대표규정폐지

3. 정관변경이 필요한 경우에는 주무관청의 인가를 받아야 하므로, 이 경우 인가서가 도착한 일자를 기재한다.
4. 사회복지사업법에는 법인의 임원으로 대표이사와 이사, 감사를 규정하고 있으나, 공동대표에 대한 규정은 없다. 그러나 대표이사를 1인으로 제한하는 규정은 없으며, 민법에서는 각 이사가 각자 법인을 대표하는 것이 원칙이나, 정관으로 달리 정할 수 있고(민법 59조), 이를 등기할 수 있는 데(민법 49조 2항) 등기사항 중 사회복지사업법에 규정되지 아니한 사항은 민법을 준용하므로, 사회복지법인에서도 정관으로 공동대표규정을 둘 수 있다고 본다. 다만, 정관에서 공동대표규정을 두고 있지 아니한 경우에는 공동대표규정을 선정할 수 없다고 본다.
5. 임원임면시에는 시·도시자에게 보고하면 되므로 사전에 허가 또는 인가를 받아야 하는 것은 아니다(복지 18조 5항).
6. 등록면허세는 변경등기의 등록면허세인 40,200원, 교육세는 등록면허세의 100분의 20(8,040원)을 납부하여야 한다(지방세법 28조). 그러나 명칭·목적·임원등기 등 각종 변경등기신청을 하나의 신청서로 일괄신청하더라도 각각에 대하여 산출한 세액을 합산하여 납부한다. 다만, 동일한 변경사항이 수개인 경우에는 1건의 등록면허세만 납부한다. 조세특례제한법, 지방세법, 관세법 등에 의하여 등록면허세가 감면되는 경우에 그 감면세액의 100분의 20의 농어촌특별세를 납부하여야 한다(다만, 이것도 면제되는 경우도 있다).
7. 등기신청수수료는 6,000원(서면방문), 4,000원(전자표준양식), 2,000원(전자신청)이며, 명칭, 주사무소, 이사변경등기를 하나의 신청서로 신청할 경우에는 각각의 수수료 각 6,000원(서면방문), 4,000원(전자표준양식), 2,000원(전자신청)을 합산하여야 한다. 그러나 수인의 이사, 대표자 등 임원의 퇴임, 취임으로 인한 변경등기는 일괄하여 하나의 임원변경등기신청으로 보아 6,000원(서면방문), 4,000원(전자표준양식), 2,000원(전자신청)만을 납부한다.
8. 대표권제한규정의 신설·폐지를 위한 정관변경, 대표이사의 선임 등을 결의한 이사회의사록을 첨부한다. 사회복지법인 이사회의사록은 공증인의 인증을 받지 아니한다.
9. 취임승낙서에는 인감증명서와 주민등록등(초)본을 첨부한다.
10. 대표자가 변경되면 인감증명을 위한 인감대지도 변경되어야 하고, 대표권의 신설·변경·폐지의 경우에도 동일하므로 이때에는 대표자의 인감신고서와 인감대지를 첨부하되, 대표자의 인감증명은 중임의 경우에는 종전의 인감을 습용할 수 있으나, 새로 취임하는 대표자는 인감증명법에 의한 인감을 첨부해야 한다.
11. 이 등기는 대표이사가 신청한다.

[첨부서류 1] 이사회의사록

이 사 회 의 사 록

20OO년 O월 O일 OO시 OO분, OO시 OO구 OO로 OO(OO동) 당 법인 회의실(또는 사무소)에서 이사회를 개최하다.

총이사수 : O명　　　　출석이사수 : O명

의장인 대표이사 OOO는 정관규정에 따라 의장석에 등단하여 위와 같이 법정수에 달하는 이사가 출석하였으므로 본 이사회가 적법히 성립되었음을 알리고 개회를 선언한 후, 다음의 의안을 부의하고 심의를 구하다.

제1호 의 안 대표이시 선출의 건

의장은 이사인 대표이사 OOO가 20OO년 O월 O일 이사직을 사임하여 결원이 생겼으므로 그를 보선해야 한다는 취지를 설명하고 그 선출방법을 물은 바, 무기명 비밀투표로 선출하기로 전원 일치되어 즉시 투표를 실시한 결과 다음과 같이 선출되다.

대표이사 O O O (OOOOOO－OOOOOOO)
OO시 OO구 OO로 OO

위 피선자는 즉석에서 그 취임을 승낙하다.

의장은 이상으로서 회의목적인 의안 전부의 심의를 종료하였으므로 폐회한다고 선언하다(회의종료시각 : OO시 OO분).

위 결의를 명확히 하기 위하여 이 의사록을 작성하고 의장과 출석한 이사가 기명날인하다.

20OO. O. O.

사회복지법인 OOO　　　(직인)
OO시 OO구 OO로 OO(OO동)
의장겸 대표이사 O O O (인)

이사 ○ ○ ○ (인)
이사 ○ ○ ○ (인)
이사 ○ ○ ○ (인)

[서식 31] 사회복지법인 변경등기신청서(행정구역변경으로 인하여 사무소 표시가 변경)

<table>
<tr><td colspan="5" align="center">사회복지법인 변경등기신청</td></tr>
<tr><td rowspan="2">접 수</td><td>년 월 일</td><td rowspan="2">처 리 인</td><td>등기관 확인</td><td>각종 통지</td></tr>
<tr><td>제 호</td><td></td><td></td></tr>
</table>

<table>
<tr><td>명 칭</td><td>사회복지법인 ○○○</td><td>등기번호</td><td>제○○○○호</td></tr>
<tr><td>주 사 무 소</td><td colspan="3">○○시 ○○구 ○○로 ○○(○○동)</td></tr>
<tr><td>분 사 무 소</td><td colspan="3">○○시 ○○구 ○○로 ○○(○○동)</td></tr>
<tr><td>등기의 목적</td><td colspan="3">행정구역변경(행정구역 명칭변경)으로 인한 주사무소(분사무소) 변경등기</td></tr>
<tr><td>등기의 사유</td><td colspan="3">20○○년 ○월 ○일 행정구역변경(행정구역 명칭변경)으로 주사무소의 주소(○○시 ○○구 ○○로 ○○(○○동)의 분사무소)가 다음과 같이 변경되었으므로(… 변경되어 20○○년 ○월 ○일 주사무소소재지 관할등기소에서 등기를 하였으므로 이 등기소에서) 그 등기를 구함.</td></tr>
<tr><td>주사무소/분사무소 신청구분</td><td colspan="3">1. 주사무소 신청 □ 2. 분사무소 신청 □ 3. 주·분사무소 일괄신청 □</td></tr>
<tr><td colspan="4" align="center">등 기 할 사 항</td></tr>
<tr><td>변경된 주소(주사무소 · 분사무소)와 그 연월일</td><td colspan="3">주사무소(또는 분사무소) : ○○시 ○○구 ○○로 ○○(○○동)
20○○. ○. ○. 변경</td></tr>
<tr><td>기 타</td><td colspan="3"></td></tr>
</table>

<table>
<tr><th colspan="8">신청등기소 및 등록면허세/수수료</th></tr>
<tr><th rowspan="2">순번</th><th rowspan="2">신청등기소</th><th rowspan="2">구분</th><th>등록면허세</th><th rowspan="2">농어촌특별세</th><th rowspan="2">세액합계</th><th rowspan="2">등기신청수수료</th></tr>
<tr><th>지방교육세</th></tr>
<tr><td rowspan="2"></td><td rowspan="2"></td><td rowspan="2"></td><td>금 원</td><td rowspan="2">금 원</td><td rowspan="2">금 원</td><td rowspan="2">금 원</td></tr>
<tr><td>금 원</td></tr>
<tr><td rowspan="2"></td><td rowspan="2"></td><td rowspan="2"></td><td></td><td rowspan="2"></td><td rowspan="2"></td><td rowspan="2"></td></tr>
<tr><td></td></tr>
<tr><td colspan="3" rowspan="2">합 계</td><td></td><td rowspan="2"></td><td rowspan="2"></td><td rowspan="2"></td></tr>
<tr><td></td></tr>
<tr><td colspan="4">등기신청수수료 납부번호</td><td colspan="3"></td></tr>
<tr><td colspan="2">과 세 표 준 액</td><td colspan="5">금 원</td></tr>
<tr><th colspan="7">점 부 서 면</th></tr>
<tr><td colspan="4">1. 행정구역변경증명서(토지대장등본) 1통
1. 인감신고서와 인감대지 각 1통</td><td colspan="3">1. 위임장(대리인이 신청할 경우) 1통
〈기 타〉</td></tr>
<tr><td colspan="7">년 월 일

신청인 명 칭
주사무소
대표자 성 명 (인) (전화 :)
주 소
대리인 성 명 (인) (전화 :)
주 소

지방법원 등기소 귀중</td></tr>
</table>

- 신청서 작성요령 -

1. 해당란이 부족할 때에는 별지를 이용합니다.
1. 해당 등기신청과 관계없는 사항에 대하여는 "해당없음"으로 기재하거나 삭제하고, 필요한 사항은 추가 기재합니다.
1. 「인감증명법」에 따른 인감증명서 제출과 함께 관련 서면에 인감을 날인하여야 하

는 경우, 본인서명사실확인서를 제출하고 관련 서명을 하거나 전자본인서명확인서 발급증을 제출하고 관련 서면에 서명을 하면 인감증명서를 제출하고 관련 서면에 인감을 날인한 것으로 봅니다.

(용지규격 21㎝ × 29.7㎝)

[주] 1. 등기의 사유란 후단의 ( )안은 분사무소소재지에서 이 등기를 신청하는 경우의 예이다.
2. 등록면허세 및 교육세, 농어촌특별세는 비과세이고(지방세법 26조 2항, 농특세법시행령 4조), 등기신청수수료는 면제된다.
3. 주사무소소재지에서 행정구역변경, 개명 등으로 인한 주사무소 변경등기를 신청할 때에는 이미 제출한 인감의 사무소 등의 기재사항의 표시가 달라지게 되므로 변경된 사무소 또는 개명된 성명이 기재된 이사의 인감대지와 인감신고서도 제출해야 한다.
4. 이 등기는 대표이사가 신청한다.

[서식 32] 사회복지법인 변경등기신청서(행정구역변경으로 인하여 대표이사의 주소가 변경된 경우)

사회복지법인 변경등기신청

접 수	년 월 일	처 리 인	등기관 확인	각종 통지
	제 호			

명 칭	사회복지법인 ○○○	등기번호	제○○○○호
주 사 무 소	○○시 ○○구 ○○로 ○○(○○동)		
분 사 무 소	○○시 ○○구 ○○로 ○○(○○동)		
등기의 목적	행정구역변경(또는 행정구역 명칭변경)으로 대표이사 주소변경 등기		
등기의 사유	20○○년 ○월 ○일 행정구역변경(행정구역 명칭변경)으로 인하여 대표이사 ○○○의 주소가 다음과 같이 변경되었으므로(… 변		

	경되어 20○○년 ○월 ○일 주사무소소재지 관할등기소에서 등기를 하였으므로 이 등기소에서) 그 등기를 구함.
주사무소/분사무소 신청구분	1. 주사무소 신청 ☐ 2. 분사무소 신청 ☐ 3. 주·분사무소 일괄신청 ☐
등 기 할 사 항	
변경된 주소와 그 변경연월일	대표이사 ○○○의 주소 : ○○시 ○○구 ○○로 ○○(○○) 20○○. ○. ○. 변경
기 타	

신청등기소 및 등록면허세/수수료						
순번	신청등기소	구분	등록면허세 지방교육세	농어촌특별세	세액합계	등기신청수수료
			금 원 금 원	금 원	금 원	금 원
합 계						
등기신청수수료 납부번호						
과 세 표 준 액	금 원					
첨 부 서 면						
1. 토지대장(또는 주민등록초본) 1통			1. 위임장(대리인이 신청할 경우) 1통			

년 월 일

신청인 명 칭

주사무소

대표자 성 명 (인) (전화 :)

주 소

대리인 성 명		(인) (전화 :)
주 소		
지방법원 등기소 귀중		

- 신청서 작성요령 -

1. 해당란이 부족할 때에는 별지를 이용합니다.
1. 해당 등기신청과 관계없는 사항에 대하여는 "해당없음"으로 기재하거나 삭제하고, 필요한 사항은 추가 기재합니다.

(용지규격 21㎝ × 29.7㎝)

[주] 1. 등기의 사유란 후단의 ( )안은 분사무소소재지에서 이 등기를 신청하는 경우의 예이다.
2. 분사무소에서 신청하는 경우에는 대표이사의 주민등록번호도 기재한다.
3. 등록면허세 및 교육세, 농어촌특별세는 비과세이고(지방세법 26조 2항, 농특세법시행령 4조), 등기신청수수료는 면제된다.
4. 이 등기는 대표이사가 신청한다.

[서식 33] 사회복지법인 변경등기신청서(개명, 전거로 인한 대표이사의 성명, 주소가 변경된 경우)

사회복지법인 변경등기신청				
접 수	년 월 일	처 리 인	등기관 확인	각종 통지
	제 호			

명 칭	사회복지법인 ○○○	등기번호	제○○○○호
주 사 무 소	○○시 ○○구 ○○로 ○○(○○동)		
분 사 무 소	○○시 ○○구 ○○로 ○○(○○동)		
등기의 목적	개명(전거)로 인한 대표이사의 성명(주소) 변경등기		

등기의 사유	(1) 개명의 경우 20○○년 ○월 ○일 ○○지방법원의 허가를 받아 대표이사(이사) ○○○의 성명을 다음과 같이 변경하였으므로(… 변경하고 20○○년 ○월 ○일 주사무소소재지 관할등기소에서 등기를 하였으므로 이 등기소에서) 그 등기를 구함. (2) 주소변경의 경우 20○○년 ○월 ○일 대표이사 ○○○의 주소를 다음 장소로 이전하였으므로(… 이전하여 20○○년 ○월 ○일 주사무소소재지 관할등기소에서 등기를 하였으므로 이 등기소에서) 그 등기를 구함.
주사무소/분사무소 신청구분	1. 주사무소 신청 □ 2. 분사무소 신청 □ 3. 주·분사무소 일괄신청 □
등 기 할 사 항	
변경된 주소(성명)와 이전(변경)연월일	(1) 개명의 경우 대표이사(이사)의 성명 ○ ○ ○ 20○○. ○. ○. 개명 (2) 주소변경의 경우 대표이사 ○○○의 주소 : ○○시 ○○구 ○○로 ○○(○○동) 20○○. ○. ○. 이전
기 타	

신청등기소 및 등록면허세/수수료						
순번	신청등기소	구분	등록면허세 / 지방교육세	농어촌특별세	세액합계	등기신청수수료
			금 원 / 금 원	금 원	금 원	금 원
합 계						
등기신청수수료 납부번호						
과 세 표 준 액	금 원					

<table>
<tr><th colspan="2">첨 부 서 면</th></tr>
<tr><td>1. 기본증명서(개명의 경우) 1통
1. 주민등록등(초)본(주소·주민등록번호 변경의 경우 1통
1. 인감신고서와 인감대지 1통</td><td>1. 등록면허세영수필확인서및통지서 1통
1. 위임장(대리인이 신청할 경우) 1통
〈기 타〉</td></tr>
<tr><td colspan="2">년 월 일

신청인 명 칭
주사무소
대표자 성 명 (인) (전화 :)
주 소
대리인 성 명 (인) (전화 :)
주 소

지방법원 등기소 귀중</td></tr>
</table>

- 신청서 작성요령 -

1. 해당란이 부족할 때에는 별지를 이용합니다.
1. 해당 등기신청과 관계없는 사항에 대하여는 "해당없음"으로 기재하거나 삭제하고, 필요한 사항은 추가 기재합니다.
1. 「인감증명법」에 따른 인감증명서 제출과 함께 관련 서면에 인감을 날인하여야 하는 경우, 본인서명사실확인서를 제출하고 관련 서명을 하거나 전자본인서명확인서 발급증을 제출하고 관련 서면에 서명을 하면 인감증명서를 제출하고 관련 서면에 인감을 날인한 것으로 봅니다.

(용지규격 21㎝ × 29.7㎝)

[주] 1. 등기의 사유란 후단의 ( )안은 분사무소소재지에서 이 등기를 신청하는 경우의 예이다.

2. 등록면허세는 변경등기의 등록면허세인 40,200원, 교육세는 등록면허세의 100분의 20(8,040원)을 납부하여야 한다(지방세법 28조). 다만, 주민등록번호가 변경되는 경우에는 등록면허세. 교육세, 등기신청수수료가 면제된다. 그리고 명칭·목적·임원등기 등 각종 변경등기신청을 하나의 신청서로 일괄 신청하더라도 각각에 대하여 산출한 세액을 합산하여 납부한다.

3. 등기신청수수료는 6,000원(서면방문), 4,000원(전자표준양식), 2,000원(전자신청)이며, 명칭, 주사무소, 이사변경등기를 하나의 신청서로 신청할 경우에

는 각각의 수수료 각 6,000원(서면방문), 4,000원(전자표준양식), 2,000원(전자신청)을 합산하여야 한다.

4. 주사무소소재지에서 대표이사의 성명변경의 등기를 신청할 때에는 이미 제출한 인감의 성명의 표시가 달라지게 되므로 변경된 성명으로 기재된 당해 대표이사의 인감신고서 및 인감대지도 제출해야 한다.
5. 이 등기는 대표이사가 신청한다.

제 4 편

영농(영어)법인의 등기
(영농(영어)조합법인과 농(어)업회사법인)

제1장 총 설

제1절 의 의

농업법인이란 농어업경영체육성및지원에관한법률 제16조에 따라 설립된 영농조합법인과 같은 법 제19조에 따라 설립되고 업무집행권을 가진 자 중 3분의 1 이상이 농업인인 농업회사법인을 말한다.

그리고 영농조합법인이란 협업적 농업경영을 통하여 생산성을 높이고 농산물의 출하·유통·가공·수출 등을 공동으로 하려는 농업인 또는 농어업·농어촌및식품산업기본법 제3조 제4호에 따른 농업관련 생산자단체는 5인 이상을 조합원으로 하여 설립하는 법인이다(농어업경영체육성및지원에관한법률 16조).

영농조합법인은 법인이 농지를 소유하면서 협업적 영농을 하는 제도로서 영리법인의 성격을 가지며, 법인세법 적용에 있에서도 영리법인으로 취급된다.

농업회사법인이란 기업적 농업경영을 통하여 생산성을 향상시키거나 생산된 농산물을 유통·가공·판매함으로써 농업의 부가가치성을 높이고 농업경영이 곤란한 농업인의 농작업의 전부 또는 일부를 대행하여 영농의 편의를 도모하고자 농업인과 농산물의 생산자단체가 설립하는 법인으로서(농어업경영체육성및지원에관한법률 19조), 농업회사법인은 합명회사, 합자회사, 유한회사, 주식회사 등으로 설립할 수 있다.

통상 민법법인이나 특수법인은 주무관청의 허가나 인가가 요건이 요건이나 영농조합법인 및 농업회사법인은 농어업경영체육성및지원에관한법률에 의하여 설립되는 특수법인으로서 법인설립에 따른 인가나 허가가 필요 없으며 일정한 요건을 갖추어 설립등기함으로써 법으로 성립한다.

농업회사법인은 상법 중 회사에 관한 규정을 준용하고 그 설립형태가 합명회사, 합자회사, 유한회사, 주식회사이므로(농어업경영체육성및지원에관한법률 19조 8항), 이는 상법상의 회사와 같다고 할 수 있다. 따라서 이에 대하여는 상업등기부분을 참조하여야 한다.

영농조합법인과 농업회사법인의 비교

구 분	영농조합법인	농업회사법인
성 격		기업적 농업경영
법적근거	농어업경영체육성및지원에관한법률 제16조	농어업경영체육성및지원에관한법률 제16조
설립자격	농업인, 농산물의 생산자단체	농업인, 농산물의 생산자단체
발기인수	조합원 5인 이상	① 합명회사 : 무한책임사원 2인 이상, ② 합자회사 : 유·무한 각 1인 이상, ③ 주식회사(주주 3인이상 : 자본금 10억 이상, 주주 1이상 : 자본금 10억 미만)
출자제한	조합원 및 준조합원 출자한도 제한 없음(단, 정관으로 제한가능)	비농업법인의 출자액의 합계는 그 농업회사법인 총출자액의 1/2을 초과할 수 없다. ※ 농업의 경영 및 그 부대사업
사 업	* 농업인과 관련된 공동이용시설의 설치 또는 운영 * 농작물의 공동출하·가공 및 수출 * 농작물의 대행 * 기타 조합원의 목적달성을 위하여 정관으로 정한 상업	* 기업적 농업경영 * 생산된 농작물의 유통·가공·판매 * 농작물의 대행(부대사업) * 영농에 필요한 자재의 생산·공급 * 영농에 필요한 종료생산 및 종균배양 * 농산물의 구매, 비축사업 * 농업기계 기타 장비의 임대·수리·보관사업 * 소규모 관개시설의 수탁·관리사업
의 결 권	1인 1표	출자지분에 한함
농지소유	농지소유 가능	농지소유 가능
다른법률의 준용	민법 중 조합에 관한 규정	상법 중 회사에 관한 규정

설립운용	농업인이 자율적으로 설립·운영 (정부의 인·허가없음)	영농조합법인과 같음
생산자단체의 가입	농업·축협·임협·엽연초생산협·인삼협동조합	농협·축협·임협·엽연초생산협·인삼협동조합
국 세	* 법인세 면제 * 부가가치세 면제 * 인지세 면제	* 법인세감면(5년간 50% 감면) * 부가가치세 면제 * 인지세 면제
지방세	취득세, 등록면허세(설립시), 재산세, 종합소득세, 사업소득세 면제	영농조합법인과 같음
출자조합원(사원)에 대한 감면	* 양소소득세 면제 * 배당소득 감면	* 없음 * 없음
통지의무	* 설립등기후 30일 이내에 관할 구·시·군의 장에게 설립사실을 통지하여야 한다.	

농업회사법인의 발기설립과 모집설립의 차이점

구 분	발기설립(주로 이용)	모집설립
상 호	동일한 상호만 아니면 가능	발기설립과 같음.
정관 및 의사록의 효력	자본금이 10억 미만이면 발기인이 정관 및 의사록에 기명날인 또는 서명함(공증 불필요).	공증 필요
주금납입보관증명서	자본금 10억 미만인 경우 잔고증명서로 대체	주금납입금 보관증명서 첨부
최저자본금 제도 폐지	최저자본금 5천만원 폐지됨.	발기설립과 같음.
전자주주명부 제도	정관에 정하는 바에 따라 전자문서로 주주명부 작성	발기설립과 같음.
주주총회개최	자본금이 10억원 미만인 회사는 소집절차없이 주주총회를 개최	발기설립과 같음.
서면에 의한 주주총회의 결의	자본금이 10억원 미만인 회사는 서면에 의한 주주총회 허용	발기설립과 같음.

이사의 수	자본금이 10억원 미만인 회사는 1명 이상	발기설립과 같음.
감사의 선임	자본금이 10억원 미만인 회사는 없어도 가능	발기설립과 같음.
이사회제도	소규모 회사로서 이사가 1명 또는 2명의 이사회구성 면제	발기설립과 같음.
주식인수	전부 발기인들이 인수함(상법 295조 1항).	일부는 발기인이 인수하고 남은 부분은 인수할 주주를 모집함(상법 302조).
주금의 납입	발기인이 지정한 납입은행, 기타 금융기관의 납입장소에 함(상법 295조 1항).	주식청약서에 기재한 은행 기타 금융기관의 납입장소에 하여야 함(상법 305조 2항, 302조 2항).
납입의 형태	일반원칙(채무불이행)에 의함.	실권절차가 있음(상법 307조).
창립총회	불필요	필요함
이사·감사의 선임	발기인의 의결권의 과반수로 이사 등을 선임함(상법 296조 1항).	창립총회에서 출석한 주식인수인의 의결권의 3분의 2 이상이며, 인수된 주식 총수의 과반수에 해당하는 다수로 이사 등을 선임함(상법 309조, 312조).
대표이사 선임	이사회(정관으로 발기인회에서 선임하도록 정할 수 있음)	이사회(정관으로 창립총회에서 선임하도록 정할 수 있음).
변태설립사항의 조사	법원이 선임한 검사인 또는 공증인, 공인된 감정인이 조사하여 법원에 보고하고, 법원은 이를 인가 또는 변경할 수 있음(상법 299조, 299조의2, 300조).	법원이 선임한 검사인 또는 공증인, 공증된 감정인이 조사하여 법원에 접수 후 창립총회에 보고서를 제출하고, 창립총회에서 이를 변경할 수 있음.
설립경과의 조사	이사와 감사가 조사하여 발기인에게 보고함(상법 298조 1항).	이사와 감사가 조사하여 창립총회에 보고함(상법 313조 1항).
설립 전 원시정관의 변경	발기인 전원의 동의와 자본금이 10억원 이상인 경우 공증 필요	창립총회의 결의만으로 가능(공증 불필요)
설립 중의 회사 구성원	발기인	발기인과 주식인수인

※ 농업회사법인 주식회사 발기설립시 자본금이 10억 미만인 경우 등기방법

1. 주식회사의 상호 중에는 "주식회사"라는 문자를 사용해야 하는 점 이외에는 별다른 제한이 없으나, 동일한 시·군내에서 동종영업을 위하여 타인이 등기한 상호나 어느 회사의 지점이나 출장소 등과 같이 회사의 독립성이 인정되지 않고 그 일부임을 표시하는 듯한 상호로는 등기할 수 없다. 또한 농업(어업)회사법인은 상법상 회사의 형태를 띠어야 하므로 일반 주식회사 설립과 마찬가지로 상호의 전 또는 후에 상법상 형태가 들어가야 한다. 따라서 "주식회사"가 중간에 들어갈 수 없으므로 "농업(어업)회사법인 OOO주식회사" 또는 "주식회사 농업(어업)회사법인 OOO"으로 신청해야 한다.
2. 본점의 표시는 정관의 경우와는 달리 그 소재지번까지 기재한다.
3. 발기인 수 : 1인 이상(즉, 1인 주주도 가능하고, 발기인은 이사와 감사를 겸할 수 있으며, 보통 이사와 감사는 발기인 중에서 선임하여 이때는 조사보고는 공증인이어야 하므로, 이러한 절차를 줄이기 위해서는 이사·감사 중에 발기인이 아닌 사람이 1명 이상 있어야 한다.
4. 임원 : ① 통상, 대표이사 1명, 이사 2명, 감사 1명으로 한다. 이사 1명으로 해야 할 경우 대표이사 명칭을 사용하지 못한다. ② 감사가 발기인이 되면 1주 이상의 주식을 가져야 된다. ③ 감사가 발기인이 아닌 경우는 주식 없어도 된다. ④ 감사는 1명(없어도 됨).
5. 주식의 수 : ① 주식의 수는 제한이 없고 정관에 규정되어야 한다(회사가 총발행할 주식수 및 발행할 주식의 명기사항은 정관의 형식적 필수사항임. 액면가액은 100원, 500원, 1,000원, 2,500원, 5,000원, 10,000원 등 선택가능하고 정관에 규정되어야 함). ② 감사가 발기인이 아닌 경우에는 감사는 주식이 없어도 된다. ③ 법인도 현물출자가 가능하다.
6. 1주의 금액 : 정관에 기재된 1주의 금액을 말하며, 1주의 금액은 100원 이상 이어야 하며, 회사가 수종의 주식을 발행하는 경우에도 균일하여야 한다.
7. 발행할 주식의 총수 : 회사가 발행할 수 있는 주식수의 한도에서 정관에 기재된 발행할 주식의 총수를 말하며(발행예정주식 또는 수권주식총수), 설립시에 발행하는 주식의 총수는 회사가 발행할 주식의 총수의 4분의 1 이상 이어야 한다.
8. 발행주식의 총수, 그 종류와 각종 주식의 내용과 수 : 정관에 규정된 설립시에 발행하는 주식의 수와 종류를 말하며, 설립시에 발행하는 주식의 총수는 회사가 발행할 주식의 총수의 4분의 1 이상 이어야 한다. 주식의 종류는 보통주식, 우선주식, 후배주식 등이 있다.
9. 자본총액 : 회사설립시에 발행하는 주식총수의 액면총액이 자본총액이다.
10. 상대적 기재사항 : 변태설립사항, 존립기간, 해산사유, 주식매수선택권의 부여, 주식양도한규정 등이 있다.
11. 임의적 기재사항 : 이사·감사의 원수, 정기주주총회의 소집일시, 회사의 영업연도 등

이 있다.

12. 농업회사법인등기의 설립등기에 대한 등록면허세와 교육세는 설립등기시에는 면제되고, 변경등기시에는 납부한다. 조세특례제한법, 지방세법, 관세법 등에 의하여 등록면허세가 감면되는 경우에 그 감면세액의 100분의 20의 농어촌특별세를 납부하여야 하나, 영농조합법인 및 농업회사법인의 설립등기시에는 이것도 면제된다(농특세법 4조).
13. 등기신청수수료는 설립의 경우 30,000원(서면방문), 25,000원(전자표준양식), 20,000 원(전자신청)이다.
14. 정관은 공증인의 인증을 받음으로서 효력이 생긴다. 다만, 자본금 총액이 10억원 미만인 회사를 발기 설립하는 경우에는 공증인의 인증을 받을 필요가 없이 각 발기인이 정관에 기명날인 또는 서명함으로써 발생한다.
15. 주식발행동의서 : 회사설립시 발행하는 주식의 종류와 수, 액면 이상의 주식을 발행하는 경우 이에 관하여 정관에 다른 정함이 없으면 발기인 전원의 동의로 이를 결정하여야 하며, 이를 증명하는 서면으로 발기인 전원이 기명 날인하여야 한다.
16. 발기인총회의사록 : ① 주금이 납입이 완료된 때에는 발기인은 회의를 열어 의결권의 과반수로 이사와 감사를 선임하고 발기인들이 회의를 개최하여 의사결정을 한 경우에는 의사록을 작성하여야 한다. ② 자본금이 10억 미만인 회사는 주주전원의 동의가 있을 경우에는 소집절차 없이 창립총회를 개최할 수 없고, 서면에 의한 결의로서 창립총회 결의를 할 수 있다, 서면에 의한 결의로써 창립총회 결의를 갈음할 수 있다. 또한 결의의 목적사항에 대하여 주주전원이 서면으로 동의한 때에는 서면에 의한 결의가 있는 것으로 본다.
17. 이사회의사록 : ① 소규모회사(자본금 10억원 미만)의 이사가 1명 또는 2명인 경우 이사회를 구성하지 않고 이사회의 권한을 각 이사(정관에 따라 대표이사를 정한 경우에는 그 대표이사) 또는 주주총회에서 행사한다. ② 이사회의 결의는 이사과반수의 출석과 출석이사 과반수로 한다. 그러나 정관으로 그 비율을 이보다 높게 정할 수 있으나 완화할 수는 없다.
18. 주식납입보관증명서 : ① 주식을 인수한 발기인은 지체 없이 그 인수가액을 지정된 금융기관에 납입하여야 하며, 발기인은 납입금을 보관하여 있는 금융기관에 보관금액에 관하여 증명서를 교부받아 제출하여야 한다. 다만 소규모회사(10억 미만)의 경우 주금납입증명서를 잔고증명서로 대체할 수 있다. ② 이 증명의 발급은 설립등기 관할등기소에 등기되지 아니한 경우 그 자격을 증명하는 법인등기부등본 또는 지배인등기부등본을 첨부한다.
19. 주금납입 또는 잔고증명서 발급 절차 : ① 공증된 창립총회의사록, 이사회의사록, 정관, 주식청약서와 인수증을 가지고 대표이사가 은행에 가서 주금납입보관서(또는 영수증)(: 법인통장에 자본금을 입금해야 됨) 2통을 주면 등기신청서와 창립총회의사록, 이사회

의사록, 정관, 주금납입보관증명서, 주식청약서, 취임승낙서(대표이사 등), 주민등록초본(대표이사 2통, 그 외 1통, 대표이사 이외의 임원은 주민등록증 사본, 자동차운전면허증 사본으로 가능), 인감신고서, 인감증명, 위임장을 제출하여 등기가 완료되면 법인등기부등본, 법인인감증명, 사업자등록증, 법인도장, 주금입금증을 가지고 주금을 찾을 수 있다. ② 주금납입절차없이 은행에 가서 발기인대표 명의로 된 예금통장을 만들어 자본금을 입금시키고 잔고증명서 3부를 발급받으면 그 다음날 인출이 가능하다.

20. 재산인도증 : ① 출자의 목적물은 납입기일까지 실제로 회사에 이전되어야 한다. 금전 이외의 재산을 현물로 출자를 하였을 경우 동산은 현실로 인도하여야 하며, 등기·등록을 요하는 경우는 이에 관한 서류를 완비하여 교부하여야 한다. 등기신청서에는 이러한 이행을 완료하였음을 증명하는 서면을 첨부하여야 한다. 즉, 현물출자계약서(포괄적인 사업양도·양수계약서), 현물출자 재산인수증, 현물출자 재산인도증 등을 첨부한다. ② 출자재산이 부동산인 경우 아직 회사가 성립등기가 되지 아니하여 법인격을 취득하지 못한 상태에서 직접 회사 앞으로 소유권이전등기를 할 수 없으므로 결국 이전등기서류 등을 인도하게 된다.

21. 이사·감사의 조사보고서 : ① 이사와 감사는 회사설립에 관한 사항이 법령 또는 정관의 규정에 위반되는지 여부를 조사하여 발기인에게 보고하여야 하며, 그 조사보고서 제출하여야 한다. ② 이사와 감사중 발기인이었던 자, 현물출자자 또는 회사성립 후 양수할 재산의 계약당사자인 자는 위의 조사·보고에 참가하지 못한다. ③ 임원중에 주주가 아닌 사람이 1명 이상 있어야 한다. 임원은 조사보고자격이 없기 때문에 모든 임원이 발기인인 경우에는 공증인을 조사보고자로 선임하거나 법원에 조사보고자 선임신청을 해야 하는데 공증인의 경우에는 비용이 많이 들고 법원에 조사보고서 역시 시간이 걸린다. 따라서 임원중에 주식을 인수하지 않은 임원 1인 이상을 두거나, 만일 안된다면 모집설립방식으로 복잡하지만 기종의 방식대로 주금납입절차를 거칠 수밖에 없다.

22. 공증인의 변태설립사항보고서, 공인된 감정인의 감정서, 검사인 조사보고서 등본 : 현물출자 등 변태설립사항이 있을 경우 검사인이 변태설립사항에 관하여 조사하여 작성한 조사보고서, 또는 이에 관련된 조사를 공증인이나 감정인이 하였을 때에는 공증인의 조사보고서나 감정인의 감정서를 법원에 보고한 후 법원으로부터 송부받은 부본을 제출하여야 한다.

23. 취임승낙서 : 대표이사는 인감신고서에 첨부한 인감증명서로 원용할 수 있다. 이사는 이사회의사록에 취임승낙을 한다는 취지가 기재되고, 의사록에 날인하였으면 취임승낙서는 필요 없다.

24. 주권에 관한 명의개서대리인을 둔 때에는 명의개서 대리인과의 계약을 증명하는 서면을 첨부한다.

제2절 조합원과 준조합원

1. 조 합 원

가. 농 업 인

농업인이란 농업을 경영하거나 이에 종사하는 자로서 대통령령으로 정하는 기준에 해당하는 자를 말한다(농업·농촌및식품산업기본법 3조 2항 가목).

여기서 "대통령령으로 정하는 기준에 해당하는 자"란 다음 각 호의 어느 하나에 해당하는 사람을 말한다(농업·농촌및식품산업기본법 시행령 3조 1항).

(1) 1천제곱미터 이상의 농지(농어촌정비법 제98조에 따라 비농업인이나 분양받거나 임대받은 농어촌 주택 등에 부속된 농지는 제외한다)를 경영하거나 경작하는 사람

(2) 농업경영을 통한 농산물의 연간 판매액이 120만원 이상인 사람

(3) 1년 중 90일 이상 농업에 종사하는 사람

(4) 농어업경영체육성및지원에관한법률 제16조 제1항에 따라 설립된 영농조합법인의 농산물 출하·유통·가공·수출활동에 1년 이상 계속하여 고용된 사람

(5) 농어업경영체육성및지원에관한법률 제19조 제1항에 따라 설립된 농업회사법인의 농산물 유통·가공·판매활동에 1년 이상 계속하여 고용된 사람

나. 농업생산단체

생산자단체란 농업 생산력의 증진과 농업인의 권익보호를 위한 농업인의 자주적인 조직으로서 대통령령으로 정하는 단체를 말한다(농업·농촌및식품산업기본법 3조 4호).

여기서 "대통령령으로 정하는 단체"란 다음 각 호의 단체를 말한다(농업·농촌및식품산업기본법 시행령 4조).

(1) 농업협동조합법에 따른 조합 및 그 중앙회

(2) 산림조합법에 따른 조합 및 그 중앙회
(3) 엽연초생산협동조합에 따른 엽연초생산협동조합 및 그 중앙회
(5) 농산물을 공동으로 생산하거나 농산물을 생산하여 공동으로 판매·가공 또는 수출하기 위하여 농업인 5명 이상이 모여 결성한 법인격이 있는 전문생산자 조직으로서 농림축산식품부장관이 정하는 요건을 갖춘 단체

2. 준조합원

농업인이 아닌 자로서 대통령령으로 정하는 자는 정관으로 정하는 바에 따라 영농조합법인에 출자하고 준조합원으로 가입할 수 있다. 이 경우 의결권은 행사하지 못한다(농어업경영체육성및지원에관한법률 17조 2항).

영농조합법인에 준조합원으로 가입할 수 있는 자는 다음 각 호와 같다(농어업경영체육성및지원에관한법률 14조 1항).

(1) 영농조합법인에 생산자재를 공급하거나 생산기술을 제공하는 자
(2) 영농조합법인에 농지를 임대하거나 농지의 경영을 위탁하는 자
(3) 그 밖에 농업인이 아닌 자로서 영농조합법인의 사업에 참여하기 위하여 영농조합법인에 출자하는 자

3. 영농조합법인의 생산자단체 가입

영농조합법인은 대통령령으로 정하는 농업생산자단체의 조합원 또는 준조합원으로 가입할 수 있다(농어업경영체육성및지원에관한법률 17조 2항).

영농조합법인이 조합원 또는 준조합원으로 가입할 수 있는 농업생산자단체는 농업협동조합·산림조합 및 엽연초생산협동조합으로 한다(농어업경영체육성및지원에관한법률 17조 2항).

제3절 출 자

1. 의 의

영농조합법인의 조합원은 정관에서 정하는 바에 따라 농지, 현금 및 그 밖의 현물로 출자할 수 있으며, 출자한도는 조합원이나 준조합원도 제한이 없다.

2. 출자자산의 내역을 기재한 서류

영농조합법인의 설립등기를 신청할 때에 첨부한 출자자산의 내역을 기재한 서류로 영농조합법인을 대표할 조합원이 작성한 출자자산의 내역을 기재한 출자자산내역서를 첨부하면 된다.

3. 현물출자

영농조합법인에 농지가 아닌 토지를 현물출자 할 수 있으며, 등기원인을 현물출자로 하여 영농조합법인 명의로 소유권이전등기신청도 가능하다.

4. 의 결 권

영농조합법인은 기본성격이 민법상의 조합이기 때문에 조합원의 출자액과 상관없이 모두 1인 1표씩 동일하다.

제4절 영농조합법인의 농지취득

영농조합법인도 농지를 취득할 때 원칙적으로 농지취득자격증명을 발급받아야 하나, 농지의 공동이용 또는 집단이용을 목적으로 구성된 단체로서 농지의 공동이용 또는 집단이용에 관한 사항이 규약으로 정하여지고 그 구성원인 농업인 또는 농업법인의 수가 10인 이상으로 구성된 1개의 농업법인만으로는 농지법시행령 제18조 제6호의 단체에 해당되지 않으며, 또한 구성원인 농업인 또는 농업법인의 수가 10인 이상인 단체라 하더라도 농지법 제16조의 규정에 의한 농지이용증진사업계획에 의하여 농지를 취득하는 것이 아니라면 그 단체가 농지를 취득할 때 농지취득자격증명을 첨부하여야 할 것이다(등기선례 5-721, 1997. 7. 13. 등기 3402-517 질의회답).

제2장 설립등기

영농조합법인 및 농업회사법인은 그 주된 사무소소재지에서 조합법인을 대표할 조합원 또는 대표이사가 관할등기소에서 등기신청하여 설립등기를 함으로써 성립한다(농어업경영체육성및지원에관한법률 16조 2항, 19조 8항). 즉, 설립등기는 법인의 성립요건으로서 설립등기를 하지 아니하면 정관을 작성하고 창립총회를 하여도 법인으로 성립하지 아니한다.

[서식 34] 영농조합법인 설립등기신청서

영농조합법인 설립등기신청

접 수	년 월 일	처 리 인	등기관 확인	각종 통지
	제 호			

등 기 의 목 적	영농조합법인 설립
등 기 의 사 유	농어업경영체육성및지원에관한법률의 규정에 의하여 영농조합을 설립하기 위하여 20○○년 ○월 ○일 정관을 작성하고 20○○년 ○월 ○일 출자금을 납입하고 창립총회를 종료하여 영농조합법인의 설립절차를 마쳤으므로 다음 사항의 등기를 구함.
주사무소/분사무소 신청구분	1. 주사무소 신청 □ 2. 분사무소 신청 □ 3. 주·분사무소 일괄신청 □
등 기 할 사 항	
명 칭	○○영농조합법인
주 사 무 소	○○시 ○○구 ○○로 ○○(○○동)
목 적	본 조합법인은 협업적 농업경영을 통하여 생산성을 높이고 농산물의 공동출하 및 유통, 가공, 수출 등을 통하여 조합원의 소득증대를 도모함을 목적으로 다음 사업을 한다.

	1. 농산물의 집단재배 및 공동작업에 관한 사업 1. 농업의 경영 및 부대사업 1. 농산물의 가공·유통 및 판매업 1. 농산물 직판장 설치 및 운영 1. 공동육묘장 설치 및 운영 1. 농업에 관련된 공동이용시설의 설치 및 운영 1. 농기계 및 시설의 대여사업 1. 농작물의 대행 1. 농산물의 공동출하·가공 및 수출 1. 위 사업에 관련된 부대사업 일체
분 사 무 소	ㅇㅇ시 ㅇㅇ구 ㅇㅇ로 ㅇㅇ(ㅇㅇ동)
존립시기 또는 해산 사유	본 조합은 다음의 경우에는 해산된다. 1. 총회에서 해산 및 합병을 의결한 경우 2. 파산한 경우 또는 법원의 해신명령을 받은 경우 3. 조합원이 5인 미만이 된 후 1년 이내에 5인 이상이 되지 아니한 경우
자산의 총액	금 ㅇㅇㅇㅇㅇ원
출자 1좌의 금액	금 10,000원
출자액의 산정방법	농지·농기계 등 현물의 출자액 산출은 이사회(설립시는 창립총회)에서 정하는 평가율에 의하여 환가한다.
출자의 방법	농지, 현금 기타 현물을 이사회에서 정하는 납입일자에 일시 납입한다.
조합원과 준조합원의 출자한도	조합원은 200좌 이상의 출자를 불입하여야 하며, 준조합원은 100좌 이상의 출자를 불입하여야 한다.
총출자좌수와 납입한 총출자액	총출좌수 : ㅇㅇㅇㅇ좌 납입한 출자의 총액 : 금 ㅇㅇㅇㅇㅇㅇ원
이사·감사의 성명, 주민등록번호	이사 홍 길 동 (OOOOOO－OOOOOOO) 이사 ㅇ ㅇ ㅇ (OOOOOO－OOOOOOO) 이사 ㅇ ㅇ ㅇ (OOOOOO－OOOOOOO) 이사 ㅇ ㅇ ㅇ (OOOOOO－OOOOOOO) 감사 ㅇ ㅇ ㅇ (OOOOOO－OOOOOOO)

법인을 대표할 조합원(대표이사)의 성명, 주민등록번호, 주소	대표이사 홍 길 동 (OOOOOO－OOOOOOO) ○○시 ○○구 ○○로 ○○(○○동)
기 타	

신청등기소 및 등록면허세/수수료						
순번	신청등기소	구분	등록면허세 / 지방교육세	농어촌특별세	세액합계	등기신청수수료
			지방세특례제한법 11조 4항에 의거 면제			금 원
합 계						
등기신청수수료 납부번호						
과 세 표 준 액	금 원					

첨 부 서 면	
1. 일반건축물대장(또는 행정안전부 도로명내출력물) 1통 1. 정관 1통 1. 창립총회의사록 1통 1. 농업인확인서(또는 농업경영체등록 확인서) 통 1. 현물출자계약서(현물출자의 경우) 1통	1. 출자금납입증명서 1통 1. 인감신고서 및 인감증명서 각 1통 1. 임원의 취임승낙서와 인감증명서 통 1. 주민등록등(초)본(임원) 통 1. 법인인감카드발급신청서 1통 1. 등록면허세영수필확인서및통지서 1통 1. 위임장(대리인이 신청할 경우) 1통

년 월 일

신청인 명 칭
주사무소
대표자 성 명 (인) (전화 :)
주 소
대리인 성 명 (인) (전화 :)
주 소

지방법원 등기소 귀중

- 신청서 작성요령 -

1. 해당란이 부족할 때에는 별지를 이용합니다.
1. 해당 등기신청과 관계없는 사항에 대하여는 "해당없음"으로 기재하거나 삭제하고, 필요한 사항은 추가 기재합니다.
1. 「인감증명법」에 따른 인감증명서 제출과 함께 관련 서면에 인감을 날인하여야 하는 경우, 본인서명사실확인서를 제출하고 관련 서명을 하거나 전자본인서명확인서 발급증을 제출하고 관련 서면에 서명을 하면 인감증명서를 제출하고 관련 서면에 인감을 날인한 것으로 봅니다.

(용지규격 21㎝ × 29.7㎝)

[주] 1. 등기신청서에 기재하는 주사무소의 주소는 그 소재지번까지 확정하여 기재해야 하나, 정관에는 최소행정구역까지만 기재해도 된다.

2. 분사무소는 설립당초부터 분사무소를 설치한 경우에 한하여 기재한다.

3. 이사·감사의 성명, 주민등록번호란의 기재는 이사를 전원의 성명과 주민등록번호를 기재하되 이사를 선임하지 아니한 경우에는 이를 기재하지 아니한다. 감사도 이사와 같이 필요기관은 아니므로 선임하지 않아도 된다. 다만 감사도 성명과 주민등록번호만을 기재하며, 주소는 기재할 필요가 없다.

4. 법인을 대표할 조합원(대표이사)의 성명과 주민등록번호, 주소란의 기재는 임원의 선임이 없으면 조합법인을 대표할 조합원을 기재하되, 그 명칭은 대표이사가 아니라 조합법인을 대표할 조합원이 된다. 수인의 대표이사가 공동으로 영농조합법인을 대표하도록 정한 때에는 그에 관한 사항도 기재하고, 대표이사는 그 주소도 기재한다.

   다만, 이사가 대표이사를 선임하는 경우에는 대표이사의 성명, 주소만 기재하면 되나, 법인에 임원이 없고, 조합법인을 대표할 조합원을 두는 경우에는 법인을 대표할 조합원의 성명·주민등록번호 및 주소를 기재한다.

   이사가 수인인 때에는 이사 각자가 단독으로 대표함이 원칙이나 예외로 그 대표권을 제한한 때에는 그 대표권자만이 법인을 대표할 수 있다.

5. 해산사유는 정관으로 정하지 아니하면 기재할 필요가 없으며 정관에 정해진 경우에 한하여 기재한다.

6. 정관에 규정한 출자의 산정방법, 출자의 방법, 출자한도를 명확히 기재하고, 이사회를 두지 아니한 경우에는 조합원총회에서 정하는 일자로 하여야 한다. 조합원 1인이 출자할 수 있는 한도는 정관에서 정한 범위 내에서 출자할 수 있다. 종전에는 3분의 1을 초과할 수 없었다.

7. 등록면허세와 교육세는 설립등기시에는 비과세(면제)되고(농특세법 제4조 제

2항), 변경등기시에는 납부한다.

8. 등기신청수수료는 설립의 경우 30,000원(서면방문), 25,000원(전자표준양식), 20,000원(전자신청)이다.
9. 과세표준액은 납입한 출자금의 총액을 기재한다.
10. 첨부서류 중 정관에 관하여 주식회사나 유한회사는 정관의 인증을 받아야 하나, 비영리법인과 영리법인은 정관의 인증할 필요가 없으므로 영농조합법인의 정관에는 공증인의 인증을 받을 필요가 없으나 농업회사법인 중 주식회사와 유한회사로 설립하는 경우에는 공증인의 인증을 받아야 한다(단, 자본금 총액이 10억 미만인 경우에는 공증인의 인증을 받을 필요가 없다).
11. 창립총회의사록은 공증인의 인증을 받아야 한다.
12. ① 출자내역을 기재한 서류로서 재산목록 등을 첨부하되, 현물출자를 한 경우에는 현물출자계약서를 첨부하고 조합원이 현금 등을 출자한 경우에는 그 납입을 증명하는 서면도 첨부한다. ② 설립등기 후 사업자등록신청 전에 부동산(농지)소유권이전등기신청이 가능하다(등기원인은 현물출자로 현물출자계약서를 첨부하여 소유권이전등기를 하여야 한다). ③ 법인 통장에 출자금을 입금할 때에는 한꺼번에 입금하여야 한다.
13. 임원 및 대표조합원을 증명하는 서류로서 창립총회에서 이사 및 감사만 선임되고 대표이사를 이사회에서 선임하도록 정한 경우에는 이를 선임한 이사회의사록을 첨부하고, 정관에서 사무소의 소재지를 최소행정구역까지만 정한 경우에는 이 사무소소재지를 결정한 이사회의사록을 첨부한다.
14. 법인대표자의 인감신고서와 인감대지 및 행정기관에서 발급한 인감증명서를 첨부하여 제출하여야 한다.
15. 설립당초의 이사 및 감사를 정관으로 정한 때에도 취임승낙서는 따로 첨부해야 하나 임원을 창립총회에서 선임하고 선임자의 기명날인과 그의 취임승낙서의 기재가 있는 의사록을 첨부한 때에는 그 기재를 원용하여 이를 따로 첨부하지 않아도 된다.
    취임승낙서에는 인감증명법에 의하여 신고된 인감을 날인하고 그 인감증명서(발생일로부터 3개월 이내의 것)을 첨부하여야 한다, 그러나 대표자를 제외하고는 공증된 의사록에 선임 즉시 취임승낙의 뜻이 기재되고 그 의사록에 날인한 자는 인감증명을 제출할 필요가 없다. 그리고 이사와 감사는 주민등록등(초)본을 첨부하여야 한다.
16. 법인의 설립등기를 하고자 하는 경우에는 법인인감발급카드신청서를 작성, 제출하여야 한다.
17. 이 등기는 본 법인을 대표하는 대표이사가 신청한다.
18. 위임장은 대리인에 의하여 신청하는 경우에 한하여 첨부한다.

19. 법인인감증명서는 법인인감카드 또는 전자증명서(HSM USB)로 발급받을 수 있으므로 설립등기 완료 후 법인인감도장을 지참하여 법인인감카드 또는 전자증명서(HSM USB)를 발급받도록 한다.
20. 설립등기후 30일 이내에 관할 시장 · 군수에게 설립사실을 통지해야 한다.

[첨부서류 1] 위 임 장

위 임 장

법무사 홍 길 동
OO시 OO구 OO동 OO(OO동)
전화 : OOO-OOO, 팩스 : OOO-OOO

위 사람을 대리인으로 정하고 다음사항의 권한을 위임한다.

다 음

1. OO영농조합법인 설립등기신청서의 작성 및 제출하는 행위
1. 등기신청의 취하에 관한 행위
1. OOO의 원본환부 및 수령하는 행위
1. 기타 이에 부수되는 일체의 행위

20OO년 O월 O일

위임인 설립증인 OO영농조합법인
OO시 OO구 OO로 OO(OO동)
대표이사 O O O (인)

[주] 법인을 대표할 대표이사가 대리인에게 위임해야 하며 위임장에 날인하는 인장은 등기소에 제출하는 인감과 동일한 인장이거나, 인감증명법에 의한 인영과 동일한 것이어야 한다.

[첨부서류 2] 영농조합법인 정관례

OO영농조합법인 정관

제 1 장 총 칙

제1조 (명칭) 본 조합법인은 농어업경영체육성및지원에관한법률 제16조에 의하여 설립된 영농조합법인으로서 그 명칭은 OO영농조합법인(이하 "조합법인"이라 한다)이라 한다.

※ 명칭 중에는 반드시 "영농조합법인"이라는 명칭을 사용하여야 한다.

제2조 (목적) 본 조합법인은 협업적 농업경영을 통하여 생산성을 높이고 농산물의 공동출하 및 유통, 가공, 수출 등을 통하여 조합원의 소득증대를 도모함을 목적으로 한다.

※ 조합법인의 목적은 구체적으로 표현할 수 있으나, 농어업경영체육성및지원에관한법률 제16조 제1항의 규정에 부합되어야 한다.

제3조 (사무소의 소재지) 본 조합법인의 사무소는 OO시 OO구 OO로 OO(OO동)에 둔다.

※ 별도의 분사무소를 두는 조합법인은 "본 조합법인의 사무소는"을 "본 조합법인의 주된 주사무소는"으로 고치고 제1항으로 하며, 제2항은 다음과 같이 한다.

2. 본 조합법인의 분사무소는 OO시 OO구 OO로 OO(OO동)에 둔다.

[유례] (1) 주사무소만 두는 경우

제O조(사무소의 소재지) 1. 본 조합법인의 사무소는 OO시 OO구 OO로 OO(OO동)에 두고 필요시 이사회의 결의로 분사무소를 둘 수 있다.

2. 본 조합법인의 사무소는 OO시에 둔다.

(2) 분사무소를 두는 경우

제O조 (사무소의 소재지) 1. 본 조합법인의 주된 사무소는 OO시 OO구 OO로 OO(OO동)에 둔다.

2. 본 조합법인의 분사무소는 OO시 OO구 OO로 OO(OO동)에 둔다.

제4조 (사업의 종류) 본 조합법인은 그 설립목적을 달성하기 위하여 다음 각 호의 사업을 행한다.

1. 집단재배 및 공동작업에 관한 사업
2. 농산물의 가공·유통 및 판매업
3. 농업에 관련된 공동이용시설의 설치 및 운영
4. 공동육묘장 설치 및 운영
5. 농산물 직판장설치 및 운영

6. 농기계 및 시설의 대여사업
7. 농작업의 대행
8. 농산물의 공동출하·가공 및 수출
9. 조경수 재배 및 조경사업
10. 비닐하우스 특용작물재배
11. 관광농원 및 주말농장 설치운영
12. 농기계 수리센타 설치 및 운영, 농기계 대여산업
13. 위 사업에 관련된 부대사업 일체

제5조 (협동조합에의 가입) 본 조합법인은 OO농업협동조합에 준조합원으로 가입한다.

제6조 (공고방법)

① 본 조합법인의 공고는 본 조합법인의 사무소 게시판에 게시하고 필요하다고 인정할 때는 서면으로 조합원과 준조합원에게 통지하거나 일간신문에 게재할 수 있다(또는 일간 OO경제신문에 게재한다).

② 제1항의 공고기간은 7일 이상으로 한다.

※ 공고는 신문에 게재하는 방법으로 하는 경우에는 특정하는 것이 법적 안정성을 위하여 상당한 공고방법은 위 정관례와 같이 불특정하게 기재하는 것은 바람직하지 않고 오히려 조합원에 관계 있는 사항은 전부 통지를 하고, 조합원에 관계없이 일반적인 것은 상사회사와 같이 특정한 신문에 공고하는 방법 등을 취함이 바람직하다.

제7조 (규정의 제정) 이 정관에서 정한 것 이외에 업무의 집행, 회계, 직원의 채용, 기타 필요한 사항은 별도의 규정으로 정할 수 있다.

제 2 장 조 합 원

제8조 (조합원의 자격)

① 본 조합법인의 조합원이 될 수 있는 농업인은 다음 각 호의 요건을 갖춘 자로 한다.

1. 1천제곱미터 이상의 농지(농어촌정비법 제98조에 따라 비농업인이나 분양받거나 임대받은 농어촌 주택 등에 부속된 농지는 제외한다)를 경영하거나 경작하는 자
2. 농업경영을 통한 농산물의 연간 판매액이 120만원 이상인 자
3. 만 19세 이상의 성년으로서 본 조합법인의 설립취지에 찬동하는 자
4. 1년 중 90일 이상 농업에 종사하는 자
5. 200만원 이상의 현금 또는 이외에 농지, 농기계, 가축, 기타의 현물을 출자한 자.

6. 농어업경영체육성및지원에관한법률 제16조 제1항에 따라 설립된 영농조합법인의 농산물 출하·유통·가공·수출활동에 1년 이상 계속하여 고용된 자
7. 농어업경영체육성및지원에관한법률 제19조 제1항에 따라 설립된 농업회사법인의 농산물 유통·가공·판매활동에 1년 이상 계속하여 고용된 자

② 본 조합법인의 조합원이 될 수 있는 농산물의 생산자단체는 OO협동조합, OOOOO법인으로 한다.

제9조 (준조합원의 자격) 본 조합 법인의 준조합원이 될 수 있는 자는 다음 각 호의 요건을 갖춘 자로 한다.

1. 본 조합법인에 생산자재를 공급하거나 생산기술을 제공하는 자
2. 본 조합법인에 농지를 임대하거나 농지의 경영을 위탁하는 자
3. 본 조합법인이 생산한 농산물을 대량으로 구입·유통·가공 또는 수출하는 자
4. 그 밖에 농업인이 아닌 자로서 영농조합법인의 사업에 참여하기 위하여 영농조합법인에 출자하는 자

제10조 (가입)

① 본 조합법인에 조합원으로 가입하고자 하는 자는 다음 각 호의 사항을 기재한(혹은 증명할 수 있는 서류를 첨부한) 가입신청서를 본 조합법인에 제출하여야 한다. 단 생산자단체의 경우는 제3호 및 사업자등록증(혹은 등기사항전부증명서)을 제출한다.

1. 성명, 주민등록번호, 주소
2. 가족관계
3. 납입 혹은 인수하고자 하는 출자좌수 및 출자의 목적인 재산
4. 경영규모(경지면적, 농산물의 연간판매액) 및 연중 농업종사일 수

② 본 조합법인에 준조합원으로 가입하고자 하는 자는 제1항 제1호 내지 제3호 및 제9조에 의한 준조합의 자격에 해당함을 증명할 수 있는 서류를 제출하여야 한다. 다만, 사업자등록이 된 자(법인포함)는 제1항 제1호 및 제2호 대신 사업자등록증(혹은 법인등기사항전부증명서)을 제출한다.

③ 조합법인은 제1항 및 제2항에 의한 조합원 또는 준조합원 가입신청서를 접수하였을 경우에는 총회에서 그 가입여부를 결정하고, 가입을 승인한 때에는 가입신청자에게 통지하여 출자의 불입(출자의 목적인 재산을 양도하고 등기·등록 기타 권리의 설정 또는 이전이 필요한 경우에는 이에 관한 서류를 완비하여 교부하는 것을 말한다. 이와 같다)을 하게한 후 조합원 또는 준조합원의 명부에 기재한다.

④ 가입신청자는 제3항의 규정에 의하여 출자를 불입함으로써 조합원 또는 준조합의 자격을 갖는다.

⑤ 출자좌수를 늘리려는 조합원에 대해서는 제1항 내지 제3항의 규정을 준용한다.

※ 조합원 또는 준조합원 가입허용여부를 이 조에서 특별히 규정하고자 하는 경우에는 제3항의 내용을 수정 기입할 수 잇다.

제11조 (권리)

① 본 조합법인의 조합원의 권리는 다음 각 호와 같다.

1. 조합법인의 공동작업에 종사하여 노동에 대한 응분의 대가를 받을 권리
2. 지분환불에 대한 청구권
3. 조합법인의 해산시 잔여재산분배청구권
4. 조합법인의 임원선거권과 피선거권
5. 조합법인의 제반회의에 참석하여 의견을 제시할 권리
6. 조합법인의 운영에 참여하여 의견을 제시할 권리
7. 조합법인의 업무집행에 대한 감독 및 감사의 권리

② 제1항 제1호의 조합원의 노동의 대가에 대한 사항은 별도의 규정으로 정한다.

③ 조합원의 출자지분의 다소에 관계없이 1개의 의결권과 선거권을 가진다.

④ 본 조합법인의 준조합원은 제1항 제2호, 제3호 및 제6호의 권리를 가진다.

제12조 (의무)

① 본 조합 법인의 조합원의 의무는 다음 각 호와 같다.

1. 정관 및 제규정을 준수할 의무
2. 조합법인에 대한 출자의무
3. 조합법인의 제반 노동에 참가하고 노동규정을 준수할 의무
4. 총회에 출석할 의무와 총회의 의결사항을 준수할 의무
5. 조합법인의 발전을 위하여 노력할 의무

② 본 조합법인의 준조합원은 제1항 제1호, 제2호, 제5호 및 제4호 중 총회의 의결사항을 준수할 의무를 가진다.

※ 조합법인의 사업, 규모 등에 따라 의무사항을 적절히 추가하여 정할 수 있다.

[주의] 조합법인의 청산시 잔여재산이 있으면 조합원에게 분배되나 채무만 남으면 이 채무를 조합원이 부담하는 것이므로 그 부담부분을 출자비율로 한다거나 평등하게 부담한다든가 등으로 특정함이 분쟁예방과 사업의 성공에 좋다고 할 것이다.

제13조 (탈퇴)

① 탈퇴를 원하는 조합원 또는 준조합원은 60일 전에 탈퇴의사를 서면으로 본 조합법인에 예고하여 탈퇴하며, 그에 따른 모든 정산은 당 회계연도말에 한다.

② 조합원 또는 준조합원은 다음 각 호에 해당하는 사유가 발생하였을 때에는 자연 탈퇴된다.

1. 제8조에 의한 조합원 및 제9조에 의한 준조합원의 자격을 상실하였을 경우
2. 사망

3. 파산(법인의 경우 파산 또는 해산)
4. 금치산 선고
5. 제명
6. 지분 전부를 양도하였을 경우

③ 제2항 제1호의 자격상실은 총회의 결의에 의한다.

④ 조합원 또는 준조합원은 1항의 규정에 불구하고 부득이한 사유 없이 조합법인의 경영상 어려움에 처해 있는 시기에 탈퇴하지 못한다.

※ 다만, 농업인이 자기의 농지를 전부 조합법인에 현물출자하여 농지가 전혀 없는 경우에도 이 조합원은 농업인의 범위에 포함시켜 탈퇴사유가 되지 아니한다 할 것이다.

제14조 (제명)

① 조합원 또는 준조합원이 다음 각 호의 1에 해당하는 경우에는 총회의 의결로서 제명할 수 있다.

1. 제12조에서 규정한 의무를 이행하지 아니한 경우
2. 고의 또는 중대한 과실로 조합법인에 상당한 손해를 입힌 경우
3. 조합을 빙자하여 부당이익을 취한 경우

② 조합법인은 제1항 각 호의 사유로 인한 제명대상 조합원 또는 준조합원에게 총회개최 10일 전에 제명의 사유를 통지하고, 총회에서 변명할 기회를 주어야 하며, 제명을 결정한 때에는 서면으로 통지하여야 한다.

※ 제명은 조합법인에게 가장 중요한 사항이므로 조합원총회에서 정함이 타당하다 할 것이며, 제명사유는 "조합원 3분의 2 이상의 제명요청이 있는 경우" 등을 추가할 수 있다.

제 3 장 출자와 적립금 및 자본

제15조 (출자)

① 본 조합법인에의 출자는 농지·현금·기타 현물(농기계, 가축, 창고, 차량 등)로 할 수 있다.

② 농지·농기계 등 현물의 출자액 산출은 이사회(설립시는 창립총회)에서 정하는 평가율에 의하여 환가한다.

③ 1좌의 금액은 10,000원으로 한다.

④ 조합원은 200좌 이상의 출자를 불입하여야 하며, 준조합원은 100좌 이상의 출자를 불입하여야 한다.

⑤ 제1항의 규정에 의하여 본 조합 법인에 농지를 출자하는 조합원 및 준조합원의 성명, 출자대상 농지 및 그 평가액과 농지출자 좌수를 조합법인의 소정의 서식에 기재하여 관리한다.

⑥ 현물로 출자한 농지는 해당 농지를 출자한 조합원 또는 준조합원의 동의가 없으면 처분하지 못한다.

※ 축산업을 주업으로 하는 조합법인은 제1항은 "기타의 현물"을 가축(축종명시), 초지, 축사, 축산기계 등으로 적절히 규정할 수 있으며, 그 외의 조합법인도 "기타의 현물"을 구체적으로 정할 수 있다.

제16조 (출자증서의 발행)

① 조합법인은 출자를 불입한 조합원 또는 준조합원에게 지체 없이 출자증서를 발급하여야 한다.

② 출자증서는 대표이사 명의로 발급하고 출자좌수, 출자액, 출자재산의 표시(토지의 경우 지번, 지목, 면적을 말한다) 등을 기재하여야 한다.

③ 조합법인이 토지 등을 취득하여 조합원 또는 준조합원에게 증좌 배분하는 경우에 대해서는 제1항과 제2항의 규정을 준용한다.

※ 출자증서의 발행은 세금과 관련되어 있으므로 반드시 출자계산 특히 토지의 경우에는 지번·지목·면적 등이 기재된 출자증서를 발행하여야 한다.

제17조 (출자의 균등화) 조합원 또는 준조합원의 출자를 균등하게 하기 위하여 소액출자자에게 증좌를 허용할 경우에는 그 사정을 고려하여 총회의 의결로써 회계연도말에 증좌를 허용할 수 있다.

제18조 (법정적립금) 본 조합법인은 출자총액과 같은 금액이 될 때까지 매 회계연도 이익금의 100분의 10 이상을 법정적립금으로 적립한다.

※ 법정적립금으로 출자총액의 2배를 적립하고자 할 경우에는 "출자총액과 같은 금액이 될 때까지"를 "출자총액의 2배에 달할 때까지"로 수정한다.

제19조 (사업준비금) 본 조합법인은 장기적인 사업확장 및 다음연도의 사업운영을 위하여 매 회계연도 이익금의 100분의 10 이상을 사업준비금으로 적립한다.

※ OO은 10 이상 50 이내에서 정한다.

제20조 (자본적립금) 본 조합법인은 다음 각 호에 의하여 생기는 금액을 자본적립금으로 적립한다.

1. 재산재평가 차익
2. 합병에 의한 차익
3. 인수재산 차익
4. 외부로부터 증여된 현물 및 현금
5. 국고보조금 등
6. 감자에 의한 차익
7. 고정자산에 대한 보험차익

제21조 (적립금 등의 사용 및 처분)

① 제18조 규정에 의한 법정적립금(이하 '법정적립금'이라 한다)과 제20조에 의한 자본적립금(이하 '자본적립금'이라 한다)은 조합법인의 결손을 보전하는 데 사

용한다.

② 법정적립금과 자본적립금은 조합원 또는 준조합원의 탈퇴나 제명시 지분으로 환불할 수 없다.

③ 제19조의 규정에 의한 사업준비금(이하 '사업준비금'이라 한다)은 조합원 또는 준조합원이 가입한 날로 부터 5년 이내에 탈퇴하거나 제명되는 경우에는 환불할 수 없다.

제22조 (지분의 계산) 본 조합법인의 재산에 대한 조합원과 준조합원의 지분은 다음의 기준에 의하여 계산한다.

1. 납입출자금에 대하여는 납입한 출자액에 따라 매 회계연도마다 이를 계산한다. 다만, 그 재산이 납입출자액의 총액보다 감소되었을 경우에는 조합원과 준조합원의 출자액에 따라 감액하여 계산한다.
2. 사업준비금은 매 회계연도마다 전조합원에게 분할하여 가산하되 제35조 제2항의 규정을 준용한다.

※ 제2호의 사업준비금 배분을 출자지분에 비례하여야 할 경우에는 제2호를 다음과 같이 한다.

2) 사업준비금을 매회계연도마다 전조합원에게 분할하여 가산하되 조합원에게 출자지분의 비율에 따라 배분한다.

제23조 (지분의 상속)

① 조합원 또는 준조합원의 상속인으로서 조합원 또는 준조합원의 사망으로 인하여 지분환불권의 전부 또는 일부를 취득한 자가 즉시 본 조합법인에 가입을 신청하고 조합법인이 이를 승인한 경우에는 상속인은 피상속인의 지분을 승계한다.

② 제1항의 규정에 의한 상속인의 가입신청과 조합법인의 가입승인은 제10조 제1항 내지 제4항의 규정을 준용한다.

제24조 (조합의 지분 취득금지) 본 조합법인은 조합원 또는 준조합원의 지분을 취득하거나 또는 담보의 목적으로 취득하지 못한다.

제25조 (지분의 양도, 양수 및 공유금지) 조합원 및 준조합원은 총회의 승인 의결 없이는 그 지분을 양도, 양수할 수 없으며 공유할 수 없다.

제26조 (탈퇴시의 지분환불)

① 조합원 또는 준조합원이 탈퇴하는 경우에는 탈퇴한 그 조합원의 지분을 현금 또는 현물로 환불한다.

② 환불할 재산 가운데 토지나 건물 등이 조합법인의 공동경영조직을 깨뜨릴 염려가 있어 환불이 곤란한 경우에는 그에 상당하는 다른 토지 및 현금으로 지불할 수 있다.

③ 탈퇴 조합원 및 준조합원이 출자한 토지가 공동경영의 결과로 인하여 지력이 증대되었거나, 노력과 자본의 투자로 인하여 가치가 상승하였을 경우에는 이

에 상당하는 금액을 환불받은 자로부터 징수한다.

④ 탈퇴 조합원 또는 준조합원이 조합법인에 대하여 채무가 있는 경우에는 환불해야 될 지분에서 상계할 수 있다.

⑤ 지분의 환불은 당해 회계연도 말에 한다.

제27조 (출자액의 일부 환불)

① 조합원 또는 준조합원은 부득이한 사유가 있는 경우에는 조합법인에 대하여 출자액의 일부의 환불을 요구할 수 있다.

② 제1항의 규정에 의하여 환불요구를 받은 조합법인은 총회의 의결이 있는 경우에 회계연도 말에 환불할 수 있다. 다만, 부득이한 사유가 있는 경우에는 회계연도 중에 환불하고 회계연도 말에 정산한다.

※ 환불할 수 있는 범위를 특정함이 좋다. 예컨대 조합원이 현물출자한 재산이 조합법인의 존속에 필수 불가결한 경우에는 이를 현금으로 평가하여 환불할 수 있는 규정 등을 둘 필요가 있다.

제 4 장 회 계

제28조 (회계언도) 본 소합법인의 회계연도는 매년 1월 1일에 시작하여 12월 31일에 종료한다.

제29조 (자금관리) 본 조합원의 여유자금은 다음 각 호의 방법에 따라 운용한다.

1. 농업협동조합, 축산업협동조합, 수산업협동조합, 은행, 신용금고에의 예치
2. 국채, 지방채, 정부보증채권 등 금융기관이 발행하는 채권의 취득

※ 제1호의 경우, 주로 거래하는 금융기관을 구체적으로 정할 수 있다.

[주의] 증권은 그 등락이 심하므로 조합법인의 성격상 그 자금관리 영역에서 제외함이 타당하다. 추가하는 경우에는 다음과 같다.

3. 상장법인의 증권의 취득 또는 그 취득을 위한 예시

제30조 (경리공개) 본 조합법인의 모든 장부는 사무소에 비치하여 항상 조합원 및 준조합원에게 공개하며 주요개정에 대한 내역은 정기적으로 게시한다.

※ 주요계정에 대한 내역의 정기적 게시시기를 구체적으로 정하고자 할 경우에는 "정기적으로"를 "매월" "분기마다" 등으로 정한다.

제31조 (사용료 및 수수료)

① 본 조합법인은 조합법인이 행하는 사업에 대하여 사용료 또는 수수료를 징수할 수 있다.

② 제1항의 규정에 의한 사용료 및 수수료에 관하여는 별도의 규정으로 정할 수 있다.

※ 조합법인의 사업에서 조합원이 아닌 자가 부수적으로 사업을 이용하는 경우, 조합법인이 농작업을 수탁하여 대행한 경우와 농기계 및 시설의 공동이용 등에 대

하여 사용료 및 수수료를 징수하고자 하는 조합법인은 반드시 규정하여야 한다.

제32조 (선급금제) 조합법인은 조합원에게 지불할 노임을 회계연도 말에 결산 전에 선급금으로 지불할 수 있다.

제33조 (차입금) 조합법인은 제4조의 사업을 위하여 이사회의결을 거쳐 자금을 차입할 수 있다.

제34조 (수익 배분 순위) 본 조합법인의 총수익은 다음 각 호의 순서로 배분한다.

1. 제세공과금
2. 생산자재비, 임차료, 고용노임 및 생산부대비용("제잡비"를 말한다)
3. 차입금에 대한 원리금 상환
4. 조합원 노임
5. 자산설비에 대한 감가상각
6. 이월결손금 보전

제35조 (이익금의 처분)

① 조합법인의 결산결과 발생된 매 회계연도의 이익금은 제18조의 규정에 의한 법정적립금, 제19조의 규정에 의한 사업준비금을 공제하고 나머지에 대해서는 조합원과 준조합원에게 배당한다.

② 제1항의 배당은 배당할 이익금의 총액을 전조합원과 준조합원의 출자지분의 비율에 따라 배당한다.

※ 제2항의 배당을 달리 하고자 할 경우에는 제2항을 다음과 같이 한다.

② 제1항의 배당은 배당할 이익금의 100분의 30은 전조합원에게 배당하고 나머지 100분의 70은 전조합원 및 준조합원의 출자지분의 비율에 따라 배당한다.

제36조 (손실금의 처리) 조합법인의 결산결과 손실이 발생하였을 경우에는 사업준비금으로 보전하고 사업준비금으로도 부족할 때에는 법정적립금 및 자본적립금 순서로 보전하며 그 적립금으로 부족할 때에는 차연도에 이월한다.

제 5 장 임 원

제37조 (임원의 수) 본 조합법인은 다음 각 호의 임원을 둔다.

1. 대표이사 : 1인
2. 이사 : 3인 이상
3. 감사 : 1인 이상

※ 1. 조합법인의 조합원수, 사업규모 등에 따라 이사 및 감사의 정수를 정한다.
2. 제5호의 부장은 조합법인의 사업에 따라 영농부장, 축산부장, 구매부장, 판매부장, 가공부장 등으로 명기한다.
3. 통상 총무와 부장은 임명하지 아니하고 이사와 대표이사 및 감사를 임원

으로 둔다.

제38조 (임원의 선출) 임원은 총회의 의결로 조합원 중에서 선출한다.

[유례] 임원은 조합원 중에서 선임하는 것이 일반적이나 이를 정관에 규정하지 아니하면 조합원 아닌 자도 임원이 될 수 있다고 해석된다.

제O조(임원의 선출) 임원은 총회의 의결로 조합원 중에서 선출한다. 단, 대표이사는 이사 중에서 이사회 결의로 선출한다.

제39조 (이사회)

① 이사회는 대표이사 및 이사로 구성하며, 대표이사가 그 의장이 된다.

② 이사회는 대표이사가 필요하다고 인정되는 경우 또는 이사 2인 이상의 요구가 있을 경우 소집한다.

제40조 (이사회의 기능) 이사회는 다음 각 호의 사항을 재적이사 과반수의 출석과 출석이사 과반수 이상의 찬성으로 의결한다.

1. 총회의 소집과 총회에 부의할 안건
2. 업무를 운영하는 기본방침에 관한 안건
3. 고정자산의 취득 또는 처분에 관한 사항
4. 총회에서 위임된 사항의 의결
5. 준조합원의 가입, 탈퇴, 및 제명
6. 기타 조합법인의 운영상 필요한 사항

※ 조합법인의 형편에 따라 이사회의 의결사항을 추가하여 정할 수 있다.

[주의] 이사회의 권한으로는 자금의 차입과 차재 등을 추가하여 정할 수 있다.

제41조 (이사회의사록) 이사회에서 의결된 사항은 총무가 기록하여 이사회에 출석한 의장과 이사가 기명날인하여 조합법인에 보관한다.

※ 기록의무자를 정하지 아니하고 의장과 출석한 이사가 날인하도록 정하는 것이 상사법인의 규정이다.

제42조 (임원의 임무)

① 대표이사는 본 조합법인을 대표하고 조합법인의 각종 회의의 의장이 되며, 조합법인의 업무를 총괄하고 조합법인의 경영성과에 대해 책임을 진다.

② 감사는 회계연도마다 조합의 재산과 업무집행상황을 1회 이상 감사하여 그 결과를 총회 및 대표이사에게 보고하여야 한다.

③ 이사는 이사회에서 미리 정한 순서에 따라 대표이사 유고시 그 직무를 대리하고 궐위되었을 때에는 그 직무를 대행한다.

④ 총무는 이사 중에서 선임하여 조합법인의 일반사무와 회계사무를 담당한다.

⑤ 각 부장은 대표이사와 총무를 보좌하며 각 부의 업무를 관장·집행한다.

※ 제5항의 경우 각 부의 업무관장의 범위를 구체적으로 정할 수 있다.

제43조 (임원의 책임)

① 본 조합법인의 임원은 법령에 의한 행정기관의 처분과 정관·규정·사업지침

및 총회와 이사회의 의결사항을 준수하고 본 조합법인을 위하여 그 직무를 성실히 수행하여야 한다.

② 임원이 그 직무를 수행함에 있어 태만, 고의 또는 중대한 과실로 조합법인이나 다른 사람에게 끼친 손해에 대하여는 단독 또는 연대하여 손해배상의 책임을 진다.

③ 이사회가 불법행위 또는 중대한 과실로 조합법인에게 손해를 끼친 경우에는 그 불법행위 또는 중대한 과실에 관련된 이사회에 출석한 구성원은 그 손해에 대하여 조합법인에 연대하여 책임을 진다. 다만, 그 회의에서 명백히 반대의사를 표시한 구성원은 그러하지 아니한다.

④ 제2항 내지 제3항의 구상권의 행사는 이사회에 대하여는 대표이사가, 대표이사와 이사에 대하여는 감사가, 임원 전원에 대하여는 조합원의 3분의 1 이상의 동의를 얻은 조합원 대표가 이를 행한다.

※ 제4항의 경우 조합법인의 형편에 따라 "조합원 3분의 1 이상"을 적절히 정할 수 있다.

제44조 (임원의 임기)

① 임원의 임기는 3년으로 하되 감사의 임기는 2년으로 한다.

② 제1항의 임원의 임기는 전임자의 임기만료일의 다음날로부터 기산한다.

③ 보궐선거에 의한 임원의 임기는 전임자의 잔여기간으로 한다.

※ 임원의 임기는 조정할 수 있으나, 감사와 감사 이외의 임원 임기는 다르게 하여야 한다.

[유례] 감사의 임기는 주식회사와 같이 결산기의 종결시까지 가지는 것이 좋은 바, 그런 경우는 다음과 같다.

제O조(감사의 임기) 감사의 임기는 취임 후 O년내의 최종의 결산기에 관한 정기 조합원총회의 종결시까지로 한다.

제45조 (임원의 해임)

① 조합원이 임원을 해임하고자 하는 경우에는 조합원의 3분의 1 이상의 서면 동의를 얻어 총회에 해임을 요구하고, 해임을 요구하는 총회의 의결로서 해임한다.

② 해임을 의결을 할 때에는 총회 10일 전에 해당 임원에게 서면 통지하여 총회에서 변명할 기회를 주어야 한다.

제46조 (임원의 보수) 임원에 대한 보수는 지급하지 아니하며, 여비 등 필요한 경비는 별도 규정에 의하여 실비로 지급할 수 있다.

제47조 (서류비치의 의무)

① 대표이사는 다음 각 호의 서류를 조합법인의 사무소에 비치하여야 한다.

1. 정관 및 규정
2. 조합원과 준조합원 명부 및 지분대장
3. 총회의사록

4. 기타 필요한 서류

② 대표이사는 정기총회 1주일 전까지 결산보고서를 사무소에 비치하여야 한다.

※ 정관으로 임원을 두지 아니한 경우에는 이 서류의 비치의무를 조합법인을 대표하는 조합원에게 지움이 상당하다.

제 6 장 회의의 운영

제48조 (총회) 총회는 조합원으로 구성하며, 정기총회와 임시총회로 구분한다.

제49조 (총회의 소집)

① 정기총회는 회계연도마다 1회 1월에 대표이사가 소집하며, 대표이사는 총회소집 5일 전까지 회의내용과 회의자료를 서면으로 조합원에게 통지하여야 한다.

② 임시총회는 조합원 3분의 1 이상의 소집요구가 있거나 이사회가 필요하다고 인정하여 소집을 요구할 때 또는 대표이사가 필요하다고 인정할 때 대표이사가 소집한다.

③ 감사는 다음 각 호에 해당하는 경우에는 임시총회를 소집한다.

1. 대표이사의 직무를 행할 자가 없을 때
2. 제2항의 요구가 있는 경우에 대표이사가 정당한 사유 없이 2주일 이내에 총회소집의 절차를 취하지 아니한 때
3. 감사가 조합법인의 재산상황 또는 사업의 집행에 관하여 부정사실을 발견한 경우에 이를 신속히 총회에 보고할 필요가 있을 때

※ 정기조합원총회는 결산기 종료 후 3월 이내에 하는 것이 관례이다.

제50조 (총회의 의결사항) 다음 각 호의 사항은 총회의 의결을 얻어야 한다.

1. 정관의 변경
2. 규정의 제정 및 개정
3. 해산·합병 또는 분할
4. 조합원의 가입·탈퇴 및 제명
5. 사업계획 및 수지예산의 승인·책정과 변경
6. 사업보고서, 결산서, 이익금 처분 및 결손금 처리
7. 출자에 관한 사항
8. 임원의 선출
9. 임기 중 임원의 해임

※ 조합법인의 운영을 위하여는 반드시 총회의 의결이 필요한 사항은 추가로 열거한다.

[주의] 위에서 규정한 사항 이외에는 정관으로 총회의 의결을 요건으로 정하면 되고, 조합법인이 채무를 부담하는 차입과 차재를 추가함이 상당하다.

제51조 (총회의 개의와 의결 정족수)

① 총회는 조합원 과반수의 출석으로 개의하고 출석조합원 과반수 이상의 찬성으로 의결한다.

② 다음 각 호에 해당하는 사항은 총조합원 3분의 2 이상의 출석과 출석조합원 3분의 2 이상의 찬성으로 의결한다.

1. 정관의 변경
2. 해산·합병 또는 분할
3. 조합원의 가입 승인
4. 제14조의 규정에 의한 조합원의 제명
5. 제45조의 규정에 의한 임원의 해임

③ 제1항의 총회 소집이 정족수 미달로 유회된 경우에는 10일 이내에 다시 소집하여야 한다.

※ 현행법상 합병·분할·조직변경은 실체법인 농어업경영체육성및지원에관한법률 및 그 시행령에 근거규정이 없고 채권자보호절차 등의 규정이 없어서 위 합병·분할 등이 곤란하다 할 것이다.

제52조 (의결권의 대리)

① 조합원은 대리인으로 하여금 의결권을 행사하게 할 수 있다.

② 대리인은 조합원과 동일 세대에 속하는 성년이어야 하며, 대리인이 대리할 수 있는 조합원의 수는 1인에 한한다.

③ 제1항의 규정에 의한 대리인은 대리권을 증명하는 위임장을 조합법인에게 제출하여야 한다.

제53조 (의사록의 작성) 총회의 의사에 관하여는 의사의 경과 및 결과를 기재한 의사록을 작성하고 대표이사 및 총회에 참석한 조합원 3분의 2 이상이 기명날인 또는 서명날인한다.

[유례] 제O조(의사록을 작성) 총회의 의사에 관하여는 의사의 경과 및 결과를 기재한 의사록을 작성하고, 의장 및 총회에 참석한 이사가 기명날인 또는 서명날인한다.

제54조 (회의내용 공고) 총회의 의결사항은 제6조의 공고방법에 의하여 공고한다.

제 7 장 해 산

제55조 (해산) 본 조합원은 다음 각 호의 1에 해당하는 경우에는 해산한다.

1. 총회에서 해산 및 합병을 의결한 경우
2. 파산한 경우 또는 법원의 해산명령을 받은 경우
3. 조합원이 5인 미만이 된 후 1년 이내에 5인 이상이 되지 아니한 경우

[주의] 조합법인의 해산에 관하여 특별히 정하고자 하는 경우에는 제4호부터

구체적으로 열거한다. 그러나 합병은 현행법상 곤란함은 전술한 바와 같다. 그리고 총회의 의결사항으로 분할을 정하고 있으나 농어업경영체육성및지원에관한법령에서 조합법인의 분할에 관한 규정을 두지 아니하고 준용규정도 없으므로 이 정관례는 문제가 있다 할 것이다.

제56조 (청산인) 본 조합원이 해산하는 경우에는 파산으로 인한 경우를 제외하고는 청산인은 대표이사가 된다. 다만, 총회에서 다른 사람을 청산인으로 정한 경우에는 그러하지 아니한다.

※ 이사는 청산인이 되고 대표이사는 대표청산인이 되는 것으로 하는 것이 더 합리적이다. 그리고 조합법인에 임원이 없는 경우에는 조합법인을 대표하는 조합원이 대표청산인이 되고 그와 조합원은 청산인이 된다 할 것이다.

제57조 (청산인의 직무)

① 청산인은 취임 후 지체 없이 재산상황을 조사하여 재산목록과 대차대조표를 작성하고 재산처분의 방법을 정하여 총회의 승인을 얻어야 한다.

② 청산사무가 종결된 경우에는 청산인은 지체 없이 결산보고서를 작성하여 총회의 승인을 얻어야 한다.

③ 청산인은 취임 후 2주일 이내에 해산의 사유 및 연월일과 청산인의 성명 및 주소를 등기하여야 한다.

제58조 (청산 재산의 처리) 해산의 경우 조합법인의 재산은 채무를 완제하고 잔여가 있는 경우에는 다음 각 호의 방법에 의하여 조합원과 준조합원에게 분배한다.

1. 출자금액은 출자조합원과 출자준조합원에게 환급하되 출자총액에 미달시는 출자액의 비례로 분배한다.
2. 자본적립금, 법정적립금, 사업준비금, 외부증여금은 출자지분의 비율에 따라 분배한다.

[유례] 청산재산의 귀속에 관하여 다른 규정을 정할 경우에는 3호 이하로 정한다.

3. 외부증여금 등은 전 조합원에게 균등배분한다.

※ 청산재산 중 적극재산은 없고 소극재산인 채무만 있는 경우, 각 조합원의 책임규정을 명확히 할 필요성이 있으므로 "조합원의 책임부담비율을 출자가액의 비율로 정한다"라는 등으로 특정함이 상당하다. 이를 특별히 정하지 아니하면 평등하다고 해석하여야 할 것이다.

부 칙

본 정관은 창립총회의 의결을 얻은 날부터 시행한다.

위 OO영농조합법인을 설립하기 위하여 위 정관을 작성하고 발기인 전원이 기명 날인하다.

2000. O. O.

OO영농조합법인 (직인)
OO시 OO구 OO로 OO(OO동)

발기인 성 명 : O O O ㊞
주민등록번호 : OOOOOO－OOOOOOO
주 소 : OO시 OO구 OO로 OO(OO동)

발기인 성 명 : O O O ㊞
주민등록번호 : OOOOOO－OOOOOOO
주 소 : OO시 OO구 OO로 OO(OO동)

발기인 성 명 : O O O ㊞
주민등록번호 : OOOOOO－OOOOOOO
주 소 : OO시 OO구 OO로 OO(OO동)
(이하 생략)

[주] 영농조합법인의 정관은 발기인인 조합원 합의로 작성하여야 하고 정관작성에 참여한 조합원이 기명날인하여야 하나, 공증인의 인증을 받을 필요가 없다. 다만, 농업회사법인 중 주식회사나 유한회사로 설립하는 경우에는 정관에 공증인의 인증을 받아야 한다(단, 자본금 총액이 10억 미만인 회사를 발기설립하는 경우에는 공증인의 인증을 받을 필요가 없다).

[첨부서류 3] 출자자명부(=조합원 명부)

출 자 자 명 부

(1좌의 금액 : 10,000원)

조합원 성명	출 자 내 역		평가액(원)	출자좌수(좌)
	현 물	현 금		
O O O	OO시 OO구 OO동 OOO	답 1,026m²	10,000,000원	1,000좌

	기계장치		20,000,000원	2,000좌
	비 품		10,000,000원	1,000좌
	차량운반구		20,000,000원	2,000좌
	소 계		60,000,000원	6,000좌
○ ○ ○		30,000,000원	30,000,000원	3,000좌
○ ○ ○		30,000,000원	30,000,000원	3,000좌
○ ○ ○		20,000,000원	20,000,000원	2,000좌
○ ○ ○		10,000,000원	10,000,000원	1,000좌
합 계			150,000,000원	15,000좌

위 출자자명부는 본 조합법인 사무소에 비치된 출자자명부와 대조하여 틀림이 없음을 증명합니다.

20○○년 ○월 ○일

법 인 명 : ○○영농조합법인
소 재 지 : ○○시 ○○구 ○○로 ○○(○○동)
대표이사 : ○ ○ ○ (인)

[주] 위 출자자명부는 조합원명부라고도 한다.

[첨부서류 4] 창립총회의사록

창 립 총 회 의 사 록

20○○년 ○월 ○일 ○○시 ○○분, ○○시 ○○구 ○○로 ○○(○○동) ○○영농조합법인 창립사무소에서 창립총회를 개최하다.

발 기 인 : OOO, OOO, OOO, OOO, OOO
출석발기인 : 발기인 전원

발기인 대표 OOO는 위와 같이 발기인 전원이 출석하여 본 총회가 적법하게 성립되었음을 알리고 회의 진행상 임시의장을 선임하여 줄 것을 요청한 바, 발기인 전원일치 합의로 발기인 OOO를 임시의장으로 선임하고, 동인은 즉석에서 그 취임을 승낙하고 개회를 선언한 후 다음의 의안에 관하여 심의를 요청하다.

제1호 의 안 정관 승인의 건

의장은 농업·농촌및식품산업기본법 및 농어업경영체육성및지원에관한법률의 규정에 근거하여 농림축산식품부에서 고시한 정관례를 기준으로 하여 정관을 작성하였음을 설명하고 그 정관을 축소 설명한 후 이의 승인 여부에 심의를 구한 바 발기인 전원일치된 의견으로 이를 승인 가결하다.

제2호 의 안 임원 선임의 건

의장은 정관에 정하여진 대표이사, 이사, 감사 등 임원의 선임방법을 물은 바, 발기인 전원일치로 무기명 비밀투표로 선임하기로 합의되어 그에 따라 투표한 결과 다음 사람이 임원으로 선출되다.

이사겸 대표이사 O O O
이 사 O O O, O O O, O O O
감 사 O O O

위 피선자들은 즉석에서 각 그 직에 취임할 것을 승낙하다.

제3호 의 안 제1회 출자금 납입 및 출자금 평가방법

의장은 본 영농조합법인 설립당시의 제1회 출자금 납입에 관하여 심의를 요청한 바, 별첨 출자자산 내역서와 같이 납입키로 전원일치의 합의로 의결하다.

제4호 의 안 주사무소 지정의 건

의장은 본 영농조합법인의 주사무소를 설치할 장소를 결정하자고 제의한 바, 전원일치된 의견으로 다음의 장소에 주사무소를 설치하기로 가결하다.

주사무소 : OO시 OO구 OO로 OO(OO동)

의장은 이상으로서 의안 전부를 심의를 종료하였으므로 폐회를 선언하다(회의종료시간 : OO시 OO분).

위 의사의 경과와 결의를 명확히 하기 위하여 이 의사록을 작성하여 의장과 출석한 발기인이 다음과 같이 기명날인하다.

2000. O. O.

OO영농조합법인 (직인)
OO시 OO구 OO로 OO(OO동)

의장겸 발기인 성 명 : O O O ㊞
주민등록번호 : OOOOOO－OOOOOOO
주 소 : OO시 OO구 OO로 OO(OO동)

발기인 성 명 : O O O ㊞
주민등록번호 : OOOOOO－OOOOOOO
주 소 : OO시 OO구 OO로 OO(OO동)

발기인 성 명 : O O O ㊞
주민등록번호 : OOOOOO－OOOOOOO
주 소 : OO시 OO구 OO로 OO(OO동)

발기인 성 명 : O O O ㊞
주민등록번호 : OOOOOO－OOOOOOO
주 소 : OO시 OO구 OO로 OO(OO동)

발기인 성 명 : O O O ㊞
주민등록번호 : OOOOOO－OOOOOOO
주 소 : OO시 OO구 OO로 OO(OO동)

[주] 법인이 등기를 신청할 때 그 신청서에 첨부되는 총회의사록은 그 법인이 공증인법시행령의 의사록 인증 제외대상법인에 해당하는 공법인 또는 비영리법인이 아닌 한 공증인의 인증을 받아야 하므로 영농조합법인이 그 설립등기를 신청하는 경우에도 공증인의 인증을 받은 창립총회 의사록을 첨부하여야 한다(등기선례 4-888, 1994. 5. 27. 등기 3402-476 질의회답).

[첨부서류 5] 출자자산내역서

출 자 자 산 내 역 서

(1좌의 금액 : 10,000원)

조합원 성명	출 자 내 역		평가액(원)	출자좌수(좌)
	현 물	현 금		
○ ○ ○	OO시 OO구 OO동 OOO	답 1,026㎡	10,000,000원	1,000좌
	기계장치		20,000,000원	2,000좌
	비 품		10,000,000원	1,000좌
	차량운반구		20,000,000원	2,000좌
	소 계		60,000,000원	6,000좌
○ ○ ○		30,000,000원	30,000,000원	3,000좌
○ ○ ○		30,000,000원	30,000,000원	3,000좌
○ ○ ○		20,000,000원	20,000,000원	2,000좌
○ ○ ○		10,000,000원	10,000,000원	1,000좌
합 계			150,000,000원	15,000좌

위와 같이 출자하고 출자금이 납입되었음을 증명합니다.

20OO년 O월 O일

OO영농조합법인

대표이사 O O O (인)

[주] 위 출자자산내역서는 창립총회의사록 다음에 첨부하여 간인한다.

[첨부서류 6] 현물출자계약서

현 물 출 자 계 약 서

1. **출자재산**

가. 부동산의 표시 : OO시 OO구 OO동 OOO 전 530㎡

나. 평가액 : OOOOO원

다. 출자금액 : OOOOO원(출자좌수 : OOO좌)

2. 계약당사자인 양도인 OOO와 양수인 OO영농조합법인은 다음과 같이 약정함.

가. 양도인 OOO은 위 부동산을 현물출자하고 그 소유권을 OO영농조합법인에게 양도함.

나. OO영농조합법인은 OOO 소유의 상기 부동산을 양수하고 출자액 OOOOOO원의 출자증서를 교부함.

다. 양도인 OOO은 위 부동산을 소정절차가 완료되는 즉시 OO영농조합법인 명의로 소유권을 이전할 수 있도록 등기절차에 필요한 서류를 넘겨주기로 한다.

위 계약의 성립을 증명하기 위하여 이 계약서 2통을 작성하고 계약당사자가 이의 없음을 확인하고 각자 기명날인하다.

20OO년 O월 O일

양도인 성 명 : O O O (인)
주민등록번호 : OOOOOO－OOOOOOO
주 소 : OO시 OO구 OO로 OO(OO동)

양수인 명 칭 : OO영농조합법인
사무소 : OO시 OO구 OO로 OO(OO동)
대표이사 O O O (인)

[주] 1. 영농조합법인의 조합원은 금전 외에 현물로서 농지, 농기계, 가축 등을 출자할 수 있으며, 그 자신의 평가는 정관으로 정하는 방법에 의한다.

2. 조합원은 출자의 목적인 재산을 양도하고 등기, 등록 기타 권리의 설정이나 이전에 필요한 경우에는 이에 관한 서류를 완비하여 교부하여야 한다.

[첨부서류 7] 출자증서

출 자 증 서

1. 출자좌수 : OOOO주
2. 1좌당 금액 : 10,000원
3. 출자액 : 금 OOOOOO원
4. 출자자명 : O O O
5. 주 소 : OO시 OO구 OO로 OO(OO동)

OO영농조합법인을 설립함에 있어 위 OOO는 위와 같은 금액을 출자하였으므로 본 증서를 교부합니다.

20OO년 O월 O일

OO영농조합법인
대표이사 O O O (인)

O O O 귀하

[첨부서류 8] 출자금납입증명서

출자금납입증명서

금 150,000,000원
총출자좌수 : 15,000좌
1좌의 금액 : 10,000원

위 금액을 귀 법인 설립시에 발행하는 출자총수에 대한 납입금으로서 20○○년 ○월 ○일 현재 이를 보관중임을 증명합니다.

20○○년 ○월 ○일

○○영농조합법인
○○시 ○○구 ○○로 ○○(○○동)
감사 ○ ○ ○ (인)
(단, 감사 없을시 대표이사가 서명날인)

[첨부서류 9] 이사회의사록

이 사 회 의 사 록

20○○년 ○월 ○일 ○○시 ○○분, ○○시 ○○구 ○○로 ○○(○○동) 당 법인 회의실(또는 사무소)에서 이사회를 개최하다.

총이사수 : ○명　　　출석이사수 : ○명

의장 ○○○는 정관규정에 따라 의장석에 등단하여 위와 같이 법정수에 달하는 이사가 출석하였으므로 본 이사회가 적법히 성립되었음을 알리고 개회를 선언한 후, 다음의 의안을 부의하고 심의를 구하다.

제1호 의 안 대표이사 선임의 건

의장은 창립총회에서 선임된 이사 중에서 대표이사 1명을 선임하여 줄 것을 구한 바, 이사 전원일치로 다음 사람을 대표이사로 선출하고 만장일치로 그를 승인 가결하다.

대표이사 ○ ○ ○ (○○○○○○－○○○○○○○)
○○시 ○○구 ○○로 ○○(○○동)

위 피선자는 즉석에서 그 취임을 승낙하다.

의장은 이상으로서 회의목적인 의안 전부의 심의를 종료하였으므로 폐회한다고 선언하다(회의종료시각 : OO시 OO분).

위 결의를 명확히 하기 위하여 이 의사록을 작성하고 의장과 출석한 이사가 기명날인하다.

20OO. O. O.

OO영농조합법인
OO시 OO구 OO로 OO(OO동)
의장겸 대표이사 홍 길 동 (직인)
이사 홍 길 동 (인)
이사 O O O (인)
이사 O O O (인)
이사 O O O (인)

[주] 정관에서 대표이사를 이사회 결의에 의하여 선출하기로 정한 경우에는 이사회 의사록을 작성하여 출석한 이사가 기명날인하여야 한다.

[첨부서류 10] 취임승낙서

취 임 승 낙 서

본인은 20OO년 O월 O일 귀 법인의 창립총회에서 대표이사(또는 이사, 감사)로 선임되었으므로 그 취임을 승낙합니다.

20OO년 O월 O일

대표이사(또는 이사, 감사) O O O (인)
(OOOOOO－OOOOOOO)
OO시 OO구 OO로 OO(OO동)

OO영농조합법인 귀중

[주] 취임승낙서에는 인감을 날인하고 인감증명서 및 주민등록등(초)본을 첨부하여야 한다.

[첨부서류 11] 정관원본반환청구

정 관 원 본 반 환 청 구

신 청 인 OOO영농조합법인
OO시 OO구 OO로 OO(OO동)
대표이사 O O O

위 대리인 법무사 OOO 사무소
OO시 OO구 OO로 OO(OO동)
법무사 O O O

20OO. O. O. OO영농조합법인 설립등기신청서에 첨부한 정관원본은 신청인 자신에게도 보존해야 할 필요가 있으므로 그 원본을 반환하여 주시기 바랍니다.

20OO. O. O.

신 청 인 OO영농조합법인
대표이사 O O O
위 대리인 법무사 OOO사무소
법무사 O O O (인)

위 영수합니다.
20OO. O. O.
법무사 OOO 사무소
법무사 O O O (인)

OO지방법원 OO등기소 귀중

[첨부서류 12] 인감신고서

인감·개인(改印) 신고서

(신고하는 인감날인란) (인감제출자에 관한 사항)

	상호(명　　칭)		OO영농조합법인	등기번호	
	본점(주사무소)		OO시 OO구 OO로 OO(OO동)		
	인감제출자	자격/성명	대표이사 O O O		
		주민등록번호	OOOOOO-OOOOOOO		
		주　소	OO시 OO구 OO로 OO(OO동)		

□ 위와 같이 인감을 신고합니다. □ 위와 같이 개인(改印)하였음을 신고합니다.

년　　월　　일　　　　(인감 날인란)

신고인 본 인 성 명　　　(인)
대리인 성 명　　　(인)

지방법원　　　등기소　귀중

주 1. 개인인감 날인란에는 「인감증명법」에 의하여 신고한 인감을 날인하고 그 인감증명서(발행일로부터 3개월 이내의 것)를 첨부하여야 합니다. 개인(改印)신고의 경우, 개인인감을 날인하는 대신에 등기소에 신고한 유효한 종전 인감을 날인하여도 됩니다. 또한 인감제출자가 기명날인 또는 서명하였다는 공증인의 인증서면으로 갈음할 수 있습니다.

2. 인감·개인신고서에는 신고하는 인감을 날인한 인감대지를 첨부하여야 합니다.

3. 지배인이 인감을 신고하는 경우에는 인감제출자의 주소란에 지배인을 둔 장소를 기재하고, 「상업등기규칙」 제35조제3항의 보증서면(영업주가 등기소에 신고한 인감 날인)을 첨부하여야 합니다. 위 보증서면은 아래의 보증서면란에 기재하는 것으로 갈음할 수 있습니다.

<table>
<tr><td>

보 증 서 면

위 신고하는 인감은 지배인 OOO의 인감임이 틀림없음을 보증합니다.

대표이사 (법인인감)

</td></tr>
<tr><td>

위 임 장

성 명 : 주민등록번호(-)
주 소 :

위의 사람에게, 위 인감신고 또는 개인신고에 관한 일체의 권한을 위임함.

20 년 월 일

인감(개인) 신고인 성 명 (인)

</td></tr>
</table>

[주] 1. 이 인감신고서는 등기소에 제출하는 것으로서, 인감크기는 변의 길이가 2.4센티미터 정사각형 안에는 들어갈 수 있고, 1센티미터 정사각형 안에는 들어갈 수 없는 것이어야 한다.

2. 인감을 분실할 경우에는 개인신고를 할 수 있다.

[첨부서류 13] 인감대지

인 감 대 지

<table>
<tr><td></td><td>신고하는 인감날인란</td><td>상 호(명 칭) : OO영농조합법인
자격 및 성명 : 대표이사 O O O
주민등록번호 : OOOOOO-OOOOOOO</td></tr>
</table>

[주] 1. 자격은 대표이사(이사), 이사장, 지배인, 대리인, 상호사용자, 무능력자, 법정대리인 등으로 기재한다.

2. 현행 상업등기규칙에는 인감대지의 규격이 정하여져 있지 아니하나 인감대지의 규격은 가로 16센티미터 세로 4센티미터로 하는 것이 좋다.

[첨부서류 14] 인감카드 등(재)발급신청서

인감카드 등 (재)발급신청서

상 호(명 칭)			등기번호	
본 점(주사무소)				
인감 제출자	자격 / 성명			
	주민등록번호			

발급사유	☐ 최초발급 ☐ 카드분실 ☐ 카드훼손 ☐ 인감증명서발급기능 ☐ 기타 (　　　　　　)		
매체구분	☐ 인감카드 ☐ HSM USB	인감카드 비밀번호	(변경후 :　　)
수 수 료	금　　　원	납부번호	

위와 같이 인감카드 등의 (재)발급을 신청합니다.

년　월　일　　(인감 날인란)

신청인 인감제출자 (본　인) 성　명　　(인) (전화 :　　　)

(대리인) 성　명　　(인) (전화 :　　　)

지방법원　　등기소　귀중

접수번호		인감카드번호	

주 1. 인감카드 비밀번호란에는 (재)발급받아 사용할 인감카드의 비밀번호를 기재하며, 아라비아숫자 6자릿수를 기재하여야 합니다. 다만, 인감카드 재발급의l 경우에는 기존 인감카드의 비밀번호와 재발급받아 사용할 인감카드의 비밀번호(변경 후)를 기재하여야 합니다.

2. 인감카드의 (재)발급을 신청하는 경우에는 등기소에 제출한 인감을 날인하여야 합니니

다. 다만, 인감카드 재발급의 경우 기존 인감카드 비밀번호를 기재할 수 없을 때에는 인감제출자 본인은 신분증명서 사본을, 위임에 의한 대리인은 인감제출자가 「인감증명법」에 따라 신고한 인감을 신청서에 날인하고 그 인감증명서 및 대리인의 신분증명서 사본을 각각 첨부하여야 합니다.

3. 인감카드의 재발급을 신청할 때에는 「등기사항증명서 등 수수료규칙」으로 정하는 수수료를 납부하여야 합니다. 다만, 인감카드를 반납할 때에는 수수료를 납부할 필요가 없습니다.

위 임 장

성 명 : 주민등록번호(-)
주 소 :

위의 사람에게, 위 (재)발급신청서에 기재된 인감카드 등의 발급신청과 그 수령 등에 관한 일체의 권한을 위임함.

20○○년 ○월 ○일

인감신고인 성 명 (인) (전화)

[서식 35] 영어조합법인 설립등기신청서

영어조합법인 설립등기신청				
접 수	년 월 일	처 리 인	등기관 확인	각종 통지
	제 호			

등기의목적	영어조합법인 설립
등기의사유	농어업경영체육성및지원에관한법률의 규정에 의하여 영어조합을 설립하기 위하여 20○○년 ○월 ○일 정관을 작성하고 20○○년 ○월 ○일 출자금을 납입하고 창립총회를 종료하여 영어조합법인의 설립절차를 마쳤으므로 다음 사항의 등기를 구함.

주사무소/분사무소 신청구분	1. 주사무소 신청 □ 2. 분사무소 신청 □ 3. 주·분사무소 일괄신청 □
등 기 할 사 항	
명 칭	○○영어조합법인
주 사 무 소	○○시 ○○구 ○○로 ○○(○○동)
목 적	본 조합법인은 협업적 어업경영을 통하여 생산성을 높이고 수산물의 공동출하 및 유통, 가공, 수출 등을 통하여 조합원의 소득증대를 도모함을 목적으로 다음 사업을 한다. 1. 수산물의 공동출하·가공 및 수출 1. 수산물의 신품종개발에 관한 사업 1. 수산물에 관한 사료제조업 1. 냉동냉장업 1. 수산물의 구매사업 1. 수산물의 유통 및 도·소매업 1. 수출·입업 1. 조합원에 대한 보조금에 관한 대리행위 1. 수산물 작업의 대행 및 시설의 대여 1. 위 각 호에 부대하는 사업일체
분 사 무 소	○○시 ○○구 ○○로 ○○(○○동)
존립시기 또는 해산 사유	본 조합은 다음의 경우에는 해산된다. 1. 총회에서 해산 및 합병을 의결한 경우 2. 파산한 경우 또는 법원의 해산명령을 받은 경우 3. 조합원이 5인 미만이 된 후 1년 이내에 5인 이상이 되지 아니한 경우
자산의 총액	금 ○○○○○원
출자 1좌의 금액	금 10,000원
출자액의 산정방법	어장, 어선·육상양식, 종묘시설 등 현물이 출자액 산출은 이사회(설립시는 사원총회)에서 정하는 평가율에 의하여 환가한다.
출자의 방법	본 조합법인에의 출자는 현금이나 어장, 어선·육상양식, 종묘시설, 기타 현물(부동산, 차량 등)로 이사회에서 정하는 납입일자에 일시 납입한다.
조합원과	조합원은 200좌 이상의 출자를 불입하여야 하며, 준조합원은 100

준조합원의 출자한도	좌 이상의 출자를 불입하여야 한다.
총출자좌수와 납입한 총출자액	총출좌수 : ○○○○좌 납입한 출자의 총액 : 금 ○○○○○○○원
이사·감사의 성명, 주민등록번호	이사 홍 길 동 (○○○○○○－○○○○○○○) 이사 ○ ○ ○ (○○○○○○－○○○○○○○) 이사 ○ ○ ○ (○○○○○○－○○○○○○○) 이사 ○ ○ ○ (○○○○○○－○○○○○○○) 감사 ○ ○ ○ (○○○○○○－○○○○○○○)
법인을 대표할 조합원(대표이사)의 성명, 주민등록번호, 주소	대표이사 홍 길 동 (○○○○○○－○○○○○○○) ○○시 ○○구 ○○로 ○○(○○동)
기 타	

신청등기소 및 등록면허세/수수료						
순번	신청등기소	구분	등록면허세 지방교육세	농어촌특별세	세액합계	등기신청수수료
			금 원 금 원	지방세특례제한법 제12조 제2항에 의거 면제		금 30,000 원
합 계						
등기신청수수료 납부번호						
과 세 표 준 액	금 원					

첨 부 서 면	
1. 일반건축물대장(또는 행정안전부 도로명 안내출력물) 1통	1. 출자금납입증명서 1통
1. 정관등본 1통	1. 인감신고서 및 인감증명서 각 1통
1. 창립총회의사록 1통	1. 임원의 취임승낙서와 인감증명서 통
1. 어업인확인서(또는 경영체등록 확인서) 5통	1. 주민등록등(초)본(임원) 통
	1. 법인인감카드발급신청서 1통
	1. 등록면허세영수필확인서및통지서 1통

1. 현물출자계약서(현물출자의 경우) 1통	1. 위임장(대리인이 신청할 경우) 1통

년 월 일

신청인 명 칭
주사무소
대표자 성 명 (인) (전화 :)
주 소
대리인 성 명 (인) (전화 :)
주 소

지방법원 등기소 귀중

- 신청서 작성요령 -

1. 해당란이 부족할 때에는 별지를 이용합니다.
1. 해당 등기신청과 관계없는 사항에 대하여는 "해당없음"으로 기재하거나 삭제하고, 필요한 사항은 추가 기재합니다.
1. 「인감증명법」에 따른 인감증명서 제출과 함께 관련 서면에 인감을 날인하여야 하는 경우, 본인서명사실확인서를 제출하고 관련 서명을 하거나 전자본인서명확인서 발급증을 제출하고 관련 서면에 서명을 하면 인감증명서를 제출하고 관련 서면에 인감을 날인한 것으로 봅니다.

(용지규격 21㎝ × 29.7㎝)

[주] 1. 등기신청서에 기재하는 주사무소의 주소는 그 소재지번까지 확정하여 기재해야 하나, 정관에는 최소행정구역까지만 기재해도 된다.
2. 분사무소는 설립당초부터 분사무소를 설치한 경우에 한하여 기재한다.
3. 이사·감사의 성명, 주민등록번호란의 기재는 이사를 전원의 성명과 주민등록번호를 기재하되 이사를 선임하지 아니한 경우에는 이를 기재하지 아니한다. 감사도 이사와 같이 필요기관은 아니므로 선임하지 않아도 된다. 다만 감사도 성명과 주민등록번호만을 기재하며, 주소는 기재할 필요가 없다.
4. 법인을 대표할 조합원(대표이사)의 성명과 주민등록번호, 주소란의 기재는 임원의 선임이 없으면 조합법인을 대표할 조합원을 기재하되, 그 명칭은 대표이사가 아니라 조합법인을 대표할 조합원이 된다. 수인의 대표이사가 공동으로 영어조합법인을 대표하도록 정한 때에는 그에 관한 사항도 기재하고, 대표이사는 그 주소도 기재한다.
다만, 이사가 대표이사를 선임하는 경우에는 대표이사의 성명, 주소만 기재하면 되나, 법인에 임원이 없고, 조합법인을 대표할 조합원을 두는 경우에는 법인을 대표할 조합원의 성명·주민등록번호 및 주소를 기재한다.

이사가 수인인 때에는 이사 각자가 단독으로 대표함이 원칙이나 예외로 그 대표권을 제한한 때에는 그 대표권자만이 법인을 대표할 수 있다.

5. 해산사유는 정관으로 정하지 아니하면 기재할 필요가 없으며 정관에 정해진 경우에 한하여 기재한다.
6. 정관에 규정한 출자의 산정방법, 출자의 방법, 출자한도를 명확히 기재하고, 이사회를 두지 아니한 경우에는 조합원총회에서 정하는 일자로 하여야 한다. 조합원 1인이 출자할 수 있는 한도는 정관에서 정한 범위 내에서 출자할 수 있다. 종전에는 3분의 1을 초과할 수 없었다.
7. 등록면허세와 교육세는 설립등기시에는 비과세(면제)되고(농특세법 제4조 제2항), 변경등기시에는 납부한다.
8. 등기신청수수료는 설립의 경우 30,000원(서면방문), 25,000원(전자표준양식), 20,000원(전자신청)이다.
9. 과세표준액은 납입한 출자금의 총액을 기재한다.
10. 첨부서류 중 정관에 관하여 주식회사나 유한회사는 정관의 인증을 받아야 하나, 비영리법인과 영리법인은 정관의 인증할 필요가 없으므로 영어조합법인의 정관에는 공증인의 인증을 받을 필요가 없으나 어업회사법인 중 주식회사와 유한회사로 설립하는 경우에는 공증인의 인증을 받아야 한다(단, 자본금 총액이 10억 미만인 경우에는 공증인의 인증을 받을 필요가 없다).
11. 창립총회이사록은 공증인의 인증을 받아야 한다.
12. ① 출자내역을 기재한 서류로서 재산목록 등을 첨부하되, 현물출자를 한 경우에는 현물출자계약서를 첨부하고 조합원이 현금 등을 출자한 경우에는 그 납입을 증명하는 서면도 첨부한다. ② 법인 통장에 출자금을 입금할 때에는 한꺼번에 입금하여야 한다.
13. 임원 및 대표조합원을 증명하는 서류로서 창립총회에서 이사 및 감사만 선임되고 대표이사를 이사회에서 선임하도록 정한 경우에는 이를 선임한 이사회의사록을 첨부하고, 정관에서 사무소의 소재지를 최소행정구역까지만 정한 경우에는 이 사무소소재지를 결정한 이사회의사록을 첨부한다.
14. 법인대표자의 인감신고서와 인감대지 및 행정기관에서 발급한 인감증명서를 첨부하여 제출하여야 한다.
15. 설립당초의 이사 및 감사를 정관으로 정한 때에도 취임승낙서는 따로 첨부해야 하나 임원을 창립총회에서 선임하고 선임자의 기명날인과 그의 취임승낙서의 기재가 있는 의사록을 첨부한 때에는 그 기재를 원용하여 이를 따로 첨부하지 않아도 된다.

취임승낙서에는 인감증명법에 의하여 신고된 인감을 날인하고 그 인감증명서(발생일로부터 3개월 이내의 것)을 첨부하여야 한다, 그러나 대표자를 제외하고는 공증된 의사록에 선임 즉시 취임승낙의 뜻이 기재되고 그 의사록에 날인한 자는 인감증명을 제출할 필요가 없다. 그리고 이사와 감사는 주민등록등(초)본을 첨부하여야 한다.

16. 법인의 설립등기를 하고자 하는 경우에는 법인인감발급카드신청서를 작성, 제출하여야 한다.
17. 이 등기는 본 법인을 대표하는 대표이사가 신청한다.
18. 대리인의 표시는 법무사 또는 변호사가 대리하여 신청하는 경우에 한한다.
19. 법인인감증명서는 법인인감카드 또는 전자증명서(HSM USB)로 발급받을 수 있으므로 설립등기 완료 후 법인인감도장을 지참하여 법인인감카드 또는 전자증명서(HSM USB)를 발급받도록 한다.
20. 설립등기후 30일 이내에 관할 시장 · 군수에게 설립사실을 통지해야 한다.

[첨부서류 1] 위 임 장

위　　임　　장

법무사 홍　길　동
OO시 OO구 OO로 OO(OO동)
전화 : OOO-OOO, 팩스 : OOO-OOO

위 사람을 대리인으로 정하고 다음사항의 권한을 위임한다.

다　　음

1. OO영어조합법인 설립등기신청서의 작성 및 제출하는 행위
1. 등기신청의 취하에 관한 행위
1. OOO의 원본환부 및 수령하는 행위
1. 기타 이에 부수되는 일체의 행위

20OO년 O월 O일

위임인 설립중인 OO영어조합법인
OO시 OO구 OO로 OOO(OO동)
대표이사 O O O (인)

[주] 법인을 대표할 대표이사가 대리인에게 위임해야 하며 위임장에 날인하는 인장은 등기소에 제출하는 인감과 동일한 인장이거나, 인감증명법에 의한 인영과 동일한 것이어야 한다.

[첨부서류 2] 영어조합법인 정관례

OO영어조합법인 정관

제 1 장 총 칙

제1조 (명칭) 본 조합법인은 농어업경영체육성및지원에관한법률 제16조에 의하여 설립된 영어조합법인으로서 그 명칭은 OO영어조합법인(이하 "조합법인"이라 한다)이라 한다.

※ 명칭중에는 반드시 "영어조합법인"이라는 명칭을 사용하여야 한다.

제2조 (목적) 본 조합법인은 협업적 어업경영을 통하여 생산성을 높이고 수산물의 공동출하 및 유통, 가공, 수출 등을 통하여 조합원의 소득증대를 도모함을 목적으로 한다.

※ 조합법인의 목적은 구체적으로 표현할 수 있으나, 농어업경영체육성및지원에관한법률 제16조 제1항의 규정에 부합되어야 한다.

제3조 (사무소의 소재지) 본 조합법인의 사무소는 OO시 OO구 OO로 OO(OO동)에 둔다.

※ 별도의 분사무소를 두는 조합법인은 "본 조합법인의 사무소는"을 "본 조합법인의 주된 주사무소는"으로 고치고 제1항으로 하며, 제2항은 다음과 같이 한다.

2. 본 조합법인의 분사무소는 OO시 OO구 OO로 OO(OO동)에 둔다.

[유례] (1) 주사무소만 두는 경우

제O조(사무소의 소재지) 1. 본 조합법인의 사무소는 OO시 OO구 OO로 OO(OO동)에 두고 필요시 이사회의 결의로 분사무소를 둘 수 있다.

2. 본 조합법인의 사무소는 OO시에 둔다.

(2) 분사무소를 두는 경우

제O조 (사무소의 소재지) 1. 본 조합법인의 주된 사무소는 OO시 OO구 OO로 OO(OO동)에 둔다.

2. 본 조합법인의 분사무소는 OO시 OO구 OO로 OO(OO동)에 둔다.

제4조 (사업의 종류) 본 조합법인은 그 설립목적을 달성하기 위하여 다음 각 호의 사업을 행한다.

1. 공동양식, 어로 및 공동작업에 관한 사업
2. 어업에 관련된 공동이용시설의 설치 및 운영
3. 어업작업의 대행
4. 수산물의 공동출하·가공 및 수출·입업
5. 수산물의 신품종개발에 관한 사업
6. 수산물의 유통 및 도·소매업
7. 수산물의 구매사업
8. 사료제조업
9. 냉동냉장업
10. 위 사업에 관련된 부대사업 일체

제5조 (협동조합에의 가입) 본 조합법인은 OO수산업협동조합에 준조합원으로 가입한다.

제6조 (공고방법)

① 본 조합법인의 공고는 본 조합법인의 사무소 게시판에 게시하고 필요하다고 인정할 때는 서면으로 조합원과 준조합원에게 통지하거나 일간신문에 게재할 수 있다(또는 일간 OO경제신문에 게재한다).

② 제1항의 공고기간은 7일 이상으로 한다.

※ 공고는 신문에 게재하는 방법으로 하는 경우에는 특정하는 것이 법적안정성을 위하여 상당한 공고방법은 위 정관례와 같이 불특정하게 기재하는 것은 바람직하지 않고 오히려 조합원에 관계있는 사항은 전부 통지를 하고, 조합원에 관계없이 일반적인 것은 상사회사와 같이 특정한 신문에 공고하는 방법 등을 취함이 바람직하다.

제7조 (규정의 제정) 이 정관에서 정한 것 이외에 업무의 집행, 회계, 직원의 채용, 기타 필요한 사항은 별도의 규정으로 정할 수 있다.

제 2 장 조 합 원

제8조 (조합원의 자격) 본 조합법인의 조합원이 될 수 있는 어업인은 다음 각 호의 요건을 갖춘 자로 한다.

1. 어업 경영을 통한 수산물의 연간 판매액이 120만원 이상인 자
2. 1년 중 60일 이상 어업에 종사한 자

3. 만 19세 이상의 성년으로서 본 조합법인의 설립취지에 찬동하는 자
4. 출자할 수 있는 어장, 어선, 육상양식·종묘시설, 현금 기타의 현물을 소유한 자
5. 농어업경영체육성및지원에관한법률 제16조 제2항에 따라 설립된 영어조합법인의 수산물 출하·유통·가공·수출활동에 1년 이상 계속하여 고용된 자
6. 농어업경영체육성및지원에관한법률 제19조 제3항에 따라 설립된 어업회사법인의 수산물 유통·가공·판매활동에 1년 이상 계속하여 고용된 자

제9조 (준조합원의 자격) 본 조합 법인의 준조합원이 될 수 있는 자는 다음 각 호의 요건을 갖춘 자로 한다.

1. 본 조합법인에 생산자재를 공급하거나 생산기술 및 자본을 제공하는 자
2. 본 조합법인이 생산한 수산물을 대량으로 구입·유통 또는 가공하는 자

[유례] 3) 본 조합법인에 어장을 임대 또는 위탁하는 자

제10조 (가입)

① 본 조합법인에 조합원으로 가입하고자 하는 자는 다음 각 호의 사항을 기재한(혹은 증명할 수 있는 서류를 첨부한) 가입신청서를 본 조합법인에 제출하여야 한다. 단 생산자단체의 경우는 제3호 및 사업자등록증(혹은 등기사항전부증명서)을 제출한다.

1. 성명, 주민등록번호, 주소
2. 납입 혹은 인수하고자 하는 출자좌수 및 출자의 목적인 재산
3. 경영규모(어장면적, 어선 등) 및 연중 어업종사일 수

② 본 조합법인에 준조합원으로 가입하고자 하는 자는 제1항 제1호, 제2호 및 제9조에 의한 준조합의 자격에 해당함을 증명할 수 있는 서류를 제출하여야 한다. 다만, 사업자등록이 된 자(법인포함)는 제1항 제1호 및 제2호 대신 사업자등록증(혹은 법인등기사항전부증명서)을 제출한다.

③ 조합법인은 제1항 및 제2항에 의한 조합원 또는 준조합원의 가입신청서를 접수하였을 경우에는 총회에서 그 가입여부를 결정하고, 가입을 승인한 때에는 가입신청자에게 통지하여 출자의 불입(출자의 목적인 재산을 양도하고 등기·등록 기타 권리의 설정 또는 이전이 필요한 경우에는 이에 관한 서류를 완비하여 교부하는 것을 말한다. 이와 같다)을 하게한 후 조합원 또는 준조합원 명부에 기재한다.

④ 가입신청자는 제3항의 규정에 의하여 출자를 불입함으로써 조합원 또는 준조합의 자격을 갖는다.

⑤ 출자좌수를 늘리려는 조합원에 대해서는 제1항 내지 제3항의 규정을 준용한다.

※ 조합원 또는 준조합원 가입허용여부를 이 조에서 특별히 규정하고자 하는 경우에는 제3항의 내용을 수정 기입할 수 있다.

제11조 (권리)

① 본 조합법인의 조합원의 권리는 다음 각 호와 같다.

1. 조합법인의 공동작업에 종사하여 노동에 대한 응분의 대가를 받을 권리
2. 지분환불에 대한 청구권
3. 조합법인의 해산시 잔여재산분배청구권
4. 조합법인의 임원선거권과 피선거권
5. 조합법인의 제반회의에 참석하여 의견을 제시할 권리
6. 조합법인의 운영에 참여하여 의견을 제시할 권리
7. 조합법인의 업무집행에 대한 감독 및 감사의 권리

② 제1항 제1호의 조합원의 노동의 대가에 대한 사항은 별도의 규정으로 정한다.

③ 조합원의 출자지분의 다소에 관계없이 1개의 의결권과 선거권을 가진다.

④ 본 조합법인의 준조합원은 제1항 제2호, 제3호 및 제6호의 권리를 가진다.

제12조 (의무)

① 본 조합 법인의 조합원의 의무는 다음 각 호와 같다.

1. 정관 및 제규정을 준수할 의무
2. 조합법인에 대한 출자의무
3. 조합법인의 제반 노동에 참가하고 노동규정을 준수할 의무
4. 총회에 출석할 의무와 총회의 의결사항을 준수할 의무
5. 조합법인의 발전을 위하여 노력할 의무

② 본 조합법인의 준조합원은 제1항 제1호, 제2호, 제5호 및 제4호 중 총회의 의결사항을 준수할 의무를 가진다.

※ 조합법인의 사업, 규모 등에 따라 의무사항을 적절히 추가하여 정할 수 있다.

[주의] 조합법인의 청산시 잔여재산이 있으면 조합원에게 분배되나 채무만 남으면 이 채무를 조합원이 부담하는 것이므로 그 부담부분을 출자비율로 한다거나 평등하게 부담한다든가 등으로 특정함이 분쟁예방과 사업의 성공에 좋다고 할 것이다.

제13조 (탈퇴)

① 탈퇴를 원하는 조합원 또는 준조합원은 60일 전에 탈퇴의사를 서면으로 본 조합법인에 예고하여 탈퇴하며, 그에 따른 모든 정산은 당 회계연도말에 한다.

② 조합원 또는 준조합원은 다음 각 호에 해당하는 사유가 발생하였을 때에는 자연 탈퇴된다.

1. 제8조에 의한 조합원 및 제9조에 의한 준조합원의 자격을 상실하였을 경우
2. 사망
3. 파산(법인의 경우 파산 또는 해산)
4. 금치산 선고
5. 제명

6. 지분 전부를 양도하였을 경우

③ 제2항 제1호의 자격상실은 총회의 결의에 의한다.

④ 조합원 또는 준조합원은 1항의 규정에 불구하고 부득이한 사유 없이 조합법인의 경영상 어려움에 처해 있는 시기에 탈퇴하지 못한다.

제14조 (제명)

① 조합원 또는 준조합원이 다음 각 호의 1에 해당하는 경우에는 총회의 의결로서 제명할 수 있다.

1. 제12조에서 규정한 의무를 이행하지 아니한 경우
2. 고의 또는 중대한 과실로 조합법인에 상당한 손해를 입힌 경우
3. 조합을 빙자하여 부당이익을 취한 경우

② 조합법인은 제1항 각 호의 사유로 인한 제명대상 조합원 또는 준조합원에게 총회개최 10일 전에 제명의 사유를 통지하고, 총회에서 변명할 기회를 주어야 하며, 제명을 결정한 때에는 서면으로 통지하여야 한다.

※ 제명은 조합법인에게 가장 중요한 사항이므로 조합원총회에서 정함이 타당하다 할 것이며, 제명사유는 "조합원 3분의 2 이상의 제명요청이 있는 경우" 등을 추가할 수 있다.

제 3 장 출자와 적립금 및 자본

제15조 (출자)

① 본 조합법인에의 출자는 현금이나 어장, 어선, 육상양식·종묘시설, 기타 현물(부동산, 차량, 어업기자재, 창고, 어업권 등)로 할 수 있다.

② 어장, 어선, 육상양식·종묘시설 등 현물(이사 "현물출자물"이라 한다)의 출자액 산출은 이사회(설립시는 창립총회)에서 정하는 평가율에 의하여 환가한다.

③ 1좌의 금액은 10,000원으로 한다.

④ 조합원은 200좌 이상의 출자를 불입하여야 하며, 준조합원은 100좌 이상의 출자를 불입하여야 한다.

⑤ 제1항의 규정에 의하여 본 조합 법인에 현물출자물을 출자하는 경우에는 조합원 및 준조합원의 성명, 현물출자물 및 그 평가액과 현물출자물에 의한 출자좌수를 조합법인의 소정의 서식에 기재하여 관리한다.

⑥ 현물출자물은 이를 출자한 조합원 또는 준조합원의 동의가 없으면 처분하지 못한다.

제16조 (출자증서의 발행)

① 조합법인은 출자를 불입한 조합원 또는 준조합원에게 지체 없이 출자증서를 발급하여야 한다.

② 출자증서는 대표이사 명의로 발급하고 출자좌수, 출자액, 출자재산의 표시{어

장(양식장)의 경우에는 어장(양식장)의 종류, 면허번호, 유효기간, 위치, 면적을 말하며, 어선의 경우에는 어선명, 어선번호, 건조연도, 총톤수, 어업종류(허가번호)를 말하며, 부동산이 경우에는 지번, 지목, 면적을 말한다} 등을 기재하여야 한다.

③ 조합법인이 토지 등을 취득하여 조합원 또는 준조합원에게 증좌 배분하는 경우에 대해서는 제1항과 제2항의 규정을 준용한다.

※ 출자증서의 발행은 세금과 관련되어 있으므로 반드시 출자계산 특히 토지의 경우에는 지번·지목·면적 등이 기재된 출자증서를 발행하여야 한다.

제17조 (출자의 균등화) 조합원 또는 준조합원의 출자를 균등하게 하기 위하여 소액출자자에게 증좌를 허용할 경우에는 그 사정을 고려하여 총회의 의결로써 회계연도말에 증좌를 허용할 수 있다.

제18조 (법정적립금) 본 조합법인은 출자총액과 같은 금액이 될 때까지 매 회계연도 이익금의 100분의 10 이상을 법정적립금으로 적립한다.

※ 법정적립금으로 출자총액의 2배를 적립하고자 할 경우에는 "출자총액과 같은 금액이 될 때까지"를 "출자총액의 2배에 달할 때까지"로 수정한다.

제19조 (사업준비금) 본 조합법인은 장기적인 사업확장 및 다음연도의 사업운영을 위하여 매 회계연도 이익금의 100분의 10 이상을 사업준비금으로 적립한다.

※ OO은 10 이상 50 이내에서 정한다.

제20조 (자본적립금) 본 조합법인은 다음 각 호에 의하여 생기는 금액을 자본적립금으로 적립한다.

1. 재산재평가 차익
2. 합병에 의한 차익
3. 인수재산 차익
4. 외부로부터 증여된 현물 및 현금
5. 국고보조금 등
6. 감자에 의한 차익
7. 고정자산에 대한 보험차익

제21조 (적립금 등의 사용 및 처분)

① 제18조 규정에 의한 법정적립금(이하 '법정적립금'이라 한다)과 제20조에 의한 자본적립금(이하 "자본적립금'이라 한다)은 조합법인의 결손을 보전하는 데 사용한다.

② 법정적립금과 자본적립금은 조합원 또는 준조합원의 탈퇴나 제명시 지분으로 환불할 수 없다.

③ 제19조의 규정에 의한 사업준비금(이하 '사업준비금'이라 한다)은 조합 또는 준조합원이 가입한 날로 부터 5년 이내에 탈퇴하거나 제명되는 경우에는 환불할 수 없다.

제22조 (지분의 계산) 본 조합법인의 재산에 대한 조합원과 준조합원의 지분은 다음의 기준에 의하여 계산한다.

1. 납입출자금에 대하여는 납입한 출자액에 따라 매 회계연도마다 이를 계산한다. 다만, 그 재산이 납입출자액의 총액보다 감소되었을 경우에는 조합원과 준조합원의 출자액에 따라 감액하여 계산한다.
2. 사업준비금은 매 회계연도마다 전조합원에게 분할하여 가산하되 제35조 제2항의 규정을 준용한다.

※ 제2호의 사업준비금 배분을 출자지분에 비례하여야 할 경우에는 제2호를 다음과 같이 한다.

2. 사업준비금을 매회계연도마다 전조합원에게 분할하여 가산하되 조합원에게 출자지분의 비율에 따라 배분한다.

제23조 (지분의 상속)

① 조합원 또는 준조합원의 상속인으로서 조합원 또는 준조합원의 사망으로 인하여 지분환불권의 전부 또는 일부를 취득한 자가 즉시 본 조합법인에 가입을 신청하고 조합법인이 이를 승인한 경우에는 상속인은 피상속인의 지분을 승계한다.

② 제1항의 규정에 의한 상속인의 가입신청과 조합법인의 가입승인은 제10조 제1항 내지 제4항의 규정을 준용한다.

제24조 (조합의 지분 취득금지) 본 조합법인은 조합원 또는 준조합원의 지분을 취득하거나 또는 담보의 목적으로 취득하지 못한다.

제25조 (지분의 양도, 양수 및 공유금지) 조합원 및 준조합원은 총회의 승인 의결 없이는 그 지분을 양도, 양수할 수 없으며 공유할 수 없다.

제26조 (탈퇴시의 지분환불)

① 조합원 또는 준조합원이 탈퇴하는 경우에는 탈퇴한 그 조합원의 지분을 현금 또는 현물로 환불한다.

② 환불할 재산 가운데 어장(양식장), 어선, 토지, 건물 등이 조합법인의 경영에 심각한 지장을 초래할 우려가 있어 환불이 곤란한 경우에는 그에 상당하는 다른 어장(양식장), 어선, 토지, 시설 및 현금으로 지불할 수 있다.

③ 탈퇴 조합원 및 준조합원이 출자한 어장(양식장), 어선, 토지, 시설 등이 조합 경영의 결과로 인하여 그 가치가 현저히 증대되었거나, 자본의 투자로 인하여 가치가 상승하였을 경우에는 이에 상당하는 금액을 환불받은 자로부터 징수한다.

④ 탈퇴 조합원 또는 준조합원이 조합법인에 대하여 채무가 있는 경우에는 환불해야 될 지분에서 상계할 수 있다.

⑤ 지분의 환불은 당해 회계연도 말에 한다.

제27조 (출자액의 일부 환불)

① 조합원 또는 준조합원은 부득이한 사유가 있는 경우에는 조합법인에 대하여 출자액의 일부의 환불을 요구할 수 있다.

② 제1항의 규정에 의하여 환불요구를 받은 조합법인은 총회의 의결이 있는 경우에 회계연도 말에 환불할 수 있다. 다만, 부득이한 사유가 있는 경우에는 회계연도 중에 환불하고 회계연도 말에 정산한다.

※ 환불할 수 있는 범위를 특정함이 좋다. 예컨대 조합원이 현물출자한 재산이 조합법인의 존속에 필수 불가결한 경우에는 이를 현금으로 평가하여 환불할 수 있는 규정 등을 둘 필요가 있다.

제 4 장 회 계

제28조 (회계연도) 본 조합법인의 회계연도는 매년 1월 1일에 시작하여 12월 31일에 종료한다.

제29조 (자금관리) 본 조합원의 여유자금은 다음 각 호의 방법에 따라 운용한다.

1. 수산업협동조합, 농업협동조합(지역농업협동조합, 지역축산업협동조합 포함), 은행, 신용금고에의 예치
2. 국채, 지방채, 정부보증채권 등 금융기관이 발행하는 채권의 취득

※ 제1호의 경우, 주로 거래하는 금융기관을 구체적으로 정할 수 있다.

[주의] 증권은 그 등락이 심하므로 조합법인의 성격상 그 자금관리 영역에서 제외함이 타당하다. 추가하는 경우에는 다음과 같다.

3. 상장법인의 증권의 취득 또는 그 취득을 위한 예시

제30조 (경리공개) 본 조합법인의 모든 장부는 사무소에 비치하여 항상 조합원 및 준조합원에게 공개하며 주요개정에 대한 내역은 정기적으로 게시한다.

※ 주요계정에 대한 내역의 정기적 게시시기를 구체적으로 정하고자 할 경우에는 "정기적으로"를 "매월" "분기마다" 등으로 정한다.

제31조 (사용료 및 수수료)

① 본 조합법인은 조합법인이 행하는 사업에 대하여 사용료 또는 수수료를 징수할 수 있다.

② 제1항의 규정에 의한 사용료 및 수수료에 관하여는 별도의 규정으로 정할 수 있다.

※ 조합법인의 사업에서 조합원이 아닌 자가 부수적으로 사업을 이용하는 경우, 시설의 공동이용 등에 대하여 사용료 및 수수료를 징수하고자 하는 조합법인은 이에 대하여 반드시 규정하여야 한다.

제32조 (선급금제) 조합법인은 조합원에게 지불할 노임을 회계연도 말에 결산 전에 선급금으로 지불할 수 있다.

제33조 (차입금) 조합법인은 제4조의 사업을 위하여 이사회의결을 거쳐 자금을 차입할 수 있다.

제34조 (수익 배분 순위) 본 조합법인의 총수익은 다음 각 호의 순서로 배분한다.

1. 제세공과금
2. 생산자재비, 임차료, 고용노임 및 생산부대비용("제잡비"를 말한다)
3. 차입금에 대한 원리금 상환
4. 조합원 노임
5. 자산설비에 대한 감가상각
6. 이월결손금 보전

제35조 (이익금의 처분)

① 조합법인의 결산결과 발생된 매 회계연도의 이익금은 제18조의 규정에 의한 법정적립금, 제19조의 규정에 의한 사업준비금을 공제하고 나머지에 대해서는 조합원과 준조합원에게 배당한다.

② 제1항의 배당은 배당할 이익금의 총액을 전조합원과 준조합원의 출자지분의 비율에 따라 배당한다.

※ 제2항의 배당을 달리 하고자 할 경우에는 제2항을 다음과 같이 한다.

② 제1항의 배당은 배당할 이익금의 100분의 30은 전조합원에게 배당하고 나머지 100분의 70은 전조합원 및 준조합원의 출자지분의 비율에 따라 배당한다.

제36조 (손실금의 처리) 조합법인의 결산결과 손실이 발생하였을 경우에는 사업준비금으로 보전하고 사업준비금으로도 부족할 때에는 법정적립금 및 자본적립금 순서로 보전하며 그 적립금으로 부족할 때에는 차연도에 이월한다.

제 5 장 임 원

제37조 (임원의 수) 본 조합법인은 다음 각 호의 임원을 둔다.

1. 대표이사 : 1인
2. 이사 : 4인 이상
3. 감사 : 1인 이상
4. 총무 : 1인
5. 부장 : 1인

※ 1. 조합법인의 조합원수, 사업규모 등에 따라 이사 및 감사의 정수를 정한다.
2. 제5호의 부장은 조합법인의 사업에 따라 영어부장, 구매부장, 판매부장, 가공부장 등으로 명기한다.
3. 통상 총무와 부장은 임명하지 아니하고 이사와 대표이사 및 감사를 임

원으로 둔다.

제38조 (임원의 선출) 임원은 총회의 의결로 조합원 중에서 선출한다.

[유례] 임원은 조합원 중에서 선임하는 것이 일반적이나 이를 정관에 규정하지 아니하면 조합원 아닌 자도 임원이 될 수 있다고 해석된다.

제O조(임원의 선출) 임원은 총회의 의결로 조합원 중에서 선출한다. 단, 대표이사는 이사 중에서 이사회 결의로 선출한다.

제39조 (이사회)

① 이사회는 대표이사 및 이사로 구성하며, 대표이사가 그 의장이 된다.

② 이사회는 대표이사가 필요하다고 인정되는 경우 또는 이사 2인 이상의 요구가 있을 경우 소집한다.

제40조 (이사회의 기능) 이사회는 다음 각 호의 사항을 재적이사 과반수의 출석과 출석이사 과반수 이상의 찬성으로 의결한다.

1. 총회의 소집과 총회에 부의할 안건
2. 업무를 운영하는 기본방침에 관한 안건
3. 고정자산의 취득 또는 처분에 관한 사항
4. 총회에서 위임된 사항의 의결
5. 준조합원의 가입, 탈퇴, 및 제명
6. 기타 조합법인의 운영상 필요한 사항

※ 조합법인의 형편에 따라 이사회의 의결사항을 추가하여 정할 수 있다.

[주의] 이사회의 권한으로는 자금의 차입과 차재 등을 추가하여 정할 수 있다.

제41조 (이사회의사록) 이사회에서 의결된 사항은 총무가 기록하여 이사회에 출석한 의장과 이사가 기명 날인하여 조합법인에 보관한다.

※ 기록의무자를 정하지 아니하고 의장과 출석한 이사가 날인하도록 정하는 것이 상사법인의 규정이다.

제42조 (임원의 임무)

① 대표이사는 본 조합법인을 대표하고 조합법인의 각종 회의의 의장이 되며, 조합의 업무를 총괄하고 조합법인의 경영성과에 대해 책임을 진다.

② 감사는 회계연도마다 조합법인의 재산과 업무집행상황을 1회 이상 감사하여 그 결과를 총회 및 대표이사에게 보고하여야 한다.

③ 이사는 이사회에서 미리 정한 순서에 따라 대표이사 유고시 그 직무를 대리하고 궐위되었을 때에는 그 직무를 대행한다.

④ 총무는 이사 중에서 선임하여 조합법인의 일반사무와 회계사무를 담당한다.

⑤ 각 부장은 대표이사와 총무를 보좌하며 각 부의 업무를 관장·집행한다.

※ 제5항의 경우 각 부의 업무관장의 범위를 구체적으로 정할 수 있다.

제43조 (임원의 책임)

① 본 조합법인의 임원은 법령에 의한 행정기관의 처분과 정관·규정·사업지침

및 총회와 이사회의 의결사항을 준수하고 본 조합법인을 위하여 그 직무를 성실히 수행하여야 한다.

② 임원이 그 직무를 수행함에 있어 태만, 고의 또는 중대한 과실로 조합법인이나 다른 사람에게 끼친 손해에 대하여는 단독 또는 연대하여 손해배상의 책임을 진다.

③ 이사회가 불법행위 또는 중대한 과실로 조합법인에게 손해를 끼친 경우에는 그 불법행위 또는 중대한 과실에 관련된 이사회에 출석한 구성원은 그 손해에 대하여 조합법인에 연대하여 책임을 진다. 다만, 그 회의에서 명백히 반대의사를 표시한 구성원은 그러하지 아니한다.

④ 제2항 내지 제3항의 구상권의 행사는 이사회에 대하여는 대표이사가, 대표이사와 이사에 대하여는 감사가, 임원 전원에 대하여는 조합원의 3분의 1 이상의 동의를 얻은 조합원 대표가 이를 행한다.

※ 제4항의 경우 조합법인의 형편에 따라 "조합원 3분의 1 이상"을 적절히 정할 수 있다.

제44조 (임원의 임기)

① 임원의 임기는 3년으로 하되 감사의 임기는 2년으로 한다.

② 제1항의 임원의 임기는 전임자의 임기만료일의 다음날로부터 기산한다.

③ 보궐선거에 의한 임원의 임기는 전임자의 잔여기간으로 한다.

※ 임원의 임기는 조정할 수 있으나, <u>감사와 감사 이외의 임원 임기는 다르게 하여야 한다</u>.

[유례] 감사의 임기는 주식회사와 같이 결산기의 종결시까지 가지는 것이 좋은 바, 그런 경우는 다음과 같다.

제O조(감사의 임기) 감사의 임기는 취임 후 O년 내의 최종의 결산기에 관한 정기조합원총회의 종결시까지로 한다.

제45조 (임원의 해임)

① 조합원이 임원을 해임하고자 하는 경우에는 조합원의 3분의 1 이상의 서면동의를 얻어 총회에 해임을 요구하고, 해임을 요구하는 총회의 의결로서 해임한다.

② 해임을 의결을 할 때에는 총회 10일 전에 해당 임원에게 서면 통지하여 총회에서 변명할 기회를 주어야 한다.

제46조 (임원의 보수) 임원에 대한 보수는 지급하지 아니하며, 여비 등 필요한 경비는 별도 규정에 의하여 실비로 지급할 수 있다.

제47조 (서류비치의 의무)

① 대표이사는 다음 각 호의 서류를 조합법인의 사무소에 비치하여야 한다.

1. 정관 및 규정
2. 조합원과 준조합원 명부 및 지분대장

3. 총회의사록
4. 기타 필요한 서류

② 대표이사는 정기총회 1주일 전까지 결산보고서를 사무소에 비치하여야 한다.

※ 정관으로 임원을 두지 아니한 경우에는 이 서류의 비치의무를 조합법인을 대표하는 조합원에게 지움이 상당하다.

제 6 장 회의의 운영

제48조 (총회) 총회는 조합원으로 구성하며, 정기총회와 임시총회로 구분한다.

제49조 (총회의 소집)

① 정기총회는 회계연도마다 1회 1월에 대표이사가 소집하며, 대표이사는 총회소집 5일 전까지 회의내용과 회의자료를 서면으로 조합원에게 통지하여야 한다.

② 임시총회는 조합원 3분의 1 이상의 소집요구가 있거나 이사회가 필요하다고 인정하여 소집을 요구할 때 또는 대표이사가 필요하다고 인정할 때 대표이사가 소집한다.

③ 감사는 다음 각 호에 해당하는 경우에는 임시총회를 소집한다.

1. 대표이사의 직무를 행할 자가 없을 때
2. 제2항의 요구가 있는 경우에 대표이사가 정당한 사유 없이 2주일 이내에 총회소집의 절차를 취하지 아니한 때
3. 감사가 조합법인의 재산상황 또는 사업의 집행에 관하여 부정사실을 발견한 경우에 이를 신속히 총회에 보고할 필요가 있을 때

※ 정기조합원총회는 결산기 종료 후 3월 이내에 하는 것이 관례이다.

제50조 (총회의 의결사항) 다음 각 호의 사항은 총회의 의결을 얻어야 한다.

1. 정관의 변경
2. 규정의 제정 및 개정
3. 해산·합병 또는 분할
4. 조합원의 가입·탈퇴 및 제명
5. 사업계획 및 수지예산의 승인·책정과 변경
6. 사업보고서, 결산서, 이익금 처분 및 결손금 처리
7. 출자에 관한 사항
8. 임원의 선출
9. 임기 중 임원의 해임

※ 조합법인의 운영을 위하여는 반드시 총회의 의결이 필요한 사항은 추가로 열거한다.

[주의] 위에서 규정한 사항 이외에는 정관으로 총회의 의결을 요건으로 정하면 되고, 조합법인이 채무를 부담하는 차입과 차재를 추가함이 상당하다.

제51조 (총회의 개의와 의결 정족수)

① 총회는 조합원 과반수의 출석으로 개의하고 출석조합원 과반수 이상의 찬성으로 의결한다.

② 다음 각 호에 해당하는 사항은 총조합원 3분의 2 이상의 출석과 출석조합원 3분의 2 이상의 찬성으로 의결한다.

1. 정관의 변경
2. 해산·합병 또는 분할
3. 조합원의 가입 승인
4. 제14조의 규정에 의한 조합원의 제명
5. 제45조의 규정에 의한 임원의 해임

③ 제1항의 총회 소집이 정족수 미달로 유회된 경우에는 10일 이내에 다시 소집하여야 한다.

※ 현행법상 합병·분할·조직변경은 실체법인 농어업경영체육성및지원에관한법률 및 그 시행령에 근거규정이 없고 채권자보호절차 등의 규정이 없어서 위 합병·분할 등이 곤란하다 할 것이다.

제52조 (의결권의 대리)

① 조합원은 대리인으로 하여금 의결권을 행사하게 할 수 있다.

② 대리인은 조합원과 동일 세대에 속하는 성년이어야 하며, 대리인이 대리할 수 있는 조합원의 수는 1인에 한한다.

③ 제1항의 규정에 의한 대리인은 대리권을 증명하는 위임장을 조합법인에게 제출하여야 한다.

제53조 (의사록의 작성) 총회의 이사에 관하여는 의사의 경과 및 결과를 기재한 의사록을 작성하고 대표이사 및 총회에 참석한 조합원 3분의 2 이상이 기명날인 또는 서명날인한다.

[유례] 제O조(의사록을 작성) 총회의 의사에 관하여는 의사의 경과 및 결과를 기재한 의사록을 작성하고, 의장 및 총회에 참석한 이사가 기명날인 또는 서명날인한다.

제54조 (회의내용 공고) 총회의 의결사항은 제6조의 공고방법에 의하여 공고한다.

제 7 장 해 산

제55조 (해산) 본 조합원은 다음 각 호의 1에 해당하는 경우에는 해산한다.

1. 총회에서 해산 및 합병을 의결한 경우
2. 파산한 경우 또는 법원의 해산명령을 받은 경우
3. 조합원이 5인 미만이 된 후 1년 이내에 5인 이상이 되지 아니한 경우

[주의] 조합법인의 해산에 관하여 특별히 정하고자 하는 경우에는 제4호부터

구체적으로 열거한다. 그러나 합병은 현행법상 곤란함은 전술한 바와 같다. 그리고 총회의 의결사항으로 분할을 정하고 있으나 농어업경영체육성및지원에관한법령에서 조합법인의 분할에 관한 규정을 두지 아니하고 준용규정도 없으므로 이 정관례는 문제가 있다 할 것이다.

第56條 (청산인) 본 조합원이 해산하는 경우에는 파산으로 인한 경우를 제외하고는 청산인이 대표이사가 된다. 다만, 총회에서 다른 사람을 청산인으로 정한 경우에는 그러하지 아니한다.

※ 이사는 청산인이 되고 대표이사는 대표청산인이 되는 것으로 하는 것이 더 합리적이다. 그리고 조합법인에 임원이 없는 경우에는 조합법인을 대표하는 조합원이 대표청산인이 되고 그와 조합원은 청산인이 된다 할 것이다.

第57條 (청산인의 직무)

① 청산인은 취임 후 지체 없이 재산상황을 조사하여 재산목록과 대차대조표를 작성하고 재산처분의 방법을 정하여 총회의 승인을 얻어야 한다.

② 청산사무가 종결된 경우에는 청산인은 지체 없이 결산보고서를 작성하여 총회의 승인을 얻어야 한다.

③ 청산인은 취임 후 2주일 이내에 해산의 사유 및 연월일과 청산인의 성명 및 주소를 등기하여야 한다.

第58條 (청산 재산의 처리) 해산의 경우 조합법인의 재산은 채무를 완제하고 잔여가 있는 경우에는 다음 각 호의 방법에 의하여 조합원과 준조합원에게 분배한다.

1. 출자금액은 출자조합원과 출자준조합원에게 환급하되 출자총액에 미달시는 출자액의 비례로 분배한다.
2. 자본적립금, 법정적립금, 사업준비금, 외부증여금은 출자지분의 비율에 따라 분배한다.

[유례] 청산재산의 귀속에 관하여 다른 규정을 정할 경우에는 3호 이하로 정한다.

3. 외부증여금 등은 전 조합원에게 균등배분한다.

※ 청산재산 중 적극재산은 없고 소극재산인 채무만 있는 경우, 각 조합원의 책임규정을 명확히 할 필요성이 있으므로 조합원의 책임부담비율을 출자가액의 비율로 정한다는가 등 특정함이 상당하다. 이를 특별히 정하지 아니하면 평등하다고 해석하여야 할 것이다.

부 칙

본 정관은 창립총회의 의결을 얻은 날부터 시행한다.

위 OO영어조합법인을 설립하기 위하여 위 정관을 작성하고 발기인 전원이 기명 날인하다.

2000. O. O.

OO영어조합법인 (직인)
OO시 OO구 OO로 OO(OO동)

발기인 성 명 : O O O ㊞
주민등록번호 : OOOOOO－OOOOOOO
주 소 : OO시 OO구 OO로 OO(OO동)

발기인 성 명 : O O O ㊞
주민등록번호 : OOOOOO－OOOOOOO
주 소 : OO시 OO구 OO로 OO(OO동)

발기인 성 명 : O O O ㊞
주민등록번호 : OOOOOO OOOOOOO
주 소 : OO시 OO구 OO로 OO(OO동)
(이하 생략)

[주] 영어조합법인의 정관은 발기인인 조합원 합의로 작성하여야 하고 정관작성에 참여한 조합원이 기명날인하여야 하나, 공증인의 인증을 받을 필요가 없다. 다만, 어업회사법인 중 주식회사나 유한회사로 설립하는 경우에는 정관에 공증인의 인증을 받아야 한다(단, 자본금 총액이 10억 미만인 회사를 발기설립하는 경우에는 공증인의 인증을 받을 필요가 없다).

[첨부서류 3] 출자자명부(=조합원명부)

출 자 자 명 부

(1좌의 금액 : 10,000원)

조합원 성명	출 자 내 역		평가액(원)	출자좌수(좌)
	항 목 별	출자목적물 표시		
O O O	어 선	어선명 : OO호(동력선) 어선번호 : 000-0000 총톤수 : 5톤	30,000,000원	3,000좌

		건조연도 : 20OO년		
	어선면허	어업면호 : 제OOO호 양식 : 전복양식	10,000,000원	1,000좌
	어 업 권	면허번호 : 제OOO호 어업, 체포물의 종류 : 굴양식	10,000,000원	1,000좌
	부 동 산	OO시 OO구 OO동 OO 전 500㎡	10,000,000원	1,000좌
	소 계		60,000,000원	6,000좌
O O O	현 금		30,000,000원	3,000좌
O O O	현 금		30,000,000원	3,000좌
O O O	현 금		20,000,000원	2,000좌
O O O	현 금		10,000,000원	1,000좌
합 계			150,000,000원	15,000좌

위 출자자명부는 본 조합법인 사무소에 비치된 출자자명부와 대조하여 틀림이 없음을 증명합니다.

20OO년 O월 O일

법인명 : OO영어조합법인
소재지 : OO시 OO구 OO로 OO(OO동)
대표이사 : O O O (인)

[주] 위 출자자명부는 조합원명부라고도 한다.

[첨부서류 4] 창립총회의사록

창 립 총 회 의 사 록

20OO년 O월 O일 OO시 OO분, OO시 OO구 OO로 OO(OO동) OO영어조합법인 창

립사무소에서 창립총회를 개최하다.

발 기 인 : OOO, OOO, OOO, OOO, OOO
출석발기인 : 발기인 전원

발기인 대표 OOO는 위와 같이 발기인 전원이 출석하여 본 총회가 적법하게 성립되었음을 알리고 회의 진행상 임시의장을 선임하여 줄 것을 요청한 바, 발기인 전원일치 합의로 발기인 OOO를 임시의장으로 선임하고, 동인은 즉석에서 그 취임을 승낙하고 개회를 선언한 후 다음의 의안에 관하여 심의를 요청하다.

제1호 의 안 정관 승인의 건

의장은 수산업·어촌발전식품본법 및 농어업경영체육성및지원에관한법률의 규정에 근거하여 해양수산부에서 고시한 정관례를 기준으로 하여 정관을 작성하였음을 설명하고 그 정관을 축소 설명한 후 이의 승인 여부에 심의를 구한 바 발기인 진원일치된 의건으로 이를 승인 가결하나.

제2호 의 안 임원 선임의 건

의장은 정관에 정하여진 대표이사, 이사, 감사 등 임원의 선임방법을 물은 바, 발기인 전원일치로 무기명 비밀투표로 선임하기로 합의되어 그에 따라 투표한 결과 다음 사람이 임원으로 선출되다.

이사겸 대표이사 O O O
이 사 O O O, O O O, O O O
감 사 O O O

위 피선자들은 즉석에서 각 그 직에 취임할 것을 승낙하다.

제3호 의 안 제1회 출자금 납입 및 출자금 평가방법

의장은 본 영어조합법인 설립당시의 제1회 출자금 납입에 관하여 심의를 요청한 바, 별첨 출자자산 내역서와 같이 납입키로 전원일치의 합의로 의결하다.

제4호 의 안 주사무소 지정의 건

의장은 본 영어조합법인의 주사무소를 설치할 장소를 결정하자고 제의한 바, 전원일치된 의견으로 다음의 장소에 주사무소를 설치하기로 가결하다.

주사무소 : OO시 OO구 OO로 OO(OO동)

의장은 이상으로서 의안 전부를 심의를 종료하였으므로 폐회를 선언하다(회의종료시간 : OO시 OO분).

위 의사의 경과와 결의를 명확히 하기 위하여 이 의사록을 작성하여 의장과 출석한 발기인이 다음과 같이 기명날인하다.

2000. O. O.

OO영어조합법인 (직인)
OO시 OO구 OO로 OO(OO동)

의장겸 발기인 성 명 : O O O ㉥
주민등록번호 : OOOOOO－OOOOOOO
주 소 : OO시 OO구 OO로 OO(OO동)

발기인 성 명 : O O O ㉥
주민등록번호 : OOOOOO－OOOOOOO
주 소 : OO시 OO구 OO로 OO(OO동)

발기인 성 명 : O O O ㉥
주민등록번호 : OOOOOO－OOOOOOO
주 소 : OO시 OO구 OO로 OO(OO동)

발기인 성 명 : O O O ㉥
주민등록번호 : OOOOOO－OOOOOOO
주 소 : OO시 OO구 OO로 OO(OO동)

발기인 성 명 : O O O ㉥
주민등록번호 : OOOOOO－OOOOOOO
주 소 : OO시 OO구 OO로 OO(OO동)

발기인 성 명 : O O O ㉥
주민등록번호 : OOOOOO－OOOOOOO
주 소 : OO시 OO구 OO로 OO(OO동)

[주] 법인이 등기를 신청할 때 그 신청서에 첨부되는 총회의사록은 그 법인이 공증인법시행령의 의사록 인증 제외대상법인에 해당하는 공법인 또는 비영리법인이

아닌 한 공증인의 인증을 받아야 하므로 영어조합법인이 그 설립등기를 신청하는 경우에도 공증인의 인증을 받은 창립총회 의사록을 첨부하여야 한다(등기선례 4-888, 1994. 5. 27. 등기 3402-476 질의회답).

[첨부서류 5] 출자자산내역서

출 자 자 산 내 역 서

(1좌의 금액 : 10,000원)

조합원 성명	출자 내역		평가액(원)	출자좌수(좌)
	항 목 별	출자목적물 표시		
○ ○ ○	어 선	어선명 : ○○호(동력선) 어선번호 : ○○○-○○○○ 총톤수 : 5톤 건조연도 : 20○○년	30,000,000원	3,000좌
	어선면허	어업면호 : 제○○○호 양식 : 전복양식	10,000,000원	1,000좌
	어 업 권	면허번호 : 제○○○호 어업, 체포물의 종류 : 굴양식	10,000,000원	1,000좌
	부 동 산	○○시 ○○구 ○○동 ○○ 전 500㎡	10,000,000원	1,000좌
	소 계		60,000,000원	6,000좌
○ ○ ○	현 금		30,000,000원	3,000좌
○ ○ ○	현 금		30,000,000원	3,000좌
○ ○ ○	현 금		20,000,000원	2,000좌
○ ○ ○	현 금		10,000,000원	1,000좌
합 계			150,000,000원	15,000좌

위와 같이 출자하고 출자금이 납입되었음을 증명합니다.

20○○년 ○월 ○일

OO영어조합법인
대표이사 O O O (인)

[주] 위 출자자산내역서는 창업총회의사록 다음에 첨부하여 간인한다.

[첨부서류 6] 현물출자계약서

현 물 출 자 계 약 서

1. 출자재산
   가. 부동산의 표시 : OO시 OO구 OO동 OOO 전 530㎡
   나. 평가액 : OOOOO원
   다. 출자금액 : OOOOO원(출자좌수 : OOO좌)

2. 계약당사자인 양도인 OOO와 양수인 OO영어조합법인은 다음과 같이 약정함.
   가. 양도인 OOO은 위 부동산을 현물출자하고 그 소유권을 OO영어조합법인에게 양도함.
   나. OO영어조합법인은 OOO 소유의 상기 부동산을 양수하고 출자액 OOOOOO원의 출자증서를 교부함.
   다. 양도인 OOO은 위 부동산을 소정절차가 완료되는 즉시 OO영어조합법인 명의로 소유권을 이전할 수 있도록 등기절차에 필요한 서류를 넘겨주기로 한다.

위 계약의 성립을 증명하기 위하여 이 계약서 2통을 작성하고 계약당사자가 이의 없음을 확인하고 각자 기명날인하다.

2OOO년 O월 O일

양도인 성 명 : O O O (인)
주민등록번호 : OOOOOO－OOOOOOO
주 소 : OO시 OO구 OO로 OO(OO동)

양수인 명　　칭 : OO영어조합법인
사 무 소 : OO시 OO구 OO로 OO(OO동)
대표이사 O O O (인)

[주] 조합원은 출자의 목적인 재산을 양도하고 등기, 등록 기타 권리의 설정이나 이전에 필요한 경우에는 이에 관한 서류를 완비하여 교부하여야 한다.

[첨부서류 7] 출자증서

출 자 증 서

1. 출자좌수 : OOOO주
2. 1좌당 금액 : 10,000원
3. 출자액 : 금 OOOOOO원
4. 출자자명 : O O O
5. 주　소 : OO시 OO구 OO로 OO(OO동)

OO영어조합법인을 설립함에 있어 위 OOO는 위와 같은 금액을 출자하였으므로 본 증서를 교부합니다.

20OO년 O월 O일

OO영어조합법인
대표이사 O O O (인)

O　O　O　귀하

[첨부서류 8] 출자금납입증명서

출자금납입증명서

금 150,000,000원
총출자좌수 : 15,000좌
1좌의 금액 : 10,000원

위 금액을 귀 법인 설립시에 발행하는 출자총수에 대한 납입금으로서 20OO년 O월 O일 현재 이를 보관중임을 증명합니다.

20OO년 O월 O일
OO영어조합법인
OO시 OO구 OO로 OO(OO동)
감사 O O O (인)
(단, 감사가 없을시 대표이사가 서명날인)

[첨부서류 9] 이사회의사록

이 사 회 의 사 록

20OO년 O월 O일 OO시 OO분, OO시 OO구 OO로 OO(OO동) 당 법인 회의실(또는 사무소)에서 이사회를 개최하다.

총이사수 : O명　　　출석이사수 : O명

의장 OOO는 정관규정에 따라 의장석에 등단하여 위와 같이 법정수에 달하는 이사가 출석하였으므로 본 이사회가 적법히 성립되었음을 알리고 개회를 선언한 후, 다음의 의안을 부의하고 심의를 구하다.

제1호 의 안 대표이사 선임의 건
의장은 창립총회에서 선임된 이사 중에서 대표이사 1명을 선임하여 줄 것을 구한 바, 이사 전원일치로 다음 사람을 대표이사로 선출하고 이를 찬성하여 만장일치로 그를 승인 가결하다.

대표이사 ○ ○ ○ (○○○○○○-○○○○○○○)
○○시 ○○구 ○○로 ○○(○○동)

위 피선자는 즉석에서 그 취임을 승낙하다.

의장은 이상으로서 회의목적인 의안 전부의 심의를 종료하였으므로 폐회한다고 선언하다(회의종료시각 : ○○시 ○○분).

위 결의를 명확히 하기 위하여 이 의사록을 작성하고 의장과 출석한 이사가 기명날인하다.

20○○. ○. ○.

○○영어조합법인
○○시 ○○구 ○○로 ○○(○○동)
의장겸 대표이사 홍 길 동 (직인)
이사 홍 길 동 (인)
이사 ○ ○ ○ (인)
이사 ○ ○ ○ (인)
이사 ○ ○ ○ (인)

[주] 정관에서 대표이사를 이사회결의에 의하여 선출하기로 정한 경우에는 이사회의사록을 작성하여 기명날인하여야 한다.

[첨부서류 10] 취임승낙서

취 임 승 낙 서

본인은 20○○년 ○월 ○일 귀 법인의 창립총회에서 대표이사(또는 이사, 감사)로 선임되었으므로 그 취임을 승낙합니다.

2000년 0월 0일

대표이사(또는 이사, 감사) O O O (인)
(OOOOOO－OOOOOOO)
OO시 OO구 OO로 OO(OO동)

OO영어조합법인 귀중

[주] 취임승낙서에는 인감을 날인하고 인감증명서 및 주민등록등(초)본을 첨부하여야 한다.

[첨부서류 11] 정관원본반환청구

정 관 원 본 반 환 청 구

신 청 인 OOO영농조합법인
OO시 OO구 OO로 OO(OO동)
대표이사 O O O

위 대리인 법무사 OOO 사무소
OO시 OO구 OO로 OO(OO동)
법무사 O O O

2000. O. O. OO영농조합법인 설립등기신청서에 첨부한 정관원본은 신청인 자신에게도 보존해야 할 필요가 있으므로 그 원본을 반환하여 주시기 바랍니다.

2000. O. O.

신 청 인 OO영농조합법인
대표이사 O O O
위 대리인 법무사 OOO사무소
법무사 O O O (인)

위 영수합니다.

2000. 0. 0.
법무사 000 사무소
법무사 ○ ○ ○ (인)

OO지방법원 OO등기소 귀중

[첨부서류 12] 인감신고서

인감·개인(改印) 신고서

(신고하는 인감날인란) (인감제출자에 관한 사항)

	상호(명 칭)		OO영어조합법인	등기번호	
	본점(주사무소)		OO시 OO구 OO로 OO(OO동)		
	인감제출자	자격/성명	대표이사 ○ ○ ○		
		주민등록번호	OOOOOO-OOOOOOO		
		주 소	OO시 OO구 OO로 OO(OO동)		

□ 위와 같이 인감을 신고합니다. □ 위와 같이 개인(改印)하였음을 신고합니다.

년 월 일

(인감 날인란)

신고인 본 인 성 명 (인)
대리인 성 명 (인)

지방법원 등기소 귀중

주 1. 개인인감 날인란에는 「인감증명법」에 의하여 신고한 인감을 날인하고 그 인감증명서(발행일로부터 3개월 이내의 것)를 첨부하여야 합니다. 개인(改印)신고의 경우, 개인인감을 날인하는 대신에 등기소에 신고한 유효한 종전 인감을 날인하여도 됩니다. 또한 인감제출자가 기명날인 또는 서명하였다

는 공증인의 인증서면으로 갈음할 수 있습니다.
2. 인감·개인신고서에는 신고하는 인감을 날인한 인감대지를 첨부하여야 합니다.
3. 지배인이 인감을 신고하는 경우에는 인감제출자의 주소란에 지배인을 둔 장소를 기재하고, 「상업등기규칙」 제35조제3항의 보증서면(영업주가 등기소에 신고한 인감 날인)을 첨부하여야 합니다. 위 보증서면은 아래의 보증서면란에 기재하는 것으로 갈음할 수 있습니다.

보 증 서 면

위 신고하는 인감은 지배인 OOO의 인감인이 틀림없음을 보증합니다.

대표이사 (법인인감)

위 임 장

성 명 : 주민등록번호(-)
주 소 :

위의 사람에게, 위 인감신고 또는 개인신고에 관한 일체의 권한을 위임함.

20 년 월 일

인감(개인) 신고인 성 명 (인)

[주] 1. 이 인감신고서는 등기소에 제출하는 것으로서, 인감크기는 변의 길이가 2.4센티미터 정사각형 안에는 들어갈 수 있고, 1센티미터 정사각형 안에는 들어갈 수 없는 것이어야 한다.
2. 인감을 분실할 경우에는 개인신고를 할 수 있다.

[첨부서류 13] 인감대지

인 감 대 지

<table>
<tr><td rowspan="3"></td><td rowspan="3">

신고하는 인감날인란</td><td>상 호(명 칭) : OO영어조합법인</td></tr>
<tr><td>자격 및 성명 : 대표이사 O O O</td></tr>
<tr><td>주민등록번호 : OOOOOO-OOOOOOO</td></tr>
</table>

[주] 1. 자격은 대표이사(이사), 이사장, 지배인, 대리인, 상호사용자, 무능력자, 법정대리인 등으로 기재한다.

2. 현행 상업등기규칙에는 인감대지의 규격이 정하여져 있지 아니하나 인감대지의 규격은 가로 16센티미터 세로 4센티미터로 하는 것이 좋다.

[첨부서류 14] 인감카드 등(재)발급신청서

인감카드 등 (재)발급신청서

<table>
<tr><td colspan="2">상 호(명 칭)</td><td></td><td>등기번호</td><td></td></tr>
<tr><td colspan="2">본 점(주사무소)</td><td colspan="3"></td></tr>
<tr><td rowspan="2">인감
제출자</td><td>자격 / 성명</td><td colspan="3"></td></tr>
<tr><td>주민등록번호</td><td colspan="3"></td></tr>
</table>

<table>
<tr><td>발급사유</td><td colspan="3">☐ 최초발급 ☐ 카드분실 ☐ 카드훼손 ☐ 인감증명서발급기능
☐ 기타 ( )</td></tr>
<tr><td>매체구분</td><td>☐ 인감카드
☐ HSM USB</td><td>인감카드
비밀번호</td><td>(변경후 :)</td></tr>
<tr><td>수 수 료</td><td>금 원</td><td>납부번호</td><td></td></tr>
</table>

위와 같이 인감카드 등의 (재)발급을 신청합니다.

년 월 일 (인감 날인란)

신청인 인감제출자 (본 인) 성 명 (인) (전화 :)
(대리인) 성 명 (인) (전화 :)

지방법원 등기소 귀중

접수번호		인감카드번호	

주 1. 인감카드 비밀번호란에는 (재)발급받아 사용할 인감카드의 비밀번호를 기재하며, 아라비아숫자 6자릿수를 기재하여야 합니다. 다만, 인감카드 재발급의l 경우에는 기존 인감카드의 비밀번호와 재발급받아 사용할 인감카드의 비밀번호(변경 후)를 기재하여야 합니다.

2. 인감카드의 (재)발급을 신청하는 경우에는 등기소에 제출한 인감을 날인하여야 합니다. 다만, 인감카드 재발급의 경우 기존 인감카드 비밀번호를 기재할 수 없을 때에는 인감제출자 본인은 신분증명서 사본을, 위임에 의한 대리인은 인감제출자가 「인감증명법」에 따라 신고한 인감을 신청서에 날인하고 그 인감증명서 및 대리인의 신분증명서 사본을 각각 첨부하여야 합니다.

3. 인감카드의 재발급을 신청할 때에는 「등기사항증명서 등 수수료규칙」으로 정하는 수수료를 납부하여야 합니다. 다만, 인감카드를 반납할 때에는 수수료를 납부할 필요가 없습니다.

위 임 장

성 명 : 주민등록번호(-)
주 소 :

위의 사람에게, 위 (재)발급신청서에 기재된 인감카드 등의 발급신청과 그 수령 등에 관한 일체의 권한을 위임함.

20○○년 ○월 ○일

인감신고인 성 명 (인) (전화)

[서식 36] 농업회사법인 주식회사 설립등기신청서(발기설립)

<table>
<tr><td colspan="5">농업회사법인 주식회사 설립등기신청</td></tr>
<tr><td rowspan="2">접 수</td><td>년 월 일</td><td rowspan="2">처 리 인</td><td>등기관 확인</td><td>각종 통지</td></tr>
<tr><td>제 호</td><td></td><td></td></tr>
</table>

<table>
<tr><td>등 기 의 목 적</td><td>농업회사법인 주식회사 설립</td></tr>
<tr><td>등 기 의 사 유</td><td>농어업경영체육성및지원에 관한 법률 제19조의 규정에 의하여 정관을 작성하고 발기인이 회사설립시에 발행하는 주식의 총수를 인수받고, 20○○년 ○월 ○일 발기인 총회를 종결하였으므로 다음 사항의 등기를 구함.</td></tr>
<tr><td>본/지점 신청구분</td><td>1.본점신청 ☐ 2.지점신청 ☐ 3.본·지점 일괄신청 ☐</td></tr>
<tr><td colspan="2">등 기 할 사 항</td></tr>
<tr><td>상 호</td><td>농업회사법인 ○○주식회사</td></tr>
<tr><td>본 점</td><td>○○시 ○○구 ○○로 ○○(○○동)</td></tr>
<tr><td>공 고 방 법</td><td>○○시에서 발행하는 일간지 ○○일보에 게재한다.</td></tr>
<tr><td>1주의 금액</td><td>10,000원</td></tr>
<tr><td>발행할 주식의 총수</td><td>40,000주</td></tr>
<tr><td>발행주식의 총수와 그 종류 및 각각의 수</td><td>10,000주 보통주식</td></tr>
<tr><td>자본의 총액</td><td>100,000,000원</td></tr>
<tr><td>목 적</td><td>본 회사는 기업적 농업경영을 통하여 생산성을 향상시키거나 생산된 농산물을 유통, 가공, 판매함으로써 농업의 부가가치를 높이고 노동력의 부족 등으로 농업경영이 곤란한 농업인의 농작업의 전부 또는 일부를 대행하여 영농의 편의를 도모함을 목적으로 다음 각 호의 사업을 한다.
1. 농산물의 가공, 유통 및 판매사업</td></tr>
</table>

	1. 농작물의 전부 또는 일부대행 1. 농자재 생산, 공급 및 공동구매, 판매업 1. 영농에 필요한 종묘생산 및 종묘배양사업 1. 위 각 호에 부수하는 일체의 사업
이사·감사의 성명·주민등록번호	사내이사 홍 길 동 (OOOOOO－OOOOOOO) 사내이사 ○ ○ ○ (OOOOOO－OOOOOOO) 사내이사 ○ ○ ○ (OOOOOO－OOOOOOO) 감 사 ○ ○ ○ (OOOOOO－OOOOOOO)
대표이사의 성명과 주소	대표이사 홍 길 동 (OOOOOO－OOOOOOO) ○○시 ○○구 ○○로 ○○ (○○동)
지 점	없음
존립기간 또는 해산사유	없음
기 타	없음

신청등기소 및 등록면허세/수수료						
순번	신청등기소	구분	등록면허세 지방교육세	농어촌특별세	세액합계	등기신청수수료
			지방세특례제한법 11조 4항에 의거 면제			금 원
합 계						
등기신청수수료 납부번호						
과 세 표 준 액	금 원					
첨 부 서 면						

1. 일반건축물대장(또는 행정안전부 도로명주소안내출력물) 1통
1. 정관 1통
1. 농업인확인서(또는 농업경영체등록 확인서) 통
1. 주식발행사항 동의서 1통
1. 주식배정표 1통
1. 발기인총회기간단축동의서 1통
1. 취임승낙서 및 인감증명서 통
1. 주민등록등(초)본 통

1. 예금잔고증명서 1통	1. 인감신고서 및 인감증명서 각 1통
1. 발기인총회의사록 1통	1. 법인인감카드발급신청서 1통
1. 이사회의사록 1통	1. 등록면허세영수필확인서및통지서 1통
1. 조사보고서 1통	1. 위임장(대리인이 신청할 경우) 1통
1. 주식인수증 통	

년 월 일

신청인 명 칭
주사무소
대표자 성 명 (인) (전화 :)
주 소
대리인 성 명 (인) (전화 :)
주 소

지방법원 등기소 귀중

- 신청서 작성요령 -

1. 해당란이 부족할 때에는 별지를 이용합니다.
1. 해당 등기신청과 관계없는 사항에 대하여는 "해당없음"으로 기재하거나 삭제하고, 필요한 사항은 추가 기재합니다.
1. 「인감증명법」에 따른 인감증명서 제출과 함께 관련 서면에 인감을 날인하여야 하는 경우, 본인서명사실확인서를 제출하고 관련 서명을 하거나 전자본인서명확인서 발급증을 제출하고 관련 서면에 서명을 하면 인감증명서를 제출하고 관련 서면에 인감을 날인한 것으로 봅니다.

(용지규격 21㎝ × 29.7㎝)

[주] 농업회사법인 주식회사 발기설립시 자본금이 10억 미만인 경우

1. 주식회사의 상호 중에는 "주식회사"라는 문자를 사용해야 하는 점 이외에는 별다른 제한이 없으나, 동일한 시·군내에서 동종영업을 위하여 타인이 등기한 상호나 어느 회사의 지점이나 출장소 등과 같이 회사의 독립성이 인정되지 않고 그 일부임을 표시하는 듯한 상호로는 등기할 수 없다. 또한 농업회사법인은 상법상 회사의 형태를 띄어야 하므로 일반 주식회사 설립과 마찬가지로 상호의 전 또는 후에 상법상 회사의 형태가 들어가야 한다. 따라서, "주식회사"가 중간에 들어갈 수 없으므로 "농업회사법인 OOO 주식회사" 또는 "주식회사 농업회사법인 OOO"으로 신청하여야 한다.

2. 본점의 표시는 정관의 경우와는 달리 그 소재지번까지 기재한다.
3. ① 농업인확인서 또는 농업경영체등록확인서(임원 중 3분의 1 이상)를 첨부한다. ② 대표이사는 농업인이어야 한다.
4. ① 비농업인은 총출자액의 10분의 90 한도내에서 출자가 가능하다(즉, 총출자액이 8억원을 초과하는 경우 총출자액에서 8천만원을 공제한 금액을 한도로 함).② 농업회사법인 주식회사는 농업을 목적으로 대지, 건물, 농지를 취득할 수 있으나, 일반주식회사는 농지를 취득할 수 없다.
5. 발기인 수 : 1인 이상(즉, 1인 주주도 가능하고, 발기인은 이사와 감사를 겸할 수 있으며, 보통 이사와 감사는 발기인 중에서 선임하나 이때는 조사보고는 공증인이어야 하므로, 이러한 절차를 줄이기 위해서는 이사·감사 중에 발기인이 아닌 사람이 1명 이상 있어야 한다.
6. 임원 : ① 이사는 3인 이상이어야 하지만, 자본금 10억원 미만인 회사는 이사를 1인 또는 2인으로 할 수 있으며, 감사는 두지 않을 수 있다. 따라서 회사설립의 최소한 인원은 1명이다. 혹 이사를 2명이상 둘 경우에도 실무상 가부동수를 피하기 위하여 3명, 5명과 같이 홀수로 선임하는 예가 많다. ② 이사 1명으로 해야 할 경우 사내이사 명칭을 사용해야 한다. ③ 감사가 발기인이 되면 1주 이상의 주식을 가져야 된다. ④ 감사는 1인 이상이 있어야 하며 2인 이상의 감사를 둘 수 있다. 그러나 자본금액총액이 10억원 미만인 회사의 경우에는 감사를 선임하지 않아도 된다. ⑤ 2009. 2. 4.부터 이사변경 또는 회사설립등기신청시 사내이사, 사외이사, 기타비상무이사로 구분하여 등기신청하여야 하고 단순히 이사로 등기신청을 할 수 없다. 따라서 신청서에 첨부된 주주총회의사록 등에 '사내이사', '사외이사', '기타비상무이사'로 각 구분하여 선임한 사실이 기재되어 있어야 한다. ⑥ 자본금 10억원 미만의 경우 감사를 선임하지 않을 수 있다. 따라서 감사의 선임은 임의적 기재사항이다. 감사를 선임하지 아니할 경우 주주총회가 이사의 업무 및 재산상태에 관하여 직접 감독 · 감사하도록 하였다. ⑦ 주주가 아닌 사람도 대표이사 또는 다른 임원이 될 수 있다.
7. 주식의 수 : ① 주식의 수는 제한이 없고 정관에 규정되어야 한다(회사가 총발행할 주식수 및 발행할 주식의 명기사항은 정관의 형식적 필수사항임. 액면가액은 100원, 500원, 1,000원, 2,500원, 5,000원, 10,000원 등 선택가능하고 정관에 규정되어야 함). ② 감사가 발기인이 아닌 경우에는 감사는 주식이 없어도 된다. ③ 법인도 현물출자가 가능하다.
8. 1주의 금액 : 정관에 기재된 1주의 금액을 말하며, 1주의 금액은 100원 이상이어야 하며, 회사가 수종의 주식을 발행하는 경우에도 균일하여야 한다(설립당시에는 1주의 금액을 10,000원 혹은 5,000원으로 많이 사용하며, 회사가 성장

하면서 기업자금조달의 편의를 위해 1주의 최저액면금액을 500원 혹은 100원으로 주식분할을 하기로 한다).

9. 발행할 주식의 총수 : 회사가 발행할 수 있는 주식수의 한도에서 정관에 기재된 발행할 주식의 총수를 말하며(발행예정주식 또는 수권주식총수), 설립이후에는 제한규정이 삭제되어 무제한이지만, 설립단계에서는 4배로 제한되어 있다. 예컨대 설립시 발행하는 주식수가 1만주라면 발행예정주식총수는 최저 1만주에서 최고 4만주가 된다. 따라서 위 범위내의 주식수를 기재하면 된다.
10. 발행주식의 총수, 그 종류와 각종 주식의 내용과 수 : 정관에 규정된 설립시에 발행하는 주식의 수와 종류를 말하며, 설립시에 발행하는 주식의 총수는 회사가 발행할 주식의 총수의 4분의 1 이상 이어야 한다. 주식의 종류는 보통주식, 우선주식, 후배주식 등이 있다.

    자본금이 5천만원이고 1주의 금액이 5,000원이라면 발행주식총수는 10,000주가 된다(발행주식총수 = 자본금/1주의 금액).
11. 자본총액 : 회사설립시에 발행하는 주식총수의 액면총액이 자본총액이다. 자본금의 최저금액 규정은 삭제되었으므로 100원의 회사설립도 가능하다.
12. 상대적 기재사항 : 변태설립사항, 존립기간, 해산사유, 주식매수선택권의 부여, 주식양도한규정 등이 있다.
13. 임의적 기재사항 : 이사·감사의 원수, 정기주주총회의 소집일시, 회사의 영업연도 등이 있다.
14. 농업회사법인등기의 설립등기에 대한 등록면허세와 교육세는 설립등기시에는 면제되고, 변경등기시에는 납부한다. 조세특례제한법, 지방세법, 관세법 등에 의하여 등록면허세가 감면되는 경우에 그 감면세액의 100분의 20의 농어촌특별세를 납부하여야 하나, 영농조합법인 및 농업회사법인의 설립등기시에는 이것도 면제된다(농특세법 4조).
15. 등기신청수수료는 설립의 경우 30,000원(서면방문), 25,000원(전자표준양식), 20,000원(전자신청)이다.
16. 정관은 공증인의 인증을 받음으로서 효력이 생긴다. 다만, 자본금 총액이 10억원 미만인 회사를 발기 설립하는 경우에는 공증의무가 면제되므로, 각 발기인이 정관에 기명날인 또는 서명날인함으로써 발생한다.
17. 주식인수증 : 발기인 전원의 인수증을 첨부한다. 발기인은 주식을 인수하여야 하므로, 이를 인수하였음을 증명하는 서면으로 주식인수증을 작성한다.
18. 주식발행사항동의서 : 회사설립시 발행하는 주식의 종류와 수, 액면 이상의 주식을 발행하는 경우 이에 관하여 정관에 다른 정함이 없으면 발기인 전원의 동의로 이를 결정하여야 하며, 이를 증명하는 서면으로 발기인 전원이 기명 날인하여야 한다.

19. 발기인총회의사록 : ① 주금이 납입이 완료된 때에는 발기인은 회의를 열어 의결권의 과반수로 이사와 감사를 선임하고 발기인들이 회의를 개최하여 의사결정을 한 경우에는 의사록을 작성하여야 한다. ② 자본금이 10억 미만인 회사는 주주전원의 동의가 있을 경우에는 소집절차없이 창립총회를 개최할 수 없고, 서면에 의한 결의로서 창립총회 결의를 할 수 있다. 서면에 의한 결의로써 창립총회 결의를 갈음할 수 있다. 또한 결의의 목적사항에 대하여 주주전원이 서면으로 동의한 때에는 서면에 의한 결의가 있는 것으로 본다. ③ 자본금 총액이 10억원 미만인 회사를 발기 설립하는 경우에는 공증의무가 면제된다.
20. 이사회의사록 : ① 대표이사는 이사회에서 선임하여야 하므로 이사회의사록을 작성하여 첨부하여야 한다. 그러나 정관에서 주주총회에서 선임할 수 있도록 정할 수도 있기 때문에, 정관에 그와 같이 정한 경우에는 발기인총회에서도 대표이사를 선임할 수도 있다. ② 소규모회사(자본금 10억원 미만)의 이사가 1명 또는 2명인 경우 이사회를 구성하지 않고 이사회의 권한을 각 이사(정관에 따라 대표이사를 정한 경우에는 그 대표이사) 또는 주주총회에서 행사한다. ③ 대표이사 없이 사내이사가 대표자일 때에는 이사회의사록이 필요 없다. ④ 발기설립(10억 미만)의 경우 이 의사록공증이 면제된다.
21. 주식납입보관증명서 : ① 주식을 인수한 발기인은 지체 없이 그 인수가액을 지정된 금융기관에 납입하여야 하며, 발기인은 납입금을 보관하여 있는 금융기관에 보관금액에 관하여 증명서를 교부받아 제출하여야 한다. 다만 소규모회사(10억 미만)의 경우 주금납입증명서를 잔고증명서로 대체할 수 있다. ② 이 증명의 발급은 설립등기 관할등기소에 등기되지 아니한 경우 그 자격을 증명하는 법인등기사항증명서 또는 지배인등기사항증명서를 첨부한다.
22. 주금납입 또는 잔고증명서 발급 절차 : ① 공증된 창립총회의사록, 이사회의사록, 정관, 주식청약서와 인수증을 가지고 대표이사가 은행에 가서 주금납입보관서(또는 영수증: 법인통장에 자본금을 입금해야 됨) 2통을 주면 등기신청서와 창립총회의사록, 이사회의사록, 정관, 주금납입보관증명서, 주식청약서, 취임승낙서(대표이사 등), 주민등록초본(대표이사 2통, 그 외 1통, 대표이사 이외의 임원은 주민등록증 사본, 자동차운전면허증 사본으로 가능), 인감신고서, 인감증명, 위임장을 제출하여 등기가 완료되면 법인등기사항증명서, 법인인감증명, 사업자등록증, 법인도장, 주금입금증을 가지고 주금을 찾을 수 있다. ② 발기설립에서 자본금 10억 미만의 경우 주금납입절차 없이 은행에 가서 발기인 대표{대표이사 또는 사내이사(1인 회사)가 될 자} 명의로 입금된 예금통장을 만들어 자본금을 입금시키고 잔고증명서를 발급받으면

그 다음날 인출이 가능하다.

23. 재산인도증 : ① 출자의 목적물은 납입기일까지 실제로 회사에 이전되어야 한다. 금전 이외의 재산을 현물로 출자를 하였을 경우 동산은 현실로 인도하여야 하며, 등기·등록을 요하는 경우는 이에 관한 서류를 완비하여 교부하여야 한다. 등기신청서에는 이러한 이행을 완료하였음을 증명하는 서면을 첨부하여야 한다. 즉, 현물출자계약서(포괄적인 사업양도·양수계약서), 현물출자 재산인수증, 현물출자 재산인도증 등을 첨부한다. ② 출자재산이 부동산인 경우 아직 회사가 성립등기가 되지 아니하여 법인격을 취득하지 못한 상태에서 직접 회사 앞으로 소유권이전등기를 할 수 없으므로 결국 이전등기서류 등을 인도하게 된다.
24. 이사·감사의 조사보고서 : ① 조사보고의 자격은 발기인이 아닌 이사 혹은 감사이지만, 이사 혹은 감사 전원이 발기인 등으로 조사보고의 결격자이면 공증인의 조사보고서로 갈음한다. ② 이사와 감사중 발기인이었던 자, 현물출자자 또는 회사성립 후 양수할 재산의 계약당사자인 자는 위의 조사·보고에 참가하지 못한다. ③ 임원 중에 주주가 아닌 사람이 1명 이상 있어야 한다. 임원은 조사보고자격이 없기 때문에 모든 임원이 발기인인 경우에는 공증인을 조사보고자로 선임하거나 법원에 조사보고자 선임신청을 해야 하는데 공증인의 경우에는 비용이 많이 들고 법원에 조사보고서 역시 시간이 걸린다. 따라서 모집설립의 경우이든 발기설립이든 발기인 아닌 임원(이사 또는 감사)이 조사보고를 행하여야 함에 유의한다.
25. 발기인총회기간단축동의서 : 발기인총회의 소집에도 주주총회의 소집통지에 관한 규정을 그대로 준용하고 있으며, 창립총회를 소집한때에는 회일 2주간 전에 각 주주에 대하여 서면으로 통지를 발송하여야하고, 이 소집절차에 위반한 총회결의는 취소소송의 원인이 된다. 회일 2주간전의 통지 기간을 단축하여 발기인총회를 소집하는 경우에 한하여 첨부한다. 주주될 자 전원의 날인이 필요하다.
26. 공증인의 변태설립사항보고서, 공인된 감정인의 감정서, 검사인 조사보고서 등본 : 현물출자 등 변태설립사항이 있을 경우 검사인이 변태설립사항에 관하여 조사하여 작성한 조사보고서, 또는 이에 관련된 조사를 공증인이나 감정인이 하였을 때에는 공증인의 조사보고서나 감정인의 감정서를 법원에 보고한 후 법원으로부터 송부받은 부본을 제출하여야 한다.
27. 취임승낙서 : 대표이사는 인감신고서에 첨부한 인감증명서로 원용할 수 있다. 이사는 이사회의사록에 취임승낙을 한다는 취지가 기재되고, 의사록에 날인하였으면 취임승낙서는 필요 없다.
28. 법인인감카드신청서 : 카드의 비밀번호를 6자리로 정하여 신청한다.

29. 주권에 관한 명의개서대리인을 둔 때에는 명의개서 대리인과의 계약을 증명하는 서면을 첨부한다.
30. 이 등기는 본 법인을 대표하는 대표이사가 신청한다.
31. 대리인의 표시는 법무사 또는 변호사가 대리하여 신청하는 경우에 한한다.

[첨부서류 1] 농업회사법인 주식회사 정관례

농업회사법인 주식회사 정관

제 1 장 총 칙

제1조 (상호) 본 회사는 농어업경영체육성및지원에관한법률 제19조에 의하여 설립된 회사로서 그 명칭은 '농업회사법인 OO주식회사'라고 부른다.

※ 주식회사의 상호 중에는 "주식회사"라는 문자를 사용해야 하는 점 이외에는 별다른 제한이 없으나, 동일한 시·군내에서 동종영업을 위하여 타인이 등기한 상호나 어느 회사의 지점이나 출장소 등과 같이 회사의 독립성이 인정되지 않고 그 일부임을 표시하는 듯한 상호로는 등기할 수 없다.

제2조 (목적) 본 회사는 기업적 농업경영을 통하여 생산성을 향상시키거나, 생산된 농산물을 유통, 가공, 판매함으로써 농업의 부가가치를 높이고 노동력부족 등으로 농업경영이 곤란한 농업인의 농작업의 전부 또는 일부를 대행하여 영농의 편의를 도모함을 목적으로 한다.

제3조 (주주의 가격) 본 회사의 주주는 농업인, 농산물의 생산자단체로 하되, 제10조에서 정한 출자한도 내에서 출자한 비농업인도 주주가 될 수 있다.

제4조 (사업) 본 회사는 다음 사업을 경영함을 목적으로 한다.

1. 농산물의 가공, 유통, 판매사업
2. 영농에 필요한 자재의 생산, 공급
3. 농업에 관련된 공동이용시설의 설치 및 운영
4. 공동육묘장 설치 및 운영
5. 영농에 필요한 종묘생산 및 종균배양사업
6. 농산물의 매취, 비축사업
7. 농산물직판장 설치 및 운영
8. 농작업의 대행사업
9. 비닐하우스 특용작물재배
10. 관광농원 및 주말농장 설치운영

11. 농업기계 기타장비의 임대, 수리, 보관사업
12. 농기계 수리센타 설치 및 운영, 농기계 대여산업
13. 소규모 관개시설의 수탁, 관리사업
14. 위 사업에 관련된 부대사업 일체

제5조 (본점의 소재지 및 지점의 설치)

① 본 회사의 본점은 OO시·도 OO시·군에 둔다.

※ 그 소재장소의 지번까지 확정해야 하는 것은 아니고 최소행정구역까지만 정해도 된다.

② 본 회사는 필요한 경우에 주주총회의 결의로 지점, 영업소, 출장소를 둘 수 있다.

※ 정관에 절대적 기재사항이 아니므로 이의 기재여부는 회사의 임의에 속한다.

제6조 (공고방법) 본 회사의 공고사항은 OO시·도에서 발간되는 일간 OO신문에 게재한다.

※ 공고는 관보나 시사에 관한 일간신문에 게재해야 하므로 주간지나 스포츠신문 등에는 세재할 수 없고 수개의 신문에 동시에 공고하는 것은 무방하나 "OO신문 또는 OOO신문"에 게재하는 것과 같이 수개의 신문 중 선택적으로 공고한다고 정할 수는 없다.

제7조 (존립기간) 본 회사의 존립기간은 회사성립일로부터 만 50년으로 한다.

※ 이 사항은 정하지 아니할 수도 있으며 이를 정한 경우에 한하여 정관에 기재한다.

[유례] 본 회사는 OO특허권의 기간이 만료할 때까지 존속한다.

제 2 장 주식과 주권

제8조 (회사가 발행할 주식의 총수 및 각종 주식의 내용과 수) 본 회사가 발행할 주식의 총수는 OOOOO주로써 보통주식으로 한다.

※ 이는 회사가 장래 발행할 수 있는 주식의 최고한도(발행예정주식)로써 발생주식총수의 4배를 초과할 수 없다.

[유례] 본 회사가 발행할 주식의 총수는 10만주로써 그 중 보통주식은 5만주, 우선주식은 3만주, 후배주식은 2만주로 한다.

제O조(우선주식의 내용) 우선주식의 이익배당율은 연 O%로써 당해 결산기의 이익배당율이 그에 미달할 때에도 다음 결산기에 그를 우선하여 배당받는다.

제O조(후배주식의 내용) 후배주식은 보통주식에 대하여 연 O%의 이익배당을 하고 잉여가 있는 경우에 한하여 이익배당을 받을 수 있다.

제O조(의결권 없는 주식) 우선주식의 주주는 의결권이 없는 것으로 한다.

제O조(상환주식) 상환주식은 주식발행 후 O년 이내에 주주에게 배당할 이익으로써 상환할 수 있다. 이때 상환가액은 1주당 금 OOO원으로 한다.

제9조 (1주의 금액) 본 회사가 발행하는 주식 1주의 금액은 금 OOO원으로 한다.

※ 이는 100원 이상으로서 균일해야 한다.

제10조 (비농업인의 출자한도) 농업인, 농산물의 생산자단체가 아닌 자가 출자하는 출자액의 합계는 본 회사의 총출자액의 10분의 9를 초과할 수 없다.

제11조 (회사설립시 발행하는 주식의 총수) 본 회사가 회사설립시에 발행하는 주식의 총수는 OOOOO주로 한다.

※ 발행예정주식의 4분의 1 이상이어야 한다.

제12조 (주권의 종류) 본 회사의 주식은 보통주식으로서 전부 기명식으로 하고, 주권은 1주권, 10주권, 100주권, 500주권, 1,000주권의 5종으로 한다.

제13조 (신주인수권) 본 회사의 주주는 신주를 발행함에 있어서 소유 주식수에 비례하여 배정을 받을 권리를 가진다. 다만 주주가 신주인수권을 포기 또는 상실하거나 신주배정에서 단주가 발생하는 경우에는 그 처리방법은 이사회의 결의로 정한다.

제14조 (주권의 불소지) 본 회사는 주권불소지제도를 채택하지 아니한다.

제15조 (주권의 양도제한)

1. 본 회사의 주식은 이사회의 승인이 없으면 양도할 수 없다.
2. 전항과 관련하여 비농업인인 주주에게 양도하여 비농업인의 총출자액이 제9조에서 규정한 제한을 초과하는 경우에는 그 양도는 효력이 없다.
3. 상속 또는 유증에 의하여 비농업인의 총출자액의 제10조에서 규정한 한도를 초과하는 경우에는 그 초과지분을 지체 없이 농업인에게 양도하여야 한다.

제16조 (시가발행) 본 회사는 신주를 발행함에 있어서 그 일부 또는 전부를 시가로 발행할 수 있으며 이 때 그 발행가액은 이사회의 결의로 정한다.

제17조 (주권의 명의개서) 주식의 양도로 인하여 명의개서를 청구할 때에는 본 회사 소정의 청구서에 주권을 첨부하여 제출하여야 한다. 상속, 유증, 기타 계약 이외의 사유로 인하여 명의개서를 청구할 때에는 본 회사 청구서에 주권 및 취득원인을 증명하는 서류를 첨부하여 제출하여야 한다.

제18조 (주권의 재발행)

1. 주권을 분할, 병합, 오선 등의 사유로 인하여 주권의 재발행을 청구함에 있어서는 본 회사가 정하는 청구서에 기명날인 또는 서명날인하고 이에 주권을 첨부하여 제출하여야 한다.
2. 주권의 상실로 인하여 그 재발행을 청구함에 있어서는 본 회사가 정하는 청구서에 기명날인 또는 서명날인하고 이에 제권 판결의 정본 또는 등본을 첨부하여 제출하여야 한다.

제19조 (주주명부의 폐쇄) 본 회사의 매 영업연도 종료일의 다음날부터 정기주주총회의 종결일까지 주주명부 기재의 변경을 정지한다. 다만 그 기간은 3개월을 초과할 수 없다.

제20조 (주주의 주소 등의 신고) 본 회사의 주주 및 등록된 질권자 또는 그 법정대리인이나 대표자는 본 회사가 정하는 서식에 의하여 그의 성명, 주소와 인감을 본 회사에 신고하여야 한다. 신고사항에 변경이 있는 때에도 또한 같다.

제 3 장 주 주 총 회

제21조 (정기총회와 임시총회)

1. 본회사의 주주총회는 정기주주총회와 임시주주총회로 한다.
2. 정기주주총회는 매 영업연도 종료일의 다음날부터 3월 이내에 이를 소집하고 임시주주총회는 필요한 경우에 수시로 소집한다.

제22조 (소집권자) 주주총회의 소집은 법령에 다른 규정이 있는 경우를 제외하고는 이사회의 결의에 따라 대표이사가 소집한다. 대표이사가 유고인 때에는 이사회에서 정한 다른 이사가 소집한다.

제23조 (소집방법) 주주총회를 소집할 때에는 그 일시, 장소 및 회의의 목적 등을 주주총회일 2주간 전에 각 주주에게 서면으로 통지하여야 한다. 다만, 이 기간은 총회 전에 모든 주주의 서면, 팩스, 전자우편, 전신 또는 텔렉스에 의한 동의로 단축하거나 생략할 수 있다.

제24조 (소집지) 주주총회는 본점 소재지에서 개최하되 필요에 따라 소집상 필요한 지역에서도 개최할 수 있다.

제25조 (의 장) 대표이사가 주주총회의 의장이 된다. 그러나 대표이사 유고시에는 이사회에서 정한 순서에 따라 다른 이사가, 다른 이사 전원이 유고인 때에는 출석한 주주 중에서 선임된 자가 그 직무를 대행한다.

제26조 (결의사항 및 결의방법)

1. 주주총회는 법령에서 정한 사항 이외에 다음 사항을 결의한다.
   가. 신주발행사항의 결정
   나. 주식의 분할
   다. 영업의 전부 또는 일부의 양도
2. 주주총회의 결의는 법령 또는 정관에 다른 규정이 있는 경우를 제외하고는 출석한 주주의 의결권의 과반수와 발행주식총수의 4분의 1 이상의 수에 의한다.

제27조 (의결권의 대리행사)

1. 주주는 본 회사의 주주 중에서 정한 대리인으로 하여금 그 의결권을 행사하게 할 수 있다.
2. 제1항의 대리인은 주주총회 개시 전에 그 대리권을 증명하는 서면(위임장)을 제출하여야 한다.

제28조 (주주총회의 의사록) 주주총회 의사는 그 경과의 요령과 결과를 의사록에 기재하고 의장과 출석한 이사가 기명날인 또는 서명날인하여 본점에 비치한다.

제 4 장 임원과 이사회

제29조 (이사와 감사의 수)

본 회사의 이사는 1인 이상, 감사는 1인 이상으로 하되, 이사는 사내이사만을 둔다.

제30조 (이사와 감사의 선임) 본 회사의 이사와 감사는 주주총회에서 선임하되, 이사의 과반수는 농업인으로 한다. 다만 감사의 선임에 있어서는 의결권 없는 주식을 제외한 발행주식 총수의 100분의 3을 초과하는 수의 주식을 가진 주주는 그 초과하는 주식에 관하여 의결권을 행사하지 못한다.

제31조 (이사와 감사의 임기)

1. 이사와 감사의 임기는 취임 후 3년으로 한다. 그러나 임기가 최종의 결산기에 관한 정기주주총회의 종결 전에 끝날 때에는 그 총회종결시까지 그 임기를 연장한다.
2. 감사의 임기는 취임 후 3년 내의 최종의 결산기에 관한 정주주주총회 종결시까지로 한다.

제32조 (이사와 감사의 보선) 이사 또는 감사가 결원이 생긴 경우에는 임시주주총회에서 그를 보결 선임한다. 그러나 그 법원수가 되고 또한 업무집행상 지장이 없을 때에는 보결 선임을 보류 또는 다음 정기주주총회시까지 연기할 수 있다. 보결 또는 증원에 의하여 선임된 이사 및 감사의 임기는 취임할 날부터 기산한다.

제33조 (이사회의 소집) 이사회는 대표이사 또는 이사회에서 따로 정한 이사가 있을 때에는 그 이사가 회의일의 1주일 전에 각 이사 및 감사에게 통지하여 소집한다. 그러나 이사 및 감사 전원의 동의가 있을 때에는 소집절차를 생략할 수 있다.

제34조 (이사회)

1. 이사는 이사회를 조직하고 대표이사의 선임과 회사업무 집행에 관한 중요한 사항을 결의하며 의장은 대표이사가 된다. 단 이사가 2인 이하인 경우에는 주주총회에서 대표이사를 선임한다.
2. 이사회의 결의는 이사 과반수의 출석과 출석이사 과반수로 한다.

제35조 (대표이사) 대표이사는 본 회사를 대표하고 대표이사가 수 명일때에는 이사회 결의로 각자 또는 공동으로 대표할 것을 정하여야 한다. 다만, 이사가 1인인 경우에는 그 이사가 본 회사의 업무진행 및 회사를 대표한다.

제36조 (감사의 직무) 감사는 본 회사의 업무 및 회계를 감사한다.

제37조 (지배인의 임면) 이사회의 결의로 회사의 영업전반에 걸쳐 포괄적인 대리권을 갖고 보조하기 위한 지배인(혹은 지점장, 영업부장)을 둘 수 있다.

제38조 (임원의 보수와 퇴직금) 임원의 보수 및 퇴직한 임원의 퇴직금은 주주총회의 결의로 정한다.

제 5 장 계 산

제39조 (영업연도) 본 회사의 영업연도는 매년 1월 1일부터 같은 해 12월 31일까지로 하여 결산한다.

제40조 (재무제표, 영업보고서의 작성비치)

1. 본 회사의 대표이사는 정기주주총회 회일 6주간 전에 다음 서류와 그 부속명세서 및 영업보고서를 작성하여 감사의 감사를 받아야 하며, 다음 각 호의 서류와 영업보고서를 정기주주총회에 제출하여야 한다.
   가. 대차대조표
   나. 손익계산서
   다. 이익금처분계산서 또는 결손금처리계산서
2. 감사는 정기주주총회일 1주 전까지 감사보고서를 대표이사에게 제출하여야 한다.
3. 위 제1항의 서류는 영업보고서, 감사보고서와 함께 정기주주총회 1주간 전부터 5년간 그 사본을 비치하여야 하고, 주주총회의 승인을 얻었을 때에는 그 중 대차대조표를 지체없이 공고하여야 한다.

제41조 (이익금의 처분) 매기 총수입금에서 총지출금을 공제한 잔액을 이익금으로 하여 이를 다음과 같이 처분한다.

1. 이익준비금(매결산기의 금전에 의한 이익배당액의 10분의 1 이상)
2. 법정적립금
3. 임의적립금
4. 주주배당금
5. 임원상여금
6. 차기이월잉여금

제42조 (이익배당)

1. 이익배당금은 금전 또는 주식으로 할 수 있다.
2. 이익배당금은 매 결산기말 현재의 주주명부에 기재된 주주 또는 등록된 질권자에게 지급한다.
3. 이익배당금 지급청구권은 5년간 이를 행사하지 아니하면 소멸시효가 완성되고 시효완성으로 인한 배당금은 회사이익으로 귀속된다.

부 칙

[유례] 현물출자가 있는 경우

제O조(현물출자) 본 회사의 설립당시 현물출자를 하는 자의 성명, 출자목적인 재산, 그 가격과 이에 대하여 부여하는 주식의 종류와 수는 다음과 같다.

1. 출자자
   발기인 O O O (OOOOOO－OOOOOOO)

2. 출자재산

가. OO시 OO구 OO동 OOO 대 180㎡

나. OO시 OO구 OO동 OOO

시멘트 블록조 슬래브지붕 1층 사무실 96㎡

3. 출자재산의 평가액 금 OOOOO원

4. 이에 부여하는 주식의 종류와 수 : 보통주식 OOO주

※ 위 성명 다음의 ( )내는 농업인인 경우 '농업인', 생산자단체인 경우 '생산자단체', 비농업인인 경우 '비농업인'을 기재하고, 주민등록번호란에는 사업자인 경우 사업자등록번호를 기재한다.

제1조 (적용범위) 본 정관에 규정되지 않는 사항은 농어업경영체육성및지원에관한 법률과 상법 및 기타의 법령에 정한 규정에 따른다.

제2조 (내부세규) 본 회사는 필요에 따라 주주총회의 결의로서 업무추진 및 경영상 필요한 회사 세부내규를 정할 수 있다.

제3조 (최초의 영업연도) 본 회사의 최초의 영업연도는 본 회사 설립일로부터 같은 해 12월 31일까지로 한다.

제4조 (발기인의 성명과 주소) 본 회사 발기인의 성명과 주소는 이 정관 말미의 기재와 같다.

위 농업회사법인 OO주식회사를 설립하기 위하여 이 정관을 작성하고 발기인 전원이 기명날인하다.

20OO년 O월 O일

농업회사법인 OO주식회사 (직인)
OO시 OO구 OO로 OO(OO동)

발기인 성 명 : O O O ㊞
주민등록번호 : OOOOOO－OOOOOOO
주 소 : OO시 OO구 OO로 OO(OO동)

발기인 성 명 : O O O ㊞
주민등록번호 : OOOOOO－OOOOOOO
주 소 : OO시 OO구 OO로 OO(OO동)

발기인 성 명 : O O O ㊞
주민등록번호 : OOOOOO－OOOOOOO
주 소 : OO시 OO구 OO로 OO(OO동)

(이하 생략)

※ 발기인 전원이 기명날인하고, 자본금 총액이 10억원 미만인 회사는 공증인의 인증을 받지 아니한다.

[첨부서류 2] 발기인총회의사록(1)

발기인총회의사록

2000년 0월 0일 00시 00분, 00시 00구 00로 00(00동) 농업회사법인 00주식회사 사무소에서 발기인총회를 개최하다.

주식의 총수 : 10,000주	발기인의 총수 : 2명
출석 발기인수 : 2명	인수 주식수 : 10,000주

발기인 대표 홍길동은 위와 같이 법정 수에 달하는 주주가 출석하였으므로 본 총회가 적법하게 성립되었음을 알리고, 회의 진행상 의장을 선임하여 줄 것을 요청한 바, 주주전원 만장일치로 발기인 대표를 의장으로 선임한 즉, 동인은 즉석에서 그 취임을 승낙하고 개회를 선언한 후 다음의 의안에 관하여 심의를 요청하다.

제1호 의 안 정관 승인의 건

의장은 농업·농촌및식품산업기본법 및 농어업경영체육성및지원에 관한 법률의 규정에 근거하여 농림축산식품부에서 고시한 정관례를 기준으로 하여 정관을 작성하였음을 설명하고 그 승인 여부를 물은 바, 발기인 전원일치된 의견으로 이를 승인 가결하다.

제2호 의 안 이사 선임의 건

의장은 감사를 두지 않고 이사 2명을 두기로 하는 정관규정에 따라 이사의 선임방법을 물은 즉, 사내이사 2명을 무기명 비밀투표로 선출하기로 전원 일치되어 그에 따라 투표한 결과 다음 사람이 이사로 선출되다.

사내이사 홍 길 동 (000000－0000000)
사내이사 이 몽 룡 (000000－0000000)

위 피선자들은 즉석에서 그 취임을 승낙하다.

제3호 의 안 상법 제298조 소정사항 조사보고의 건

의장은 이사는 상법 제298조 소정사항을 조사·보고하여야 함을 설명하고, 이어 발기인이었던 이사는 그러한 조사를 참가하지 못함을 밝히고 발기인이 아니었던 사내이사 이몽룡으로 하여금 조사·보고를 하여야 한다고 하자 전원 이의 없이 사내이사 이몽룡을 검사인으로 선임할 것을 만장일치로 가결하다

검사인 사내이사 ○ ○ ○ (○○○○○○－○○○○○○○)

위 사람은 즉석에서 이를 승낙하고 조사에 착수하다.
의장은 위 조사보고를 기다리기 위하여 잠시 휴회한 후 속회하다.
검사인은 별지 조사보고서와 같이 조사결과를 보고한 즉 만장일치로 승인하다.

제4호 의 안 본점 설치장소 결정의 건

의장은 본 회사 본점을 다음 장소에 설치함이 적당한 뜻을 설명하고 그 가·부를 물은 즉, 만장일치로 이의없이 승인하다.

본 점 : ○○시 ○○구 ○○로 ○○(○○동)

의장은 이상으로서 의안 전부를 심의를 종료하였으므로 폐회를 선언하다(회의종료시간 : ○○시 ○○분).

위 의사의 경과와 결의를 명확히 하기 위하여 이 의사록을 작성하여 의장과 출석한 발기인이 다음과 같이 기명날인하다.

2○○○년 ○월 ○일

농업회사법인 ○○주식회사 (직인)
○○시 ○○구 ○○로 ○○(○○동)

의장겸 발기인 성 명 : 홍 길 동 ㊞
주민등록번호 : ○○○○○○－○○○○○○○
주 소 : ○○시 ○○구 ○○로 ○○(○○동)

발기인 성 명 : 이 몽 룡 ㊞
주민등록번호 : ○○○○○○－○○○○○○○
주 소 : ○○시 ○○구 ○○로 ○○(○○동)

[주] 1. 발기인 총회 : ① 발기인 총회의 의결권은 과반수로 한다. ② 의장은 이사로 선출되지 아니한 때에도 기명날인한다. ③ 회사등기시 동일상호가 있어서 설

립등기를 하지 못하는 경우에는 창립총회의사록의 정관승인의 건에서 정관을 일부변경하여 결의하면 되고, 이 때 의사록은 인증문을 변경하여야 한다.

2. 이사의 임기 : 이사의 임기는 3년을 초과하지 못한다(상법 382조 2항). 그러나 그 임기 중의 최종의 결산기에 관한 정기주주총회의 종결에 이르기까지 연장할 수 있다(상법 383조 3항).
3. 자본금 총액이 10억 미만인 발기설립하는 경우에는 공증의무가 면제된다.

[첨부서류 3] 발기인총회의사록(2)

발기인총회의사록

2000년 0월 0일 00시 00분, 00시 00구 00로 00(00동) 농업회사법인 00주식회사 사무소에서 발기인총회를 개최하다.

주식의 총수 : 10,000주　　발기인 총수 : 2명
출석 발기인수 : 2명　　인수 주식수 : 10,000주

발기인 대표 홍길동은 위와 같이 상법 제309조 소정의 법정 수에 달하는 주주가 출석하였으므로 본 총회가 적법하게 성립되었음을 알리고, 회의 진행상 의장을 선임하여 줄 것을 요청한 바, 주주전원 만장일치로 발기인 대표를 의장으로 선임한 즉, 동인은 즉석에서 그 취임을 승낙하고 개회를 선언한 후 다음의 의안에 관하여 심의를 요청하다.

제1호　의 안　정관 승인의 건

의장은 농업·농촌및식품산업기본법 및 농어업경영체육성및지원에 관한 법률의 규정에 근거하여 농림축산식품부에서 고시한 정관례를 기준으로 하여 정관을 작성하였음을 설명하고 그 승인 여부를 물은 바 발기인 전원일치된 의견으로 이를 승인 가결하다.

제2호　의 안　이사·감사 선임의 건

의장은 이사 및 감사의 선임방법을 주주전원에게 물은 바, 무기명 비밀투표로 선출하기로 전원 일치되어 즉시 투표를 한 즉, 다음과 같이 선출되다. 단, 감사의 선임은 상법 제409조 제2항 규정에 의하여 발행 주식의 총수의 100분의 3을 초과하는 수의 주식을 가진 주주는 그 초과하는 주식에 관하여는 의결권을 행사하지

아니하다.

사내이사 홍 길 동 (OOOOOO－OOOOOOO)
사내이사 이 몽 룡 (OOOOOO－OOOOOOO)
감 사 장 길 산 (OOOOOO－OOOOOOO)

위 피선자들은 즉석에서 그 취임을 승낙하다.

제3호 의 안 상법 제298조 소정사항 조사보고의 건

의장은 상법 제298조 소정사항을 이사, 감사가 조사보고하여야 할 것이나, 발기인 전원이 이사이므로 감사로 하여금 조사보고를 하는 것이 좋겠다는 의견을 말하자 전원 이에 찬성하였고, 선임된 조사보고자도 이를 수락하고 즉시 조사에 착수하였다.

조사보고자 감사 장 길 산

의장은 위 조사보고를 기다리기 위하여 잠시 휴회한 후 속회를 선언하다.
감사 장길산은 별지 조사보고서와 같이 조사결과를 보고한 즉 전원 이의 없이 이를 승인하다.

의장은 이상으로서 의안 전부를 심의를 종료하였으므로 폐회를 선언하다(회의종료시간 : OO시 OO분).

위 의사의 경과와 결의를 명확히 하기 위하여 이 의사록을 작성하여 의장과 출석한 발기인이 다음과 같이 기명날인하다.

20OO년 O월 O일

농업회사법인 OO주식회사 (직인)
OO시 OO구 OO로 OO(OO동)

의장겸 발기인 성 명 : 홍 길 동 ㊞
주민등록번호 : OOOOOO－OOOOOOO
주 소 : OO시 OO구 OO로 OO(OO동)

발기인 성 명 : 이 몽 룡 ㊞

주민등록번호 : OOOOOO－OOOOOOO
주 소 : OO시 OO구 OO로 OO(OO동)

[주] 1. 발기인 총회 : ① 발기인 총회의 의결권은 과반수로 한다. ② 의장은 이사로 선출되지 아니한 때에도 기명날인한다. ③ 회사등기시 동일상호가 있어서 설립등기를 하지 못하는 경우에는 창립총회의사록의 정관승인의 건에서 정관을 일부 변경하여 결의하면 되고, 이 때 의사록은 인증문을 변경하여야 한다.
2. 이사의 임기 : 이사의 임기는 3년을 초과하지 못한다(상법 382조 2항). 그러나 그 임기 중의 최종의 결산기에 관한 정기주주총회의 종결에 이르기까지 연장할 수 있다(상법 383조 3항).
3. 자본금 총액이 10억 미만인 회사가 발기설립하는 경우에는 공증의무가 면제된다.

[첨부서류 4] 발기인총회의사록(3)

발기인총회의사록

20OO년 O월 O일 10시 OO분, OO시 OO구 OO로 OO(OO동) 창립사무소에서 발기인 총회를 개최한다.

주식의 총수 : 1,000주 발기인의 총수 : 2명
출석 발기인수 : 2명 인수 주식수 : 1,000주

발기인 대표 홍길동은 위와 같이 상법 제309조 소정의 법정수에 달하는 주주가 출석하여 본 총회가 적법하게 성립되었음을 알리고 의사를 진행하기 전에 의장을 선임할 것을 구한 바, 주주전원 만장일치로 발기인 대표를 의장으로 선임한 즉, 동인은 즉석에서 그 취임을 승낙하고 의장석에 등단하여 개회를 선언하고 다음의 의안에 관하여 심의를 구하다.

제1호 의 안 정관 승인의 건
의장은 정관을 낭독하고 축조설명을 한 후 그 승인여부를 물은 바 전원 이의 없이 원안대로 승인 가결하다.

제2호 의 안 이사 및 감사 선임의 건
의장은 이사와 감사의 선임방법을 물은 바, 사내이사 2명, 감사 1명을 무기명 비밀투표로 선출하기로 전원 일치되어 즉시 투표한 결과 다음 사람이 선출되다.

사내이사 홍 길 동 (OOOOOO－OOOOOOO)
사내이사 이 몽 룡 (OOOOOO－OOOOOOO)
감 사 성 춘 향 (OOOOOO－OOOOOOO)

위 피선자들은 즉석에서 그 직의 취임을 승낙하다.

단, 감사의 선임은 상법 제409조 제2항의 규정에 따라 발행주식의 총수의 100분의 3을 초과하는 수의 주식을 가진 주주는 그 초과하는 주식에 관하여는 의결권을 행사하지 아니하였다.

제3호 의 안 대표이사 선임의 건
의장은 대표이사의 선임방법을 물은 바, 대표이사 1명을 무기명 비밀투표로 선출하기로 전원 일치되어 즉시 투표한 결과 다음 사람이 선출되다.

대표이사 홍 길 동 (OOOOOO－OOOOOOO)
OO시 OO구 OO로 OO(OO동)

위 피선자는 즉석에서 각자 그 직의 취임을 승낙하다.

제4호 의 안 상법 제298조 소정사항 조사보고의 건
의장은 상법 제298조 소정사항을 이사, 감사가 조사보고하여야 할 것이나 사내이사 홍길동, 사내이사 이몽룡은 발기인인 관계로 조사보고 할 수 없으므로 발기인이 아닌 다음 감사로 하여금 소정사항을 조사보고를 하는 것이 좋겠다는 의견을 말하자 전원 이에 찬성하였고, 선임된 조사보고자도 이를 수락하고 즉시 조사에 착수하였다.

조사보고자 감사 성 춘 향

의장은 위 조사보고를 위하여 휴회하였다가 잠시 후 속회를 선언하다.
감사 성춘향은 별지 조사보고서와 같이 조사결과를 보고한 즉 전원 이의없이 이를 승인하다.

제5호 의 안 본점 설치장소 결정의 건
의장은 본 회사 본점을 다음 장소에 설치함이 적당한 뜻을 설명하고 그 가부를 물은 즉 만장일치로 이의 없이 승인하다.

본점 : OO시 OO구 OO로 OO (OO동)

의장은 이상으로서 의안 전부를 심의를 종료하였으므로 폐회를 선언하다.
(회의종료시간 : 10시 30분)

위 의사의 경과와 결의를 명확히 하기 위하여 이 의사록을 작성하고 의장과 출석한 발기인이 다음과 같이 기명날인하다.

20OO. O. O.

농업회사법인 OO주식회사 (직인)
OO시 OO구 OO로 OO (OO동)

의장겸 발기인 성 명 : 홍 길 동 ㊞
주민등록번호 : OOOOOO－OOOOOOO
주 소 : OO시 OO구 OO로 OO(OO동)

발기인 성 명 : 이 몽 룡 ㊞
주민등록번호 : OOOOOO－OOOOOOO
주 소 : OO시 OO구 OO로 OO(OO동)

[첨부서류 5] 발기인총회의사록(4)

발기인총회의사록

20OO년 O월 O일 10시 OO분, OO시 OO구 OO로 OO(OO동) 창립사무소에서 발기인 총회를 개최한다.

주식의 총수 : 10,000주 발기인의 총수 : 1명
출석 발기인수 : 1명 인수 주식수 : 10,000주

발기인 대표 홍길동은 위와 같이 상법 제309조 소정의 법정수에 달하는 주주가 출석하여 본 총회가 적법하게 성립되었음을 알리고 의사를 진행하기 전에 의장을 선임할 것을 구한 바, 주주전원 만장일치로 발기인 대표를 의장으로 선임한 즉, 동인은 즉석에서 그 취임을 승낙하고 의장석에 등단하여 개회를 선언하고 다음의 의안에 관하여 심의를 구하다.

제1호 의 안 정관 승인의 건

의장은 정관을 낭독하고 축조설명을 한 후 그 승인여부를 물은 바 전원 이의 없이 원안대로 승인 가결하다.

제2호 의 안 이사 및 감사 선임의 건

의장은 이사와 감사의 선임방법을 물은 바, 사내이사 1명, 감사 1명을 무기명 비밀투표로 선출하기로 전원 일치되어 즉시 투표한 결과 다음 사람이 선출되다.

사내이사 홍 길 동 (OOOOOO－OOOOOOO)
감 사 성 춘 향 (OOOOOO－OOOOOOO)

위 피선자들은 즉석에서 그 직의 취임을 승낙하다.

단, 감사의 선임은 상법 제409조 제2항의 규정에 따라 발행주식의 총수의 100분의 3을 초과하는 수의 주식을 가진 주주는 그 초과하는 주식에 관하여는 의결권을 행사하지 아니하였다.

제3호 의 안 상법 제298조 소정사항 조사보고의 건

의장은 상법 제298조 소정사항을 이사, 감사가 조사보고하여야 할 것이나 사내이사 홍길동은 발기인인 관계로 조사보고 할 수 없으므로 발기인이 아닌 다음 감사로 하여금 소정사항을 조사보고를 하는 것이 좋겠다는 의견을 말하자 전원 이에 찬성하였고, 선임된 조사보고자도 이를 수락하고 즉시 조사에 착수하였다.

조사보고자 감사 성 춘 향

의장은 위 조사보고를 위하여 휴회하였다가 잠시 후 속회를 선언하다.
감사 성춘향은 별지 조사보고서와 같이 조사결과를 보고한 즉 전원 이의없이 이를 승인하다.

제4호 의 안 본점 설치장소 결정의 건

의장은 본 회사 본점을 다음 장소에 설치함이 적당한 뜻을 설명하고 그 가부를 물은 즉 만장일치로 이의 없이 승인하다.

본점 : OO시 OO구 OO로 OO (OO동)

의장은 이상으로서 의안 전부를 심의를 종료하였으므로 폐회를 선언하다.
(회의종료시간 : 10시 40분)

위 의사의 경과와 결의를 명확히 하기 위하여 이 의사록을 작성하고 의장과 출석한 발기인이 다음과 같이 기명날인하다.

2000. 0. 0.

농업회사법인 OO주식회사 (직인)
OO시 OO구 OO로 OO (OO동)

의장겸 발기인 성 명 : 홍 길 동 ㊞
주민등록번호 : OOOOOO－OOOOOOO
주 소 : OO시 OO구 OO로 OO(OO동)

[첨부서류 6] 이사회의사록(1)

이 사 회 의 사 록

2000년 0월 0일 OO시 OO분, OO시 OO구 OO로 OO(OO동) 농업회사법인 OO주식회사 사무소에서 이사회를 개최하다.

이사총수 : 3명 출석이사수 : 3명

제1호 의 안 대표이사 선임의 건

이사 전원의 호선에 따라 사내이사 OOO를 임시의장으로 선출하다.

의장 OOO은 즉석에서 이를 승낙하고 의장석에 등단하여 개회를 선언한 후 발기인총회의 종결에 이어 본 회사의 대표이사를 선임하여 줄 것을 물은 즉, 이사 전원 신중히 협의한 결과 다음 사람이 대표이사에 선임되어 동인은 즉석에서 그 취임을 승낙하다.

대표이사 O O O (OOOOOO－OOOOOOO)
OO시 OO구 OO로 OO (OO동)

위 피선자는 즉석에서 그 취임을 승낙하다.

의장은 이상으로서 회의목적인 의안 전부의 심의를 종료하였으므로 폐회한다고 선언하다(회의종료시각 : OO시 OO분).

위 결의를 명확히 하기 위하여 이 의사록을 작성하고 의장과 출석한 이사가 기명날인하다.

20OO. O. O.

농업회사법인 OO주식회사
OO시 OO구 OO로 OO (OO동)
의장겸 대표이사 홍 길 동 (직인)
사내이사 홍 길 동 (인)
사내이사 O O O (인)
사내이사 O O O (인)

[주] 1. 이 사례는 자본의 총액이 10억원 미만인 회사가 이사 3인이 이사회를 구성하고 발기설립하는 경우이다(이 의사록은 공증의무가 면제된다).
2. 대표이사 없이 사내이사가 회사를 대표할 때에는 위 이사회의사록은 필요가 없다.
3. 이사의 임기는 3년을 초과하지 못한다(상법 382조 2항).
4. 대표이사의 임기에 대하여는 별도의 규정이 없다. 그러나 대표이사는 이사의 자격을 전제로 하므로 이사의 임기를 초과하지 못한다.

[첨부서류 7] 이사회의사록(2)

이 사 회 의 사 록

20OO년 O월 O일 OO시 OO분, OO시 OO구 OO로 OO(OO동) 농업회사법인 OO주식회사 사무소에서 이사회를 개최하다.

이사총수 : 3명 출석이사수 : 3명
감사총수 : 1명 출석감사수 : 1명

제1호 의 안 대표이사 선임의 건

이사 전원의 호선에 따라 이사 홍길동을 임시의장으로 선출하다.
의장 홍길동은 즉석에서 이를 승낙하고 의장석에 등단하여 개회를 선언한 후 발기인총회의 종결에 이어 본 회사의 대표이사를 선임하여 줄 것을 물은 즉, 이사 전원 신중히 협의한 결과 다음 사람이 대표이사에 선임되어 동인은 즉석에서 그 취임을 승낙하다.

대표이사 홍 길 동 (OOOOOO－OOOOOOO)
OO시 OO구 OO로 OO(OO동)

위 피선자는 즉석에서 그 취임을 승낙하다.

제2호 의 안 본점설치 장소 결정의 건
의장은 본 회사 본점을 다음 장소에 설치함이 적당한 뜻을 설명하고 그 가·부를 물은 즉, 만장일치로 이의 없이 승인하다.

본 점 : OO시 OO구 OO로 OO (OO동)

의장은 이상으로서 회의목적인 의안 전부의 심의를 종료하였으므로 폐회한다고 선언하다(회의종료시각 : OO시 OO분).

위 결의를 명확히 하기 위하여 이 의사록을 작성하고 의장과 출석한 이사가 기명날인하다.

2OOO. O. O.

농업회사법인 OO주식회사
OO시 OO구 OO로 OO(OO동)
의장겸 대표이사 홍 길 동 (직인)
사내이사 홍 길 동 (인)
사내이사 이 몽 룡 (인)
사내이사 성 춘 향 (인)
감 사 장 길 산 (인)

[주] 이 사례는 자본의 총액이 10억원 미만인 회사가 이사 3인이 이사회를 구성하고 발기설립하는 경우이다(이 의사록은 공증의무가 면제된다).

[첨부서류 8] 조사보고서

조 사 보 고 서

본인은 20○○. ○. ○. 농업회사법인 ○○주식회사의 발기인 총회에서 감사로 선임되었으므로 상법 제298조 제1항의 규정에 의하여 조사한 결과는 다음과 같음.

조사사항 및 조사결과

1. 회사설립시에 발행하는 주식총수에 대한 인수의 정확여부

회사설립시에 발행하는 주식의 총수는 10,000주(1주의 금액 금 10,000원)인데 다음과 같이 인수가 완료되었음이 인정됨.

발기인이 인수한 총수 : 보통주식 10,000주 20○○. ○. ○. 인수완료

2. 인수 주식수에 대한 납입의 정확여부

회사설립시에 발행하는 주식총수 10,000주에 대하여 금 100,000,000원의 납입금이 20○○. ○. ○. 납입이 완료되었으므로 ○○은행 ○○지점장이 발행한 예금잔고증명서에 의하여 명확히 확인됨.

3. 현물출자 기타 조사사항

회사가 부담할 설립비용 기타 현물출자를 한 자 없고 정관에 상업 제290조 소정사항을 정하지 아니하여 법원에 검사인이나 공증인 등을 선임할 필요가 없었으므로 그에 관한 정확 여부를 조사할 필요가 없었음.

위와 같이 보고함.

20○○년 ○월 ○일

농업회사법인 ○○주식회사

감사 ○ ○ ○ (인)

[주] 이사·감사의 조사보고와 검사인의 선임청구

1. 이사와 감사는 취임 후 지체 없이 회사의 설립에 관한 모든 사항이 법령 또는

정관의 규정에 위반되지 아니하는지의 여부를 조사하여 발기인에게 보고하여야 한다(상법 298조 1항).

2. 이사와 감사 중 발기인이었던 자, 현물출자자 또는 회사성립 후 양수할 재산의 계약당사자인 자는 위 조사·보고에 참가하지 못한다(상법 298조 2항). 이사와 감사의 전원이 위 규정에 해당하는 때에는 이사는 공증인으로 하여금 이를 조사·보고를 하게 하여야 한다(상법 298조 3항).
3. 정관으로 상법 제290조 각 호의 사항을 정한 때에는 이사는 이에 관한 조사를 하게 하기 위하여 검사인의 선임을 법원에 청구하여야 한다. 다만, 상법 제299조의2의 경우에는 그러하지 아니하다(상법 298조 2항).
4. 검사인은 상법 제290조 각 호의 사항과 상법 제295조의 규정에 의한 현물출자의 이행을 조사하여 법원에 보고하여야 하고(상법 299조 1항), 조사보고서를 작성한 후 지체 없이 그 등본을 각 발기인에게 교부하여야 한다(상법 299조 2항). 검사인의 조사보고서에 사실과 상위한 사항이 있는 때에는 발기인은 이에 대한 설명서를 법원에 제출할 수 있다.
5. 공증인의 변태설립사항보고서를 첨부하는 경우는 변태설립사항이 상법 제299조의2에 해당하는 경우로서 이 때에는 법원으로부터 송달받은 부본이어야 한다.

[첨부서류 9] 검사인의 조사보고서(현물출자가 있는 경우)

검사인의 조사보고서

본인은 OO지방법원 20OO파 OO호 검사인선임신청사건에 있어서 농업회사법인 OO주식회사의 검사인으로 선임되어 상법 제299조 소정사항을 조사하였으므로 다음과 같이 보고함.

1. 조사방법과 그 경과

검사인은 이 사건 조사할 사항의 구체적 내용을 확인하기 위하여 우선 이 사건 검사인 선임신청서와 그 부속서류의 내용을 검토한 후, 20OO년 O월 O일 이 사건 회사의 설립사무소에 임하여 발기인 대표 OOO로부터 회사설립의 경과를 청취하고 회사설립에 관계되는 각종 서류를 제출받아 이를 면밀히 검토한 다음, 회사설립과정에서 이 사건 목적재산의 가액을 평가한 바 있는 감정평가사 OOO의 감정평가의 경위를 청취하였음.

2. 조사사항 및 조사결과

(1) 발기인이 받을 특별이익에 관한 사항

정관 제O조에 의하면 발기인이 받을 특별이익으로서 각 발기인은 그가 가지는 주식 1주에 대하여 연 OOO원에 달할 때까지 다른 주식에 우선하여 배당받을 수 있다는 취지의 규정이 있으나, 이는 발기인의 발기행위에 대한 특별공로를 이유로 한 것으로서 동인 등이 공로 및 대외적 신용을 고려한다면 당해 정관의 규정은 정당하다고 사료됨.

(2) 현물출자에 관한 사항

현물출자를 한 자는 발기인 OOO이고 그 출자재산은 어떠한 재산으로서 감정평가사 OOO가 평가한 그 가격은 정관에 기재된 평가액보다 훨씬 높은 시가 금 OOO원 이상이므로 정관에 기재된 그 평가액 및 그에 부여하는 주식수는 정당한 것으로 사료되며, 현물출자재산은 이미 회사에 확실히 인도되었음이 출자자 작성의 재산인도증에 의해 명확히 인정됨.

(3) 회사성립 후 양수재산에 관한 사항

회사성립 후 양수키로 약정한 재산은 발기인 OOO 소유의 어떠한 재산으로서 이는 회사의 영업상 필요할 뿐만 아니라 그 가격도 적정하여 그에 관한 정관의 규정은 타당하다고 인정됨.

(4) 회사가 부담할 설립비용 및 발기인의 보수에 관한 사항

회사가 부담할 설립비용과 발기인의 보수내역은 별첨 계산서와 같은 바, 그 부담 및 지출은 필요 적정하다고 사료됨.

3. 부속서류

(1) 정관 사본 1통
(2) 현물출자재산인도증 사본 1통
(3) 설립비용 등 계산서 사본 1통
(4) 현물출자재산평가서 사본 1통

위와 같이 보고함.

20OO년 O년 O일

농업회사법인 OO주식회사
검사인 O O O (인)

[첨부서류 10] 주금납입잔고증명서

주금납입 잔고증명서

금 100,000,000원
발행주식의 총수 : 10,000주
1주의 금액 : 금 10,000원

위 금액은 귀 회사 설립시에 발행하는 주식총수에 대한 납입금으로써 20OO년 O월 O일 납입이 완료되어 이를 보관 중에 있음을 증명합니다.

20OO년 O월 O일
주식회사 OO은행 OO지점
지점장 O O O (인)

농업회사법인 OO주식회사 발기인대표 귀하

[주] 잔고증명서 : ① 소규모(자본금 총액이 10억원 미만)인 주식회사를 발기설립하는 경우에는 주금납입금보관증명서를 금융기관의 잔고증명서로 대체할 수 있다(상법 318조, 상등법 80조 11호). ② 잔고증명은 주금이 입금되어 있는 법인대표될 자의 통장원본을 금융기관에 제시하여야 한다.

[첨부서류 11] 예금잔고증명서

예금잔고증명서

O O O 귀하

금 오천만원정

예금종류	계좌번호	잔 액	미결제타점권	비 고
국민자유	00-000-0000	₩ 50,000,000		

위 금액은 20OO년 O월 O일 귀하 명의의 예금잔액임을 증명함.

20OO년 O월 O일

주식회사 OO은행 OO지점장 (인)

[주] ① 발기설립(10억 미만)의 위 주식의 입금확인은 위 잔고증명에 의할수 있다.
② 위 잔고증명서의 금액은 현물출자와는 별개이다.
③ 잔고증명은 주금이 법인대표자가 될 자의 통장원본을 금융기관에 제시하여 증명 받는다(3부).
④ 위 잔고증명서는 법인등기사항증명서(또는 지배인등기사항증명서)와 함에 등기신청서에 첨부하여 제출한다.

[첨부서류 12] 주식인수증

주 식 인 수 증

상 호	농업회사법인 OO주식회사
인수할 주식의 종류와 수	기명식 보통주식 5,000주
인 수 가 액	금 50,000,000원
1 주 의 금 액	금 10,000원

위 주식을 발기인으로서 인수합니다.

20OO년 O월 O일

발기인 ○ ○ ○ (인)

농업회사법인 OO주식회사 발기인대표 귀하

[주] 발기인의 주식인수 : 주식회사의 자본은 주식에 의한 출자로서 형성되므로 발기인은 설립시에 발행하는 주식에 관하여 반드시 1주 이상을 위 서면에 의하여 인수하여야 한다(상법 293조). 발기인 각자마다 주식인수증을 작성하여야 한다.

[첨부서류 13] 주식배정표

주 식 배 정 표

성 명	배정주식의 종류 및 수	1주의 금액	금 액
○ ○ ○	보통주식 5,000주	10,000원	50,000,000원
○ ○ ○	보통주식 5,000주	10,000원	50,000,000원
합 계	보통주식 10,000주		100,000,000원

위와 같이 주식을 배정합니다.

20○○년 ○월 ○일

농업회사법인 OO주식회사
OO시 OO구 OO로 OO(OO동)

대표이사 ○ ○ ○ (인)

[주] 주주가 2명 이상일 때 필요하다.

[첨부서류 14] 주식발행사항 동의서

주식발행사항 동의서

발기인 전원의 동의로서 회사설립시에 발행할 주식에 관한 사항을 다음과 같이 결정함.

다　　　음

1. 주식의 종류와 수 : 보통주식 10,000주
2. 주식의 발행가액 : 1주의 금액 10,000원

위 동의사항을 확실히 하기 위하여 발기인 전원이 다음에 기명날인하다.

20OO년 O월　일

농업회사법인 OO주식회사
OO시 OO구 OO로 OO(OO동)

발기인 O　O　O (인)

발기인 O　O　O (인)

[주] 회사가 발행할 주식의 총수, 1주의 금액, 회사의 설립시에 발행하는 주식의 총수는 반드시 정관으로 정하는 것이나(상법 289조 1항), 그 외의 주식발행에 관한 사항은 정관에 다른 규정이 없는 한 발기인이 정할 수 있다. 이러한 결정은 원칙적으로 발기인의 과반수결의에 의한다. 그러나 다음의 두가지 사항만은 정관에 다른 규정이 없으면 발기인 전원의 동의로 정하여야 한다(상법 192조). ① 주식의 종류와 수 : 정관에서 우선주식, 후배주식, 상환주식, 전환주식, 의결권 없는 주식 등 수종의 주식을 정하고 있는 경우에는 그 범위 내에서 어느 종류의 주식을 각 몇 주씩 발행할 것인가를 정하여야 한다. 그러나 정관에서 보통주식만을 발행할 것으로 정한 때에는 발기인이 따로 정할 사항은 없다. ② 액면이상의 주식을 발행하는 때에는 그 수와 금액 : 설립시에는 주식의 액면미달발행은 인정되지 아니하나(상법 330조, 417조 1항), 액면이상의 발행은 허용된다. 이를 액면초과발행이라 한다. 설립시에 액면초과발행을 하려는 경우, 정관을 작성할 당시에는 아직 그 금액을 확정하기 어려울 것이므로, 상법은 이를 그 이후의 상황에

따라 발기인 전원의 동의로 정할 수 있게 한 것이다.

[첨부서류 15] 발기인총회 소집기간 생략 동의서

> ## 발기인총회 기간단축 동의서
>
> 본인 등은 농업회사법인 OO주식회사 발기인총회를 상법 제363조 소정을 단축하여 20OO년 O월 O일 발기인사무소에서 개최함에 대하여 이의 없이 동의합니다.
>
> 20OO년 O월 일
>
> 농업회사법인 OO주식회시
> OO시 OO구 OO로 OO(OO동)
>
> 발기인 O O O (인)
>
> 발기인 O O O (인)

[첨부서류 16] 발기인총회 소집기간 생략 동의서

> ## 발기인총회 소집기간 생략 동의서
>
> 본인 등은 농업회사법인 OO주식회사 발기인총회를 상법 제363조 제5항에 따라 소집절차를 생략하여 20OO년 O월 O일 발기인사무소에서 개최하는데 대하여 이의 없이 동의합니다.
>
> 20OO년 O월 일
>
> 농업회사법인 OO주식회사
> OO시 OO구 OO로 OO(OO동)

발기인 ○ ○ ○ (인)

발기인 ○ ○ ○ (인)

[주] 소규모 회사의 경우 소집절차생략
개정상법은 자본금 총액이 10억원 미만인 회사가 주주총회를 소집하는 경우에는 주주총회일의 10일 전에 각 주주에게 서면으로 통지를 발송하거나 각 주주의 동의를 받아 전자문서로 통지를 발송할 수 있고, 무기명식의 주권을 발행한 경우에는 주주총회일의 2주 전에 주주총회를 소집한다는 뜻과 회의의 목적사항을 공고할 수 있도록 하였으며(상법 308조 2항, 362조 4항), 자본금 총액이 10억원 미만인 회사는 주주 전원의 동의가 있을 경우에는 위 소집절차 없이 주주총회를 개최할 수 있도록 하였다(상법 363조 5항). 따라서 종전에는 발기인총회단축기간동의서를 첨부하였으나 자본금 총액이 10억원 미만인 회사는 주주 전원의 동의로 소집기간을 생략할 수 있다.

[첨부서류 17] 주주명부

주 주 명 부

주 주	주소와 전자우편주소	인수주식수	1주 금액	납 입 금 액
○○○	○○시 ○○구 ○○로 ○○(○○동) kdw9014@naver.com	5,000주	50,000원	금 50,000,000원
○○○	○○시 ○○구 ○○로 ○○(○○동) jprdprpfn@naver.com	5,000주	50,000원	금 50,000,000원
합 계		10,000주		금 100,000,000원

위 주주명부는 본사에 비치된 주주명부와 대조하여 틀림이 없음을 증명합니다.

20○○년 ○월 ○일

상 호 농업회사법인 ○○주식회사
본 점 ○○시 ○○구 ○○로 ○○(○○동)

대표이사 ○ ○ ○ (인)

[주] 전자주주명부제도 : ① 회사는 정관에서 정하는 바에 따라 전자문서로 주주명부를 작성할 수 있다(상법 352조2 제1항). 전자주주명부에는 상법 제352조 제1항의 기재사항 외에 전자우편주소를 적어야 한다. ② 개정상법은 기업경영의 IT화를 위하여 주주총회에 직접 참석하거나 대리인에게 투표를 위임하지 않더라도 전자서면 등 본인인증절차를 거쳐 인터넷으로 의결권을 행사하는 전자투표제도가 도입됐다(상법 368조의4, 382조의2). 이와 함께 주주들이 서면 외에도 이메일 등 전자문서를 통해 주주제안권 및 임시주주총회 소집청구권을 행사할 수 있도록 했다. ③ 전자투표제도를 도입함에 따라 일반 주주명부를 전자문서로 된 주주명부도 대체할 필요가 있어서 제도화한 것이다. ④ 주주명부는 등기신청시 첨부서류는 아니다.

[첨부서류 18] 취임승낙서(1)

취 임 승 낙 서

본인은 20○○년 ○월 ○일 귀 법인의 발기인총회에서 사내이사(또는 감사)로 선임되었으므로 그 취임을 승낙합니다.

20○○년 ○월 ○일

사내이사(감사) ○ ○ ○ (인)
(○○○○○○－○○○○○○○)
○○시 ○○구 ○○로 ○○(○○동)

농업회사법인 ○○주식회사 귀중

[주] 취임승낙서에는 인감을 날인하고 인감증명서 및 주민등록등(초)본을 첨부하여야 한다. 이사내이사, 사외이사, 기타비상무이사로 구분하여 표시하도록 한다.

[첨부서류 19] 취임승낙서(2)

취 임 승 낙 서

본인은 20○○년 ○월 ○일 귀 법인의 이사회에서 대표이사로 선임되었으므로 그 취임을 승낙합니다.

20○○년 ○월 ○일

대표이사 ○ ○ ○ (인)
(○○○○○○－○○○○○○○)
○○시 ○○구 ○○로 ○○(○○동)

농업회사법인 ○○주식회사 귀중

[주] 취임승낙서에는 인감을 날인하고 인감증명서 및 주민등록등(초)본을 첨부하여야 한다.

[첨부서류 20] 인감신고서

인감·개인(改印) 신고서

(신고하는 인감날인란) (인감제출자에 관한 사항)

상호(명 칭)		농업회사법인 ○○주식회사	등기번호	
본점(주사무소)		○○시 ○○구 ○○로 ○○(○○동)		
인감제출자	자격/성명	대표이사 ○ ○ ○		
	주민등록번호	○○○○○○-○○○○○○○		
	주 소	○○시 ○○구 ○○로 ○○(○○동)		

□ 위와 같이 인감을 신고합니다. □ 위와 같이 개인(改印)하였음을 신고합니다.

년 월 일 (인감 날인란)

신고인 본 인 성 명 (인)
대리인 성 명 (인)

지방법원 등기소 귀중

주 1. 개인인감 날인란에는 「인감증명법」에 의하여 신고한 인감을 날인하고 그 인감증명서(발행일로부터 3개월 이내의 것)를 첨부하여야 합니다. 개인(改印)신고의 경우, 개인인감을 날인하는 대신에 등기소에 신고한 유효한 종전 인감을 날인하여도 됩니다. 또한 인감제출자가 기명날인 또는 서명하였다는 공증인의 인증서면으로 갈음할 수 있습니다.
2. 인감·개인신고서에는 신고하는 인감을 날인한 인감대지를 첨부하여야 합니다.
3. 지배인이 인감을 신고하는 경우에는 인감제출자의 주소란에 지배인을 둔 장소를 기재하고, 「상업등기규칙」 제35조제3항의 보증서면(영업주가 등기소에 신고한 인감 날인)을 첨부하여야 합니다. 위 보증서면은 아래의 보증서면란에 기재하는 것으로 갈음할 수 있습니다.

보 증 서 면

위 신고하는 인감은 지배인 OOO의 인감임이 틀림없음을 보증합니다.

대표이사 (법인인감)

위 임 장

성 명 : 주민등록번호(-)
주 소 :

위의 사람에게, 위 인감신고 또는 개인신고에 관한 일체의 권한을 위임함.

20 년 월 일

인감(개인) 신고인 성 명 (인)

[주] 1. 이 인감신고서는 등기소에 제출하는 것으로서, 인감크기는 변의 길이가 2.4센티미터 정사각형 안에는 들어갈 수 있고, 1센티미터 정사각형 안에는 들어갈 수 없는 것이어야 한다.
2. 인감을 분실할 경우에는 개인신고를 할 수 있다.

[첨부서류 21] 인감대지

인 감 대 지

	신고하는 인감날인란	상 호(명 칭) : 농업회사법인 OO주식회사 자격 및 성명 : 대표이사 O O O 주민등록번호 : OOOOOO-OOOOOOO

[주] 1. 자격은 대표이사(이사), 이사장, 지배인, 대리인, 상호사용자, 무능력자, 법정대리인 등으로 기재한다.
2. 현행 상업등기규칙에는 인감대지의 규격이 정하여져 있지 아니하나 인감대지의 규격은 가로 16센티미터 세로 4센티미터로 하는 것이 좋다.

[첨부서류 22] 인감카드 등(재)발급신청서

인감카드 등 (재)발급신청서

상 호(명 칭)			등기번호	
본 점(주사무소)				
인감 제출자	자격 / 성명			
	주민등록번호			

발급사유	□ 최초발급 □ 카드분실 □ 카드훼손 □ 인감증명서발급기능 □ 기타 ( )		
매체구분	□ 인감카드 □ HSM USB	인감카드 비밀번호	(변경후 :)
수 수 료	금 원	납부번호	

위와 같이 인감카드 등의 (재)발급을 신청합니다.

년 월 일 (인감 날인란)

신청인 인감제출자 (본 인) 성 명 (인) (전화 :)
(대리인) 성 명 (인) (전화 :)

지방법원 등기소 귀중

접수번호		인감카드번호	

주 1. 인감카드 비밀번호란에는 (재)발급받아 사용할 인감카드의 비밀번호를 기재하며, 아라비아숫자 6자릿수를 기재하여야 합니다. 다만, 인감카드 재발급의l 경우에는 기존 인감카드의 비밀번호와 재발급받아 사용할 인감카드의 비밀번호(변경 후)를 기재하여야 합니다.

2. 인감카드의 (재)발급을 신청하는 경우에는 등기소에 제출한 인감을 날인하여야 합니다. 다만, 인감카드 재발급의 경우 기존 인감카드 비밀번호를 기재할 수 없을 때에는 인감제출자 본인은 신분증명서 사본을, 위임에 의한 내리인은 인감제출자가 「인감증명법」에 따라 신고한 인감을 신청서에 날인하고 그 인감증명서 및 대리인의 신분증명서 사본을 각각 첨부하여야 합니다.

3. 인감카드의 재발급을 신청할 때에는 「등기사항증명서 등 수수료규칙」으로 정하는 수수료를 납부하여야 합니다. 다만, 인감카드를 반납할 때에는 수수료를 납부할 필요가 없습니다.

위 임 장

성 명 : 주민등록번호(-)
주 소 :

위의 사람에게, 위 (재)발급신청서에 기재된 인감카드 등의 발급신청과 그 수령 등에 관한 일체의 권한을 위임함.

2000년 0월 0일

인감신고인 성 명 (인) (전화)

[서식 37] 어업회사법인 주식회사 설립등기신청서(발기설립)

<table>
<tr><td colspan="5">어업회사법인 주식회사 설립등기신청</td></tr>
<tr><td rowspan="2">접 수</td><td>년 월 일</td><td rowspan="2">처 리 인</td><td>등기관 확인</td><td>각종 통지</td></tr>
<tr><td>제 호</td><td></td><td></td></tr>
</table>

등 기 의 목 적	어업회사법인 주식회사 설립
등 기 의 사 유	농어업경영체육성및지원에 관한 법률 제19조의 규정에 의하여 정관을 작성하고 발기인이 회사설립시에 발행하는 주식의 총수를 인수받고, 20○○년 ○월 ○일 발기인 총회를 종결하였으므로 다음 사항의 등기를 구함.
본/지점 신청구분	1.본점신청 □ 2.지점신청 □ 3.본·지점 일괄신청 □
등 기 할 사 항	
상 호	어업회사법인 ○○주식회사
본 점	○○시 ○○구 ○○로 ○○(○○동)
공 고 방 법	○○시에서 발행하는 일간지 ○○일보에 게재한다.
1주의 금액	10,000원
발행할 주식의 총수	40,000주
발행주식의 총수와 그 종류 및 각각의 수	10,000주 보통주식
자본의 총액	100,000,000원
목 적	본 회사는 기업적 어업경영을 통하여 생산성을 향상시키거나 생산된 수산물을 유통, 가공, 판매 등을 통하여 어업인의 소득증대를 도모함을 목적으로 다음 각 호의 사업을 한다. 1. 수산물의 공동양식, 어로 및 공동작업에 관한 사업 1. 어업에 관련된 공동이용시설의 설치 및 사업 1. 수산물의 공동출하 가공 및 수출

	1. 수산물의 유통 및 도·소매업 1. 위 각 호에 부수하는 일체의 사업
이사·감사의 성명 ·주민등록번호	사내이사 홍 길 동 (OOOOOO－OOOOOOO) 사내이사 ○ ○ ○ (OOOOOO－OOOOOOO) 사내이사 ○ ○ ○ (OOOOOO－OOOOOOO) 사내이사 ○ ○ ○ (OOOOOO－OOOOOOO)
대표이사의 성명과 주소	대표이사 ○ ○ ○ (OOOOOO－OOOOOOO) ○○시 ○○구 ○○로 ○○ (○○동)
지 점	없 음
존립기간 또는 해산사유	없 음
기 타	없 음

신청등기소 및 등록면허세/수수료						
순번	신청등기소	구분	등록면허세 지방교육세	농어촌특별세	세액합계	등기신청수수료
			지방세특례제한법 12조 2항에 의거 면제			금 원
합 계						
등기신청수수료 납부번호						
과 세 표 준 액	금 원					

첨 부 서 면	
1. 일반건축물대장(또는 행정안전부 도로명주소안내출력물) 1통	1. 주식발행사항동의서 1통
1. 정관 1통	1. 주식배정표 1통
1. 어업인확인서(또는 어업경영체등록 확인서 통	1. 발기인총회기간단축동의서 1통
1. 예금잔고증명서 1통	1. 취임승낙서 및 인감증명서 통
1. 발기인총회의사록 1통	1. 주민등록등(초)본 통
	1. 인감신고서 및 인감증명서 각 1통
	1. 법인인감카드발급신청서 1통

1. 이사회의사록 1통 1. 조사보고서 1통 1. 주식인수증 통	1. 등록면허세영수필확인서및통지서 1통 1. 위임장(대리인이 신청할 경우) 1통
년 월 일 신청인 명 칭 주사무소 대표자 성 명 (인) (전화 :) 주 소 대리인 성 명 (인) (전화 :) 주 소 **지방법원 등기소 귀중**	

- 신청서 작성요령 -

1. 해당란이 부족할 때에는 별지를 이용합니다.
1. 해당 등기신청과 관계없는 사항에 대하여는 "해당없음"으로 기재하거나 삭제하고, 필요한 사항은 추가 기재합니다.
1. 「인감증명법」에 따른 인감증명서 제출과 함께 관련 서면에 인감을 날인하여야 하는 경우, 본인서명사실확인서를 제출하고 관련 서명을 하거나 전자본인서명확인서 발급증을 제출하고 관련 서면에 서명을 하면 인감증명서를 제출하고 관련 서면에 인감을 날인한 것으로 봅니다.

(용지규격 21㎝ × 29.7㎝)

[주] 어업회사법인 주식회사 발기설립시 자본금이 10억 미만인 경우

1. 주식회사의 상호 중에는 "주식회사"라는 문자를 사용해야 하는 점 이외에는 별다른 제한이 없으나, 동일한 시·군내에서 동종영업을 위하여 타인이 등기한 상호나 어느 회사의 지점이나 출장소 등과 같이 회사의 독립성이 인정되지 않고 그 일부임을 표시하는 듯한 상호로는 등기할 수 없다. 또한 어업회사법인은 상법상 회사의 형태를 띄어야 하므로 일반 주식회사 설립과 마찬가지로 상호의 전 또는 후에 상법상 회사의 형태가 들어가야 한다. 따라서, "주식회사"가 중간에 들어갈 수 없으므로 "농업회사법인 OOO 주식회사" 또는 "주식회사 농업회사법인 OOO"으로 신청하여야 한다.
2. 본점의 표시는 정관의 경우와는 달리 그 소재지번까지 기재한다.

3. ① 어업인확인서 또는 어업경영체등록확인서(임원 중 3분의 1 이상)를 첨부한다. ② 대표이사는 어업인이어야 한다.
4. ① 비어업인은 총출자액의 10분의 90 한도내에서 출자가 가능하다(즉, 총출자액이 8억원을 초과하는 경우 총출자액에서 8천만원을 공제한 금액을 한도로 함).② 어업회사법인 주식회사는 어업을 목적으로 대지, 건물을 취득할 수 있으나 농지를 취득할 수 없다.
5. 발기인 수 : 1인 이상(즉, 1인 주주도 가능하고, 발기인은 이사와 감사를 겸할 수 있으며, 보통 이사와 감사는 발기인 중에서 선임하나 이때는 조사보고는 공증인이어야 하므로, 이러한 절차를 줄이기 위해서는 이사·감사 중에 발기인이 아닌 사람이 1명 이상 있어야 한다.
6. 임원 : ① 이사는 3인 이상이어야 하지만, 자본금 10억원 미만인 회사는 이사를 1인 또는 2인으로 할 수 있으며, 감사는 두지 않을 수 있다. 따라서 회사설립의 최소한 인원은 1명이다. 혹 이사를 2명이상 둘 경우에도 실무상 가부동수를 피하기 위하여 3명, 5명과 같이 홀수로 선임하는 예가 많다. ② 이사 1명으로 해야 할 경우 사내이사 명칭을 사용해야 한다. ③ 감사가 발기인이 되면 1주 이상의 주식을 가져야 된다. ④ 감사는 1인 이상이 있어야 하며 2인 이상의 감사를 둘 수 있다. 그러나 자본금 총액이 10억원 미만인 회사의 경우에는 감사를 선임하지 않아도 된다. ⑤ 2009. 2. 4.부터 이사변경 또는 회사설립등기신청시 사내이사, 사외이사, 기타비상무이사로 구분하여 등기신청하여야 하고 단순히 이사로 등기신청을 할 수 없다. 따라서 신청서에 첨부된 주주총회의사록 등에 '사내이사', '사외이사', '기타비상무이사'로 각 구분하여 선임한 사실이 기재되어 있어야 한다. ⑥ 자본금 10억원 미만의 경우 감사를 선임하지 않을 수 있다. 따라서 감사의 선임은 임의적 기재사항이다. 감사를 선임하지 아니할 경우 주주총회가 이사의 업무 및 재산상태에 관하여 직접 감독 · 감사하도록 하였다. ⑦ 주주가 아닌 사람도 대표이사 또는 다른 임원이 될 수 있다.
7. 주식의 수 : ① 주식의 수는 제한이 없고 정관에 규정되어야 한다(회사가 총발행할 주식수 및 발행할 주식의 명기사항은 정관의 형식적 필수사항임. 액면가액은 100원, 500원, 1,000원, 2,500원, 5,000원, 10,000원 등 선택가능하고 정관에 규정되어야 함). ② 감사가 발기인이 아닌 경우에는 감사는 주식이 없어도 된다. ③ 법인도 현물출자가 가능하다.
8. 1주의 금액 : 정관에 기재된 1주의 금액을 말하며, 1주의 금액은 100원 이상이어야 하며, 회사가 수종의 주식을 발행하는 경우에도 균일하여야 한다(설립당시에는 1주의 금액을 10,000원 혹은 5,000원으로 많이 사용하며, 회사가 성장하면서 기업자금조달의 편의를 위해 1주의 최저액면금액을 500원 혹은 100원

으로 주식분할을 하기로 한다).

9. 발행할 주식의 총수 : 회사가 발행할 수 있는 주식수의 한도에서 정관에 기재된 발행할 주식의 총수를 말하며(발행예정주식 또는 수권주식총수), 설립이후에는 제한규정이 삭제되어 무제한이지만, 설립단계에서는 4배로 제한되어 있다. 예컨대 설립시 발행하는 주식수가 1만주라면 발행예정주식총수는 최저 1만주에서 최고 4만주가 된다. 따라서 위 범위내의 주식수를 기재하면 된다.
10. 발행주식의 총수, 그 종류와 각종 주식의 내용과 수 : 정관에 규정된 설립시에 발행하는 주식의 수와 종류를 말하며, 설립시에 발행하는 주식의 총수는 회사가 발행할 주식의 총수의 4분의 1 이상 이어야 한다. 주식의 종류는 보통주식, 우선주식, 후배주식 등이 있다.
    자본금이 5천만원이고 1주의 금액이 5,000원이라면 발행주식총수는 10,000주가 된다(발행주식총수 = 자본금/1주의 금액).
11. 자본총액 : 회사설립시에 발행하는 주식총수의 액면총액이 자본총액이다. 자본금의 최저금액 규정은 삭제되었으므로 100원의 회사설립도 가능하다.
12. 상대적 기재사항 : 변태설립사항, 존립기간, 해산사유, 주식매수선택권의 부여, 주식양도한규정 등이 있다.
13. 임의적 기재사항 : 이사·감사의 원수, 정기주주총회의 소집일시, 회사의 영업연도 등이 있다.
14. 어업회사법인등기의 설립등기에 대한 등록면허세와 교육세는 설립등기시에는 면제되고, 변경등기시에는 납부한다. 조세특례제한법, 지방세법, 관세법 등에 의하여 등록면허세가 감면되는 경우에 그 감면세액의 100분의 20의 농어촌특별세를 납부하여야 하나, 영어조합법인 및 어업회사법인의 설립등기시에는 이것도 면제된다(농특세법 4조).
15. 등기신청수수료는 설립의 경우 30,000원(서면방문), 25,000원(전자표준양식), 20,000원(전자신청)이다.
16. 정관은 공증인의 인증을 받음으로서 효력이 생긴다. 다만, 자본금 총액이 10억원 미만인 회사를 발기 설립하는 경우에는 공증의무가 면제되므로, 각 발기인이 정관에 기명날인 또는 서명날인함으로써 발생한다.
17. 주식인수증 : 발기인 전원의 인수증을 첨부한다. 발기인은 주식을 인수하여야 하므로, 이를 인수하였음을 증명하는 서면으로 주식인수증을 작성한다.
18. 주식발행사항동의서 : 회사설립시 발행하는 주식의 종류와 수, 액면 이상의 주식을 발행하는 경우 이에 관하여 정관에 다른 정함이 없으면 발기인 전원의 동의로 이를 결정하여야 하며, 이를 증명하는 서면으로 발기인 전원이 기명 날인하여야 한다.
19. 발기인총회의사록 : ① 주금이 납입이 완료된 때에는 발기인은 회의를 열어

의결권의 과반수로 이사와 감사를 선임하고 발기인들이 회의를 개최하여 의사결정을 한 경우에는 의사록을 작성하여야 한다. ② 자본금이 10억 미만인 회사는 주주전원의 동의가 있을 경우에는 소집절차없이 창립총회를 개최할 수 없고, 서면에 의한 결의로서 창립총회 결의를 할 수 있다. 서면에 의한 결의로써 창립총회 결의를 갈음할 수 있다. 또한 결의의 목적사항에 대하여 주주전원이 서면으로 동의한 때에는 서면에 의한 결의가 있는 것으로 본다. ③ 자본금 총액이 10억원 미만인 회사를 발기 설립하는 경우에는 공증의무가 면제된다.

20. 이사회의사록 : ① 대표이사는 이사회에서 선임하여야 하므로 이사회의사록을 작성하여 첨부하여야 한다. 그러나 정관에서 주주총회에서 선임할 수 있도록 정할 수도 있기 때문에, 정관에 그와 같이 정한 경우에는 발기인총회에서도 대표이사를 선임할 수도 있다. ② 소규모회사(자본금 10억원 미만)의 이사가 1명 또는 2명인 경우 이사회를 구성하지 않고 이사회의 권한을 각 이사(정관에 따라 대표이사를 정한 경우에는 그 대표이사) 또는 주주총회에서 행사한다. ③ 대표이사 없이 사내이사가 대표자일 때에는 이사회의사록이 필요 없다. ④ 발기설립(10억 미만)의 경우 이 의사록공증이 면제된다.

21. 주식납입보관증명서 : ① 주식을 인수한 발기인은 지체 없이 그 인수가액을 지정된 금융기관에 납입하여야 하며, 발기인은 납입금을 보관하여 있는 금융기관에 보관금액에 관하여 증명서를 교부받아 제출하여야 한다. 다만 소규모회사(10억 미만)의 경우 주금납입증명서를 잔고증명서로 대체할 수 있다. ② 이 증명의 발급은 설립등기 관할등기소에 등기되지 아니한 경우 그 자격을 증명하는 법인등기사항증명서 또는 지배인등기사항증명서를 첨부한다.

22. 주금납입 또는 잔고증명서 발급 절차 : ① 공증된 창립총회의사록, 이사회의사록, 정관, 주식청약서와 인수증을 가지고 대표이사가 은행에 가서 주금납입보관서(또는 영수증)(: 법인통장에 자본금을 입금해야 됨) 2통을 주면 등기신청서와 창립총회의사록, 이사회의사록, 정관, 주금납입보관증명서, 주식청약서, 취임승낙서(대표이사 등), 주민등록초본(대표이사 2통, 그 외 1통, 대표이사 이외의 임원은 주민등록증 사본, 자동차운전면허증 사본으로 가능), 인감신고서, 인감증명, 위임장을 제출하여 등기가 완료되면 법인등기사항증명서, 법인인감증명, 사업자등록증, 법인도장, 주금입금증을 가지고 주금을 찾을 수 있다. ② 발기설립에서 자본금 10억 미만의 경우 주금납입절차 없이 은행에 가서 발기인 대표{대표이사 또는 사내이사(1인 회사)가 될 자} 명의로 입금된 예금통장을 만들어 자본금을 입금시키고 잔고증명서를 발급받으면 그 다음날 인출이 가능하다.

23. 재산인도증 : ① 출자의 목적물은 납입기일까지 실제로 회사에 이전되어야

한다. 금전 이외의 재산을 현물로 출자를 하였을 경우 동산은 현실로 인도하여야 하며, 등기·등록을 요하는 경우는 이에 관한 서류를 완비하여 교부하여야 한다. 등기신청서에는 이러한 이행을 완료하였음을 증명하는 서면을 첨부하여야 한다. 즉, 현물출자계약서(포괄적인 사업양도·양수계약서), 현물출자 재산인수증, 현물출자 재산인도증 등을 첨부한다. ② 출자재산이 부동산인 경우 아직 회사가 성립등기가 되지 아니하여 법인격을 취득하지 못한 상태에서 직접 회사 앞으로 소유권이전등기를 할 수 없으므로 결국 이전등기서류 등을 인도하게 된다.

24. 이사·감사의 조사보고서 : ① 조사보고의 자격은 발기인이 아닌 이사 혹은 감사이지만, 이사 혹은 감사 전원이 발기인 등으로 조사보고의 결격자이면 공증인의 조사보고서로 갈음한다. ② 이사와 감사중 발기인이었던 자, 현물출자자 또는 회사성립 후 양수할 재산의 계약당사자인 자는 위의 조사·보고에 참가하지 못한다. ③ 임원 중에 주주가 아닌 사람이 1명 이상 있어야 한다. 임원은 조사보고자격이 없기 때문에 모든 임원이 발기인인 경우에는 공증인을 조사보고자로 선임하거나 법원에 조사보고자 선임신청을 해야 하는데 공증인의 경우에는 비용이 많이 들고 법원에 조사보고서 역시 시간이 걸린다. 따라서 모집설립의 경우이든 발기설립이든 발기인 아닌 임원(이사 또는 감사)이 조사보고를 행하여야 함에 유의한다.
25. 발기인총회기간단축동의서 : 발기인총회의 소집에도 주주총회의 소집통지에 관한 규정을 그대로 준용하고 있으며, 창립총회를 소집한때에는 회일 2주간 전에 각 주주에 대하여 서면으로 통지를 발송하여야하고, 이 소집절차에 위반한 총회결의는 취소소송의 원인이 된다. 회일 2주간전의 통지 기간을 단축하여 발기인총회를 소집하는 경우에 한하여 첨부한다. 주주될 자 전원의 날인이 필요하다.
26. 공증인의 변태설립사항보고서, 공인된 감정인의 감정서, 검사인 조사보고서 등본 : 현물출자 등 변태설립사항이 있을 경우 검사인이 변태설립사항에 관하여 조사하여 작성한 조사보고서, 또는 이에 관련된 조사를 공증인이나 감정인이 하였을 때에는 공증인의 조사보고서나 감정인의 감정서를 법원에 보고한 후 법원으로부터 송부받은 부본을 제출하여야 한다.
27. 취임승낙서 : 대표이사는 인감신고서에 첨부한 인감증명서로 원용할 수 있다. 이사는 이사회의사록에 취임승낙을 한다는 취지가 기재되고, 의사록에 날인하였으면 취임승낙서는 필요 없다.
28. 법인인감카드신청서 : 카드의 비밀번호를 6자리로 정하여 신청한다.
29. 주권에 관한 명의개서대리인을 둔 때에는 명의개서 대리인과의 계약을 증명하는 서면을 첨부한다.

30. 이 등기는 본 법인을 대표하는 대표이사가 신청한다.
31. 대리인의 표시는 법무사 또는 변호사가 대리하여 신청하는 경우에 한한다.

[첨부서류 1] 어업회사법인 주식회사 정관례

어업회사법인 주식회사 정관

제 1 장 총　　칙

제1조 (상호) 본 회사는 농어업경영체육성및지원에관한법률 제19조에 의하여 설립된 회사로서 그 명칭은 '어업회사법인 OO주식회사'라고 부른다.

※ 주식회사의 상호 중에는 "주식회사"라는 문자를 사용해야 하는 점 이외에는 별다른 제한이 없으나, 동일한 시·군내에서 동종영업을 위하여 다인이 등기한 상호나 어느 회사의 지점이나 출장소 등과 같이 회사의 독립성이 인정되지 않고 그 일부임을 표시하는 듯한 상호로는 등기할 수 없다.

제2조 (목적) 본 회사는 기업적 어업경영을 통하여 생산성을 향상시키거나, 생산된 수산물을 유통, 가공, 판매함으로써 어업의 부가가치를 높이고 노동력부족 등으로 어업경영이 곤란한 어업인의 어작업의 전부 또는 일부를 대행하여 어업인의 편의를 도모함을 목적으로 한다.

제3조 (주주의 가격) 본 회사의 주주는 어업인, 수산물의 생산자단체로 하되, 제10조에서 정한 출자한도 내에서 출자한 비어업인도 주주가 될 수 있다.

제4조 (사업)

본 회사는 다음 사업을 경영함을 목적으로 한다.

1. 수산물의 공동출하, 가공 및 수출
2. 수산물의 신품종개발에 관한 사업
3. 어업에 관련된 공동이용시설의 설치 및 운영
4. 사료제조업
5. 수산물의 냉동냉장업
6. 수산물의 구매사업
7. 수산물의 유통 및 도, 소매업
8. 프랜차이저 사업
9. 수산물의 수출, 입업
10. 수산물직판장 설치 및 운영
11. 어선 및 어업기자재의 임대, 수리, 보관사업

12. 조합원에 대한 보조금에 관한 대리행위
13. 수산물 작업의 대행 및 시설의 대여
14. 기타 위 어업회사법인의 목적달성에 필요한 사업으로서 주무관청의 승인을 얻은 사업
15. 위 각 호에 부수하는 일체의 사업

제5조 (본점의 소재지 및 지점의 설치)

① 본 회사의 본점은 OO시·도 OO시·군에 둔다.

※ 그 소재장소의 지번까지 확정해야 하는 것은 아니고 최소행정구역까지만 정해도 된다.

② 본 회사는 필요한 경우에 주주총회의 결의로 지점, 영업소, 출장소를 둘 수 있다.

※ 정관에 절대적 기재사항이 아니므로 이의 기재여부는 회사의 임의에 속한다.

제6조 (공고방법) 본 회사의 공고사항은 OO시·도에서 발간되는 일간 OO신문에 게재한다.

※ 공고는 관보나 시사에 관한 일간신문에 게재해야 하므로 주간지나 스포츠신문 등에는 게재할 수 없고 수개의 신문에 동시에 공고하는 것은 무방하나 "OO신문 또는 OOO신문"에 게재하는 것과 같이 수개의 신문 중 선택적으로 공고한다고 정할 수는 없다.

제7조 (존립기간) 본 회사의 존립기간은 회사성립일로부터 만 50년으로 한다.

※ <u>이 사항은 정하지 아니할 수도 있으며</u> 이를 정한 경우에 한하여 정관에 기재한다.

[유례] 본 회사는 OO특허권의 기간이 만료할 때까지 존속한다.

제 2 장 주식과 주권

제8조 (회사가 발행할 주식의 총수 및 각종 주식의 내용과 수) 본 회사가 발행할 주식의 총수는 OOOOO주로써 보통주식으로 한다.

※ 이는 회사가 장래 발행할 수 있는 주식의 최고한도(발행예정주식)로써 발생주식총수의 4배를 초과할 수 없다.

[유례] 본 회사가 발행할 주식의 총수는 10만주로써 그 중 보통주식은 5만주, 우선주식은 3만주, 후배주식은 2만주로 한다.

제O조 (우선주식의 내용) 우선주식의 이익배당율은 연 O%로써 당해 결산기의 이익배당율이 그에 미달할 때에도 다음 결산기에 그를 우선하여 배당받는다.

제O조(후배주식의 내용) 후배주식은 보통주식에 대하여 연 O%의 이익배당을 하고 잉여가 있는 경우에 한하여 이익배당을 받을 수 있다.

제O조(의결권 없는 주식) 우선주식의 주주는 의결권이 없는 것으로 한다.

제O조(상환주식) 상환주식은 주식발행 후 O년 이내에 주주에게 배당할 이익으로

써 상환할 수 있다. 이때 상환가액은 1주당 금 OOO원으로 한다.

제9조 (1주의 금액) 본 회사가 발행하는 주식 1주의 금액은 금 OOO원으로 한다.

※ 이는 100원 이상으로서 균일해야 한다.

제10조 (비어업인의 출자한도) 어업인, 수산물의 생산자단체가 아닌 자가 출자하는 출자액의 합계는 본 회사의 총출자액의 10분의 9를 초과할 수 없다.

제11조 (회사설립시 발행하는 주식의 총수) 본 회사가 회사설립시에 발행하는 주식의 총수는 OOOOO주로 한다.

※ 발행예정주식의 4분의 1 이상이어야 한다.

제12조 (주권의 종류) 본 회사의 주식은 보통주식으로서 전부 기명식으로 하고, 주권은 1주권, 10주권, 100주권, 500주권, 1,000주권의 5종으로 한다.

제13조 (신주인수권) 본 회사의 주주는 신주를 발행함에 있어서 소유 주식수에 비례하여 배정을 받을 권리를 가진다. 다만 주주가 신주인수권을 포기 또는 상실하거나 신주배정에서 단주가 발생하는 경우에는 그 처리방법은 이사회의 결의로 정한다.

제14조 (주권의 불소지) 본 회사는 주권불소지제도를 채택하지 아니한다.

제15조 (주권의 양도제한)

1. 본 회사의 주식은 이사회의 승인이 없으면 양도할 수 없다.
2. 전항과 관련하여 비어업인인 주주에게 양도하여 비어업인의 총출자액이 제9조에서 규정한 제한을 초과하는 경우에는 그 양도는 효력이 없다.
3. 상속 또는 유증에 의하여 비어업인의 총출자액의 제10조에서 규정한 한도를 초과하는 경우에는 그 초과지분을 지체 없이 어업인에게 양도하여야 한다.

제16조 (시가발행) 본 회사는 신주를 발행함에 있어서 그 일부 또는 전부를 시가로 발행할 수 있으며 이 때 그 발행가액은 이사회의 결의로 정한다.

제17조 (주권의 명의개서) 주식의 양도로 인하여 명의개서를 청구할 때에는 본 회사 소정의 청구서에 주권을 첨부하여 제출하여야 한다. 상속, 유증, 기타 계약 이외의 사유로 인하여 명의개서를 청구할 때에는 본 회사 청구서에 주권 및 취득원인을 증명하는 서류를 첨부하여 제출하여야 한다.

제18조 (주권의 재발행)

1. 주권을 분할, 병합, 오선 등의 사유로 인하여 주권의 재발행을 청구함에 있어서는 본 회사가 정하는 청구서에 기명날인 또는 서명날인하고 이에 주권을 첨부하여 제출하여야 한다.
2. 주권의 상실로 인하여 그 재발행을 청구함에 있어서는 본 회사가 정하는 청구서에 기명날인 또는 서명날인하고 이에 제권 판결의 정본 또는 등본을 첨부하여 제출하여야 한다.

제19조 (주주명부의 폐쇄) 본 회사의 매 영업연도 종료일의 다음날부터 정기주주총회의 종결일까지 주주명부 기재의 변경을 정지한다. 다만 그 기간은 3개월을 초

과할 수 없다.

제20조 (주주의 주소 등의 신고) 본 회사의 주주 및 등록된 질권자 또는 그 법정대리인이나 대표자는 본 회사가 정하는 서식에 의하여 그의 성명, 주소와 인감을 본 회사에 신고하여야 한다. 신고사항에 변경이 있는 때에도 또한 같다.

제 3 장 주 주 총 회

제21조 (정기총회와 임시총회)

1. 본회사의 주주총회는 정기주주총회와 임시주주총회로 한다.
2. 정기주주총회는 매 영업연도 종료일의 다음날부터 3월 이내에 이를 소집하고 임시주주총회는 필요한 경우에 수시로 소집한다.

제22조 (소집권자) 주주총회의 소집은 법령에 다른 규정이 있는 경우를 제외하고는 이사회의 결의에 따라 대표이사가 소집한다. 대표이사가 유고인 때에는 이사회에서 정한 다른 이사가 소집한다.

제23조 (소집방법) 주주총회를 소집할 때에는 그 일시, 장소 및 회의의 목적 등을 주주총회일 2주간 전에 각 주주에게 서면으로 통지하여야 한다. 다만, 이 기간은 총회 전에 모든 주주의 서면, 팩스, 전자우편, 전신 또는 텔렉스에 의한 동의로 단축하거나 생략할 수 있다.

제24조 (소집지) 주주총회는 본점 소재지에서 개최하되 필요에 따라 소집상 필요한 지역에서도 개최할 수 있다.

제25조 (의 장) 대표이사가 주주총회의 의장이 된다. 그러나 대표이사 유고시에는 이사회에서 정한 순서에 따라 다른 이사가, 다른 이사 전원이 유고인 때에는 출석한 주주 중에서 선임된 자가 그 직무를 대행한다.

제26조 (결의사항 및 결의방법)

1. 주주총회는 법령에서 정한 사항 이외에 다음 사항을 결의한다.
   가. 신주발행사항의 결정
   나. 주식의 분할
   다. 영업의 전부 또는 일부의 양도
2. 주주총회의 결의는 법령 또는 정관에 다른 규정이 있는 경우를 제외하고는 출석한 주주의 의결권의 과반수와 발행주식총수의 4분의 1 이상의 수에 의한다.

제27조 (의결권의 대리행사)

1. 주주는 본 회사의 주주 중에서 정한 대리인으로 하여금 그 의결권을 행사하게 할 수 있다.
2. 제1항의 대리인은 주주총회 개시 전에 그 대리권을 증명하는 서면(위임장)을 제출하여야 한다.

제28조 (주주총회의 의사록) 주주총회 의사는 그 경과의 요령과 결과를 의사록에 기재하고 의장과 출석한 이사가 기명날인 또는 서명날인하여 본점에 비치한다.

제 4 장 임원과 이사회

제29조 (이사와 감사의 수)

본 회사의 이사는 1인 이상, 감사는 1인 이상으로 하되, 이사는 사내이사만을 둔다.

제30조 (이사와 감사의 선임) 본 회사의 이사와 감사는 주주총회에서 선임하되, 이사의 과반수는 어업인으로 한다. 다만 감사의 선임에 있어서는 의결권 없는 주식을 제외한 발행주식 총수의 100분의 3을 초과하는 수의 주식을 가진 주주는 그 초과하는 주식에 관하여 의결권을 행사하지 못한다.

제31조 (이사와 감사의 임기)

1. 이사와 감사의 임기는 취임 후 3년으로 한다. 그러나 임기가 최종의 결산기에 관한 정기주주총회의 종결 전에 끝날 때에는 그 총회종결시까지 그 임기를 연장한다.
2. 감사의 임기는 취임 후 3년 내의 최종의 결산기에 관한 정주주주총회 종결시까지로 한다.

제32조 (이사와 감사의 보선) 이사 또는 감사가 결원이 생긴 경우에는 임시주주총회에서 그를 보결 선임한다. 그러나 그 법원수가 되고 또한 업무집행상 지장이 없을 때에는 보결 선임을 보류 또는 다음 정기주주총회시까지 연기할 수 있다. 보결 또는 증원에 의하여 선임된 이사 및 감사의 임기는 취임할 날부터 기산한다.

제33조 (이사회의 소집) 이사회는 대표이사 또는 이사회에서 따로 정한 이사가 있을 때에는 그 이사가 회의일의 1주일 전에 각 이사 및 감사에게 통지하여 소집한다. 그러나 이사 및 감사 전원의 동의가 있을 때에는 소집절차를 생략할 수 있다.

제34조 (이사회)

1. 이사는 이사회를 조직하고 대표이사의 선임과 회사업무 집행에 관한 중요한 사항을 결의하며 의장은 대표이사가 된다. 단 이사가 2인 이하인 경우에는 주주총회에서 대표이사를 선임한다.
2. 이사회의 결의는 이사 과반수의 출석과 출석이사 과반수로 한다.

제35조 (대표이사) 대표이사는 본 회사를 대표하고 대표이사가 수 명일때에는 이사회 결의로 각자 또는 공동으로 대표할 것을 정하여야 한다. 다만, 이사가 1인인 경우에는 그 이사가 본 회사의 업무진행 및 회사를 대표한다.

제36조 (감사의 직무) 감사는 본 회사의 업무 및 회계를 감사한다.

제37조 (지배인의 임면) 이사회의 결의로 회사의 영업전반에 걸쳐 포괄적인 대리권을 갖고 보조하기 위한 지배인(혹은 지점장, 영업부장)을 둘 수 있다.

제38조 (임원의 보수와 퇴직금) 임원의 보수 및 퇴직한 임원의 퇴직금은 주주총회의 결의로 정한다.

제 5 장 계 산

제39조 (영업연도) 본 회사의 영업연도는 매년 O월 O일부터 O월 O일까지로 하여 결산한다.

제40조 (재무제표, 영업보고서의 작성비치)

1. 본 회사의 대표이사는 정기주주총회 회일 6주간 전에 다음 서류와 그 부속명세서 및 영업보고서를 작성하여 감사의 감사를 받아야 하며, 다음 각 호의 서류와 영업보고서를 정기주주총회에 제출하여야 한다.
   가. 대차대조표
   나. 손익계산서
   다. 이익금처분계산서 또는 결손금처리계산서
2. 감사는 정기주주총회일 1주 전까지 감사보고서를 대표이사에게 제출하여야 한다.
3. 위 제1항의 서류는 영업보고서, 감사보고서와 함께 정기주주총회 1주간 전부터 5년간 그 사본을 비치하여야 하고, 주주총회의 승인을 얻었을 때에는 그 중 대차대조표를 지체없이 공고하여야 한다.

제41조 (이익금의 처분) 매기 총수입금에서 총지출금을 공제한 잔액을 이익금으로 하여 이를 다음과 같이 처분한다.

1. 이익준비금(매결산기의 금전에 의한 이익배당액의 10분의 1 이상)
2. 법정적립금
3. 임의적립금
4. 주주배당금
5. 임원상여금
6. 차기이월잉여금

제42조 (이익배당)

1. 이익배당금은 금전 또는 주식으로 할 수 있다.
2. 이익배당금은 매 결산기말 현재의 주주명부에 기재된 주주 또는 등록된 질권자에게 지급한다.
3. 이익배당금 지급청구권은 5년간 이를 행사하지 아니하면 소멸시효가 완성되고 시효완성으로 인한 배당금은 회사이익으로 귀속된다.

부 칙

[유례] 현물출자가 있는 경우

제O조(현물출자) 본 회사의 설립당시 현물출자를 하는 자의 성명, 출자목적인 재산, 그 가격과 이에 대하여 부여하는 주식의 종류와 수는 다음과 같다.

1. 출자자
   발기인 O O O (OOOOOO－OOOOOOO)

2. 출자재산

가. OO시 OO구 OO동 OOO　　대 180㎡

나. OO시 OO구 OO동 OOO

시멘트 블록조 슬래브지붕 1층 사무실　96㎡

3. 출자재산의 평가액 금 OOOOO원

4. 이에 부여하는 주식의 종류와 수 : 보통주식 OOO주

※ 위 성명 다음의 (　　)내는 어업인인 경우 '어업인', 생산자단체인 경우 '생산자단체', 비어업인인 경우 '비어업인'을 기재하고, 주민등록번호란에는 사업자인 경우 사업자등록번호를 기재한다.

제1조 (적용범위) 본 정관에 규정되지 않는 사항은 농어업경영체육성및지원에관한 법률과 상법 및 기타의 법령에 정한 규정에 따른다.

제2조 (내부세규) 본 회사는 필요에 따라 주주총회의 결의로서 업무추진 및 경영상 필요한 회사 세부내규를 정할 수 있다.

제3조 (최초의 영업연도) 본 회사의 최초의 영업연도는 본 회사 설립일로부터 같은 해 O월 O일까지로 한다.

제4조 (발기인의 성명과 주소) 본 회사 발기인의 성명과 주소는 이 정관 말미의 기재와 같다.

위 어업회사법인 OO주식회사를 설립하기 위하여 이 정관을 작성하고 발기인 전원이 기명 날인하다.

20OO년　O월　O일

어업회사법인 OO주식회사　　　(직인)
OO시 OO구 OO로 OO(OO동)

발기인 성　　　명 : O　O　O ㊞
주민등록번호 : OOOOOO－OOOOOOO
주　　　소 : OO시 OO구 OO로 OO(OO동)

발기인 성　　　명 : O　O　O ㊞
주민등록번호 : OOOOOO－OOOOOOO
주　　　소 : OO시 OO구 OO로 OO(OO동)

발기인 성　　　명 : O　O　O ㊞
주민등록번호 : OOOOOO－OOOOOOO
주　　　소 : OO시 OO구 OO로 OO(OO동)

(이하 생략)

※ 발기인 전원이 기명날인하고, 자본금 총액이 10억원 미만인 회사는 공증인의 인증을 받지 아니한다.

[첨부서류 2] 발기인총회의사록(1)

발기인총회의사록

20OO년 O월 O일 OO시 OO분, OO시 OO구 OO로 OO(OO동) 어업회사법인 OO주식회사 사무소에서 발기인총회를 개최하다.

주식의 총수 : 10,000주	발기인의 총수 : 2명
출석 발기인수 : 2명	인수 주식수 : 10,000주

발기인 대표 홍길동은 위와 같이 법정 수에 달하는 주주가 출석하였으므로 본 총회가 적법하게 성립되었음을 알리고, 회의 진행상 의장을 선임하여 줄 것을 요청한 바, 주주전원 만장일치로 발기인 대표를 의장으로 선임한 즉, 동인은 즉석에서 그 취임을 승낙하고 개회를 선언한 후 다음의 의안에 관하여 심의를 요청하다.

제1호 의 안 정관 승인의 건

의장은 수산업·어촌발전기본법 및 농어업경영체육성및지원에 관한 법률의 규정에 근거하여 해양수산부에서 고시한 정관례를 기준으로 하여 정관을 작성하였음을 설명하고 그 승인 여부를 물은 바, 발기인 전원일치된 의견으로 이를 승인 가결하다.

제2호 의 안 이사 선임의 건

의장은 감사를 두지 않고 이사 2명을 두기로 하는 정관규정에 따라 이사의 선임 방법을 물은 즉, 사내이사 2명을 무기명 비밀투표로 선출하기로 전원 일치되어 그에 따라 투표한 결과 다음 사람이 이사로 선출되다.

사내이사 홍 길 동 (OOOOOO－OOOOOOO)
사내이사 이 몽 룡 (OOOOOO－OOOOOOO)

위 피선자들은 즉석에서 그 취임을 승낙하다.

제3호 의 안 상법 제298조 소정사항 조사보고의 건

의장은 이사는 상법 제298조 소정사항을 조사·보고하여야 함을 설명하고, 이어 발기인이었던 이사는 그러한 조사를 참가하지 못함을 밝히고 발기인이 아니었던 사내이사 이몽룡으로 하여금 조사·보고를 하여야 한다고 하자 전원 이의 없이 사내이사 이몽룡을 검사인으로 선임할 것을 만장일치로 가결하다

검사인 사내이사 ○ ○ ○ (○○○○○○-○○○○○○○)

위 사람은 즉석에서 이를 승낙하고 조사에 착수하다.

의장은 위 조사보고를 기다리기 위하여 잠시 휴회한 후 속회하다.

검사인은 별지 조사보고서와 같이 조사결과를 보고한 즉 만장일치로 승인하다.

제4호 의 안 본점 설치장소 결정의 건

의장은 본 회사 본점을 나음 장소에 설치함이 석당한 뜻을 설명하고 그 가·부를 물은 즉, 만장일치로 이의 없이 승인하다.

본 점 : ○○시 ○○구 ○○로 ○○ (○○동)

의장은 이상으로서 의안 전부를 심의를 종료하였으므로 폐회를 선언하다(회의종료시간 : ○○시 ○○분).

위 의사의 경과와 결의를 명확히 하기 위하여 이 의사록을 작성하여 의장과 출석한 발기인이 다음과 같이 기명날인하다.

20○○년 ○월 ○일

어업회사법인 ○○주식회사 (직인)

○○시 ○○구 ○○로 ○○ (○○동)

의장겸 발기인 성 명 : 홍 길 동 ㊞

주민등록번호 : ○○○○○○-○○○○○○○

주 소 : ○○시 ○○구 ○○로 ○○(○○동)

발기인 성 명 : 이 몽 룡 ㊞

주민등록번호 : ○○○○○○-○○○○○○○

주 소 : ○○시 ○○구 ○○로 ○○(○○동)

[주] 1. 발기인 총회 : ① 발기인 총회의 의결권은 과반수로 한다. ② 의장은 이사로 선출되지 아니한 때에도 기명 날인한다. ③ 회사등기시 동일상호가 있어서 설립등기를 하지 못하는 경우에는 창립총회의사록의 정관승인의 건에서 정관을 일부 변경하여 결의하면 되고, 이 때 의사록은 인증문을 변경하여야 한다.
2. 이사의 임기 : 이사의 임기는 3년을 초과하지 못한다(상법 382조 2항). 그러나 그 임기 중의 최종의 결산기에 관한 정기주주총회의 종결에 이르기까지 연장할 수 있다(상법 383조 3항).
3. 자본금 총액이 10억 미만인 회사가 발기설립하는 경우에는 공증의무가 면제된다.

[첨부서류 3] 발기인총회의사록(2)

발기인총회의사록

20○○년 ○월 ○일 ○○시 ○○분, ○○시 ○○구 ○○로 ○○(○○동) 어업회사법인 ○○주식회사 사무소에서 발기인총회를 개최하다.

주식의 총수 : 10,000주	발기인의 총수 : 2명
출석 발기인수 : 2명	인수 주식수 : 10,000주

발기인 대표 홍길동은 위와 같이 상법 제309조 소정의 법정 수에 달하는 주주가 출석하였으므로 본 총회가 적법하게 성립되었음을 알리고, 회의 진행상 의장을 선임하여 줄 것을 요청한 바, 주주전원 만장일치로 발기인 대표를 의장으로 선임한 즉, 동인은 즉석에서 그 취임을 승낙하고 개회를 선언한 후 다음의 의안에 관하여 심의를 요청하다.

제1호 의 안 정관 승인의 건

의장은 수산업·어촌발전기본법 및 농어업경영체육성및지원에관한법률의 규정에 근거하여 해양수산부에서 고시한 정관례를 기준으로 하여 정관을 작성하였음을 설명하고 그 승인 여부를 물은 바 발기인 전원일치된 의견으로 이를 승인가결하다.

제2호 의 안 이사·감사 선임의 건

의장은 이사 및 감사의 선임방법을 주주전원에게 물은 바, 무기명 비밀투표로 선출하기로 전원 일치되어 즉시 투표를 한 즉, 다음과 같이 선출되다. 단, 감사의 선임은 상법 제409조 제2항 규정에 의하여 발행 주식의 총수의 100분의 3을 초과하는 수의 주식을 가진 주주는 그 초과하는 주식에 관하여는 의결권을 행사하지 아니하다.

사내이사 홍 길 동 (OOOOOO－OOOOOOO)
사내이사 이 몽 룡 (OOOOOO－OOOOOOO)
감 사 장 길 산 (OOOOOO－OOOOOOO)

위 피선자들은 즉석에서 그 취임을 승낙하다.

제3호 의 안 상법 제298조 소정사항 조사보고의 건

의장은 상법 제298조 소정사항을 이사, 감사가 조사보고하여야 할 것이나, 발기인 전원이 이사이므로 감사로 하여금 조사보고를 하는 것이 좋겠다는 의견을 말하자 전원 이에 찬성하였고, 선임된 조사보고자도 이를 수락하고 즉시 조사에 착수하였다.

조사보고자 감사 장 길 산

의장은 위 조사보고를 기다리기 위하여 잠시 휴회한 후 속회를 선언하다.
감사 장길산은 별지 조사보고서와 같이 조사결과를 보고한 즉 전원 이의 없이 이를 승인하다.

의장은 이상으로서 의안 전부를 심의를 종료하였으므로 폐회를 선언하다(회의종료시간 : OO시 OO분).

위 의사의 경과와 결의를 명확히 하기 위하여 이 의사록을 작성하여 의장과 출석한 발기인이 다음과 같이 기명날인하다.

20OO년 O월 O일

어업회사법인 OO주식회사 (직인)
OO시 OO구 OO로 OO (OO동)

의장겸 발기인 성 명 : 홍 길 동 ㊞
주민등록번호 : OOOOOO－OOOOOOO
주 소 : OO시 OO구 OO로 OO(OO동)

발기인 성　　　명 : 이 몽 룡 ㊞
주민등록번호 : OOOOOO－OOOOOOO
주　　　소 : OO시 OO구 OO로 OO(OO동)

[주] 1. 발기인 총회 : ① 발기인 총회의 의결권은 과반수로 한다. ② 의장은 이사로 선출되지 아니한 때에도 기명 날인한다. ③ 회사등기시 동일상호가 있어서 설립등기를 하지 못하는 경우에는 창립총회의사록의 정관승인의 건에서 정관을 일부 변경하여 결의하면 되고, 이 때 의사록은 인증문을 변경하여야 한다.
2. 이사의 임기 : 이사의 임기는 3년을 초과하지 못한다(상법 382조 2항). 그러나 그 임기 중의 최종의 결산기에 관한 정기주주총회의 종결에 이르기까지 연장할 수 있다(상법 383조 3항).

[첨부서류 4] 발기인총회의사록(3)

발기인총회의사록

20OO년 O월 O일 10시 OO분, OO시 OO구 OO로 OO(OO동) 창립사무소에서 발기인 총회를 개최한다.

주식의 총수 : 1,000주　　　발기인의 총수 : 2명
출석 발기인수 : 2명　　　인수 주식수 : 1,000주

발기인 대표 홍길동은 위와 같이 상법 제309조 소정의 법정수에 달하는 주주가 출석하여 본 총회가 적법하게 성립되었음을 알리고 의사를 진행하기 전에 의장을 선임할 것을 구한 바, 주주전원 만장일치로 발기인 대표를 의장으로 선임한 즉, 동인은 즉석에서 그 취임을 승낙하고 의장석에 등단하여 개회를 선언하고 다음의 의안에 관하여 심의를 구하다.

제1호 의 안　정관 승인의 건
의장은 정관을 낭독하고 축조설명을 한 후 그 승인여부를 물은 바 전원 이의 없이 원안대로 승인 가결하다.

제2호 의 안　이사 및 감사 선임의 건
의장은 이사와 감사의 선임방법을 물은 바, 사내이사 2명, 감사 1명을 무기명 비

밀투표로 선출하기로 전원 일치되어 즉시 투표한 결과 다음 사람이 선출되다.

사내이사 홍 길 동 (OOOOOO－OOOOOOO)
사내이사 이 몽 룡 (OOOOOO－OOOOOOO)
감 사 성 춘 향 (OOOOOO－OOOOOOO)

위 피선자들은 즉석에서 그 직의 취임을 승낙하다.

단, 감사의 선임은 상법 제409조 제2항의 규정에 따라 발행주식의 총수의 100분의 3을 초과하는 수의 주식을 가진 주주는 그 초과하는 주식에 관하여는 의결권을 행사하지 아니하였다.

제3호 의 안 대표이사 선임의 건

의장은 대표이사의 선임방법을 물은 바, 대표이사 1명을 무기명 비밀투표로 선출하기로 전원 일치되어 즉시 투표한 결과 다음 사람이 선출되다.

대표이사 홍 길 동 (OOOOOO－OOOOOOO)
OO시 OO구 OO로 OO(OO동)

위 피선자는 즉석에서 각자 그 직의 위임을 승낙하다.

제4호 의 안 상법 제298조 소정사항 조사보고의 건

의장은 상법 제298조 소정사항을 이사, 감사가 조사보고하여야 할 것이나 사내이사 홍길동, 사내이사 이몽룡은 발기인인 관계로 조사보고 할 수 없으므로 발기인이 아닌 다음 감사로 하여금 소정사항을 조사보고를 하는 것이 좋겠다는 의견을 말하자 전원 이에 찬성하였고, 선임된 조사보고자도 이를 수락하고 즉시 조사에 착수하였다.

조사보고자 감사 성 춘 향

의장은 위 조사보고를 위하여 휴회하였다가 잠시 후 속회를 선언하다.
감사 성춘향은 별지 조사보고서와 같이 조사결과를 보고한 즉 전원 이의없이 이를 승인하다.

제5호 의 안 본점 설치장소 결정의 건

의장은 본 회사 본점을 다음 장소에 설치함이 적당한 뜻을 설명하고 그 가부를 물은 즉 만장일치로 이의 없이 승인하다.

본점 : OO시 OO구 OO로 OO (OO동)

의장은 이상으로서 의안 전부를 심의를 종료하였으므로 폐회를 선언하다.
(회의종료시간 : 10시 30분)

위 의사의 경과와 결의를 명확히 하기 위하여 이 의사록을 작성하고 의장과 출석한 발기인이 다음과 같이 기명날인하다.

20○○. ○. ○.

어업회사법인 ○○주식회사 (직인)
○○시 ○○구 ○○로 ○○ (○○동)

의장겸 발기인 성 명 : 홍 길 동 ㊞
주민등록번호 : ○○○○○○-○○○○○○○
주 소 : ○○시 ○○구 ○○로 ○○(○○동)

발기인 성 명 : 이 몽 룡 ㊞
주민등록번호 : ○○○○○○-○○○○○○○
주 소 : ○○시 ○○구 ○○로 ○○(○○동)

[주] 위 경우에는 별도의 이사회의사록을 작성할 필요가 없다.

[첨부서류 5] 발기인총회의사록(4)

발기인총회의사록

20○○년 ○월 ○일 10시 ○○분, ○○시 ○○구 ○○로 ○○(○○동) 창립사무소에서 발기인 총회를 개최한다.

주식의 총수 : 10,000주 발기인의 총수 : 1명
출석 발기인수 : 1명 인수 주식수 : 10,000주

발기인 대표 홍길동은 위와 같이 상법 제309조 소정의 법정수에 달하는 주주가 출석하여 본 총회가 적법하게 성립되었음을 알리고 의사를 진행하기 전에 의장을 선임할 것을 구한 바, 주주전원 만장일치로 발기인 대표를 의장으로 선임한 즉, 동인은 즉석에서 그 취임을 승낙하고 의장석에 등단하여 개회를 선언하고 다음의 의안에 관하여 심의를 구하다.

제1호 의 안 정관 승인의 건

의장은 정관을 낭독하고 축조설명을 한 후 그 승인여부를 물은 바 전원 이의 없이 원안대로 승인 가결하다.

제2호 의 안 이사 및 감사 선임의 건

의장은 이사와 감사의 선임방법을 물은 바, 사내이사 1명, 감사 1명을 무기명 비밀투표로 선출하기로 전원 일치되어 즉시 투표한 결과 다음 사람이 선출되다.

사내이사 홍 길 동 (OOOOOO－OOOOOOO)
감 사 성 춘 향 (OOOOOO－OOOOOOO)

위 피선자들은 즉석에서 그 직의 취임을 승낙하다.

단, 감사의 선임은 상법 제409조 제2항의 규정에 따라 발행주식의 총수의 100분의 3을 초과하는 수의 주식을 가진 주주는 그 초과하는 주식에 관하여는 의결권을 행사하지 아니하였다.

제3호 의 안 상법 제298조 소정사항 조사보고의 건

의장은 상법 제298조 소정사항을 이사, 감사가 조사보고하여야 할 것이나 사내이사 홍길동은 발기인인 관계로 조사보고 할 수 없으므로 발기인이 아닌 다음 감사로 하여금 소정사항을 조사보고를 하는 것이 좋겠다는 의견을 말하자 전원 이에 찬성하였고, 선임된 조사보고자도 이를 수락하고 즉시 조사에 착수하였다.

조사보고자 감사 성 춘 향

의장은 위 조사보고를 위하여 휴회하였다가 잠시 후 속회를 선언하다.
감사 성춘향은 별지 조사보고서와 같이 조사결과를 보고한 즉 전원 이의없이 이를 승인하다.

제4호 의 안 본점 설치장소 결정의 건

의장은 본 회사 본점을 다음 장소에 설치함이 적당한 뜻을 설명하고 그 가부를 물은 즉 만장일치로 이의 없이 승인하다.

본점 : OO시 OO구 OO로 OO (OO동)

의장은 이상으로서 의안 전부를 심의를 종료하였으므로 폐회를 선언하다.
(회의종료시간 : 10시 40분)

위 의사의 경과와 결의를 명확히 하기 위하여 이 의사록을 작성하고 의장과 출석한 발기인이 다음과 같이 기명날인하다.

20OO. O. O.

어업회사법인 OO주식회사 (직인)
OO시 OO구 OO로 OO (OO동)

의장겸 발기인 성 명 : 홍 길 동 ㊞
주민등록번호 : OOOOOO－OOOOOOO
주 소 : OO시 OO구 OO로 OO(OO동)

[첨부서류 6] 이사회의사록(1)

이 사 회 의 사 록

20OO년 O월 O일 OO시 OO분, OO시 OO구 OO로 OO(OO동) 어업회사법인 OO주식회사 사무소에서 이사회를 개최하다.

이사총수 : 2명 출석이사수 : 2명

제1호 의 안 대표이사 선임의 건

이사 전원의 호선에 따라 사내이사 OOO를 임시의장으로 선출하다.
의장 OOO은 즉석에서 이를 승낙하고 의장석에 등단하여 개회를 선언한 후 발기인총회의 종결에 이어 본 회사의 대표이사를 선임하여 줄 것을 물은 즉, 이사 전원 신중히 협의한 결과 다음 사람이 대표이사에 선임되어 동인은 즉석에서 그 취임을 승낙하다.

대표이사 O O O (OOOOOO－OOOOOOO)
OO시 OO구 OO로 OO (OO동)

위 피선자는 즉석에서 그 취임을 승낙하다.

의장은 이상으로서 회의목적인 의안 전부의 심의를 종료하였으므로 폐회한다고 선언하다(회의종료시각 : OO시 OO분).

위 결의를 명확히 하기 위하여 이 의사록을 작성하고 의장과 출석한 이사가 기명날인하다.

20OO. O. O.

어업회사법인 OO주식회사
OO시 OO구 OO로 OO(OO동)
의장겸 대표이사 홍 길 동 (직인)
사내이사 홍 길 동 (인)
사내이사 O O O (인)

[주] 1. 이 사례는 자본의 총액이 10억원 미만인 회사가 이사 2인이면서 이사회를 구성하고 발기설립하는 경우이다(이 의사록은 공증의무가 면제된다).
2. 대표이사 없이 사내이사가 회사를 대표할 때에는 위 이사회의사록은 필요가 없다.
3. 이사의 임기는 3년을 초과하지 못한다(상법 382조 2항).
4. 대표이사의 임기에 대하여는 별도의 규정이 없다. 그러나 대표이사는 이사의 자격을 전제로 하므로 이사의 임기를 초과하지 못한다.

[첨부서류 7] 이사회의사록(2)

이 사 회 의 사 록

20OO년 O월 O일 OO시 OO분, OO시 OO구 OO로 OO(OO동) 어업회사법인 OO주식회사 사무소에서 이사회를 개최하다.

이사총수 : 3명 출석이사수 : 3명
감사총수 : 1명 출석감사수 : 1명

제1호 의 안 대표이사 선임의 건

이사 전원의 호선에 따라 이사 홍길동을 임시의장으로 선출하다.

의장 홍길동은 즉석에서 이를 승낙하고 의장석에 등단하여 개회를 선언한 후 발기인총회의 종결에 이어 본 회사의 대표이사를 선임하여 줄 것을 물은 즉, 이사 전원이 신중히 협의한 결과 다음 사람이 대표이사에 선임되어 동인은 즉석에서 그 취임을 승낙하다.

대표이사 홍 길 동 (OOOOOO－OOOOOOO)
OO시 OO구 OO로 OO(OO동)

위 피선자는 즉석에서 그 취임을 승낙하다.

제2호 의 안 본점설치 장소 결정의 건

의장은 본 회사 본점을 다음 장소에 설치함이 적당한 뜻을 설명하고 그 가·부를 물은 즉, 만장일치로 이의 없이 승인하다.

본 점 : OO시 OO구 OO로 OO(OO동)

의장은 이상으로서 회의목적인 의안 전부의 심의를 종료하였으므로 폐회한다고 선언하다(회의종료시각 : OO시 OO분).

위 결의를 명확히 하기 위하여 이 의사록을 작성하고 의장과 출석한 이사가 기명날인하다.

2OOO. O. O.

어업회사법인 OO주식회사
OO시 OO구 OO로 OO(OO동)
의장겸 대표이사 홍 길 동 (직인)
사내이사 홍 길 동 (인)
사내이사 성 춘 향 (인)
감 사 장 길 산 (인)

[주] 이 사례는 자본의 총액이 10억원 미만인 회사가 이사 3인이 이사회를 구성하고 발기설립하는 경우이다(이 의사록은 공증의무가 면제된다).

[첨부서류 8] 조사보고서

조 사 보 고 서

본인은 20OO. O. O. 어업회사법인 OO주식회사의 발기인 총회에서 감사로 선임되었으므로 상법 제298조 제1항의 규정에 의하여 조사한 결과는 다음과 같음.

조사사항 및 조사결과

1. 회사설립시에 발행하는 주식총수에 대한 인수의 정확여부

회사설립시에 발행하는 주식의 총수는 10,000주(1주의 금액 금 10,000원)인데 다음과 같이 인수가 완료되었음이 인정됨.

발기인이 인수한 총수 : 보통주식 10,000주 20OO. O. O. 인수완료

2. 인수 주식수에 대한 납입의 정확여부

회사설립시에 발행하는 주식총수 10,000주에 대하여 금 100,000,000원의 납입금이 20OO. O. O. 납입이 완료되었으므로 OO은행 OO지점장이 발행한 예금잔고증명서에 의하여 명확히 확인됨.

3. 현물출자 기타 조사사항

회사가 부담할 설립비용 기타 현물출자를 한 자 없고 정관에 상업 제290조 소정사항을 정하지 아니하여 법원에 검사인이나 공증인 등을 선임할 필요가 없었으므로 그에 관한 정확 여부를 조사할 필요가 없었음.

위와 같이 보고함.

20OO년 O월 O일

어업회사법인 OO주식회사

감사 O O O (인)

[주] 이사·감사의 조사보고와 검사인의 선임청구

1. 이사와 감사는 취임 후 지체 없이 회사의 설립에 관한 모든 사항이 법령 또는 정관의 규정에 위반되지 아니하는지의 여부를 조사하여 발기인에게 보고하여야 한다(상법 298조 1항).
2. 이사와 감사 중 발기인이었던 자, 현물출자자 또는 회사성립 후 양수할 재산의 계약당사자인 자는 위 조사·보고에 참가하지 못한다(상법 298조 2항). 이사와 감사의 전원이 위 규정에 해당하는 때에는 이사는 공증인으로 하여금 이를 조사·보고를 하게 하여야 한다(상법 298조 3항).
3. 정관으로 상법 제290조 각 호의 사항을 정한 때에는 이사는 이에 관한 조사를 하게 하기 위하여 검사인의 선임을 법원에 청구하여야 한다. 다만, 상법 제299조의2의 경우에는 그러하지 아니하다(상법 298조 2항).
4. 검사인은 상법 제290조 각 호의 사항과 상법 제295조의 규정에 의한 현물출자의 이행을 조사하여 법원에 보고하여야 하고(상법 299조 1항), 조사보고서를 작성한 후 지체 없이 그 등본을 각 발기인에게 교부하여야 한다(상법 299조 2항). 검사인의 조사보고서에 사실과 상위한 사항이 있는 때에는 발기인은 이에 대한 설명서를 법원에 제출할 수 있다.
5. 공증인의 변태설립사항보고서를 첨부하는 경우는 변태설립사항이 상법 제299조의2에 해당하는 경우로서 이 때에는 법원으로부터 송달받은 부본이어야 한다.

[첨부서류 9] 검사인의 조사보고서(현물출자가 있는 경우)

검사인의 조사보고서

본인은 OO지방법원 20OO파 OO호 검사인선임신청사건에 있어서 어업회사법인 OO주식회사의 검사인으로 선임되어 상법 제299조 소정사항을 조사하였으므로 다음과 같이 보고함.

1. 조사방법과 그 경과

검사인은 이 사건 조사할 사항의 구체적 내용을 확인하기 위하여 우선 이 사건 검사인 선임신청서와 그 부속서류의 내용을 검토한 후, 20OO년 O월 O일 이 사건 회사의 설립사무소에 임하여 발기인 대표 OOO로부터 회사설립의 경과를 청취하고 회사설립에 관계되는 각종 서류를 제출받아 이를 면밀히 검토한 다음, 회사설립과정에서 이 사건

목적재산의 가액을 평가한 바 있는 감정평가사 OOO의 감정평가의 경위를 청취하였음.

2. 조사사항 및 조사결과

(1) 발기인이 받을 특별이익에 관한 사항
정관 제O조에 의하면 발기인이 받을 특별이익으로서 각 발기인은 그가 가지는 주식 1주에 대하여 연 OOO원에 달할 때까지 다른 주식에 우선하여 배당받을 수 있다는 취지의 규정이 있으나, 이는 발기인의 발기행위에 대한 특별공로를 이유로 한 것으로서 동인 등이 공로 및 대외적 신용을 고려한다면 당해 정관의 규정은 정당하다고 사료됨.

(2) 현물출자에 관한 사항
현물출자를 한 자는 발기인 OOO이고 그 출자재산은 어떠한 재산으로서 감정평가사 OOO가 평가한 그 가격은 정관에 기재된 평가액보다 훨씬 높은 시가 금 OOO원 이상이므로 정관에 기재된 그 평가액 및 그에 부여하는 주식수는 정당한 것으로 사료되며, 현물출자재산은 이미 회사에 확실히 인도되었음이 출자자 작성의 재산인도증에 의해 명확히 인정됨.

(3) 회사성립 후 양수재산에 관한 사항
회사성립 후 양수키로 약정한 재산은 발기인 OOO 소유의 어떠한 재산으로서 이는 회사의 영업상 필요할 뿐만 아니라 그 가격도 적정하여 그에 관한 정관의 규정은 타당하다고 인정됨.

(4) 회사가 부담할 설립비용 및 발기인의 보수에 관한 사항
회사가 부담할 설립비용과 발기인의 보수내역은 별첨 계산서와 같은 바, 그 부담 및 지출은 필요 적정하다고 사료됨.

3. 부속서류

(1) 정관 사본 1통
(2) 현물출자재산인도증 사본 1통
(3) 설립비용 등 계산서 사본 1통
(4) 현물출자재산평가서 사본 1통

위와 같이 보고함.

2000년 0년 0일

어업회사법인 00주식회사
검사인 ○ ○ ○ (인)

[첨부서류 10] 주금납입잔고증명서

주금납입 잔고증명서

금 100,000,000원
발행주식의 총수 : 10,000주
1주의 금액 : 금 10,000원

위 금액은 귀 회사 설립시에 발행하는 주식총수에 대한 납입금으로써 2000년 0월 0일 납입이 완료되어 이를 보관 중에 있음을 증명합니다.

2000년 0월 0일

주식회사 00은행 00지점
지점장 ○ ○ ○ (인)

어업회사법인 00주식회사 발기인대표 귀하

[주] 잔고증명서 : ① 소규모(자본금 총액이 10억원 미만)인 주식회사를 발기설립하는 경우에는 주금납입금보관증명서를 금융기관의 잔고증명서로 대체할 수 있다(상법 318조, 상등법 80조 11호). ② 잔고증명은 주금이 입금되어 있는 법인대표될 자의 통장원본을 금융기관에 제시하여야 한다.

[첨부서류 11] 예금잔고증명서

예금잔고증명서

○ ○ ○ 귀하

금 오천만원정

예금종류	계좌번호	잔 액	미결제타점권	비 고
국민자유	00-000-0000	₩ 50,000,000		

위 금액은 20OO년 O월 O일 귀하 명의의 예금잔액임을 증명함.

20OO년 O월 O일

주식회사 OO은행 OO지점장 (인)

[주] ① 발기설립(10억 미만)의 위 주식의 입금확인은 위 잔고증명에 의할수 있다.
② 위 잔고증명서의 금액은 현금출자와는 별개이다.
③ 잔고증명은 주금이 법인대표자가 될 자의 통장원본을 금융기관에 제시하여 증명 받는다(3부).
④ 위 잔고증명서는 법인등기사항증명서(또는 지배인등기사항증명서)와 함에 등기신청서에 첨부하여 제출한다.

[첨부서류 12] 주식인수증

주 식 인 수 증

상 호	농업회사법인 OO주식회사
인수할 주식의 종류와 수	기명식 보통주식 5,000주

인 수 가 액	금 50,000,000원
1 주 의 금 액	금 10,000원

위 주식을 발기인으로서 인수합니다.

2000년 0월 0일

발기인 ○ ○ ○ (인)

어업회사법인 OO주식회사 발기인대표 귀하

[주] 발기인의 주식인수 : 주식회사의 자본은 주식에 의한 출자로서 형성되므로 발기인은 설립시에 발행하는 주식에 관하여 반드시 1주 이상을 위 서면에 의하여 인수하여야 한다(상법 293조). 발기인 각자마다 주식인수증을 작성하여야 한다.

[첨부서류 13] 주식배정표

주 식 배 정 표

성 명	배정주식의 종류 및 수	1주의 금액	금 액
○ ○ ○	보통주식 5,000주	10,000원	50,000,000원
○ ○ ○	보통주식 5,000주	10,000원	50,000,000원
합 계	보통주식 10,000주		100,000,000원

위와 같이 주식을 배정합니다.

2000년 0월 0일

어업회사법인 OO주식회사
OO시 OO구 OO로 OO(OO동)

대표이사 ○ ○ ○ (인)

[주] 주주가 2명 이상일 때 필요하다.

[첨부서류 14] 주식발행사항 동의서

주식발행사항 동의서

발기인 전원의 동의로서 회사설립시에 발행할 주식에 관한 사항을 다음과 같이 결정함.

다 음

1. 주식의 종류와 수 : 보통주식 10,000주
2. 주식의 발행가액 : 1주의 금액 10,000원

위 동의사항을 확실히 하기 위하여 발기인 전원이 다음에 기명날인하다.

20○○년 ○월 일

어업회사법인 ○○주식회사
○○시 ○○구 ○○로 ○○(○○동)

발기인 ○ ○ ○ (인)

발기인 ○ ○ ○ (인)

[주] 회사가 발행할 주식의 총수, 1주의 금액, 회사의 설립시에 발행하는 주식의 총수는 반드시 정관으로 정하는 것이나(상법 289조 1항), 그 외의 주식발행에 관한 사항은 정관에 다른 규정이 없는 한 발기인이 정할 수 있다. 이러한 결정은 원칙적으로 발기인의 과반수결의에 의한다. 그러나 다음의 두가지 사항만은 정관에 다른 규정이 없으면 발기인 전원의 동의로 정하여야 한다(상법 192조). ① 주식의 종류와 수 : 정관에서 우선주식, 후배주식, 상환주식, 전환주식, 의결권 없는 주식 등 수종의 주식을 정하고 있는 경우에는 그 범위 내에서 어느 종류의 주식

을 각 몇 주씩 발행할 것인가를 정하여야 한다. 그러나 정관에서 보통주식만을 발행할 것으로 정한 때에는 발기인이 따로 정할 사항은 없다. ② 액면이상의 주식을 발행하는 때에는 그 수와 금액 : 설립시에는 주식의 액면미달발행은 인정되지 아니하나(상법 330조, 417조 1항), 액면이상의 발행은 허용된다. 이를 액면초과발행이라 한다. 설립시에 액면초과발행을 하려는 경우, 정관을 작성할 당시에는 아직 그 금액을 확정하기 어려울 것이므로, 상법은 이를 그 이후의 상황에 따라 발기인 전원의 동의로 정할 수 있게 한 것이다.

[첨부서류 15] 발기인총회 소집기간 생략 동의서

발기인총회 기간단축 동의서

본인 등은 어업회사법인 OO주식회사 발기인총회를 상법 제363조 소정을 단축하여 20OO년 O월 O일 발기인사무소에서 개최함에 대하여 이의 없이 동의합니다.

20OO년 O월 일

어업회사법인 OO주식회사
OO시 OO구 OO로 OO(OO동)

발기인 O O O (인)

발기인 O O O (인)

[첨부서류 16] 발기인총회 소집기간 생략 동의서

발기인총회 소집기간 생략 동의서

본인 등은 어업회사법인 OO주식회사 발기인총회를 상법 제363조 제5항에 따라 소집절차를 생략하여 20OO년 O월 O일 발기인사무소에서 개최하는데 대하여 이의 없이 동의합니다.

2000년 0월 일

어업회사법인 OO주식회사
OO시 OO구 OO로 OO(OO동)

발기인 O O O (인)

발기인 O O O (인)

[주] 소규모 회사의 경우 소집절차생략

개정상법은 자본금 총액이 10억원 미만인 회사가 주주총회를 소집하는 경우에는 주주총회일의 10일 전에 각 주주에게 서면으로 통지를 발송하거나 각 주주의 동의를 받아 전자문서로 통지를 발송할 수 있고, 무기명식의 주권을 발행한 경우에는 주주총회일의 2주 전에 주주총회를 소집한다는 뜻과 회의의 목적사항을 공고할 수 있도록 하였으며(상법 308조 2항, 362조 4항), 자본금 총액이 10억원 미만인 회사는 주주 전원의 동의가 있을 경우에는 위 소집절차 없이 주주총회를 개최할 수 있도록 하였다(상법 363조 5항). 따라서 종전에는 발기인총회단축기간동의서를 첨부하였으나 자본금 총액이 10억원 미만인 회사는 주주 전원의 동의로 소집기간을 생략할 수 있다.

[첨부서류 17] 주주명부

주 주 명 부

주 주	주소와 전자우편주소	인수주식수	1주 금액	납 입 금 액
O O O	OO시 OO구 OO로 OO(OO동) kdw9014@naver.com	5,000주	50,000원	금 50,000,000원
O O O	OO시 OO구 OO로 OO(OO동) jprdprpfn@naver.com	5,000주	50,000원	금 50,000,000원
합 계		10,000주		금 100,000,000원

위 주주명부는 본사에 비치된 주주명부와 대조하여 틀림이 없음을 증명합니다.

2000년 0월 0일

상 호 어업회사법인 00주식회사
본 점 00시 00구 00로 00(00동)
대표이사 0 0 0 (인)

[주] 전자주주명부제도 : ① 회사는 정관에서 정하는 바에 따라 전자문서로 주주명부를 작성할 수 있다(상법 352조2 제1항). 전자주주명부에는 상법 제352조 제1항의 기재사항 외에 전자우편주소를 적어야 한다. ② 개정상법은 기업경영의 IT화를 위하여 주주총회에 직접 참석하거나 대리인에게 투표를 위임하지 않더라도 전자서변 등 본인인증절차를 거쳐 인터넷으로 의결권을 행사하는 전자투표제도가 도입됐다(상법 368조의4, 382조의2). 이와 함께 주주들이 서면 외에도 이메일 등 전자문서를 통해 주주제안권 및 임시주주총회 소집청구권을 행사할 수 있도록 했다. ③ 전자투표제도를 도입함에 따라 일반 주주명부를 전자문서로 된 주주명부도 대체할 필요가 있어서 제도화한 것이다. ④ 주주명부는 등기신청시 첨부서류는 아니다.

제3장 변경등기

변경등기란 등기사항에 변경이 생긴 경우에 변경 후의 사실에 부합하게 하기 위하여 하는 등기를 말한다.

이는 당초부터 사실과 불일치하게 기재된 등기사항으로 바로잡기 위한 등기인 경정등기와 구별되는 개념이다.

법인의 설립등기에 대하여는 창설적 효력을 부여하는 성립요건주의를 취하나(민법 33조), 법인에 대한 등기사항의 변경이 있을 때의 변경등기는 효력발생요건이 아니고 제3자에 대한 대항요건이라고 할 것이다(민법 54조).

변경에는 기존등기사항의 변경과 새로운 등기사항의 추가(새로운 존립기간을 한한 때 등), 등기사항의 일부 또는 전부의 소멸(기존 분사무소의 폐지), 형식적인 변경 등이 포함된다. 이를 구체적으로 변경등기를 요하는 경우로서는 사무소의 이전, 분사무소의 설치·이전·폐지·명칭, 목적, 자산의 총액, 출자의 방법, 이사 등 이사의 재취임, 중임, 사망, 이사 등의 주소의 지번변경, 행정구역변경 등의 변경 및 대표권제한규정의 설정, 변경·폐지, 해산사유의 설정·변경·폐지 등 여러 경우가 있다.

[서식 38] 영농(영어)조합법인 주사무소이전등기신청서

<table>
<tr><th colspan="5">영농(영어)조합법인 주사무소이전등기신청</th></tr>
<tr><td rowspan="2">접 수</td><td>년 월 일</td><td rowspan="2">처 리 인</td><td>등기관 확인</td><td>각종 통지</td></tr>
<tr><td>제 호</td><td></td><td></td></tr>
</table>

명 칭	○○영농(영어)조합법인	등기번호	제○○○○호
주 사 무 소	안양시 ○○구 ○○로 ○○(○○동)		
등기의 목적	주사무소 이전등기		
등기의 사유	20○○년 ○월 ○일 이사회의 결의에 의하여(20○○년 ○월 ○		

	일 조합원총회에서 정관변경을 결의하고) 20○○년 ○월 ○일 주사무소를 다음 장소로 이전하였으므로 그 등기를 구함.		
주사무소/분사무소 신청구분	1. 주사무소 신청 □	2. 분사무소 신청 □	3. 주·분사무소 일괄신청 □
등 기 할 사 항			
신 주 사 무 소	성남시 ○○구 ○○로 ○○(○○동)		
주사무소를 이전할 뜻과 그 연월일	20○○. ○. ○. 이전		
기 타			

신청등기소 및 등록면허세/수수료							
순번	신청등기소	구분	등록면허세 / 지방교육세	농어촌특별세	세액합계	등기신청수수료
1	수원지방법원 안양지원등기계	본점	금 40,200원 / 금 8,040원	금 원	금 48,240원	금 원
2	수원지방법원 성남지원등기계	본점	금 112,500원 / 금 22,500원	금 원	금 135,000원	금 원
합 계			금 152,700원 / 금 30,540원	금 원	금 183,240원	금 원
등기신청수수료 납부번호			○○-○○-○○○○○○○○○-○ ○○-○○-○○○○○○○○○-○			

첨 부 서 면	
1. 도로명주소안내출력물 1통 1. 정관 1통 1. 임시조합원총회의사록 1통 1. 이사회의사록(이사과반수결의서) 1통	1. 인감신고서 및 인감대지 각 1통 1. 등록면허세영수필확인서및통지서 1통 1. 위임장(대리인이 신청할 경우) 1통 〈기 타〉

년 월 일

신청인 명 칭
주사무소(※ 신사무소 기재)
대표자 성 명 (인) (전화 :)
주 소

대리인 성 명 (인) (전화 :)
주 소

지방법원 등기소 귀중

- 신청서 작성요령 -

1. 해당란이 부족할 때에는 별지를 이용합니다.
1. 해당 등기신청과 관계없는 사항에 대하여는 "해당없음"으로 기재하거나 삭제하고, 필요한 사항은 추가 기재합니다.
1. 「인감증명법」에 따른 인감증명서 제출과 함께 관련 서면에 인감을 날인하여야 하는 경우, 본인서명사실확인서를 제출하고 관련 서명을 하거나 전자본인서명확인서 발급증을 제출하고 관련 서면에 서명을 하면 인감증명서를 제출하고 관련 서면에 인감을 날인한 것으로 봅니다.

(용지규격 21㎝ × 29.7㎝)

[주] 1. 주사무소를 다른 등기소의 관할구역으로 이전한 경우에 하는 주사무소이전등기신청의 경우, 신·구소재지 관할등기소에 제출한 2개의 등기신청을 1개의 신청서로 작성하여 구소재 관할등기소에 제출하여야 하면 구관할 등기소에 접수된 신관할 등기소의 신청서를 우편으로 송부하지 않고 전산시스템에 의하여 통지한다.
타관이전등기와 동시에 다른 변경등기를 신청할 경우 과거에는 구주사무용 이전등기신청서에 일괄신청하였으나 현재는 2008년 1월부터는 별도로 변경등기신청서를 제출하여야 하며 주사무소이전등기신청서보다 먼저 접수해야 한다.

2. 주사무소란에는 아직 주사무소이전이 완료된 것이 아니므로 이는 구사무소소재지를 기재한다.
3. 지점소재지에서의 등기에 관하여, 본점에서 등기할 때 일정한 경우에는 일시에 할 수 있도록 규정하고 있으나, 본점을 다른 등기소 관할구역으로 이전한 경우에는 본점이전등기는 일괄신청할 수 있다. 따라서 민법법인이 동일관내에 주사무소이전을 하는 경우에는 주사무소에서 분사무소의 등기를 동시신청할 수 있다. 주사무소, 분사무소등기를 동시에 주사무소에서 신청의 경우에는 각 분사무소별 등록면허세와 등기신청수수료를 별도로 납부하여야 한다.
4. 주사무소이전등기의 등록면허세는 112,500원, 지방교육세는 그 100분의 20이다. 주사무소가 대도시 외에서 서울 등 대도시로 이전하는 경우에는 설립으로 보아 자본의 총액을 기준으로 등록면허세를 부과하여야 하고, 이 때에도 자본

금의 1,000분의 2에 해당하는 금액에서 3배를 가산하여야 한다.
조세특례제한법, 지방세법, 관세법 등에 의하여 등록면허세가 감면되는 경우에 그 감면세액의 100분의 20의 농어촌특별세를 납부하여야 한다(농특세법 5조).

구 분	이 전	신소재지	구 소재지
관내이전	대도시내 ⇒ 대도시내 대도시외 ⇒ 대도시외	135,000원	0원(주1)
타관이전	대도시내 ⇒ 대도시내	135,000원	48,240원
	대도시내 ⇒ 대도시외	면제, 단 농특세(22,500원) 있음	48,240원
	대도시외 ⇒ 대도시내(주2)	자본금의 1,000분의 12	48,240원
	대도시외 ⇒ 대도시외	135,000원	48,240원

(주1) 영등포구 ⇒ 강남구, 광진구 ⇒ 광진구
(주2) 대도시 외에서 '서울'로의 진입, 또는 서울외의 대도시에서 '서울'로의 이전은(예 : 수원 → 서울)은 대도시내로 보아 중과세한다.

5. 등기신청수수료는 신소재지등기소에서는 설립등기와 같은 금액은 30,000원(서면방문), 25,000원(전자표준양식), 20,000원(전자신청)을 납부하여야 한다. 또한 주사무소이전에 부수하여 분사무소를 설치하는 경우에는 주사무소이전의 등기신청수수료 외에 부수하여 등기하는 부분에 대한 등기신청수수료를 별도로 납부하여야 한다.
   그러나 구소재지등기소에서의 등기신청수수료는 일반 변경등기로 보아 6,000원(서면방문), 4,000원(전자표준양식), 2,000원(전자신청)을 납부하면 된다. 그러나 명칭, 주사무소, 이사변경등기를 하나의 신청서로 신청할 경우에는 수수료 각 6,000원(서면방문), 4,000원(전자표준양식), 2,000원(전자신청)을 합산하여야 한다.
6. 주사무소를 이전하면 인감증명사항 중 사무소의 표시가 달라지므로 다시 대표이사의 인감신고를 하여야 한다.
7. 관내 이전이라고 정관에 소재지번까지 기재되어 있는 경우에는 정관을 변경한 조합원총회의사록을 첨부하여야 한다(공증 필요).
8. 신청인란에는 주사무소를 이전한 것을 전제로 신사무소소재지를 기재한다.
9. 이 등기는 본 조합을 대표하는 대표이사가 신청한다.

[첨부서류 1] 조합원총회의사록

조합원총회의사록

20OO년 O월 O일 OO시 OO분, OO시 OO구 OO로 OO(OO동) 당 법인 회의실(또는 사무소)에서 조합원총회를 개최하다.

총조합원수 : 6명　　　출석조합원수 : 4명

의장인 대표이사 OOO는 정관규정에 따라 의장석에 등단하여 위와 같이 법정수에 달하는 조합원이 출석하였으므로 본 총회가 적법히 성립되었음을 알리고 개회를 선언한 후, 다음의 의안을 부의하고 심의를 구하다.

제1호 의 안 주사무소 이전의 건

의장은 사업형편상 당 법인의 주사무소를 다음 장소로 이전할 필요가 있음을 상세히 설명하고 그 가부를 물은 바, 진원 이의 없이 찬싱하여 만장일치로 승인 가결하다.

주사무소 이전장소 : OO시 OO구 OO로 OO(OO동)
이전연월일 : 20OO년 O월 O일

제2호 의 안 정관변경의 건

의장은 위 주사무소이전에 수반하여 현행 정관 제O조를 다음과 같이 변경해야 한다는 취지를 설명하고 그 가부를 물은 바, 전원 이의 없이 찬성하여 만장일치로 그를 승인 가결하다.

제O조(주사무소) 당 법인의 주사무소는 OO시 OO구 OO로 OO(OO동)에 둔다.
[유례] 당 법인은 주사무소는 OO시에 둔다.

의장은 이상으로서 회의목적인 의안 전부의 심의를 종료하였으므로 폐회한다고 선언하다(회의종료시각 : OO시 OO분).

위 결의를 명확히 하기 위하여 이 의사록을 작성하고 의장과 출석한 이사가 기명날인하다.

20OO. O. O.

OO영농(영어)조합법인
OO시 OO구 OO로 OO(OO동)
의장겸 대표이사 홍 길 동 (직인)
이사 홍 길 동 (인)
이사 O O O (인)
이사 O O O (인)

[주] 이는 등기신청서에 첨부하는 의사록이므로 공증인의 인증을 받아야 한다.

[첨부서류 2] 이사회의사록

이 사 회 의 사 록

20OO년 O월 O일 OO시 OO분, OO시 OO구 OO로 OO(OO동) 당 법인 회의실(또는 사무소)에서 이사회를 개최하다.

총이사수 : 4명 출석이사수 : 3명

의장인 대표이사 OOO는 정관규정에 따라 의장석에 등단하여 위와 같이 법정수에 달하는 이사가 출석하였으므로 본 총회가 적법히 성립되었음을 알리고 개회를 선언한 후, 다음의 의안을 부의하고 심의를 구하다.

제1호 의 안 주사무소 이전의 건

의장은 조합원총회의 결의를 거쳐 변경한 정관 제O조의 규정에 따라 주사무소를 다음 장소로 이전함에 있어서 그 이전시기를 결정하여 줄 것을 요구한 바, 전원 이의 없이 만장일치로 다음과 같이 승인 가결하다.

주사무소 이전장소 : OO시 OO구 OO로 OO(OO동)
이전연월일 : 20OO년 O월 O일

의장은 이상으로서 회의목적인 의안 전부의 심의를 종료하였으므로 폐회한다고 선언하다(회의종료시각 : OO시 OO분).

위 결의를 명확히 하기 위하여 이 의사록을 작성하고 의장과 출석한 이사가 기명날인하다.

2000. 0. 0.

OO영농(영어)조합법인
OO시 OO구 OO로 OO(OO동)
의장겸 대표이사 홍 길 동 (직인)
이사 홍 길 동 (인)
이사 ○ ○ ○ (인)
이사 ○ ○ ○ (인)

[주] 이사회가 없는 법인은 이사과반수의 결의로 족하다. 이 의사록은 공증인의 인증을 받아야 한다.

[서식 39] 영농(영어)조합법인 주사무소이전등기신청서(분사무소소재지에서 신청하는 경우)

영농(영어)조합법인 주사무소이전등기신청				
접 수	년 월 일	처 리 인	등기관 확인	각종 통지
	제 호			

명 칭	○○영농(영어)조합법인	등기번호	제○○○○호
주 사 무 소	○○시 ○○구 ○○로 ○○(○○동)		
분 사 무 소	○○시 ○○구 ○○로 ○○(○○동)		
등기의 목적	주사무소 이전등기		
등기의 사유	20○○년 ○월 ○일 조합원총회에서 정관변경을 결의하고 20○○년 ○월 ○일 주사무소를 다음 장소로 이전하고 20○○년 ○월 ○일 주사무소 소재지 관할등기소에서 그 등기를 하였으므로, 이 등기소에서 그 등기를 구함.		
주사무소/분사무소 신청구분	1. 주사무소 신청 □	2. 분사무소 신청 □	3. 주·분사무소 일괄신청 □

등 기 할 사 항	
주사무소를 이전한 뜻과 그 연월일	주사무소 : ○○시 ○○구 ○○로 ○○(○○동) 이전연월일 : 20○○. ○. ○.
기 타	

등록면허세	금 원	지방교육세	금 원	농어촌특별세	금 원
세액 합계	금 원		등기신청수수료	금 원	
등기신청수수료 납부번호					
첨 부 서 면					
1. 정관(필요한 경우) 1통 1. 등록면허세영수필확인서및통지서 1통			1. 위임장(대리인이 신청할 경우) 1통 〈기 타〉		

년 월 일

신청인 명 칭

주사무소

대표자 성 명 (인) (전화 :)

주 소

대리인 성 명 (인) (전화 :)

주 소

지방법원 등기소 귀중

- 신청서 작성요령 -

1. 해당란이 부족할 때에는 별지를 이용합니다.
1. 해당 등기신청과 관계없는 사항에 대하여는 "해당없음"으로 기재하거나 삭제하고, 필요한 사항은 추가 기재합니다.

(용지규격 21㎝ × 29.7㎝)

[주] 1. 주사무소의 표시는 이미 주사무소에서 등기한 사항이므로 신사무소소재지를 기재한다.

2. 등록면허세는 40,200원, 교육세는 등록면허세의 100분의 20(8,040원)을 납부하여야 한다(지방세법 제28조).

3. 등기신청수수료는 6,000원(서면방문), 4,000원(전자표준양식), 2,000원(전자신청)을 납부하여야 한다.

4. 분사무소에서는 다른 서면을 첨부할 필요없이 주사무소이전등기를 마친 후에 주사무소 법인등기사항전부증명서를 첨부한다.
5. 주사무소·분사무소 공통등기사항은 분사무소 소재지에서의 등기에 관하여 주사무소에서 등기를 할 때 일시에 할 수 있다. 다만, 주사무소이전등기는 동일관내의 분사무소를 제외하고는 이 등기와 동시신청을 할 수 없고, 타관할로의 주사무소이전 등기를 본점관할등기소에서 마친 후에 분사무소 관할 등기소에서 주사무소이전 등기신청을 하여야 한다.
6. 신청인란에는 주사무소를 이전 후에 분사무소에서 신청하는 것이므로 신사무소소재지를 기재한다.
7. 이 등기는 본 조합을 대표하는 대표이사가 신청한다.

[서식 40] 영농(영어)조합법인 변경등기신청서(명칭변경)

<table>
<tr><th colspan="5">영농(영어)조합법인 변경등기신청</th></tr>
<tr><td rowspan="2">접 수</td><td>년 월 일</td><td rowspan="2">처 리 인</td><td>등기관 확인</td><td>각종 통지</td></tr>
<tr><td>제 호</td><td></td><td></td></tr>
</table>

<table>
<tr><td>명 칭</td><td>○○영농(영어)조합법인</td><td>등기번호</td><td colspan="3">제○○○○호</td></tr>
<tr><td>주 사 무 소</td><td colspan="5">○○시 ○○구 ○○로 ○○(○○동)</td></tr>
<tr><td>등기의 목적</td><td colspan="5">명칭 변경등기</td></tr>
<tr><td>등기의 사유</td><td colspan="5">20○○년 ○월 ○일 조합원총회결의로 정관을 변경하고 20○○년 ○월 ○일 명칭을 다음과 같이 변경하였으므로 그 등기를 구함.</td></tr>
<tr><td>주사무소/분사무소 신청구분</td><td colspan="5">1. 주사무소 신청 □ 2. 분사무소 신청 □ 3. 주·분사무소 일괄신청 □</td></tr>
<tr><td colspan="6">등 기 할 사 항</td></tr>
<tr><td>명칭의 변경과 그 연월일</td><td colspan="5">명칭 : ○○영농(영어)조합법인
20○○년 ○월 ○일 변경</td></tr>
<tr><td>기 타</td><td colspan="5"></td></tr>
</table>

신청등기소 및 등록면허세/수수료						
순번	신청등기소	구분	등록면허세 지방교육세	농어촌특별세	세액합계	등기신청수수료
			금 원 금 원	금 원	금 원	금 원
합 계						
등기신청수수료 납부번호						
과 세 표 준 액	금 원					

첨 부 서 면	
1. 정관 1통 1. 임시조합원총회의사록 1통 1. 인감신고서 및 인감대지 각 1통	1. 등록면허세영수필확인서및통지서 1통 1. 위임장(대리인이 신청할 경우) 1통 〈기 타〉

년 월 일

신청인 명 칭

주사무소

대표자 성 명 (인) (전화 :)

주 소

대리인 성 명 (인) (전화 :)

주 소

지방법원 등기소 귀중

- 신청서 작성요령 -

1. 해당란이 부족할 때에는 별지를 이용합니다.
1. 해당 등기신청과 관계없는 사항에 대하여는 "해당없음"으로 기재하거나 삭제하고, 필요한 사항은 추가 기재합니다.
1. 「인감증명법」에 따른 인감증명서 제출과 함께 관련 서면에 인감을 날인하여야 하는 경우, 본인서명사실확인서를 제출하고 관련 서명을 하거나 전자본인서명확인서 발급증을 제출하고 관련 서면에 서명을 하면 인감증명서를 제출하고 관련 서면에 인감을 날인한 것으로 봅니다.

(용지규격 21㎝ × 29.7㎝)

[주] 1. 명칭은 변경등기 전이므로 변경 전의 명칭을 기재한다.
2. 분사무소의 표시는 분사무소 소재지에서 신청하는 경우에 한하여 기재하는 것으로서 그 경우에는 주사무소 소재지 다음에 이 건 등기를 신청하는 당해 등기소관내의 분사무소 소재지도 기재한다.
3. 등록면허세는 변경등기의 등록면허세인 40,200원, 교육세는 등록면허세의 100분의 20(8,040원)을 납부하여야 한다(지방세법 28조). 그러나 명칭·목적·임원등기 등 각종 변경등기신청을 하나의 신청서로 일괄신청하더라도 각각에 대하여 산출한 세액을 합산하여 납부한다. 다만, 동일한 변경사항이 수개인 경우에는 1건의 등록면허세만 납부한다. 조세특례제한법, 지방세법, 관세법 등에 의하여 등록면허세가 감면되는 경우에 그 감면세액의 100분의 20의 농어촌특별세를 납부하여야 한다(다만, 이것도 면제되는 경우도 있다).
4. 등기신청수수료는 6,000원(서면방문), 4,000원(전자표준양식), 2,000원(전자신청)을 납부하여야 한다.
5. 정관을 변경하기 위하여 특별결의를 한 조합원총회의사록을 첨부해야 하며 영농(영어)조합법인의 등기신청서에 첨부한 의사록은 공증인의 인증을 받아야 하다.
6. 이미 제출한 인감대지의 명칭이 달라지므로 주사무소에서 이 등기를 신청할 때에는 법인을 대표하는 대표이사 또는 조합법인을 대표하는 인감신고서에 변경된 명칭으로 기재된 인감대지를 첨부하여 다시 제출해야 한다.
7. 분사무소 소재지에서 신청하는 경우, 신청인란은 변경 후의 명칭으로 기재한다.
8. 이 등기는 본 조합을 대표하는 대표이사가 신청한다.

[첨부서류 1] 조합원총회의사록

조합원총회의사록

20OO년 O월 O일 OO시 OO분, OO시 OO구 OO로 OO(OO동) 당 법인 회의실(또는 사무소)에서 조합원총회를 개최하다.

총조합원수 : 5명　　　출석조합원수 : 4명

의장인 대표이사 OOO는 정관규정에 따라 의장석에 등단하여 위와 같이 법정수에 달하는 조합원이 출석하였으므로 본 총회가 적법히 성립되었음을 알리고 개회를 선언한 후, 다음의 의안을 부의하고 심의를 구하다.

제1호 의 안 법인 명칭 변경의 건

의장은 사업형편상 당 법인의 본래의 명칭은 OO영농조합법인을 다음과 같이 변경해야 할 필요가 있음을 상세히 설명하고 그 가부를 물은 바, 전원 이의 없이 찬성하여 만장일치로 그를 승인 가결하다.

명칭 OO영농조합법인

제2호 의 안 정관 일부 변경의 건

의장은 위 명칭변경에 수반하여 현행 정관 제O조를 다음과 같이 변경해야 한다는 취지를 설명하고 그 가부를 물은 바, 전원 이의 없이 찬성하여 만장일치로 그를 승인 가결하다.

제O조(명칭) 본 법인은 "OO영농조합법인"이라 칭한다.

의장은 이상으로서 회의목적인 의안 전부의 심의를 종료하였으므로 폐회한다고 선언하다(회의종료시각 : OO시 OO분).

위 결의를 명확히 하기 위하여 이 의사록을 작성하고 의장과 출석한 이사가 기명날인하다.

20OO. O. O.

OO영농(영어)조합법인
OO시 OO구 OO로 OO(OO동)
의장겸 대표이사 홍 길 동 (직인)
이사 홍 길 동 (인)
이사 O O O (인)
이사 O O O (인)

[주] 이는 등기신청서에 첨부하는 의사록이므로 공증인의 인증을 받아야 한다.

[서식 41] 영농(영어)조합법인 변경등기신청서(목적변경)

<table>
<tr><td colspan="5">영농(영어)조합법인 변경등기신청</td></tr>
<tr><td rowspan="2">접 수</td><td>년 월 일</td><td rowspan="2">처 리 인</td><td>등기관 확인</td><td>각종 통지</td></tr>
<tr><td>제 호</td><td></td><td></td></tr>
</table>

<table>
<tr><td>명 칭</td><td>○○영농(영어)조합법인</td><td>등기번호</td><td>제○○○○호</td></tr>
<tr><td>주 사 무 소</td><td colspan="3">○○시 ○○구 ○○로 ○○(○○동)</td></tr>
<tr><td>등기의 목적</td><td colspan="3">목적 변경등기</td></tr>
<tr><td>등기의 사유</td><td colspan="3">20○○년 ○월 ○일 조합원총회결의로 정관을 변경하고 20○○년 ○월 ○일 다음과 같이 목적을 변경하였으므로 그 등기를 구함.</td></tr>
<tr><td>주사무소/분사무소 신청구분</td><td colspan="3">1. 주사무소 신청 □ 2. 분사무소 신청 □ 3. 주·분사무소 일괄신청 □</td></tr>
<tr><td colspan="4">등 기 할 사 항</td></tr>
<tr><td>목적의 변경과 그 연월일</td><td colspan="3">목 적 : “1. ○○○○○○○”을
“1. ○○○○○○○○○○”으로 변경

목 적 : 다음 목적을 삭제
1. 각 항에 부대하는 사업

목 적 : 다음 목적을 추가
1. ○○○○○○○
1. ○○○○○○○
1. 위 각 항에 관련된 부대사업 일체
20○○. ○. ○. 변경</td></tr>
<tr><td>기 타</td><td colspan="3"></td></tr>
</table>

<table>
<tr><td colspan="7">신청등기소 및 등록면허세/수수료</td></tr>
<tr><td rowspan="2">순번</td><td rowspan="2">신청등기소</td><td rowspan="2">구분</td><td>등록면허세</td><td rowspan="2">농어촌특별세</td><td rowspan="2">세액합계</td><td rowspan="2">등기신청수수료</td></tr>
<tr><td>지방교육세</td></tr>
<tr><td rowspan="2"></td><td rowspan="2"></td><td rowspan="2"></td><td>금 원</td><td rowspan="2">금 원</td><td rowspan="2">금 원</td><td rowspan="2">금 원</td></tr>
<tr><td>금 원</td></tr>
<tr><td></td><td></td><td></td><td></td><td></td><td></td><td></td></tr>
</table>

합 계					
등기신청수수료 납부번호					
과 세 표 준 액	금 원				
첨 부 서 면					
1. 정관 1통 1. 조합원총회의사록 1통	1. 등록면허세영수필확인서및통지서 1통 1. 위임장(대리인이 신청할 경우) 1통				

년 월 일

신청인 명 칭

주사무소

대표자 성 명 (인) (전화 :)

주 소

대리인 성 명 (인) (전화 :)

주 소

지방법원 등기소 귀중

- 신청서 작성요령 -

1. 해당란이 부족할 때에는 별지를 이용합니다.
1. 해당 등기신청과 관계없는 사항에 대하여는 “해당없음”으로 기재하거나 삭제하고, 필요한 사항은 추가 기재합니다.

(용지규격 21㎝ × 29.7㎝)

[주] 1. 정관상 목적의 조항 뿐만 아니라 사업의 종류의 조항에 기재된 사항이 변경도 목적사항으로 등기한다.

2. 분사무소의 표시는 분사무소 소재지에서 신청하는 경우에 한하여 기재하는 것으로서 그 경우에는 주사무소 소재지 다음에 이 건 등기를 신청하는 당해 등기소관내의 분사무소 소재지도 기재한다.

3. 등록면허세는 변경등기의 등록면허세인 40,200원, 교육세는 등록면허세의 100분의 20(8,040원)을 납부하여야 한다(지방세법 28조). 그러나 명칭·목적·임원등기 등 각종 변경등기신청을 하나의 신청서로 일괄신청하더라도 각각

에 대하여 산출한 세액을 합산하여 납부한다. 다만, 동일한 변경사항이 수개인 경우에는 1건의 등록면허세만 납부한다. 조세특례제한법, 지방세법, 관세법 등에 의하여 등록면허세가 감면되는 경우에 그 감면세액의 100분의 20의 농어촌특별세를 납부하여야 한다(다만, 이것도 면제되는 경우도 있다).

4. 등기신청수수료는 6,000원(서면방문), 4,000원(전자표준양식), 2,000원(전자신청)을 납부하여야 한다.
5. 정관을 변경하기 위하여 특별결의를 한 조합원총회의사록을 첨부해야 하며 영농(영어)조합법인의 등기신청서에 첨부한 의사록은 공증인의 인증을 받아야 하다.
6. 이 등기는 본 조합을 대표하는 대표이사가 신청한다.

[첨부서류 1] 조합원총회의사록

조합원총회의사록

20○○년 ○월 ○일 ○○시 ○○분, ○○시 ○○구 ○○로 ○○(○○동) 당 법인 회의실(또는 사무소)에서 조합원총회를 개최하다.

총조합원수 : 5명 출석조합원수 : 4명

의장인 대표이사 ○○○는 정관규정에 따라 의장석에 등단하여 위와 같이 법정수에 달하는 조합원이 출석하였으므로 본 총회가 적법히 성립되었음을 알리고 개회를 선언한 후, 다음의 의안을 부의하고 심의를 구하다.

제1호 의 안 목적 변경의 건

의장은 당 법인의 사업형편상 당 법인의 목적을 다음과 같이 변경해야 할 필요가 있음을 상세히 설명하고 그 가부를 물은 바, 전원 이의 없이 찬성하여 만장일치로 그를 승인 가결하다.

목 적 : "1. ○○○○○○○"을
"1. ○○○○○○○○○"으로 변경

목 적 : 다음 목적을 삭제
1. 각 항에 부대하는 사업

목 적 : 다음 목적을 추가
1. OOOOOOO
1. OOOOOOO
1. 위 각 항에 관련된 부대사업 일체

제2호 의 안 정관 일부변경의 건

의장은 위 목적의 변경에 수반하여 현행 정관 제O조를 다음과 같이 변경해야 한다는 취지를 설명하고 그 가부를 물은 바, 전원 이의 없이 찬성하여 만장일치로 그를 승인 가결하다.

목 적 : "1. OOOOOOO"을
"1. OOOOOOOOO"으로 변경

목 적 : 다음 목적을 삭제한다
1. 각 항에 부대하는 사업

목 적 : 다음 목적을 추가한다.
1. OOOOOOO
1. OOOOOOO
1. 위 각 항에 관련된 부대사업 일체

의장은 이상으로서 회의목적인 의안 전부의 심의를 종료하였으므로 폐회한다고 선언하다(회의종료시각 : OO시 OO분).

위 결의를 명확히 하기 위하여 이 의사록을 작성하고 의장과 출석한 이사가 기명날인하다.

20OO. O. O.

OO영농(영어)조합법인
OO시 OO구 OO로 OO(OO동)
의장겸 대표이사 홍 길 동 (직인)
이사 홍 길 동 (인)
이사 O O O (인)
이사 O O O (인)

[주] 이는 등기신청서에 첨부하는 의사록이므로 공증인의 인증을 받아야 한다.

[서식 42] 영농(영어)조합법인 변경등기신청서(출자방법변경)

영농(영어)조합법인 변경등기신청				
접 수	년 월 일	처 리 인	등기관 확인	각종 통지
	제 호			

명 칭	○○영농(영어)조합법인	등기번호	제○○○○호
주 사 무 소	○○시 ○○구 ○○로 ○○(○○동)		
등기의 목적	출자방법 변경등기		
등기의 사유	20○○년 ○월 ○일 조합원총회에서 출자방법에 관하여 정관변경을 결의하여 출자방법을 다음과 같이 변경하였으므로 그 등기를 구함.		
주사무소/분사무소 신청구분	1. 주사무소 신청 □	2. 분사무소 신청 □	3. 주·분사무소 일괄신청 □
등 기 할 사 항			
출 자 방 법	본 조합법인에의 출자는 농지, 농기계, 현금, 기타 현물로 할 수 있다{영어조합법인의 경우 : 본 조합에의 출자는 현금이나 어장, 어선, 육상양식, 종묘시설, 기타 현물(부동산, 차량 등)로 할 수 있다.} 20○○. ○. ○. 변경		
기 타			

등록면허세	금 원	지방교육세	금 원	농어촌특별세	금 원
세액 합계	금 원		등기신청수수료	금 원	
등기신청수수료 납부번호					
첨 부 서 면					
1. 정관 1통 1. 임시조합원총회의사록 1통			1. 등록면허세영수필확인서및통지서 1통 1. 위임장(대리인이 신청할 경우) 1통 〈기 타〉		

		년 월 일
신청인	명 칭	
	주사무소	
대표자	성 명	(인) (전화 :)
	주 소	
대리인	성 명	(인) (전화 :)
	주 소	
		지방법원 등기소 귀중

- 신청서 작성요령 -

1. 해당란이 부족할 때에는 별지를 이용합니다.
1. 해당 등기신청과 관계없는 사항에 대하여는 "해당없음"으로 기재하거나 삭제하고, 필요한 사항은 추가 기재합니다.

(용지규격 21㎝ × 29.7㎝)

[주] 1. 등록면허세는 변경등기의 등록면허세인 40,200원, 교육세는 등록면허세의 100분의 20(8,040원)을 납부하여야 한다(지방세법 28조). 그러나 명칭·목적·임원등기 등 각종 변경등기신청을 하나의 신청서로 일괄신청하더라도 각각에 대하여 산출한 세액을 합산하여 납부한다. 다만, 동일한 변경사항이 수개인 경우에는 1건의 등록면허세만 납부한다. 조세특례제한법, 지방세법, 관세법 등에 의하여 등록면허세가 감면되는 경우에 그 감면세액의 100분의 20의 농어촌특별세를 납부하여야 한다(다만, 이것도 면제되는 경우도 있다).

2. 등기신청수수료는 6,000원(서면방문), 4,000원(전자표준양식), 2,000원(전자신청)을 납부하여야 한다. 그러나 명칭·목적·임원등기 등 각종 변경등기신청을 하나로 신청하는 경우 각각의 수수료 6,000원(서면방문), 4,000원(전자표준양식), 2,000원(전자신청) 합산하여야 한다.

3. 정관을 변경하기 위하여 특별결의를 한 조합원총회의사록을 첨부해야 하며 영농(영어)조합법인의 등기신청서에 첨부한 의사록은 공증인의 인증을 받아야 한다.

4. 이 등기는 본 조합을 대표하는 대표이사가 신청한다.

[첨부서류 1] 조합원총회의사록

조합원총회의사록

20OO년 O월 O일 OO시 OO분, OO시 OO구 OO로 OO(OO동) 당 법인 회의실(또는 사무소)에서 조합원총회를 개최하다.

총조합원수 : 7명　　　출석조합원수 : 5명

의장인 대표이사 OOO는 정관규정에 따라 의장석에 등단하여 위와 같이 법정수에 달하는 조합원이 출석하였으므로 본 총회가 적법히 성립되었음을 알리고 개회를 선언한 후, 다음의 의안을 부의하고 심의를 구하다.

제1호 의 안 출자방법 변경의 건

의장은 당 법인의 사업형편상 당 법인의 출자방법을 다음과 같이 변경해야 할 필요가 상세히 있음을 설명하고 그 가부를 물은 바, 전원 이의 없이 찬성하여 민장일치로 그를 승인 가결하다.

출자방법 : 1. OOOOOOOO
　　　　　 1. OOOOOOOO

제2호 의 안 정관 일부변경의 건

의장은 위 출자방법에 수반하여 현행 정관 제O조를 다음과 같이 변경해야 한다는 취지를 설명하고 그 가부를 물은 바, 전원 이의 없이 찬성하여 만장일치로 그를 승인 가결하다.

제O조(출자방법) 당 법인의 출자방법은 다음과 같다.

출자방법 : 본 조합법인에의 출자는 농지, 농기계, 현금, 기타 현물로 할 수 있다.[영어조합법인의 경우 : 본 조합에의 출자는 현금이나 어장, 어선, 육상양식, 종묘시설, 기타 현물(부동산, 차량 등)로 할 수 있다.]

의장은 이상으로서 회의목적인 의안 전부의 심의를 종료하였으므로 폐회한다고 선언하다(회의종료시각 : OO시 OO분).

위 결의를 명확히 하기 위하여 이 의사록을 작성하고 의장과 출석한 이사가 기명날인하다.

2000. O. O.

OO영농(영어)조합법인
OO시 OO구 OO로 OO(OO동)
의장겸 대표이사 홍 길 동 (직인)
이사 홍 길 동 (인)
이사 ○ ○ ○ (인)
이사 ○ ○ ○ (인)

[주] 이는 등기신청서에 첨부하는 의사록이므로 공증인의 인증을 받아야 한다.

[서식 43] 영농(영어)조합법인 변경등기신청서(출자의 총좌수와 납입할 총출자액변경)

영농(영어)조합법인 변경등기신청

접 수	년 월 일	처 리 인	등기관 확인	각종 통지
	제 호			

명 칭	○○영농(영어)조합법인	등기번호	제○○○○호
주 사 무 소	○○시 ○○구 ○○로 ○○(○○동)		
등기의 목적	출자의 총좌수와 납입할 총출자액 변경등기		
등기의 사유	20○○년 ○월 ○일 조합원총회에서 출자의 총좌수와 납입할 총출자액을 다음과 같이 변경하였으므로 그 등기를 구함.		
주사무소/분사무소 신청구분	1. 주사무소 신청 □	2. 분사무소 신청 □	3. 주·분사무소 일괄신청 □
등 기 할 사 항			
출자의 총좌수와 납입한 출자의 총액	총출자좌수 : ○○○○좌 납입한 총출자액 : 금 ○○○○○원 20○○. ○. ○. 변경		
기 타			

<table>
<tr><td>등록면허세</td><td>금 원</td><td>지방교육세</td><td>금 원</td><td>농어촌특별세</td><td>금 원</td></tr>
<tr><td>세액 합계</td><td colspan="2">금 원</td><td>등기신청수수료</td><td colspan="2">금 원</td></tr>
<tr><td colspan="3">등기신청수수료 납부번호</td><td colspan="3"></td></tr>
<tr><td colspan="6">첨 부 서 면</td></tr>
<tr><td colspan="3">1. 정관 1통
1. 임시조합원총회의사록 1통
1. 현물출자계약서 1통
1. 출자납입금증명서 1통</td><td colspan="3">1. 등록면허세영수필확인서및통지서 1통
1. 위임장(대리인이 신청할 경우) 1통
〈기 타〉</td></tr>
<tr><td colspan="6">년 월 일

신청인 명 칭
주사무소
대표자 성 명 (인) (전화 :)
주 소
대리인 성 명 (인) (전화 :)
주 소

지방법원 등기소 귀중</td></tr>
</table>

- 신청서 작성요령 -

1. 해당란이 부족할 때에는 별지를 이용합니다.
1. 해당 등기신청과 관계없는 사항에 대하여는 "해당없음"으로 기재하거나 삭제하고, 필요한 사항은 추가 기재합니다.

(용지규격 21㎝ × 29.7㎝)

[주] 1. 등기할 사항에는 종전 자산의 총액과 새로 증감한 자산금액을 합한 금액을 기재한다. 채무초과인 경우에는 '자산의 총액 금 O원(채무초과액 금 OOO 원)'이라 기재한다.

2. 등록면허세는 새로 증가한 자산금액의 1,000분의 2, 대도시 내에서 법인을 설립 또는 전입 후 5년 내에는 그 3배를 가산하나, 세액이 112,500원 미만인 때에는 112,500원이 된다. 교육세는 등록면허세의 100분의 20이다(지방세법 28조). 그러나 명칭·목적·임원등기 등 각종 변경등기신청을 하나의 신청서로 일괄신청하더라도 각각에 대하여 산출한 세액을 합산하여 납부한다. 조세특

례제한법, 지방세법, 관세법 등에 의하여 등록면허세가 감면되는 경우에 그 감면세액의 100분의 20의 농어촌특별세를 납부하여야 한다(다만, 이것도 면제되는 경우도 있다).

3. 등기신청수수료는 6,000원(서면방문), 4,000원(전자표준양식), 2,000원(전자신청)을 납부하여야 한다. 그러나 명칭·목적·임원등기 등 각종 변경등기신청을 하나의 신청하는 경우 각각의 수수료 6,000원(서면방문), 4,000원(전자표준양식), 2,000원(전자신청) 합산하여야 한다.
4. 과세표준액은 자산이 증가할 경우에는 새로 증가한 자산금액을 기재하되, 감소한 경우에는 이를 기재할 필요가 없다.
5. 등기관이 조합원의 가입조건 등을 판단하기 위하여 정관이 필요한 경우에는 정관을 첨부하여야 하고, 조합원총회의사록은 공증인의 인증을 받아야 한다.
6. 출자의 납입을 증명하는 금융기관의 납입증명, 대표이사의 납입내역서(확인서) 등을 첨부한다.
7. 이 등기는 본 조합을 대표하는 대표이사가 신청한다.

[첨부서류 1] 조합원총회의사록

조합원총회의사록

20○○년 ○월 ○일 ○○시 ○○분, ○○시 ○○구 ○○로 ○○(○○동) 당 법인 회의실(또는 사무소)에서 조합원총회를 개최하다.

총조합원수 : 5명　　　출석조합원수 : 4명

의장인 대표이사 ○○○는 정관규정에 따라 의장석에 등단하여 위와 같이 법정수에 달하는 조합원이 출석하였으므로 본 총회가 적법히 성립되었음을 알리고 개회를 선언한 후, 다음의 의안을 부의하고 심의를 구하다.

제1호 의 안　결산승인의 건(정기총회의 경우에 결산을 승인한 경우)

의장은 별도 작성된 유인물을 배부하고 당 법인의 제○기(20○○. 1. 1.부터 20○○. 12. 31.까지)의 결산보고서와 대차대조표, 손익계산서를 각 조합원들에게 검토를 위하여 약 20분간 정회를 선포하다.

곧이어 회의를 속개하고 그 의안의 승인 여부를 물은 바, 출석조합원 전원 이의 없이 만장일치로 이를 승인 가결하다.

제2호 의 안 조합원 탈퇴로 인한 출자감소의 건

의장은 조합원 OOO가 제명되므로(탈퇴하므로) 그 지분을 정관 제O조에 의하여 환불하여야 한다고 설명하고, 정관규정에 의하여 출자한 현물은 반환하지 아니하고 이를 금전으로 환산하여 반환할 필요가 있음을 설명하고 그 가부를 물은 바, 출석조합원 전원이 만장일치로 금전으로 환산하되 OO감정평가사가 평가한 금액으로 결정하여 반환하기로 결정한 바, 그 좌수와 금액은 다음과 같다.

OOO의 환급지분 : 환급좌수 OOO좌(금 OOOO원)

위 조합에 대한 지분의 환급으로 인하여 당 조합법인의 총출자좌수와 납입총출자액은 다음과 같이 변경함을 만장일치로 의결하다.

총출자좌수 : OOO좌
납입한 출자의 총액 : 금 OOOO원

제3호 의 안 조합원 탈퇴로 인한 출자감소의 건

의장은 조합원 OOO가 탈퇴하므로 그 지분을 정관 제O조에 의하여 환불하여야 한다고 설명하고, 정관규정에 의하여 출자한 현물은 반환하지 아니하고 이를 금전으로 환산하여 반환(정관규정에 의하여 출자한 현금을 반환 또는 정관규정에 의하여 탈퇴한 조합원의 지분을 현금으로 반환)할 필요가 있음을 설명하고 그 가부를 물은 바, 출석조합원 전원이 만장일치로 현금으로 반환하기로 결정한 바, 그 좌수와 금액은 다음과 같다.

탈퇴조합원 OOO의 환급지분 : 환급좌수 OOO좌
환급액 OOOO원

제4호 의 안 조합원 출자감소의 건

의장은 조합원 OOO와 OOO가 일신상의 사정으로 그 지분 일부를 정관 제O조에 의하여 환불을 요구하므로, 정관규정에 의하여 출자한 위 조합원들의 지분 일부를 현금으로(정관규정에 의하여 출자한 현물은 반환하지 아니하고 이를 금전으로 환산하여) 반환할 필요가 있음을 설명하고 그 가부를 물은 바, 출석조합원 전원이 만장일치로 현금으로 반환하기로 결정한 바, 그 좌수와 금액은 다음과 같다.

조합원 OOO의 환급지분 : 환급좌수 OOO좌
환급액 OOOO원
조합원 OOO의 환급지분 : 환급좌수 OOO좌
환급액 OOOO원

제5호 의 안 출자지분 일부 양도, 양수의 건

의장은 당 법인의 정관 제O조에 의하여 조합원 OOO의 지분 OOO좌, 출자액 OOOO원 중 OO좌, 출자액 OOO원을 조합원 OOO에게, OO좌, 출자액 OOO원을 조합원 OOO에게 각 양도, 양수의 필요성을 설명한 후, 그 심의를 요구한 바 참석조합원 신중히 검토한 결과 전원일치되어 가결하다.

제6호 의 안 조합원 가입 및 탈퇴로 인한 출자지분 양도, 양수의 건

의장은 당 법인의 목적사업에 찬동하고 당 법인에 가입하면 당 법인의 사업도 번창할 수 있는 자(성명 OOO)가 있고, 조합원 OOO이가 탈퇴하므로, 정관 제O조에 의하여 조합원 OOO의 지분 OO좌, 출자액 OOO원을 위 OOO에게 양도하고, 위 OOO는 위 지분을 당 법인에 출자할 필요성을 설명한 후, 그 심의를 요구한 바, 참석조합원 전원일치로 다음 사람을 조합원으로 가입시키고, 그 출자내역을 다음과 같이 할 것을 가결하다.

신규조합원 O O O (출자좌수 OO좌, 출자액 OOO원)

제7호 의 안 조합원 탈퇴로 인한 출자지분 양도, 양수의 건

의장은 조합원 OOO이가 탈퇴하므로, 정관 제O조에 의하여 조합원 OOO이가 현물출자(OOOO-OO-OOO 트랙터 1대)한 지분 OOO좌, 출자액 OOOO원을 조합원 OOO에게 양도하고, 조합원 OOO는 위 지분을 양수의 필요성을 설명한 후, 그 심의를 요구한 바, 참석조합원 신중히 검토한 결과 전원일치되어 가결하다.

제8호 의 안 조합원 탈퇴로 인한 출자지분 양도, 양수의 건

의장은 조합원 OOO, OOO이가 조합원에서 탈퇴함에 있어 정관 제O조에 의하여 조합원 OOO의 지분 OO좌 OOO원을 조합원 OOO에게, 조합원 OOO의 지분 OO좌 OOO원을 조합원 OOO에게 각 양도, 양수하기로 그 심의를 요구한 바, 참석조합원 전원은 신중히 검토한 결과 전원일치되어 가결하다.

제9호 의 안 조합원 가입 및 출자지분 일부 양도, 양수의 건

의장은 당 법인의 목적사업에 찬동하고 당 법인에 가입하면 당 법인의 사업도 번창할 수 있는 사람(성명 박O홍)이 있어, 이 자를 당 법인의 조합원으로 가입시킬 것인지 여부 및 출자금액 등에 대하여 심의를 요구한 바, 출석조합원 전원이 신중히 검토하고 토론한 결과 당 법인의 정관 제25조에 의하여 조합원 이O헌의 지분 500좌, 출자액 5,000,000원 중 200좌, 출자액 2,000,000원을 위 박O홍에게 양도하고, 동 박O홍은 위 지분(200좌, 출자액 2,000,000원)을 양수하기로 결정한 바, 참석조합원 전원일치로 다음 사람을 조합원으로 가입시키고, 그 출자내역을 다음과 같이 할 것을 가결하다.

신규조합원 박 O 홍 (출자좌수 200좌, 출자액 2,000,000원)

제10호 의 안 조합원 가입의 건(또는 조합원 가입 및 출자 증가의 건)

의장은 당 법인의 목적사업에 찬동하고 당 법인에 가입하면 당 법인의 사업도 번창할 수 있는 자(성명 OOO, OOO)가 있는 바, 이 자들을 당 법인의 조합원으로 가입시킬 것인지 여부 및 출자금액 등에 대하여 심의를 요구한 바, 출석조합원 전원이 신중히 검토하고 토론한 결과 전원일치로 다음 사람을 조합원으로 가입시키고 그 출자내역을 다음과 같이 할 것을 가결하다.

신규조합원 O O O (출자좌수 OOO좌, 출자액 OOOOO원)
신규조합원 O O O (출자좌수 OOO좌, 출자액 OOOOO원)

제11호 의 안 출자증가의 건(전조합원이 출자액을 증액한 경우)

의장은 당 법인의 총출자액의 자본액으로는 사업을 영위하기에 너무 영세하므로 출자자산규모를 증액할 필요가 있다고 설명하고, 그 가부 및 증액방법, 출자방법 등에 대하여 심의를 구한 바, 참석조합원 전원은 신중히 검토한 결과 조합원의 기존출자액의 각 30%씩을 증액하여 추가로 출자하기로 전원일치하여 의결하다.

제12호 의 안 출자증가의 건(일부조합원이 출자액을 증액한 경우)

의장은 당 법인의 총출자액의 자본액으로는 사업을 영위하기에 너무 영세하므로 출자자산규모를 증액할 필요가 있다고 설명하고, 그 가부 및 증액방법, 출자방법 등에 대하여 심의를 구한 바, 참석조합원 전원은 신중히 검토한 결과 기존출자액에서 조합원 OOO은 OO좌 OOOO원, 조합원 OOO은 OO좌 OOOO원의 출자액을 증액하여, 총출자좌수와 납입한 출자의 총액을 다음과 같이 변경할 것을 결의하고 참석조합원 전원의 만장일치로 찬성하여 그를 승인 가결하다.

총출자좌수 : OO좌
납입한 출자의 총액 : OOOO원

제13호 의 안 출자증가의 건(전조합원이 출자액을 증액한 경우)

의장은 당 법인의 조합원 중 OOO은 농업인의 자격을 상실하고 부산으로 이사하였음에도 불구하고 당 법인을 탈퇴하지 아니하므로 그 제명여부에 대하여 심의를 구한 바, 전 조합원이 일치하여 조합원 OOO을 제명하기로 의결하다(조합원 중 OOO은 사정에 의하여 조합원의 자격을 사퇴하여 탈퇴하고자 하므로 이의 승인여부에 대하여 심의를 구한 바 조합원 전원은 일치하여 탈퇴를 의결하다).

의장은 이상으로서 회의목적인 의안 전부의 심의를 종료하였으므로 폐회한다고 선언하다(회의종료시각 : OO시 OO분).

위 결의를 명확히 하기 위하여 이 의사록을 작성하고 의장과 출석한 이사가 기명날인하다.

20OO. O. O.

OO영농(영어)조합법인
OO시 OO구 OO로 OO(OO동)
의장겸 대표이사 홍 길 동 (직인)
이사 홍 길 동 (인)
이사 ○ ○ ○ (인)
이사 ○ ○ ○ (인)

[주] 영농(영어)조합의 출자액의 증감은 조합원의 신규가입과 탈퇴, 제명, 조합원의 출자증가의 결의 등으로 발생한다. 신규가입과 제명 등은 조합법인에 중요한 사항이므로 정관으로 정한 방법으로 결정하여야 한다. 이 의사록은 공증인의 인증을 받아야 한다.

[첨부서류 2] 출자자산내역서

출 자 자 산 내 역 서

(1좌의 금액 : 10,000원)

조합원 성명	출 자 내 역		평가액(원)	출자좌수(좌)
	현 물	현 금		
○ ○ ○	OO시 OO구 OO동 OOO	답 1,026㎡	10,000,000원	1,000좌
	기계장치		20,000,000원	2,000좌
	비 품		10,000,000원	1,000좌
	차량운반구		20,000,000원	2,000좌
	소 계		60,000,000원	6,000좌
○ ○ ○		30,000,000원	30,000,000원	3,000좌
○ ○ ○		30,000,000원	30,000,000원	3,000좌

○ ○ ○		20,000,000원	20,000,000원	2,000좌
○ ○ ○		10,000,000원	10,000,000원	1,000좌
합 계			150,000,000원	15,000좌

위와 같이 출자하고 출자금이 납입되었음을 증명합니다.

2000년 0월 0일

OO영농조합법인
OO시 OO구 OO로 OO(OO동)
대표이사 ○ ○ ○ (인)

[주] 영농(영어)조합법인의 출자금은 금융기관이 아닌 곳에 납입하여도 되고, 영농조합법인의 대표자가 납입을 완료하였음을 증명하여도 된다.

[첨부서류 3] 출자증서

출 자 증 서

1. 출자좌수 : OOOO주
2. 1좌당 금액 : 10,000원
3. 출자액 : 금 OOOOOO원
4. 출자자명 : ○ ○ ○
5. 주 소 : OO시 OO구 OO로 OO(OO동)

위 OOO는 OO영농조합법인의 조합원으로 가입함에 있어 위와 같은 금액을 출자하였으므로 본 증서를 교부합니다.

2000년 0월 0일

OO영농조합법인
대표이사 ○ ○ ○ (인)

○ ○ ○ 귀하

[첨부서류 4] 현물출자계약서

현 물 출 자 계 약 서

1. **출자재산**
   가. 부동산의 표시 : OO시 OO구 OO동 OOO 전 530㎡
   나. 평가액 : OOOOO원
   다. 출자금액 : OOOOO원(출자좌수 : OOO좌)

2. 계약당사자인 양도인 OOO와 양수인 OO영농조합법인은 다음과 같이 약정함
   가. 양도인 OOO은 위 부동산을 현물출자하고 그 소유권을 OO영농조합법인에게 양도함.
   나. OO영농조합법인은 OOO 소유의 상기 부동산을 양수하고 출자액 OOOOOO원의 출자증서를 교부함.
   다. 양도인 OOO은 위 부동산을 소정절차가 완료되는 즉시 OO영농조합 명의로 소유권을 이전할 수 있도록 등기절차에 필요한 서류를 넘겨주기로 한다.

위 계약의 성립을 증명하기 위하여 이 계약서 2통을 작성하고 계약당사자가 이의 없음을 확인하고 각자 기명날인하다.

20OO년 O월 O일

양도인 성 명 : O O O (인)
주민등록번호 : OOOOOO－OOOOOOO
주 소 : OO시 OO구 OO로 OO(OO동)

양수인 명 칭 : OO영농조합법인
사업자등록번호 : 000-00-00000
사 무 소 : OO시 OO구 OO로 OO(OO동)
대표이사 O O O (인)

[주] 1. 영농조합법인의 조합원은 금전 외에 현물로서 농지, 농기계, 가축 등을 출자할

수 있으며, 그 자신의 평가는 정관으로 정하는 방법에 의한다.
2. 현물출자를 한 경우에는 출자액의 변경신청서에 이를 첨부하여야 한다.

[첨부서류 5] 출자금납입증명서

출자금납입증명서

금 150,000,000원
총출자좌수 : 15,000좌
1좌의 금액 : 10,000원

위 금액을 20OO년 O월 O일 현재 당 조합법인이 총출자좌수에 대한 납입금으로써 보관중에 있음을 증명합니다.

20OO년 O월 O일

OO영농조합법인
OO시 OO구 OO로 OO(OO동)
감사 O O O (인)
(단, 감사가 없을시 대표이사가 서명날인)

[서식 44] 영농(영어)조합법인 변경등기신청서(해산사유변경)

<table>
<tr><td colspan="5">영농(영어)조합법인 변경등기신청</td></tr>
<tr><td rowspan="2">접 수</td><td>년 월 일</td><td rowspan="2">처 리 인</td><td>등기관 확인</td><td>각종 통지</td></tr>
<tr><td>제 호</td><td></td><td></td></tr>
</table>

명 칭	○○영농(영어)조합법인	등기번호	제○○○○호
주 사 무 소	○○시 ○○구 ○○로 ○○(○○동)		
등기의 목적	해산사유 변경등기		

등기의 사유	20○○년 ○월 ○일 조합원총회에서 정관변경을 결의하여 다음과 같이 변경(설정 또는 폐지)하였으므로 그 등기를 구함.		
주사무소/분사무소 신청구분	1. 주사무소 신청 □	2. 분사무소 신청 □	3. 주·분사무소 일괄신청 □
등 기 할 사 항			
해 산 사 유	○○○○○○○○○○ 20○○. ○. ○. 변경		
기 타			

신청등기소 및 등록면허세/수수료						
순번	신청등기소	구분	등록면허세 지방교육세	농어촌특별세	세액합계	등기신청수수료
			금 원 금 원	금 원	금 원	금 원
합 계						
등기신청수수료 납부번호						
과 세 표 준 액	금 원					
첨 부 서 면						
1. 정관 1통 1. 임시조합원총회의사록 1통				1. 등록면허세영수필확인서및통지서 1통 1. 위임장(대리인이 신청할 경우) 1통		

년 월 일

신청인 명 칭

주사무소

대표자 성 명 (인) (전화 :)

주 소

대리인 성 명 (인) (전화 :)
주 소

지방법원 등기소 귀중

- 신청서 작성요령 -

1. 해당란이 부족할 때에는 별지를 이용합니다.
1. 해당 등기신청과 관계없는 사항에 대하여는 "해당없음"으로 기재하거나 삭제하고, 필요한 사항은 추가 기재합니다.

(용지규격 21㎝ × 29.7㎝)

[주] 1. 해산사유를 폐지한 경우에는 "해산사유의 폐지"로 기재한다. 영농(영어)조합법인의 경우에는 해산사유만 등기할 수 있으나, 농업회사법인은 존립기간 및 해산사유를 등기할 수 있다.

2. 등록면허세는 변경등기의 등록면허세인 40,200원, 교육세는 등록면허세의 100분의 20(8,040원)을 납부하여야 한다(지방세법 28조). 그러나 명칭·목적·임원등기 등 각종 변경등기신청을 하나의 신청서로 일괄신청하더라도 각각에 대하여 산출한 세액을 합산하여 납부한다. 다만, 동일한 변경사항이 수개인 경우에는 1건의 등록면허세만 납부한다. 조세특례제한법, 지방세법, 관세법 등에 의하여 등록면허세가 감면되는 경우에 그 감면세액의 100분의 20의 농어촌특별세를 납부하여야 한다(다만, 이것도 면제되는 경우도 있다).

3. 등기신청수수료는 6,000원(서면방문), 4,000원(전자표준양식), 2,000원(전자신청)을 납부하여야 한다.

4. 정관을 변경하기 위하여 특별결의를 한 조합원총회의사록을 첨부해야 하며 영농(영어)조합법인의 등기신청서에 첨부한 의사록은 공증인의 인증을 받아야 하다.

5. 이 등기는 본 조합을 대표하는 대표이사가 신청한다.

[첨부서류 1] 조합원총회의사록

조합원총회의사록

2000년 0월 0일 00시 00분, 00시 00구 00로 00(00동) 당 법인 회의실(또는 사무소)에서 조합원총회를 개최하다.

총조합원수 : 6명 출석조합원수 : 4명

의장인 대표이사 000는 정관규정에 따라 의장석에 등단하여 위와 같이 법정수에 달하는 조합원이 출석하였으므로 본 총회가 적법히 성립되었음을 알리고 개회를 선언한 후, 다음의 의안을 부의하고 심의를 구하다.

제1호 의 안 해산사유 변경(설정 또는 폐지)의 건

의장은 당 법인의 사업형편상 당 법인의 해산사유를 다음과 같이 변경(설정 또는 폐지)해야 할 필요가 있음을 상세히 설명하고 그 가부를 불은 바, 전원 이의 없이 찬성하여 만장일치로 그를 승인 가결하다.

해산사유 : 00000000

제2호 의 안 정관 일부변경의 건

의장은 위 해산사유의 변경(설정 또는 폐지)에 수반하여 현행 정관 제0조를 다음과 같이 변경(신설 또는 삭제)해야 한다는 취지를 설명하고 그 가부를 물은 바, 전원 이의 없이 찬성하여 만장일치로 그를 승인 가결하다.

제0조(존립시기 또는 해산사유) 당 법인의 해산사유는 000000000로 한다 (단, 해산사유를 폐지하는 경우에는 조문 삭제로 한다).

의장은 이상으로서 회의목적인 의안 전부의 심의를 종료하였으므로 폐회한다고 선언하다(회의종료시각 : 00시 00분).

위 결의를 명확히 하기 위하여 이 의사록을 작성하고 의장과 출석한 이사가 기명날인하다.

2000. 0. 0.

00영농(영어)조합법인
00시 00구 00로 00(00동)

의장겸 대표이사 홍 길 동 (직인) 이사 홍 길 동 (인) 이사 ○ ○ ○ (인) 이사 ○ ○ ○ (인)

[주] 이는 등기신청서에 첨부하는 의사록이므로 공증인의 인증을 받아야 한다.

[서식 45] 영농(영어)조합법인 변경등기신청서(대표이사, 이사 및 감사변경)

<table>
<tr><td colspan="5">영농(영어)조합법인 변경등기신청</td></tr>
<tr><td rowspan="2">접 수</td><td>년 월 일</td><td rowspan="2">처 리 인</td><td>등기관 확인</td><td>각종 통지</td></tr>
<tr><td>제 호</td><td></td><td></td></tr>
</table>

<table>
<tr><td>명 칭</td><td>○○영농(영어)조합법인</td><td>등기번호</td><td>제○○○○호</td></tr>
<tr><td>주 사 무 소</td><td colspan="3">○○시 ○○구 ○○로 ○○(○○동)</td></tr>
<tr><td>등기의 목적</td><td colspan="3">대표이사 및 이사, 감사 변경등기</td></tr>
<tr><td>등기의 사유</td><td colspan="3">대표이사 이○묵 , 이사 이○묵, 감사 김○영는 2018. 6. 10. 각 임기만료로 퇴임하고, 이사 김○수는 일신상의 사정으로 2018. 6. 10. 사임하고, 각 2018. 6. 30. 임시조합원총회에서 다음사람이 대표이사, 이사, 감사로 선임되어 같은 날 각 취임하였으므로 그 등기를 구함.</td></tr>
<tr><td>주사무소/분사무소
신청구분</td><td colspan="3">1. 주사무소 신청 □ 2. 분사무소 신청 □ 3. 주·분사무소 일괄신청 □</td></tr>
<tr><td colspan="4">등 기 할 사 항</td></tr>
<tr><td>대표이사 ·
이사 · 감사 등의
퇴임 · 취임 등과
그 연월일</td><td colspan="3">1. 퇴임한 대표이사 이사, 감사
대표이사 이 ○ 묵 (OOOOOO－OOOOOOO)
○○시 ○○구 ○○로 ○○(○○동)
2018. 6. 10. 임기만료

이사 이 ○ 묵 (OOOOOO－OOOOOOO)
2018. 6. 10. 임기만료</td></tr>
</table>

<table>
<tr><td></td><td>감사 김 ○ 영 (OOOOOO－OOOOOOO)
2018. 6. 10. 임기만료

2. 사임한 이사
이사 김 ○ 수 (변경전 : 김 ○ 준)
(OOOOOO－OOOOOOO)
(변경전 : OOOOOO－OOOOOOO)
2018. 6. 10. 사임

3. 취임한 대표이사 이사, 감사
대표이사 박 ○ 석 (OOOOOO－OOOOOOO)
○○시 ○○구 ○○로 ○○(○○동)
2018. 6. 30. 취임
이사 박 ○ 석 (OOOOOO－OOOOOOO)
2018. 6. 30. 취임
이사 손 ○ 희 (OOOOOO－OOOOOOO)
2018. 6. 30. 취임
감사 이 ○ 정 (OOOOOO－OOOOOOO)
2018. 6. 30. 취임</td></tr>
<tr><td>기 타</td><td></td></tr>
</table>

<table>
<tr><td colspan="7">신청등기소 및 등록면허세/수수료</td></tr>
<tr><td rowspan="2">순번</td><td rowspan="2">신청등기소</td><td rowspan="2">구분</td><td>등록면허세</td><td rowspan="2">농어촌특별세</td><td rowspan="2">세액합계</td><td rowspan="2">등기신청수수료</td></tr>
<tr><td>지방교육세</td></tr>
<tr><td rowspan="2"></td><td rowspan="2"></td><td rowspan="2"></td><td>금 원</td><td rowspan="2">금 원</td><td rowspan="2">금 원</td><td rowspan="2">금 원</td></tr>
<tr><td>금 원</td></tr>
<tr><td rowspan="2"></td><td rowspan="2"></td><td rowspan="2"></td><td></td><td rowspan="2"></td><td rowspan="2"></td><td rowspan="2"></td></tr>
<tr><td></td></tr>
<tr><td colspan="3" rowspan="2">합 계</td><td></td><td rowspan="2"></td><td rowspan="2"></td><td rowspan="2"></td></tr>
<tr><td></td></tr>
<tr><td colspan="4">등기신청수수료 납부번호</td><td colspan="3"></td></tr>
<tr><td colspan="2">과 세 표 준 액</td><td colspan="5">금 원</td></tr>
</table>

<table>
<tr><th colspan="2">첨 부 서 면</th></tr>
<tr><td>1. 정관 1통
1. 임시조합원총회의사록 1통
1. 취임승낙서{인감증명, 주민등록 등(초)본 첨부} 통
1. 사임서(인감증명서 첨부) 1통
1. 기본증명서(사망시) 1통</td><td>1. 대표이사의 인감신고서와 인감대지 (대표이사변경시) 1통
1. 재판서등본(파산, 금치산) 1통
1. 등록면허세영수필확인서및통지서 1통
1. 위임장(대리인이 신청할 경우) 1통
〈기 타〉</td></tr>
<tr><td colspan="2">년 월 일

신청인 명 칭
주사무소
대표자 성 명 (인) (전화 :)
주 소
대리인 성 명 (인) (전화 :)
주 소

지방법원 등기소 귀중</td></tr>
</table>

- 신청서 작성요령 -

1. 해당란이 부족할 때에는 별지를 이용합니다.
1. 해당 등기신청과 관계없는 사항에 대하여는 "해당없음"으로 기재하거나 삭제하고, 필요한 사항은 추가 기재합니다.
1. 「인감증명법」에 따른 인감증명서 제출과 함께 관련 서면에 인감을 날인하여야 하는 경우, 본인서명사실확인서를 제출하고 관련 서명을 하거나 전자본인서명확인서 발급증을 제출하고 관련 서면에 서명을 하면 인감증명서를 제출하고 관련 서면에 인감을 날인한 것으로 봅니다.

(용지규격 21㎝ × 29.7㎝)

[주] 1. 대표이사·이사·감사변경 등기사유의 예

가. 대표이사·이사 등 증원 : 임시조합원총회의 결의로 정관을 변경하여 이사(감사)의 정원을 증원하고 다음 사람이 대표이사·이사(감사)에 취임하였으므로 그 등기를 구함.

나. 이사(감사) 사망·사임 보선 : 이사(감사) OOO은 20OO년 O월 O일 사망(사임)하고 다음 사람이 정기총회에서 이사(감사) 선임되어 같은 날 취임하였으므로 그 등기를 구함.

다. 이사(감사) 임기만료퇴임보선 : 이사(감사) OOO은 20OO년 O월 O일 임기만료로 퇴임하고 다음사람이 20OO년 O월 O일 조합원총회에서 선임되어 이사(감사)에 취임하였으므로 그 등기를 구함.

라. 이사(감사) 해임·보선 : 이사(감사) OOO은 20OO년 O월 O일 해임되고 다음 사람이 이사(감사)에 취임하였으므로 그 등기를 구함.

마. 이사 사임·임기만료 후 권리의무 행사 중 보선 : 이사 OOO은 사임하고, 이사 OOO은 20OO년 O월 O일 퇴임하였으나 후임자가 없어 그 권리의무 행사 중 다음 사람이 20OO년 O월 O일 조합원총회에서 이사로 선임되어 취임하였으므로 그 등기를 구함.

바. 파산선고로 자격상실 보선 : 이사(감사) OOO은 20OO년 O월 O일 파산(금치산)선고로 퇴임하고 다음 사람이 이사(감사)에 취임하였으므로 그 등기를 구함.

사. 이사 중임 : 이사 OOO은 이사(감사) OOO은 20OO년 O월 O일 임기만료 후 같은 날 중임하였으므로 그 등기를 구함.

2. 대표이사·이사·감사변경 등기할 사항의 예

가. 대표이사·이사 등 증원인 때

이사 O O O (OOOOOO－OOOOOOO)
20OO년 O월 O일 취임
대표이사 O O O (OOOOOO－OOOOOOO)
OO시 OO구 OO로 OO(OO동)
20OO년 O월 O일 취임

나. 이사(감사) 사망·사임 보선인 때

이사(감사) OOO 20OO년 O월 O일 사망(사임)
이사(감사) O O O (OOOOOO－OOOOOOO)
20OO년 O월 O일 취임

다. 이사(감사)가 임기만료로 퇴임되고 보선인 때

이사 OOO 20OO년 O월 O일 임기만료
이사 O O O (OOOOOO－OOOOOOO)
20OO년 O일 O일 취임

라. 이사가 해임되고 보선인 때

이사 OOO 20OO년 O월 O일 해임
이사 O O O (OOOOOO－OOOOOOO)
20OO년 O월 O일 취임

마. 이사 사임·임기만료 후 권리의무 행사 중 보선인 때

이사 OOO 20OO년 O월 O일 사임
이사 OOO 20OO년 O월 O일 사임

이사 O O O (OOOOOO－OOOOOOO)
20OO년 O월 O일 취임

바. 파산·금치산선고, 주무관청의 임원승인취소로 자격 상실 보선
이사 OOO　2000년 O월 O일 자격상실(임원승인취소)
이사 O O O (OOOOOO－OOOOOOO)
20OO년 O월 O일 취임

사. 이사가 중임인 때(퇴임일과 취임일이 같아야 한다).
이사 O O O (OOOOOO－OOOOOOO)
20OO년 O월 O일 중임
이사 O O O (OOOOOO－OOOOOOO)
20OO년 O월 O일 중임

3. 조합법인에 대표이사를 둔 경우에는 대표이사 외 이사 및 감사의 주소는 등기사항이 아니어서 여기에 기재할 필요가 없으나, 대표이사를 두지 아니한 경우에는 이사 각자가 조합법인을 대표함으로 이사의 주소를 등기하여야 한다. 다만 조합법인에 임원을 두시 아니하고 조합법인인을 대표할 조합원만을 둔 경우에는 그의 성명, 주민등록번호, 주소를 등기하여야 한다.
4. 위 등기신청은, 대표이사겸 이사 OOO와 감사 OOO가 2018. 6. 10. 임기만료로 퇴임하고, 2018. 6. 30. 대표이사겸 이사 OOO와 감사 OOO가 각 선임되어 같은 날 취임하고, 이사 OOO는 2018. 6. 10. 사임하고, 2018. 6. 30. 이사 OOO가 선임되어 같은 날 취임한 후 2018. 7. 10.자로 임시조합원총회를 개최하였음.
5. 등록면허세는 변경등기의 등록면허세인 40,200원, 교육세는 등록면허세의 100분의 20(8,040원)을 납부하여야 한다(지방세법 28조). 그러나 명칭·목적·임원등기 등 각종 변경등기신청을 하나의 신청서로 일괄신청하더라도 각각에 대하여 산출한 세액을 합산하여 납부한다. 다만, 동일한 변경사항이 수개인 경우에는 1건의 등록면허세만 납부한다. 조세특례제한법, 지방세법, 관세법 등에 의하여 등록면허세가 감면되는 경우에 그 감면세액의 100분의 20의 농어촌특별세를 납부하여야 한다(다만, 이것도 면제되는 경우도 있다).
6. 등기신청수수료는 6,000원(서면방문), 4,000원(전자표준양식), 2,000원(전자신청)을 납부하여야 한다.
7. 이사(감사)의 인원수 증원을 위한 정관이나 이사의 선임·해임 등을 결의한 조합원총회의사록을 첨부한다. 이 의사록은 공증인의 인증을 받아야 한다. 특히 사임의 경우 대표권자 및 감사를 제외하고 사임자가 총회에 참석하여 사임의 의사를 표시하고 그 의사록에 기명 날인하고 그 의사록이 공증된 경우에는 사임의 의사표시는 유효하다.

8. 첨부서류 중 정관등본은 이사의 선임·해임 등이 정관소정의 방법에 의한 것임을 증명하기 위함과 당해 법인의 이사의 정수를 등기관이 확인할 수 있도록 하기 위하여 이를 첨부한다.
9. 취임승낙서에는 인감증명서를 첨부하여야 하나, 그 취임승낙취지가 기재된 피선자의 기명날인이 있는 의사록을 첨부한 경우에는 인감증명서의 첨부를 생략할 수 있다. 다만, 조합법인을 대표하는 조합원 및 대표이사와 감사는 인감증명법에 의한 인감을 첨부하여야 하나 중임의 경우에는 첨부하지 않아도 된다.
10. 사임서는 등기소에 제출된 인감과 동일한 인감으로 날인하거나 인감증명법에 의한 도장을 날인하고 그 인감증명을 첨부해야 한다. 다만, 이사는 회의석상에서 사임한 취지의 기재가 있고 그 임원의 기명날인이 있는 의사록을 첨부하는 경우에는 이의 첨부를 생략할 수 있다.
11. 주민등록등(초)본은 취임하는 이사, 감사 및 대표이사의 등(초)본을 첨부하되, 이미 등기부에 주민등록번호가 기재된 이사 등이 중임하는 경우에는 이를 첨부하지 않아도 된다.
12. 대표이사는 취임변경의 경우, 인감신고서와 인감대지를 제출하여야 한다. 다만 중임의 경우에는 종전의 인감을 습용할 수 있다. 다만, 대표이사가 없는 경우에는 이사 또는 조합을 대표할 조합원의 인감신고를 하여야 한다.
13. 이 등기는 본 조합을 대표하는 대표이사가 신청한다.

※ 아래 내용은 주식회사 농업(어업)회사법인에 관한 것임

1. ① 이사의 임기는 3년을 초과하지 못한다. 그러나 정관으로 그 임기 중의 최종의 결산기에 관한 정기주주총회의 종결에 이르기까지 연장할 수 있다. 이 규정에 의하면 임기 연장이 되는 이사는 임기 중의 최종의 결산기 말일(1년 결산기인 경우는 12. 31.)로부터 결산기에 관한 정기주주총회의 종결일(통상 3월경)까지 임기가 만료되는 자이다. 따라서 결산기 말일 이전에 임기가 만료되는 경우에는 위 연장규정을 적용할 수 없다. 예를 들면 어느 회사의 결산기의 말일이 12월 31일이고 그 결산기(1. 1.~12. 31.)에 관한 정기주주총회일이 다음해 3월 11일인 경우에 임기가 12월 31일과 다음해 3월 11일 사이에 만료되는 이사만이 위 규정에 의하여 임기가 '연장'된다는 의미이고 임기가 결산기 이전, 즉 12월 31일 이전에 만료되는 이사의 임기는 위 규정에 의하여 연장이 되지 않는다.

   한편, 임기연장은 정기주주총회가 적기에 개최된다는 것을 전제로 하므로, 정기주주총회가 적기에 개최되기 아니한 경우에는 정기주주총회가 마땅히 개최되었어야 할 시기(결산기로부터 3월내)까지만 연장된다고 보아야 한다.

② 2006. 1. 12.자로 임기가 만료되는 이사의 임기는 정기주주총회의 종결일인 2006. 3. 25.까지 연장된다. 그 총회에서 동일인이 다시 이사로 선임되면 2006. 3. 25.을 중임일로 하는 중임등기가 경료된 후, 임기 중인 2009. 3. 10.자 정기주주총회에서 동일인을 다시 이사로 선임되었다면 특별한 사정이 없는 한 중임등기를 신청할 수 있다. 이 경우 중임일은 먼저 중임된 이사의 임기만료일의 다음날인 2009. 3. 26.로 하여야 할 것이다(1999. 5. 11.등기 3402-506 질의회답). ③ 대표이사의 임기에 대하여 별도의 규정이 없다, 그러나 대표이사는 이사 자격을 전제로 하므로 이사의 임기를 초과하지 못한다.

2. ① 감사의 임기는 취임후 3년 내의 최종의 결산기에 관한 정기주주총회의 종결시까지로 한다. 감사의 임기는 이와 같은 법률상 확정된 것이므로 정관의 규정에 의하여 이보다 길거나 짧은 임기는 정할 수 없다. 예를 들면, 회사의 정기주주총회가 매년 3월말에 있다면, ○ 2015. 1. 20.에 취임한 감사의 임기만료는 2018. 3. 31.(3년보다 연장됨) ○ 2015. 7. 20.에 취임한 감사의 임기만료는 2018. 3. 31.(3년보다 단축됨) ② 적기에 최종의 결산기에 관한 정기주주총회가 개최되지 아니한 경우에는 정관상 임기연장에 관한 규정이 있는 이사의 임기와 같이 결산기로부터 3월의 기간만료일에 그 임기는 종료된다 할 것이다.

3. 대표이사가 회사의 주식을 보유하여야 한다.라는 규정은 없다. 따라서 주주가 아닌 사람도 대표이사 또는 다른 임원도 할 수 있다.

[첨부서류 1] 조합원총회의사록(임원의 원수에 관한 정관규정 변경의 경우 등)

조합원총회의사록

2018년 7월 10일 OO시 OO분, OO시 OO구 OO로 OO(OO동) 당 법인 회의실(또는 사무소)에서 조합원총회를 개최하다.

총조합원수 : 6명　　　　출석조합원수 : 4명

의장인 대표이사 OOO는 정관규정에 따라 의장석에 등단하여 위와 같이 법정수에 달하는 조합원이 출석하였으므로 본 총회가 적법히 성립되었음을 알리고 개회를 선언한 후, 다음의 의안을 부의하고 심의를 구하다.

제1호 의 안　이사(감사)의 인원수 증원의 건

의장은 당 법인의 사업번창으로 인하여 현행 정관상 이사(감사) 정원인 O명의 이사(감사)만으로는 업무처리가 불가능하므로 부득이 그를 O명으로 증원해야 할 필요가 있음을 상세히 설명하고 그 가부를 물은 바, 전원 이의 없이 찬성하여 만장일치로 승인 가결하다.

[유례] 제1호 의안 이사 사임 및 보선의 건

의장은 이사 김O수(변경전 : 김O준은 일신상의 사정으로 2018. 6. 10. 사임하였으므로 이를 보선해야 한다는 취지를 설명하고 그 선출방법을 물은 바, 무기명 비밀투표로 선출하기로 의견이 일치되어 즉시 투표한 결과 다음과 같이 선출되다.

이사 손 O 희 (OOOOOO－OOOOOOO)

위 피선자는 즉석에서 각 그 취임을 승낙하다.

[유례] 제2호 의안 대표이사 보선의 건(조합원총회에서 대표이사를 선임 또는 보선하는 경우)

의장은 당 법인의 대표이사직을 2018년 6월 10일 임기만료로 퇴임하였으므로 이를 보선해야 한다는 취지를 설명하고 그 선출방법을 물은 바, 무기명 비밀투표로 선출하기로 결의하고 참석조합원 전원 일치되어 즉시 투표한 결과 다음과 같이 선출되다.

대표이사 박 O 석 (OOOOOO－OOOOOOO)
OO시 OO구 OO로 OO(OO동)

위 피선자는 즉석에서 각 그 취임을 승낙하다.

제2호 의 안 정관 일부변경의 건

의장은 위 이사의 인원 수 증원에 수반하여 현행 정관 제O조를 다음과 같이 변경해야 한다는 취지를 설명하고 그 가부를 물은 바, 전원 이의 없이 찬성하여 만장일치로 그를 승인 가결하다.

제O조(임원의 종별 및 인원수) 당 법인에는 다음의 임원을 둔다.
이사 O명
감사 O명

의장은 이상으로서 회의목적인 의안 전부의 심의를 종료하였으므로 폐회한다고 선언하다(회의종료시각 : OO시 OO분).

위 결의를 명확히 하기 위하여 이 의사록을 작성하고 의장과 출석한 이사가 기명날인하다.

2018. 7. 10.

OO영농(영어)조합법인
OO시 OO구 OO로 OO(OO동)
의장겸 대표이사 홍 길 동 (직인)
이사 홍 길 동 (인)
이사 O O O (인)
이사 O O O (인)

[주] 이는 등기신청서에 첨부하는 의사록이므로 공증인의 인증을 받아야 한다.

[첨부서류 2] 조합원총회의사록(임원의 해임, 증원, 보선 등의 경우)

조합원총회의사록

20OO년 O월 O일 OO시 OO분, OO시 OO구 OO로 OO(OO동) 당 법인 회의실(또는 사무소)에서 조합원총회를 개최하다.

총조합원수 : 6명　　　출석조합원수 : 4명

의장인 대표이사 OOO는 정관규정에 따라 의장석에 등단하여 위와 같이 법정수에 달하는 조합원이 출석하였으므로 본 총회가 적법히 성립되었음을 알리고 개회를 선언한 후, 다음의 의안을 부의하고 심의를 구하다.

제1호 의 안 이사 증원 건

의장은 정관의 변경에 따라 이사의 인원수가 증원되었으므로 증원된 이사를 새로 선출해야 한다는 취지를 설명하고 그 선출방법을 물은 바, 무기명 비밀투표로 선출하기로 전원일치되어 즉시 투표를 실시한 결과 다음과 같이 선출되다.

이사 O O O (OOOOOO－OOOOOOO)

위 피선자는 즉석에서 그 취임을 승낙하다.

제2호 의 안 이사(감사)해임의 건

의장은 당 법인의 이사(감사) OOO는 당 법인의 목적에 위배되는 어떠 어떠한 행위를 하였으므로 부득이 해임함이 상당하다는 취지를 상세히 설명하고 그 가부를 물은 바, 전원 이의 없이 찬성하여 만장일치로 그를 승인 가결하다.

[유례] 제2호 의안 이사 해임의 건

의장은 당 법인의 이사 OOO은 어떠 어떠한 사유로 그 직무에 관하여 부정행위가 있으므로(어떠 어떠한 사유로 현재 구속중인 바, 또는 법령 정관에 중대한 어떠 어떠한 사유가 있는 바), 부득이 이사 OOO을 해임함이 상당함을 설명하고 그 가부를 물은 바, 전원 이의 없이 찬성하여 만장일치로 그 해임을 가결하다.

제3호 의 안 이사(감사) 사임 및 보선의 건

의장은 이사(감사) OOO은 20OO년 O월 O일 사임하여{① 임기만료로 퇴임하여, ② 사망하여, ③ 해임되어, ④ 파산선고로 퇴임하여} 결원이 생겼으므로 그를 보선해야 한다는 취지를 설명하고 그 선출방법을 물은 바, 무기명 비밀투표로 선출하기로 결의하고 참석조합원 전원일치되어 즉시 투표한 결과 다음과 같이 선출되다.

이사 O O O (OOOOOO－OOOOOOO)

위 피선자는 즉석에서 그 취임을 승낙하다.

제4호 의 안 감사 사임 및 보선의 건

의장은 당 법인의 감사 OOO은 일신상의 사정으로 20OO년 O월 O일 사임하였으므로 이를 보선해야 한다는 취지를 설명하고 그 선출방법을 물은 바, 무기명 비밀투표로 선출하기로 결의하고 참석조합원 전원일치되어 즉시 투표한 결과 다음과 같이 선출되다.

감사 O O O (OOOOOO－OOOOOOO)

의장은 이상으로서 회의목적인 의안 전부의 심의를 종료하였으므로 폐회한다고 선언하다(회의종료시각 : OO시 OO분).

위 결의를 명확히 하기 위하여 이 의사록을 작성하고 의장과 출석한 이사가 기명날인하다.

20OO. O. O.

OO영농(영어)조합법인

OO시 OO구 OO로 OO(OO동)
의장겸 대표이사 홍 길 동 (직인)
이사 홍 길 동 (인)
이사 O O O (인)
이사 O O O (인)

[주] 이는 등기신청서에 첨부하는 의사록이므로 공증인의 인증을 받아야 한다.

[첨부서류 3] 취임승낙서

취 임 승 낙 서

본인은 20OO년 O월 O일 귀 법인의 조합원총회에서 대표이사(또는 이사, 감사)로 선임되었으므로 그 취임을 승낙합니다.

20OO년 O월 O일

대표이사(이사, 감사) O O O (인)
(OOOOOO－OOOOOOO)
OO시 OO구 OO로 OO(OO동)

OO영농조합법인 귀중

[주] 대표이사(또는 이사, 감사)는 등기소에 취임승낙서에는 인감을 날인하고 인감증명서 및 주민등록등(초)본을 첨부하여야 한다.

[첨부서류 4] 사 임 서

사 임 서

본인은 귀 법인의 대표이사(또는 이사, 감사)인바, 이번에 일신상의 형편에 의하여 그 직을 사임합니다.

2000년 0월 0일

대표이사(이사, 감사) ○ ○ ○ (인)
(000000－0000000)
00시 00구 00로 00(00동)

00영농조합법인 귀중

[주] 대표이사는 등기소에 제출된 인감도장으로 날인하거나 인감증명법에 의하여 신고된 인감을 찍고 그 인감증명을 첨부하고, 대표권 없는 이사는 인감증명법에 의한 인감증명을 첨부하여야 한다.

[첨부서류 5] 인감신고서

인감·개인(改印) 신고서

(신고하는 인감날인란) (인감제출자에 관한 사항)

상호(명 칭)		00영농조합법인	등기번호	
본점(주사무소)		00시 00구 00로 00(00동)		
인감제출자	자격/성명	대표이사 ○ ○ ○		
	주민등록번호	000000-0000000		
	주 소	00시 00구 00로 00(00동)		

□ 위와 같이 인감을 신고합니다. □ 위와 같이 개인(改印)하였음을 신고합니다.

년 월 일 (인감 날인란)

신고인 본 인 성 명 (인)
대리인 성 명 (인)

지방법원 등기소 귀중

주 1. 개인인감 날인란에는 「인감증명법」에 의하여 신고한 인감을 날인하고 그

인감증명서(발행일로부터 3개월 이내의 것)를 첨부하여야 합니다. 개인(改印)신고의 경우, 개인인감을 날인하는 대신에 등기소에 신고한 유효한 종전 인감을 날인하여도 됩니다. 또한 인감제출자가 기명날인 또는 서명하였다는 공증인의 인증서면으로 갈음할 수 있습니다.

2. 인감·개인신고서에는 신고하는 인감을 날인한 인감대지를 첨부하여야 합니다.
3. 지배인이 인감을 신고하는 경우에는 인감제출자의 주소란에 지배인을 둔 장소를 기재하고, 「상업등기규칙」 제35조제3항의 보증서면(영업주가 등기소에 신고한 인감 날인)을 첨부하여야 합니다. 위 보증서면은 아래의 보증서면란에 기재하는 것으로 갈음할 수 있습니다.

보 증 서 면

위 신고하는 인감은 지배인 OOO의 인감임이 틀림없음을 보증합니다.

대표이사 (법인인감)

위 임 장

성 명 : 주민등록번호(-)

주 소 :

위의 사람에게, 위 인감신고 또는 개인신고에 관한 일체의 권한을 위임함.

20 년 월 일

인감(개인) 신고인 성 명 (인)

[주] 1. 이 인감신고서는 등기소에 제출하는 것으로서, 인감크기는 변의 길이가 2.4센티미터 정사각형 안에는 들어갈 수 있고, 1센티미터 정사각형 안에는 들어갈 수 없는 것이어야 한다.

2. 인감을 분실할 경우에는 개인신고를 할 수 있다.
3. 대표이사 퇴임시(임기만료등) 또는 사임시 필요하다.
(기존 대표이사가 재취임하거나 다른 사람이 대표이사로 취임하는 경우에도 첨부한다). 이 경우 인감계속사용신청서도 함께 제출하여야 한다.

[첨부서류 6] 인감대지

인 감 대 지

<table>
<tr><td rowspan="2"></td><td rowspan="2">

신고하는 인감날인란</td><td>상 호(명 칭) : OO영농조합법인
자격 및 성명 : 대표이사 O O O
주민등록번호 : OOOOOO-OOOOOOO</td></tr>
</table>

[주] 1. 자격은 대표이사(이사), 이사장, 지배인, 대리인, 상호사용자, 무능력자, 법정대리인 등으로 기재한다.
2. 현행 상업등기규칙에는 인감대지의 규격이 정하여져 있지 아니하나 인감대지의 규격은 가로 16센티미터 세로 4센티미터로 하는 것이 좋다.

[첨부서류 7] 인감카드 등(재)발급신청서

인감카드 등 (재)발급신청서

<table>
<tr><td colspan="2">상 호(명 칭)</td><td></td><td>등기번호</td><td></td></tr>
<tr><td colspan="2">본 점(주사무소)</td><td colspan="3"></td></tr>
<tr><td rowspan="2">인감
제출자</td><td>자격 / 성명</td><td colspan="3"></td></tr>
<tr><td>주민등록번호</td><td colspan="3"></td></tr>
</table>

<table>
<tr><td>발급사유</td><td colspan="3">☐ 최초발급 ☐ 카드분실 ☐ 카드훼손 ☐ 인감증명서발급기능
☐ 기타 ( )</td></tr>
<tr><td>매체구분</td><td>☐ 인감카드
☐ HSM USB</td><td>인감카드
비밀번호</td><td>(변경후 :)</td></tr>
<tr><td>수 수 료</td><td>금 원</td><td>납부번호</td><td></td></tr>
</table>

위와 같이 인감카드 등의 (재)발급을 신청합니다.

년 월 일 (인감 날인란)

신청인 인감제출자 (본 인) 성 명 (인) (전화 :)
(대리인) 성 명 (인) (전화 :)

지방법원 등기소 귀중

접수번호		인감카드번호	

주 1. 인감카드 비밀번호란에는 (재)발급받아 사용할 인감카드의 비밀번호를 기재하며, 아라비아숫자 6자릿수를 기재하여야 합니다. 다만, 인감카드 재발급의l 경우에는 기존 인감카드의 비밀번호와 재발급받아 사용할 인감카드의 비밀번호(변경 후)를 기재하여야 합니다.

2. 인감카드의 (재)발급을 신청하는 경우에는 등기소에 제출한 인감을 날인하여야 합니다. 다만, 인감카드 재발급의 경우 기존 인감카드 비밀번호를 기재할 수 없을 때에는 인감제출자 본인은 신분증명서 사본을, 위임에 의한 대리인은 인감제출자가 「인감증명법」에 따라 신고한 인감을 신청서에 날인하고 그 인감증명서 및 대리인의 신분증명서 사본을 각각 첨부하여야 합니다.

3. 인감카드의 재발급을 신청할 때에는 「등기사항증명서 등 수수료규칙」으로 정하는 수수료를 납부하여야 합니다. 다만, 인감카드를 반납할 때에는 수수료를 납부할 필요가 없습니다.

위 임 장

성 명 : 주민등록번호(-)
주 소 :

위의 사람에게, 위 (재)발급신청서에 기재된 인감카드 등의 발급신청과 그 수령 등에 관한 일체의 권한을 위임함.

20OO년 O월 O일

인감신고인 성 명 (인) (전화)

[서식 46] 영농(영어)조합법인 변경등기신청서(대표권제한규정 신설·폐지·변경한 경우)

영농(영어)조합법인 변경등기신청

접 수	년 월 일	처 리 인	등기관 확인	각종 통지
	제 호			

명 칭	○○영농(영어)조합법인	등기번호	제○○○○호
주 사 무 소	○○시 ○○구 ○○로 ○○(○○동)		
등기의 목적	대표권제한규정의 변경등기		
등기의 사유	대표권 있는 이사 ○○○은 대표이사직을 사임하고 20○○년 ○월 ○일 이사회에서 이사 ○○○이 대표권 있는 이사로 선임되어 대표권제한 규정이 다음과 같이 변경되었으므로 그 등기를 구함.		
주사무소/분사무소 신청구분	1. 주사무소 신청 □	2. 분사무소 신청 □	3. 주·분사무소 일괄신청 □
등 기 할 사 항			
이사의 대표권 제한규정	이사 ○ ○ ○ (OOOOOO－OOOOOOO) ○○시 ○○구 ○○로 ○○(○○동) 외에는 대표권이 없음. 20○○년 ○월 ○일 변경		
기 타			

신청등기소 및 등록면허세/수수료						
순번	신청등기소	구분	등록면허세 지방교육세	농어촌특별세	세액합계	등기신청수수료
			금 원 금 원	금 원	금 원	금 원

<table>
<tr><td rowspan="2">합 계</td><td></td><td rowspan="2"></td><td rowspan="2"></td><td rowspan="2"></td></tr>
<tr><td></td></tr>
<tr><td colspan="2">등기신청수수료 납부번호</td><td colspan="3"></td></tr>
<tr><td>과 세 표 준 액</td><td colspan="4">금 원</td></tr>
<tr><td colspan="5">첨 부 서 면</td></tr>
<tr><td colspan="2">1. 정관 1통
1. 조합원총회의사록 1통
1. 이사회의사록 1통
1. 취임승낙서{인감증명, 주민등록 등(초)본 첨부} 1통
1. 사임서(인감증명서 첨부) 1통</td><td colspan="3">1. 대표이사의 인감신고서와 인감대지 (대표이사변경시) 1통
1. 재판서등본(파산) 1통
1. 등록면허세영수필확인서및통지서 1통
1. 위임장(대리인이 신청할 경우) 1통
〈기 타〉</td></tr>
<tr><td colspan="5">년 월 일

신청인 명 칭
주사무소
대표자 성 명 (인) (전화 :)
주 소
대리인 성 명 (인) (전화 :)
주 소

지방법원 등기소 귀중</td></tr>
</table>

- 신청서 작성요령 -

1. 해당란이 부족할 때에는 별지를 이용합니다.
1. 해당 등기신청과 관계없는 사항에 대하여는 "해당없음"으로 기재하거나 삭제하고, 필요한 사항은 추가 기재합니다.
1. 「인감증명법」에 따른 인감증명서 제출과 함께 관련 서면에 인감을 날인하여야 하는 경우, 본인서명사실확인서를 제출하고 관련 서명을 하거나 전자본인서명확인서 발급증을 제출하고 관련 서면에 서명을 하면 인감증명서를 제출하고 관련 서면에 인감을 날인한 것으로 봅니다.

(용지규격 21㎝ × 29.7㎝)

[주] 1. 대표권제한규정을 신설·폐지·변경등기사유의 예

가. 대표권제한규정 설정의 경우 : 20OO년 O월 O일 조합원총회에서 대표

권의 제한규정의 설정과 정관변경을 결의하고 20OO년 O월 O일 이사회에서 이사 OOO가 대표이사로 선임되어 같은 날 취임함에 따라, 대표권의 제한규정을 다음과 같이 설정하였으므로 그 등기를 구함.

나. 대표권제한규정 폐지의 경우 : 20OO년 O월 O일 조합원총회에서 대표권의 제한규정 폐지와 정관변경을 결의하여 대표권의 제한규정을 폐지하였으므로 그 등기를 구함.

다. 이사 및 대표이사직을 사임한 경우 : 20OO년 O월 O일 대표이사 OOO은 이사직을 사임하고 20OO년 O월 O일 조합원총회에서 OOO가 이사로 선임되어 같은 날 취임하고 20OO년 O월 O일 이사회에서 OOO가 대표이사로 선임되어 같은 날 취임하였으므로 그 등기를 구함.

라. 대표이사직만 사임한 경우 : 20OO년 O월 O일 대표이사 OOO은 대표이사직만 사임하고 20OO년 O월 O일 이사회에서 이사 OOO가 대표이사로 선임되어 같은 날 취임하였으므로 그 등기를 구함.

마. 대표이사직만 해임하고 보선하는 경우 : 대표이사 OOO은 20OO년 O월 O일 이사회에서 대표이사직만을 해임하고 같은 날 이사 OOO가 대표이사로 선임되어 같은 날 취임하였으므로 그 등기를 구함.

바. 이사직 해임·임기만료·사망으로 대표권이 상실되어 보선하는 경우 : 20OO년 O월 O일 이사 OOO은 조합원총회에서 이사직을 해임(이사 OOO은 임기만료로 퇴임, 이사 OOO은 사망으로 이사직을 상실)되어 같은 날 조합원총회에서 이사 OOO가 대표이사로 선임되고 같은 날 취임하였으므로 그 등기를 구함.

사. 단독대표를 공동대표로 변경하는 경우 : 20OO년 O월 O일 조합원총회에서 단독대표규정을 공동대표규정으로 변경하고 같은 날 조합원총회에서 이사 OOO 및 이사 OOO가 공동대표이사로 선임되고 같은 날 취임하였으므로 그 등기를 구함.

아. 공동대표를 각자 대표로 변경하는 경우 : 20OO년 O월 O일 조합원총회에서 단독대표규정을 공동대표규정으로 변경하고 같은 날 조합원총회에서 이사 OOO 및 이사 OOO가 공동대표이사로 선임되고 같은 날 취임하였으므로 그 등기를 구함.

자. 대표이사 성명변경의 경우 : 대표이사 OOO은 20OO년 O월 O일 OO지방법원의 허가를 받아 그 성명을 OOO로 변경되었으므로 그 등기를 구함.

차. 20OO년 O월 O일 임시조합원총회의 결의로 위 등기목적에 게기한 사항을 아래 등기할 사항과 같이 변경하였으므로 그 등기를 구함.

카. 20OO년 O월 O일 대표이사 OOO의 주소를 이전하였고, 20OO년 O월 O일 임시조합원총회의 결의로 위 등기목적에 게기한 사항을 아래 등기할 사항과 같이 변경하였으므로 그 등기를 구함.

2. 대표권 제한규정을 신설·폐지·변경등기할 사항의 예

가. 대표권제한규정 설정의 경우

대표이사 O O O (OOOOOO－OOOOOOO)
OO시 OO구 OO로 OO(OO동)
20OO년 O월 O일 취임

나. 대표권제한규정 폐지의 경우

20OO년 O월 O일 대표권제한규정폐지
이사 O O O (OOOOOO－OOOOOOO)
OO시 OO구 OO로 OO(OO동)
이사 O O O (OOOOOO－OOOOOOO)
OO시 OO구 OO로 OO(OO동)

다. 이사 및 대표이사직을 사임한 경우

이사겸 대표이사 OOO 20OO년 O월 O일 사임
이사겸 대표이사 O O O (OOOOOO－OOOOOOO)
OO시 OO구 OO로 OO(OO동)
20OO년 O일 O일 취임

라. 대표이사직만 사임한 경우

대표이사 OOO 20OO년 O월 O일 사임
대표이사 O O O (OOOOOO－OOOOOOO)
OO시 OO구 OO로 OO(OO동)
20OO년 O월 O일 취임

마. 대표이사직만 해임하고 보선하는 경우

대표이사 OOO 20OO년 O월 O일 해임
대표이사 O O O (OOOOOO－OOOOOOO)
OO시 OO구 OO로 OO(OO동)
20OO년 O월 O일 취임

바. 이사직 해임·임기만료·사망으로 대표권이 상실되어 보선하는 경우

이사겸 대표이사 OOO 20OO년 O월 O일 해임(퇴임. 사망)
대표이사 O O O (OOOOOO－OOOOOOO)
OO시 OO구 OO로 OO(OO동)
20OO년 O월 O일 취임

사. 단독대표를 공동대표로 변경하는 경우

공동대표이사 O O O (OOOOOO－OOOOOOO) 20OO년 O월 O일
공동대표규정설정
OO시 OO구 OO로 OO(OO동)
20OO년 O월 O일 중임

공동대표이사 ○ ○ ○ (○○○○○○－○○○○○○○) 20○○년 ○월 ○일
공동대표규정설정
○○시 ○○구 ○○로 ○○(○○동)

아. 공동대표를 각자 대표로 변경하는 경우
대표이사 ○ ○ ○ (○○○○○○－○○○○○○○)
○○시 ○○구 ○○로 ○○(○○동)
대표이사 ○ ○ ○ (○○○○○○－○○○○○○○)
○○시 ○○구 ○○로 ○○(○○동)
20○○년 ○월 ○일 변경

자. 대표이사 성명변경의 경우
대표이사 ○ ○ ○ (○○○○○○－○○○○○○○)
○○시 ○○구 ○○로 ○○(○○동)
20○○년 ○월 ○일 변경

3. 등기할 사항 중 대표권제한규정 폐지만 있는 경우에는 대표이사를 주말하고 이사의 주소를 기재하면 각 이사가 대표권을 가진다. 공동대표규정의 설정에 따라 공동대표이사를 등기한 경우에는 종전 대표이사등기를 주말하여야 한다.
4. 등록면허세는 변경등기의 등록면허세인 40,200원, 교육세는 등록면허세의 100분의 20(8,040원)을 납부하여야 한다(지방세법 28조). 그러나 명칭·목적·임원등기 등 각종 변경등기신청을 하나의 신청서로 일괄신청하더라도 각각에 대하여 산출한 세액을 합산하여 납부한다. 다만, 동일한 변경사항이 수개인 경우에는 1건의 등록면허세만 납부한다. 조세특례제한법, 지방세법, 관세법 등에 의하여 등록면허세가 감면되는 경우에 그 감면세액의 100분의 20의 농어촌특별세를 납부하여야 한다(다만, 이것도 면제되는 경우도 있다).
5. 등기신청수수료는 6,000원(서면방문), 4,000원(전자표준양식), 2,000원(전자신청)을 납부하여야 한다.
6. 대표권제한규정의 신설·변경·폐지를 위한 정관변경, 이사의 선임 등을 결의한 조합원총회의 의사록을 첨부한다. 영농조합법인의 등기신청서에 첨부하는 모든 의사록은 공증인의 인증을 받아야 한다.
7. 이사회가 대표이사를 선임하는 권한을 가진 경우에는 대표이사를 선임한 이사회의사록을 첨부한다. 다만, 이사회가 없는 법인이 대표이사의 선임권한이 조합원총회에 있으면 조합원총회의사록을 첨부한다.
8. 취임승낙서에는 인감증명을 첨부하여야 한다. 그러나 취임승낙의 취지가 기재된 피선자의 기명 날인이 있는 의사록을 첨부한 경우에는 취임승낙서를 생략할 수 있다.
9. 대표자가 변경되거나, 대표권규정의 신설·변경·폐지의 경우에는 대표자의 인감신고서와 인감대지를 첨부하되, 대표자의 인감증명은 중임의 경우에는

등기소에 신고된 인감으로 가능하나, 새로 취임하는 대표자는 인감증명법에 의한 인감증명서를 첨부하여야 한다.

10. 새로 취임하는 임원은 주민등록등(초)본을 첨부하되, 등기부에 주민등록번호 등이 기재된 대표이사 등이 중임하는 경우에는 첨부하지 않아도 된다.
11. 대표이사는 등기소에 제출된 인감과 같은 인장 또는 인감증명법에 의한 인감으로 날인해야 되고, 대표권 없는 이사는 인감증명을 첨부해야 한다. 다만 회의석상에서 사임한 취지의 기재가 있고 그의 기명날인이 있는 의사록을 첨부하는 경우에는 인감증명을 생략할 수 있다. 이때에도 대표이사는 등기소에 신고한 인감을 날인하여야 한다.
12. 대표이사가 변경되면 대표이사의 인감신고서와 인감대지를 첨부해야 한다. 대표이사의 인감은 중임의 경우에는 등기소에 신고된 인감으로 가능하나, 새로 취임하는 대표이사는 인감증명법에 의한 인감증명서를 첨부하여야 한다.
13. 이 등기는 본 법인을 대표하는 대표이사가 신청한다.

[첨부서류 1] 조합원총회의사록

조합원총회의사록

20○○년 ○월 ○일 ○○시 ○○분, ○○시 ○○구 ○○로 ○○(○○동) 당 법인 회의실(또는 사무소)에서 조합원총회를 개최하다.

총조합원수 : 5명　　　　출석조합원수 : 4명

의장인 대표이사 ○○○는 정관규정에 따라 의장석에 등단하여 위와 같이 법정수에 달하는 조합원이 출석하였으므로 본 총회가 적법히 성립되었음을 알리고 개회를 선언한 후, 다음의 의안을 부의하고 심의를 구하다.

제1호 의 안　대표권이 제한규정 신설(또는 폐지)의 건

의장은 당 법인의 사업규모에 비추어 보아 당 법인의 대표권제한규정을 신설(또는 폐지)할 필요가 있음을 상세히 설명하고 그 가부를 물은 바, 본 회의 대표권제한규정을 신설(또는 폐지)하기로 결의하고 참석조합원 전원 이의 없이 찬성하여 그를 만장일치로 가결하다.

제2호 의 안　정관 일부변경의 건

의장은 위 대표규정의 신설(또는 폐지)에 수반하여 현행 정관 제O조를 다음과 같이 변경할 필요가 있음을 설명하고 그 가부를 물은 바, 참석조합원 전원 이의 없이 찬성하여 만장일치로 그를 승인 가결하다.

제O조(임원의 직무권한 및 선임방법) ① 대표이사는 법인의 업무를 통할하고 당 법인을 대표한다. ② 대표이사는 이사회에서 선출한다.

- 이하 생략 -

의장은 이상으로서 회의목적인 의안 전부의 심의를 종료하였으므로 폐회한다고 선언하다(회의종료시각 : OO시 OO분).

위 결의를 명확히 하기 위하여 이 의사록을 작성하고 의장과 출석한 이사가 기명날인하다.

20OO. O. O.

OO영농(영어)조합법인
OO시 OO구 OO로 OO(OO동)
의장겸 대표이사 홍 길 동 (직인)
이사 홍 길 동 (인)
이사 O O O (인)
이사 O O O (인)

[주] 이는 등기신청서에 첨부하는 의사록이므로 공증인의 인증을 받아야 한다.

[첨부서류 2] 조합원총회의사록(대표이사 선임의 경우)

조합원총회의사록

20OO년 O월 O일 OO시 OO분, OO시 OO구 OO로 OO(OO동) 당 법인 회의실(또는 사무소)에서 조합원총회를 개최하다.

총조합원수 : 6명 출석조합원수 : 4명

의장인 대표이사 OOO는 정관규정에 따라 의장석에 등단하여 위와 같이 법정수에 달하는 조합원이 출석하였으므로 본 총회가 적법히 성립되었음을 알리고 개회를 선언한 후, 다음의 의안을 부의하고 심의를 구하다.

제1호 의 안 대표이사 선출의 건

의장은 당 법인의 대표권제한규정신설에 관한 정관변경에 따라 대표권 있는 이사인 대표이사를 선출해야 한다는 취지를 설명하고(대표이사 OOO가 20OO년 O월 O일 사임하여 결원이 생겼으므로 그를 보선해야 한다는 취지를 설명하고), 그 선출방법을 물은 바, 무기명 비밀투표로 선출하기로 무기명비밀투표로 선출하기로 결의하고 즉시 투표를 실시한 결과 다음과 같이 선출되다.

대표이사 O O O (OOOOOO－OOOOOOO)
OO시 OO구 OO로 OO(OO동)

위 피선사는 즉석에서 그 취임을 승낙하다.

제2호 의 안 대표이사 변경의 건

의장은 당 법인의 대표이사가 20OO년 O월 O일 사임하여 결원이 생겼으므로 그를 보선해야 한다는 취지를 설명하고 그 선출방법을 물은 바, 무기명 비밀투표로 선출하기로 결의하고 전원 일치되어 즉시 투표를 실시한 결과 다음과 같이 선출되다.

대표이사 O O O (OOOOOO－OOOOOOO)
OO시 OO구 OO로 OO(OO동)

위 피선자는 즉석에서 그 취임을 승낙하다.

의장은 이상으로서 회의목적인 의안 전부의 심의를 종료하였으므로 폐회한다고 선언하다(회의종료시각 : OO시 OO분).

위 결의를 명확히 하기 위하여 이 의사록을 작성하고 의장과 출석한 이사가 기명날인하다.

20OO. O. O.

OO영농(영어)조합법인

OO시 OO구 OO로 OO(OO동)
의장겸 대표이사 ○ ○ ○ (인)
이사 ○ ○ ○ (인)
이사 ○ ○ ○ (인)

[주] 이는 대표권 있는 이사의 선출에 관한 의사록이다. 이사는 정관으로 조합원총회에서 직접 선출하도록 정할 수도 있고, 이사회제도가 있는 경우에는 이사회에서 선임하는 것이 대부분이다. 이 의사록이므로 공증인의 인증을 받아야 한다.

[서식 47] 영농(영어)조합법인 변경등기신청서(행정구역변경으로 인하여 사무소표시가 변경)

영농(영어)조합법인 변경등기신청

접 수	년 월 일	처 리 인	등기관 확인	각종 통지
	제 호			

명 칭	○○영농(영어)조합법인	등기번호	제○○○○호
주 사 무 소	○○시 ○○구 ○○로 ○○(○○동)		
분 사 무 소	○○시 ○○구 ○○로 ○○(○○동)		
등기의 목적	행정구역변경(또는 행정구역 명칭변경)으로 인한 주사무소(또는 분사무소) 주소변경등기		
등기의 사유	20○○년 ○월 ○일 행정구역변경(행정구역 명칭변경)으로 주사무소{○○시 ○○구 ○○로 ○○(○○동)의 분사무소}가 다음과 같이 변경되었으므로(… 변경되어 20○○년 ○월 ○일 주사무소 소재지 관할등기소에서 등기를 하였으므로 이 등기소에서) 그 등기를 구함.		
주사무소/분사무소 신청구분	1. 주사무소 신청 □	2. 분사무소 신청 □	3. 주·분사무소 일괄신청 □
등 기 할 사 항			
변경된 주사무소	주사무소(또는 분사무소) : ○○시 ○○구 ○○로 ○○(○○동)		

(주시무소 · 분사무소)와 그 연월일	20○○. ○. ○. 변경
기 타	

신청등기소 및 등록면허세/수수료						
순번	신청등기소	구분	등록면허세 지방교육세	농어촌특별세	세액합계	등기신청수수료
			금 원 금 원	금 원	금 원	금 원
합 계						
등기신청수수료 납부번호						
과 세 표 준 액	금 원					
첨 부 서 면						
1. 행정구역변경증명서(토지대장등본) 1통 1. 인감신고서와 인감대지 각 1통			1. 위임장(대리인이 신청할 경우) 1통 〈기 타〉			

년 월 일

신청인 명 칭
주사무소
대표자 성 명 (인) (전화 :)
주 소
대리인 성 명 (인) (전화 :)
주 소

지방법원 등기소 귀중

- 신청서 작성요령 -

1. 해당란이 부족할 때에는 별지를 이용합니다.
1. 해당 등기신청과 관계없는 사항에 대하여는 "해당없음"으로 기재하거나 삭제하고, 필요한 사항은 추가 기재합니다.
1. 「인감증명법」에 따른 인감증명서 제출과 함께 관련 서면에 인감을 날인하여야 하는 경우, 본인서명사실확인서를 제출하고 관련 서명을 하거나 전자본인서명확인서 발급증을 제출하고 관련 서면에 서명을 하면 인감증명서를 제출하고 관련 서면에 인감을 날인한 것으로 봅니다.

(용지규격 21㎝ × 29.7㎝)

[주] 1. 분사무소에서 신청하는 경우는 당해 분사무소를 특정하기 위하여 신청서에 분사무소표시를 한다.
2. 등록면허세 및 교육세, 농어촌특별세는 비과세이고(지방세법 26조 1항, 농특세법시행령 4조), 등기신청수수료는 면제된다.
3. 주사무소소재지에서 행정구역변경, 개명 등으로 인한 주사무소 변경등기를 신청할 때에는 이미 제출한 대표이사의 인감의 사무소 등의 기재사항의 표시가 달라지게 되므로 변경된 사무소로 기재된 대표이사(또는 대표조합원)의 인감신고서와 인감대지도 제출해야 한다.
4. 이 등기는 본 법인을 대표하는 대표이사가 신청한다.

[서식 48] 영농(영어)조합법인 변경등기신청서(행정구역변경으로 인하여 대표이사의 주소가 변경된 경우)

영농(영어)조합법인 변경등기신청

접 수	년 월 일	처 리 인	등기관 확인	각종 통지
	제 호			

명 칭	○○영농(영어)조합법인	등기번호	제○○○○호
주 사 무 소	○○시 ○○구 ○○로 ○○(○○동)		
분 사 무 소	○○시 ○○구 ○○로 ○○(○○동)		

등기의 목적	행정구역변경(행정구역명칭변경)으로 대표이사 주소변경		
등기의 사유	20○○년 ○월 ○일 행정구역변경(행정구역 명칭변경)으로 대표이사 ○○○의 주소가 다음과 같이 변경되었으므로(… 변경되어 20○○년 ○월 ○일 주사무소소재지 관할등기소에서 등기를 하였으므로 이 등기소에서) 그 등기를 구함.		
주사무소/분사무소 신청구분	1. 주사무소 신청 □	2. 분사무소 신청 □	3. 주·분사무소 일괄신청 □
등 기 할 사 항			
변경된 주소와 이전연월일	대표이사 ○○○의 주소 : ○○시 ○○구 ○○로 ○○(○○동) 20○○. ○. ○. 변경		
기 타			

신청등기소 및 등록면허세/수수료						
순번	신청등기소	구분	등록면허세 지방교육세	농어촌특별세	세액합계	등기신청수수료
			금 원 금 원	금 원	금 원	금 원
합 계						
등기신청수수료 납부번호						
과 세 표 준 액	금 원					
첨 부 서 면						
1. 주민등록표초본 1통			1. 위임장(대리인이 신청할 경우) 1통			

년 월 일

신청인 명 칭

주사무소

대표자 성 명 (인) (전화 :)
주 소
대리인 성 명 (인) (전화 :)
주 소

지방법원 등기소 귀중

- 신청서 작성요령 및 등기수입증지 첩부란 -

1. 해당란이 부족할 때에는 별지를 이용합니다.
1. 해당 등기신청과 관계없는 사항에 대하여는 "해당없음"으로 기재하거나 삭제하고, 필요한 사항은 추가 기재합니다.
1. 등기신청수수료 상당의 대법원등기수입증지를 이 난에 붙입니다.

(용지규격 21㎝ × 29.7㎝)

[주] 1. 분사무소에서 신청하는 경우는 당해 분사무소를 특정하기 위하여 신청서에 분사무소표시를 한다.

2. 등기할 사항 중 "변경된 주소와 변경연월일"란에 분사무소에서 신청하는 경우에는 대표이사의 주민등록번호도 기재한다.
3. 등록면허세 및 교육세, 농어촌특별세 및 등기신청수수료는 납부하지 아니한다(지방세법 제26조 제2항, 농특세법시행령 제4조에 의하여 비과세된다).
4. 이 등기는 본 법인을 대표하는 대표이사가 신청한다.

[서식 49] 영농(영어)조합법인 변경등기신청서(개명, 전거로 인한 대표이사의 성명, 주소가 변경된 경우)

영농(영어)조합법인 변경등기신청

접 수	년 월 일	처 리 인	등기관 확인	각종 통지
	제 호			

명 칭	○○영농(영어)조합법인	등기번호	제○○○○호
주 사 무 소	○○시 ○○구 ○○로 ○○(○○동)		
등기의 목적	개명(전거)로 인한 대표이사의 성명(주소) 변경등기		

<table>
<tr><td>등기의 사유</td><td>(1) 개명의 경우
20○○년 ○월 ○일 ○○지방법원의 허가를 받아 대표이사(이사) ○○○의 성명을 다음과 같이 변경하였으므로(… 변경하고 20○○년 ○월 ○일 주사무소소재지 관할등기소에서 등기를 하였으므로 이 등기소에서) 그 등기를 구함.
(2) 주소변경의 경우
20○○년 ○월 ○일 이사 ○○○의 주소를 다음 장소로 이전하였으므로(… 이전하여 20○○년 ○월 ○일 주사무소소재지 관할등기소에서 등기를 하였으므로 이 등기소에서) 그 등기를 구함.
(3) 도로명주소로 변경할 경우
2014년 12월 30일 도로명주소가 부여되어 다음 사항의 등기를 구함</td></tr>
<tr><td>주사무소/분사무소 신청구분</td><td>1. 주사무소 신청 □ 2. 분사무소 신청 □ 3. 주·분사무소 일괄신청 □</td></tr>
<tr><td colspan="2">등 기 할 사 항</td></tr>
<tr><td>변경된 주소(성명)과 이전(변경)연월일</td><td>(1) 개명의 경우
대표이사(이사)의 성명 ○ ○ ○
20○○. ○. ○. 개명
(2) 주소변경의 경우
이사 ○○○의 주소 : ○○시 ○○구 ○○로 ○○(○○동)
20○○. ○. ○. 전거
(3) 도로명주소로 변경할 경우
이사 ○○○의 주소 : ○○시 ○○구 ○○로 ○○(○○동)
2014년 12월 30일 도로명주소</td></tr>
<tr><td>기 타</td><td></td></tr>
</table>

<table>
<tr><td colspan="7">신청등기소 및 등록면허세/수수료</td></tr>
<tr><td rowspan="2">순번</td><td rowspan="2">신청등기소</td><td rowspan="2">구분</td><td>등록면허세</td><td rowspan="2">농어촌특별세</td><td rowspan="2">세액합계</td><td rowspan="2">등기신청수수료</td></tr>
<tr><td>지방교육세</td></tr>
<tr><td rowspan="2"></td><td rowspan="2"></td><td rowspan="2"></td><td>금 원</td><td rowspan="2">금 원</td><td rowspan="2">금 원</td><td rowspan="2">금 원
(도로명주소법에 따른 상업등기등사무처리지침)</td></tr>
<tr><td>금 원</td></tr>
<tr><td></td><td></td><td></td><td></td><td></td><td></td><td></td></tr>
</table>

<table>
<tr><td></td><td></td><td></td><td></td><td></td><td></td></tr>
<tr><td colspan="2" rowspan="2">합 계</td><td></td><td rowspan="2"></td><td rowspan="2"></td><td rowspan="2"></td></tr>
<tr><td></td></tr>
<tr><td colspan="3">등기신청수수료 납부번호</td><td colspan="3"></td></tr>
<tr><td>과 세 표 준 액</td><td colspan="5">금 원</td></tr>
<tr><td colspan="6">첨 부 서 면</td></tr>
<tr><td colspan="3">1. 기본증명서(개명의 경우) 1통
1. 주민등록초본(주소·주민등록번호 변경의 경우) 1통
1. 인감신고서와 인감대지 1통</td><td colspan="3">1. 등록면허세영수필확인서및통지서 1통
1. 위임장(대리인이 신청할 경우) 1통
〈기 타〉</td></tr>
<tr><td colspan="6">년 월 일
신청인 명 칭
주사무소
대표자 성 명 (인) (전화 :)
주 소
대리인 성 명 (인) (전화 :)
주 소
지방법원 등기소 귀중</td></tr>
</table>

- 신청서 작성요령 -

1. 해당란이 부족할 때에는 별지를 이용합니다.
1. 해당 등기신청과 관계없는 사항에 대하여는 "해당없음"으로 기재하거나 삭제하고, 필요한 사항은 추가 기재합니다.
1. 「인감증명법」에 따른 인감증명서 제출과 함께 관련 서면에 인감을 날인하여야 하는 경우, 본인서명사실확인서를 제출하고 관련 서명을 하거나 전자본인서명확인서 발급증을 제출하고 관련 서면에 서명을 하면 인감증명서를 제출하고 관련 서면에 인감을 날인한 것으로 봅니다.

(용지규격 21㎝ × 29.7㎝)

[주] 1. 등기할 사항 중 "변경된 주소와 변경연월일"란에 분사무소에서 신청하는 경우에는 이사의 주민등록번호도 기재한다.

2. 개명 또는 전거로 인한 주소변경의 경우, 등록면허세는 변경등기의 등록면허세인 40,200원, 교육세는 등록면허세의 100분의 20(8,040원)을 납부하여야 한다(지방세법 28조). 그러나 명칭·목적·임원등기 등 각종 변경등기신청을 하나의 신청서로 일괄신청하더라도 각각에 대하여 산출한 세액을 합산하여 납부한다.
3. 등기신청수수료는 6,000원(서면방문), 4,000원(전자표준양식), 2,000원(전자신청)이며, 명칭, 주사무소, 이사변경등기를 하나의 신청서로 신청할 경우에는 각각의 수수료 각 6,000원(서면방문), 4,000원(전자표준양식), 2,000원(전자신청)을 합산하여야 한다.
4. 주사무소소재지에서 대표이사의 성명변경의 등기를 신청할 때에는 이미 제출한 인감의 성명의 표시가 달라지게 되므로 변경된 성명으로 기재된 당해 대표이사의 인감신고서 및 인감대지도 제출해야 한다,
5. 이 등기는 본 법인을 대표하는 대표이사가 신청한다.

제5편
학교법인의 등기

제1장 총 설

제1절 의 의

학교법인이라 함은 사립학교만을 설치·경영함을 목적으로 사립학교법에 의하여 설립되는 법인을 말한다(사학 2조 2항).

따라서 학교법인은 사립학교의 설치·경영을 그 존립의 목적으로 하는 법적 주체이며, 학교설치·경영 이외에 다른 사업을 겸할 것을 목적으로 해서는 안된다는 금지의 뜻이 포함되어 있다고 할 것이다.

그러나 학교법인도 물론 수익을 목적으로 하는 사업도 할 수는 있지만 이는 오직 그가 설치란 사립학교의 교육에 지장이 없는 한도 내에서, 그리고 그 수익으로 사립학교의 교육에 충당하기 위해서만 허용될 뿐이며(사학 6조 1항), 각급 학교의 설립·운영규정을 보면 학교법인은 일정한 수익이 보장되는 수익용 기본재산을 확보하도록 의무사항으로 규정하고 있다(대학설립·운영규정 7조, 고등학교이하각급학교설립·운영규정 13조 등).

학교법인은 사립학교에 의하여 설립되는 특수법인이기 때문에 상법에 의하여 설립되는 영리법인인 회사와는 물론 비영리법인이라 할지라도 민법에 의하여 설립되는 법인과도 다르다.

학교법인은 사법인 중 비영리·공익법인으로서 그 설립의 기초로서 사원의 존재는 필요하지 않지만 그 설치·경영하는 사립학교에 필요한 시설·설비 및 기타 재산의 존재를 요건으로 하고 있기 때문에 그 성격상 재단법인에 속한다 할 것이며 실제로 사립학교법에서 재단법인에 관한 민법규정을 대부분 준용하고 있다(사학 9조, 13조, 27조, 42조).

학교법인의 성격은 기본적으로 재단법인과 유사하며 학교법인은 이사장을 포함하여 7인 이상의 이사와 2인 이상의 감사를 두어야 한다. 다만, 유치원만을 설치·경영하는 학교법인에는 5인 이상의 이사와 1인 이상의 감사를 두면 된다(사학 14조).

상법은 기업유지의 견지에서 일정한 해산사유에 의하여 해산한 경우에는 회사가 해산 전의 상태로 복귀하는 것을 인정하고 있는 바, 이를 회사의 계속이라 한다. 영리법인인 회사는 해산 후에도 다시 법인을 계속할 수 있는 것이 허용되나(상법 229조, 530조, 611조), 비영리법인인 민법법인과 학교법인의 경우에는 해산 후에 다시 법인을 계속할 수 있는 규정이 없으므로 계속할 수 없다 할 것이다.

제2절 등기절차

사립학교법에 의하여 설립되는 학교법인의 등기절차에 관하여는 사립학교법과 동법시행령(사학 13조, 27조, 42조)이 준용하고 있는 민법의 규정과 비송사건절차법, 민법법인및특수법인등기규칙, 상업등기규칙이 적용 또는 준용된다.

학교법인의 등기절차에 관해서도 총론의 등기신청절차나 등기실행절차에 관한 일반적인 사항이 모두 그대로 적용됨은 물론, 원래 학교법인은 사학의 공공성 보장을 위한 특수목적을 위하여 특별히 제정된 사립학교법의 규제를 받는 특수법인일 뿐 일반 민법상의 법인과 유사하므로 임시이사의 선임방법, 등기해태에 대한 과태료 결정, 사립학교 경영자인 재단법인은 학교법인으로 교육부장관의 인가를 받아 학교법인으로 조직변경을 할 수 있는 점 등, 합병을 할 수 있는 점 등 일부 규정을 제외하고는 그 등기절차 역시 민법상의 법인등기, 특히 그 중에서도 재단법인의 등기절차와 거의 유사하다.

1. 등기사유

학교법인에 있어서는 어떤 사유가 발생하면 어떤 등기를 해야 하는가? 즉 학교법인등기의 등기사유는 무엇인가에 대해서는 구체적인 각종 등기에 따라 다양하여 일률적으로 말할 수 없으나, 그 중에서도 가장 대표적인 것은 정관변경과 이사회의 결의라 할 수 있다.

그리고 사원총회는 학교법인에 존재하지 아니하므로 이는 등기사유에 해당하지 아니한다.

가. 정관의 변경

정관기재사항 중 수익사업의 종류, 공고의 방법 등을 정관의 절대적 기재사항이지만 등기사항이 아닌 것이 있는가 하면, 자산의 총액은 등기사항이지만 정관의 기재사항은 아닌 것과 등기사항과 정관의 기재사항은 그 범위가 반드시 일치하는 것은 아니다(사학 8조 1항, 10조 1항).

따라서 정관의 변경이 있다고 하여 반드시 등기절차가 뒤따르는 것은 아니지만 등기사항임과 동시에 정관의 기재사항인 명칭, 목적, 주사무소, 존립시기, 해산사유 등과 같은 사항에 관한 정관규정이 변경된 때에는 반드시 그에 따른 변경등기절차를 밟아야 하는 바, 그러한 경우는 정관변경이 곧 등기사유가 되는 것이다.

다만 사무소의 소재지는 정관의 절대적 기재사항임과 동시에 등기사항이지만 그 기재방법에 있어서는 서로 차이가 있는 바, 법인의 조직과 활동준칙의 대강만을 정하는 정관에 있어서는 그 소재지의 최소행정구역까지만 기재해도 무방하지만 거래의 제3자에 대한 일반공시를 목적으로 하는 등기에 있어서는 그 소재지의 지번까지 확정하여 등기하지 아니하면 아니 되기 때문에 정관에 그 기재가 최소행정구역까지만 기재된 경우 동일한 행정구역 내에서 사무소를 이전한 때에는 정관변경절차는 필요가 없지만 그 사무소의 이전등기는 필요하다

학교법인의 정관의 변경은 이사정수의 3분의 2 이상의 찬성에 의한 이사회의 의결을 거쳐 교육부장관의 인가를 받아야 비로소 그 효력이 생기며(사학 45조), 교육부장관의 인가를 받기 전에는 대외적으로는 물론 대내적으로 그 효력이 생기지 않는다.

여기서 이사정수라 함은 당해 학교법인의 정관에 정한 이사정원을 말하는 것이므로 이는 현재의 재적이사수(사학 17조, 18조)와는 구별되는 개념이다.

또한 변경된 사항이 등기사항이면 이를 등기하지 않고서는 그 변경을 가지고 제3자에게 대항할 수 없다(사학 8조 1항).

설립등기의 경우에는 원시정관을 첨부하되, 주무관청의 허가된 정관임을 알 수 있는 허가공문 또는 주무관청의 직인으로 날인한 정관 등을 첨부하여야 한다.

그리고 정관변경은 주무관청의 인가사항이어서(사학 45조) 정관변경이 주무관청의 인가사항인 경우에는 정관변경사항이 주무관청의 정관변경인가서에 나타나므로 변경등기신청시에 그 정관변경인가서만 첨부하면 되고, 달리 변경된 정관은 첨부할 필요가 없다.

나. 이사회의 결의

민법상 법인의 이사회는 법률상 필수기관이 아니라 임의기관일 뿐이나, 학교법인의 이사회는 7인 이상의 이사(사학 14조)로서 구성되는 상설·필수의 의사결정기관으로서 정관변경, 임원의 임면에 관한 사항 등 사립학교법 제16조 제1항 소정의 사항을 심의, 결정한다.

따라서 임원의 임면, 법인의 합병 또는 해산, 정관에 사무소소재지를 최소행정구역까지만 정한 경우에 있어서 구체적 설치장소 확정 등에 관한 이사회의 결의는 등기사유에 속하는 것으로서, 그러한 사항 등에 관한 이사회의 결의가 있는 때에는 반드시 그에 따른 등기절차를 이행해야 한다(사학 8조 2항).

이사회의 이사는 정관에 특별한 규정이 없는 한 재적이사 과반수의 찬성으로 의결하며(사학 18조), 주의할 것은 이 이사회의 보통결의 요건은 재적이사과반수이고 출석이사과반수의 찬성이 아니라는 점이다.

이사회의 의결에 대하여 특별한 규정이 있는 경우로는(특별의원 정족수) 정관의 변경, 법인의 해산, 합병사항의 경우로서 그 때에는 의결은 이사정수의 3분의 2 이상의 찬성을 요한다(사학 45조, 34조, 36조).

2. 첨부서류 등

학교법인등기의 각종 등기신청서에 첨부해야 할 서류도 각 경우에 따라 다양하기 때문에 일률적으로 설명하기는 힘드나 그 중 가장 대표적인 것은 정관과 이사회의사록이라 할 수 있을 것이다.

가. 정 관

정관이란 법인의 조직과 활동에 관한 기본규칙으로서 이는 법인의 자치법규이기 때문에 외부에 대해서는 구속력이 없지만, 내부에 대해서는 설립당초 뿐만 아니라 그 후에도 계속하여 구속력을 가진다.

학교법인이 설립등기를 신청할 때에는 반드시 정관을 첨부해야 한다. 그러나 목적이나 명칭변경의 경우처럼 그 등기사유가 정관의 변경인 경우라 할지라도 변경등기신청서에는 정관을 첨부할 필요가 없다. 왜냐하면 변경등기신청서에는 그 등기사항의 변경을 증명하는 서면을 첨부해야 하지만 정관의 변경은 그에 관한 이사회의 의결을 거쳐 주무관청의 인가를 받음으로서 그 효력이 빌생하는 것이지 정관문서의 기재문자를 변경기재해야만 그 효력이 발생하는 것은 아니기 때문이다.

학교법인의 정관에는 반드시 다음 사항을 기재해야 한다(사학 10조).

(1) 목 적

목적이란 법인이 영위하고자 하는 사업 또는 그 사업을 통하여 그 법인이 추구하는 목표를 가리키는 것으로서 학교법인은 반드시 사립학교의 설치·경영만을 유일한 목적으로 해야 하며 그 이외의 사업은 목적으로 할 수 없다.

(2) 명 칭

학교법인의 명칭에 관하여는 상법 제19조 및 제22조의 규정처럼 그 명칭중에 반드시 학교법인이라는 문자를 사용해야 한다거나 동일한 특별시·광역시·시·군에서 타인이 등기한 명칭으로 등기할 수 없다는 제한규정등은 없으나 법인의 종류를 쉽게 알 수 있도록 그 명칭 중에 학교법인이라는 문구를 사용하는 것이 적절하고 기존법인과 혼동될 우려 있는 명칭은 사용할 수 없으며, 법령의 규정에 의하여 사용이 금지된 명칭은 사용할 수 없다.

(3) 사무소의 소재지

사무소의 소재지란 법인의 사업을 총괄하는 장소로서 반드시 1개일 필요는 없고 수개여도 무방하나 수개인 때에는 반드시 그 모두를 기재하고 그 중 1개를 주사무소, 나머지를 분사무소로 정해야 한다.

사무소의 소재지를 기재함에 있어서는 법인의 조직과 활동준칙의 대강만을 정하는 정관에서는 반드시 그 소재장소의 지번까지 확정하여 기재해야만 하는 것은 아니지만 적어도 그가 소재하는 최소행정구역까지는 특정하여 기재하지 아니하면 아니된다.

(4) 자산 및 회계에 관한 사항

자산에 관한 사항으로서는 자산의 구분 즉, 기본재산과 보통재산, 기본재산은 다시 교육용 기본재산과 수익용 기본재산의 구분, 기본재산과 보통재산의 관리·운용, 기본재산의 처분제한 등에 관한 사항이 그 주된 내용이고 회계에 관한 사항으로서는 회계의 구분 즉, 법인회계와 학교회계, 법인회계는 다시 일반업무회계와 수익사업회계 및 교비회계(대학원에 속하는 회계)의 구분, 경비 지변의 원칙, 잉여금의 운용·차입절차 등에 관한 사항이 그 주된 내용일 것이다.

(5) 임원의 정원 및 임면에 관한 사항

정관에는 임원인 이사·감사에 관하여 사립학교법 제14조에 의거하여 그 정원에 관한 사항, 동법 제20조 내지 제22조에 의거하여 그 선임에 관한 사항, 동법 제24조 의거하여 그 보충에 관한 사항, 동법 제20조 제3항에 의거하여 그 임기에 관한 사항 등과 이사장의 선임(사학 14조 2항), 그 직무대행(사학 19조 2항)에 관한 사항 등도 정관에 기재해야 한다.

(6) 이사회에 관한 사항

정관에는 사립학교법 제15조 내지 제19조의 규정에 의거하여 이사회의 조직, 기능, 소집 및 개회의결 정족수, 이사회의결 제척사유 등도 명시해야 한다.

(7) 수익사업을 경영하고자 할 때에 그 수익사업의 종류, 기타사항에 관한 사항, 학교법인은 공익법인이므로 영리목적의 수익사업을 행할 수 없지만 그가 설치한 사립학교의 교육에 지장이 없는 범위 안에서는 그 수익을 사립학교의 경영에 충당하기 위하여 수익사업을 행할 수 있는 바(사학 6조 1항) 그 경우에는 그 수익사업의 종류, 사업운영의 원칙 등을 정하여 이를 정관에 기재해야 한다.

(8) 정관변경에 관한 사항

정관에는 사립학교법 제45조의 규정에 의하여 정관변경에 관한 사항도 기재해야 한다. 정관의 변경은 그 필요적 기재사항의 변경 뿐만 아니라 소위 임의적 기재사항의 변경도 포함함은 물론이다.

(9) 해산에 관한 사항

학교법인의 해산사유는 사립학교법 제34조 각 호에 규정되어 있는 바, 그 이외에 존립시기나 해산사유에 관한 정함이 있는 때에는 그 시기나 사유도 정관에 기재하여 이를 등기해야 한다(사학 10조 1항, 8조 1항).

(10) 기타 사립학교법인에 의하여 정관에 기재해야 할 사항

위의 사항 외에 이사장의 직무(사학 19조 1항), 설립당초의 임원(사학 10조 2항) 등도 정관에 반드시 기재해야 한다.

(11) 위에 열거한 사항 등은 정관에 반드시 기재해야 하고, 그 중 하나라도 그 기재를 결하면 정관으로서의 효력이 생기지 않는 바, 이러한 사항을 정관의 필요적 기재사항이라 한다.

그러나 정관에는 이 필요적 기재사항 이외에도 어떠한 사항이라도 설립자의 자유의사에 따라 이를 임의로 기재할 수 있고 또 그것이 일반 정관에 기재되면 공서양속과 강행법규에 위반되지 않는 한 필요적 기재사항과 다름없는 효력을 가지며 그 변경도 역시 정관변경절차를 밟아야 하는 바, 그와 같은 사항을 임의적 기재사항이라 한다.

나. 이사회의사록

학교법인은 업무에 관한 의사결정기관으로서 필요상설기관인 이사회를 두어야 하며(사학 5조) 임원의 임면, 법인의 합병 또는 해산, 정관에 사무소소재지를 최소행정구역까지만 정한 경우에 있어서 구체적 설치장소 확정 등에 따른 등기에는 이사회의 결의를 거쳐야 하고 그러한 등기신청서에는 그 등기사유를 증명하는 서면으로서 이사회의사록을 첨부해야 한다.

이사회의 의사에 관하여는 그 결의의 적법 여부에 대한 후일의 증거로 하기 위하여 의사의 경과요령과 그 결과를 기재하고 의장과 출석한 이사가 기명 날인한 의사록을 작성함이 타당하다.

의사록에 기재해야 할 경과요령과 결과로서 어떠한 사항을 기재해야 할 것인가에 대해서는 사안에 따라 다를 것이나 결의의 적법 여부에 대한 후일의 증거로 삼고자 하는 의사록작성의 목적에 상응하도록 다음과 같은 사항들을 기재해야 할 것이다.

(1) 의사개최일시 및 장소

이는 당해 이사회를 특정하기 위한 기재이다.

(2) 총이사수와 출석이사수

이는 결의가 정족수에 달하고 있는가 여부를 명백히 하기 위한 기재이다.

(3) 결의의 성립과정

결의가 적법히 성립되었음을 명백히 하기 위한 기재로서 결의의 방법과 그 결과 등을 기재해야 할 것이다.

(4) 결의내용

어떤 결의가 성립되었는가를 명백히 판명될 수 있도록 결의내용을 기재해야 한다.

의사록에 날인한 인장은 등기소에 제출된 인감과 반드시 같을 필요는 없다.

법인등기신청서에 첨부하는 의사록은 공증인의 인증을 받아야 하나, 사립학교법에 의하여 성립된 학교법인의 경우에는 의사록의 공증인의 인증이 면제된다.

[서식 50] 학교법인 변경등기신청서(명칭변경)

<table>
<tr><th colspan="5">학교법인 변경등기신청</th></tr>
<tr><td rowspan="2">접 수</td><td>년 월 일</td><td rowspan="2">처 리 인</td><td>등기관 확인</td><td>각종 통지</td></tr>
<tr><td>제 호</td><td></td><td></td></tr>
</table>

<table>
<tr><td>명 칭</td><td>학교법인 ○○학원</td><td>등기번호</td><td colspan="3">제○○○○호</td></tr>
<tr><td>주 사 무 소</td><td colspan="5">○○시 ○○구 ○○로 ○○(○○동)</td></tr>
<tr><td>등기의 목적</td><td colspan="5">명칭 변경등기</td></tr>
<tr><td>등기의 사유</td><td colspan="5">20○○년 ○월 ○일 이사회에서 정관변경을 결의하고 20○○년 ○월 ○일 주무관청의 인가를 받아 다음과 같이 명칭을 변경하였으므로 그 등기를 구함.</td></tr>
<tr><td>인가서도착연월일</td><td colspan="5">20○○년 ○월 ○일</td></tr>
<tr><td>주사무소/분사무소 신청구분</td><td colspan="5">1. 주사무소 신청 □ 2. 분사무소 신청 □ 3. 주·분사무소 일괄신청 □</td></tr>
<tr><td colspan="6">등 기 할 사 항</td></tr>
<tr><td>명칭의 변경과 그 연월일</td><td colspan="5">명 칭 : 학교법인 ○○학원
20○○. ○. ○. 변경</td></tr>
<tr><td>기 타</td><td colspan="5"></td></tr>
</table>

<table>
<tr><th colspan="7">신청등기소 및 등록면허세/수수료</th></tr>
<tr><td rowspan="2">순번</td><td rowspan="2">신청등기소</td><td rowspan="2">구분</td><td>등록면허세</td><td rowspan="2">농어촌특별세</td><td rowspan="2">세액합계</td><td rowspan="2">등기신청수수료</td></tr>
<tr><td>지방교육세</td></tr>
<tr><td rowspan="2"></td><td rowspan="2"></td><td rowspan="2"></td><td>금 원</td><td rowspan="2">금 원</td><td rowspan="2">금 원</td><td rowspan="2">금 원</td></tr>
<tr><td>금 원</td></tr>
</table>

합 계						
등기신청수수료 납부번호						
과 세 표 준 액	금 원					

첨 부 서 면	
1. 이사회회의록 1통 1. 주무관청의 정관변경인가서(또는 인증있는 인가서등본) 1통 1. 인감신고서 및 인감증명 각 1통	1. 등록면허세영수필확인서및통지서 1통 1. 위임장(대리인이 신청할 경우) 1통 〈기 타〉

년 월 일

신청인 명 칭

주사무소

이사장 성 명 (인) (전화 :)

주 소

대리인 성 명 (인) (전화 :)

주 소

지방법원 등기소 귀중

- 신청서 작성요령 -

1. 해당란이 부족할 때에는 별지를 이용합니다.
1. 해당 등기신청과 관계없는 사항에 대하여는 "해당없음"으로 기재하거나 삭제하고, 필요한 사항은 추가 기재합니다.
1. 「인감증명법」에 따른 인감증명서 제출과 함께 관련 서면에 인감을 날인하여야 하는 경우, 본인서명사실확인서를 제출하고 관련 서명을 하거나 전자본인서명확인서 발급증을 제출하고 관련 서면에 서명을 하면 인감증명서를 제출하고 관련 서면에 인감을 날인한 것으로 봅니다.

(용지규격 21㎝ × 29.7㎝)

[주] 1. 명칭은 변경등기 전이므로 변경 전의 명칭을 기재한다.
2. 분사무소의 표시는 분사무소 소재지에서 신청하는 경우에 한하여 기재하는 것으로서 그 경우에는 주사무소 소재지 다음에 이 건 등기를 신청하는 당해 등기소관내의 분사무소 소재지도 기재한다.
3. 변경등기할 사항을 등기사항으로 기재한다. 변경연월일은 명칭변경 등의 사원총회결의의 효력발생일이고, 등기일자는 등기신청의 접수일자가 된다. 다만, 주무관청의 허가가 필요한 경우에는 그 허가일자가 변경일자가 된다.
4. 등록면허세는 변경등기의 등록면허세인 40,200원, 교육세는 등록면허세의 100분의 20(8,040원)을 납부하여야 한다(지방세법 28조). 그러나 명칭·목적·임원등기 등 각종 변경등기신청을 하나의 신청서로 일괄신청하더라도 각각에 대하여 산출한 세액을 합산하여 납부한다. 다만, 동일한 변경사항이 수개인 경우에는 1건의 등록면허세만 납부한다. 조세특례제한법, 지방세법, 관세법 등에 의하여 등록면허세가 감면되는 경우에 그 감면세액의 100분의 20의 농어촌특별세를 납부하여야 한다(다만, 이것도 면제되는 경우도 있다).
5. 등기신청수수료는 6,000원(서면방문), 4,000원(전자표준양식), 2,000원(전자신청)을 납부하여야 한다.
6. 정관을 변경하기 위하여 이사정수의 3분의 2 이상이 찬성하는 특별결의를 한 이사회회의록을 첨부해야 하며, 이 의사록은 공증인의 인증을 받아야 한다.
7. 주무관청의 인가서등본을 첨부하는 경우에는 인증있는 등본을 첨부해야 한다.
8. 분사무소 소재지에서 신청하는 경우, 신청인란은 변경 후의 명칭으로 기재한다.
9. 이미 제출한 인감대지의 명칭이 달라지므로 변경된 명칭으로 기재된 인감신고서와 인감대지 및 이사장 개인의 인감증명서를 제출한다.
10. 이 등기는 본 법인을 대표하는 대표이사가 신청한다.

[첨부서류 1] 이사회회의록

학교법인 OO학원 이사회회의록

20OO년 O월 O일 OO시 OO분, OO시 OO구 OO로 OO(OO동) 당 법인 회의실에서 이사회를 개최하다.

총이사수 : 7명　　　출석이사수 : 5명

이사장 OOO은 정관규정에 따라 의장석에 등단하여 위와 같이 법정수에 달하는 이사가 출석하였으므로 본 이사회가 적법히 성립되었음을 알리고 개회를 선언한 후, 다음의 의안을 부의하고 심의를 구하다.

제1호 의 안 명칭 변경의 건

의장은 사업형편상 당 법인의 명칭을 다음과 같이 변경해야 할 필요가 있음을 설명하고 그 가부를 물은 바, 전원 이의 없이 찬성하여 만장일치로 그를 승인 가결하다.

명칭 : 학교법인 OO학원

제2호 의 안 정관 일부변경의 건

의장은 위 명칭변경에 수반하여 현행 정관 제O조를 다음과 같이 변경해야 한다는 취지를 설명하고 그 가부를 물으니, 전원 이의 없이 만장일치로 그를 승인 가결하다.

제O조(명칭) 당 법인은 학교법인 OO학원이라 칭한다.

의장은 이상으로서 회의목적인 의안 전부의 심의를 종료하였으므로 폐회한다고 선언하다(회의종료시각 : OO시 OO분).

위 결의를 명확히 하기 위하여 이 회의록을 작성하고 의장과 출석한 이사가 기명날인하다.

20OO. O. O.

학교법인 OO학원
OO시 OO구 OO로 OO(OO동)
의장겸 이사장 홍 길 동 (직인)
이 사 홍 길 동 (인)
이 사 O O O (인)
이 사 O O O (인)
이 사 O O O (인)
이 사 O O O (인)

[서식 51] 학교법인 변경등기신청서(목적사업변경)

학교법인 변경등기신청

접 수	년 월 일	처 리 인	등기관 확인	각종 통지
	제 호			

명 칭	학교법인 ○○학원	등기번호	제○○○○호
주 사 무 소	○○시 ○○구 ○○로 ○○(○○동)		
등기의 목적	목적 변경등기		
등기의 사유	20○○년 ○월 ○일 이사회에서 정관변경을 결의하고 20○○년 ○월 ○일 주무관청의 인가를 받아 다음과 같이 목적을 변경하였으므로 그 등기를 구함.		
인가서도착연월일	20○○년 ○월 ○일		
주사무소/분사무소 신청구분	1. 주사무소 신청 □	2. 분사무소 신청 □	3. 주·분사무소 일괄신청 □
등 기 할 사 항			
목적의 변경과 그 연월일	목 적 : "1. ○○○○○○○"을 "1. ○○○○○○○○○○"으로 변경 목 적 : 다음 목적을 삭제 1. 각 항에 부대하는 사업 목 적 : 다음 목적을 추가 1. ○○○○○○○ 1. ○○○○○○○ 1. 위 각 항에 관련된 부대사업 일체 20○○. ○. ○. 변경		
기 타			

신청등기소 및 등록면허세/수수료						
순번	신청등기소	구분	등록면허세	농어촌특별세	세액합계	등기신청수수료
			지방교육세			

			금 원 금 원	금 원	금 원	금 원
합 계						
등기신청수수료 납부번호						
과 세 표 준 액	금 원					
첨 부 서 면						
1. 이사회회의록 1통 1. 주무관청의 정관변경인가서(또는 인증있는 인가서등본) 1통				1. 등록면허세영수필확인서및통지서 1통 1. 위임장(대리인이 신청할 경우) 1통		

년 월 일

신청인 명 칭
주사무소
대표자 성 명 (인) (전화 :)
주 소
대리인 성 명 (인) (전화 :)
주 소

지방법원 등기소 귀중

- 신청서 작성요령 및 등기수입증지 첨부란 -

1. 해당란이 부족할 때에는 별지를 이용합니다.
1. 해당 등기신청과 관계없는 사항에 대하여는 "해당없음"으로 기재하거나 삭제하고, 필요한 사항은 추가 기재합니다.
1. 등기신청수수료 상당의 대법원등기수입증지를 이 난에 붙입니다.

(용지규격 21㎝ × 29.7㎝)

[주] 1. 학교법인의 목적변경등기는 정관상 학교법인의 설치·경영하는 학교나 수익사업의 조항에 기재된 사항도 포함된다.

2. 분사무소의 표시는 분사무소 소재지에서 신청하는 경우에 한하여 기재하는 것으로서 그 경우에는 주사무소 소재지 다음에 이 건 등기를 신청하는 당해 등기소관내의 분사무소 소재지도 기재한다.
3. 등록면허세는 변경등기의 등록면허세인 40,200원, 교육세는 등록면허세의 100분의 20(8,040원)을 납부하여야 한다(지방세법 28조). 그러나 명칭·목적·임원등기 등 각종 변경등기신청을 하나의 신청서로 일괄신청하더라도 각각에 대하여 산출한 세액을 합산하여 납부한다. 다만, 동일한 변경사항이 수개인 경우에는 1건의 등록면허세만 납부한다. 조세특례제한법, 지방세법, 관세법 등에 의하여 등록면허세가 감면되는 경우에 그 감면세액의 100분의 20의 농어촌특별세를 납부하여야 한다(다만, 이것도 면제되는 경우도 있다).
4. 등기신청수수료는 6,000원(서면방문), 4,000원(전자표준양식), 2,000원(전자신청)을 납부하여야 한다.
5. 정관을 변경하기 위하여 이사정수의 3분의 2 이상이 찬성하는 특별결의를 한 이사회회의록을 첨부해야 하며, 이 의사록은 공증인의 인증을 받아야 한다.
6. 주무관청의 인가서등본을 첨부하는 경우에는 인증있는 등본을 첨부해야 한다.
7. 이 등기는 본 법인을 대표하는 이사장이 신청한다.

[첨부서류 1] 이사회회의록

학교법인 OO학원 이사회회의록

20OO년 O월 O일 OO시 OO분, OO시 OO구 OO로 OO(OO동) 당 법인 회의실에서 이사회를 개최하다.

총이사수 : 7명 출석이사수 : 5명

이사장 OOO은 정관규정에 따라 의장석에 등단하여 위와 같이 법정수에 달하는 이사가 출석하였으므로 본 이사회가 적법히 성립되었음을 알리고 개회를 선언한 후, 다음의 의안을 부의하고 심의를 구하다.

제1호 의 안 설치학교 변경의 건

의장은 당 법인의 사정상 설치학교를 다음과 같이 변경해야 할 필요가 있음을 상세히 설명하고 그 가부를 물은 바, 전원 이의 없이 찬성하여 만장일치로 그를 승인 가결하다.

설치학교 : 1. OOOOOOO

1. OOOOOOO

제2호 의 안 정관 일부변경의 건

의장은 위 설치학교의 변경에 수반하여 현행 정관 제O조를 다음과 같이 변경해야 한다는 취지를 설명하고 그 가부를 물은 바, 전원 이의 없이 찬성하여 만장일치로 그를 승인 가결하다.

제O조(설치학교) 본 법인은 다음 학교를 설치·경영한다.

명칭 : 1. OOOOOOO

1. OOOOOOO

의장은 이상으로서 회의목적인 의안 전부의 심의를 종료하였으므로 폐회한다고 선언하다(회의종료시각 : OO시 OO분).

위 결의를 명확히 하기 위하여 이 회의록을 작성하고 의장과 출석한 이사가 기명날인하다.

2OOO. O. O.

학교법인 OO학원
OO시 OO구 OO로 OO(OO동)
의장겸 이사장 홍 길 동 (직인)
이 사 홍 길 동 (인)
이 사 O O O (인)
이 사 O O O (인)
이 사 O O O (인)
이 사 O O O (인)

[서식 52] 학교법인 변경등기신청서(출자방법변경)

<table>
<tr><td colspan="6">학교법인 변경등기신청</td></tr>
<tr><td rowspan="2">접 수</td><td>년 월 일</td><td rowspan="2">처 리 인</td><td>등기관 확인</td><td>각종 통지</td></tr>
<tr><td>제 호</td><td></td><td></td></tr>
</table>

<table>
<tr><td>명 칭</td><td>학교법인 ○○학원</td><td>등기번호</td><td colspan="2">제○○○○호</td></tr>
<tr><td>주 사 무 소</td><td colspan="4">○○시 ○○구 ○○로 ○○(○○동)</td></tr>
<tr><td>등기의 목적</td><td colspan="4">출자방법 변경등기</td></tr>
<tr><td>등기의 사유</td><td colspan="4">20○○년 ○월 ○일 이사회에서 정관변경을 결의하고 20○○년 ○월 ○일 주무관청의 인가를 받아 다음과 같이 출자방법을 변경하였으므로 그 등기를 구함.</td></tr>
<tr><td>인가서도착연월일</td><td colspan="4">20○○년 ○월 ○일</td></tr>
<tr><td>주사무소/분사무소
신청구분</td><td colspan="4">1. 주사무소 신청 □ 2. 분사무소 신청 □ 3. 주·분사무소 일괄신청 □</td></tr>
<tr><td colspan="5">등 기 할 사 항</td></tr>
<tr><td>출 자 방 법</td><td colspan="4">1. ○○○○○○○○
1. ○○○○○○○○
20○○. ○. ○. 변경</td></tr>
<tr><td>기 타</td><td colspan="4"></td></tr>
</table>

<table>
<tr><td>등록면허세</td><td>금 원</td><td>지방교육세</td><td>금 원</td><td>농어촌특별세</td><td>금 원</td></tr>
<tr><td>세액 합계</td><td colspan="2">금 원</td><td>등기신청수수료</td><td colspan="2">금 원</td></tr>
<tr><td colspan="3">등기신청수수료 납부번호</td><td colspan="3"></td></tr>
<tr><td colspan="6">첨 부 서 면</td></tr>
<tr><td colspan="3">1. 이사회회의록 1통
1. 주무관청의 정관변경인가서(또는 인증있는 인가서등본) 1통</td><td colspan="3">1. 등록면허세영수필확인서및통지서 1통
1. 위임장(대리인이 신청할 경우) 1통
〈기 타〉</td></tr>
</table>

		년 월 일
신청인	명 칭	
	주사무소	
대표자	성 명	(인) (전화 :)
	주 소	
대리인	성 명	(인) (전화 :)
	주 소	
		지방법원 등기소 귀중

- 신청서 작성요령 -

1. 해당란이 부족할 때에는 별지를 이용합니다.
1. 해당 등기신청과 관계없는 사항에 대하여는 "해당없음"으로 기재하거나 삭제하고, 필요한 사항은 추가 기재합니다.

(용지규격 21㎝ × 29.7㎝)

[주] 1. 등록면허세는 변경등기의 등록면허세인 40,200원, 교육세는 등록면허세의 100분의 20(8,040원)을 납부하여야 한다(지방세법 28조). 그러나 명칭·목적·임원등기 등 각종 변경등기신청을 하나의 신청서로 일괄신청하더라도 각각에 대하여 산출한 세액을 합산하여 납부한다. 다만, 동일한 변경사항이 수개인 경우에는 1건의 등록면허세만 납부한다. 조세특례제한법, 지방세법, 관세법 등에 의하여 등록면허세가 감면되는 경우에 그 감면세액의 100분의 20의 농어촌특별세를 납부하여야 한다(다만, 이것도 면제되는 경우도 있다).

2. 등기신청수수료는 6,000원(서면방문), 4,000원(전자표준양식), 2,000원(전자신청)을 납부하여야 한다.
3. 정관을 변경하기 위하여 이사정수의 3분의 2 이상이 찬성하는 특별결의를 한 이사회회의록을 첨부해야 하며, 이 의사록은 공증인의 인증을 받아야 한다.
4. 주무관청의 인가서등본을 첨부하는 경우에는 인증있는 등본을 첨부해야 한다.
5. 이 등기는 본 법인을 대표하는 이사장이 신청한다.

[첨부서류 1] 이사회회의록

학교법인 OO학원 이사회회의록

20OO년 O월 O일 OO시 OO분, OO시 OO구 OO로 OO(OO동) 당 법인 회의실에서 이사회를 개최하다.

총이사수 : 7명　　　출석이사수 : 5명

이사장 OOO은 정관규정에 따라 의장석에 등단하여 위와 같이 법정수에 달하는 이사가 출석하였으므로 본 이사회가 적법히 성립되었음을 알리고 개회를 선언한 후, 다음의 의안을 부의하고 심의를 구하다.

제1호 의 안　출자방법 변경의 건

의장은 당 법인의 사정상 출자방법을 다음과 같이 변경해야 할 필요가 있음을 설명하고 그 가부를 물은 바, 전원 이의 없이 찬성하여 만장일치로 그를 승인 가결하다.

출자방법 : 1. OOOOOOO
　　　　　 2. OOOOOOO

제2호 의 안　정관 일부변경의 건

의장은 위 출자방법 변경에 수반하여 현행 정관 제O조를 다음과 같이 변경해야 한다는 취지를 설명하고 그 가부를 물은 바, 전원 이의 없이 찬성하여 만장일치로 그를 승인 가결하다.

제O조(출자방법) 당 법인의 출자방법은 다음과 같다.

출자방법 : 1. OOOOOOO
　　　　　 2. OOOOOOO

의장은 이상으로서 회의목적인 의안 전부의 심의를 종료하였으므로 폐회한다고 선언하다(회의종료시각 : OO시 OO분).

위 결의를 명확히 하기 위하여 이 회의록을 작성하고 의장과 출석한 이사가 기명날인하다.

2000. O. O.

학교법인 OO학원
OO시 OO구 OO로 OO(OO동)
의장겸 이사장 홍 길 동 (직인)
이 사 홍 길 동 (인)
이 사 O O O (인)
이 사 O O O (인)
이 사 O O O (인)
이 사 O O O (인)

[서식 53] 학교법인 변경등기신청서(자산총액변경)

학교법인 변경등기신청

접 수	년 월 일	처 리 인	등기관 확인	각종 통지
	제 호			

명 칭	학교법인 ○○학원	등기번호	제○○○○호
주 사 무 소	○○시 ○○구 ○○로 ○○(○○동)		
등기의 목적	자산총액 변경등기		
등기의 사유	20○○년 ○월 ○일 자산의 총액이 다음과 같이 변경되었으므로 그 등기를 구함(또는 200○○년 ○월 ○일 이사회의 결의로 주무관청의 인가를 받아 자산을 매도하여 정관의 자산총액이 다음과 같이 변경되었으므로 그 등기를 구함).		
인가서도착연월일	20○○년 ○월 ○일		
주사무소/분사무소 신청구분	1. 주사무소 신청 □ 2. 분사무소 신청 □ 3. 주·분사무소 일괄신청 □		
등 기 할 사 항			

자산의 총액	금 50,000,000,000원 20○○. ○. ○. 변경
기 타	

등록면허세	금 원	지방교육세	금 원	농어촌특별세	금 원
세액 합계	금 원		등기신청수수료	금 원	
등기신청수수료 납부번호					
첨 부 서 면					
1. 재산목록(또는 이사회회의록) 1통 1. 주무관청의 정관변경인가서(또는 인증있는 인가서등본) 1통			1. 등록면허세영수필확인서및통지서 1통 1. 위임장(대리인이 신청할 경우) 1통 〈기 타〉		

년 월 일

신청인 명 칭

주사무소

대표자 성 명 (인) (전화 :)

주 소

대리인 성 명 (인) (전화 :)

주 소

지방법원 등기소 귀중

- 신청서 작성요령 -

1. 해당란이 부족할 때에는 별지를 이용합니다.
1. 해당 등기신청과 관계없는 사항에 대하여는 "해당없음"으로 기재하거나 삭제하고, 필요한 사항은 추가 기재합니다.

(용지규격 21㎝ × 29.7㎝)

[주] 1. 등기의 사유란 ( )는 자산의 총액변경이 정관변경을 수반하는 경우이다.

2. 등기할 사항에는 종전 자산의 총액과 새로 증감한 자산금액을 합한 금액을 기재한다. 채무초과인 경우에는 '자산의 총액 금 O원(채무초과액 금 OOO원)'이라 기재한다.

3. 등록면허세는 새로 증가한 자산금액의 1,000분의 2, 대도시 내에서 법인을 설

립 또는 전입 후 5년 내에는 그 3배를 가산하나, 세액이 112,500원 미만인 때에는 112,500원이 된다. 교육세는 등록면허세의 100분의 20이다(지방세법 28조). 그러나 명칭·목적·임원등기 등 각종 변경등기신청을 하나의 신청서로 일괄신청하더라도 각각에 대하여 산출한 세액을 합산하여 납부한다. 조세특례제한법, 지방세법, 관세법 등에 의하여 등록면허세가 감면되는 경우에 그 감면세액의 100분의 20의 농어촌특별세를 납부하여야 한다(다만, 이것도 면제되는 경우도 있다).

4. 등기신청수수료는 6,000원(서면방문), 4,000원(전자표준양식), 2,000원(전자신청)을 납부하여야 한다. 그러나 명칭·목적·임원등기 등 각종 변경등기신청을 하나의 신청하는 경우 각각의 수수료 6,000원(서면방문), 4,000원(전자표준양식), 2,000원(전자신청) 합산하여야 한다.
5. 재산목록이나 대차대조표를 하거나 재산목록 등을 승인한 이사회회의록을 첨부한다. 이 회의록은 공증인의 인증을 받지 아니한다.
6. 주무관청의 인가서등본을 첨부하는 경우에는 인증있는 등본을 첨부해야 한다.
7. 이 등기는 본 법인을 대표하는 이사장이 신청한다.

[첨부서류 1] 재산목록

재 산 목 록

1. 자산의 총액
   가. 교육용 기본재산 금 OOOOOO원
   나. 수익용 기본재산 금 OOOOOO원
   다. 보통재산 금 OOOOOO원
2. 부채의 총액 금 OOOOOO원
3. 순재산의 총액 금 OOOOOO원
   (내 역)
   가. 교육용기본재산 금 OOOOOO원
   (1) 토지 OOOO㎡ 금 OOOOOO원

종 별	소 재 지	지목	면적	가격(원)
교사부지				
운동장부지				

체육관부지				
도서관부지				
학생회관부지				
기숙사부지				
계				

(2) 건물 OOOO㎡ 금 OOOOOO원

종 별	소 재 지	지목	면적	가격(원)
교 사				
운 동 장				
체 육 관				
도 서 관				
학생회관				
기 숙 사				
계				

(3) 도서 OOOOO권 금 OOOOOO원

종 별	수 량	가 격(원)	비 고
계			

(4) 교구 및 비품 OOOOO점 금 OOOOOO원

종 별	수 량	가 격(원)	비 고
계			

나. 수익용기본재산 금 OOOOOO원
(1) 수익용토지 OOOO㎡ 금 OOOOOO원
(2) 수익용건물 OOO㎡ 금 OOOOOO원
(3) 수익용동산 금 OOOOOO원

다. 보통재산 금 OOOOOO원
(1) 예금 금 OOOOOO원

예금종별	예치은행	금 액(원)	비 고
계			

(2) 적립금 금 OOOOOO원

적립종별	예치은행	금 액(원)	비 고
계			

(3) 현금 금 OOOOOO원
(4) 미수금 금 OOOOOO원
(5) 기타(기본재산 이외의 기타재산) 금 OOOOOO원

라. 부 채
(1) 차입금 금 OOOOOO원
(2) 선수금 금 OOOOOO원
(3) 미지급금 금 OOOOOO원

위 설립당초의 당 법인의 재산목록임.

20OO년 O월 O일

학교법인 OO학원
OO시 OO구 OO로 OO(OO동)
이사장 O O O (인)

[첨부서류 2] 이사회회의록

학교법인 OO학원 이사회회의록

20OO년 O월 O일 OO시 OO분, OO시 OO구 OO로 OO(OO동) 당 법인 회의실에서 이사회를 개최하다.

총이사수 : 7명　　　　출석이사수 : 5명

이사장 OOO은 정관규정에 따라 의장석에 등단하여 위와 같이 법정수에 달하는 이사가 출석하였으므로 본 이사회가 적법히 성립되었음을 알리고 개회를 선언한 후, 다음의 의안을 부의하고 심의를 구하다.

제1호 의 안　자산총액변경 및 재산목록, 수지계산서 승인의 건

의장은 감사 OOO로 하여금 별첨 재산목록과 수지계산서를 출석이사 전원에게 배포한 후 검토를 위하여 약 30분간 정회를 선포한다.
곧이어 회의를 속개하여 자산총액을 변경하여야 할 필요성을 설명하고 그 의안의 승인 여부를 물은 바, 전원 이의 없이 찬성하여 만장일치로 그를 승인 가결하다.

자산총액 : 금 OOOOOOO원

[유례] 당 법인의 발전을 위하여 금 OOOOO원을 기본재산으로 편입하여 증자할 지 여부에 대하여 의견을 구한 바, 전원 일치하여 위 금원을 기본재산으로 편입할 것을 승인 가결하다.

의장은 이상으로서 회의목적인 의안 전부의 심의를 종료하였으므로 폐회한다고 선언하다(회의종료시각 : OO시 OO분).

위 결의를 명확히 하기 위하여 이 회의록을 작성하고 의장과 출석한 이사가 기명날인하다.

20OO. O. O.

학교법인 OO학원
OO시 OO구 OO로 OO (OO동)
의장겸 이사장 홍 길 동 (직인)
이 사 홍 길 동 (인)

이 사 ○ ○ ○ (인)
이 사 ○ ○ ○ (인)
이 사 ○ ○ ○ (인)
이 사 ○ ○ ○ (인)

[서식 54] 학교법인 변경등기신청서(존립시기 또는 해산사유변경)

학교법인 변경등기신청

접 수	년 월 일	처 리 인	등기관 확인	각종 통지
	제 호			

명 칭	학교법인 ○○학원	등기번호	제○○○○호
주 사 무 소	○○시 ○○구 ○○로 ○○(○○동)		
등기의 목적	존립시기(또는 해산사유) 변경의 등기		
등기의 사유	20○○년 ○월 ○일 이사회에서 정관변경을 결의하고 20○○년 ○월 ○일 주무관청의 인가를 받아 존립시기(또는 해산사유)를 다음과 같이 변경(설정 또는 폐지)하였으므로 그 등기를 구함.		
인가서도착연월일	20○○년 ○월 ○일		
주사무소/분사무소 신청구분	1. 주사무소 신청 □	2. 분사무소 신청 □	3. 주·분사무소 일괄신청 □
등 기 할 사 항			
존립시기(또는 해산사유)의 변경과 그 연월일	존립시기(또는 해산사유) : ○○○○○○○○○ 20○○. ○. ○. 변경		
기 타			

신청등기소 및 등록면허세/수수료						
순번	신청등기소	구분	등록면허세 / 지방교육세	농어촌특별세	세액합계	등기신청수수료

<table>
<tr><td rowspan="2"></td><td rowspan="2"></td><td rowspan="2"></td><td>금 원</td><td rowspan="2">금 원</td><td rowspan="2">금 원</td><td rowspan="2">금 원</td></tr>
<tr><td>금 원</td></tr>
<tr><td rowspan="2"></td><td rowspan="2"></td><td rowspan="2"></td><td></td><td rowspan="2"></td><td rowspan="2"></td><td rowspan="2"></td></tr>
<tr><td></td></tr>
<tr><td colspan="3" rowspan="2">합 계</td><td></td><td rowspan="2"></td><td rowspan="2"></td><td rowspan="2"></td></tr>
<tr><td></td></tr>
<tr><td colspan="4">등기신청수수료 납부번호</td><td colspan="3"></td></tr>
<tr><td colspan="3">과 세 표 준 액</td><td colspan="4">금 원</td></tr>
<tr><td colspan="7">첨 부 서 면</td></tr>
<tr><td colspan="4">1. 이사회회의록 1통
1. 주무관청의 정관변경인가서(또는 인증있는 인가서등본) 1통</td><td colspan="3">1. 등록면허세영수필확인서및통지서 1통
1. 위임장(대리인이 신청할 경우) 1통</td></tr>
<tr><td colspan="7">년 월 일

신청인 명 칭
주사무소
대표자 성 명 (인) (전화 :)
주 소
대리인 성 명 (인) (전화 :)
주 소

지방법원 등기소 귀중</td></tr>
</table>

- 신청서 작성요령 -

1. 해당란이 부족할 때에는 별지를 이용합니다.
1. 해당 등기신청과 관계없는 사항에 대하여는 "해당없음"으로 기재하거나 삭제하고, 필요한 사항은 추가 기재합니다.

(용지규격 21㎝ × 29.7㎝)

[주] 1. 등기할 사항의 존립시기나 해산사유를 폐지한 경우에는 이를 기재하지 아니하거나, 기재하는 경우에는 "존립시기(해산사유)의 폐지"로 기재하고, 이를 변경하는 경우에는 변경한 내용을 기재한다.

2. 등록면허세는 변경등기의 등록면허세인 40,200원, 교육세는 등록면허세의 100분의 20(8,040원)을 납부하여야 한다(지방세법 28조). 그러나 명칭·목적·임원등기 등 각종 변경등기신청을 하나의 신청서로 일괄신청하더라도 각각에 대하여 산출한 세액을 합산하여 납부한다. 다만, 동일한 변경사항이 수개인 경우에는 1건의 등록면허세만 납부한다. 조세특례제한법, 지방세법, 관세법 등에 의하여 등록면허세가 감면되는 경우에 그 감면세액의 100분의 20의 농어촌특별세를 납부하여야 한다(다만, 이것도 면제되는 경우도 있다).
3. 등기신청수수료는 6,000원(서면방문), 4,000원(전자표준양식), 2,000원(전자신청)을 납부하여야 한다. 그러나 명칭·목적·임원등기 등 각종 변경등기신청을 하나의 신청하는 경우 각각의 수수료 6,000원(서면방문), 4,000원(전자표준양식), 2,000원(전자신청) 합산하여야 한다.
4. 정관을 변경하기 위하여 이사정수의 3분의 2 이상이 찬성하는 특별결의를 한 이사회의의록을 첨부해야 하며, 이 의사록은 공증인의 인증을 받아야 한다.
5. 주무관청의 인가서등본을 첨부하는 경우에는 인증있는 등본을 첨부해야 한다.
6. 이 등기는 본 법인을 대표하는 이사장이 신청한다.

[첨부서류 1] 이사회회의록

학교법인 OO학원 이사회회의록

20OO년 O월 O일 OO시 OO분, OO시 OO구 OO로 OO(OO동) 당 법인 회의실에서 이사회를 개최하다.

총이사수 : 7명　　　　출석이사수 : 5명

이사장 OOO은 정관규정에 따라 의장석에 등단하여 위와 같이 법정수에 달하는 이사가 출석하였으므로 본 이사회가 적법히 성립되었음을 알리고 개회를 선언한 후, 다음의 의안을 부의하고 심의를 구하다.

제1호 의 안　존립시기(또는 해산사유)변경(설정 또는 폐지)의 건

의장은 사업형편에 따라 본 법인의 존립시기(또는 해산사유)를 다음과 같이 변경(설정 또는 폐지)해야 할 필요가 있음을 설명하고 그 가부를 물은 바, 전원 이의 없이 찬성하여 만장일치로 그를 승인 가결하다.

존립시기(또는 해산사유) OOOOOOOO

제2호 의 안 정관 일부변경의 건

의장은 위 존립시기(또는 해산사유)의 변경(설정 또는 폐지)에 수반하여 현행 정관 제O조를 다음과 같이 변경(신설 또는 삭제)해야 한다는 취지를 설명하고 그 가부를 물은 바, 전원 이의 없이 찬성하여 만장일치로 그를 승인 가결하다.

제O조(존립시기 또는 해산사유) 당 법인은 존립시기(또는 해산사유)는 OOOOO OOO로 한다.

(단, 존립시기를 폐지하는 경우에는 조문 삭제로 한다)

의장은 이상으로서 회의목적인 의안 전부의 심의를 종료하였으므로 폐회한다고 선언하다(회의종료시각 : OO시 OO분).

위 결의를 명확히 하기 위하여 이 회의록을 작성하고 의장과 출석한 이사가 기명날인하다.

20OO. O. O.

학교법인 OO학원
OO시 OO구 OO로 OO(OO동)
의장겸 이사장 홍 길 동 (직인)
이 사 홍 길 동 (인)
이 사 ○ ○ ○ (인)
이 사 ○ ○ ○ (인)
이 사 ○ ○ ○ (인)
이 사 ○ ○ ○ (인)

[서식 55] 학교법인 임원변경등기신청서(이사변경)

학교법인 임원변경등기신청

접 수	년 월 일	처 리 인	등기관 확인	각종 통지
	제 호			

명 칭	학교법인 ○○학원	등기번호	제○○○○호

주 사 무 소	○○시 ○○구 ○○로 ○○(○○동)		
등기의 목적	임원 변경등기		
등기의 사유	이사 ○○○은 20○○년 ○월 ○일 임기만료로 퇴임하고 20○○년 ○월 ○일 이사회에서 다음 사람이 이사로 선임되어 20○○년 ○월 ○일 주무관청으로부터 승인을 받았으므로 그 등기를 구함.		
인가(승인)서 도착연월일	20○○년 ○월 ○일		
주사무소/분사무소 신청구분	1. 주사무소 신청 □	2. 분사무소 신청 □	3. 주·분사무소 일괄신청 □
등 기 할 사 항			
이사장 · 이사 · 감사 등의 퇴임 · 취임 등과 그 연월일	이사 ○ ○ ○ (○○○○○○－○○○○○○○) 20○○. ○. ○. 임기만료 이사 ○ ○ ○ (○○○○○○－○○○○○○○) 20○○. ○. ○. 취임		
기 타			

신청등기소 및 등록면허세/수수료						
순번	신청등기소	구분	등록면허세 지방교육세	농어촌특별세	세액합계	등기신청수수료
			금 원 금 원	금 원	금 원	금 원
합 계						
등기신청수수료 납부번호						
과 세 표 준 액	금 원					

첨 부 서 면	
1. 정관등본 1통	1. 가족관계등록부의 증명서(사망시) 1통
1. 이사회의사록 1통	1. 재판서등본(파산) 1통
1. 정관변경인가서(또는 인증있는	1. 승인취소통지서 1통

인가서등본 1통	1. 이사장의 인감신고서와 인감 증명서 1통
1. 주무관청의 승인서(또는 승인서 등본) 1통	1. 등록면허세영수필확인서및통지서 1통
1. 취임승낙서{인감증명, 주민등록 등(초)본 첨부} 통	1. 위임장(대리인이 신청할 경우) 1통
1. 사임서(인감증명서 첨부) 1통	〈기 타〉

년 월 일

신청인 명 칭
주사무소
대표자 성 명 (인) (전화 :)
주 소
대리인 성 명 (인) (전화 :)
주 소

지방법원 등기소 귀중

- 신청서 작성요령 -

1. 해당란이 부족할 때에는 별지를 이용합니다.
1. 해당 등기신청과 관계없는 사항에 대하여는 "해당없음"으로 기재하거나 삭제하고, 필요한 사항은 추가 기재합니다.
1. 「인감증명법」에 따른 인감증명서 제출과 함께 관련 서면에 인감을 날인하여야 하는 경우, 본인서명사실확인서를 제출하고 관련 서명을 하거나 전자본인서명확인서 발급증을 제출하고 관련 서면에 서명을 하면 인감증명서를 제출하고 관련 서면에 인감을 날인한 것으로 봅니다.

(용지규격 21㎝ × 29.7㎝)

[주] 1. 이사변경 등기사유의 예

가. 이사 등 증원 : 20OO년 O월 O일 이사회의 정관변경에 의하여 이사의 원수를 증원하기로 하고 다음 사람을 이사로 선임하고, 정관변경 및 이사선임에 대하여 20OO년 O월 O일 주무관청의 인가를 받았으므로 그 등기를 구함.

나. 이사 사망·사임 보선 : 이사 OOO은 사망, 이사 OOO은 사임하고 다음 사람이 20OO년 O월 O일 이사회에서 이사로 선임되어 20OO년 O월 O일 주무관청의 승인을 받았으므로 그 등기를 구함.

다. 이사 임기만료 퇴임·보선 : 이사 OOO은 20OO년 O월 O일 임기만료로 퇴임하고 20OO년 O월 O일 이사회에서 다음 사람이 이사로 선임되어

20OO년 O월 O일 주무관청으로부터 승인을 받았으므로 그 등기를 구함.

라. 이사 해임·보선 : 이사 OOO은 20OO년 O월 O일 이사회에서 해임되고 다음 사람이 이사에 선임되어 20OO년 O월 O일 주무관청의 승인을 받았으므로 그 등기를 구함.

마. 이사 사임·임기만료 후 권리의무 행사 중 보선 : 이사 OOO은 20OO년 O월 O일 사임하고, 이사 OOO은 20OO년 O월 O일 임기만료로 퇴임하고 20OO년 O월 O일 이사회에서 다음 사람들이 이사로 선출되어 20OO년 O월 O일 주무관청의 승인을 받았으므로 그 등기를 구함.

바. 파산 등 자격상실로 퇴임 보선 : 이사 OOO은 OO법원의 파산선고로 퇴임하고 20OO년 O월 O일 퇴임하고, 20OO년 O월 O일 이사회에서 다음 사람이 이사로 선출되어 20OO년 O년 O일 주무관청의 승인을 받았으므로 그 등기를 구함.

사. 이사 취임승인취소 보선 : 이사 OOO은 20OO년 O월 O일 주무관청으로부터 취임승인이 취소되고, 20OO년 O월 O일 이사회에서 다음 사람이 이사로 선출되어 20OO년 O월 O일 주무관청으로부터 승인을 받았으므로 그 등기를 구함.

아. 이사 중임 : 20OO년 O월 O일 이사회에서 이사 OOO, OOO, OOO을 다시 이사로 선출되어 20OO년 O월 O일 주무관청으로부터 그 취임승인을 받았으므로 그 중임등기를 구함.

2. 이사변경 등기할 사항의 예

가. 이사 등 증원인 때

이사 O O O (OOOOOO－OOOOOOO)

20OO년 O월 O일 취임

나. 이사 사망·사임 보선인 때

이사 OOO　20OO년 O월 O일 사망

이사 OOO　20OO년 O월 O일 사임

이사 O O O (OOOOOO－OOOOOOO)

20OO년 O월 O일 취임

다. 이사가 임기만료로 퇴임되고 보선인 때

이사 OOO　20OO년 O월 O일 임기만료

이사 O O O (OOOOOO－OOOOOOO)

20OO년 O일 O일 취임

라. 이사가 해임되고 보선인 때

이사 OOO　20OO년 O월 O일 해임

이사 O O O (OOOOOO－OOOOOOO)

20OO년 O월 O일 취임

마. 이사 사임·임기만료 후 권리의무 행사 중 보선인 때

이사 OOO　2OOO년 O월 O일 사임

이사 OOO　2OOO년 O월 O일 퇴임

이사 O O O (OOOOOO－OOOOOOO)

2OOO년 O월 O일 취임

이사 O O O (OOOOOO－OOOOOOO)

2OOO년 O월 O일 취임

바. 파산선고 등 자격상실로 퇴임 보선

이사 OOO　2OOO년 O월 O일 퇴임

이사 OOO　2OOO년 O월 O일 퇴임

이사 O O O (OOOOOO－OOOOOOO)

2OOO년 O월 O일 취임

이사 O O O (OOOOOO－OOOOOOO)

2OOO년 O월 O일 취임

사. 이사취임승인취소 보선

이사 OOO　2OOO년 O월 O일 취임승인취소

이사 O O O (OOOOOO－OOOOOOO)

2OOO년 O월 O일 취임

아. 이사가 중임인 때

이사 O O O (OOOOOO－OOOOOOO)

2OOO년 O월 O일 중임

이사 O O O (OOOOOO－OOOOOOO)

2OOO년 O월 O일 중임

이사 O O O (OOOOOO－OOOOOOO)

2OOO년 O월 O일 중임

3. 대표이사겸 이사 OOO와 감사 OOO는 2018. 6. 10. 임기만료로 퇴임하고, 2018. 6. 30. 대표이사겸 이사 OOO와 감사 OOO가 각 선임되어 같은 날 취임하고, 이사 OOO는 2018. 6. 10. 사임하고, 같은 날 이사 OOO가 선임되어 취임한 후 2018. 7. 10.자로 임시조합원총회를 개최한 사례임

4. 주무관청의 인가서도착연월일은 이사의 인원수 증원의 경우처럼 정관변경이 필요한 경우에 한하여 기재하는 사항으로서 정관변경에 관한 주무관청의 인가서가 도착한 일자를 기재한다.

5. 등록면허세는 변경등기의 등록면허세인 40,200원, 교육세는 등록면허세의 100분의 20(8,040원)을 납부하여야 한다(지방세법 28조). 그러나 명칭·목적·임원등기 등 각종 변경등기신청을 하나의 신청서로 일괄신청하더라도 각각에 대하여 산출한 세액을 합산하여 납부한다. 다만, 동일한 변경사항이 수개인 경우에

는 1건의 등록면허세만 납부한다. 조세특례제한법, 지방세법, 관세법 등에 의하여 등록면허세가 감면되는 경우에 그 감면세액의 100분의 20의 농어촌특별세를 납부하여야 한다(다만, 이것도 면제되는 경우도 있다).

6. 등기신청수수료는 6,000원(서면방문), 4,000원(전자표준양식), 2,000원(전자신청)을 납부하여야 한다.
7. 이사의 인원수 증원을 위한 정관변경의 경우나 이사의 선임·해임 등을 결의한 이사회회의록을 첨부한다. 이 의사록은 공증인의 인증을 받지 아니한다.
8. 주무관청의 정관변경인가서는 이사의 인원수 증원으로 정관변경을 위한 주무관청의 인가가 필요한 경우 등에 이를 첨부한다. 등본을 첨부하는 경우에는 인가관청의 인증 있는 등본을 첨부하여야 한다.
9. 이사취임 및 해임의 경우에는 그에 관한 관할청의 승인서를 첨부한다.
10. 이사의 수는 7인 이상이고, 상한선은 법률상 제한이 없으므로 정관으로 정하여 주무관청의 승인을 받은 수가 상한성이 된다 할 것이므로 이사의 정원을 확인할 수 있는 정관을 첨부하여야 한다.
11. 취임승낙서에는 이사장 및 이사의 인감증명서 및 주민등록등(초)본을 첨부하되, 이미 등기기록부에 주민등록번호가 기재된 이사 등이 중임하는 경우에는 위 등(초)본을 첨부하지 않아도 된다.
12. 취임취소통지서는 주무관청의 임원승인취소공문을 첨부한다.
13. 사임서에는 등기소에 제출된 인감도 동일한 인장으로 날인하여야 한다. 그러나 회의석상에서 사임한 취지의 기재가 있고, 그 임원의 기명날인이 있는 의사록을 첨부한 때에는 이의 첨부를 생략할 수 있다.
14. 이사장의 인감신고서는 인감대지와 함께 제출하여야 한다. 다만 중임의 경우에는 종전의 인감을 습용할 수 있다.
15. 이 등기는 본 법인을 대표하는 이사장이 신청한다.

[첨부서류 1] 이사회의사록

학교법인 OO학원 이사회의사록

20OO년 O월 O일 OO시 OO분, OO시 OO구 OO로 OO(OO동) 당 법인 회의실에서 이사회를 개최하다.

총이사수 : 7명 출석이사수 : 5명

의장인 이사장 OOO은 정관규정에 따라 의장석에 등단하여 위와 같이 법정수에 달하는 이사가 출석하였으므로 본 이사회가 적법히 성립되었음을 알리고 개회를 선언한 후, 다음의 의안을 부의하고 심의를 구하다.

제1호 의 안 이사의 법정수 증원의 건

의장은 당 법인의 OO학교의 추가 설립인가로 인하여 현행 정관상 이사정원인 O명의 이사만으로는 업무처리가 불가능하므로 부득이 정관상의 이사정원을 O명으로 증원해야 할 필요가 있음을 상세히 설명하고 그 가부를 물은 바, 전원 이의 없이 찬성하여 만장일치로 그를 승인 가결하다.

제2호 의 안 정관 일부변경의 건

의장은 위 이사의 인원수증원에 수반하여 현행 정관 제O조를 다음과 같이 변경해야 한다는 취지를 설명하고 그 가부를 물은 바, 전원 이의 없이 찬성하여 만장일치로 그를 승인 가결하다.

제O조(위원의 종별 및 인원수) 당 법인에는 다음의 임원을 둔다.
이사 O명(이사장 1명 포함)
감사 O명

의장은 이상으로서 회의목적인 의안 전부의 심의를 종료하였으므로 폐회한다고 선언하다(회의종료시각 : OO시 OO분).

위 결의를 명확히 하기 위하여 이 의사록을 작성하고 의장과 출석한 이사가 기명날인하다.

20OO. O. O.

학교법인 OO학원
OO시 OO구 OO로 OO(OO동)
의장겸 이사장 홍 길 동 (직인)
이 사 홍 길 동 (인)
이 사 O O O (인)
이 사 O O O (인)
이 사 O O O (인)
이 사 O O O (인)

[주] 이사의 인원수 증원을 위한 정관변경의 경우나 이사의 선임·해임 등을 결의한 이사회회의록을 첨부한다. 이 의사록은 공증인의 인증을 받지 아니한다.

[첨부서류 2] 취임승낙서

취 임 승 낙 서

본인은 20OO년 O월 O일 이사회에서 귀 법인의 이사로 선임되었으므로 그 취임을 승낙합니다.

20OO년 O월 O일

이사 O O O (인)
(OOOOOO－OOOOOOO)
OO시 OO구 OO로 OO(OO동)

학교법인 OO학원 귀중

[주] 취임승낙서에는 인감을 날인하고 인감증명서와 주민등록등(초)본을 첨부하여야 한다.

[첨부서류 3] 사 임 서

사 임 서

본인은 귀 법인의 이사인 바, 이번에 일신상의 형편에 의하여 그 직을 사임합니다.

20OO년 O월 O일

이사 O O O (인)

학교법인 OO학원 귀중

[주] 등기소에 제출된 인감도장으로 찍고 그 인감증명을 첨부해야 한다.

[서식 56] 학교법인 이사장변경등기신청서(이사장변경)

<table>
<tr><td colspan="5">학교법인 이사장변경등기신청</td></tr>
<tr><td rowspan="2">접 수</td><td>년 월 일</td><td rowspan="2">처 리 인</td><td>등기관 확인</td><td>각종 통지</td></tr>
<tr><td>제 호</td><td></td><td></td></tr>
</table>

<table>
<tr><td>명 칭</td><td>학교법인 ○○학원</td><td>등기번호</td><td colspan="3">제○○○○호</td></tr>
<tr><td>주 사 무 소</td><td colspan="5">○○시 ○○구 ○○로 ○○(○○동)</td></tr>
<tr><td>등기의 목적</td><td colspan="5">이사장 변경등기</td></tr>
<tr><td>등기의 사유</td><td colspan="5">(1) 이사장인 이사의 이사장직만 사임 보선
20○○년 ○월 ○일 이사장인 이사 ○○○은 이사장직만을 사임하고 20○○년 ○월 ○일 이사회에서 다음 사람이 이사장으로 선임되어 20○○년 ○월 ○일 관할청의 승인을 받아 20○○년 ○월 ○일 취임하였으므로 그 등기를 구함.
(2) 20○○년 ○월 ○일 이사장인 이사 ○○○은 이사와 이사장직을 사임(사망·임기만료로 퇴임)하고 20○○년 ○월 ○일 이사회에서 다음 사람이 이사와 이사장으로 선임되어 20○○년 ○월 ○일 관할청의 승인을 받아 20○○년 ○월 ○일 취임하였으므로 그 등기를 구함.</td></tr>
<tr><td>승인서도착연월일</td><td colspan="5">20○○년 ○월 ○일</td></tr>
<tr><td>주사무소/분사무소 신청구분</td><td>1. 주사무소 신청 ☐</td><td colspan="2">2. 분사무소 신청 ☐</td><td colspan="2">3. 주·분사무소 일괄신청 ☐</td></tr>
<tr><td colspan="6">등 기 할 사 항</td></tr>
<tr><td>이사장 · 이사 · 감사 등의 퇴임 · 취임 등과 그 연월일</td><td colspan="5">(1) 이사장직만 사임
이사장 ○ ○ ○ (○○○○○○-○○○○○○○)
○○시 ○○구 ○○로 ○○(○○)
20○○년 ○월 ○일 사임
이사장 ○ ○ ○ (○○○○○○-○○○○○○○)
○○시 ○○구 ○○로 ○○(○○)
20○○년 ○월 ○일 취임
(2) 이사장과 이사직을 사임
이사장 ○ ○ ○ (○○○○○○-○○○○○○○)</td></tr>
</table>

	○○시 ○○구 ○○로 ○○(○○) 20○○년 ○월 ○일 사임 이 사 ○ ○ ○ (○○○○○○-○○○○○○○) 20○○년 ○월 ○일 사임 이사장 ○ ○ ○ (○○○○○○-○○○○○○○) ○○시 ○○구 ○○로 ○○(○○) 20○○년 ○월 ○일 취임 이 사 ○ ○ ○ (○○○○○○-○○○○○○○) 20○○년 ○월 ○일 취임
기 타	

신청등기소 및 등록면허세/수수료						
순번	신청등기소	구분	등록면허세 지방교육세	농어촌특별세	세액합계	등기신청수수료
			금 원 금 원	금 원	금 원	금 원
합 계						
등기신청수수료 납부번호						
과 세 표 준 액	금 원					

첨 부 서 면	
1. 정관 1통 1. 이사회의사록 1통 1. 주무관청의 승인서(또는 승인서 등본) 1통 1. 취임승낙서{인감증명, 주민등록 등(초)본 첨부} 통 1. 사임서(인감증명서 첨부) 통	1. 가족관계등록부의 증명서(사망시) 1통 1. 이사장의 인감신고서와 인감증명서 1통 1. 등록면허세영수필확인서및통지서 1통 1. 위임장(대리인이 신청할 경우) 1통 〈기 타〉

년 월 일

신청인 명 칭
주사무소
대표자 성 명 (인) (전화 :)
주 소
대리인 성 명 (인) (전화 :)
주 소

지방법원 등기소 귀중

- 신청서 작성요령 -

1. 해당란이 부족할 때에는 별지를 이용합니다.
1. 해당 등기신청과 관계없는 사항에 대하여는 "해당없음"으로 기재하거나 삭제하고, 필요한 사항은 추가 기재합니다.
1. 「인감증명법」에 따른 인감증명시 제출과 함께 관련 서면에 인감을 날인하여야 하는 경우, 본인서명사실확인서를 제출하고 관련 서명을 하거나 전자본인서명확인서 발급증을 제출하고 관련 서면에 서명을 하면 인감증명서를 제출하고 관련 서면에 인감을 날인한 것으로 봅니다.

(용지규격 21㎝ × 29.7㎝)

[주] 1. 임원은 주무관청의 취임승인을 받아야 취임하고(사학 20조 2항), 승인서도착연월일이 그 등기기간의 기준이 되므로 주무관청의 승인서의 도착연월일을 기재한다.

2. 등록면허세는 변경등기의 등록면허세인 40,200원, 교육세는 등록면허세의 100분의 20(8,040원)을 납부하여야 한다(지방세법 28조). 그러나 명칭·목적·임원등기 등 각종 변경등기신청을 하나의 신청서로 일괄신청하더라도 각각에 대하여 산출한 세액을 합산하여 납부한다. 다만, 동일한 변경사항이 수개인 경우에는 1건의 등록면허세만 납부한다. 조세특례제한법, 지방세법, 관세법 등에 의하여 등록면허세가 감면되는 경우에 그 감면세액의 100분의 20의 농어촌특별세를 납부하여야 한다(다만, 이것도 면제되는 경우도 있다).

3. 등기신청수수료는 6,000원(서면방문), 4,000원(전자표준양식), 2,000원(전자신청)을 납부하여야 한다.

4. 이사장을 선임한 이사회의사록을 첨부하되, 이사장은 이사 중에서 정관이 정하는 바에 의하여 이사장을 선임하므로(사학 14조 2항), 이사장선임건을 설립자에게 준 경우에는 설립자의 이사장선임서를 첨부하면 된다.

5. 취임승낙서에는 취임자의 인감증명서와 주민등록등(초)본을 첨부하여야 하나, 그 취임승낙취지가 기재된 피선자의 기명날인이 있는 회의록을 첨부한 경우에는 이의 첨부를 생략할 수 있다.
6. 사임서에는 등기소에 제출된 인감도 동일한 인장으로 날인하여야 한다. 그러나 회의석상에서 사임한 취지의 기재가 있고, 그 임원의 기명날인이 있는 의사록을 첨부한 때에는 이의 첨부를 생략할 수 있다.
7. 이사장이 변경되면 새로 취임한 이사장의 인감신고서와 인감대지 및 인감증명서를 첨부한다. 다만 중임의 경우에는 종전의 인감을 습용할 수 있다.
8. 이 등기는 본 법인을 대표하는 이사장이 신청한다.

[첨부서류 1] 이사회의사록

학교법인 OO학원 이사회의사록

20OO년 O월 O일 OO시 OO분, OO시 OO구 OO로 OO(OO동) 당 법인 회의실에서 이사회를 개최하다.

총이사수 : 7명 출석이사수 : 5명

의장인 이사장 OOO은 정관규정에 따라 의장석에 등단하여 위와 같이 법정수에 달하는 이사가 출석하였으므로 본 이사회가 적법히 성립되었음을 알리고 개회를 선언한 후, 다음의 의안을 부의하고 심의를 구하다.

제1호 의 안 이사장 사임 및 보선의 건

의장은 이사장인 이사 OOO가 20OO년 O월 O일 이사직을(이사장직만) 사임하여 결원이 생겼으므로 그를 보선해야 한다는 취지를 설명하고 그 선출방법을 물은 바, 무기명 비밀투표로 선출하기로 결의하고 전원 일치되어 즉시 투표를 실시한 결과 다음과 같이 선출되다.

이 사 O O O (OOOOOO－OOOOOOO)
이사장 O O O (OOOOOO－OOOOOOO)
OO시 OO구 OO로 OO(OO동)

위 피선자는 즉석에서 그 취임을 승낙하다.

의장은 이상으로서 회의목적인 의안 전부의 심의를 종료하였으므로 폐회한다고 선언하다(회의종료시각 : OO시 OO분).

위 결의를 명확히 하기 위하여 이 의사록을 작성하고 의장과 출석한 이사가 기명날인하다.

2OOO. O. O.

학교법인 OO학원
OO시 OO구 OO로 OO(OO동)
의장겸 이사장 홍 길 동 (직인)
이 사 홍 길 동 (인)
이 사 O O O (인)
이 사 O O O (인)
이 사 O O O (인)
이 사 O O O (인)

[주] 이 의사록은 공증인의 인증을 받지 아니한다.

제6편

신용협동조합의 등기

제1장 총 설

제1절 의 의

신용협동조합이라 함은 공동유대를 바탕으로 하는 신용협동조직의 건전한 육성을 통하여 그 구성원의 경제적·사회적 지위를 향상시키고, 지역주민에 대한 금융편의를 제공함으로써 지역경제의 발전에 기여함을 목적으로 설립된 비영리법인으로 법인격있는 조합을 말한다(신협 1조, 2조).
신용협동조합법에 의한 설립된 법인으로는 조합원을 구성원으로 설립한 신용협동조합(이하 "신협" 또는 "조합"이라 한다)과 각 신용협동조합을 구성원으로 설립한 신용협동조합중앙회(이하 "중앙회"라 한다)가 있으며 이들은 조합의 공동이익을 도모하기 위하여 이 법에 의하여 설립된 비영리법인이다(신협 2조).

제2절 설립요건

신용협동조합을 설립하고자 하는 때에는 30인 이상의 발기인이 정관을 작성하여 창립총회의 결의를 얻어 대통령령이 정하는 바에 따라 중앙회의 회장을 거쳐 금융위원회의 인가를 받아 그 주된 사무소의 소재지에서 설립등기를 함으로서 성립한다(신협 7조 1항, 4조 1항).

제2장 변경등기

신용협동조합법에 의하여 설립되는 조합이나 중앙회의 등기절차에 관하여는 신용협동조합법과 동법시행령 및 민법법인및특수법인등기규칙이 적용됨은 물론이다.

그러나 신용협동조합이라 함은 조합원의 자금의 조성과 이용의 편익도모라는 특수한 목적을 위하여 제정된 신용협동조합법의 규제를 받는 특수법인이나 본질상의 사단법인과 다를 바가 없다.

등기절차에 관하여도 농업협동조합이나 민법상의 사단법인과 거의 유사하다.

신청서에 첨부하는 의사록은 공증인의 인증을 받을 필요가 없다.

[서식 57] 신용협동조합 변경등기신청서(출자 1좌의 금액과 출자납입방법 변경)

<table>
<tr><th colspan="5">신용협동조합 변경등기신청</th></tr>
<tr><td rowspan="2">접 수</td><td>년 월 일</td><td rowspan="2">처 리 인</td><td>등기관 확인</td><td>각종 통지</td></tr>
<tr><td>제 호</td><td></td><td></td></tr>
</table>

<table>
<tr><td>명 칭</td><td colspan="2">○○신용협동조합</td><td>등기번호</td><td colspan="2">제○○○○호</td></tr>
<tr><td>주 사 무 소</td><td colspan="5">○○시 ○○구 ○○로 ○○(○○동)</td></tr>
<tr><td>등기의 목적</td><td colspan="5">출자 1좌의 금액 및 그 납입방법의 변경등기</td></tr>
<tr><td>등기의 사유</td><td colspan="5">20○○년 ○월 ○일 총회에서 정관변경을 결의하고 20○○년 ○월 ○일 중앙회장의 승인을 받아 출자 1좌의 금액 및 그 납입방법을 다음과 같이 변경하였으므로 그 등기를 구함.</td></tr>
<tr><td>인가서도착연월일</td><td colspan="5">20○○년 ○월 ○일</td></tr>
<tr><td>주사무소/분사무소 신청구분</td><td>1. 주사무소 신청</td><td>□</td><td>2. 분사무소 신청</td><td>□</td><td>3. 주·분사무소 일괄신청 □</td></tr>
</table>

등 기 할 사 항	
출자 1좌의 금액 및 납입방법	출자 1좌의 금액 : 금 ○○○○○원 출자납입방법 : 1. ○○○○○○○○○ 2. ○○○○○○○○○ 3. ○○○○○○○○○ 20○○. ○. ○. 변경
기 타	

신청등기소 및 등록면허세/수수료						
순번	신청등기소	구분	등록면허세 지방교육세	농어촌특별세	세액합계	등기신청수수료
			금 원 금 원	금 원	금 원	금 원
합 계						
등기신청수수료 납부번호						
과 세 표 준 액	금 원					

첨 부 서 면	
1. 총회의사록 1통 1. 정관변경승인서(또는 승인서등본) 1통	1. 등록면허세영수필확인서및통지서 1통 1. 위임장(대리인이 신청할 경우) 1통

년 월 일

신청인 명 칭
주사무소
대표자 성 명 (인) (전화 :)
주 소
대리인 성 명 (인) (전화 :)
주 소

지방법원 등기소 귀중

- 신청서 작성요령 -
1. 해당란이 부족할 때에는 별지를 이용합니다. 1. 해당 등기신청과 관계없는 사항에 대하여는 “해당없음”으로 기재하거나 삭제하고, 필요한 사항은 추가 기재합니다.

(용지규격 21㎝ × 29.7㎝)

[주] 1. 등록면허세는 변경등기의 등록면허세인 40,200원, 교육세는 등록면허세의 100분의 20(8,040원)을 납부하여야 한다(지방세법 28조). 그러나 명칭·목적·임원등기 등 각종 변경등기신청을 하나의 신청서로 일괄신청하더라도 각각에 대하여 산출한 세액을 합산하여 납부한다. 다만, 동일한 변경사항이 수개인 경우에는 1건의 등록면허세만 납부한다. 조세특례제한법, 지방세법, 관세법 등에 의하여 등록면허세가 감면되는 경우에 그 감면세액의 100분의 20의 농어촌특별세를 납부하여야 한다(다만, 이것도 면제되는 경우도 있다).

2. 등기신청수수료는 6,000원(서면방문), 4,000원(전자표준양식), 2,000원(전자신청)을 납부하여야 한다.
3. 정관변경을 결의한 총회의사록을 첨부해야 하며, 이 의사록은 공증인의 인증을 받지 아니한다.
4. 표준정관에 의한 정관변경을 제외하고는 총회의 정관변경결의에는 중앙회장의 승인이 필요하므로, 이 때에 승인서등본을 첨부하는 경우에는 승인청의 인증있는 등본을 첨부해야 한다.
5. 이 등기는 본 조합을 대표하는 이사장이 신청한다.

[첨부서류 1] 조합임시총회의사록

조합임시총회의사록

20○○년 ○월 ○일 ○○시 ○○분, ○○시 ○○구 ○○로 ○○(○○동) 당 조합 회의실에서 임시총회를 개최하다.

총조합원수 : ○○명　　　출석조합원수 : ○○명

의장인 이사장 ○○○은 정관규정에 따라 의장석에 등단하여 위와 같이 법정수에 달하는 조합원이 출석하였으므로 본 총회가 적법히 성립되었음을 알리고 개회를 선언한 후, 다음의 의안을 부의하고 심의를 구하다.

제1호 의 안 출자 1좌의 금액 및 그 납입방법 변경의 건

의장은 당 조합의 출자 1좌의 금액 금 OOOOO원을 금 OOOOO원으로 감소해야 할 형편을 상세히 설명하고 그 가부를 물은 바, 전원 이의 없이 찬성하여 만장일치로 그를 승인 가결하다.

출자 1좌의 금액 : 금 OOOOO원
납입방법 : OOOOOOOOO

제2호 의 안 정관 일부변경의 건

의장은 위 출자 1좌의 금액과 그 납입방법의 변경에 수반하여 현행 정관 제O조와 제O조를 다음과 같이 변경해야 한다는 취지를 설명하고 그 가부를 물은 바, 전원 이의 없이 찬성하여 만장일치로 그를 승인 가결하다.

제O조(출자금액) 당 조합의 출자 1좌의 금액은 금 OOOOO원으로 한다.
제O조(출자방법의 납입방법과 시기) OOOOOOOOO

의장은 이상으로서 회의목적인 의안 전부의 심의를 종료하였으므로 폐회한다고 선언하다(회의종료시각 : OO시 OO분).

위 결의를 명확히 하기 위하여 이 의사록을 작성하고 의장과 출석한 이사가 기명날인하다.

20OO. O. O.

OO신용협동조합 (직인)
OO시 OO구 OO로 OO(OO동)
의장겸 이사장 O O O (인)
조합원 O O O (인)
조합원 O O O (인)
조합원 O O O (인)
조합원 O O O (인)
(이하 생략)

[주] 이 의사록은 공증인의 인증을 받지 아니한다.

[서식 58] 신용협동조합 변경등기신청서(이사 등 변경)

<table>
<tr><td colspan="5">신용협동조합 변경등기신청</td></tr>
<tr><td rowspan="3">접 수</td><td>년 월 일</td><td rowspan="3">처 리 인</td><td>등기관 확인</td><td>각종 통지</td></tr>
<tr><td rowspan="2">제 호</td><td rowspan="2"></td><td rowspan="2"></td></tr>
<tr></tr>
</table>

<table>
<tr><td>명 칭</td><td>○○신용협동조합</td><td>등기번호</td><td colspan="2">제○○○○호</td></tr>
<tr><td>주 사 무 소</td><td colspan="4">○○시 ○○구 ○○로 ○○(○○동)</td></tr>
<tr><td>등기의 목적</td><td colspan="4">이사 변경등기</td></tr>
<tr><td>등기의 사유</td><td colspan="4">1. 정관변경이 필요한 경우(증원)
20○○년 ○월 ○일 조합원총회의 결의에 의하여 정관을 변경한 후 신용협동조합중앙회장의 정관변경 승인을 받아 이사(감사)의 정원을 증원하고 20○○년 ○월 ○일 다음 사람이 이사(감사)에 선임되어 같은 날 취임하였으므로 그 등기를 구함.
2. 정관변경이 필요 없는 경우
이사(감사) ○○○은 20○○년 ○월 ○일 사망(사임)하고 20○○년 ○월 ○일 다음 사람이 정기총회에서 이사에 선임되어 같은 날 취임하였으므로 그 등기를 구함.</td></tr>
<tr><td>주사무소/분사무소 신청구분</td><td>1. 주사무소 신청 □</td><td>2. 분사무소 신청 □</td><td colspan="2">3. 주·분사무소 일괄신청 □</td></tr>
<tr><td colspan="5">등 기 할 사 항</td></tr>
<tr><td>이사장 · 이사 · 감사 등의 퇴임 · 취임 등과 그 연월일</td><td colspan="4">(1) 이사(감사) 증원의 경우
이사(감사) ○ ○ ○ (○○○○○○－○○○○○○○)
20○○. ○. ○. 취임
(2) 이사(감사) 사임의 경우
이사(감사) ○ ○ ○ (○○○○○○－○○○○○○○)
20○○. ○. ○. 사임
이사(감사) ○ ○ ○ (○○○○○○－○○○○○○○)
20○○. ○. ○. 취임</td></tr>
<tr><td>기 타</td><td colspan="4"></td></tr>
</table>

<table>
<tr><td colspan="7">신청등기소 및 등록면허세/수수료</td></tr>
<tr><td rowspan="2">순번</td><td rowspan="2">신청등기소</td><td rowspan="2">구분</td><td>등록면허세</td><td rowspan="2">농어촌특별세</td><td rowspan="2">세액합계</td><td rowspan="2">등기신청수수료</td></tr>
<tr><td>지방교육세</td></tr>
<tr><td rowspan="2"></td><td rowspan="2"></td><td rowspan="2"></td><td>금 원</td><td rowspan="2">금 원</td><td rowspan="2">금 원</td><td rowspan="2">금 원</td></tr>
<tr><td>금 원</td></tr>
<tr><td rowspan="2"></td><td rowspan="2"></td><td rowspan="2"></td><td></td><td rowspan="2"></td><td rowspan="2"></td><td rowspan="2"></td></tr>
<tr><td></td></tr>
<tr><td colspan="3" rowspan="2">합 계</td><td></td><td rowspan="2"></td><td rowspan="2"></td><td rowspan="2"></td></tr>
<tr><td></td></tr>
<tr><td colspan="4">등기신청수수료 납부번호</td><td colspan="3"></td></tr>
<tr><td colspan="2">과 세 표 준 액</td><td colspan="5">금 원</td></tr>
<tr><td colspan="7">첨 부 서 면</td></tr>
<tr><td colspan="4">1. 정관(필요한 경우) 1통
1. 총회(이사회)의사록 1통
1. 사임서(인감증명 첨부) 통
1. 취임승낙서(인감증명서 및 주민등록초본 첨부) 통
1. 이사장의 인감신고서와 인감대지 1통</td><td colspan="3">1. 이사장의 인감증명서 1통
1. 가족관계등록증명서(사망시) 1통
1. 재판서등본(파산) 1통
1. 등록면허세영수필확인서및통지서 1통
1. 위임장(대리인이 신청할 경우) 1통</td></tr>
<tr><td colspan="7">년 월 일

신청인 명 칭
주사무소
대표자 성 명 (인) (전화 :)
주 소
대리인 성 명 (인) (전화 :)
주 소

지방법원 등기소 귀중</td></tr>
</table>

- 신청서 작성요령 -
1. 해당란이 부족할 때에는 별지를 이용합니다. 1. 해당 등기신청과 관계없는 사항에 대하여는 “해당없음”으로 기재하거나 삭제하고, 필요한 사항은 추가 기재합니다. 1. 「인감증명법」에 따른 인감증명서 제출과 함께 관련 서면에 인감을 날인하여야 하는 경우, 본인서명사실확인서를 제출하고 관련 서명을 하거나 전자본인서명확인서 발급증을 제출하고 관련 서면에 서명을 하면 인감증명서를 제출하고 관련 서면에 인감을 날인한 것으로 봅니다.

(용지규격 21㎝ × 29.7㎝)

[주] 1. 이사장(또는 이사, 감사)변경 등기사유의 예

가. 이사장(또는 이사, 감사)가 사망(사임)하고 보선일 때 : 이사장(또는 이사, 감사) OOO은 20OO년 O월 O일 사망(사임)하고, 20OO년 O월 O일 총회에서 다음 사람이 이사장(이사, 감사)로 선임되어 20OO년 O월 O일 취임하였으므로 그 등기를 구함.

나. 이사장(또는 이사, 감사)이 임기만료로 퇴임하고 보선인 때 : 이사장(또는 이사, 감사) OOO은 20OO년 O월 O일 임기만료로 퇴임하고 20OO년 O월 O일 총회에서 다음 사람이 이사장(이사, 감사)로 선임되어 20OO년 O년 O일에 취임하였으므로 그 등기를 구함.

다. 이사장(또는 이사, 감사)가 해임되고 보선인 때 : 이사장(또는 이사, 감사) OOO은 20OO년 O월 O일 총회에서 해임되고 20OO년 O월 O일 총회에서 다음 사람이 이사장(이사, 감사)에 선임되어 취임하였으므로 그 등기를 구함.

라. 이사장(또는 이사, 감사) 사임(임기만료) 후 권리의무 행사 중 보선인 때 : 이사장(또는 이사, 감사) OOO은 사임(임기만료로 퇴임)하고, 이사장(이사, 감사) OOO은 20OO년 O월 O일 퇴임하였으나 후임자가 없어 그 권리의무 행사 중 20OO년 O월 O일 총회에서 다음 사람이 이사장(이사, 감사)에 선임되어 20OO년 O월 O일 취임하였으므로 그 등기를 구함.

마. 이사장(또는 이사, 감사)가 파산선고로 자격상실하고 보선인 때 : 이사장(또는 이사, 감사) OOO은 20OO년 O월 O일 OO법원의 파산선고로 자격상실하고 20OO년 O월 O일 총회에서 다음 사람이 이사장(이사, 감사)으로 선임되어 20OO년 O월 O일 취임하였으므로 그 등기를 구함.

바. 이사장(또는 이사, 감사)가 중임인 때 : 이사장(또는 이사, 감사) OOO은 임기만료이나 20OO년 O월 O일 총회에서 이사장(이사, 감사)으로 재선되어 20OO년 O월 O일 중임하므로 그 등기를 구함.

사. 이사(또는 감사)를 증원한 때 : 20OO년 O월 O일 이사(감사)정원을 증원

하기로 정관을 변경하고 같은 날 다음 사람이 선임되어 취임하였으므로 그 등기를 구함.

2. 이사장(또는 이사, 감사)변경 등기할 사항의 예

가. 이사장(또는 이사)가 사망(사임)하고 보선인 때

이사장 OOO 20OO년 O월 O일 사망(사임)
이사장 O O O (OOOOOO-OOOOOOO)
OO시 OO구 OO로 OO(OO동)
20OO년 O월 O일 취임
이사(감사) OOO 20OO년 O월 O일 사망(사임)
이사(감사) O O O (OOOOOO-OOOOOOO)
20OO년 O월 O일 취임

나. 이사장(또는 이사, 감사)가 임기만료로 퇴임하고 보선인 때

이사장 OOO 20OO년 O월 O일 임기만료
이사장 O O O (OOOOOO-OOOOOOO)
OO시 OO구 OO로 OO(OO동)
20OO년 O월 O일 취임
이사(감사) OOO 20OO년 O월 O일 임기만료
이사(감사) O O O (OOOOOO-OOOOOOO)
20OO년 O월 O일 취임

다. 이사장(또는 이사, 감사)가 해임되고 보선인 때

이사장 OOO 20OO년 O월 O일 해임
이사장 O O O (OOOOOO-OOOOOOO)
OO시 OO구 OO로 OO(OO동)
20OO년 O월 O일 취임
이사(감사) OOO 20OO년 O월 O일 해임
이사(감사) O O O (OOOOOO-OOOOOOO)
20OO년 O월 O일 취임

라. 이사장(또는 이사, 감사)가 사임(임기만료) 후 권리의무행사 중 보선인 때

이사장 OOO 20OO년 O월 O일 사임(퇴임)
이사장 O O O (OOOOOO-OOOOOOO)
OO시 OO구 OO로 OO(OO동)
20OO년 O월 O일 취임
이사(감사) OOO 20OO년 O월 O일 사임(퇴임)
이사(감사) O O O (OOOOOO-OOOOOOO)
20OO년 O월 O일 취임

마. 이사장(또는 이사, 감사)가 파산·금치산선고로 자격상실하고 보선인 때

이사장 OOO　　20OO년 O월 O일 자격상실

이사장 O O O (OOOOOO－OOOOOOO)

　　　　OO시 OO구 OO로 OO(OO동)

20OO년 O월 O일 취임

이사(감사) OOO　　20OO년 O월 O일 자격상실

이사(감사) O O O (OOOOOO－OOOOOOO)

20OO년 O월 O일 취임

바. 이사장(또는 이사, 감사)가 중임인 때(퇴임일과 취임일이 같아야 한다)

이사장 O O O (OOOOOO－OOOOOOO)

　　　　OO시 OO구 OO로 OO(OO동)

20OO년 O월 O일 중임

이사(감사) O O O (OOOOOO－OOOOOOO)

20OO년 O월 O일 중임

사. 이사(또는 감사)를 증원한 때

이사(감사) O O O (OOOOOO－OOOOOOO)

20OO년 O일 O일 취임

3. 이사증원 등이 정관변경에 해당하는 경우에는 중앙회장의 승인을 받아야 한다. 다만, 중앙회의 정관변경에는 금융위원회의 인가가 필요하다(신협 69조 2항).
4. 등록면허세는 변경등기의 등록면허세인 40,200원, 교육세는 등록면허세의 100분의 20(8,040원)을 납부하여야 한다(지방세법 28조). 그러나 명칭·목적·임원등기 등 각종 변경등기신청을 하나의 신청서로 일괄신청하더라도 각각에 대하여 산출한 세액을 합산하여 납부한다. 다만, 동일한 변경사항이 수개인 경우에는 1건의 등록면허세만 납부한다. 조세특례제한법, 지방세법, 관세법 등에 의하여 등록면허세가 감면되는 경우에 그 감면세액의 100분의 20의 농어촌특별세를 납부하여야 한다(다만, 이것도 면제되는 경우도 있다).
5. 등기신청수수료는 6,000원(서면방문), 4,000원(전자표준양식), 2,000원(전자신청)을 납부하여야 한다.
6. 임원의 선임방법 및 정원 등을 법령의 범위 내에서 정관으로 정하므로 선임방법 및 정원을 알 수 있도록 정관을 첨부하여야 한다. 또한 이는 이사(감사)의 선임·해임 등이 정관소정의 방법에 의한 것임을 증명하기 위해서도 필요하다.
7. 조합의 이사는 5인 내지 9인이고, 감사는 2인 내지 3인인 바, 이사장·이사·감사를 선임 또는 해임한 경우에 이를 의결한 총회의사록을 첨부해야 하며, 이 의사록은 공증인의 인증을 받지 아니한다.
8. 임원의 취임승낙서에는 인감증명서와 주민등록등(초)본을 첨부해야 하나, 그 취임승낙취지가 기재된 피선자의 기명날인이 있는 의사록을 첨부한 경우에는

이의 첨부를 생략할 수 있다. 다만, 이사장과 감사는 인감증명을 첨부하여야 하나, 중임의 경우에는 예외이다. 그러나 조합원의사록에는 이사들이 날인하는 것이 아니라 의사록서명인이 별도로 선정되므로 임원으로 선임된 자는 별도의 취임승낙서와 인감증명 및 주민등록등(초)본을 첨부해야 한다.

9. 사임서에는 등기소에 제출된 인감과 동일한 인감으로 날인하거나 인감증명법에 의한 도장을 날인하고 그 인감증명서를 첨부하여야 한다. 다만, 이사는 회의석상에서 사임취지의 기재가 있고, 그 임원의 기명날인이 있는 의사록을 첨부하는 경우에는 이의 첨부를 생략할 수 있다.
10. 이사장이 변경된 경우에는 인감신고서와 인감대지 및 인감증명서를 제출하여야 한다. 다만, 중임의 경우에는 종전의 인감을 습용할 수 있다.
11. 이 등기는 본 조합을 대표하는 이사장이 신청한다.

[첨부서류 1] 총회의사록

총 회 의 사 록

2000년 0월 0일 00시 00분, 00시 00구 00로 00(00동) 당 조합 회의실에서 총회를 개최하다.

총조합원수 : 00명 　　　출석조합원수 : 00명

의장인 이사 000는 정관규정에 따라 의장석에 등단하여 위와 같이 법정수에 달하는 조합원이 출석하였으므로 본 총회가 적법히 성립되었음을 알리고 개회를 선언한 후, 다음의 의안을 부의하고 심의를 구하다.

제1호 의 안 　이사장 해임의 건

의장은 당 조합의 이사장 000은 법령과 정관에 위배되는 00000000한 중대한 과오가 있으므로 부득이 해임함이 상당하다는 취지를 상세히 설명하고 그 가부를 물은 바, 전원 이의 없이 찬성하여 만장일치로 그 해임을 가결하다.

제2호 의 안 　이사장 사임 및 보선의 건

의장은 이사장 000은 2000년 0월 0일 사임(사망, 임기만료로 퇴임, 해임, 금치산선고로 퇴임)하였으므로 후임 이사장을 보선해야 한다는 취지를 설명하고 그 선출방법을 물은 바, 무기명비밀투표로 선출하기로 결의하고 전원 일치되어 즉시 투표를 실시한 결과 다음과 같이 선출되다.

이사장 ○ ○ ○ (○○○○○○－○○○○○○○)
○○시 ○○구 ○○로 ○○(○○동)

위 피선자는 즉석에서 그 취임을 승낙하다

의장은 이상으로서 회의목적인 의안 전부의 심의를 종료하였으므로 폐회한다고 선언하다(회의종료시각 : ○○시 ○○분).

위 결의를 명확히 하기 위하여 이 의사록을 작성하고 의장과 출석한 이사가 기명날인하다.

2○○○. ○. ○.

○○신용협동조합 (직인)
○○시 ○○구 ○○로 ○○(○○동)
의장겸 이사장 ○ ○ ○ (인)
조합원 ○ ○ ○ (인)
조합원 ○ ○ ○ (인)
조합원 ○ ○ ○ (인)
조합원 ○ ○ ○ (인)
(이하 생략)

[주] 이 의사록은 공증인의 인증을 받아야 한다.

[첨부서류 2] 사 임 서

사 임 서

본인은 귀 조합의 이사장(또는 이사, 감사)인 바, 이번에 일신상의 형편에 의하여 그 직을 사임합니다.

2○○○년 ○월 ○일

이사장(이사, 감사) ○ ○ ○ (인)

OO신용협동조합 귀중

[주] 인감증명법에 의하여 신고된 인감을 찍고 그 인감증명을 첨부해야 한다.

[첨부서류 3] 취임승낙서

취 임 승 낙 서

본인은 20OO년 O월 O일 총회에서 이사장(또는 이사, 감사)으로 선임되었으므로 그 취임을 승낙합니다.

20OO년 O월 O일

이사장(이사, 감사) ○ ○ ○ (인)

OO신용협동조합 귀중

[주] 1. 인감증명법에 의하여 신고된 인감을 찍고 그 인감증명과 주민등록등(초)을 첨부해야 한다. 다만, 회의에 선임된 이사가 참석하여 이를 승낙하고 그 취지가 의사록에 기재된 경우에는 별도로 이 서면을 첨부할 필요 없다.

2. 취임승낙하는 임원이 여러 명인 경우 1장의 서면에 모두 작성할 수 있다.

제 7 편

새마을금고의 등기

제1장 총 설

제1절 의 의

새마을금고라 함은 새마을금고법에 의하여 설립·운영되는 주민협동조합을 말한다. 금고의 회원은 그 금고의 정관으로 정하는 업무구역에 주소나 거소가 있는 자 또는 생업에 종사하는 자로서 출자 1좌 이상을 현금으로 납입한 자로 한다.

제2절 성립요건

새마을금고를 설립하고자 하는 때에는 50인 이상의 발기인이 중앙회장이 정하는 정관례에 따라 정관을 작성하여 창립총회의 의결을 얻어 행정안전부장관의 인가를 받아 그 주된 사무소의 소재지에서 설립등기를 함으로서 성립한다(새마을금고법 7조 1항).

제2장 변경등기

새마을금고법에 의하여 설립되는 금고나 중앙회의 등기절차에 관하여는 새마을금고법과 동법시행령 및 민법법인및특수법인등기규칙이 적용됨은 물론이다.

그러나 새마을금고라 함은 회원의 자금의 조성과 이용의 편익도모라는 특수한 목적을 위하여 제정된 새마을금고법의 규제를 받는 특수법인이나 본질상의 사단법인과 다를 바가 없다.

등기절차에 관하여도 농업협동조합이나 민법상의 사단법인과 거의 유사하다.

신청서에 첨부하는 의사록은 공증인의 인증을 받을 필요가 없다.

[서식 59] 새마을금고 변경등기신청서(출자 1좌의 금액과 출자납입방법변경)

새마을금고 변경등기신청				
접 수	년 월 일	처 리 인	등기관 확인	각종 통지
	제 호			

명 칭	○○새마을금고		등기번호	제○○○○호		
주 사 무 소	○○시 ○○구 ○○로 ○○(○○동)					
등기의 목적	출자 1좌의 금액 및 그 납입방법의 변경등기					
등기의 사유	20○○년 ○월 ○일 총회에서 정관변경을 결의하고 20○○년 ○월 ○일 행정안전부장관의 승인을 받아 출자 1좌의 금액 및 그 납입방법을 다음과 같이 변경하였으므로 그 등기를 구함.					
인가서도착연월일	20○○년 ○월 ○일					
주사무소/분사무소 신청구분	1. 주사무소 신청	□	2. 분사무소 신청	□	3. 주·분사무소 일괄신청	□
등 기 할 사 항						

출자 1좌의 금액 및 납입방법	출자 1좌의 금액 : 금 ○○○○○원 출자납입방법 : 1. ○○○○○○○○○ 2. ○○○○○○○○○ 3. ○○○○○○○○○ 20○○. ○. ○. 변경
기 타	

신청등기소 및 등록면허세/수수료						
순번	신청등기소	구분	등록면허세 지방교육세	농어촌특별세	세액합계	등기신청수수료
			금 원 금 원	금 원	금 원	금 원
합 계						
등기신청수수료 납부번호						
과 세 표 준 액	금 원					
첨 부 서 면						
1. 총회의사록 1통 1. 정관변경인가서(또는 인증있는 등본) 1통			1. 등록면허세영수필확인서및통지서 1통 1. 위임장(대리인이 신청할 경우) 1통			

년 월 일

신청인 명 칭
주사무소
대표자 성 명 (인) (전화 :)
주 소
대리인 성 명 (인) (전화 :)
주 소

지방법원 등기소 귀중

- 신청서 작성요령 -

1. 해당란이 부족할 때에는 별지를 이용합니다.
1. 해당 등기신청과 관계없는 사항에 대하여는 "해당없음"으로 기재하거나 삭제하고, 필요한 사항은 추가 기재합니다.

(용지규격 21㎝ × 29.7㎝)

[주] 1. 등록면허세는 변경등기의 등록면허세인 40,200원, 교육세는 등록면허세의 100분의 20(8,040원)을 납부하여야 한다(지방세법 28조). 그러나 명칭·목적·임원등기 등 각종 변경등기신청을 하나의 신청서로 일괄신청하더라도 각각에 대하여 산출한 세액을 합산하여 납부한다. 다만, 동일한 변경사항이 수개인 경우에는 1건의 등록면허세만 납부한다. 조세특례제한법, 지방세법, 관세법 등에 의하여 등록면허세가 감면되는 경우에 그 감면세액의 100분의 20의 농어촌특별세를 납부하여야 한다(다만, 이것도 면제되는 경우도 있다).

2. 등기신청수수료는 6,000원(서면방문), 4,000원(전자표준양식), 2,000원(전자신청)을 납부하여야 한다.
3. 정관변경을 결의한 총회의사록을 첨부해야 하며, 이 의사록은 공증인의 인증을 받지 아니한다.
4. 총회의 결의에 의한 정관변경은 중앙회장을 거쳐 주무부장관의 인가를 받은 인증있는 등본을 첨부해야 한다.
5. 이 등기는 본 금고를 대표하는 이사장이 신청한다.

[첨부서류 1] 임시총회의사록

임시총회의사록

20○○년 ○월 ○일 ○○시 ○○분, ○○시 ○○구 ○○로 ○○(○○동) 당 금고 회의실에서 임시총회를 개최하다.

총회원수 : ○○명　　　출석회원수 : ○○명

의장인 이사장 ○○○은 정관규정에 따라 의장석에 등단하여 위와 같이 법정수에 달하는 회원이 출석하였으므로 본 총회가 적법히 성립되었음을 알리고 개회를 선언한 후, 다음의 의안을 부의하고 심의를 구하다.

제1호 의 안 출자 1좌의 금액 및 그 납입방법 변경의 건

의장은 당 회원의 출자 1좌의 금액 금 OOOOO원을 금 OOOOO원으로 감소해야 할 형편을 상세히 설명하고 그 가부를 물은 바, 전원 이의 없이 찬성하여 만장일치로 그를 승인 가결하다.

출자 1좌의 금액 : 금 OOOOO원
납입방법 : OOOOOOOOO

제2호 의 안 정관 일부변경의 건

의장은 위 출자 1좌의 금액과 그 납입방법의 변경에 수반하여 현행 정관 제O조와 제O조를 다음과 같이 변경해야 한다는 취지를 설명하고 그 가부를 물은 바, 전원 이의 없이 찬성하여 만장일치로 그를 승인 가결하다.

제O조(출자금액) 당 금고의 출자 1좌의 금액은 금 OOOOO원으로 한다.
제O조(출자방법의 납입방법과 시기) OOOOOOOOO

의장은 이상으로서 회의목적인 의안 전부의 심의를 종료하였으므로 폐회한다고 선언하다(회의종료시각 : OO시 OO분).

위 결의를 명확히 하기 위하여 이 의사록을 작성하고 의장과 출석한 회원이 기명날인하다.

20OO. O. O.

OO새마을금고 (직인)
OO시 OO구 OO로 OO(OO동)
의장겸 이사장 O O O (인)
회 원 O O O (인)
회 원 O O O (인)
회 원 O O O (인)
회 원 O O O (인)
(이하 생략)

[주] 이 의사록은 공증인의 인증을 받지 아니한다.

[서식 60] 새마을금고 변경등기신청서(이사 등 변경)

<table>
<tr><td colspan="5" align="center">새마을금고 변경등기신청</td></tr>
<tr><td rowspan="2">접 수</td><td>년 월 일</td><td rowspan="2">처 리 인</td><td>등기관 확인</td><td>각종 통지</td></tr>
<tr><td>제 호</td><td></td><td></td></tr>
</table>

<table>
<tr><td>명 칭</td><td>○○새마을금고</td><td>등기번호</td><td colspan="3">제○○○○호</td></tr>
<tr><td>주 사 무 소</td><td colspan="5">○○시 ○○구 ○○로 ○○(○○동)</td></tr>
<tr><td>등기의 목적</td><td colspan="5">이사(감사) 변경등기</td></tr>
<tr><td>등기의 사유</td><td colspan="5">1. 정관변경이 필요한 경우(증원)
20○○년 ○월 ○일 총회의 결의에 의하여 정관을 변경한 후 행정안전부장관의 정관변경 인가를 받아 이사(감사)의 정원을 증원하고 20○○년 ○월 ○일 다음 사람이 이사(감사)에 선임되어 같은 날 취임하였으므로 그 등기를 구함.
2. 정관변경이 필요 없는 경우
이사(감사) ○○○은 20○○년 ○월 ○일 사망(사임)하고 20○○년 ○월 ○일 다음 사람이 정기총회에서 이사에 선임되어 같은 날 취임하였으므로 그 등기를 구함.</td></tr>
<tr><td>주사무소/분사무소 신청구분</td><td>1. 주사무소 신청 □</td><td colspan="2">2. 분사무소 신청 □</td><td colspan="2">3. 주·분사무소 일괄신청 □</td></tr>
<tr><td colspan="6" align="center">등 기 할 사 항</td></tr>
<tr><td>이사장 · 이사 · 감사 등의 퇴임 · 취임 등과 그 연월일</td><td colspan="5">(1) 이사(감사) 증원의 경우
이사(감사) ○ ○ ○ (○○○○○○-○○○○○○○)
20○○. ○. ○. 취임
(2) 이사(감사) 사임의 경우
이사(감사) ○ ○ ○ (○○○○○○-○○○○○○○)
20○○. ○. ○. 사임
이사(감사) ○ ○ ○ (○○○○○○-○○○○○○○)
20○○. ○. ○. 취임</td></tr>
<tr><td>기 타</td><td colspan="5"></td></tr>
</table>

<table>
<tr><td colspan="8">신청등기소 및 등록면허세/수수료</td></tr>
<tr><td rowspan="2">순번</td><td rowspan="2">신청등기소</td><td rowspan="2">구분</td><td>등록면허세</td><td rowspan="2">농어촌특별세</td><td rowspan="2">세액합계</td><td rowspan="2">등기신청수수료</td></tr>
<tr><td>지방교육세</td></tr>
<tr><td rowspan="2"></td><td rowspan="2"></td><td rowspan="2"></td><td>금 원</td><td rowspan="2">금 원</td><td rowspan="2">금 원</td><td rowspan="2">금 원</td></tr>
<tr><td>금 원</td></tr>
<tr><td rowspan="2"></td><td rowspan="2"></td><td rowspan="2"></td><td></td><td rowspan="2"></td><td rowspan="2"></td><td rowspan="2"></td></tr>
<tr><td></td></tr>
<tr><td colspan="3" rowspan="2">합 계</td><td></td><td rowspan="2"></td><td rowspan="2"></td><td rowspan="2"></td></tr>
<tr><td></td></tr>
<tr><td colspan="4">등기신청수수료 납부번호</td><td colspan="3"></td></tr>
<tr><td colspan="2">과 세 표 준 액</td><td colspan="5">금 원</td></tr>
</table>

첨 부 서 면	
1. 정관(필요한 경우) 1통	1. 이사장의 인감증명서 1통
1. 총회(이사회)의사록 1통	1. 가족관계등록증명서(사망시) 1통
1. 사임서(인감증명 첨부) 통	1. 재판서등본(파산) 1통
1. 취임승낙서(인감증명서 및 주민등록초본 첨부) 통	1. 등록면허세영수필확인서및통지서 1통
1. 이사장의 인감신고서와 인감대지 1통	1. 위임장(대리인이 신청할 경우) 1통

년 월 일

신청인 명 칭
주사무소
대표자 성 명 (인) (전화 :)
주 소
대리인 성 명 (인) (전화 :)
주 소

지방법원 등기소 귀중

- 신청서 작성요령 -

1. 해당란이 부족할 때에는 별지를 이용합니다.

1. 해당 등기신청과 관계없는 사항에 대하여는 "해당없음"으로 기재하거나 삭제하고, 필요한 사항은 추가 기재합니다.
1. 「인감증명법」에 따른 인감증명서 제출과 함께 관련 서면에 인감을 날인하여야 하는 경우, 본인서명사실확인서를 제출하고 관련 서명을 하거나 전자본인서명확인서 발급증을 제출하고 관련 서면에 서명을 하면 인감증명서를 제출하고 관련 서면에 인감을 날인한 것으로 봅니다.

(용지규격 21㎝ × 29.7㎝)

[주] 1. 이사장(또는 이사, 감사)변경 등기사유의 예

가. 이사장(또는 이사, 감사)가 사망(사임)하고 보선일 때 : 이사장(또는 이사, 감사) OOO은 20OO년 O월 O일 사망(사임)하고, 20OO년 O월 O일 총회에서 다음 사람이 이사장(이사, 감사)로 선임되어 20OO년 O월 O일 취임하였으므로 그 등기를 구함.

나. 이사장(또는 이사, 감사)이 임기만료로 퇴임하고 보선인 때 : 이사장(또는 이사, 감사) OOO은 20OO년 O월 O일 임기만료로 퇴임하고 20OO년 O월 O일 총회에서 다음 사람이 이사장(이사, 감사)로 선임되어 20OO년 O년 O일에 취임하였으므로 그 등기를 구함.

다. 이사장(또는 이사, 감사)가 해임되고 보선인 때 : 이사장(또는 이사, 감사) OOO은 20OO년 O월 O일 총회에서 해임되고 20OO년 O월 O일 총회에서 다음 사람이 이사장(이사, 감사)에 선임되어 취임하였으므로 그 등기를 구함.

라. 이사장(또는 이사, 감사) 사임(임기만료) 후 권리의무 행사 중 보선인 때 : 이사장(또는 이사, 감사) OOO은 사임(임기만료로 퇴임)하고, 이사장(이사, 감사) OOO은 20OO년 O월 O일 퇴임하였으나 후임자가 없어 그 권리의무 행사 중 20OO년 O월 O일 총회에서 다음 사람이 이사장(이사, 감사)에 선임되어 20OO년 O월 O일 취임하였으므로 그 등기를 구함.

마. 이사장(또는 이사, 감사)가 파산선고로 자격상실하고 보선인 때 : 이사장(또는 이사, 감사) OOO은 20OO년 O월 O일 OO법원의 파산선고로 자격상실하고 20OO년 O월 O일 총회에서 다음 사람이 이사장(이사, 감사)로 선임되어 20OO년 O월 O일 취임하였으므로 그 등기를 구함.

바. 이사장(또는 이사, 감사)가 중임인 때 : 이사장(또는 이사, 감사) OOO은 임기만료이나 20OO년 O월 O일 총회에서 이사장(이사, 감사)으로 재선되어 20OO년 O월 O일 중임하므로 그 등기를 구함.

사. 이사(또는 감사)를 증원한 때 : 20OO년 O월 O일 이사(감사)정원을 증원하기로 정관을 변경하고 같은 날 다음 사람이 선임되어 취임하였으므로

그 등기를 구함.

2. 이사장(또는 이사, 감사)변경 등기할 사항의 예

가. 이사장(또는 이사)가 사망(사임)하고 보선인 때

이사장 O O O 20OO년 O월 O일 사망(사임)

이사장 O O O (OOOOOO-OOOOOOO)

OO시 OO구 OO로 OO(OO동)

20OO년 O월 O일 취임

이사(감사) O O O 20OO년 O월 O일 사망(사임)

이사(감사) O O O (OOOOOO-OOOOOOO)

20OO년 O월 O일 취임

나. 이사장(또는 이사, 감사)가 임기만료로 퇴임하고 보선인 때

이사장 O O O 20OO년 O월 O일 퇴임

이사장 O O O (OOOOOO-OOOOOOO)

OO시 OO구 OO로 OO(OO동)

20OO년 O월 O일 취임

이사(감사) O O O 20OO년 O월 O일 퇴임

이사(감사) O O O (OOOOOO-OOOOOOO)

20OO년 O월 O일 취임

다. 이사장(또는 이사, 감사)가 해임되고 보선인 때

이사장 O O O 20OO년 O월 O일 해임

이사장 O O O (OOOOOO-OOOOOOO)

OO시 OO구 OO로 OO(OO동)

20OO년 O월 O일 취임

이사(감사) O O O 20OO년 O월 O일 해임

이사(감사) O O O (OOOOOO-OOOOOOO)

20OO년 O월 O일 취임

라. 이사장(또는 이사, 감사)가 사임(임기만료) 후 권리의무행사 중 보선인 때

이사장 O O O 20OO년 O월 O일 사임(퇴임)

이사장 O O O (OOOOOO-OOOOOOO)

OO시 OO구 OO로 OO(OO동)

20OO년 O월 O일 취임

이사(감사) O O O 20OO년 O월 O일 사임(퇴임)

이사(감사) O O O (OOOOOO-OOOOOOO)

20OO년 O월 O일 취임

마. 이사장(또는 이사, 감사)가 파산선고로 자격상실하고 보선인 때

이사장 O O O 20OO년 O월 O일 자격상실

이사장 O O O (OOOOOO－OOOOOOO)
OO시 OO구 OO로 OO(OO동)
20OO년 O월 O일 취임
이사(감사) O O O 20OO년 O월 O일 자격상실
이사(감사) O O O (OOOOOO－OOOOOOO)
20OO년 O월 O일 취임

바. 이사장(또는 이사, 감사)가 중임인 때
이사장 O O O (OOOOOO－OOOOOOO)
OO시 OO구 OO로 OO(OO동)
20OO년 O월 O일 중임
이사(감사) O O O (OOOOOO－OOOOOOO)
20OO년 O월 O일 중임

사. 이사(또는 감사)를 증원한 때
이사(감사) O O O (OOOOOO－OOOOOOO)
20OO년 O일 O일 취임

3. 이사증원 등이 정관변경에 해당하는 경우에는 중앙회장을 거쳐 행정안전부장관의 인가를 받아야 한다(새마을금고법 12조 5항).
4. 등록면허세는 변경등기의 등록면허세인 40,200원, 교육세는 등록면허세의 100분의 20(8,040원)을 납부하여야 한다(지방세법 28조). 그러나 명칭·목적·임원등기 등 각종 변경등기신청을 하나의 신청서로 일괄신청하더라도 각각에 대하여 산출한 세액을 합산하여 납부한다. 다만, 동일한 변경사항이 수개인 경우에는 1건의 등록면허세만 납부한다. 조세특례제한법, 지방세법, 관세법 등에 의하여 등록면허세가 감면되는 경우에 그 감면세액의 100분의 20의 농어촌특별세를 납부하여야 한다(다만, 이것도 면제되는 경우도 있다).
5. 등기신청수수료는 6,000원(서면방문), 4,000원(전자표준양식), 2,000원(전자신청)을 납부하여야 한다.
6. 임원의 선임방법 및 정원 등을 법령의 범위 내에서 정관으로 정하므로 선임방법 및 정원을 알 수 있도록 정관을 첨부하여야 한다. 또한 이는 이사(감사)의 선임·해임 등이 정관소정의 방법에 의한 것임을 증명하기 위해서도 필요하다.
7. 금고의 이사는 이사장 1명, 부이사장 1명을 포함한 7명 이상 15명 이하이고, 감사는 3인 이하인 바, 이사장·이사·감사를 선임 또는 해임한 경우에 이를 의결한 총회의 의사록을 첨부해야 하며, 이 의사록은 공증인의 인증을 받지 아니한다.
8. 임원의 취임승낙서에는 인감증명서와 주민등록등(초)본을 첨부해야 하나, 그 취임승낙취지가 기재된 피선자의 기명날인이 있는 의사록을 첨부한 경우에는 이의 첨부를 생략할 수 있다. 다만, 이사장과 감사는 인감증명을 첨부하여야

하나, 중임의 경우에는 예외이다. 그러나 총회의사록에는 이사들이 날인하는 것이 아니라 의사록서명인이 별도로 선정되므로 임원으로 선임된 자는 별도의 취임승낙서와 인감증명 및 주민등록등(초)본을 첨부해야 한다.

9. 사임서에는 등기소에 제출된 인감과 동일한 인감으로 날인하거나 인감증명법에 의한 도장을 날인하고 그 인감증명서를 첨부하여야 한다. 다만, 이사는 회의석상에서 사임취지의 기재가 있고, 그 임원의 기명날인이 있는 의사록을 첨부하는 경우에는 이의 첨부를 생략할 수 있다.
10. 이사장이 변경된 경우에는 인감신고서와 인감대지 및 인감증명서를 제출하여야 한다. 다만, 중임의 경우에는 종전의 인감을 습용할 수 있다.
11. 이 등기는 본 금고를 대표하는 이사장이 신청한다.

[첨부서류 1] 총회의사록

총 회 의 사 록

20OO년 O월 O일 OO시 OO분, OO시 OO구 OO로 OO(OO동) 당 금고 회의실에서 총회를 개최하다.

총회원수 : OO명　　　출석회원수 : OO명

의장인 이사 OOO는 정관규정에 따라 의장석에 등단하여 위와 같이 법정수에 달하는 회원이 출석하였으므로 본 총회가 적법히 성립되었음을 알리고 개회를 선언한 후, 다음의 의안을 부의하고 심의를 구하다.

제1호 의 안　이사장 해임의 건

의장은 당 금고의 이사장 OOO은 법령과 정관에 위배되는 OOOOOOOO한 중대한 과오가 있으므로 부득이 해임함이 상당하다는 취지를 상세히 설명하고 그 가부를 물은 바, 전원 이의 없이 찬성하여 만장일치로 그 해임을 가결하다.

제2호 의 안　이사장 사임 및 보선의 건

의장은 이사장 OOO은 20OO년 O월 O일 사임(사망, 임기만료로 퇴임, 해임, 금치산선고로 퇴임)하였으므로 후임 이사장을 보선해야 한다는 취지를 설명하고 그 선출방법을 물은 바, 무기명 비밀투표로 선출하기로 결의하고 전원 일치되어 즉시 투표를 실시한 결과 다음과 같이 선출되다.

이사장 ○ ○ ○ (○○○○○○－○○○○○○○)
○○시 ○○구 ○○로 ○○(○○동)

위 피선자는 즉석에서 그 취임을 승낙하다

의장은 이상으로서 회의목적인 의안 전부의 심의를 종료하였으므로 폐회한다고 선언하다(회의종료시각 : ○○시 ○○분).

위 결의를 명확히 하기 위하여 이 의사록을 작성하고 의장과 출석한 이사가 기명날인하다.

2○○○. ○. ○.

○○새마을금고 (직인)
○○시 ○○구 ○○로 ○○(○○동)
의장겸 이사장 ○ ○ ○ (인)
회 원 ○ ○ ○ (인)
회 원 ○ ○ ○ (인)
회 원 ○ ○ ○ (인)
회 원 ○ ○ ○ (인)
(이하 생략)

[주] 이 의사록은 공증인의 인증을 받아야 한다.

제8편

재건축정비사업조합의 등기

[서식 61] 정비사업조합 설립등기신청서

<table>
<tr><td colspan="5">정비사업조합 설립등기신청</td></tr>
<tr><td rowspan="2">접 수</td><td>년 월 일</td><td rowspan="2">처 리 인</td><td>등기관 확인</td><td>각종 통지</td></tr>
<tr><td>제 호</td><td></td><td></td></tr>
</table>

<table>
<tr><td>등 기 의 목 적</td><td colspan="3">정비사업조합설립</td></tr>
<tr><td>등 기 의 사 유</td><td colspan="3">정비사업조합법인을 설립하기 위하여 정관을 작성하고 조합원을 모집하여 20○○년 ○월 ○일 창립총회를 마치고 20○○년 ○월 ○일 주무관청의 인가를 받았으므로 다음 사항의 등기를 구함.</td></tr>
<tr><td>설 립 허 가 서
도 착 연 월 일</td><td colspan="3">20○○년 ○월 ○일</td></tr>
<tr><td>주사무소/분사무소
신청구분</td><td>1. 주사무소 신청 □</td><td>2. 분사무소 신청 □</td><td>3. 주·분사무소 일괄신청 □</td></tr>
<tr><td colspan="4">등 기 할 사 항</td></tr>
<tr><td>명 칭</td><td colspan="3">○○주택 재건축정비사업조합</td></tr>
<tr><td>주 사 무 소</td><td colspan="3">○○시 ○○구 ○○로 ○○(○○동)</td></tr>
<tr><td>이사·감사의 성명 및 주민등록번호와 주소</td><td colspan="3">이사 ○ ○ ○ (OOOOOO－OOOOOOO)
이사 ○ ○ ○ (OOOOOO－OOOOOOO)
이사 ○ ○ ○ (OOOOOO－OOOOOOO)
이사 ○ ○ ○ (OOOOOO－OOOOOOO)
감사 ○ ○ ○ (OOOOOO－OOOOOOO)</td></tr>
<tr><td>조합장의 성명과 주소, 주민등록번호</td><td colspan="3">조합장 ○ ○ ○ (OOOOOO－OOOOOOO)
○○시 ○○구 ○○로 ○○(○○동)</td></tr>
<tr><td colspan="4">등 기 할 사 항</td></tr>
<tr><td>목 적</td><td colspan="3">조합은 주택법령과 조합규약 및 정관이 정하는 바에 따라 ○○시 ○○구 ○○동 ○○-○ 필지상의 ○○주택의 재건축사업시행구역 안의 주택 등을 건설하여 도시의 건전한 발전과 쾌적한 주거환경을 조성함으로써 조합원의 주거안정을 도모함을 목적으로 한다.</td></tr>
<tr><td>설립허가연월일</td><td colspan="3">20○○년 ○월 ○일</td></tr>
<tr><td>출 자 방 법</td><td colspan="3">사업시행구역 내의 조합원 소유의 토지를 현물로 출자</td></tr>
<tr><td>기 타</td><td colspan="3">해당 없음</td></tr>
</table>

<table>
<tr><td colspan="8">신청등기소 및 등록면허세/수수료</td></tr>
<tr><td rowspan="2">순번</td><td rowspan="2">신청등기소</td><td rowspan="2">구분</td><td>등록면허세</td><td rowspan="2">농어촌특별세</td><td rowspan="2">세액합계</td><td rowspan="2">등기신청수수료</td></tr>
<tr><td>지방교육세</td></tr>
<tr><td rowspan="2"></td><td rowspan="2"></td><td rowspan="2"></td><td>금 원</td><td rowspan="2">금 원</td><td rowspan="2">금 원</td><td rowspan="2">금 원</td></tr>
<tr><td>금 원</td></tr>
<tr><td rowspan="2"></td><td rowspan="2"></td><td rowspan="2"></td><td></td><td rowspan="2"></td><td rowspan="2"></td><td rowspan="2"></td></tr>
<tr><td></td></tr>
<tr><td colspan="3" rowspan="2">합 계</td><td></td><td rowspan="2"></td><td rowspan="2"></td><td rowspan="2"></td></tr>
<tr><td></td></tr>
<tr><td colspan="4">등기신청수수료 납부번호</td><td colspan="3"></td></tr>
<tr><td colspan="2">과 세 표 준 액</td><td colspan="5">금 원</td></tr>
<tr><td colspan="7">첨 부 서 면</td></tr>
<tr><td colspan="4">1. 정관 1통
1. 창립총회의사록 1통
1. 대의원회의사록 1통
1. 주관청의 인가서(또는 인증있는 인가서 등본) 1통
1. 임원 취임승낙서와 인감증명서 통</td><td colspan="3">1. 주민등록표등(초)본 통
1. 조합장의 인감신고서 및 인감대지 1통
1. 조합장의 인감증명서 1통
1. 등록면허세영수필확인서및통지서 1통
1. 위임장(대리인이 신청할 경우) 1통</td></tr>
<tr><td colspan="7">년 월 일

신청인 명 칭
주사무소
대표자 성 명 (인) (전화 :)
주 소
대리인 성 명 (인) (전화 :)
주 소

지방법원 등기소 귀중</td></tr>
</table>

- 신청서 작성요령 -

1. 해당란이 부족할 때에는 별지를 이용합니다.
1. 해당 등기신청과 관계없는 사항에 대하여는 "해당없음"으로 기재하거나 삭제하고,

필요한 사항은 추가 기재합니다.
1. 「인감증명법」에 따른 인감증명서 제출과 함께 관련 서면에 인감을 날인하여야 하는 경우, 본인서명사실확인서를 제출하고 관련 서명을 하거나 전자본인서명확인서 발급증을 제출하고 관련 서면에 서명을 하면 인감증명서를 제출하고 관련 서면에 인감을 날인한 것으로 봅니다.

(용지규격 21㎝ × 29.7㎝)

[주] 1. 설립인가서도착연월일은 주무관청으로부터 인가서가 도달한 다음날부터 등기기간을 기산하므로 이를 확인하기 위하여 기재한다(교부받은 경우는 교부일자임).

2. 조합설립인가를 받은 조합은 그 명칭 중에 "정비사업조합"이라는 문자를 넣어 사용하여야 한다(도정법 18조 3항).

3. 정관에는 사무소의 소재지를 최소행정구역까지만 기재할 수 있다. 그러나 등기신청서에 기재하는 사무소의 주소는 정관의 경우와는 달리 그 소재 지번까지 확정하여 등기해야 한다. 다만, 재건축정비사업조합의 경우 분사무소는 등기사항이 아니다.

4. 이 법인은 조합장 1인과 이사 및 감사를 두어야 하는데(도정법 21조 1항), 이사의 수는 2명 이상으로 하고, 감사의 수는 1명 이상 3명 이하로 한다. 다만, 토지소유자의 수가 100명을 초과하는 경우에는 이사의 수를 5명 이상으로 한다(도정법 시행령 33조). 추진위원회 또는 조합은 총회의결을 거쳐 추진위원회 위원 또는 조합임원의 선출에 관한 선거관리를 선거관리위원회법 제3조에 따라 선거관리위원회에 위탁할 수 있다(도정법 21조 3항). 조합장은 조합을 대표하고, 그 사무를 총괄하며, 총회 또는 도정법 제25조의 규정에 의한 대의원회의 의장이 된다. 조합장 또는 이사의 자기를 위한 조합과의 계약이나 소송에 관하여는 감사가 조합을 대표한다. 조합임원은 같은 목적의 정비사업을 하는 다른 조합의 임원 또는 직원을 겸할 수 없다(도정법 22조 1항).

5. 이 법인은 조합장을 포함한 임원은 전부 등기사항이므로 감사도 등기하여야 한다.

6. 재건축정비사업조합의 조합장은 1인으로 하되 조합장만이 조합의 대표권을 가지고 있으므로 "조합장"으로 등기하여야 한다.

7. 목적은 도시 및 주거환경정비법이 허용한 범위 내에서 정하되, 정관에서 목적조항에 기재된 사항 뿐만 아니라 사업의 종류 조항에 기재된 사항도 함께 기재하여 특정하여야 한다. 그러나 도정법에서 정비사업의 종류를 특정하고 그 특정 정비사업을 위하여 재건축정비조합을 설립하는 것이므로 일반법인과 같이 사업의 종류를 특정하지 아니하고 목적으로만 정하는 것이 실무예이다.

8. 설립인가연월일은 시장·군수의 법인설립인가서에 기재된 인가일자를 기재한다.
9. 등록면허세는 과세표준액(자산의 총액)금 1,000분의 2이고, 정비사업조합법인의 경우처럼 출자자산이 전혀 없다면 112,500원의 등록면허세를 납부하여야 하나, 대도시(수도권정비계획법 제6조 제1항 제1호의 규정에 의한 과밀억제권역)에는 등록면허세의 3배를 가산하여야 한다. 지방교육세는 100분의 20이다. 정비사업조합법인은 과밀억제권역 내의 중과세가 문제되나 중과예외업인 주택건설사업에 해당된다. 조세특례제한법과 지방세법에 의하여 등록면허세가 감면되는 경우에는 농어촌특별세도 그 감면등록면허세의 100분의 20을 납부하여야 한다.
10. 등기신청수수료는 설립의 경우 30,000원(서면방문), 25,000원(전자표준양식), 20,000원(전자신청)이다.
11. 과세표준은 설립인가시의 자산의 총액을 기재한다.
12. 정관은 조합원 전원이 연명으로 기명날인(또는 서명날인)한 조합규약으로 조합설립인가를 받기 위해서는 반드시 작성하여 시장·군수로부터 인가를 받은 것이어야 하며, 공증인의 인증을 받지 않는다.
13. 재건축조합은 도정법에 규정된 사항을 제외하고는 민법 중 사단법인의 규정을 준용하므로(도정법 27조), 창립총회의사록은 임원선임을 증명하는 것으로 첨부할 것이나, 설립당초의 임원을 정관으로 정한 때에는 이를 따로 첨부할 필요 없이 정관의 기재를 원용하면 된다. 도정법에 의하여 설립된 법인의 의사록은 공증인의 인증을 받아야 한다.
14. 조합원의 수가 100인 이상인 조합은 대의원회를 두어야 한다. 대의원회는 조합원의 10분의 1 이상으로 하되 조합원의 10분의 1이 100인을 넘는 경우에는 조합원의 10분의 1 범위 안에서 100인 이상으로 구성할 수 있으며, 총회의 의결사항 중 대통령령이 정하는 사항을 범위 안에서 정관변경 등 중요한 사항을 제외하고는 총회에 갈음하여 그 권한을 대행할 수 있는 바(도정법 25조 1항, 3항), 대의원회(총회의사록 포함)은 정관에서 주사무소를 최소행정구역까지만 정한 경우 주사무소를 정한 서면으로서 필요한 것이며 정관에서 주사무소의 주소를 확정적으로 정한 경우에는 이 의사록을 따로 첨부할 필요가 없다.
15. 주택재개발사업 및 도시환경정비사업의 추진위원회가 조합을 설립하고자 하는 때에는 토지등소유자의 4분의 3 이상 및 토지면적의 2분의 1 이상의 토지소유자의 동의를 얻어 시장·군수의 인가를 받아, 그 인가서를 첨부하여 설립등기를 해야 하며 등본인 경우에는 인가관청의 인증있는 등본을 첨부해야 한다.
16. 설립당초의 임원을 정관으로 정한 때에도 취임승낙서는 따로 첨부해야 하며,

취임승낙서에는 본인의 진의를 확인할 수 있도록 인감증명법에 의하여 신고한 인감을 찍고 그 인감증명서(발행일로부터 3월 이내의 것)를 첨부하여야 한다. 다만, 의사록에 그 취임승낙의 취지가 기재되고 그가 의사록에 날인이 되었을 때는 인감증명을 첨부를 생략할 수 있다. 이사와 감사는 주민등록번호, 조합장은 주소와 주민등록번호를 등기하여야 하므로, 이를 증명하는 주민등록등(초)본을 첨부하여야 한다.

17. 등기신청서에 기명날인할 사람(조합장)은 미리(설립등기와 동시에) 등기소에 인감을 제출하여야 한다. 인감신고서에는 인감증명법에 의하여 신고한 인감을 날인하고 발행일로부터 3개월 이내의 인감증명서를 첨부하여야 한다. 또한 인감신고서와 인감대지도 함께 제출하여야 한다.
18. 정비사업조합법인은 조합설립의 인가를 받은 날로부터 30일 이내에 주된 사무소의 소재지에서 설립의 등기를 하여야 한다(도정법 18조 2항). 기간의 계산은 초일을 산입하지 아니하고 기간말일의 종료로 기간이 만료된다(민법 157조, 159조).
19. 이 등기는 조합장이 신청해야 한다.
20. 위임장은 대리인에 의하여 신청하는 경우에 한하여 첨부한다.
21. 법인인감증명서는 법인인감카드 또는 전자증명서(HSM USB)로 발급받을 수 있으므로 설립등기 완료 후 법인인감도장을 지참하여 법인인감카드 또는 전자증명서(HSM USB)를 발급받도록 한다.

[첨부서류 1] 위 임 장

위 임 장

법무사 홍 길 동
OO시 OO구 OO로 OO(OO동)
전화 : OOO-OOO, 팩스 : OOO-OOO

위 사람을 대리인으로 정하고 다음사항의 권한을 위임한다.

다 음

1. OO주택 재건축정비사업조합 설립등기신청서의 작성 및 제출하는 행위
1. 등기신청의 취하에 관한 행위

1. OOO의 원본환부 및 수령하는 행위
1. 기타 이에 부수되는 일체의 행위

20OO년 O월 O일

위임인 OO주택 재건축정비사업조합
OO시 OO구 OO로 OO(OO동)
조합장 김 갑 동 (인)

[주] 법인을 대표할 조합장이 대리인에게 위임해야 하며 위임장에 날인하는 인장은 등기소에 제출하는 인감과 동일한 인상이거나, 인감증명법에 의한 인영과 동일한 것이어야 한다.

[첨부서류 2] 재건축정비사업조합 정관

OO주택재건축정비사업조합 표준정관

제1장 총 칙

제1조 (명칭)

① 본 조합의 명칭은 OOO 주택재건축정비사업조합(이하 "조합"이라 한다)이라 한다

② 본 조합이 시행하는 주택재건축사업의 명칭은 OOO 주택재건축사업(이하 "사업"이라 한다)이라 한다.

제2조 (목적) 조합은 도시 및 주거환경정비법(이하 "법"이라 한다)과 이 정관이 정하는 바에 따라 제3조의 사업시행구역(이하 "사업시행구역"이라 한다)안의 건축물을 철거하고 그 토지 위에 새로운 건축물을 건설하여 도시 및 주거환경을 개선하고 조합원의 주거안정 및 주거생활의 질적 향상에 이바지함을 목적으로 한다.

제3조 (사업시행구역) 조합의 사업시행구역은 OO시 OO구 OO동 OO외 OO필지(상의 OO아파트 단지)로서 토지의 총면적은 OO㎡(OO평)으로 한다. 다만, 사업시행상 불가피하다고 인정되어 관계법령 및 이 정관이 정하는 바에 따라 추가로 편입되는 토지 등이 있을 경우에는 사업시행구역과 토지의 총면적이 변경된 것으로 본다.

※ 도시 및 주거환경정비법 제6조 제3항에 근거하여 지형여건, 주변 환경으로 보아 사업시행상 불가피하다고 인정할 경우 인근의 단독·다세대주택 등을 일부

포함할 수 있음을 감안한 것임.

제4조 (사무소)

① 조합의 주된 사무소는 OO시 OO구 OO로 OO(OO동)에 둔다.

② 조합사무소를 이전하는 경우 대의원회(대의원회가 없는 경우 이사회)의 의결을 거쳐 인근지역으로 이전할 수 있으며, 조합원에게 통지한다.

제5조 (시행방법)

① 조합원은 소유한 토지 및 건축물을 조합에 현물로 출자하고, 조합은 법 제48조 규정에 의하여 인가받은 관리처분계획에 따라 공동주택 및 부대·복리시설을 건설하여 공급한다.

② 조합은 사업시행을 위하여 필요한 경우 정비사업비 일부를 금융기관 등으로부터 대여받아 사업을 시행할 수 있다.

③ 조합은 인·허가 등 행정업무지원, 사업성검토, 설계자·시공자 등의 선정에 관한 업무의 지원, 관리처분계획의 수립 및 분양업무 등을 지원하는 정비사업전문관리업자를 선정 또는 변경할 수 있다.

※ 도시 및 주거환경정비법 제14조 및 제69조의 규정에 의하여 정비사업전문관리업자를 선정하고 관련 업무를 지원할 수 있음.

④ 조합은 조합원의 과반수 동의를 얻어 관할시장·군수 또는 자치구의 구청장(이하 “시장·군수”라 한다) 또는 법 제2조 제10호의 규정에 의한 주택공사 등과 공동으로 사업을 시행할 수 있다.

⑤ 조합은 일부 건축물의 존치 또는 리모델링에 관한 내용이 포함된 사업시행계획서를 작성하여 사업시행인가를 신청할 수 있으며, 이 경우 존치 또는 리모델링되는 건축물 소유자의 동의(구분소유자가 있는 경우 구분소유자 3분의 2 이상의 동의와 당해 건축물 연면적의 3분의 2 이상의 구분소유자의 동의로 한다)를 얻어야 한다.

제6조 (사업기간) 사업기간은 조합설립인가일부터 법 제57조에서 규정한 청산업무가 종료되는 날까지로 한다.

제7조 (권리·의무에 관한 사항의 고지·공고방법)

① 조합은 조합원의 권리·의무에 관한 사항을 조합원에게 성실히 고지·공고하여야 한다.

② 제1항의 고지·공고방법은 이 정관에서 따로 정하는 경우를 제외하고는 다음 각 호의 방법에 따른다.

1. 관련 조합원에게 등기우편으로 개별 고지하여야 하며, 등기우편이 주소불명, 수취거절 등의 사유로 반송되는 경우에는 1회에 한하여 일반우편으로 추가 발송한다.
2. 조합원이 쉽게 접할 수 있는 일정한 장소의 게시판(이하 “게시판”이라 한다)에 14일 이상 공고하고 게시판에 게시한 날부터 3월 이상 조합사무소에

관련서류와 도면 등을 비치하여 조합원이 열람할 수 있도록 한다.

3. 인터넷 홈페이지가 있는 경우 홈페이지에도 공개하여야 한다. 다만, 특정인의 권리에 관계되거나 외부에 공개하는 것이 곤란한 경우에는 그 요지만을 공개할 수 있다.

※ 조합이 조합원의 권리·의무 변동에 관한 사항을 사전에 성실히 고지토록 하여 조합원이 권리·의무에 관한 사항을 제대로 알고 사업추진에 협조할 수 있도록 하고, 집행부의 권한남용이나 조합과 조합원간의 분쟁을 방지하기 위한 것으로 조합여건에 따라 조합사무소의 게시기간, 열람기간, 등기우편 발송횟수, 통지갈음 여부 등 구체적인 내용은 달리 정할 수 있음.

4. 제1호의 등기우편이 발송되고, 제2호의 게시판에 공고가 있는 날부터 고지·공고된 것으로 본다.

제8조 (정관의 변경)

① 정관을 변경하고자 할 때에는 조합원 5분의 1 이상, 대의원 과반수 또는 조합장의 발의가 있어야 한다.

② 정관을 변경하고자 하는 경우에는 조합원 과반수(법 제20조 제1항 제2호 내지 제4호·제8호·제12호 또는 제15호의 경우에는 3분의 2 이상을 말한다)의 동의를 얻어 시장·군수의 인가를 받아야 한다. 다만, 도시 및 주거환경정비법시행령(이하 "시행령"이라 한다) 제32조에서 정하는 경미한 사항을 변경하고자 하는 때에는 조합원의 동의에 갈음하여 총회의 의결을 얻어야 한다.

※ 도시 및 주거환경정비법 제20조 제3항 정관의 변경관련 규정을 정리한 것임.

③ 법 제17조의 규정은 제2항의 규정에 의한 동의에 이를 준용한다.

제2장 조 합 원

제9조 (조합원의 자격 등)

① 조합원은 법 제2조 제9호 나목의 규정에 의한 토지 등 소유자(이하 "토지 등 소유자"라 한다)로서 조합설립에 동의한 자로 한다. 다만, 조합설립에 동의하지 아니한 자는 제44조의 규정에 의한 분양신청기한까지 다음 각 호의 사항이 기재된 별지 1의 동의서를 조합에 제출하여 조합원이 될 수 있다.

※ 조합설립당시 재건축에 동의하지는 않았으나 여건변동 등으로 참여를 원할 경우 분양신청기간 종료전까지는 조합원이 될 수 있도록 하여 기존 건축물의 소유자의 권익을 가급적 보호하도록 한 것임.

1. 건설되는 건축물의 설계의 개요
2. 건물의 철거 및 건축물의 신축에 소요되는 비용의 개략적인 금액
3. 제2호의 비용의 분담에 관한 사항(제1호의 설계개요가 변경되는 경우 비용의 부담기준을 포함한다)

4. 사업완료후의 (구분)소유권의 귀속에 관한 사항
5. 조합정관

※ 도시 및 주거환경정비법 시행령 제26조 제1항에서 규정하고 있는 조합원 동의서 내용을 조합정관에 포함함으로서 소송 등 민원을 예방코자 함.

② 동일인이 2개 이상의 주택 등을 소유하는 경우에는 그 주택 등의 수에 관계없이 1인의 조합원으로 본다.

③ 1세대로 구성된 세대원이 각각 주택 등을 소유하고 있는 경우 및 하나의 (구분)소유권이 수인의 공유에 속하는 때에는 그 수인을 대표하는 1인을 조합원으로 본다. 이 경우 그 수인은 대표자 1인을 대표조합원으로 지정하고 별지 2의 대표조합원선임동의서를 작성하여 조합에 신고하여야 하며, 조합원으로서의 법률행위는 그 대표조합원이 행한다.

④ 양도·상속·증여 및 판결 등으로 조합원의 권리가 이전된 때에는 조합원의 권리를 취득한 자로 조합원이 변경된 것으로 보며, 권리를 양수받은 자는 조합원의 권리와 의무 및 종전의 권리자가 행하였거나 조합이 종전의 권리자에게 행한 처분, 청산 시 권리·의무에 관한 범위 등을 포괄승계한다.

⑤ 당해 정비사업의 건축물 또는 토지를 양수한 자라 하더라도 법 제19조 제2항 본문에 해당하는 경우 조합원이 될 수 없고 조합원이 될 수 없는 자는 법 제19조 제3항이 정하는 바에 따른다.

제10조 (조합원의 권리·의무)

① 조합원은 다음 각 호의 권리와 의무를 갖는다.

1. 토지 또는 건축물의 분양청구권
2. 총회의 출석권·발언권 및 의결권
3. 임원의 선임권 및 피선임권
4. 대의원의 선출권 및 피선출권
5. 정비사업비, 청산금, 부과금과 이에 대한 연체료 및 지연손실금(이주지연, 계약지연, 조합원 분쟁으로 인한 지연 등을 포함함)등의 비용납부의무

※ 조합원에게 금전적 부담이 되는 사항을 보다 명확히 규정하기 위한 것으로 조합에 따라 보다 구체적으로 명시할 수도 있음

6. 사업시행계획에 의한 철거 및 이주 의무
7. 그 밖에 관계법령 및 이 정관, 총회 등의 의결사항 준수의무

② 조합원의 권한은 평등하며 권한의 대리행사는 원칙적으로 인정하지 아니하되, 다음 각 호에 해당하는 경우에는 권한을 대리할 수 있다. 이 경우 조합원의 자격은 변동되지 아니한다.

1. 조합원이 권한을 행사할 수 없어 배우자·직계존비속·형제자매 중에서 성년자를 대리인으로 정하여 위임장을 제출하는 경우
2. 해외거주자가 대리인을 지정한 경우

3. 법인인 토지 등 소유자가 대리인을 지정한 경우(이 경우 법인의 대리인은 조합의 임원 또는 대의원으로 선임될 수 있다)

※ 조합원의 부재, 유고 등으로 조합원의 권한을 대리로 행사하는 경우에 자격 등에 대한 분쟁이 많은 점을 감안한 것임

③ 조합원이 그 권리를 양도하거나 주소 또는 인감을 변경하였을 경우에는 그 양수자 또는 변경 당사자는 그 행위의 종료일부터 14일 이내에 조합에 그 변경내용을 신고하여야 한다. 이 경우 신고하지 아니하여 발생되는 불이익 등에 대하여 해당 조합원은 조합에 이의를 제기할 수 없다.

※ 전매 등으로 조합원의 권리가 양도되는 경우가 많으나 제때에 신고가 되지 않아 조합원과 조합 사이에 마찰이 생기고 사업추진에 지장을 초래하는 경우가 많은 점을 감안한 것임.

④ 조합원은 조합이 사업시행에 필요한 서류를 요구하는 경우 이를 제출할 의무가 있으며 조합의 승낙이 없는 한 이를 회수할 수 없다. 이 경우 조합은 요구서류에 대한 용도와 수량을 명확히 하여야 하며, 조합의 승낙이 없는 한 회수할 수 없다는 것을 미리 고지하여야 한다.

※ 조합에서 인감증명 등 사업시행에 필요한 서류를 불필요하게 많이 제출받아 이를 악용하는 경우가 있고, 조합원은 기제출한 서류를 반환해 줄 것을 요구하여 사업에 지장을 주고 있는 경우 등이 많아 이를 방지하기 위한 것임

제11조 (조합원 자격의 상실)

① 조합원이 건축물의 소유권이나 입주자로 선정된 지위 등을 양도하였을 때에는 조합원의 자격을 즉시 상실한다.

② 관계법령 및 이 정관에서 정하는 바에 따라 조합원의 자격에 해당하지 않게 된 자의 조합원자격은 자동 상실된다.

※ 조합원이 권리나 지위 등을 양도하였을 경우 또는 관계법령 및 정관에서 정하는 조합원에 해당하지 않게 된 경우에 조합원의 자격이 조합내부의 별도 절차(총회, 대의원회 의결 등)나 행정절차(변경신고, 인가 등)를 받을 때까지 지속되는지 여부에 대한 논란이 많은 점을 감안한 것임

③ 조합원으로서 고의 또는 중대한 과실 및 의무불이행 등으로 조합에 대하여 막대한 손해를 입힌 경우에는 총회의 의결에 따라 조합원을 제명할 수 있다. 이 경우 제명 전에 해당 조합원에 대해 청문 등 소명기회를 부여하여야 하며, 청문 등 소명기회를 부여하였음에도 이에 응하지 아니한 경우에는 소명기회를 부여한 것으로 본다.

※ 소수의 조합원이 의무 등을 불이행하여 피해를 주고 있는 사례가 많아 이를 최소화하기 위한 것이나, 조합이 이를 남용할 소지도 있으므로 청문 등 소명기회를 부여토록 한 것이다.

④ 조합원은 임의로 조합을 탈퇴할 수 없다. 다만, 부득이한 사유가 발생한 경우

총회 또는 대의원회의 의결에 따라 탈퇴할 수 있다.

※ 조합원에게 부득이한 사유가 생겼을 경우 탈퇴를 인정하되 개인사정에 따라 빈번하게 탈퇴가 이루어진다면 사업추진에 지장이 많으므로 총회 또는 대의원회의 의결에 따르도록 한 것이며, 총회에서 의결할 것인지 대의원회에서 의결할 것인지는 당해 조합의 조합원수, 단지 규모, 탈퇴가 조합에 미치는 영향 등을 감안하여 결정하면 될 것임

제 3 장 시공자, 설계자 및 정비사업전문관리업자의 선정

제12조 (시공자의 선정 및 계약)

① 조합은 사업시행인가를 받은 후 법 제11조 제2항의 의하여 고시된 시공자 선정기준에 따라 시공자를 선정하여야 한다. 선정된 시공자를 변경하는 경우도 또한 같다.

② 조합은 제1항의 규정에 의하여 선정된 시공자와 그 업무범위 및 관련 사업비의 부담 등 사업시행 전반에 대한 내용을 협의한 후 미리 총회의 의결을 거쳐 별도의 계약을 체결하여야 하며, 그 계약내용에 따라 상호간의 권리와 의무가 부여된다. 계약내용을 변경하는 경우도 같다. 다만, 금전적인 부담이 수반되지 아니하는 사항의 변경은 대의원회(대의원회가 없는 경우 이사회)의 의결을 거쳐야 한다.

※ 조합과 시공자간의 계약은 조합원의 권익보호 및 사업추진에 매우 중요한 사항이므로 미리 총회의 인준을 받고 계약을 체결토록 한 것이나, 경미한 사항의 경우에도 총회의 의결로 하는 경우 사업추진에 지장을 줄 수도 있으므로 금전적 부담이 수반되지 않는 경미한 사항 등은 대의원회 또는 이사회의결 등으로 할 수 있을 것임.

③ 조합은 제2항의 규정에 의하여 시공자와 체결한 계약서를 조합해산일까지 조합사무소에 비치하여야 하며, 조합원의 열람 또는 복사요구에 응하여야 한다. 이 경우 복사에 드는 비용은 복사를 원하는 조합원이 부담한다.

④ 제2항의 계약내용에는 토지 및 건축물의 사용·처분, 공사비 및 부대비용 등 사업비의 부담, 시공보증, 시공상의 책임, 공사기간, 하자보수 책임 등에 관한 사항을 포함하여야 한다.

제13조 (설계자의 선정 및 계약)

① 설계자는 건축사법 제23조의 규정에 적합하여야 하며, 설계자의 선정은 일반경쟁입찰방법 또는 지명경쟁입찰방법으로 하되, 1회 이상 일간신문에 입찰공고를 하고, 현장설명회를 개최한 후 참여제안서를 제출받아 총회에서 선정한다. 다만, 미응찰 등의 이유로 3회 이상 유찰된 경우에는 총회의 의결을 거쳐 수의계약할 수 있다. 선정된 설계자를 변경하는 경우도 같다.

② 제12조 제2항 및 제3항의 규정은 설계자의 선정 및 계약에 관하여 이를 준용한다. 이 경우 "시공자"는 각각 "설계자"로 본다.

제14조 (정비사업전문관리업자의 선정 및 계약)

① 조합이 정비사업전문관리업자를 선정 또는 계약하고자 하는 경우에는 제13조의 규정을 준용한다. 이 경우 "설계자"는 각각 "정비사업전문관리업자"로 본다.

② 조합은 정비사업전문관리업자가 법 제73조제1항 규정에 의해 등록취소처분 등을 받은 경우, 처분 등을 통지받거나 처분사실을 안날로부터 3월 이내 당해 업무계약의 해지여부를 결정하여야 한다.

③ 조합은 정비사업전문관리업자가 법 제73조 제5항에 해당하게 되는 경우 즉시 업무를 중지시키고 관련서류를 인계받아야 한다.

제 4 장 임　원 등

제15조 (임원)

① 조합에는 다음 각 호의 임원을 둔다.

1. 조합장 1인
2. 이사 O인
3. 감사 O인

※ 조합장 1인과 3인 이상 5인 이하(토지 등 소유자가 100인을 초과하는 때에는 5인 이상 10인 이하)의 이사와 1인 이상 3인 이하의 감사를 둔다.

② 조합임원은 총회에서 조합원 과반수 출석과 출석 조합원 과반수의 동의를 얻어 다음 각 호의 1에 해당하는 조합원 중에서 선임한다. 다만, 임기 중 궐위된 경우에는 다음 각 호의 1에 해당하는 조합원 중에서 대의원회가 이를 보궐선임한다.

1. 피선출일 현재 사업시행구역 안에서 3년 이내 1년 이상 거주하고 있는 자(다만, 거주의 목적이 아닌 상가 등의 건축물에서 영업 등을 하고 있는 경우 영업 등은 거주로 본다)
2. 피선출일 현재 사업시행구역 안에서 5년 이상 건축물 및 그 부속토지를 소유한 자

※ 도시 및 주거환경정비법 제21조제3항에서 규정한 조합임원선임관련 내용을 정리한 것임.

③ 임원의 임기는 선임된 날부터 2년까지로 하되, 총회의 의결을 거쳐 연임할 수 있다.

※ 소규모 주택단지 등 사업이 단기간 내에 완료될 수 있다고 판단하는 경우 3년으로 정할 수 있을 것임.

④ 제2항 단서의 규정에 따라 보궐선임된 임원의 임기는 전임자의 잔임기간으로 한다.

⑤ 임기가 만료된 임원은 그 후임자가 선임될 때까지 그 직무를 수행한다.

제16조 (임원의 직무 등)

① 조합장은 조합을 대표하고 조합의 사무를 총괄하며 총회와 대의원회 및 이사회의 의장이 된다.

② 이사는 조합장을 보좌하고, 이사회에 부의된 사항을 심의·의결하며 이 정관이 정하는 바에 의하여 조합의 사무를 분장한다.

③ 감사는 조합의 사무 및 재산상태와 회계에 관하여 감사하며 정기총회에 감사결과보고서를 제출하여야 하며, 조합원 5분의 1 이상의 요청이 있을 때에는 공인회계사에게 회계감사를 의뢰하여 공인회계사가 작성한 감사보고서를 총회 또는 대의원회에 제출하여야 한다.

※ 조합회계 등 감사의 업무에 관하여 의혹이 있을 경우 공인회계사에게 회계감사를 의뢰토록 하여 의혹을 해소할 수 있도록 한 것으로 요청정족수는 조합의 규모 등에 따라 적정하세 조정할 수 있음.

④ 감사는 조합의 재산관리 또는 조합의 업무집행이 공정하지 못하거나 부정이 있음을 발견하였을 때에는 대의원회 또는 총회에 보고하여야 하며, 조합장은 보고를 위한 대의원회 또는 총회를 소집하여야 한다. 이 경우 감사의 요구에도 조합장이 소집하지 아니하는 경우에는 감사가 직접 대의원회를 소집할 수 있으며 대의원회 의결에 의하여 총회를 소집할 수 있다. 회의소집 절차와 의결방법 등은 제22조, 제24조 제7항 및 제26조의 규정을 준용한다.

※ 소집요구권을 감사, 대의원, 조합원에게 부여하여 부정에 대한 신속한 조치를 기할 수 있도록 함.

⑤ 감사는 제4항 직무위배행위로 인해 감사가 필요한 경우 조합임원 또는 외부전문가로 구성된 감사위원회를 구성할 수 있다. 이 경우 감사는 감사위원회의 의장이 된다.

⑥ 다음 각 호의 경우에는 당해 안건에 관해 (상근)이사 중에서 연장자 순으로 조합을 대표한다.

1. 조합장이 유고 등으로 인하여 그 직무를 수행할 수 없을 경우
2. 조합장이 자기를 위한 조합과의 계약이나 소송 등에 관련되었을 경우
3. 조합장의 해임에 관한 사항

⑦ 조합은 그 사무를 집행하기 위하여 필요하다고 인정하는 때에는 조합의 인사규정이 정하는 바에 따라 상근하는 임원 또는 유급직원을 둘 수 있다. 이 경우 조합의 인사규정은 미리 총회의 의결을 받아야 한다.

※ 상근임원의 종류 및 상근임원의 업무범위·권한·의무, 유급 직원의 수 및 직함, 업무내용 등을 별도의 인사규정을 마련하여 운영하도록 한 것이나,

조합의 규모나 성격에 따라 별도의 인사규정이 없이 정관에 직접 정할 수 도 있을 것임.

⑧ 조합 임원은 같은 목적의 사업을 시행하는 다른 조합·추진위원회 또는 당해 사업과 관련된 시공자·설계자·정비사업전문관리업자 등 관련단체의 임원·위원 또는 직원을 겸할 수 없다.

제17조 (임원의 결격사유 및 자격상실 등)

① 다음 각 호의 자는 조합의 임원 및 대의원이 될 수 없다.

1. 미성년자·금치산자·한정치산자
2. 파산자로서 복권되지 아니한 자
3. 금고이상의 실형의 선고를 받고 그 집행이 종료(종료된 것으로 보는 경우를 포함한다)되거나 집행이 면제된 날부터 2년이 경과되지 아니한 자
4. 금고이상의 형의 집행유예를 받고 그 유예기간 중에 있는 자
5. 법 또는 관련법률에 의한 징계에 의하여 면직의 처분을 받은 때로부터 2년이 경과되지 아니한 자

② 임원이 제1항 각 호의 1에 해당하게 되거나 선임당시 그에 해당하는 자이었음이 판명되거나, 선임당시에 제15조 제2항 각호에 해당하지 않은 것으로 판명된 경우 당연 퇴임한다.

③ 제2항의 규정에 의하여 퇴임된 임원이 퇴임 전에 관여한 행위는 그 효력을 잃지 아니한다.

※ 도시 및 주거환경정비법 제23조 규정에 의하여 임원의 퇴임전에 행위에 대한 효력을 인정함으로서, 업무의 영속성을 유지가능토록 함.

④ 임원으로 선임된 후 직무위배행위로 인한 형사사건으로 기소된 경우에는 그 내용에 따라 확정판결이 있을 때까지 제18조 제4항의 절차에 따라 그 자격을 정지할 수 있다. 또한, 임원이 그 사건으로 받은 확정판결내용이 법 제85조 및 제86조 벌칙규정에 의한 벌금형에 해당하는 경우에는 총회에서 자격상실 여부를 의결한다.

※ 직무와 관련된 사건으로 기소된 후 확정판결까지의 기간이 장기화 될 경우 해당 임원의 자격시비 등으로 조합 업무추진에 지장이 많음을 감안한 것임.

제18조 (임원의 해임 등)

① 임원이 직무유기 및 태만 또는 관계법령 및 이 정관에 위반하여 조합에 부당한 손해를 초래한 경우에는 해임할 수 있다. 이 경우 사전에 해당 임원에 대해 청문 등 소명기회를 부여하여야 하며, 청문 등 소명기회를 부여하였음에도 이에 응하지 아니한 경우에는 소명기회를 부여한 것으로 본다. 다만, 제17조 제2항의 규정에 의하여 당연 퇴임한 임원에 대해서는 해임절차 없이 그 사유가 발생한 날로부터 그 자격을 상실한다.

② 임원이 자의로 사임하거나 제1항의 규정에 의하여 해임되는 경우에는 지체없

이 새로운 임원을 선출하여야 한다. 이 경우 새로 선임된 임원의 자격은 시장·군수의 조합설립변경인가 및 법인의 임원변경등기를 하여야 대외적으로 효력이 발생한다.

③ 임원의 해임은 조합원 10분의 1 이상 또는 대의원 3분의 2 이상의 발의로 조합장(조합장이 해임 대상인 경우는 발의자 공동명의로 한다)이 소집한 총회에서 조합원 과반수의 출석과 출석조합원 과반수의 동의를 얻어 해임할 수 있다. 조합장이 해임 대상인 경우 발의자 대표의 임시사회로 선출된 자가 그 의장이 된다.

④ 제2항의 규정에 의하여 사임하거나 또는 해임되는 임원의 새로운 임원이 선임, 취임할 때까지 직무를 수행하는 것이 적합하지 아니하다고 인정될 때에는 이사회 또는 대의원회 의결에 따라 그의 직무수행을 정지하고 조합장이 임원의 직무를 수행할 자를 임시로 선임할 수 있다. 다만, 조합장이 사임하거나 퇴임·해임되는 경우에는 제16조 제6항을 준용한다.

※ 임원이 직무태만, 부정 등으로 해임되는 경우에는 새로운 임원이 선출될 때까지 업무를 수행하는 것이 적정하지 못한 경우가 대부분이므로 업무공백이나 부작용이 없도록 그 절차를 정한 것임.

제19조 (임직원의 보수 등)

① 조합은 상근임원 외의 임원에 대하여는 보수를 지급하지 아니한다. 다만, 임원의 직무수행으로 발생되는 경비는 지급할 수 있다.

② 조합은 상근하는 임원 및 유급직원에 대하여 조합이 정하는 별도의 보수규정에 따라 보수를 지급하여야 한다. 이 경우 보수규정은 미리 총회의 의결을 거쳐야 한다.

※ 상근하는 임원 및 유급직원에 대한 보수는 사업비에 영향을 미치므로 별도의 보수규정을 마련하여 운영토록 하고 총회의결을 거치도록 한 것이나, 조합의 규모에 따라 정관에 보수에 관한 사항 등을 직접 규정할 수도 있음.

③ 유급직원은 조합의 인사규정이 정하는 바에 따라 조합장이 임명한다. 이 경우 임명결과에 대하여 사후에 대의원회의 인준을 받아야 하며 인준을 받지 못하면 즉시 해임하여야 한다.

※ 유급직원은 조합사무를 실무적으로 수행하므로 조합장이 관련규정에 따라 임명토록 한 것이며, 사후에 대의원회의 인준(또는 총회인준으로 조정가능)을 받도록 한 것임.

제 5 장 기 관

제20조 (총회의 설치)

① 조합에는 조합원 전원으로 구성하는 총회를 둔다.

② 총회는 정기총회·임시총회로 구분하며 조합장이 소집한다.

③ 정기총회는 매년 1회, 회계연도 종료일부터 2월 이내에 개최한다. 다만, 부득이한 사정이 있는 경우에는 3월 범위 내에서 사유와 기간을 명시하여 일시를 변경할 수 있다.

※ 조합의 내부 사정에 따라 정기총회 일시를 탄력적으로 운영할 수 있도록 한 것이나, 총회소집을 무기한 연기하거나 지체할 수 있도록 하는 것은 바람직하지 못하므로 3월 범위내로 한 것임.

④ 임시총회는 조합장이 필요하다고 인정하는 경우에 개최한다. 다만, 다음 각 호의 1에 해당하는 때에는 조합장은 해당일로부터 2월 이내에 총회를 개최하여야 한다.

1. 조합원 5분의 1 이상이 총회의 목적사항을 제시하여 청구하는 때
2. 대의원 3분의 2 이상으로부터 개최요구가 있는 때

⑤ 제4항의 각 호의 규정에 의한 청구 또는 요구가 있는 경우로서 조합장이 2월 이내에 정당한 이유없이 총회를 소집하지 아니하는 때에는 감사가 지체없이 총회를 소집하여야 하며, 감사가 소집하지 아니하는 때에는 제4항 각호의 규정에 의하여 소집을 청구한 자의 공동명의로 이를 소집한다.

※ 일정 비율 이상의 조합원, 대의원 또는 감사에게 총회소집요구권을 부여함으로써 조합원의 권익을 보호하도록 함. 이때, 총회소집요구 정족수는 조합원수, 조합의 규모 등에 따라 적절히 정할 수 있을 것임.

⑥ 제2항 내지 제5항의 규정에 의하여 총회를 개최하거나 일시를 변경하는 경우에는 총회의 목적·안건·일시·장소·변경사유 등에 관하여 미리 이사회의 의결을 거쳐야 한다. 다만, 제5항의 규정에 의한 조합장이 아닌 공동명의로 총회를 소집하는 경우에는 그러하지 아니하다.

⑦ 제2항 내지 제5항의 규정에 의하여 총회를 소집하는 경우에는 회의개최 14일 전부터 회의목적·안건·일시 및 장소 등을 게시판에 게시하여야 하며 각 조합원에게는 회의개최 7일 전까지 등기우편으로 이를 발송, 통지하여야 한다.

⑧ 총회는 제7항에 의하여 통지한 안건에 대해서만 의결할 수 있다.

제21조 (총회의 의결사항) 다음 각 호의 사항은 총회의 의결을 거쳐 결정한다.

1. 정관의 변경
2. 자금의 차입과 그 방법·이율 및 상환방법
3. 법 제61조의 규정에 의한 부과금의 금액 및 징수방법
4. 정비사업비의 사용계획 등 예산안
5. 예산으로 정한 사항 외에 조합원의 부담이 될 계약
6. 철거업자·시공자·설계자의 선정 및 변경
7. 정비사업전문관리업자의 선정 및 변경
8. 조합임원 및 대의원의 선임 및 해임(임기 중 궐위된 자를 보궐선임하는 경우 제외한다)

9. 정비사업비의 조합원별 분담내역
10. 법 제48조의 규정에 의한 관리처분계획의 수립 및 변경(동법 제48조 제1항 단서의 규정에 의한 경미한 변경을 제외한다)
11. 법 제57조의 규정에 의한 청산금의 징수·지급(분할징수·분할지급을 포함한다)과 조합 해산시의 회계보고
12. 조합의 합병 또는 해산(사업완료로 인한 해산은 제외한다)
13. 법 제30조에 의한 사업시행계획서의 작성 및 변경(법 제28조 제1항 단서에 의한 경미한 변경의 경우는 제외한다)
14. 그 밖에 이 정관에서 총회의 의결 또는 인준을 거치도록 한 사항
   ※ 조합원의 재산권과 관련된 정관 조문, 계약관계 및 관리처분계획 등 재건축사업의 시행에 있어서 핵심적인 사항에 대해서는 가급적 총회에서 조합원 스스로가 결정하도록 하여야 할 것이며, 그 밖의 조합원에게 경제적으로 부담되는 사항 등 주요 사항을 조합특성에 맞게 정할 수 있음.

제22조 (총회의 의결방법)

① 총회는 법, 이 정관에서 특별히 정한 경우를 제외하고는 조합원 과반수 출석으로 개의하고 출석조합원의 과반수 찬성으로 의결한다.

② 제1항의 규정에 불구하고 다음 각 호에 관한 사항은 조합원 과반수 출석과 출석조합원 3분의 2 이상의 찬성으로 의결한다.

1. 정관 제O조, 제O조 제O항의 개정 및 폐지에 관한 사항
2. OOOOOOOOOOOOO
3. OOOOOOOOOOOOO

※ 조합원의 재산권·비용부담에 관한 사항 등 조합원의 권익과 직결되는 중요한 사항을 발췌하여 개의요건 및 의결정족수를 강화할 수 있도록 한 것으로 중요한 정관의 개폐, 그 밖에 중요한 사항을 구체적으로 명시할 수 있음.

③ 조합원은 서면 또는 제10조 제2항 각호에 해당하는 대리인을 통하여 의결권을 행사할 수 있다. 서면행사하는 경우에는 제1항 및 제2항의 규정에 의한 출석으로 본다.

④ 조합원은 제3항의 규정에 의하여 출석을 서면으로 하는 때에는 안건내용에 대한 의사를 표시하여 총회 전일까지 조합에 도착되도록 하여야 한다.

⑤ 조합원은 제3항의 규정에 의하여 출석을 대리인으로 하고자 하는 경우에는 위임장 및 대리인 관계를 증명하는 서류를 조합에 제출하여야 한다.

⑥ 총회 소집결과 정족수에 미달되는 때에는 재소집하여야 하며, 재소집의 경우에도 정족수에 미달되는 때에는 대의원회로 총회를 갈음할 수 있다(단, 제21조 제1호·제2호·제5호 내지 제8호·제10호 및 제12호에 관한 사항은 그러하지 아니하다).

※ 대의원회가 총회를 대신하여 의결할 경우에도 특례를 두어, 조합원의 권익을 보호하도록 한 것으로, 조합원의 권익에 직결되는 사항에 대해서는 대의원회가 총회를 대신할 수 없도록 하여 조합원 스스로가 총회에 참석하여 의결권을 행사하여야 할 것임.

⑦ 제3항의 규정에도 불구하고 시공자 선정을 위한 총회는 조합원 과반수가 직접 참석한 경우(대리인이 참석한 때에는 직접 참석으로 본다)에 한하여 의사를 진행할 수 있다.

제23조 (총회운영 등)

① 총회는 이 정관 및 의사진행의 일반적인 규칙에 따라 운영한다.

② 의장은 총회의 안건의 내용 등을 고려하여 다음 각 호에 해당하는 자 등 조합원이 아닌 자를 총회에 참석하여 발언하도록 할 수 있다.

1. 조합직원
2. 정비사업전문관리업자·시공자 또는 설계자
3. 그 밖에 의장이 총회운영을 위하여 필요하다고 인정하는 자

③ 의장은 총회의 질서를 유지하고 의사를 정리하며, 고의로 의사진행을 방해하는 발언·행동 등으로 총회질서를 문란하게 하는 자에 대하여 그 발언의 정지·제한 또는 퇴장을 명할 수 있다.

④ 제1항과 제3항의 의사규칙은 대의원회에서 정하여 운영할 수 있다.

제24조 (대의원회의 설치)

① 조합에는 대의원회를 둔다.

※ 조합원이 100인 이상인 경우만 해당됨.

② 대의원의 수는 OO인 이상 OO인 이하로 하되, 동별(街區別)로 최소 OO인의 대의원을 선출하여야 한다.

※ 대의원 수는 동별 또는 단지규모 등을 고려하여 조합원의 10분의 1 이상으로 하되, 조합원의 10분의 1 이 100인을 넘는 경우에는 100인의 대의원으로 구성한다. 동별로 고루 선출하되, 단독주택지의 경우에는 가구별로 균형있게 선출함.

③ 대의원은 조합원 중에서 선출하며, 조합장이 아닌 조합임원은 대의원이 될 수 없다.

※ 도시 및 주거환경정비법 제25조제3항에 규정된 내용으로서 대의원회에서 의결함에 있어 순수 대의원회의 의견을 충분히 반영하기 위한 것임.

④ 대의원의 선출 또는 궐위된 대의원의 보선은 다음 각 호의 1에 해당하는 조합원 중에서 선임한다. 다만, 궐위된 대위원의 보선은 대의원 5인 이상의 추천을 받아 대의원회가 이를 보궐선임한다.

1. 피선출일 현재 사업시행구역 안에서 3년 이내 1년 이상 거주하고 있는 자(다만, 거주의 목적이 아닌 상가 등의 건축물에서 영업 등을 하고 있는 경

우 영업 등은 거주로 본다)

2. 피선출일 현재 사업시행구역 안에서 5년 이상 토지 및 건축물을 소유한 자

※ 대의원은 원칙적으로 조합원이 직접 선출하여야 할 것이나, 조합원의 이주로 인하여 소집이 어려울 경우에는 보선에 한해 대의원회에서 선출할 수 있도록 한 것이며, 대의원자격요건으로 거주기간을 조합여건에 따라 정할 수 있음.

⑤ 대의원회는 조합장이 필요하다고 인정하는 때에 소집한다. 다만, 다음 각 호의 1에 해당하는 때에는 조합장은 해당일부터 14일 이내에 대의원회를 소집하여야 한다.

1. 조합원 10분의 1 이상이 총회의 목적사항을 제시하여 소집을 청구하는 때
2. 대의원의 3분의 1 이상이 회의의 목적사항을 제시하여 청구하는 때

⑥ 제5항 각 호의 1에 의한 소집청구가 있는 경우로서 조합장이 14일 이내에 정당한 이유 없이 대의원회를 소집하지 아니한 때에는 감사가 지체 없이 이를 소집하여야 하며, 감사가 소집하지 아니하는 때에는 제5항 각 호의 규정에 의하여 소집을 청구한 자의 공동명의로 이를 소집한다.

※ 일정수 이상의 대의원이 대의원회의 소집을 요구하였으나 의장(조합장)이 이에 불응할 경우에 대비하여 보완한 것임.

⑦ 대의원회 소집은 회의개최 7일 전에 회의목적·안건·일시 및 장소를 기재한 통지서를 대의원에게 송부하고, 게시판에 게시하여야 한다. 다만, 사업추진상 시급히 대의원회 의결을 요하는 사안이 발생하는 경우에는 회의 개최 3일 전에 통지하고 대의원회에서 안건상정여부를 묻고 의결할 수 있다.

⑧ 대의원 해임에 관한 사항은 제18조 제1항을 준용한다.

제25조 (대의원회 의결사항)

① 대의원회는 다음 각 호의 사항을 의결한다.

1. 궐위된 임원 및 대의원의 보궐선임
2. 예산 및 결산의 승인에 관한 방법
3. 총회 부의안건의 사전심의 및 총회로부터 위임받은 사항
4. 총회의결로 정한 예산의 범위 내에서의 용역계약 등

※ 사업추진상 불가피하게 발생하는 계약(세무사, 법무사, 회계사, 교통영향평가 및 감정평가업체 등)에 대하여 대의원회에서 결정 가능토록 함.

② 대의원회는 제24조 제7항의 규정에 의하여 통지한 사항에 관하여만 의결할 수 있다. 다만, 통지 후 시급히 의결할 사항이 발생한 경우, 의장의 발의와 출석대의원 과반수 동의를 얻어 안건으로 채택한 경우에는 그 사항을 의결할 수 있다.

③ 대의원 자신과 관련된 사항에 대하여는 그 대의원은 의결권을 행사할 수 없다.

④ 이사·감사는 대의원회에 참석하여 의견을 진술할 수 있다.

제26조 (대의원회 의결방법)

① 대의원회는 법 및 이 정관에서 특별히 정한 경우를 제외하고는 대의원 과반수 출석으로 개의하고 출석대의원 과반수의 찬성으로 의결한다. 다만, 제22조 제6항의 규정에 의하여 대의원회가 총회의 권한을 대행하여 의결하는 경우에는 재적대의원 3분의 2 이상의 출석과 출석대의원 3분의 2 이상의 동의를 얻어야 한다.

※ 총회의 권한을 대행하는 사항에 대해서는 출석 및 의결 정족수를 강화하여 조합운영을 보다 신중하게 하도록 한 것임.

② 대의원은 대리인을 통한 출석을 할 수 없다. 다만, 서면으로 대의원회에 출석하거나 의결권을 행사할 수 있다. 이 경우 제1항의 규정에 의한 출석으로 본다.

③ 제23조의 규정은 대의원회에 이를 준용한다.

제27조 (이사회의 설치)

① 조합에는 조합의 사무를 집행하기 위하여 조합장과 이사로 구성하는 이사회를 둔다.

② 이사회는 조합장이 소집하며, 조합장은 이사회의 의장이 된다.

제28조 (이사회의 사무) 이사회는 다음 각 호의 사무를 집행한다.

1. 조합의 예산 및 통상업무의 집행에 관한 사항
2. 총회 및 대의원회의 상정안건의 심의·결정에 관한 사항
3. 업무규정 등 조합 내부규정의 제정 및 개정안 작성에 관한 사항
4. 그 밖에 조합의 운영 및 사업시행에 관하여 필요한 사항

※ 별도의 조항으로 전문적이고 효율적인 조합운영을 위하여 이사회 보좌기관으로서 자문 또는 고문기관을 둘 수 있음.

제29조 (이사회의 의결방법)

① 이사회는 대리인 참석이 불가하며, 구성원 과반수 출석으로 개의하고 출석 구성원 과반수 찬성으로 의결한다.

② 구성원 자신과 관련된 사항에 대하여는 그 구성원은 의결권을 행사할 수 없다.

③ 제26조 제2항의 규정은 이사회의 의결에 준용한다.

제30조 (감사의 이사회 출석권한 및 감사요청)

① 감사는 이사회에 출석하여 의견을 진술할 수 있다. 다만, 의결권은 가지지 아니한다.

② 이사회는 조합운영상 필요하다고 인정될 때에는 감사에게 조합의 업무에 대하여 감사를 실시하도록 요청할 수 있다.

제31조 (의사록의 작성 및 관리) 조합은 총회·대의원회 및 이사회의 의사록을 작성하여 청산시까지 보관하여야 하며, 그 작성기준 및 관리 등은 다음 각 호와 같다. 다만, 속기사의 속기록일 경우에는 제1호의 규정을 적용하지 아니한다.

1. 의사록에는 의사의 경과, 요령 및 결과를 기재하고 의장 및 출석한 이사가 기명날인하여야 한다.
2. 의사록은 조합사무소에 비치하여 조합원이 항시 열람할 수 있도록 하여야 한다.
3. 임원의 선임 또는 대의원의 선출과 관련된 총회의 의사록을 관할 시장·군수에게 송부하고자 할 때에는 임원 또는 대의원 명부와 그 피선자격을 증명하는 서류를 첨부하여야 한다.

제 6 장 재 정

제32조 (조합의 회계)

① 조합의 회계는 매년 1월 1일(설립인가를 받은 당해연도는 인가일)부터 12월말일까지로 한다.

② 조합의 예산·회계는 기업회계의 원칙에 따르되 조합은 필요하다고 인정하는 때에는 다음 사항에 관하여 별도의 회계규정을 정하여 운영할 수 있다. 이 경우 회계규정을 정할 때는 미리 총회의 인준을 받아야 한다.

1. 예산의 편성과 집행기준에 관한 사항
2. 세입·세출예산서 및 결산보고서의 작성에 관한 사항
3. 수입의 관리·징수방법 및 수납기관 등에 관한 사항
4. 지출의 관리 및 지급 등에 관한 사항
5. 계약 및 채무관리에 관한 사항
6. 그 밖에 회계문서와 장부에 관한 사항

③ 조합은 매 회계연도 종료일부터 30일 내에 결산보고서를 작성한 후 감사의 의견서를 첨부하여 대의원회에 제출하여 의결을 거쳐야 하며, 대의원회 의결을 거친 결산보고서를 총회 또는 조합원에게 서면으로 보고하고 조합사무소에 이를 3월 이상 비치하여 조합원들이 열람할 수 있도록 하여야 한다.

④ 조합은 다음 각 호의 1에 해당하는 시기에 주식회사의외부감사에관한법률 제3조 규정에 의한 감사인의 회계감사를 받아야 한다.

1. 추진위원회에서 조합으로 인계되기 전까지 납부 또는 지출된 금액이 3억5천만원 이상인 경우
2. 사업시행인가고시일 전까지 납부 또는 지출된 금액이 7억원 이상인 경우에 고시일부터 20일 이내
3. 준공인가신청일까지 납부 또는 지출된 금액이 14억원 이상인 경우에 준공검사의 신청일부터 7일 이내

※ 도시 및 주거환경정비법 제76조의 규정에 의한 회계감사를 실시함에 있어 동법 시행령 제67조 제1항의 규정에 의한 시기별로 회계감사를 받아야 한다.

⑤ 제4항의 규정에도 불구하고 비용의 납부 및 지출내역에 대하여 조합원 5분의 4 이상 동의할 경우 회계감사를 받지 아니할 수 있다.

⑥ 조합은 제4항의 규정에 의하여 실시한 회계감사 결과를 회계감사종료일로부터 15일 이내에 시장·군수에게 보고하고, 조합사무소에 이를 비치하여 조합원들이 열람할 수 있도록 하여야 한다.

제33조 (재원) 조합의 운영 및 사업시행을 위한 자금은 다음 각 호에 의하여 조달한다.

1. 조합원이 현물로 출자한 토지 및 건축물
2. 조합원이 납부하는 정비사업비 등 부과금
3. 건축물 및 부대·복리시설의 분양 수입금
4. 조합이 금융기관 및 시공자 등으로부터 조달하는 차입금
5. 대여금의 이자 및 연체료 등 수입금
6. 청산금
7. 그 밖에 조합재산의 사용수익 또는 처분에 의한 수익금

제34조 (정비사업비의 부과 및 징수)

① 조합은 사업시행에 필요한 비용을 충당하기 위하여 조합원에게 공사비 등 주택사업에 소요되는 비용(이하 "정비사업비"라 한다)을 부과·징수할 수 있다.

② 제1항의 규정에 의한 정비사업비는 총회의결을 거쳐 부과할 수 있으며, 추후 사업시행구역안의 토지 및 건축물 등의 위치·면적·이용상황·환경 등 제반여건을 종합적으로 고려하여 관리처분계획에 따라 공평하게 금액을 조정하여야 한다.

③ 조합은 납부기한 내에 정비사업비를 납부하지 아니한 조합원에 대하여는 금융기관에서 적용하는 연체금리의 범위 내에서 연체료를 부과할 수 있으며 법 제61조 제4항의 규정에 따라 시장·군수에게 정비사업비의 징수를 위탁할 수 있다.

※ 사업추진을 위한 경비 등 정비사업비의 납부 및 이의 연체에 대한 조합의 처분 등에 대한 규정을 두어 조합원이 이를 숙지토록 하고, 일부 미납자로 인한 다수 조합원의 피해를 방지할 수 있도록 한 것임.

제7장 사업시행

제35조 (임대주택 건설의무) 법 제30조의2 주택재건축사업의 임대주택 건설의무 규정으로 인하여 재건축 임대주택을 공급하여야 할 경우에는 관계 법령에 적합한 범위 내에서 임대주택공급에 대한 사업계획을 작성하여 총회의 의결을 받아야 한다.

제36조 (사업시행계획의 동의) 조합은 사업시행인가를 신청하기 전에 조합원 과반수의 동의를 얻어야 한다. 다만 법 제28조 제1항 단서에 의한 경미한 사항의 변경의 경우 5분의 1 이상의 동의를 얻어야 한다.

제37조 (이주대책)

① 사업시행으로 주택이 철거되는 조합원은 사업을 시행하는 동안 자신의 부담으로 이주하여야 한다.

② 조합은 이주비의 지원을 희망하는 조합원에게 조합이 직접 금융기관과 약정을 체결하거나, 시공자와 약정을 체결하여 지원하도록 알선할 수 있다. 이 경우 이주비를 지원받은 조합원은 사업시행구역안의 소유 토지 및 건축물을 담보로 제공하여야 한다.

※ 이주비에 있어 차입대상에 따라 조정 가능함.

③ 제2항의 규정에 의하여 이주비를 지원받은 조합원 또는 그 권리를 승계한 조합원은 지원받은 이주비를 주택 등에 입주시까지 시공자(또는 금융기관)에게 환불하여야 한다.

④ 조합원은 조합이 정하여 통지하는 이주기한 내에 당해 건축물에서 퇴거하여야 하며, 세입자 또는 임시거주자 등이 있을 때에는 당해 조합원의 책임으로 함께 퇴거하도록 조치하여야 한다.

⑤ 조합원은 본인 또는 세입자 등이 당해 건축물에서 퇴거하지 아니하여 기존주택 등의 철거 등 사업시행에 지장을 초래하는 때에는 그에 따라 발생되는 모든 손해에 대하여 변상할 책임을 진다.

⑥ 제5항의 규정에 의하여 조합원이 변상할 손해금액과 징수방법 등은 대의원회에서 정하여 총회의 승인을 얻어 당해 조합원에게 부과하며, 이를 기한 내에 납부하지 아니한 때에는 당해 조합원의 권리물건을 환가처분하여 그 금액으로 충당할 수 있다.

※ 소수 조합원의 의무불이행으로 사업지연 등 다수 조합원의 피해를 초래한 경우에는 변상책임이 있음을 미리 모든 조합원이 숙지토록 하여 분쟁을 예방하고 사업수행에 원활을 기하기 위한 것임.

제38조 (지장물 철거 등)

① 조합은 관리처분계획인가 후, 사업시행구역안의 건축물을 철거할 수 있다.

② 조합은 제1항의 규정에 의하여 건축물을 철거하고자 하는 때에는 30일 이상의 기간을 정하여 구체적인 철거계획에 관한 내용을 미리 조합원 등에게 통지하여야 한다.

③ 사업시행구역안의 통신시설·전기시설·급수시설·도시가스시설 등 공급시설에 대하여는 당해 시설물 관리권자와 협의하여 철거기간이나 방법 등을 따로 정할 수 있다.

④ 조합원의 이주 후 건축법 제27조의 규정에 의한 철거 및 멸실신고는 조합이 일괄 위임받아 처리하도록 한다.

※ 철거 및 멸실신고 절차를 조합이 일괄처리함으로서 사업기간의 단축 등의 효과가 나타날 수 있음.

제39조 (보상의 예외 등) 사업시행구역안의 철거되는 일체의 지장물 중 등기 또는 행정기관의 공부에 등재되지 아니한 지장물은 보상대상이 될 수 없다.

제40조 (지상권 등 계약의 해지)

① 조합은 사업의 시행으로 인하여 지상권·전세권 또는 임차권의 설정목적을 달성할 수 없는 권리자가 계약상 금전의 반환청구권을 조합에 행사할 경우 조합은 당해 금전을 지급할 수 있다.

② 조합은 제1항에 의하여 금전을 지급하였을 경우 당해 조합원에게 이를 구상할 수 있으며 구상이 되지 아니한 때에는 당해 조합원에게 귀속될 건축물을 압류할 수 있으며 이 경우 압류한 권리는 저당권과 동일한 효력을 가진다.

③ 조합설립인가일 이후에 체결되는 지상권·전세권설정계약 또는 임대차계약의 계약기간에 대하여는 민법 제280조·제281조 및 제312조 제2항, 주택임대차보호법 제4조 제1항, 상가건물임대차보호법 제9조 제1항의 규정은 이를 적용하지 아니한다.

제41조 (매도청구 등)

① 조합은 주택재건축사업을 시행함에 있어 법 제16조 제2항 및 제3항의 규정에 의한 조합 설립의 동의를 하지 아니한 자(건축물 또는 토지만 소유한 자를 포함한다)의 토지 및 건축물에 대하여는 집합건물의소유및관리에관한법률 제48조의 규정을 준용하여 매도청구를 할 수 있다. 이 경우 재건축결의는 조합설립의 동의로 보며, (구분)소유권 및 토지사용권은 사업시행구역안의 매도청구의 대상이 되는 토지 또는 건축물의 소유권과 그 밖의 권리로 본다.

② 제1항에 의한 매도청구시 매도청구의 소에 관한 조합측 당사자는 조합장에게 있다.

제42조 (소유자의 확인이 곤란한 건축물 등에 대한 처분)

① 조합은 사업을 시행함에 있어 조합설립인가일 현재 토지 또는 건축물의 소유자의 소재확인이 현저히 곤란한 경우 전국적으로 배포되는 2 이상의 일간신문에 2회 이상 공고하고, 그 공고한 날부터 30일 이상이 지난 때에는 그 소유자의 소재확인이 현저히 곤란한 토지 또는 건축물의 감정평가액에 해당하는 금액을 법원에 공탁하고 사업을 시행할 수 있다. 이 경우 그 감정평가액은 시장·군수가 추천하는 지가공시및토지등의평가에관한법률에 의한 감정평가업자(이하 "감정평가업자"라 한다) 2인 이상이 평가한 금액을 산술평균하여 산정한다.

② 사업을 시행함에 있어 조합설립인가일 현재 조합원 전체의 공동소유인 토지 또는 건축물에 대하여는 조합소유의 토지 또는 주택 등으로 보며 이를 관리처분계획에 명시한다.

제 8 장 관리처분계획

제43조 (분양통지 및 공고 등) 조합은 제12조의 규정에 의하여 시공사를 선정하여 계약을 체결한 날부터 21일 이내에 다음 각 호의 사항을 토지등소유자에게 통지하고, 해당지역에서 발간되는 (2 또는 1)이상의 일간신문에 공고하여야 한다. 이 경우 제9호의 사항은 통지하지 아니하고, 제3호 및 제6호의 사항은 공고하지 아니한다.

1. 사업시행인가의 내용
2. 사업의 종류·명칭 및 정비구역의 위치·면적
3. 분양신청서
4. 분양신청기간 및 장소
5. 분양대상 토지 또는 건축물의 내역
6. 개략적인 부담금 내역
7. 분양신청자격
8. 분양신청방법
9. 토지등소유자 외의 권리자의 권리신고방법
10. 분양을 신청하지 아니한 자에 대한 조치
11. 그 밖에 시·노 소례가 성하는 사항

※ 분양신청·계약 및 이와 관련한 조합원의 권리·의무 등을 제8조에 따라 철저히 고지·공고하도록 하되, 분양신청을 하지 않을 경우 청산토록 법에 명시하고 있는 바, 조합은 선의의 피해자가 없도록 하기 위해 추가적인 통지방법을 강구할 수 있음.

제44조 (분양신청 등)

① 제43조 제4호의 분양신청기간은 그 통지한 날부터 30일 이상 60일 이내로 한다. 다만, 조합은 관리처분계획의 수립에 지장이 없다고 판단되는 경우에는 분양신청기간을 20일 범위 이내에서 연장할 수 있다.

② 토지 또는 건축물을 분양받고자 하는 조합원은 분양신청서에 소유권의 내역을 명시하고, 그 소유의 토지 및 건축물에 관한 등기사항증명서 등 그 권리를 입증할 수 있는 증명서류를 조합에 제출하여야 한다.

③ 제1항 및 제2항의 규정에 의한 분양신청서를 우편으로 제출하고자 할 경우에는 그 신청서가 분양신청기간 내에 발송된 것임을 증명할 수 있도록 등기우편 등으로 제출하여야 한다.

④ 조합은 조합원이 다음 각 호의 1에 해당하는 경우에는 그 해당하게 된 날부터 150일 이내에 건축물 또는 그 밖의 권리에 대하여 현금으로 청산한다.
그 금액은 시장·군수가 추천하는 감정평가업자 2 이상이 평가한 금액을 산술평균하여 산정한다.

1. 분양신청을 하지 아니한 자

2. 분양신청을 철회한 자
3. 인가된 관리처분계획에 의하여 분양대상에서 제외된 자

※ 도시 및 주거환경정비법 제47조 및 시행령 제48조에 근거하여 주택재건축 사업에 동의하고도 분양신청을 하지 않아 원활한 사업진행에 차질을 빚을 경우에 대비한 것으로, 조합원의 권리·의무와 직결되는 중요한 사항이므로 이를 이행치 않을 경우의 불이익 등에 대해 충분히 설명, 고지하여야 할 것임.

⑤ 조합원은 관리처분계획인가 후 O일 이내에 분양계약체결을 하여야 하며 분양계약체결을 하지 않는 경우 제4항의 규정을 준용한다.

※ 관리처분계획인가후 조합은 분양계약체결 장기화를 방지하기 위해 계약체결과 관련하여 일정기간을 정할 수 있음.

제45조 (보류지) 분양대상의 누락, 착오 등의 사유로 인한 관리처분계획의 변경과 소송 등의 사유로 향후 추가분양이 예상되는 경우 분양하는 공동주택 총 건립세대수의 OO% 이내와 부대복리시설의 일부를 보류지로 정할 수 있다.

제46조 (관리처분계획의 기준) 조합원의 소유재산에 관한 관리처분계획은 분양신청 및 공사비가 확정된 후 건축물철거 전에 수립하며 다음 각 호의 기준에 따라 수립하여야 한다.

1. 조합원이 출자한 종전의 토지 및 건축물의 가격/면적을 기준으로 새로이 건설되는 주택 등을 분양함을 원칙으로 한다.
2. 사업시행 후 분양받을 건축물의 면적은 분양면적(전용면적+공유면적)을 기준으로 하며, 1필지의 대지위에 2인 이상에게 분양될 건축물이 설치된 경우에는 건축물의 분양면적의 비율에 의하여 그 대지소유권이 주어지도록 하여야 한다. 이 경우 토지의 소유관계는 공유로 한다(도정법시행령 52조).
3. 조합원에게 분양하는 주택의 규모는 건축계획을 작성하여 사업시행인가를 받은 후 평형별로 확정한다.
4. 조합원에 대한 신축건축물의 평형별 배정에 있어 조합원 소유 종전건축물의 가격·면적·유형·규모 등에 따라 우선순위를 정할 수 있다.

   ※ 일정평형에 신청이 몰릴 경우 다툼이 예상되는 바, 이에 대한 기준을 미리 설정할 수 있으며, 면적으로 결정이 불합리한 경우에는 금액으로 순위를 정할 수 있다.

5. 조합원이 출자한 종전의 토지 및 건축물의 면적을 기준으로 산정한 주택의 분양대상면적과 사업시행 후 조합원이 분양받을 주택의 규모에 차이가 있을 때에는 당해 사업계획서에 의하여 산정하는 평형별 가격을 기준으로 환산한 금액의 부과 및 지급은 제54조 및 제55조의 규정을 준용한다.
6. 사업시행구역 안에 건립하는 상가 등 부대·복리시설은 조합이 시공자와 협의하여 별도로 정하는 약정에 따라 공동주택과 구분하여 관리처분계획을 수립할 수 있다.

7. 조합원에게 공급하고 남은 잔여주택이 20세대 이상인 경우에는 일반에게 분양하며, 그 잔여주택의 공급시기와 절차 및 방법 등에 대하여는 주택공급에관한 규칙이 정하는 바에 따라야 한다. 잔여주택이 20세대 미만인 경우에는 그러하지 아니하다.
   ※ 주택공급에관한규칙에 따라 일반분양하는 경우는 잔여주택이 20세대 이상일 때임을 설명한 것임.
8. 1세대가 1 이상의 주택을 소유한 경우 1주택을 공급하고 2인 이상이 1주택을 공유한 경우에는 1주택만 공급한다. 다만 다음 각목의 어느 하나에 해당하는 토지 등 소유자에 대하여는 소유한 주택 수만큼 공급할 수 있다.
   가. 투기과열지구 안에 위치하지 아니하는 주택재건축 사업의 토지 등 소유자
   나. 근로자(공무원인 근로자를 포함한다) 숙소기숙사 용도로 주택을 소유하고 있는 토지 등 소유자
   다. 국가, 지방자치단체 및 주택공사 등
9. 부대·복리시설(부속 토지를 포함한다. 이하 이 호에서 같다)의 소유자에게는 부대·복리시설을 공급한다. 다만, 다음 각목의 1에 해당하는 경우에는 부대·복리시설의 소유자에게 1주택을 공급할 수 있다.
   가. 새로운 부대·복리시설을 공급받지 아니하는 경우로서 종전의 부대·복리시설의 가액이 분양주택의 최소분양단위규모 추산액에 총회에서 정하는 비율(정하지 아니한 경우에는 1로 한다)을 곱한 가액 이상일 것
   나. 종전 부대·복리시설의 가액에서 새로이 공급받는 부대·복리시설의 추산액을 차감한 금액이 분양주택의 최소분양단위규모 추산액에 총회에서 정하는 비율을 곱한 가액 이상일 것
   다. 새로이 공급받는 부대·복리시설의 추산액이 분양주택의 최소분양단위규모 추산액 이상일 것
   라. 조합원 전원이 동의한 경우
10. 종전의 주택 및 부대복리시설(부속되는 토지를 포함한다)의 평가는 감정평가업자 2인 이상이 평가한 금액을 산술평가한 금액으로 한다.
   ※ 동별 입지상 주거환경이 크지 않고, 유사한 주택구조 또는 층별시세차가 크지 않는 경우 등 감정평가를 실시할 필요가 크지 않은 경우에는 면적기준으로 가치평가 하는 것으로 규정할 수 있음
11. 분양예정인 주택 및 부대복리시설(부속되는 토지를 포함한다)의 평가는 감정평가업자 2인 이상이 평가한 금액을 산술평가한 금액으로 한다.
   ※ 감정평가업자를 선정할 때 재개발사업과 같이 시장·군수의 추천을 받는 것으로도 규정할 수 있음
12. 그 밖에 관리처분계획을 수립하기 위하여 필요한 세부적인 사항은 관계규정 등에 따라 조합장이 정하여 대의원회의 의결을 거쳐 시행한다.

제47조 (분양받을 권리의 양도 등)

① 조합원은 조합원의 자격이나 권한, 입주자로 선정된 지위 등을 양도한 경우에는 조합에 변동 신고를 하여야 하며, 양수자에게는 조합원의 권리와 의무, 자신이 행하였거나 조합이 자신에게 행한 처분·절차, 청산시 권리의무에 범위 등이 포괄승계됨을 명확히 하여 양도하여야 한다.

② 제1항의 규정에 의하여 사업시행구역안의 토지 또는 건축물에 대한 권리를 양도받은 자는 등기사항증명서 등 증명서류를 첨부하여 조합에 신고하여야 하며, 신고하지 아니하면 조합에 대항할 수 없다.

③ 조합은 조합원의 변동이 있는 경우 변경의 내용을 증명하는 서류를 첨부하여 시장·군수에 신고하여야 한다.

※ 조합설립인가 당시의 제출서류에 변동이 있을 때에는 반드시 변경인가를 받아야 하는 점을 감안하여, 이를 정확히 숙지토록 하기 위하여 동 내용을 추가로 규정한 것임.

제48조 (관리처분계획의 공람 등)

① 조합은 관리처분계획의 인가를 받기 전에 관계서류의 사본을 30일 이상 토지등 소유자에게 공람하고 다음 각 호의 사항을 각 조합원에게 통지하여야 한다.

1. 관리처분계획의 개요
2. 주택 및 토지지분면적 등 분양대상 물건의 명세
3. 그 밖에 조합원의 권리·의무와 이의신청 등에 관한 사항

② 조합원은 제1항의 규정에 의한 통지를 받은 때에는 조합에서 정하는 기간 안에 관리처분계획에 관한 이의신청을 조합에 제출할 수 있다.

③ 조합은 제2항의 규정에 의하여 제출된 조합원의 이의신청내용을 검토하여 합당하다고 인정되는 경우에는 관리처분계획의 수정 등 필요한 조치를 취하고, 그 조치결과를 공람·공고 마감일부터 10일 안에 당해 조합원에게 통지하여야 하며, 이의신청이 이유 없다고 인정되는 경우에도 그 사유를 명시하여 당해 조합원에게 통지하여야 한다.

※ 관리처분계획의 수립에 있어서 합당한 의견일 경우에는 조합원의 의사가 최대한 반영될 수 있도록 한 것임.

④ 조합은 제3항의 규정에 따라 관리처분계획을 수정한 때에는 총회의 의결을 거쳐 확정한 후 그 내용을 각 조합원에게 통지하여야 한다.

⑤ 조합원의 동·호수추첨은 OO은행 전산추첨을 원칙으로 경찰관입회하에 공정하게 실시하여야 하며 추첨결과는 시장·군수에게 통보하여야 한다.

제49조 (관리처분계획의 통지 등)

① 조합은 관리처분계획고시가 있은 때에는 지체 없이 다음 각 호의 사항을 분양신청을 한 각 조합원에게 통지하여야 한다.

1. 사업의 명칭

2. 사업시행구역의 면적
3. 조합의 명칭 및 주된 사무소의 소재지
4. 관리처분계획인가일
5. 분양대상자별로 기존의 토지 또는 건축물의 명세 및 가격과 분양예정인 토지 또는 건축물의 명세 및 추산가액

② 관리처분계획의 인가고시가 있은 때에는 종전의 건축물의 소유자·지상권자·전세권자·임차권자 등 권리자는 법 제54조의 규정에 의한 이전의 고시가 있은 날(이하 "이전고시일"이라 한다)까지 종전의 토지 또는 건축물에 대하여 이를 사용하거나 수익할 수 없다. 다만, 조합의 동의를 얻은 경우에는 그러하지 아니한다.

제 9 장 완 료 조 치

제50조 (준공인가 및 입주통지 등)

① 조합은 관할 시장·군수로부터 준공인가증을 교부 받은 때에는 지체 없이 조합원에게 입주하도록 통지하여야 한다.

② 조합은 제1항의 규정에 의하여 입주통지를 한 때에는 통지된 날부터 1월 이내에 소유자별로 통지내용에 따라 등기신청을 할 수 있도록 필요한 조치를 하여야 하며, 토지 및 건축물 중 일반분양분에 대해서는 조합명의로 등기한 후 매입자가 이전등기절차를 이행하도록 하여야 한다.

제51조 (이전고시 등)

① 조합은 공사의 완료고시가 있은 때에는 지체 없이 토지확정측량을 하고 토지의 분할절차를 거쳐 조합원과 일반분양자에게 이전하여야 한다. 다만, 사업의 효율적인 추진을 하는데 필요한 경우에는 당해사업에 관한 공사가 전부 완료되기 전에 완공된 부분에 대하여 준공인가를 받아 토지 및 건축물별로 이를 분양받을 자에게 이전할 수 있다.

② 조합은 제1항의 규정에 의하여 건축물을 이전하고자 하는 때에는 조합원과 일반분양자에게 통지하고 그 내용을 당해 지방자치단체의 공보에 고시한 후 이를 시장·군수에게 보고하여야 한다.

제52조 (토지 및 건축물에 대한 권리의 확정) 대지 또는 건축물을 분양받을 자에게 법 제54조 제2항의 규정에 의하여 소유권을 이전한 경우 종전의 토지 또는 건축물에 관한 지상권·전세권·저당권 또는 등기된 임차권과 주택임대차보호법 제3조 제1항의 요건을 갖춘 임차권은 분양받은 토지 또는 건축물에 설정된 것으로 본다.

제53조 (등기절차 등) 조합은 제51조 제2항의 규정에 의한 이전의 고시가 있은 때에는 지체 없이 토지 및 건축물에 관한 등기를 지방법원, 지원 또는 등기소에 촉탁 또는 신청하여야 한다.

제54조 (청산금 등)

① 토지 또는 건축물을 분양받은 자가 종전에 소유하고 있던 토지 또는 건축물의 가격과 분양받은 토지 또는 건축물의 가격사이에 차이가 있는 경우에는 조합은 이전고시일 후에 그 차액에 상당하는 금액(이하 "청산금"이라 한다)을 분양받은 자로부터 징수하거나 분양받은 자에게 지급하여야 한다. 다만, 분할징수 및 분할지급에 대하여 총회의 의결을 거쳐 따로 정한 경우에는 관리처분계획인가후부터 이전고시일까지 일정기간별로 분할징수하거나 분할지급할 수 있다.

② 제1항의 규정을 적용함에 있어서 종전에 소유하고 있던 토지 또는 건축물의 가격과 분양받은 토지 또는 건축물의 가격은 감정평가업자 2인 이상이 평가한 금액을 산술평균하여 산정한다.

③ 제2항의 분양받은 토지 또는 건축물의 가격산정에 있어 다음 각 호의 비용을 가산한다. 다만, 법 제63조의 규정에 의한 보조금은 이를 공제하여야 한다.

1. 조사·측량·설계 및 감리에 소요된 비용
2. 공사비
3. 정비사업의 관리에 소요된 등기비용·인건비·통신비·사무용품비·이자 그 밖에 필요한 경비
4. 법 제63조의 규정에 의한 융자금이 있는 경우에는 그 이자에 해당하는 금액
5. 정비기반시설 및 공동이용시설의 설치에 소요된 비용(법 제63조 제1항의 규정에 의하여 시장·군수가 부담한 비용을 제외한다)
6. 안전진단의 실시, 정비사업전문관리업자의 선정, 회계감사, 감정평가비용
7. 그 밖에 정비사업추진과 관련하여 지출한 비용으로서 총회에서 포함하기로 정한 것

제55조 (청산금의 징수방법)

① 청산금을 납부하지 않은 조합원이 있을 경우 조합은 청산금 납부요청을 2회 이상 최고하고 최고최종일로부터 1월 이내 시장·군수에게 청산금과 연체료의 징수를 위탁할 수 있다.

② 청산금을 지급받을 조합원이 이를 받을 수 없거나 거부한 때에는 조합은 그 청산금을 공탁한다.

③ 청산금을 지급받을 권리 또는 이를 징수할 권리는 이전고시일 다음 날부터 5년간 이를 행사하지 아니하면 소멸한다.

제56조 (조합의 해산)

① 조합은 준공인가를 받은 날로부터 1년 이내에 이전고시 및 건축물 등에 대한 등기절차를 완료하고 총회 또는 대의원회를 소집하여 해산 의결을 하여야 하며, 해산을 의결한 경우 시장·군수에게 신고하여야 한다.

② 조합이 해산의결을 한 때에는 해산의결 당시의 임원이 청산인이 된다.

③ 조합이 해산하는 경우에 청산에 관한 업무와 채권의 추심 및 채무의 변제 등에 관하여 필요한 사항은 민법의 관계규정에 따른다.

第57條 (청산인의 임무) 청산인은 다음 각 호의 업무를 성실히 수행하여야 한다.

1. 현존하는 조합의 사무종결
2. 채권의 추심 및 채무의 변제
3. 잔여재산의 처분
4. 그 밖에 청산에 필요한 사항

第58條 (채무변제 및 잔여재산의 처분) 청산 종결 후 조합의 채무 및 잔여재산이 있을 때에는 해산당시의 조합원에게 분양받은 토지 또는 건축물의 부담비용 등을 종합적으로 고려하여 형평이 유지되도록 공정하게 배분하여야 한다.

※ 잔여재산뿐 아니라 채무에 대해서도 규정하여 청산시의 혼란을 줄이도록 한 것임.

第59條 (관계서류의 이관) 조합은 사업을 완료하거나 폐지한 때에는 시·도 조례가 정하는 바에 따라 관계서류를 시장·군수에게 인계하여야 한다.

제 10 장 보 칙

第60條 (관련자료의 공개와 보존)

① 조합은 사업시행에 관하여 다음 각 호의 서류 및 관련자료를 인터넷 등을 통하여 공개하여야 하며, 조합원의 공람요청이 있는 경우에는 이를 공람시켜 주어야 한다. 다만, 개인비밀의 보호, 자료의 특성상 인터넷 등에 공개하기 어려운 사항은 개략적인 내용만 공개할 수 있다.

1. 정관
2. 설계자·시공자 및 정비사업전문관리업자의 선정계약서
3. 총회의사록
4. 추진위원회, 조합의 이사회 및 대의원회 의사록
5. 사업시행계획서
6. 관리처분계획서
7. 당해 사업의 시행에 관한 행정기관의 문서
8. 회계감사결과

② 조합 또는 정비사업전문관리업자는 총회 또는 중요한 회의가 있은 때에는 속기록녹음 또는 영상자료를 만들어 이를 청산시까지 보관하여야 한다.

③ 조합원이 제1항 각호의 사항을 열람하고자 하는 때에는 서면으로 열람을 요청하여야 하며, 조합은 특별한 사유가 없는 한 이에 응하여야 한다.

第61條 (약정의 효력) 조합이 사업시행에 관하여 시공자 및 설계자, 정비사업전문관리업자와 체결한 약정은 관계법령 및 이 정관이 정하는 범위 안에서 조합원에게 효력을 갖는다.

第62條 (주택재건축정비사업조합 설립추진위원회 행위의 효력) 조합설립인가일

전에 조합의 설립과 사업시행에 관하여 추진위원회가 행한 행위는 관계법령 및 이 정관이 정하는 범위 안에서 조합이 이를 승계한 것으로 본다.

제63조 (정관의 해석) 이 정관의 해석에 대하여 이견이 있을 경우 일차적으로 이사회에서 해석하고, 그래도 이견이 있을 경우는 대의원회에서 해석한다.

※ 이 정관의 해석상 다툼이 있을 경우를 대비하여 해석에 관한 권한을 미리 규정한 것으로, 이사회, 대의원회의 해석에도 이견이 있을 경우는 관할 행정기관의 해석이나 법원의 판결에 따를 수밖에 없을 것임.

제64조 (소송 관할 법원) 조합과 조합원간에 법률상 다툼이 있는 경우 소송관할 법원은 조합소재지 관할 법원으로 한다.

제65조 (민법의 준용 등)

① 조합에 관하여는 도시 및 주거환경정비법에 규정된 것을 제외하고는 민법 중 사단법인에 관한 규정을 준용한다.

② 법, 민법, 이 정관에서 정하는 사항 외에 조합의 운영과 사업시행 등에 관하여 필요한 사항은 관계법령 및 관련행정기관의 지침·지시 또는 유권해석 등에 따른다.

③ 이 정관이 법령의 개정으로 변경하여야 할 경우 정관의 개정절차에 관계없이 변경되는 것으로 본다. 그러나 관계법령의 내용이 임의규정인 경우에는 그러하지 아니하다.

부 칙

이 정관은 OO시장의 조합설립인가를 받은 날부터 시행한다.

주택재건축정비사업조합표준정관의 성격과 활용방법

□ **표준정관의 성격과 목적**

본 표준정관은 도시 및 주거환경정비법령의 규정에 의한 노후·불량건축물 등의 소유자가 주택재건축정비사업조합을 설립하여 사업을 시행하는 경우에 조합정관에 규정하여야 할 사항과 정관 작성상 유의할 점 등을 조합설립인가권자 및 조합설립추진위원회, 관련주민들에게 제공하여 주택재건축정비사업조합이 적법타당하고 민주적, 합리적으로 운영될 수 있도록 함은 물론 재건축이 효율적, 경제적으로 추진될 수 있도록 하는 데 있음.

□ **표준정관의 활용방법**

본 표준정관(안)은 하나의 예시로 법적 구속력은 없으며 조합의 특징과

여건에 따라 관련 조항을 추가, 삭제, 수정하여 달리 규정할 수도 있으나, 조합원의 권익과 관계되는 사항에 대한 규정완화 등은 치밀한 검토와 전체적인 합의절차 등을 거쳐 신중하게 하는 것이 바람직하며 관계법령에 위반되게 하여서는 아니됨.

※ 본 표준정관에서 사용하는 용어 또는 기호의 정의는 다음과 같음.

[주] 표준정관에 직접 규정하되, 해당 조항이 지니는 의의와 성격, 실제 정관제정이나 개정시 주의해야 할 점, 내용·기준·범위 등을 설명한 것임.

[첨부서류 3] 창립총회의사록

창립총회의사록

20OO년 O월 O일 OO시 OO분, OO시 OO구 OO로 OO(OO동) 창립사무소에서 창립총회를 개최하다.

총조합원수 O명　　출석조합원수 O명

설립자대표 OOO는 위와 같이 법정수에 달하는 조합원이 출석하여 본 총회가 적법히 성립되었음을 알리고 회의 진행을 위하여 의장을 선임하여 줄 것을 요구한 바, 참석조합원 전원일치 합의로 설립자대표 OOO를 의장으로 선임한 즉, 동인은 즉석에서 그 취임을 승낙하고 개회를 선언한 후 다음의 의안에 관하여 심의를 구하다.

제1호 의 안 재건축조합 설립의 건

의장은 당 조합의 사업개요를 설명하고 재건축정비사업조합의 설립필요성을 제안한 바, 참석조합원 전원 이의 없이 찬성하여 조합설립을 가결하다.

제2호 의 안 정관 승인의 건

의장은 당 조합의 사업추진을 위하여 조합정관을 낭독하고 축조설명을 가한 후, 그 승인 여부를 물은 바, 참석조합원 전원 이의 없이 찬성하여 원안대로 승인하여 가결하다.

제3호 의 안 조합장 및 임원 선임의 건

의장은 조합장 및 이사 O인, 감사 O인을 정관의 규정에 따라 선임할 필요성이 있음을 설명하고 그 선임방법을 물은 바, 무기명 비밀투표로 선출하자는 제안이 있자 참석조합원 전원 이의 없이 찬성하여 즉시 투표를 실시한 결과 다음과 같이 선출되다.

조합장겸 이사 ○ ○ ○ (○○○○○○－○○○○○○○)
이사 ○ ○ ○ (○○○○○○－○○○○○○○)
이사 ○ ○ ○ (○○○○○○－○○○○○○○)
이사 ○ ○ ○ (○○○○○○－○○○○○○○)
감사 ○ ○ ○ (○○○○○○－○○○○○○○)

위 피선자들은 즉석에서 그 취임을 승낙하다.

제4호 의 안 사업계획서 승인의 건

의장은 당 조합의 재건축 사업계획서안을 상세히 설명하고, 그 승인여부를 물은 바, 참석조합원 전원 이의 없이 찬성하여 이를 원안대로 승인 가결하다.

의장은 이상으로서 의안 전부를 심의를 종료하였으므로 폐회를 선언하다(회의종료시각 : ○○시 ○○분).

위 의사의 경과와 결의를 명확히 하기 위하여 이 의사록을 작성하여 의장과 출석한 이사, 감사가 다음과 같이 기명날인하다.

20○○. ○. ○.

○○재건축 정비사업조합
○○시 ○○구 ○○로 ○○(○○동)
조합장겸 이사 ○ ○ ○ (직인)
이사 ○ ○ ○ (인)
이사 ○ ○ ○ (인)
이사 ○ ○ ○ (인)
이사 ○ ○ ○ (인)
감사 ○ ○ ○ (인)

[첨부서류 4] 취임승낙서

취 임 승 낙 서

본인은 20OO년 O월 O일 창립총회에서 조합장(또는 이사, 감사)로 선임되었으므로 그 취임을 승낙합니다.

20OO년 O월 O일

조합장(또는 이사, 감사) O O O (인)
(OOOOOO－OOOOOOO)
OO시 OO구 OO로 OO(OO동)

OO재건축 정비사업조합 귀중

[주] 취임승낙서에는 인감을 날인하고 인감증명서와 주민등록등(초)본을 첨부하여야 한다.

[첨부서류 5] 인감신고서

인감·개인(改印) 신고서

(신고하는 인감날인란) (인감제출자에 관한 사항)

상호(명 칭)		OO재건축 정비사업조합	등기번호	
본점(주사무소)		OO시 OO구 OO로 OO(OO동)		
인감제출자	자격/성명	조합장 O O O		
	주민등록번호	OOOOOO-OOOOOOO		
	주 소	OO시 OO구 OO로 OO(OO동)		

□ 위와 같이 인감을 신고합니다. □ 위와 같이 개인(改印)하였음을 신고합니다.

년 월 일 (인감 날인란)

신고인 본 인 성 명 (인)

대리인 성 명 (인)

지방법원 등기소 귀중

주 1. 개인인감 날인란에는 「인감증명법」에 의하여 신고한 인감을 날인하고 그 인감증명서(발행일로부터 3개월 이내의 것)를 첨부하여야 합니다. 개인(改印)신고의 경우, 개인인감을 날인하는 대신에 등기소에 신고한 유효한 종전 인감을 날인하여도 됩니다. 또한 인감제출자가 기명날인 또는 서명하였다는 공증인의 인증서면으로 갈음할 수 있습니다.

2. 인감·개인신고서에는 신고하는 인감을 날인한 인감대지를 첨부하여야 합니다.

3. 지배인이 인감을 신고하는 경우에는 인감제출자의 주소란에 지배인을 둔 장소를 기재하고, 「상업등기규칙」 제35조제3항의 보증서면(영업주가 등기소에 신고한 인감 날인)을 첨부하여야 합니다. 위 보증서면은 아래의 보증서면란에 기재하는 것으로 갈음할 수 있습니다.

보 증 서 면

위 신고하는 인감은 지배인 OOO의 인감임이 틀림없음을 보증합니다.

대표이사 (법인인감)

위 임 장

성 명 : 주민등록번호(-)

주 소 :

위의 사람에게, 위 인감신고 또는 개인신고에 관한 일체의 권한을 위임함.

20 년 월 일

인감(개인) 신고인 성 명 (인)

[주] 1. 이 인감신고서는 등기소에 제출하는 것으로서, 인감크기는 변의 길이가 2.4센티미터 정사각형 안에는 들어갈 수 있고, 1센티미터 정사각형 안에는 들어갈 수 없는 것이어야 한다.

2. 인감을 분실할 경우에는 개인신고를 할 수 있다.

[첨부서류 6] 인감대지

인 감 대 지

	신고하는 인감날인란	상 호(명 칭) : OO재건축정비사업조합 자격 및 성명 : 조합장 O O O 주민등록번호 : OOOOOO-OOOOOOO

[주] 1. 자격은 대표이사(이사), 이사장, 지배인, 대리인, 상호사용자, 무능력자, 법정대리인 등으로 기재한다.

2. 현행 상업등기규칙에는 인감대지의 규격이 정하여져 있지 아니하나 인감대지의 규격은 가로 16센티미터 세로 4센티미터로 하는 것이 좋다.

[첨부서류 7] 인감카드 등(재)발급신청서

인감카드 등 (재)발급신청서

상 호(명 칭)			등기번호	
본 점(주사무소)				
인감 제출자	자격 / 성명			
	주민등록번호			

발급사유	□ 최초발급 □ 카드분실 □ 카드훼손 □ 인감증명서발급기능 □ 기타 ( )		
매체구분	□ 인감카드 □ HSM USB	인감카드 비밀번호	(변경후 :)
수 수 료	금 원	납부번호	

위와 같이 인감카드 등의 (재)발급을 신청합니다.

년 월 일 (인감 날인란)

신청인 인감제출자 (본 인) 성 명 (인) (전화 :)
(대리인) 성 명 (인) (전화 :)

지방법원 등기소 귀중

접수번호		인감카드번호	

주 1. 인감카드 비밀번호란에는 (재)발급받아 사용할 인감카드의 비밀번호를 기재하며, 아라비아숫자 6자릿수를 기재하여야 합니다. 다만, 인감카드 재발급의l 경우에는 기존 인감카드의 비밀번호와 재발급받아 사용할 인감카드의 비밀번호(변경 후)를 기재하여야 합니다.

2. 인감카드의 (재)발급을 신청하는 경우에는 등기소에 제출한 인감을 날인하여야 합니다. 다만, 인감카드 재발급의 경우 기존 인감카드 비밀번호를 기재할 수 없을 때에는 인감제출자 본인은 신분증명서 사본을, 위임에 의한 대리인은 인감제출자가 「인감증명법」에 따라 신고한 인감을 신청서에 날인하고 그 인감증명서 및 대리인의 신분증명서 사본을 각각 첨부하여야 합니다.

3. 인감카드의 재발급을 신청할 때에는 「등기사항증명서 등 수수료규칙」으로 정하는 수수료를 납부하여야 합니다. 다만, 인감카드를 반납할 때에는 수수료를 납부할 필요가 없습니다.

위 임 장

성 명 : 주민등록번호(-)
주 소 :

위의 사람에게, 위 (재)발급신청서에 기재된 인감카드 등의 발급신청과 그 수령 등에 관한 일체의 권한을 위임함.

20OO년 O월 O일

인감신고인 성 명 (인) (전화)

[첨부서류 8] 전자증명서발급신청서

위 임 장

성 명 (명 칭) :
사무소 소재지 :

위 사람에게, 전자증명서 발급신청과 그 수령 등에 관한 일체의 권한을 줌.

20○○년 ○월 ○일

위임인 성 명 (법인인감)

[서식 62] 정비사업조합 변경등기신청서(이사 등 변경)

정비사업조합 변경등기신청

접 수	년 월 일	처 리 인	등기관 확인	각종 통지
	제 호			

명 칭	○○정비사업조합	등기번호	제○○○○호
주 사 무 소	○○시 ○○구 ○○로 ○○(○○동)		
등기의 목적	이사 변경등기		
등기의 사유	이사 ○○○은 20○○년 ○월 ○일 임기만료로 퇴임하고 20○○년 ○월 ○일 조합원총회에서 다음 사람이 이사로 선임되어 같은 날 취임하였으므로 그 등기를 구함.		
인가서도착연월일	20○○년 ○월 ○일		
주사무소/분사무소 신청구분	1. 주사무소 신청 □ 2. 분사무소 신청 □ 3. 주·분사무소 일괄신청 □		
등 기 할 사 항			
이사 · 감사 등의 퇴임 · 취임 등과	(1) 퇴임한 이사 이사 ○ ○ ○ (○○○○○○-○○○○○○○)		

그 연월일	20○○. ○. ○. 퇴임 (2) 취임한 이사 이사 ○ ○ ○ (○○○○○○-○○○○○○○) 20○○. ○. ○. 취임
기 타	

<table>
<tr><td colspan="8">신청등기소 및 등록면허세/수수료</td></tr>
<tr><td rowspan="2">순번</td><td rowspan="2">신청등기소</td><td rowspan="2">구분</td><td colspan="2">등록면허세</td><td rowspan="2">농어촌특별세</td><td rowspan="2">세액합계</td><td rowspan="2">등기신청수수료</td></tr>
<tr><td colspan="2">지방교육세</td></tr>
<tr><td rowspan="2"></td><td rowspan="2"></td><td rowspan="2"></td><td colspan="2">금 원</td><td rowspan="2">금 원</td><td rowspan="2">금 원</td><td rowspan="2">금 원</td></tr>
<tr><td colspan="2">금 원</td></tr>
<tr><td rowspan="2"></td><td rowspan="2"></td><td rowspan="2"></td><td colspan="2"></td><td rowspan="2"></td><td rowspan="2"></td><td rowspan="2"></td></tr>
<tr><td colspan="2"></td></tr>
<tr><td colspan="3" rowspan="2">합 계</td><td colspan="2"></td><td rowspan="2"></td><td rowspan="2"></td><td rowspan="2"></td></tr>
<tr><td colspan="2"></td></tr>
<tr><td colspan="5">등기신청수수료 납부번호</td><td colspan="3"></td></tr>
<tr><td colspan="2">과 세 표 준 액</td><td colspan="6">금 원</td></tr>
<tr><td colspan="8">첨 부 서 면</td></tr>
<tr><td colspan="5">1. 정관(필요한 경우) 1통
1. 조합원총회(대의원회)의사록 1통
1. 주무관청의 정관변경인가서1
(인증있는 인가서등본) 1통
1. 취임승낙서(인감증명, 주민등록
초본 첨부) 통</td><td colspan="3">1. 사임서(인감증명 첨부) 통
1. 가족관계등록증명서(사망시) 1통
1. 재판서등본(파산) 1통
1. 등록면허세영수필확인서및통지서 1통
1. 위임장(대리인이 신청할 경우) 1통
〈기 타〉</td></tr>
<tr><td colspan="8">년 월 일

신청인 명 칭
주사무소
조합장 성 명 (인) (전화 :)
주 소
대리인 성 명 (인) (전화 :)
주 소</td></tr>
</table>

지방법원 등기소 귀중

- 신청서 작성요령 -

1. 해당란이 부족할 때에는 별지를 이용합니다.
1. 해당 등기신청과 관계없는 사항에 대하여는 "해당없음"으로 기재하거나 삭제하고, 필요한 사항은 추가 기재합니다.
1. 「인감증명법」에 따른 인감증명서 제출과 함께 관련 서면에 인감을 날인하여야 하는 경우, 본인서명사실확인서를 제출하고 관련 서명을 하거나 전자본인서명확인서 발급증을 제출하고 관련 서면에 서명을 하면 인감증명서를 제출하고 관련 서면에 인감을 날인한 것으로 봅니다.

(용지규격 21㎝×29.7㎝)

[주] 1. 이사(또는 감사)변경 등기사유의 예

가. 이사(또는 감사)가 사망(사임)하고 보선일 때 : 이사(또는 감사) OOO은 20OO년 O월 O일 사망(사임)하고, 20OO년 O월 O일 조합원총회(대의원회)에서 다음 사람이 이사(감사)로 선임되어 20OO년 O월 O일 취임하였으므로 그 등기를 구함.

나. 이사(또는 감사)가 임기만료로 퇴임하고 보선인 때 : 이사(또는 감사) OOO은 20OO년 O월 O일 임기만료로 퇴임하고 20OO년 O월 O일 조합원총회(대의원회)에서 다음 사람이 이사(감사)로 선임되어 20OO년 O년 O일에 취임하였으므로 그 등기를 구함.

다. 이사(또는 감사)가 해임되고 보선인 때 : 이사(또는 감사) OOO은 20OO년 O월 O일 조합원총회에서 해임되고 20OO년 O월 O일 조합원총회에서 다음 사람이 이사(감사)에 선임되어 취임하였으므로 그 등기를 구함.

라. 이사(또는 감사) 사임(임기만료) 후 권리의무 행사 중 보선인 때 : 이사(또는 감사) OOO은 사임(임기만료로 퇴임)하고, 이사(감사) OOO은 20OO년 O월 O일 퇴임하였으나 후임자가 없어 그 권리의무 행사 중 20OO년 O월 O일 조합원총회에서 다음 사람이 이사(감사)에 선임되어 20OO년 O월 O일 취임하였으므로 그 등기를 구함.

마. 이사(또는 감사)가 파산선고로 자격상실하고 보선인 때 : 이사(또는 감사) OOO은 20OO년 O월 O일 OO법원의 파산선고(주무관청의 임원승인취소)로 그 자격을 상실하고 20OO년 O월 O일 대의원회에서 다음 사람이 이사(감사)로 선임되어 20OO년 O월 O일 취임하였으므로 그 등기를 구함.

바. 이사(또는 감사)가 중임인 때 : 이사(또는 감사) OOO은 임기만료이나

20OO년 O월 O일 조합원총회에서 이사(감사)으로 재선되어 20OO년 O월 O일 중임하므로 그 등기를 구함.

사. 이사(또는 감사)를 증원한 때 : 20OO년 O월 O일 이사(감사)정원을 증원하기로 정관을 변경하고 20OO년 O월 O일 조합원총회에서 다음 사람이 이사(감사)에 선임되어 취임하였으므로 그 등기를 구함.

2. 이사(또는 감사)변경 등기할 사항의 예

가. 이사(또는 감사)가 사망(사임)하고 보선인 때

이사(감사) OOO 20OO년 O월 O일 사망(사임)
이사(감사) O O O (OOOOOO－OOOOOOO)
20OO년 O월 O일 취임

나. 이사(또는 감사)가 임기만료로 퇴임하고 보선인 때

이사(감사) OOO 20OO년 O월 O일 임기만료
이사(감사) O O O (OOOOOO－OOOOOOO)
20OO년 O월 O일 취임

다. 이사(또는 감사)가 해임되고 보선인 때

이사(감사) OOO 20OO년 O월 O일 해임
이사(감사) O O O (OOOOOO－OOOOOOO)
20OO년 O월 O일 취임

라. 이사(또는 감사)가 사임(임기만료) 후 권리의무행사 중 보선인 때

이사(감사) OOO 20OO년 O월 O일 사임(퇴임)
이사(감사) O O O (OOOOOO－OOOOOOO)
20OO년 O월 O일 취임

마. 이사(또는 감사)가 파산선고로 자격상실하고 보선인 때

이사(감사) OOO 20OO년 O월 O일 자격상실
이사(감사) O O O (OOOOOO－OOOOOOO)
20OO년 O월 O일 취임

바. 이사(또는 감사)가 중임인 때(퇴임일과 취임일이 같아야 한다)

이사(감사) O O O (OOOOOO－OOOOOOO)
20OO년 O월 O일 중임

사. 이사(또는 감사)를 증원한 때

이사(감사) O O O (OOOOOO－OOOOOOO)
20OO년 O일 O일 취임

3. 임원의 임면시에 주무관청의 인가를 받을 것이 아니라, 임원의 증원 등으로 정관변경을 하여야 하는 경우에는 그 정관변경인가를 한 주무관청의 인가서를 첨부하여야 한다.

4. 주무관청의 인가서도착연월일은 이사의 인원수 증원의 경우처럼 정관변경이

필요한 경우에 한하여 기재하는 사항으로서 정관변경에 관한 주무관청의 인가서가 도착한 일자를 기재한다.

5. 등록면허세는 변경등기의 등록면허세인 40,200원, 교육세는 등록면허세의 100분의 20(8,040원)을 납부하여야 한다(지방세법 28조). 그러나 명칭·목적·임원등기 등 각종 변경등기신청을 하나의 신청서로 일괄신청하더라도 각각에 대하여 산출한 세액을 합산하여 납부한다. 다만, 동일한 변경사항이 수개인 경우에는 1건의 등록면허세만 납부한다. 조세특례제한법, 지방세법, 관세법 등에 의하여 등록면허세가 감면되는 경우에 그 감면세액의 100분의 20의 농어촌특별세를 납부하여야 한다(다만, 이것도 면제되는 경우도 있다).
6. 등기신청수수료는 6,000원(서면방문), 4,000원(전자표준양식), 2,000원(전자신청)을 납부하여야 한다.
7. 정관은 이사(감사)의 선임·해임 등이 정관소정의 방법에 의한 것임을 증명하고, 당해 법인의 이사(감사)의 정수를 확인하기 위하여 첨부하는 것이다.
8. 인가서는 이사의 인원수 증원으로 정관변경을 위한 주무관청의 인가가 필요한 경우 등에 첨부한다. 등본을 첨부하는 때에는 인가관청의 인증있는 등본을 첨부해야 한다.
9. 첨부서류 중 인감증명서는 본인의 진정한 의사를 확인하기 위한 것으로, 취임승낙취지가 기재된 피선자의 기명날인이 있는 의사록을 첨부한 경우에는 이를 생략할 수 있다. 최초로 취임하는 이사(감사)는 주민등록등(초)본을 첨부하되, 주민등록번호가 기재된 이사(감사)가 중임되는 경우에는 이를 첨부하지 않아도 된다.
10. 사임시에는 인감증명법에 의하여 신고한 인장으로 날인하여야 한다. 그러나 회의석상에서 사임한 취지의 기재가 있고 그 임원의 기명날인이 있는 의사록을 첨부한 때에는 이의 첨부를 생략할 수 있다.
11. 이 등기는 본 조합을 대표하는 조합장이 신청한다.

[서식 63] 정비사업조합 변경등기신청서(조합장변경)

<table>
<tr><td colspan="5" align="center">정비사업조합 변경등기신청</td></tr>
<tr><td rowspan="2">접 수</td><td>년 월 일</td><td rowspan="2">처 리 인</td><td>등기관 확인</td><td>각종 통지</td></tr>
<tr><td>제 호</td><td></td><td></td></tr>
</table>

명 칭	○○정비사업조합	등기번호	제○○○○호

<table>
<tr><td>주 사 무 소</td><td>○○시 ○○구 ○○로 ○○(○○동)</td></tr>
<tr><td>등기의 목적</td><td>조합장 변경등기</td></tr>
<tr><td>등기의 사유</td><td>(1) 조합장 사임(해임)으로 인한 변경
조합장 ○○○은 20○○년 ○월 ○일 조합장직을 사임(해임)하고, 20○○년 ○월 ○일 조합원총회에서 다음 사람이 조합장으로 선임되어 같은 날 취임하였으므로 그 등기를 구함.
(2) 조합장이 중임인 때
조합장 OOO은 임기만료이나 20OO년 O월 O일 조합원총회에서 조합장으로 재선되어 20OO년 O월 O일 중임하므로 그 등기를 구함.
(3) 조합장이 임기만료로 퇴임한 때
조합장 ○○○은 20○○년 ○월 ○일 임기만료로 퇴임하고, 20○○년 ○월 ○일 조합원총회에서 다음 사람이 조합장으로 선임되어 같은 날 취임하였으므로 그 등기를 구함.</td></tr>
<tr><td>인가서도착연월일</td><td>20○○년 ○월 ○일</td></tr>
<tr><td>주사무소/분사무소
신청구분</td><td>1. 주사무소 신청 □ 2. 분사무소 신청 □ 3. 주·분사무소 일괄신청 □</td></tr>
<tr><td colspan="2">등 기 할 사 항</td></tr>
<tr><td>조합장의
퇴임 · 취임 등과
그 연월일</td><td>(1) 조합장 사임(해임) 후 보선인 때
조합장 ○ ○ ○ (OOOOOO－OOOOOOO)
○○시 ○○구 ○○로 ○○(○○동)
20○○년 ○월 ○일 사임(해임)
조합장 ○ ○ ○ (OOOOOO－OOOOOOO)
○○시 ○○구 ○○로 ○○(○○동)
20○○년 ○월 ○일 취임
(2) 조합장이 중임인 때
조합장 ○ ○ ○ (OOOOOO－OOOOOOO)
○○시 ○○구 ○○로 ○○(○○동)
20○○년 ○월 ○일 중임
(3) 조합장이 임기만료로 퇴임한 때
조합장 ○ ○ ○ (OOOOOO－OOOOOOO)
○○시 ○○구 ○○로 ○○(○○동)
20○○년 ○월 ○일 임기만료</td></tr>
</table>

	조합장 ○ ○ ○ (○○○○○○-○○○○○○○) ○○시 ○○구 ○○로 ○○(○○동) 20○○년 ○월 ○일 취임
기 타	

<table>
<tr><td colspan="7">신청등기소 및 등록면허세/수수료</td></tr>
<tr><td rowspan="2">순번</td><td rowspan="2">신청등기소</td><td rowspan="2">구분</td><td>등록면허세</td><td rowspan="2">농어촌특별세</td><td rowspan="2">세액합계</td><td rowspan="2">등기신청수수료</td></tr>
<tr><td>지방교육세</td></tr>
<tr><td rowspan="2"></td><td rowspan="2"></td><td rowspan="2"></td><td>금 원</td><td rowspan="2">금 원</td><td rowspan="2">금 원</td><td rowspan="2">금 원</td></tr>
<tr><td>금 원</td></tr>
<tr><td rowspan="2"></td><td rowspan="2"></td><td rowspan="2"></td><td></td><td rowspan="2"></td><td rowspan="2"></td><td rowspan="2"></td></tr>
<tr><td></td></tr>
<tr><td colspan="3" rowspan="2">합 계</td><td></td><td rowspan="2"></td><td rowspan="2"></td><td rowspan="2"></td></tr>
<tr><td></td></tr>
<tr><td colspan="4">등기신청수수료 납부번호</td><td colspan="3"></td></tr>
<tr><td colspan="2">과 세 표 준 액</td><td colspan="5">금 원</td></tr>
<tr><td colspan="7">첨 부 서 면</td></tr>
<tr><td colspan="4">1. 정관(필요한 경우) 1통
1. 조합원총회의사록 1통
1. 주무관청의 정관변경인가서
(인증있는 인가서등본) 1통
1. 사임서, 임원결격증명서 통
1. 취임승낙서(인감증명, 주민등록 초본 첨부) 통</td><td colspan="3">1. 조합장 인감신고서 및 인감대지 1통
1. 조합장 인감증명서 1통
1. 등록면허세영수필확인서및통지서 1통
1. 위임장(대리인이 신청할 경우) 1통
〈기 타〉</td></tr>
<tr><td colspan="7">년 월 일

신청인 명 칭
주사무소
조합장 성 명 (인) (전화 :)
주 소</td></tr>
</table>

대리인 성 명 (인) (전화 :)
주 소

지방법원 등기소 귀중

- 신청서 작성요령 -

1. 해당란이 부족할 때에는 별지를 이용합니다.
1. 해당 등기신청과 관계없는 사항에 대하여는 "해당없음"으로 기재하거나 삭제하고, 필요한 사항은 추가 기재합니다.
1. 「인감증명법」에 따른 인감증명서 제출과 함께 관련 서면에 인감을 날인하여야 하는 경우, 본인서명사실확인서를 제출하고 관련 서명을 하거나 전자본인서명확인서 발급증을 제출하고 관련 서면에 서명을 하면 인감증명서를 제출하고 관련 서면에 인감을 날인한 것으로 봅니다.

(용지규격 21㎝ × 29.7㎝)

[주] 1. 정관변경이 필요한 경우에는 주무관청의 정관변경의 인가를 받아야 하므로 정관변경이 필요한 경우에는 그에 관한 정관변경의 인가를 한 주무관청의 인가서도착일자를 기재한다. 통상 조합장변경에는 정관변경이 필요하지 아니한다.

2. 주무관청의 인가서도착연월일은 이사의 인원수 증원의 경우처럼 정관변경이 필요한 경우에 한하여 기재하는 사항으로서 정관변경에 관한 주무관청의 인가서가 도착한 일자를 기재한다.

3. 도시 및 주거환경정비법에는 조합장 1인과 대통령령이 정하는 범위 안에서 정관으로 이사 및 감사의 수를 정하도록 규정하고(도정법 21조 2항), 조합장만이 조합을 대표하므로(도정법 22조 1항), 이 법인은 대표권제한규정이나 공동대표에 대한 규정은 정할 수 없다 할 것이다. 주식회사는 이사 자격이 있어야만 대표이사의 성명과 주소만 등기하나, 이 법인은 이사와 조합장은 별개로 조합원총회에서 선임되므로 그 등기는 주식회사와 달리 조합장만이 성명과 주민등록번호 및 주소도 함께 기재하여야 한다.

4. 등록면허세는 변경등기의 등록면허세인 40,200원, 교육세는 등록면허세의 100분의 20(8,040원)을 납부하여야 한다(지방세법 28조). 그러나 명칭·목적·임원등기 등 각종 변경등기신청을 하나의 신청서로 일괄신청하더라도 각각에 대하여 산출한 세액을 합산하여 납부한다. 다만, 동일한 변경사항이 수개인 경우에는 1건의 등록면허세만 납부한다. 조세특례제한법, 지방세법, 관세법 등에 의하여 등록면허세가 감면되는 경우에 그 감면세액의 100분의 20의 농어촌특별

세를 납부하여야 한다(다만, 이것도 면제되는 경우도 있다).

5. 등기신청수수료는 6,000원(서면방문), 4,000원(전자표준양식), 2,000원(전자신청)을 납부하여야 한다.
6. 조합장 선임을 위한 조합원총회의사록을 첨부한다. 이 의사록은 공증인의 인증을 받아야 한다. 조합원총회에서 조합장을 해임한 경우에는 이 의사록이 해임을 증명하는 서면이 된다.
7. 정관변경을 수반하는 경우에는 정관변경에 관한 주무관청의 인가서를 첨부한다. 등본을 첨부하는 때에는 인가관청의 인증있는 등본을 첨부해야 한다.
8. 사임시에는 인감증명법에 의하여 신고한 인장으로 날인하여야 한다. 그러나 회의석상에서 사임한 취지의 기재가 있고 그의 기명날인이 있는 의사록을 첨부한 때에는 이의 첨부를 생략할 수 있다.
9. 조합장이 변경되면 인감신고서와 인감대지 및 인감증명서를 첨부하되, 중임인 경우에는 등기소에 신고된 인감증명으로 족하다. 새로 취임하는 조합장은 인감증명법에 의한 인감증명서를 첨부하여야 한다.
10. 이 등기는 본 조합을 대표하는 조합장이 신청한다.

제 9 편
농업협동조합(중앙회 포함)의 등기

제1장 총 설

제1절 의 의

농업협동조합이라 함은 농업인의 자주적인 협동조직을 바탕으로 농업인의 경제적·사회적·문화적 지위의 향상과 농업의 경쟁력강화를 통하여 농업인의 삶의 질을 높이고, 국민경제의 균형있는 발전에 이바지함을 목적으로 하여 특별법으로 제정된 농업협동조합법에 의하여 설립된 법인격 있는 조합을 말한다(농협 1조, 4조).

농업협동조합법에 의하여 법인격이 인정되는 법인의 종류는 지역농업협동조합, 지역축산업협동조합, 중앙회 등이 있으며, 종래에 인정하던 인삼농업협동조합과 축산업협동조합이 농업협동조합법에 흡수되었다. 그 외 품목조합은 그 권익증진을 도모하고 공동사업의 개발을 위하여 3개 이상의 품목조합을 회원으로 하는 품목조합연합회를 법인으로 설립할 수 있으며 이 법인에 대하여는 농업협동조합법에 규정되지 아니한 사항은 민법 중 사단법인에 관한 규정을 준용한다(농협 138조).

조합은 지역조합과 품목조합을 포함하며, 지역조합은 지역명을 붙이거나 지역의 특성을 나타내는 농업협동조합 또는 축산업협동조합의 명칭을, 품목조합은 지역명과 품목명 또는 업종명을 붙인 협동조합의 명칭을, 중앙회는 농업협동조합중앙회의 명칭을 각각 사용하여야 한다(농협 3조 1항).

그리고 품목조합연합회는 그 명칭 중에 품목명이나 업종명을 붙인 연합회라는 명칭을 사용하여야 하며, 농업협동조합법에 의하여 설립된 자가 아니면 품목명이나 업종명을 붙인 연합회의 명칭이나 이와 유사한 명칭을 사용하지 못하고, 농업협동조합법에 의하여 설립된 조합과 중앙회가 아니면 지역조합 또는 품목조합, 농업협동조합중앙회 등의 명칭 또는 이와 유사한 명칭을 사용하지 못한다(농협 138조 1항, 3조 2항).

지역농업협동조합의 조합원은 지역농협의 구역에 주소, 거소나 사업장이 있는 농업인이어야 하며, 둘 이상의 지역농협에 가입할 수 없고, 농어업경영체육성및지원에 관한법률 제16조 및 제19조에 따른 영농조합법인과 농업회사법인으로서 그 주된 사무소를 지역농협의 구역에 두고 농업을 경영하는 법인은 지역농협의 조합원이 될 수 있다(농협 19조 1항, 2항).

품목조합의 조합원은 그 구역에 주소나 거소 또는 사업장이 있는 농업인으로서 정관으로 정하는 자격을 갖춘 자로 하며, 같은 품목이나 업종을 대상으로 하는 둘 이상의 품목조합에 가입할 수 없다. 다만, 연작에 따른 피해로 인하여 사업장을 품목조합의 구역 외로 이전하는 경우에는 그러하지 아니하다(농협 110조).

조합의 조합원은 둘 이상의 지역농협 또는 품목조합에 가입할 수 없으나(농협 19조 1항, 107, 110조), 1인의 조합원이 지역조합과 품목조합에 별도로 가입하는데 대한 제한규정은 없으며, 파산자는 조합의 조합원이 될 수 없고(농협, 29조 2항, 107조, 112조), 외국인도 법령이나 조약에서 특별히 금지되지 아니하는 한 조합원이 될 수 있으나 임원은 될 수 없다(농협 49조 1항 1호).

그리고 농업협동조합중앙회 회원은 지역조합, 품목조합 및 품목조합연합회이며(농협 115조 1항), 지역농협 또는 지역축협은 정관으로 정하는 바에 따라 지역농협, 지역축협의 구역에 주소나 거소를 둔 자로서 그 지역농협, 지역축협의 사업을 이용함이 적당하다고 인정되는 자를 준조합원으로 할 수 있다(농협 20조, 107조 112조).

품목별조합은 정관이 정하는 바에 의하여 준조합원으로 가입시킬 수 있고(농협 112조, 20조). 농업협동조합중앙회는 정관으로 정하는 바에 따라 농업 또는 농촌관련단체와 법인을 준회원으로 할 수 있다(농협 116조).

조합원의 출자금은 조합원의 출자로 형성되는데 조합원은 반드시 정관으로 정하는 좌수 이상을 출자하여야 하며(농협 21조), 출자좌수를 제한하는 경우도 있으나(수협 22조), 농협의 경우에는 출자의 상한을 제한하고 있지는 않다.

출자금은 조합원의 탈퇴시에 지급하는 것이나 적립금은 조합원의 권리의 대상이 아니고 해산시에만 분배할 수 있으므로, 적립금이 증가하면 조합의 채무상태가 인정된다.

제2절 등기절차

지역농협과 지역축협, 품목별조합, 동 연합회, 농업협동조합중앙회는 농업협동조합법에 의하여 설립되는 특수법인으로서, 농업협동조합이나 중앙회의 등기절차에 관하여는 농업협동조합법과 동법시행령이 적용되나, 농업협동조합법에 규정되지 아니한 사항은 비송사건절차법 및 상업등기법 중 등기에 관한 규정을 준용한다.

농업협동조합이나 농업협동조합중앙회는 특수법인이나, 조합원이나 회원이라고 하는 인적존재를 구성요소로 하여 설립되는 법인인 점에서 민법상의 사단법인과 다를 바 없으므로 그 등기절차 역시 그와 유사하며 등기신청절차나 등기실행절차에 관한 일반적인 사항이 모두 그대로 적용된다 할 것이다.

조합에 관한 등기는 회사 이외의 등기로서 법인등기에 속하며, 법인등기에는 민법법인등기와 특수법인등기로 나뉘는데 이에 의하면 조합의 등기는 특수법인등기에 속한다.

등기절차에 있어서는 지역농협 및 지역축협, 품목별조합의 등기사유 및 첨부서류의 대표적인 사항과 지사무소등기의 통칙적인 사항에 대해서만 일괄하여 설명하고 다른 구체적인 등기에 관하여는 지역농협의 등기절차를 중심으로 하여 설명하기로 한다.

기본적으로 지역농협에 관한 사항이 지역축협 및 품목별조합에 그대로 준용되며, 다만 중앙회에 관하여는 준용되는 경우와 준용되지 아니하는 경우가 있어 지역농협과 중앙회를 동시에 설명하기로 하되, 필요에 따라 구분하여 설명하기로 한다.

민법법인과 상사회사의 경우에는 등기해태에 따른 과태료가 부과되나(민법 97조, 상법 635조) 농업협동조합의 등기해태에 관하여는 농업협동조합법에 과태료 규정이 없고 준용규정도 없으므로, 등기관으로서는 등기해태를 하더라도 등기해태통지를 하여서는 아니된다.

1. 등기의 사유

지역농협 및 지역축협, 품목별조합과 중앙회는 총회, 대의원회 또는 이사회 결의마다 등기하여야 하는 것은 아니고 일정한 등기사유가 발생하여야 등기를 한다.

농업협동조합등기의 등기사유는 구체적으로는 각종 등기에 따라 다양하여 일률적으로 말할 수 없으나, 그 중 가장 대표적인 것 정관의 변경과 총회의 결의 또는 총회에 갈음한 대의원회의결의, 이사회결의 등이다.

가. 정관의 변경

등기사항과 정관의 필요적 기재사항은 반드시 일치하지 아니하며, 정관의 조합원의 자격과 가입 탈퇴 및 제명에 관한 사항, 잉여금의 처분과 손실금의 처리방법에 관한 사항, 공고의 방법에 관한 사항은 정관의 필요적 기재사항이지만 등기사항은 아니다.

그러나 출자총좌수와 납입한 출자금의 총액, 임원의 성명·주민등록번호 및 주소 등은 등기사항이나 정관기재사항은 아닌 것과 같이 등기사항과 정관의 기재사항은 그 범위가 반드시 일치하는 것은 아닌 것과 같이 등기사항과 정관의 기재사항은 그 범위가 반드시 일치하는 것은 아니므로 정관변경이 있다고 하여 반드시 등기절차가 필요한 것은 아니다. 그러나 등기사항임과 동시에 정관의 필요적 또는 임의적 기재사항인 명칭, 목적, 구역, 주된 사무소의 소재지, 존립시기나 해산사유, 설립 후 현물출자를 약정한 때에는 그 출자재산의 명칭, 수량, 가격, 출자자의 성명·주소와 현물출자로의 전환 및 환매특약조건 등에 관한 정관규정이 변경된 때에는 반드시 그에 따른 변경등기절차를 하여야 한다.

따라서 정관기재사항임과 동시에 등기사항은 정관기재사항의 변경이 있으면 등기사유가 되는 것이므로 그러한 사항의 변경등기에는 정관변경절차가 반드시 필요하다.

그리고 주된 사무소의 소재지는 정관의 절대적 기재사항임과 동시에 등기사항이지만 그 기재방법에 있어서는 서로 차이가 있는 바, 법인의 조직과 활동준칙과 대강만을 정하는 정관에 있어서는 그 소재지를 최소행정구역까지만 기재해도 무방하다. 그러나 거래의 제3자에 대한 일반공시를 목적으로 하는 등기에 있어서는 그 소재의 지번까지 확정하여 기재하지 아니하면 아니되기 때문에 정관에 그 기재가 최소행정구역까지만 기재된 경우에 동일한 행정구역 내에서 주된 사무소를 이전한 때에는 정관변경 절차는 필요가 없으나, 그 주된 사무소의 이전등기절차는 필요하다.

정관의 변경이라 함은 정관에 규정된 기존사항의 변경 뿐만 아니라 새로운 사항의 신설이나 기존사항의 폐지 또는 자구의 수정이나 보완에 그치는 형식적인 변경도 모두 포함한다 할 것이다.

조합 및 중앙회의 정관의 제정 및 변경은 농림축산식품부장관의 인가를 받아야 효력이 생기지만, 농림축산식품부장관이 정한 정관례에 의한 경우에는 정관의 변경시 농림축산식품부장관의 인가가 불필요하다(농협 15조 1항, 35조 2항, 107조, 112조, 161조).

조합의 정관의 변경은 조합원 과반수의 출석과 출석조합원 3분의 2 이상의 찬성에 의한 총회의 의결을 거쳐 농림축산식품부장관의 인가를 받아야 효력이 생긴다(농협 35조, 107조, 112조).

중앙회의 정관변경에 관한 총회의 특별결의에 관한 의결정족수도 조합과 동일하다. 다만, 정관변경 후 농림축산식품부장관의 인가를 받는 규정은 없으므로 인가절차는 불필요하다.

설립등기의 경우에는 원시정관을 첨부하여야 하고, 정관변경은 농림축산식품부장관의 인가사항인 바, 정관변경사항이 농림축산식품부장관의 정관변경인가서에 나타나므로 변경등기신청서에는 그 변경된 정관 내용이 포함된 정관변경인가서만 첨부하면 되고, 달리 변경된 정관은 첨부할 필요가 없다.

나. 총회(또는 대의원회)의 결의

조합(중앙회)은 그 필수기관으로서 조합원(회원) 전원으로 구성하는 최고의사결정기관인 총회를 두고(농협 34조, 107조, 112조, 122조), 또한 정관의 규정에 따라 조합원(회원) 중에서 일정한 조합원(회원)수에 비례한 대의원을 선출한 정관소정원수의 대의원으로서 구성하는 대의원회를 두어 그로 하여금 총회에 갈음할 수 있도록 하고 있다(농협 42조, 107조, 112조, 124조).

조합의 총회는 정관변경 등 농업협동조합법 제35조 제1항 소정의 사항을 의결할 수 있는 바(정관 107조, 112조), 동조 소정의 총회권한 사항 중 조합의 해산·합병·분할 또는 등기사항에 속하는 사항에 관한 총회의 결의는 등기사유에 해당하므로 이러한 사항 등에 관한 총회의 결의가 있은 때에는 반드시 그에 따른 등기를 하여야 한다. 그리고 중앙회의 총회에서는 농업협동조합법 제123조의 임원의 선출과 해임, 임명동의사항 중 등기사항의 변경인 경우에는 이를 등기하여야 한다.

총회는 농업협동조합법에 다른 규정이 있는 경우를 제외하고는 조합원 과반수의 출석으로 개의하고 출석조합원 과반수의 찬성으로 의결한다. 다만, 정관변경, 해산, 합명, 분할 품목조합으로서의 조직변경은 조합원 과반수의 출석과 출석조합원 3분의 2 이상의 찬성으로 의결한다(농협 38조, 107조, 112조, 161조). 중앙회 총회의 특별결의사항은 정관변경과 회원의 제명이다.

총회의 의사에 관하여는 의사의 진행상황 및 그 결과를 기재한 의사록을 작성하고 의장과 총회에서 선출한 5인 이상의 조합원이 기명날인하거나 서명하여야 한다(농협, 40조, 107조, 112조, 161조).

농업협동조합법에 의하여 설립되는 법인의 경우 등기신청서에 첨부되는 의사록에는 공증인의 인증을 받지 아니한다.

다. 이사회 결의

이사회는 구성원 과반수의 출석으로 개의하고 출석자 과반수의 찬성으로 의결하며, 감사와 간부직원은 이사회에 출석하여 의견을 진술할 수 있다(농협 43조 5항).

농업협동조합법 또는 정관의 규정에 의하여 총회의 권한사항으로 되어 있는 것을 제외하고는 업무집행에 관한 사항으로 ① 조합원의 자격 심사 및 가입 승낙, ② 법정 적립금의 사용, ③ 차입금의 최고 한도, ④ 경비의 부과와 징수 방법, ⑤ 사업계획 및 수지예산 중 제35조 제1항 제7호에서 정한 사항

외의 경미한 사항의 변경, ⑥ 간부직원의 임면, ⑦ 업무용 부동산의 취득과 처분

⑧ 업무 규정의 제정·개정 및 폐지와 사업 집행 방침의 결정, ⑨ 총회로부터 위임된 사항, ⑩ 법령 또는 정관에 규정된 사항, ⑪ 상임이사의 해임 요구에 관한 사항, ⑫ 상임이사 소관 업무의 성과평가에 관한 사항, ⑬ 그 밖에 조합장, 상임이사 또는 이사의 3분의 1 이상이 필요하다고 인정하는 사항에 대하여 의결할 권한이 있으며, 이사회는 위 의결된 사항에 대하여 조합장이나 상임이사의 업무집행상황을 감독한다(농협 43조 3, 4항, 107조, 112조).

원칙적으로 회의체는 가부동수가 되는 경우를 피하기 위하여 최소한 3인 이상이어야 하는 바, 조합의 이사의 수는 조합장 1명을 포함한 7명 이상 25명 이하이다(농협 45조 1항, 107조, 112조).

간부직원은 등기사항이므로, 조합등기와 관련하여 이사회는 간부직원의 임면에 관하여는 그 결의에 의하여 등기를 하여야 한다.

그리고 등기신청서에 첨부하는 의사록은 공증인의 인증을 받지 아니한다.

라. 주무관청의 인가와 설립취소

조합이 농업협동조합법 제167조 각 호의 1에 해당하게 된 때에는 농림축산식품부장관은 농협중앙회장 및 사업전담대표이사 등의 의견을 들어 설립인가를 취소하거나 합병을 명할 수 있는 바, 이와 같은 농림축산식품부장관의 설립인가취소 또는 합병명령이 있으면 그 조합은 해산된다(농협 82, 107, 112조).

조합인가취소사유 및 합병명령사유는 ① 설립인가일부터 90일을 지나도 설립등기를 하지 아니한 경우, ② 정당한 사유 없이 1년 이상 사업을 실시하지 아니한 경우, ③ 2회 이상 제164조 제1항에 따른 처분을 받고도 시정하지 아니한 경우, ④ 제164조 제2항에 따른 업무정지 기간에 해당 업무를 계속한 경우

⑤ 조합 등의 설립인가기준에 미치지 못하는 경우, ⑥ 조합 등에 대한 감사나 경영평가의 결과 경영이 부실하여 자본을 잠식한 조합 등으로서 제142조 제2

항, 제146조 또는 제166조의 조치에 따르지 아니하여 조합원 및 제3자에게 중대한 손실을 끼칠 우려가 있는 경우, ⑦ 거짓이나 그 밖의 부정한 방법으로 조합 등의 설립인가를 받은 경우이다(농협 167조 1항).

2. 첨부서류 등

조합 및 중앙회의 각종 등기신청서에 첨부해야 할 서류도 각 경우에 따라 다양한 바, 예컨대 설립등기의 경우에는 농업협동조합법에 의한 설립인가서, 창립총회의사록, 정관 사본, 비송사건절차법에 의한 임원취임승낙서, 주민등록(등)초본, 인감증명서, 출자납입증명서 등이 필요하고, 조합의 분할과 합병에는 일반적인 첨부서면 외에 채권자보호절차를 이행한 서면과 공고 및 최고를 증명하는 서면, 이의가 있는 경우 담보제공을 증명하는 서면이 필요한 것과 같이 각 등기신청서마다 달라 일률적으로 설명할 수 없다. 그러나 그 중 가장 대표적인 것은 정관의 변경과 총회의 결의라 할 수 있다.

가. 정관의 등본

정관이라 함은 법인의 조직과 활동에 관한 기본규칙으로서 조합과 조합원에 대하여 구속력을 가지는 내부적 자치법규를 말하는 바, 조합의 설립등기를 신청할 때에는 통상의 설립등기의 경우 뿐 아니라 합병, 분할로 인한 설립등기의 경우에도 그 신청서에 이 정관의 등본(인가관청의 인증있는 등본을 말한다)을 첨부해야 한다.

그러나 목적이나 명칭변경, 해산사유의 등기와 같이 정관의 변경에 수반하여 발생하는 경우처럼 정관변경이 있다고 하여 반드시 변경등기가 뒤따르는 것도 아니고 또 변경등기에는 반드시 정관변경이 필수적인 것도 아니다.

즉, 그 등기사항이 정관에 규정된 사항인 경우에 한하여 그 등기사항의 변경등기에는 반드시 정관변경절차와 농림축산식품부장관의 인가를 받아야 한다. 다만, 농림축산식품부장관이 정하는 정관례에 따라 변경하는 경우에는 농림축산식품부장관의 인가를 받지 않아도 된다(농협 5조 2항, 107

조, 112조).

따라서 정관변경을 원인으로 하는 변경등기신청서에는 정관변경을 결의한 총회의사록과 농림축산식품부장관의 인가서 및 그 인증있은 등본도 첨부해야 한다. 다만 농협중앙회의 정관변경은 정관변경을 결의한 총회의사록만을 첨부하면 된다.

그러나 이 때 정관의 변경은 정관문서의 기재문자를 변경기재 해야만 비로소 그 변경의 효력이 발생하는 것이 아니므로, 변경기재된 정관문서 자체를 첨부할 필요는 없고 정관변경을 결의한 총회의사록, 대의원회의사록을 첨부하면 된다.

나. 총회(또는 대의원회)의사록

총회의 결의가 등기사유인 경우 그에 따른 등기신청서에는 그 등기사유를 증명하는 서면으로서 총회의사록을 첨부해야 하는 바, 그 의사록에는 의사의 진행상황 및 그 결과를 기재한 의사록을 작성하고 의장과 총회에서 선출한 5인 이상의 조합원이 기명 날인하거나 서명하여야 한다(농협, 40조, 107조, 112조, 161조).

또한 조합(중앙회)은 총회 뿐만 아니라 대의원회를 두어 그로 하여금 총회에 갈음할 수 있도록 하고 있다(농협 42조, 107조, 112조, 124조).

제2장 변경등기

제1절 총 설

변경등기라 함은 등기사항에 변경이 생긴 경우에 변경 후의 사실에 부합하게 하기 위하여 종전에 등기한 사항을 고쳐서 행하는 등기를 말하는 바, 이 변경등기를 광의의 의미로는 등기할 당초부터 착오나 유류로 인하여 등기기록의 기재가 사실과 일치하지 아니한 경우 그를 시정하기 위하여 행사는 소위 경정등기까지를 포함하나, 협의의 의미로는 등기할 당초에는 등기기록의 기재가 사실과 일치하였으나 그 등기를 마친 후에 새로운 사실이 발생하여 등기기록의 기재가 사실과 일치하지 않게 된 경우 그 불일치한 등기사항을 일치시키기 위하여 행하는 등기만을 말한다.

변경등기를 하여야 하는 경우로서 기존등기사항의 변경과 새로운 등기사항의 추가(새로 존립기간을 정한 때 등), 등기사항의 일부 또는 전부의 소멸(기존 분사무소의 폐지), 형식적인 변경(자구수정) 등이 포함된다고 해석된다.

변경등기의 원인은 주로 총회의 결의에 의하여 발생하는 것이 대부분이지만, 총회에 갈음하는 대의원회의 결의, 이사회의 결의하여 발생하는 경우도 있고(간부직원의 임면), 조합의 목적 및 명칭변경, 해산사유의 등기와 같이 정관의 변경에 기인한 경우도 적지 않다.

그러나 정관의 기재사항과 등기사항은 반드시 그 범위가 일치하는 것은 아니므로 정관변경이 있다고 하여 반드시 변경등기절차가 뒤따르는 것도 아니고 또 변경등기에는 반드시 정관변경이 필수적인 것도 아니다. 다만, 그 등기사항이 정관에 규정된 사항인 경우에 한하여 그 사항의 변경등기에는 반드시 정관변경절차를 거쳐야 한다고 할 수 있을 것이다.

조합의 정관변경은 조합원 과반수의 출석과 출석조합원 3분의 2 이상의 찬성에 의한 총회의 의결을 거친 후 농림축산식품부장관의 인가를 받아야 한다.

따라서 정관변경을 원인으로 하는 변경등기신청서에는 정관변경을 결의한 총회의사록 이외에 농림축산식품부장관의 인가서와 그 인증 있는 등본도 첨부해야 한다.

다만, 중앙회의 정관변경은 총회의 의결사항이나(농협 123조) 농림축산식품부장관의 정관변경인가 규정이 없으므로 정관변경을 결의한 총회의사록만을 첨부하면 될 것이다.

그리고 조합 및 중앙회의 총회에 갈음하여 대의원회에서 정관변경을 의결한 경우에는(농협 42조, 107조, 112조, 124조) 대의원회의사록을 첨부하면 된다.

그러나 이 때 정관변경은 정관문서의 기재문자를 변경기재 해야만 비로소 그 변경의 효력이 생기는 것은 아니므로, 변경기재된 정관문서 자체를 첨부할 필요는 없고 정관변경을 결의한 총회의사록, 대의원회의사록을 첨부하면 된다.

제2절 변경등기절차

변경등기를 요하는 경우로서는 사무소의 이전, 지사무소의 설치·이전·폐지, 명칭 및 목적의 변경, 자산의 총액 및 출자방법의 변경, 임원의 변경, 존립시기 및 해산사유의 설정·변경·폐지 등 여러 경우가 있다.

그 외에 해산등기사항과 청산인 및 청산종결에 관한 등기사항, 조합의 합병과 분할에 관한 등기사항이 농업협동조합법에 규정되어 있다.

사무소이전등기, 변경등기의 신청은 조합장과 회장이(농협 92조, 93조, 161조), 합병으로 인한 해산등기의 신청은 소멸회사의 조합장이(농협 95조) 각각 하여야 한다.

조합(중앙회)의 사무소이전등기, 변경등기는 각 3주간 내에(농협 92조, 93조, 107조, 112조, 161조), 합병등기 및 조직변경등기는 2주 내에(농협 95조, 96조 107조) 각 등기를 하여야 한다.

그러나 행정구역의 지명이 변경된 경우에는 그 변경이 있는 때에 등기기록 및 정관에 기재된 당해 지역농협의 소재지와 구역에 관한 지명이 변경된 것으로 보므로(농협 94조, 107조, 112조 161조), 별도의 등기가 필요 없으나 등기기록의 기재의 정확성을 위하여 지역농협이 등기소에 지역변경을 통지하면 등기소가 직권으로 등기를 하도록 규정하고 있다.

조합이 합병한 때에는 합병인가를 받은 날부터 2주일 이내에 그 사무소의 소재지에서 합병 후 존속하는 조합은 변경등기를, 합병으로 소멸되는 조합은 해산등기를, 합병으로 설립되는 조합은 설립등기를 각 사무소의 소재지에서 하여야 하며, 이때 등기신청인은 변경등기 및 설립등기는 조합장이, 해산등기는 합병으로 소멸하는 조합의 조합장이 신청인이 된다(농협 95조 1항, 2항, 102조. 112조).

조합의 분할의 경우에도 합병과 동일하게 해석하여야 할 것이다.

통산 해산등기는 신청인의 신청에 의하여 등기를 하나(농협 97조 1항), 조합의 설립인가를 농림축산식품부장관이 취소하면 농림축산식품부장관은 당해 조합의 해산등기를 촉탁하여야 한다(농협 97조 4항, 107조, 112조).

설립인가취소시 청산인 선임규정이 없으므로 설립인가가 취소되면(농협 167조), 취소기관이 선임할 것이 아니므로 해산조합에서 별도로 청산인을 선임하여 등기하여야 한다.

[서식 64] 농업협동조합 분사무소설치등기신청서(조합설립 후 분사무소를 설치시 주사무소소재지에서 신청하는 경우)

농업협동조합 분사무소설치등기신청

접 수	년 월 일	처 리 인	등기관 확인	각종 통지
	제 호			

명 칭	○○농업협동조합	등기번호	제○○○○호
주 사 무 소	○○시 ○○구 ○○로 ○○(○○동)		
등기의 목적	분사무소 설치등기		

<table>
<tr><td colspan="2">등기의 사유</td><td>20○○년 ○월 ○일 이사회(총회, 대의원회)에서 ○○분사무소의 설치를 결의하여 20○○년 ○월 ○일 ○○분사무소를 설치하였으므로(20○○년 ○월 ○일 총회에서 정관변경을 결의하여 20○○년 ○월 ○일 분사무소를 설치하였으므로) 그 등기를 구함.</td></tr>
<tr><td colspan="2">인가서도착연월일</td><td>20○○년 ○월 ○일</td></tr>
<tr><td colspan="2">주사무소/분사무소
신청구분</td><td>1. 주사무소 신청 □ 2. 분사무소 신청 □ 3. 주·분사무소 일괄신청 □</td></tr>
<tr><td colspan="3">등 기 할 사 항</td></tr>
<tr><td rowspan="2">분사무소</td><td>명 칭</td><td rowspan="2">○○분사무소</td></tr>
<tr><td>소재지</td></tr>
<tr><td colspan="2">설 치 연 월 일</td><td>20○○년 ○월 ○일</td></tr>
<tr><td colspan="2">기 타</td><td></td></tr>
</table>

<table>
<tr><td colspan="7">신청등기소 및 등록면허세/수수료</td></tr>
<tr><td rowspan="2">순번</td><td rowspan="2">신청등기소</td><td rowspan="2">구분</td><td>등록면허세</td><td rowspan="2">농어촌특별세</td><td rowspan="2">세액합계</td><td rowspan="2">등기신청수수료</td></tr>
<tr><td>지방교육세</td></tr>
<tr><td rowspan="2"></td><td rowspan="2"></td><td rowspan="2"></td><td>금 원</td><td rowspan="2">금 원</td><td rowspan="2">금 원</td><td rowspan="2">금 원</td></tr>
<tr><td>금 원</td></tr>
<tr><td rowspan="2"></td><td rowspan="2"></td><td rowspan="2"></td><td></td><td rowspan="2"></td><td rowspan="2"></td><td rowspan="2"></td></tr>
<tr><td></td></tr>
<tr><td colspan="3" rowspan="2">합 계</td><td></td><td rowspan="2"></td><td rowspan="2"></td><td rowspan="2"></td></tr>
<tr><td></td></tr>
<tr><td colspan="4">등기신청수수료 납부번호</td><td colspan="3"></td></tr>
<tr><td colspan="2">과 세 표 준 액</td><td colspan="5">금 원</td></tr>
<tr><td colspan="7">첨 부 서 면</td></tr>
<tr><td colspan="4">1. 이사회(총회, 대의원회)의사록 1통
1. 주무관청의 정관변경인가서
(또는 인가서 등본) 1통</td><td colspan="3">1. 등록면허세영수필확인서및통지서 1통
1. 위임장(대리인이 신청할 경우) 1통
〈기 타〉</td></tr>
<tr><td colspan="7">년 월 일</td></tr>
</table>

신청인	명 칭		
	주사무소		
조합장	성 명	(인)	(전화 :)
	주 소		
대리인	성 명	(인)	(전화 :)
	주 소		

지방법원 등기소 귀중

- 신청서 작성요령 -

1. 해당란이 부족할 때에는 별지를 이용합니다.
1. 해당 등기신청과 관계없는 사항에 대하여는 "해당없음"으로 기재하거나 삭제하고, 필요한 사항은 추가 기재합니다.

(용지규격 21㎝ × 29.7㎝)

[주] 1. 통상 분사무소의 표시는 정관기재사항이 아니므로 농림축산식품부장관의 인가가 필요 없으나, 정관으로 분사무소를 정한 경우에는 정관변경사항이므로 농림축산식품부장관의 인가가 필요하다.

2. 분사무소의 설치연월일은 그 설치결의일자나 농림수산식품부장관의 인가일자가 아니라 현실로 분사무소를 설치한 일자를 기재해야 할 것이나, 분사무소 설치 업무집행결정을 위한 이사회의사록에 기재된 설치일자를 기재함이 실무이다.

3. 등록면허세는 40,200원, 교육세는 등록면허세의 100분의 20(8,040원)을 납부하여야 한다(지방세법 28조). 대도시의 경우에도 이는 변경등기에 해당하므로 3배의 가산은 되지 아니한다. 그러나 법인이 명칭·목적·임원등기 등을 하나의 신청서로 일괄등기 신청하더라도 각각에 대하여 산출한 세액을 합산하여 등록면허세를 납부하여야 한다.
   조세특례제한법 및 관세법, 지방세법에 의하여 등록면허세가 감면되는 경우, 그 감면세액이 100분의 20의 농어촌특별세를 납부하여야 한다(다만, 이것도 면제되는 경우도 있다).

4. 등기신청수수료는 6,000원(서면방문), 4,000원(전자표준양식), 2,000원(전자신청)을 납부하여야 한다.

5. 분사무소 설치·이전·폐지에는 이사회의 결의로 족하다. 이사회의사록에는 그 외에 지사무소설치업무집행을 위한 설치일자 등도 의결하며, 농업협동조합의 법인등기신청서에 첨부하는 의사록은 공증인의 인증을 받지 아니한다.

6. 첨부서류로 정관변경인가서는 분사무소설치를 위하여 정관변경절차를 거친 경우에 한하여 첨부한다. 다만, 이 서면은 원본을 첨부할 수 있고, 등본을 첨부하는 경우에는 인가관청의 인증있는 등본을 첨부해야 한다.
7. 이 등기는 본 조합을 대표하는 조합장이 신청한다.

[첨부서류 1] 총회의사록

총 회 의 사 록

20OO. O. O. OO시 OO분, OO시 OO구 OO로 OO(OO동) 당 조합 회의실에서 조합원총회(대의원회)를 개최하다.

총조합원수 : OO명　　　출석조합원수 : OO명

조합장 OOO는 정관규정에 따라 의장석에 등단하여 위와 같이 법정수에 달하는 조합원(대의원)이 출석하였으므로 본 총회(대의원회)가 적법히 성립되었음을 알리고 개회를 선언한 후, 다음의 의안을 부의하고 심의를 구하다.

제1호 의 안　분사무소 설치의 건

의장은 당 조합이 번창함에 따라 사업을 확장하기 위하여 다음 장소에 분사무소를 설치할 필요가 있음을 설명하고 그 가부를 물은 바, 전원 이의 없이 찬성하여 만장일치로 그를 승인 가결하다.

분사무소　OO시 OO구 OO로 OO(OO동)

제2호 의 안　정관 일부변경의 건

의장은 위 주사무소이전에 수반하여 현행 정관 제O를 다음과 같이 변경해야 함을 설명하고 그 가부를 물은 바, 전원 이의 없이 찬성하여 만장일치로 그를 승인 가결하다.

제O조(사무소의 소재지)　본 조합의 사무소는 OO시 OO구 OO로 OO(OO동)에 두고 분사무소를 다음 장소에 둔다.

분사무소　OO시 OO구 OO로 OO(OO동)

의장은 이상으로서 회의목적인 의안 전부를 심의를 종료하였으므로 폐회를 선언하다(회의종료시간 : OO시 OO분).

위 결의를 명확히 하기 위하여 이 의사록을 작성하여 의장과 출석한 조합원이 다음과 같이 기명날인하다.

20OO. O. O.

OO농업협동조합 (직인)
OO시 OO구 OO로 OO(OO동)

의장겸 조합장 성 명 : O O O ㊞
주민등록번호 : OOOOOO－OOOOOOO
주 소 : OO시 OO구 OO로 OO(OO동)

조합원 성 명 : O O O ㊞
주민등록번호 : OOOOOO－OOOOOOO
주 소 : OO시 OO구 OO로 OO(OO동)

조합원 성 명 : O O O ㊞
주민등록번호 : OOOOOO－OOOOOOO
주 소 : OO시 OO구 OO로 OO(OO동)

조합원 성 명 : O O O ㊞
주민등록번호 : OOOOOO－OOOOOOO
주 소 : OO시 OO구 OO로 OO(OO동)
(이하 생략)

[첨부서류 2] 이사회의사록

이 사 회 의 사 록

2000년 0월 0일 00시 00분, 00시 00구 00로 00(00동) 당 조합 회의실에서 이사회를 개최하다.

총이사수 : 0명　　　출석이사수 : 0명

의장인 조합장 000는 정관규정에 따라 의장석에 등단하여 위와 같이 법정수에 달하는 이사가 출석하였으므로 본 이사회(대의원회)가 적법히 성립되었음을 알리고 개회를 선언한 후, 다음의 의안을 부의하고 심의를 구하다.

제1호　의 안　분사무소 설치의 건

의장은 총회(대의원회)의 의결을 거쳐 농림축산식품부장관의 인가를 받아 변경한 정관 제0조의 규정에 따라 다음 장소에 분사무소를 설치함에 있어서 그 설치 시기를 결정하여 줄 것을 요구한 바, 전원 이의 없이 찬성하여 만장일치로 다음과 같이 승인 가결하다.

분사무소설치장소 : 00시 00구 00로 00(00동)
설치연월일 : 2000년 0월 0일

의장은 이상으로서 회의목적인 의안 전부의 심의를 종료하였으므로 폐회한다고 선언하다(회의종료시각 : 00시 00분).

위 결의를 명확히 하기 위하여 이 의사록을 작성하고 의장과 출석한 이사가 기명날인하다.

2000. 0. 0.

00농업협동조합　　(직인)
00시 00구 00로 00(00동)
의장겸 조합장 0 0 0 (인)
이 사 0 0 0 (인)
이 사 0 0 0 (인)

이 사 ○ ○ ○ (인)
이 사 ○ ○ ○ (인)
이 사 ○ ○ ○ (인)

[서식 65] 농업협동조합 분사무소설치등기신청서(당해 신설분사무소소재지에서 신청하는 경우)

농업협동조합 분사무소설치등기신청				
접 수	년 월 일	처 리 인	등기관 확인	각종 통지
	제 호			

명 칭		○○농업협동조합	등기번호	제○○○○호
등기의 목적		분사무소 설치등기		
등기의 사유		20○○년 ○월 ○일 이사회(총회, 대의원회)의 결의로 분사무소를 설치하고 20○○년 ○월 ○일 주사무소소재지 관할등기소에 등기를 하였으므로, 이 등기소에서 다음 사항의 등기를 구함(20○○년 ○월 ○일 총회에서 정관변경을 한 후, 농림축산식품부장관의 인가를 받아 분사무소를 설치하고, 20○○년 ○월 ○일 주사무소소재지 관할등기소에서 등기하였으므로, 이 등기소에서 다음사항의 등기를 구함).		
인가서도착연월일		20○○년 ○월 ○일		
주사무소/분사무소 신청구분		1. 주사무소 신청 □ 2. 분사무소 신청 □ 3. 주·분사무소 일괄신청 □		
등 기 할 사 항				
명 칭		○○농업협동조합		
주 사 무 소		○○시 ○○구 ○○로 ○○(○○동)		
분사무소	명 칭	○○농업협동조합 ○○지점		
	소재지	○○시 ○○구 ○○로 ○○(○○동)		
조합장의 성명,		조합장 ○ ○ ○ (○○○○○○－○○○○○○○)		

주민등록번호, 주소 및 취임연월일	○○시 ○○구 ○○로 ○○(○○동) 20○○년 ○월 ○일 취임
법인성립연월일	20○○년 ○월 ○일
분사무소 설치연월일	20○○년 ○월 ○일
목 적	1. ○○○○○○○○○ 1. ○○○○○○○○○
존립기간 또는 해산사유	1. ○○○○○○○○○ 1. ○○○○○○○○○
기 타	상무의 성명, 주소와 주민등록번호 상무 ○ ○ ○ (○○○○○○－○○○○○○○) ○○시 ○○구 ○○로 ○○(○○동) 상무를 둔 장소 ○○시 ○○구 ○○로 ○○(○○동)

등록면허세	금 원	지방교육세	금 원	농어촌특별세	금 원
세액 합계	금 원		등기신청수수료	금 원	
등기신청수수료 납부번호					
첨 부 서 면					
1. 간부직원의 인감신고서 및 인감대지 통 1. 인감증명서(조합장) 1통			1. 등록면허세영수필확인서및통지서 1통 1. 위임장(대리인이 신청할 경우) 1통		

년 월 일

신청인 명 칭

주사무소

대표자 성 명 (인) (전화 :)

주 소

대리인 성 명 (인) (전화 :)

주 소

지방법원 등기소 귀중

- 신청서 작성요령 -

1. 해당란이 부족할 때에는 별지를 이용합니다.
1. 해당 등기신청과 관계없는 사항에 대하여는 "해당없음"으로 기재하거나 삭제하고, 필요한 사항은 추가 기재합니다.
1. 「인감증명법」에 따른 인감증명서 제출과 함께 관련 서면에 인감을 날인하여야 하는 경우, 본인서명사실확인서를 제출하고 관련 서명을 하거나 전자본인서명확인서 발급증을 제출하고 관련 서면에 서명을 하면 인감증명서를 제출하고 관련 서면에 인감을 날인한 것으로 봅니다.

(용지규격 21㎝ × 29.7㎝)

[주] 1. 분사무소만의 설치등기는 주 사무소에서 각 분사무소별 등기를 동시에 신청할 수 있다.

2. 분사무소이전의 관할등기소의 구역내의 경우에는 위 분사무소이전시 구분사무소에 신청하는 경우와 동일하며, 등기번호는 최초로 당해 분사무소에서 등기하는 것이므로 기재하지 아니한다.
3. 인가서도착연월일은 분사무소설치를 위하여 정관변경절차를 거친 경우에 한하여 기재한다.
4. 등기할 사항란에 기재하는 사항으로서 명칭 이하의 사항은 주사무소소재지에서 설립등기한 사항과 동일하게 기재하되, 분사무소 소정의 등기사항을 기재하며, 법인성립연월인은 주사무소소재지에서 설립등기를 한 일자를 기재한다. 이는 주사무소 이전시에도 변경되지 아니한다.
5. 등기할 사항 중 기타란에는 분사무소에 간부직원이 있는 경우에 이를 기재한다. 중앙회는 간부직원 외에 대리인을 둘 수 있다.
6. 분사무소설치에 관한 등록면허세는 40,200원, 교육세는 등록면허세의 100분의 20(8,040원)을 납부하여야 한다(지방세법 28조). 대도시에 분사무소를 설치한 경우에는 법인의 분사무소설치등기에 등록면허세의 3배의 등록면허세 외에 교육세를 납부하여야 하며(지방세법 28조), 조세특례제한법, 지방세법, 관세법 등에 의하여 등록면허세가 감면되는 경우에 그 감면세액의 100분의 20의 농어촌특별세를 납부하여야 한다(다만, 이것도 면제되는 경우도 있다).
7. 등기신청수수료는 6,000원(서면방문), 4,000원(전자표준양식), 2,000원(전자신청)을 납부하여야 한다.
8. 분사무소소지재지에 간부직원이 등기되는 경우에 그들의 인감을 받을 필요가 있는 경우에 간부직원 등의 인감신고서를 제출한다. 중앙회는 대리인도 인감신고서를 제출할 수 있다. 이 때에는 주사무소소재지 등기소에 신청하는 경우를 제외하고는 간부직원 등의 인감이 틀림없다는 취지의 보증서와 당해 조합장의 인감증명서를 첨부해야 한다.

9. 이 등기는 본 조합을 대표하는 조합장이 신청한다.

[서식 66] 농업협동조합중앙회 분사무소설치 및 대리인등기신청서(분사무소소재지에서 신청하는 경우)

<table>
<tr><td colspan="5">농업협동조합중앙회 분사무소설치 및 대리인등기신청</td></tr>
<tr><td rowspan="2">접 수</td><td>년 월 일</td><td rowspan="2">처 리 인</td><td>등기관 확인</td><td>각종 통지</td></tr>
<tr><td>제 호</td><td></td><td></td></tr>
</table>

<table>
<tr><td colspan="2">명 칭</td><td>농업협동조합중앙회</td><td>등기번호</td><td>제○○○○호</td></tr>
<tr><td colspan="2">주 사 무 소</td><td colspan="3">○○시 ○○구 ○○로 ○○(○○동)</td></tr>
<tr><td colspan="2">등기의 목적</td><td colspan="3">분사무소 설치 및 대리인선임등기</td></tr>
<tr><td colspan="2">등기의 사유</td><td colspan="3">20○○년 ○월 ○일 이사회의 결의로 20○○년 ○월 ○일 분사무소를 설치하고, 20○○년 ○월 ○일 주사무소소재지 관할등기소에 등기를 하였으므로 분사무소 관할등기소에서 그 등기를 구함.</td></tr>
<tr><td colspan="2">주사무소/분사무소 신청구분</td><td colspan="3">1. 주사무소 신청 □ 2. 분사무소 신청 □ 3. 주·분사무소 일괄신청 □</td></tr>
<tr><td colspan="5">등 기 할 사 항</td></tr>
<tr><td colspan="2">명 칭</td><td colspan="3">농업협동조합중앙회</td></tr>
<tr><td colspan="2">주 사 무 소</td><td colspan="3">○○시 ○○구 ○○로 ○○(○○동)</td></tr>
<tr><td rowspan="2">분사무소</td><td>명 칭</td><td colspan="3">○○농업협동조합 ○○시지부</td></tr>
<tr><td>소재지</td><td colspan="3">○○시 ○○구 ○○로 ○○(○○동)</td></tr>
<tr><td colspan="2">회장 및 사업전담 대표이사의 성명, 주민등록번호, 주소 및 취임연월일</td><td colspan="3">회장 ○ ○ ○ (○○○○○○-○○○○○○○)
○○시 ○○구 ○○로 ○○(○○동)
20○○년 ○월 ○일 취임
대표권제한규정 : 회장은 중앙회를 대표한다. 다만, 사업전담대표이사가 대표하는 업무에 관하여는 그러하지 아니하다.
농업경제대표이사 ○ ○ ○ (○○○○○○-○○○○○○○)
○○시 ○○구 ○○로 ○○(○○동)</td></tr>
</table>

	20○○년 ○월 ○일 취임 대표권제한규정 : 농업경제대표이사는 농업경제사업과 이와 관련된 사업 및 그 부대사업에 관하여 중앙회를 대표한다. 신용대표이사 ○ ○ ○ (○○○○○○－○○○○○○○) ○○시 ○○구 ○○로 ○○(○○동) 20○○년 ○월 ○일 취임 대표권제한규정 : 신용대표이사는 신용사업과 이와 관련된 사업 및 그 부대사업에 관하여 중앙회를 대표한다.
법인성립연월일	20○○년 ○월 ○일
분사무소 설치연월일	20○○년 ○월 ○일
목 적	본 회는 회원의 공동이익의 증진과 그 건전한 발전을 도모함을 목적으로 다음 각 호의 사업의 전부 또는 일부를 행한다. 1. ○○○○○○사업 1. ○○○○○○사업(이하 생략)
존립기간 또는 해산사유	1. ○○○○○○○○○ 1. ○○○○○○○○○
기 타	(1) 분사무소의 주소 및 분사무소명칭 ○○시 ○○구 ○○로 ○○(○○동) (○○시지부) (2) 일반간부직원의 성명과 주소 및 주민등록번호 기획조정본부장 ○ ○ ○ (○○○○○○－○○○○○○○) ○○시 ○○구 ○○로 ○○(○○동) (3) 대리인의 성명과 주소 및 주민등록번호 대리인 ○ ○ ○ (○○○○○○－○○○○○○○) 대리인을 둔 장소 : ○○시 ○○구 ○○로 ○○(○○동) (○○시지부)

신청등기소 및 등록면허세/수수료						
순번	신청등기소	구분	등록면허세 지방교육세	농어촌특별세	세액합계	등기신청수수료
			금 원 금 원	금 원	금 원	금 원

<table>
<tr><td></td><td></td><td></td><td></td><td></td><td></td><td></td></tr>
<tr><td colspan="3">합 계</td><td></td><td></td><td></td><td></td></tr>
<tr><td colspan="4">등기신청수수료 납부번호</td><td colspan="3"></td></tr>
<tr><td colspan="2">과 세 표 준 액</td><td colspan="5">금 원</td></tr>
<tr><td colspan="7">첨 부 서 면</td></tr>
<tr><td colspan="4">1. 인감신고서 및 인감대지(간부 및 대리인) 통
1. 인감증명서(중앙회장) 1통</td><td colspan="3">1. 등록면허세영수필확인서및통지서 1통
1. 위임장(대리인이 신청할 경우) 1통</td></tr>
<tr><td colspan="7">년 월 일

신청인 명 칭
주사무소
회 장 성 명 (인) (전화 :)
주 소
대리인 성 명 (인) (전화 :)
주 소

지방법원 등기소 귀중</td></tr>
</table>

- 신청서 작성요령 -

1. 해당란이 부족할 때에는 별지를 이용합니다.
1. 해당 등기신청과 관계없는 사항에 대하여는 "해당없음"으로 기재하거나 삭제하고, 필요한 사항은 추가 기재합니다.
1. 「인감증명법」에 따른 인감증명서 제출과 함께 관련 서면에 인감을 날인하여야 하는 경우, 본인서명사실확인서를 제출하고 관련 서명을 하거나 전자본인서명확인서 발급증을 제출하고 관련 서면에 서명을 하면 인감증명서를 제출하고 관련 서면에 인감을 날인한 것으로 봅니다.

(용지규격 21㎝ × 29.7㎝)

[주] 1. 분사무소에서 최초로 하는 등기로 등기번호는 없으므로 기재하지 아니한다.

2. 분사무소설치는 정관변경사항이 아니고 이사회권한이므로 농림축산식품부장

관의 인가를 요하지 아니한다.

3. 분사무소설치연월일은 주사무소의 등기기록에 기재된 설치연월일 기재하고 등기할 사항란에 기재하는 사항으로서 명칭 이하의 사항은 주사무소소재지에서 등기한 사항 중 현재 효력있는 분사무소의 등기사항을 기재한다.
4. 기타란에는 분사무소에 간부직원 및 대리인을 둔 경우에 기재한다.
5. 분사무소설치에 관한 등록면허세는 40,200원, 교육세는 등록면허세의 100분의 20(8,040원)을 납부하여야 한다(지방세법 28조). 대도시에 분사무소를 설치한 경우에는 법인의 분사무소설치등기에 등록면허세의 3배의 등록면허세 외에 교육세를 납부하여야 하며(지방세법 28조), 조세특례제한법, 지방세법, 관세법 등에 의하여 등록면허세가 감면되는 경우에 그 감면세액의 100분의 20의 농어촌특별세를 납부하여야 한다(다만, 이것도 면제되는 경우도 있다).
6. 등기신청수수료는 6,000원(서면방문), 4,000원(전자표준양식), 2,000원(전자신청)을 납부하여야 한다.
7. 분사무소소재지에 간부직원 및 대리인이 등기되는 경우에 그들의 인감신고서 및 인감대지를 제출한다. 이 때 중앙회장의 인감증명서를 첨부해야 한다.
8. 이 등기는 중앙회의 회장이 신청한다.

[서식 67] 농업협동조합 주사무소이전등기신청서

<table>
<tr><td colspan="5">농업협동조합 주사무소이전등기신청</td></tr>
<tr><td rowspan="2">접 수</td><td>년 월 일</td><td rowspan="2">처 리 인</td><td>등기관 확인</td><td>각종 통지</td></tr>
<tr><td>제 호</td><td></td><td></td></tr>
</table>

명 칭	○○농업협동조합	등기번호	제○○○○호
주 사 무 소	○○시 ○○구 ○○로 ○○(○○동)		
등기의 목적	주사무소 이전등기		
등기의 사유	20○○년 ○월 ○일 이사회의 결의에 의하여(20○○년 ○월 ○일 총회에서 정관변경을 결의하고 20○○년 ○월 ○일 농림축산식품부장관의 인가를 받아) 20○○년 ○월 ○일 주사무소를 다음 장소로 이전하였으므로 그 등기를 구함.		
인가서도착연월일	20○○년 ○월 ○일		

주사무소/분사무소 신청구분	1. 주사무소 신청 □	2. 분사무소 신청 □	3. 주·분사무소 일괄신청 □
등 기 할 사 항			
신 주 사 무 소	○○시 ○○구 ○○로 ○○(○○동)		
주사무소를 이전한 뜻과 그 연월일	20○○. ○. ○. 이전		
기 타			

신청등기소 및 등록면허세/수수료						
순번	신청등기소	구분	등록면허세 지방교육세	농어촌특별세	세액합계	등기신청수수료
			금 원 금 원	금 원	금 원	금 원
합 계						
등기신청수수료 납부번호						
과 세 표 준 액	금 원					

첨 부 서 면	
1. 정관 1통 1. 총회의사록 1통 1. 이사회의사록 1통 1. 주무관청의 정관변경인가서 (또는 인가서 등본) 1통	1. 인감신고서 및 인감대지 각 1통 1. 대표자의 인감증명서 1통 1. 등록면허세영수필확인서및통지서 1통 1. 위임장(대리인이 신청할 경우) 1통 〈기 타〉

년 월 일

신청인 명 칭

주사무소

조합장 성 명 (인) (전화 :)

주 소

대리인 성 명 (인) (전화 :)
주 소

지방법원 등기소 귀중

- 신청서 작성요령 -

1. 해당란이 부족할 때에는 별지를 이용합니다.
1. 해당 등기신청과 관계없는 사항에 대하여는 "해당없음"으로 기재하거나 삭제하고, 필요한 사항은 추가 기재합니다.
1. 「인감증명법」에 따른 인감증명서 제출과 함께 관련 서면에 인감을 날인하여야 하는 경우, 본인서명사실확인서를 제출하고 관련 서명을 하거나 전자본인서명확인서 발급증을 제출하고 관련 서면에 서명을 하면 인감증명서를 제출하고 관련 서면에 인감을 날인한 것으로 봅니다.

(용지규격 21㎝ × 29.7㎝)

[주] 1. 주사무소를 다른 등기소의 관할구역으로 이전한 경우에 하는 주사무소이전등기신청의 경우, 신·구소재지 관할등기소에 제출한 2개의 등기신청을 1개의 신청서로 작성하여 구소재 관할등기소에 제출하여야 하면(상등법 58조 2항, 상등규 85조) 구관할 등기소에 접수된 신관할 등기소의 신청서를 우편으로 송부하지 않고 전산시스템에 의하여 통지한다(상등규 85조).
타관이전등기와 동시에 다른 변경등기를 신청할 경우 과거에는 구주사무용 이전등기신청서에 일괄신청하였으나 현재는 2008년 1월부터는 별도로 변경등기신청서를 제출하여야 하며 주사무소이전등기신청서보다 먼저 접수해야 한다.

2. 주사무소란에는 아직 주사무소이전이 완료된 것이 아니므로 이는 구사무소소재지를 기재한다.
3. 등기의 사유란의 ( )은 주사무소이전에 정관변경이 필요한 경우의 서식예로서, 주사무소를 이전한 일자는 현실적으로 이전한 일자를 기재하여야 할 것이나 통상 실무에서는 이전업무집행을 위한 이사회의사록에 기재된 일자를 기재한다. 다만, 그보다 주무관청의 인가일자가 늦은 때에는 인가일자를 기재한다.
4. 인가서 도착연월일은 주사무소이전에 정관변경이 필요한 경우에 한하여 기재한다.
5. 주사무소이전등기의 등록면허세는 112,500원, 지방교육세는 그 100분의 20이다. 주사무소가 대도시 외에서 서울 등 대도시로 이전하는 경우에는 설립으로 보아 자본의 총액을 기준으로 등록면허세를 부과하여야 하고, 이 때에도 자본금의 1,000분의 2에 해당하는 금액에서 3배를 가산하여야 한다.

조세특례제한법, 지방세법, 관세법 등에 의하여 등록면허세가 감면되는 경우에 그 감면세액의 100분의 20의 농어촌특별세를 납부하여야 한다(농특세법 5조).

6. 등기신청수수료는 신소재지등기소에서는 설립등기와 같은 금액은 30,000원(서면방문), 25,000원(전자표준양식), 20,000원(전자신청)을 납부하여야 한다. 또한 주사무소이전에 부수하여 분사무소를 설치하는 경우에는 주사무소이전의 등기신청수수료 외에 부수하여 등기하는 부분에 대한 등기신청수수료를 별도로 납부하여야 한다.
   그러나 구소재지등기소에서의 등기신청수수료는 일반 변경등기로 보아 6,000원(서면방문), 4,000원(전자표준양식), 2,000원(전자신청)을 납부하면 된다. 그러나 명칭, 주사무소, 이사변경등기를 하나의 신청서로 신청할 경우에는 수수료 각 6,000원(서면방문), 4,000원(전자표준양식), 2,000원(전자신청)을 합산하여야 한다.
7. 첨부서류 중 이사회의사록은 주사무소이전에 정관변경이 필요한 때에는 정관변경을 결의한 총회의사록 및 주무관청의 정관변경인가서와 이전일자 등 이전업무집행사항결정을 위한 이사회회의록을 첨부해야 하나, 그에 정관변경이 필요없는 경우에는 이전장소와 이전일자결정을 위한 이사회회의록만 첨부하면 된다. 등기신청서에 첨부하는 조합의 의사록은 공증인의 인증을 받지 않아도 된다.
8. 농업협동조합인의 정관변경은 농림수산식품부장관의 인가를 받아야 하므로, 주사무소이전에 정관변경이 필요한 경우에 한하여 첨부하되 등본을 첨부하는 경우에는 인가관청의 인증있는 등본을 첨부해야 한다.
9. 주사무소를 이전하면 인감증명사항 중 사무소의 표시가 달라지므로 다시 조합장의 인감신고를 하여야 한다.
10. 신청인란에는 주사무소를 이전한 것을 전제로 신사무소소재지를 기재한다.
11. 이 등기는 본 조합을 대표하는 조합장이 신청한다.

[첨부서류 1] 총회의사록

총 회 의 사 록

2000. 0. 0. 00시 00분, 00시 00구 00로 00(00동) 당 조합 회의실에서 조합원총회(대의원회)를 개최하다.

총조합원수 : 00명 출석조합원수 : 00명

조합장 OOO는 정관규정에 따라 의장석에 등단하여 위와 같이 법정수에 달하는 조합원이 출석하였으므로 본 총회(대의원회)가 적법히 성립되었음을 알리고 개회를 선언한 후, 다음의 의안을 부의하고 심의를 구하다.

제1호 의 안 사무소이전의 건

의장은 사업형편상 당 조합의 주사무소를 다음 장소로 이전할 필요가 있음을 설명하고 그 가부를 물은 바, 전원 이의 없이 찬성하여 만장일치로 그를 승인 가결하다.

제2호 의 안 정관 일부변경의 건

의장은 위 주사무소이전에 수반하여 현행 정관 제O를 다음과 같이 변경해야한다는 취지를 설명하고 그 가부를 물은 바, 전원 이의 없이 찬성하여 만장일치로 그를 승인 가결하다.

제O조(사무소의 소재지) 본 조합의 주된 사무소는 OO시 OO구 OO로OO (OO동)에 둔다.

의장은 이상으로서 회의목적인 의안 전부를 심의를 종료하였으므로 폐회를 선언하다(회의종료시간 : OO시 OO분).

위 결의를 명확히 하기 위하여 이 의사록을 작성하여 의장과 출석한 조합원이 다음과 같이 기명날인하다.

2OOO. O. O.

OO농업협동조합 (직인)
OO시 OO구 OO로 OO(OO동)

의장겸 조합장 성 명 : O O O ㊞
주민등록번호 : OOOOOO－OOOOOOO
주 소 : OO시 OO구 OO로 OO(OO동)

조합원 성 명 : O O O ㊞
주민등록번호 : OOOOOO－OOOOOOO
주 소 : OO시 OO구 OO로 OO(OO동)

조합원 성 명 : O O O ㊞

주민등록번호 : OOOOOO－OOOOOOO
주 소 : OO시 OO구 OO로 OO(OO동)

조합원 성 명 : O O O ㊞
주민등록번호 : OOOOOO－OOOOOOO
주 소 : OO시 OO구 OO로 OO(OO동)
(이하 생략)

[첨부서류 2] 이사회의사록

이 사 회 의 사 록

20OO년 O월 O일 OO시 OO분, OO시 OO구 OO로 OO(OO동) 당 조합 회의실에서 이사회를 개최하나.

총이사수 : O명 출석이사수 : O명

의장인 조합장 OOO는 정관규정에 따라 의장석에 등단하여 위와 같이 법정수에 달하는 이사가 출석하였으므로 본 이사회가 적법히 성립되었음을 알리고 개회를 선언한 후, 다음의 의안을 부의하고 심의를 구하다.

제1호 의 안 사무소이전의 건

의장은 총회의결을 거쳐 농림축산식품부장관의 인가를 받아 변경한 정관 제O조의 규정에 따라 주사무소를 다음 장소로 이전함에 있어서 그 이전업무집행에 필요한 사항을 결정하여 줄 것을 요구한 바, 전원 이의 없이 찬성하여 만장일치로 다음과 같이 가결하다.

주사무소 이전장소 : OO시 OO구 OO로 OO(OO동)
이전연월일 : 20OO년 O월 O일

[유례] 주사무소이전에 정관변경을 요하지 않는 경우

장은 사업형편상 당 조합의 주사무소를 다음 장소로 이전할 필요가 있음을 설명하고 그 가부를 물은 바, 전원 이의 없이 찬성하여 만장일치로 승인 가결하므로 이어 그 이전시기 등 이전업무집행에 필요한 사항을 결정하여 줄 것을 요구한 바, 전원 이의 없이 만장일치로 다음과 같이 승인 가결하다.

주사무소 이전장소 : OO시 OO구 OO로 OO(OO동)
이전연월일 : 20OO년 O월 O일

의장은 이상으로서 회의목적인 의안 전부의 심의를 종료하였으므로 폐회한다고 선언하다(회의종료시각 : OO시 OO분).

위 결의를 명확히 하기 위하여 이 의사록을 작성하고 의장과 출석한 이사가 기명날인하다.

20OO. O. O.

OO농업협동조합 (직인)
OO시 OO구 OO로 OO(OO동)
의장겸 조합장 O O O (인)
이 사 O O O (인)
이 사 O O O (인)
이 사 O O O (인)
이 사 O O O (인)

[서식 68] 농업협동조합 주사무소이전등기신청서(분사무소소재지에서 신청하는 경우)

농업협동조합 주사무소이전등기신청

접 수	년 월 일	처 리 인	등기관 확인	각종 통지
	제 호			

명 칭	○○농업협동조합	등기번호	제○○○○호
주 사 무 소	○○시 ○○구 ○○로 ○○(○○동)		

분 사 무 소	○○시 ○○구 ○○로 ○○(○○동)		
등기의 목적	주사무소 이전등기		
등기의 사유	20○○년 ○월 ○일 이사회의 결의에 의하여(20○○년 ○월 ○일 총회에서 정관변경을 결의하고 20○○년 ○월 ○일 농림축산식품부장관의 인가를 받아) 20○○년 ○월 ○일 주사무소를 다음 장소로 이전하고 20○○년 ○월 ○일 주사무소소재지 관할등기소에서 그 등기를 하였으므로, 이 등기소에서 그 등기를 구함.		
인가서도착연월일	20○○년 ○월 ○일		
주사무소/분사무소 신청구분	1. 주사무소 신청 □	2. 분사무소 신청 □	3. 주·분사무소 일괄신청 □
등 기 할 사 항			
주사무소를 이전한 뜻과 그 연월일	주사무소 : ○○시 ○○구 ○○로 ○○(○○동) 이전연월일 : 20○○. ○. ○.		
기 타			

등록면허세	금 원	지방교육세	금 원	농어촌특별세	금 원
세액 합계	금 원		등기신청수수료	금 원	
등기신청수수료 납부번호					
첨 부 서 면					
1. 정관(필요한 경우) 1통 1. 등록면허세영수필확인서및통지서 1통			1. 위임장(대리인이 신청할 경우) 1통		

년 월 일

신청인 명 칭

주사무소

대표자 성 명 (인) (전화 :)

주 소

대리인 성 명 (인) (전화 :)

주 소

지방법원 등기소 귀중

- 신청서 작성요령 -
1. 해당란이 부족할 때에는 별지를 이용합니다. 1. 해당 등기신청과 관계없는 사항에 대하여는 "해당없음"으로 기재하거나 삭제하고, 필요한 사항은 추가 기재합니다.

(용지규격 21㎝ × 29.7㎝)

[주] 1. 주사무소의 표시는 이미 주사무소에서 등기한 사항이므로 신사무소소재지를 기재한다.
2. 등기의 사유란의 (　　)은 주사무소이전에 정관변경이 필요한 경우의 서식예로서, 이전일자는 등기부에 기재된 이전일자를 기재한다.
3. 인가서 도착연월일은 주사무소이전에 정관변경이 필요한 경우에 한하여 기재한다.
4. 등록면허세는 40,200원, 교육세는 등록면허세의 100분의 20(8,040원)을 납부하여야 한다(지방세법 제28조).
5. 등기신청수수료는 6,000원(서면방문), 4,000원(전자표준양식), 2,000원(전자신청)을 납부하여야 한다.
6. 주사무소·분사무소 공통등기사항은 분사무소 소재지에서의 등기에 관하여 주사무소에서 등기를 할 때 일시에 할 수 있다. 다만, 주사무소이전등기는 동일관내의 분사무소를 제외하고는 이 등기와 동시신청을 할 수 없고, 타관할로의 주사무소이전 등기를 본점관할등기소에서 마친 후에 분사무소 관할등기소에서 주사무소이전 등기신청을 하여야 한다.
7. 신청인란에는 주사무소를 이전 후에 분사무소에서 신청하는 것이므로 신사무소소재지를 기재한다.
8. 이 등기는 본 조합을 대표하는 조합장이 신청한다.

[서식 69] 농업협동조합 분사무소이전등기신청서(주사무소소재지에서 신청하는 경우)

<table>
<tr><td colspan="5">농업협동조합 분사무소이전등기신청</td></tr>
<tr><td rowspan="2">접　수</td><td>년　월　일</td><td rowspan="2">처 리 인</td><td>등기관 확인</td><td>각종 통지</td></tr>
<tr><td>제　　　호</td><td></td><td></td></tr>
</table>

명　　칭	○○농업협동조합	등기번호	제○○○○호

주 사 무 소	ㅇㅇ시 ㅇㅇ구 ㅇㅇ로 ㅇㅇ(ㅇㅇ동)		
등기의 목적	분사무소 이전등기		
등기의 사유	20ㅇㅇ년 ㅇ월 ㅇ일 총회(대의원회)의 결의에 의하여 20ㅇㅇ년 ㅇ월 ㅇ일 분사무소를 이전하였으므로 그 등기를 구함.		
주사무소/분사무소 신청구분	1. 주사무소 신청 □	2. 분사무소 신청 □	3. 주·분사무소 일괄신청 □
등 기 할 사 항			
신분사무소	ㅇㅇ시 ㅇㅇ구 ㅇㅇ로 ㅇㅇ(ㅇㅇ동)(ㅇㅇ농업협동조합ㅇㅇ지점)		
이전연월일	20ㅇㅇ년 ㅇ월 ㅇ일		
기 타			

등록면허세	금 원	지방교육세	금 원	농어촌특별세	금 원
세액 합계	금 원		등기신청수수료	금 원	
등기신청수수료 납부번호					
첨 부 서 면					
1. 이사회의사록(총회의사록 등) 1통 1. 등록면허세영수필확인서및통지서 1통			1. 위임장(대리인이 신청할 경우) 1통 〈기 타〉		

년 월 일

신청인 명 칭
주사무소
대표자 성 명 (인) (전화 :)
주 소
대리인 성 명 (인) (전화 :)
주 소

지방법원 등기소 귀중

- 신청서 작성요령 -

1. 해당란이 부족할 때에는 별지를 이용합니다.

1. 해당 등기신청과 관계없는 사항에 대하여는 "해당없음"으로 기재하거나 삭제하고, 필요한 사항은 추가 기재합니다.

(용지규격 21㎝ × 29.7㎝)

[주] 1. 분사무소설치와 이전은 정관에 특별한 규정이 없는 한 이사회 권한이므로 정관변경사항이 아니므로 농림축산식품부장관의 인가를 받지 아니한다.
2. 분사무소이전일자는 그 이전결의일이나 주무관청인가일이 아니라, 현실로 분사무소를 이전한 일자를 기재해야 할 것이며, 분사무소이전 업무집행결정을 위한 이사회의사록에 기재된 이전일자를 기재하는 것이 통상이다.
3. 분사무소 이전에 관한 등록면허세는 40,200원, 교육세는 등록면허세의 100분의 20(8,040원)을 납부하여야 한다(지방세법 28조). 대도시의 경우에도 이는 변경등기에 해당하므로 3배의 가산세는 부과하지 아니한다.
4. 등기신청수수료는 6,000원(서면방문), 4,000원(전자표준양식), 2,000원(전자신청)을 납부하여야 한다.
5. 첨부서류로 분사무소이전 및 이전일자 등을 결의하고 이전업무의 집행사항을 결정한 이사회의사록을 첨부해야 한다. 이 의사록을 공증인을 인증을 받지 않아도 된다.
6. 이 등기는 본 조합을 대표하는 조합장이 신청한다.

[서식 70] 농업협동조합 분사무소이전등기신청서(당해 신분사무소소재지에서 신청하는 경우)

농업협동조합 분사무소이전등기신청				
접 수	년 월 일	처 리 인	등기관 확인	각종 통지
	제 호			

명 칭	○○농업협동조합	등기번호	제○○○○호
등기의 사유	20○○년 ○월 ○일 이사회의 결의에 의하여 20○○년 ○월 ○일 ○○시 ○○구 ○○로 ○○(○○동)의 분사무소를 ○○시 ○○구 ○○로 ○○(○○동)로 이전하고, 20○○년 ○월 ○일 주사무소 소재지 관할등기소에서 그 등기하였으므로, 이 등기소에서 다음 사항의 등기를 구함		

<table>
<tr><td>인가서도착연월일</td><td colspan="2">20○○년 ○월 ○일</td></tr>
<tr><td>주사무소/분사무소
신청구분</td><td colspan="2">1. 주사무소 신청 □ 2. 분사무소 신청 □ 3. 주·분사무소 일괄신청 □</td></tr>
<tr><td colspan="3">등 기 할 사 항</td></tr>
<tr><td colspan="2">명 칭</td><td>○○농업협동조합</td></tr>
<tr><td colspan="2">주 사 무 소</td><td>○○시 ○○구 ○○로 ○○(○○동)</td></tr>
<tr><td rowspan="2">분사무소</td><td>명 칭</td><td>○○농업협동조합 ○○지점</td></tr>
<tr><td>소재지</td><td>○○시 ○○구 ○○로 ○○(○○동)</td></tr>
<tr><td colspan="2">조합장의 성명,
주민등록번호, 주소
및 취임연월일</td><td>조합장 ○ ○ ○ (○○○○○○-○○○○○○○)
○○시 ○○구 ○○로 ○○(○○동)
20○○년 ○월 ○일 취임</td></tr>
<tr><td colspan="2">법인성립연월일</td><td>20○○년 ○월 ○일</td></tr>
<tr><td colspan="2">분사무소설치연월일</td><td>20○○년 ○월 ○일</td></tr>
<tr><td colspan="2">분사무소이전연월일</td><td>20○○년 ○월 ○일</td></tr>
<tr><td colspan="2">목 적</td><td>1. ○○○○○○○○
1. ○○○○○○○○</td></tr>
<tr><td colspan="2">존립시기 또는
해산사유</td><td>1. ○○○○○○○○
1. ○○○○○○○○</td></tr>
<tr><td colspan="2">기 타</td><td>간부직원의 성명, 주소와 주민등록번호
상무 ○ ○ ○ (○○○○○○-○○○○○○○)
○○시 ○○구 ○○로 ○○(○○동)
간부직원을 둔 장소
○○시 ○○구 ○○로 ○○(○○동)</td></tr>
</table>

<table>
<tr><td>등록면허세</td><td>금 원</td><td>지방교육세</td><td>금 원</td><td>농어촌특별세</td><td>금 원</td></tr>
<tr><td>세액 합계</td><td colspan="2">금 원</td><td>등기신청수수료</td><td colspan="2">금 원</td></tr>
<tr><td colspan="3">등기신청수수료 납부번호</td><td colspan="3"></td></tr>
<tr><td colspan="6">첨 부 서 면</td></tr>
<tr><td colspan="3">1. 인감신고서 및 인감대지(간부직원) 각 1통</td><td colspan="3">1. 등록면허세영수필확인서및통지서 1통
1. 위임장(대리인이 신청할 경우) 1통</td></tr>
</table>

1. 인감증명서(조합장) 1통	

년 월 일

신청인 명 칭
주사무소
대표자 성 명 (인) (전화 :)
주 소
대리인 성 명 (인) (전화 :)
주 소

지방법원 등기소 귀중

- 신청서 작성요령 -

1. 해당란이 부족할 때에는 별지를 이용합니다.
1. 해당 등기신청과 관계없는 사항에 대하여는 "해당없음"으로 기재하거나 삭제하고, 필요한 사항은 추가 기재합니다.
1. 「인감증명법」에 따른 인감증명서 제출과 함께 관련 서면에 인감을 날인하여야 하는 경우, 본인서명사실확인서를 제출하고 관련 서명을 하거나 전자본인서명확인서 발급증을 제출하고 관련 서면에 서명을 하면 인감증명서를 제출하고 관련 서면에 인감을 날인한 것으로 봅니다.

(용지규격 21㎝ × 29.7㎝)

[주] 1. 분사무소설치와 이전은 정관에 특별한 규정이 없는 한 이사회 권한이므로 정관변경사항이 아니므로 농림축산식품부장관의 인가를 받지 아니한다. 따라서 주무청의 인가서도착연월일은 기재하지 아니한다.

2. 분사무소이전일자는 주사무소등기기록에 기재된 이전일자를 기재하고 명칭 이하의 사항은 주사무소소재지에서 등기한 사항 중 현재 효력있는 분사무소의 등기사항을 기재하며, 법인성립연월일은 주사무소등기기록에 기재된 최초의 설립등기일자를 기재한다. 이는 주사무소이전시에도 변경되지 아니한다. 분사무소에 간부직원이 있는 경우 그에 관한 사항도 기재한다.

3. 분사무소 이전에 관한 등록면허세는 40,200원, 교육세는 등록면허세의 100분의 20(8,040원)을 납부하여야 한다(지방세법 28조). 대도시의 경우에도 이는 변경등기에 해당하므로 3배의 가산세는 부과하지 아니한다.

4. 등기신청수수료는 6,000원(서면방문), 4,000원(전자표준양식), 2,000원(전자신청)을 납부하여야 한다.

5. 분사무소소재지에 간부직원이 등기되는 경우에 그들의 인감을 받을 필요가 있는 경우에 간부직원 등의 인감신고서를 제출한다. 이 때에는 주사무소소재지 등기소에 신청하는 경우를 제외하고는 간부직원 등의 인감이 틀림없다는 취지의 보증서와 당해 조합장의 인감증명서를 첨부해야 한다.
6. 이 등기신청은 본 조합을 대표하는 조합장이 신청한다.

[서식 71] 농업협동조합 분사무소이전등기신청서(구 분사무소소재지에서 신청하는 경우)

<table>
<tr><td colspan="5">농업협동조합 분사무소이전등기신청</td></tr>
<tr><td rowspan="2">접 수</td><td>년 월 일</td><td rowspan="2">처 리 인</td><td>등기관 확인</td><td>각종 통지</td></tr>
<tr><td>제 호</td><td></td><td></td></tr>
</table>

<table>
<tr><td colspan="2">명 칭</td><td>○○농업협동조합</td><td>등기번호</td><td>제○○○○호</td></tr>
<tr><td colspan="2">주 사 무 소</td><td colspan="3">○○시 ○○구 ○○로 ○○(○○동)</td></tr>
<tr><td colspan="2">분 사 무 소</td><td colspan="3">○○시 ○○구 ○○로 ○○(○○동)</td></tr>
<tr><td colspan="2">등기의 목적</td><td colspan="3">분사무소 이전등기</td></tr>
<tr><td colspan="2">등기의 사유</td><td colspan="3">20○○년 ○월 ○일 이사회의 결의에 의하여 20○○년 ○월 ○일 분사무소를 이전하고, 20○○년 ○월 ○일 주사무소소재지 관할등기소에서 등기를 하였으므로 그 등기를 구함.</td></tr>
<tr><td colspan="2">주사무소/분사무소 신청구분</td><td colspan="3">1. 주사무소 신청 □ 2. 분사무소 신청 □ 3. 주·분사무소 일괄신청 □</td></tr>
<tr><td colspan="5">등 기 할 사 항</td></tr>
<tr><td rowspan="2">분사무소</td><td>이 전 전 명 칭</td><td colspan="3">○○농업협동조합 ○○지점</td></tr>
<tr><td>이 전 전 소 재 지</td><td colspan="3">○○시 ○○구 ○○로 ○○(○○동)</td></tr>
<tr><td colspan="2">이 전 연 월 일</td><td colspan="3">20○○년 ○월 ○일</td></tr>
<tr><td colspan="2">기 타</td><td colspan="3"></td></tr>
</table>

<table>
<tr><td>등록면허세</td><td>금 원</td><td>지방교육세</td><td>금 원</td><td>농어촌특별세</td><td>금 원</td></tr>
<tr><td>세액 합계</td><td colspan="2">금 원</td><td>등기신청수수료</td><td colspan="2">금 원</td></tr>
<tr><td colspan="3">등기신청수수료 납부번호</td><td colspan="3"></td></tr>
<tr><td colspan="6">첨 부 서 면</td></tr>
<tr><td colspan="3">1. 등록면허세영수필확인서및통지서 1통</td><td colspan="3">1. 위임장(대리인이 신청할 경우) 1통</td></tr>
<tr><td colspan="6">년 월 일

신청인 명 칭
주사무소
대표자 성 명 (인) (전화 :)
주 소
대리인 성 명 (인) (전화 :)
주 소

지방법원 등기소 귀중</td></tr>
</table>

- 신청서 작성요령 및 등기수입증지 첩부란 -

1. 해당란이 부족할 때에는 별지를 이용합니다.
1. 해당 등기신청과 관계없는 사항에 대하여는 "해당없음"으로 기재하거나 삭제하고, 필요한 사항은 추가 기재합니다.

(용지규격 21㎝ × 29.7㎝)

[주] 1. 분사무소설치와 이전은 정관에 특별한 규정이 없는 한 이사회 권한이므로 정관변경사항이 아니므로 농림축산식품부장관의 인가를 받지 아니한다. 따라서 주무청의 인가서도착연월일은 기재하지 아니한다.

2. 분사무소이전일자는 주사무소등기기록에 기재된 이전일자를 기재한다.
3. 등록면허세는 변경등기의 등록면허세인 40,200원, 교육세는 등록면허세의 100분의 20(8,040원)을 납부하여야 한다(지방세법 28조). 대도시의 경우에도 이는 변경등기에 해당하므로 3배의 가산세는 부과하지 아니한다.
4. 등기신청수수료는 6,000원(서면방문), 4,000원(전자표준양식), 2,000원(전자신청)을 납부하여야 한다.
5. 첨부서류로 구분사무소소재지에서 이 등기를 신청하는 경우 분사무소이전등기를 마친 후의 주사무소의 등기사항증명서를 첨부한다.
6. 이 등기는 본 조합을 대표하는 조합장이 신청한다.

[서식 72] 농업협동조합 분사무소폐지등기신청서(주사무소소재지에서 신청하는 경우)

<table>
<tr><td colspan="6">농업협동조합 분사무소폐지등기신청</td></tr>
<tr><td rowspan="2">접 수</td><td>년 월 일</td><td rowspan="2">처 리 인</td><td>등기관 확인</td><td>각종 통지</td></tr>
<tr><td>제 호</td><td></td><td></td></tr>
</table>

<table>
<tr><td>명 칭</td><td>○○농업협동조합</td><td>등기번호</td><td>제○○○○호</td></tr>
<tr><td>주 사 무 소</td><td colspan="3">○○시 ○○구 ○○로 ○○(○○동)</td></tr>
<tr><td>등기의 목적</td><td colspan="3">분사무소 폐지등기</td></tr>
<tr><td>등기의 사유</td><td colspan="3">20○○년 ○월 ○일 이사회에서 ○○시 ○○구 ○○로 ○○(○○동) 분사무소를 폐지하기로 결의하였으므로 그 등기를 구함.</td></tr>
<tr><td>주사무소/분사무소 신청구분</td><td colspan="3">1. 주사무소 신청 □ 2. 분사무소 신청 □ 3. 주·분사무소 일괄신청 □</td></tr>
<tr><td colspan="4">등 기 할 사 항</td></tr>
<tr><td>폐지할 분사무소의 명칭 및 소재지</td><td colspan="3">○○시 ○○구 ○○로 ○○(○○로) (○○농업협동조합 ○○지점)</td></tr>
<tr><td>폐지연월일</td><td colspan="3">20○○년 ○월 ○일</td></tr>
<tr><td>기 타</td><td colspan="3"></td></tr>
</table>

<table>
<tr><td colspan="7">신청등기소 및 등록면허세/수수료</td></tr>
<tr><td rowspan="2">순번</td><td rowspan="2">신청등기소</td><td rowspan="2">구분</td><td>등록면허세</td><td rowspan="2">농어촌특별세</td><td rowspan="2">세액합계</td><td rowspan="2">등기신청수수료</td></tr>
<tr><td>지방교육세</td></tr>
<tr><td rowspan="2"></td><td rowspan="2"></td><td rowspan="2"></td><td>금 원</td><td rowspan="2">금 원</td><td rowspan="2">금 원</td><td rowspan="2">금 원</td></tr>
<tr><td>금 원</td></tr>
<tr><td rowspan="2"></td><td rowspan="2"></td><td rowspan="2"></td><td></td><td rowspan="2"></td><td rowspan="2"></td><td rowspan="2"></td></tr>
<tr><td></td></tr>
<tr><td colspan="3" rowspan="2">합 계</td><td></td><td rowspan="2"></td><td rowspan="2"></td><td rowspan="2"></td></tr>
<tr><td></td></tr>
<tr><td colspan="4">등기신청수수료 납부번호</td><td colspan="3"></td></tr>
</table>

과 세 표 준 액	금 원
첨 부 서 면	
1. 의사회의사록 1통 1. 등록면허세영수필확인서및통지서 1통	1. 위임장(대리인이 신청할 경우) 1통
년 월 일 신청인 명 칭 주사무소 조합장 성 명 (인) (전화 :) 주 소 대리인 성 명 (인) (전화 :) 주 소 **지방법원 등기소 귀중**	

- 신청서 작성요령 -

1. 해당란이 부족할 때에는 별지를 이용합니다.
1. 해당 등기신청과 관계없는 사항에 대하여는 "해당없음"으로 기재하거나 삭제하고, 필요한 사항은 추가 기재합니다.

(용지규격 21㎝ × 29.7㎝)

[주] 1. 등기할 사항으로 분사무소를 폐지한 일자는 이사회에서 폐지일자를 별도로 정한 경우에는 그 정해진 일자를 기재해야 한다.

2. 등록면허세는 변경등기의 등록면허세인 40,200원, 교육세는 등록면허세의 100분의 20(8,040원)을 납부하여야 한다(지방세법 28조). 대도시의 경우에도 이는 변경등기에 해당하므로 3배의 가산세는 부과하지 아니한다.
3. 등기신청수수료는 6,000원(서면방문), 4,000원(전자표준양식), 2,000원(전자신청)을 납부하여야 한다.
4. 첨부서류 중 의사회의사록은 정관에 그 소재지가 기재된 분사무소를 폐지하는 경우에는 그에 관한 정관변경을 결의한 이사회의사록과 폐지일자 등 업무집행 사항의 결정을 위한 이사회의사록을 첨부한다. 그러나 정관에 그 소재지가 기재되지 아니한 분사무소를 폐지하는 경우에는 정관변경을 결의한 이사회의사록은 첨부할 필요가 없다. 이 의사록은 공증인의 인증을 받지 않아도 된다.
5. 이 등기는 본 조합을 대표하는 조합장이 신청한다.

[서식 73] 농업협동조합 분사무소폐지등기신청서(폐지하는 분사무소소재지에서 신청하는 경우)

농업협동조합 분사무소폐지등기신청				
접 수	년 월 일	처 리 인	등기관 확인	각종 통지
	제 호			

명 칭	○○농업협동조합	등기번호	제○○○○호
주 사 무 소	○○시 ○○구 ○○로 ○○(○○동)		
등기의 목적	분사무소 폐지등기		
등기의 사유	20○○년 ○월 ○일 이사회의 결의로 ○○시 ○○구 ○○로 ○○(○○동)의 분사무소를 폐지하고, 20○○년 ○월 ○일 주사무소소재지 관할등기소에서 등기를 하였으므로 이 등기소에서 그 등기를 구함.		
주사무소/분사무소 신청구분	1. 주사무소 신청 □	2. 분사무소 신청 □	3. 주·분사무소 일괄신청 □
등 기 할 사 항			
분 사 무 소	○○시 ○○구 ○○로 ○○(○○동) (○○농업협동조합 ○○지점)		
폐지연월일	20○○년 ○월 ○일		
기 타			

등록면허세	금 원	지방교육세	금 원	농어촌특별세	금 원
세액 합계	금 원		등기신청수수료	금 원	
등기신청수수료 납부번호					
첨 부 서 면					
1. 등록면허세영수필확인서및통지서 1통			1. 위임장(대리인이 신청할 경우) 1통		

년 월 일

신청인 명 칭

	주사무소		
대표자	성 명	(인)	(전화 :)
	주 소		
대리인	성 명	(인)	(전화 :)
	주 소		

지방법원 등기소 귀중

- 신청서 작성요령 -

1. 해당란이 부족할 때에는 별지를 이용합니다.
1. 헤당 등기신청과 관계없는 사항에 대하여는 "해당없음"으로 기재하거나 삭제하고, 필요한 사항은 추가 기재합니다.

(용지규격 21㎝ × 29.7㎝)

[주] 1. 등기할 사항으로 폐지하는 분사무소와 분사무소폐지일자를 기재하되, 분사무소폐지일자는 주사무소등기기록에 기재된 분사무소의 폐지일자를 기재한다.
2. 등록면허세는 변경등기의 등록면허세인 40,200원, 교육세는 등록면허세의 100분의 20(8,040원)을 납부하여야 한다(지방세법 28조). 대도시의 경우에도 이는 변경등기에 해당하므로 3배의 가산세는 부과하지 아니한다.
3. 등기신청수수료는 6,000원(서면방문), 4,000원(전자표준양식), 2,000원(전자신청)을 납부하여야 한다.
4. 이 등기는 본 조합을 대표하는 조합장이 신청한다.

[서식 74] 농업협동조합 변경등기신청서(명칭, 구역변경)

사단(재단)법인 분사무소이전등기신청

접 수	년 월 일	처 리 인	등기관 확인	각종 통지
	제 호			

명 칭	○○농업협동조합	등기번호	제○○○○호
주 사 무 소	○○시 ○○구 ○○로 ○○(○○동)		
등기의 목적	명칭과 구역의 변경등기		

<table>
<tr><td>등기의 사유</td><td>(1) 주사무소의 경우
20○○년 ○월 ○일 총회에서 정관변경을 결의하고 20○○년 ○월 ○일 농림축산식품부장관의 인가를 받아 다음과 같이 명칭과 구역을 변경하였으므로 그 등기를 구함.
(2) 분사무소에서의 경우
20○○년 ○월 ○일 총회에서 정관변경을 결의하고 20○○년 ○월 ○일 농림축산식품부장관의 인가를 받아 명칭과 구역을 변경하고 20○○년 ○월 ○일 주사무소소재지 관할등기소에서 등기를 하였으므로 이 등기소에서 그 등기를 구함.</td></tr>
<tr><td>인가서도착연월일</td><td>20○○년 ○월 ○일</td></tr>
<tr><td>주사무소/분사무소
신청구분</td><td>1. 주사무소 신청 □ 2. 분사무소 신청 □ 3. 주·분사무소 일괄신청 □</td></tr>
<tr><td colspan="2">등 기 할 사 항</td></tr>
<tr><td>상호 · 목적 · 공고 방법 · 구역 변경과 그 연월일</td><td>명 칭 : ○○농업협동조합
구 역 : ○○시 ○○구 일원
20○○. ○. ○. 변경</td></tr>
<tr><td>기 타</td><td></td></tr>
</table>

<table>
<tr><td colspan="7">신청등기소 및 등록면허세/수수료</td></tr>
<tr><td rowspan="2">순번</td><td rowspan="2">신청등기소</td><td rowspan="2">구분</td><td>등록면허세</td><td rowspan="2">농어촌특별세</td><td rowspan="2">세액합계</td><td rowspan="2">등기신청수수료</td></tr>
<tr><td>지방교육세</td></tr>
<tr><td rowspan="2"></td><td rowspan="2"></td><td rowspan="2"></td><td>금 원</td><td rowspan="2">금 원</td><td rowspan="2">금 원</td><td rowspan="2">금 원</td></tr>
<tr><td>금 원</td></tr>
<tr><td rowspan="2"></td><td rowspan="2"></td><td rowspan="2"></td><td></td><td rowspan="2"></td><td rowspan="2"></td><td rowspan="2"></td></tr>
<tr><td></td></tr>
<tr><td colspan="3" rowspan="2">합 계</td><td></td><td rowspan="2"></td><td rowspan="2"></td><td rowspan="2"></td></tr>
<tr><td></td></tr>
<tr><td colspan="4">등기신청수수료 납부번호</td><td colspan="3"></td></tr>
<tr><td colspan="2">과 세 표 준 액</td><td colspan="5">금 원</td></tr>
<tr><td colspan="7">첨 부 서 면</td></tr>
<tr><td colspan="4">1. 총회(대의원회)의사록 1통</td><td colspan="3">1. 조합장의 인감증명서 1통</td></tr>
</table>

1. 주무관청의 정관변경인가서 (또는 인가서등본) 1통 1. 조합장의 인감신고서(인감 대지포함) 1통	1. 등록면허세영수필확인서및통지서 1통 1. 위임장(대리인이 신청할 경우) 1통 〈기 타〉

년 월 일

신청인 명 칭

주사무소

조합장 성 명 (인) (전화 :)

주 소

대리인 성 명 (인) (전화 :)

주 소

지방법원 등기소 귀중

- 신청서 작성요령 -

1. 해당란이 부족할 때에는 별지를 이용합니다.
1. 해당 등기신청과 관계없는 사항에 대하여는 "해당없음"으로 기재하거나 삭제하고, 필요한 사항은 추가 기재합니다.
1. 「인감증명법」에 따른 인감증명서 제출과 함께 관련 서면에 인감을 날인하여야 하는 경우, 본인서명사실확인서를 제출하고 관련 서명을 하거나 전자본인서명확인서 발급증을 제출하고 관련 서면에 서명을 하면 인감증명서를 제출하고 관련 서면에 인감을 날인한 것으로 봅니다.

(용지규격 21㎝ × 29.7㎝)

[주] 1. 명칭은 변경등기 전이므로 변경 전의 명칭을 기재한다.

2. 조합의 명칭은 정관기재사항이고, 정관기재사항의 변경에는 주무관청의 인가를 받아야 하므로 주무관청의 정관변경인가서 도착연월일을 기재한다.

3. 등기할 사항은 변경한 명칭을 기재하며, 구역의 변경에 따라 농협의 명칭이 변경되는 경우가 있다.

4. 등록면허세는 변경등기의 등록면허세인 40,200원, 교육세는 등록면허세의 100분의 20(8,040원)을 납부하여야 한다(지방세법 28조). 그러나 명칭·목적·임원등기 등 각종 변경등기신청을 하나의 신청서로 일괄신청하더라도 각각에 대하여 산출한 세액을 합산하여 납부한다. 다만, 동일한 변경사항이 수개인 경우에는 1건의 등록면허세만 납부한다. 조세특례제한법, 지방세법, 관세법 등에 의

하여 등록면허세가 감면되는 경우에 그 감면세액의 100분의 20의 농어촌특별세를 납부하여야 한다(다만, 이것도 면제되는 경우도 있다).

5. 등기신청수수료는 6,000원(서면방문), 4,000원(전자표준양식), 2,000원(전자신청)을 납부하여야 한다.
6. 정관을 변경하기 위하여 결의한 총회의사록을 첨부해야 하며, 이에 첨부하는 의사록은 공증인의 인증을 받지 아니한다.
7. 첨부서류 중 주무관청의 인가서등본을 첨부하는 경우에는 인가관청의 인증있는 등본을 첨부하여야 한다.
8. 명칭변경의 경우 이미 제출한 인감대지의 명칭이 달라지므로 주사무소에서 이 등기를 신청할 때에는 조합장은 인감신고서에 변경된 명칭으로 기재된 인감대지를 첨부하여 다시 제출해야 한다. 다만 등기소에 이미 제출된 인영으로 인감신고를 하는 경우에는 인감증명을 제출할 필요가 없다.
9. 신청인란은 명칭변경을 결정한 후 이므로 변경후의 명칭으로 기재한다.
10. 이 등기는 본 조합을 대표하는 조합장이 신청한다.

[첨부서류 1] 총회의사록

총 회 의 사 록

20OO. O. O. OO시 OO분, OO시 OO구 OO로 OO(OO동) 당 조합 회의실에서 조합원총회(대의원회)를 개최하다.

총조합원수 : OO명　　　　출석조합원수 : OO명

조합장 OOO는 정관규정에 따라 의장석에 등단하여 위와 같이 법정수에 달하는 조합원(대의원)이 출석하였으므로 본 총회(대의원회)가 적법히 성립되었음을 알리고 개회를 선언한 후, 다음의 의안을 부의하고 심의를 구하다.

제1호 의 안　명칭·구역 변경의 건

의장은 사업형편상 당 조합의 명칭과 구역을 다음과 같이 변경할 필요가 있음을 상세히 설명하고 그 가부를 물은 바, 전원 이의 없이 찬성하여 만장일치로 그를 승인 가결하다.

명 칭　OO농업협동조합
구 역　OO시 OO구 일원

제2호 의 안 정관 일부변경의 건

의장은 위 명칭 구역의 변경에 수반하여 현행 정관 제O조와 제O조를 다음과 같이 각 변경해야 한다는 취지를 설명하고 그 가부를 물은 바, 전원 이의 없이 찬성하여 만장일치로 그를 승인 가결하다.

제O조(명 칭) 본 조합은 OO농업협동조합이라 한다.
제O조(구 역) 본 조합의 구역은 OO시 OO구 일원으로 한다.

의장은 이상으로서 회의목적인 의안 전부를 심의를 종료하였으므로 폐회를 선언하다(회의종료시간 : OO시 OO분).

위 결의를 명확히 하기 위하여 이 의사록을 작성하여 의장과 출석한 조합원이 다음과 같이 기명날인하다.

2000. O. O.

OO농업협동조합 (직인)
OO시 OO구 OO로 OO(OO동)

의장겸 조합장 성 명 : O O O ㊞
주민등록번호 : OOOOOO－OOOOOOO
주 소 : OO시 OO구 OO로 OO(OO동)

조합원 성 명 : O O O ㊞
주민등록번호 : OOOOOO－OOOOOOO
주 소 : OO시 OO구 OO로 OO(OO동)

조합원 성 명 : O O O ㊞
주민등록번호 : OOOOOO－OOOOOOO
주 소 : OO시 OO구 OO로 OO(OO동)

조합원 성 명 : O O O ㊞
주민등록번호 : OOOOOO－OOOOOOO
주 소 : OO시 OO구 OO로 OO(OO동)
(이하 생략)

[서식 75] 농업협동조합 변경등기신청서(목적, 공고방법, 구역변경)

<table>
<tr><td colspan="5" align="center">농업협동조합 변경등기신청</td></tr>
<tr><td rowspan="2">접 수</td><td>년 월 일</td><td rowspan="2">처 리 인</td><td>등기관 확인</td><td>각종 통지</td></tr>
<tr><td>제 호</td><td></td><td></td></tr>
</table>

<table>
<tr><td>명 칭</td><td>○○농업협동조합</td><td>등기번호</td><td colspan="2">제○○○○호</td></tr>
<tr><td>주 사 무 소</td><td colspan="4">○○시 ○○구 ○○로 ○○(○○동)</td></tr>
<tr><td>등기의 목적</td><td colspan="4">목적, 공고방법, 구역의 변경등기</td></tr>
<tr><td>등기의 사유</td><td colspan="4">20○○년 ○월 ○일 총회(대의원회)에서 정관변경을 결의 하고 20○○년 ○월 ○일 농림축산식품부장관의 인가를 받아 목적, 공고방법, 구역을 다음과 같이 변경하였으므로 그 등기를 구함.</td></tr>
<tr><td>인가서도착연월일</td><td colspan="4">20○○년 ○월 ○일</td></tr>
<tr><td>주사무소/분사무소 신청구분</td><td colspan="4">1. 주사무소 신청 ☐ 2. 분사무소 신청 ☐ 3. 주·분사무소 일괄신청 ☐</td></tr>
<tr><td colspan="5" align="center">등 기 할 사 항</td></tr>
<tr><td>상호 · 목적 · 공고방법 · 구역 변경과 그 연월일</td><td colspan="4">목 적 : 다음 목적을 변경
“1. ○○○○○○○○”을
“1. ○○○○○○○○○○○”으로 변경
20○○. ○. ○. 변경

공고방법 : ○○○○○○○
20○○. ○. ○. 변경

구 역 : ○○시 ○○구 일원
20○○. ○. ○. 변경</td></tr>
<tr><td>기 타</td><td colspan="4"></td></tr>
</table>

<table>
<tr><td colspan="8" align="center">신청등기소 및 등록면허세/수수료</td></tr>
<tr><td rowspan="2">순번</td><td rowspan="2">신청등기소</td><td rowspan="2">구분</td><td>등록면허세</td><td rowspan="2">농어촌특별세</td><td rowspan="2">세액합계</td><td rowspan="2">등기신청수수료</td></tr>
<tr><td>지방교육세</td></tr>
</table>

			금 원 금 원	금 원	금 원	금 원
합 계						
등기신청수수료 납부번호						
과 세 표 준 액	금 원					

첨 부 서 면	
1. 총회(대의원회)의사록 1통 1. 주무관청의 정관변경인가서(또는 인가서 등본) 1통	1. 등록면허세영수필확인서및통지서 1통 1. 위임장(대리인이 신청할 경우) 1통 〈기 타〉

년 월 일

신청인 명 칭
주사무소
조합장 성 명 (인) (전화 :)
주 소
대리인 성 명 (인) (전화 :)
주 소

지방법원 등기소 귀중

- 신청서 작성요령 -

1. 해당란이 부족할 때에는 별지를 이용합니다.
1. 해당 등기신청과 관계없는 사항에 대하여는 "해당없음"으로 기재하거나 삭제하고, 필요한 사항은 추가 기재합니다.

(용지규격 21㎝ × 29.7㎝)

[주] 1. 등기할 사항인 정관상 사업의 조항에 기재된 사항의 변경도 목적변경으로 등기한다.

2. 등록면허세는 변경등기의 등록면허세인 40,200원, 교육세는 등록면허세의 100분의 20(8,040원)을 납부하여야 한다(지방세법 28조). 그러나 명칭·목적·임원

등기 등 각종 변경등기신청을 하나의 신청서로 일괄신청하더라도 각각에 대하여 산출한 세액을 합산하여 납부한다. 다만, 동일한 변경사항이 수개인 경우에는 1건의 등록면허세만 납부한다. 조세특례제한법, 지방세법, 관세법 등에 의하여 등록면허세가 감면되는 경우에 그 감면세액의 100분의 20의 농어촌특별세를 납부하여야 한다(다만, 이것도 면제되는 경우도 있다).

3. 등기신청수수료는 6,000원(서면방문), 4,000원(전자표준양식), 2,000원(전자신청)을 납부하여야 한다.
4. 정관을 변경하기 위하여 결의한 총회(대의원회)의사록을 첨부해야 하며, 이에 첨부하는 의사록은 공증인의 인증을 받지 않는다.
5. 정관변경인가서는 원본을 첨부하되 등본을 첨부하는 경우에는 주무관청의 인가서의 인증있는 등본을 첨부해야 한다.
6. 이 등기는 본 조합을 대표하는 조합장이 신청한다.

[서식 76] 농업협동조합 변경등기신청서(출자총좌수와 납입한 출자금총액변경)

<table>
<tr><th colspan="5">농업협동조합 변경등기신청</th></tr>
<tr><td rowspan="2">접 수</td><td>년 월 일</td><td rowspan="2">처 리 인</td><td>등기관 확인</td><td>각종 통지</td></tr>
<tr><td>제 호</td><td></td><td></td></tr>
</table>

명 칭	○○농업협동조합	등기번호	제○○○○호
주 사 무 소	○○시 ○○구 ○○로 ○○(○○동)		
등기의 목적	출자의 총좌수와 납입한 출자총액의 변경등기		
등기의 사유	(1) 일반적인 출자증가의 경우 20○○년 ○월 ○일부터 20○○년 ○월 ○일까지의 사업연도 중 출자의 좌수 ○○좌가 증가하고 납입한 출자액 금 ○○○원이 증가하여 20○○년 ○월 ○일 현재 출자총좌수와 납입한 출자총액이 변경되었으므로 그 등기를 구함. (2) 회전출자의 경우 조합원들의 20○○년도의 회전출자금이 5년이 경과하였으므로 이사회의 결의로 출자금으로 전환하기로 하였으므로 20○○년 ○월 ○일 현재 출자총좌수와 납입한 출자총액이 변경되었으므로 그 등기를 구함.		

주사무소/분사무소 신청구분	1. 주사무소 신청 □	2. 분사무소 신청 □	3. 주·분사무소 일괄신청 □
등 기 할 사 항			
출자의 총좌수와 납입한 출자의 총액	출자의 총좌수 : ○○○○좌 납입한 출자의 총액 : 금 ○○○○원 20○○. ○. ○. 변경		
기 타			

신청등기소 및 등록면허세/수수료						
순번	신청등기소	구분	등록면허세 지방교육세	농어촌특별세	세액합계	등기신청수수료
			금 원 금 원	금 원	금 원	금 원
합 계						
등기신청수수료 납부번호						
과 세 표 준 액	금 원					
첨 부 서 면						
1. 출자의 좌수 및 출자납입증명서 통 1. 이사회의사록 통			1. 등록면허세영수필확인서및통지서 통 1. 위임장(대리인이 신청할 경우) 통			

년 월 일

신청인 명 칭
주사무소
조합장 성 명 (인) (전화 :)
주 소
대리인 성 명 (인) (전화 :)
주 소

지방법원 등기소 귀중

- 신청서 작성요령 -

1. 해당란이 부족할 때에는 별지를 이용합니다.
1. 해당 등기신청과 관계없는 사항에 대하여는 "해당없음"으로 기재하거나 삭제하고, 필요한 사항은 추가 기재합니다.

(용지규격 21㎝ × 29.7㎝)

[주] 1. 출자의 총좌수와 납입한 출자의 총액은 수시로 변경되기 때문에 편의상 매 회계연도말을 기준으로 그 회계연도가 끝난 후 1개월 이내에 등기하여야 한다.

2. 회전출자금을 출자금으로 전환하는 결의는 이사회결의로서 족하다.
3. 등기할 사항은 종전의 자산의 총액과 새로 증가한 자산금액을 합한 금액을 기재한다. 만일 채무초과인 경우에는"자산의 총액 금 O원(채무초과액 OOO원)"이라 기재한다.
4. 등록면허세는 과세표준액(새로 증가한 자산금액)의 1,000분의 4, 대도시 내에서 법인을 설립 또는 전입 후 5년 내에는 그 3배를 가산하나, 세액이 112,500원 미만인 때에는 112,500원이 된다. 교육세는 등록면허세의 100분의 20이다(지방세법 제28조). 다만, 출자금이 감소한 경우에는 일반 변경등기의 등록면허세를 납부한다. 그러나 명칭·목적·임원등기 등 각종 변경등기신청을 하나의 신청서로 일괄신청하더라도 각각에 대하여 산출한 세액을 합산하여 납부한다. 다만, 동일한 변경사항이 수개인 경우에는 1건의 등록면허세만 납부한다. 조세특례제한법, 지방세법, 관세법 등에 의하여 등록면허세가 감면되는 경우에 그 감면세액의 100분의 20의 농어촌특별세를 납부하여야 한다(다만, 이것도 면제되는 경우도 있다).
5. 등기신청수수료는 6,000원(서면방문), 4,000원(전자표준양식), 2,000원(전자신청)을 납부하여야 한다.
6. 과세표준액은 자산이 증가할 경우에는 새로 증가한 자산금액을 기재하되, 감소한 경우에는 이를 기재할 필요가 없다.
7. 등기관이 조합원의 가입조건 등을 판단하기 위하여 정관이 필요한 경우에는 정관을 첨부하여야 하고, 회전출자금을 출자금으로 변환할 경우에는 이사회의 사록을 첨부한다. 이 의사록은 공증인의 인증을 받지 아니한다.
8. 이 등기는 본 조합을 대표하는 조합장이 신청해야 한다.

[서식 77] 농업협동조합 변경등기신청서(이사 등 변경)

<table>
<tr><td colspan="5">농업협동조합 변경등기신청</td></tr>
<tr><td rowspan="2">접 수</td><td>년 월 일</td><td rowspan="2">처 리 인</td><td>등기관 확인</td><td>각종 통지</td></tr>
<tr><td>제 호</td><td></td><td></td></tr>
</table>

<table>
<tr><td>명 칭</td><td>○○농업협동조합</td><td>등기번호</td><td colspan="4">제○○○○호</td></tr>
<tr><td>주 사 무 소</td><td colspan="6">○○시 ○○구 ○○로 ○○(○○동)</td></tr>
<tr><td>등기의 목적</td><td colspan="6">이사 변경등기</td></tr>
<tr><td>등기의 사유</td><td colspan="6">이사 ○○○은 20○○년 ○월 ○일 임기만료로 퇴임하고 20○○년 ○월 ○일 총회에서 다음 사람이 이사로 선임되어 같은 날 취임하였으므로 그 등기를 구함.</td></tr>
<tr><td>주사무소/분사무소 신청구분</td><td>1. 주사무소 신청</td><td>☐</td><td>2. 분사무소 신청</td><td>☐</td><td>3. 주·분사무소 일괄신청</td><td>☐</td></tr>
<tr><td colspan="7">등 기 할 사 항</td></tr>
<tr><td>이사 · 감사 등의 퇴임 · 취임 등과 그 연월일</td><td colspan="6">이사 ○ ○ ○ (○○○○○○－○○○○○○○)
20○○. ○. ○. 퇴임
이사 ○ ○ ○ (○○○○○○－○○○○○○○)
20○○. ○. ○. 취임</td></tr>
<tr><td>기 타</td><td colspan="6"></td></tr>
</table>

<table>
<tr><td colspan="7">신청등기소 및 등록면허세/수수료</td></tr>
<tr><td rowspan="2">순번</td><td rowspan="2">신청등기소</td><td rowspan="2">구분</td><td>등록면허세</td><td rowspan="2">농어촌특별세</td><td rowspan="2">세액합계</td><td rowspan="2">등기신청수수료</td></tr>
<tr><td>지방교육세</td></tr>
<tr><td rowspan="2"></td><td rowspan="2"></td><td rowspan="2"></td><td>금 원</td><td rowspan="2">금 원</td><td rowspan="2">금 원</td><td rowspan="2">금 원</td></tr>
<tr><td>금 원</td></tr>
<tr><td rowspan="2"></td><td rowspan="2"></td><td rowspan="2"></td><td></td><td rowspan="2"></td><td rowspan="2"></td><td rowspan="2"></td></tr>
<tr><td></td></tr>
<tr><td colspan="3" rowspan="2">합 계</td><td></td><td rowspan="2"></td><td rowspan="2"></td><td rowspan="2"></td></tr>
<tr><td></td></tr>
</table>

<table>
<tr><td colspan="2">등기신청수수료 납부번호</td><td colspan="2"></td></tr>
<tr><td>과 세 표 준 액</td><td colspan="3">금 원</td></tr>
<tr><td colspan="4">첨 부 서 면</td></tr>
<tr><td colspan="2">1. 정관 등본 1통
1. 총회(대의원회, 이사회)의사록 1통
1. 취임승낙서{인감증명, 주민등록 등(초)본 첨부} 통
1. 사임서(인감증명서 첨부) 통</td><td colspan="2">1. 가족관계등록부의 증명서(사망시) 1통
1. 재판서등본(파산) 1통
1. 등록면허세영수필확인서및통지서 1통
1. 위임장(대리인이 신청할 경우) 1통</td></tr>
<tr><td colspan="4">년 월 일

신청인 명 칭
주사무소
조합장 성 명 (인) (전화 :)
주 소
대리인 성 명 (인) (전화 :)
주 소

지방법원 등기소 귀중</td></tr>
</table>

- 신청서 작성요령 -

1. 해당란이 부족할 때에는 별지를 이용합니다.
1. 해당 등기신청과 관계없는 사항에 대하여는 "해당없음"으로 기재하거나 삭제하고, 필요한 사항은 추가 기재합니다.
1. 「인감증명법」에 따른 인감증명서 제출과 함께 관련 서면에 인감을 날인하여야 하는 경우, 본인서명사실확인서를 제출하고 관련 서명을 하거나 전자본인서명확인서 발급증을 제출하고 관련 서면에 서명을 하면 인감증명서를 제출하고 관련 서면에 인감을 날인한 것으로 봅니다.

(용지규격 21㎝ × 29.7㎝)

[주] 1. 이사 등 변경 등기사유의 예

가. 이사 등 증원 : 20OO년 O월 O일 조합원총회에서 정관변경에 의하여 이사의 정원을 증원하고 20OO년 O월 O일 다음 사람이 이사로 선임되어 취임하였으므로 그 등기를 구함.

나. 이사(감사) 사망·사임 보선 : 이사(감사) OOO은 20OO년 O월 O일 사망

(사임)하고 다음 사람이 총회에서 이사(감사)로 선임되어 취임하였으므로 그 등기를 구함.

다. 이사(감사) 임기만료 퇴임·보선 : 이사(감사) OOO은 20OO년 O월 O일 임기만료로 퇴임하고, 20OO년 O월 O일 총회에서 다음 사람이 이사(감사)로 선임되어 같은 날 이사(감사)에 취임하였으므로 그 등기를 구함.

라. 이사(감사) 해임·보선 : 이사(감사) OOO은 20OO년 O월 O일 총회에서 해임되고, 20OO년 O월 O일 총회에서 다음 사람이 이사(감사)에 선임되어 취임하였으므로 그 등기를 구함.

마. 이사 사임·임기만료 후 권리의무 행사 중 보선 : 이사 OOO은 사임, 이사 OOO은 20OO년 O월 O일 임기만료로 퇴임하였으나 후임자가 없어 그 권리의무 행사 중 20OO년 O월 O일 조합원총회에서 다음 사람이 이사로 선임되어 취임하였으므로 그 등기를 구함.

바. 파산선고로 자격상실 보선 : 이사(감사) OOO은 OO법원의 파산선고로 퇴임하고, 20OO년 O월 O일 조합원총회에서 다음 사람이 이사(감사)에 선임되어 취임하였으므로 그 등기를 구함.

사. 이사(감사) 중임 : 이사(감사) OOO은 20OO년 O월 O일 임기만료 후 20OO년 O월 O일 조합원총회에서 이사(감사)로 재선되어 같은 날 중임하였으므로 그 등기를 구함.

2. 이사 등 변경 등기할 사항의 예

가. 이사 등 증원인 때

이사 O O O (OOOOOO－OOOOOOO)

20OO년 O월 O일 취임

나. 사망·사임 보선인 때

이사(감사) OOO 20OO년 O월 O일 사망(사임)

이사(감사) O O O (OOOOOO－OOOOOOO)

20OO년 O월 O일 취임

다. 이사(감사)가 임기만료로 퇴임되고 보선인 때

이사(감사) OOO 20OO년 O월 O일 임기만료

이사(감사) O O O (OOOOOO－OOOOOOO)

20OO년 O일 O일 취임

라. 이사(감사)가 해임되고 보선인 때

이사(감사) OOO 20OO년 O월 O일 해임

이사(감사) O O O (OOOOOO－OOOOOOO)

20OO년 O월 O일 취임

마. 이사 사임·임기만료 후 권리의무 행사 중 보선인 때

이사 OOO 20OO년 O월 O일 사임

이사 OOO　　20OO년 O월 O일 퇴임
이사 O O O (OOOOOO－OOOOOOO)
20OO년 O월 O일 취임

바. 파산선고로 자격상실 보선
이사(감사) OOO　　20OO년 O월 O일 퇴임
이사(감사) O O O (OOOOOO－OOOOOOO)
20OO년 O월 O일 취임

사. 이사(감사)가 중임인 때(퇴임일자와 취임일자가 같아야 한다)
이사 O O O (OOOOOO－OOOOOOO)
20OO년 O월 O일 중임
이사(감사) O O O (OOOOOO－OOOOOOO)
20OO년 O월 O일 중임

3. 등록면허세는 변경등기의 등록면허세인 40,200원, 교육세는 등록면허세의 100분의 20(8,040원)을 납부하여야 한다(지방세법 28조). 그러나 명칭·목적·임원등기 등 각종 변경등기신청을 하나의 신청서로 일괄신청하더라도 각각에 대하여 산출한 세액을 합산하여 납부한다. 다만, 동일한 변경사항이 수개인 경우에는 1건의 등록면허세만 납부한다. 조세특례제한법, 지방세법, 관세법 등에 의하여 등록면허세가 감면되는 경우에 그 감면세액의 100분의 20의 농어촌특별세를 납부하여야 한다(다만, 이것도 면제되는 경우도 있다).
4. 등기신청수수료는 6,000원(서면방문), 4,000원(전자표준양식), 2,000원(전자신청)이며, 명칭, 주사무소, 이사변경등기를 하나의 신청서로 신청할 경우에는 각각의 수수료 각 6,000원(서면방문), 4,000원(전자표준양식), 2,000원(전자신청)을 합산하여야 한다. 그러나 수인의 이사, 조합장 등 임원의 퇴임, 취임으로 인한 변경등기는 일괄하여 하나의 임원변경등기신청으로 보아 6,000원(서면방문), 4,000원(전자표준양식), 2,000원(전자신청)만을 납부한다.
5. 조합장, 이사나 감사를 선임 또는 해임한 경우에 이를 의결한 총회(대의원회, 이사회)의 의사록을 첨부해야 하며, 농업협동조합의 등기신청서에 첨부하는 의사록은 공증인의 인증을 받지 아니한다.
6. 첨부서류 중 정관등본은 이사의 선임·해임 등이 정관소정의 방법에 의한 것임을 증명하기 위함과 당해 법인의 이사의 정수를 등기관이 확인할 수 있도록 하기 위하여 이를 첨부한다.
7. 취임승낙서에는 인감증명서를 첨부하여야 하나, 그 취임승낙취지가 기재된 피선자의 기명날인이 있는 회의록을 첨부한 경우에는 인감증명서의 첨부를 생략할 수 있다. 다만, 조합장과 감사는 인감증명법에 의한 인감증명서와 주민등록등(초)본을 첨부하되, 주민등록번호가 기재된 이사가 중임되는 경우에는 위 등(초)본을 첨부하지 않아도 된다.

8. 사임서에는 등기소에 제출된 인감도 동일한 인장으로 날인하여야 한다, 그러나 회의석상에서 사임한 취지의 기재가 있고, 그 임원의 기명날인이 있는 의사록을 첨부한 때에는 이의 첨부를 생략할 수 있다.
9. 이 등기는 본 조합을 대표하는 조합장이 신청한다.

[첨부서류 1] 총회의사록

총 회 의 사 록

2000. O. O. OO시 OO분, OO시 OO구 OO로 OO(OO동) OO농업협동조합 회의실에서 조합원총회를 개최하다.

총조합원수(총대의원수) : OO명, 출석조합원수(출석대의원수) : OO명

조합장 OOO는 정관규정에 따라 의장석에 등단하여 위와 같이 법정수에 달하는 조합원(대의원)이 출석하였으므로 본 총회(대의원회)가 적법히 성립되었음을 알리고 개회를 선언한 후 회의 진행상 임시의장을 선임하여 줄 것을 요청한 바, 출석한 조합원 전원일치 합의로 조합장 OOO를 임시의장으로 선임한 즉, 동인은 즉석에서 그 취임을 승낙한 후, 다음의 의안을 부의하고 심의를 구하다.

제1호 의 안 이사 및 감사 해임의 건

의장은 이사 OOO와 감사 OOO은 당 조합의 정관에 위배되는 OOOOOO 행위를 하였으므로 부득이 해임하는 것이 상당하다는 취지를 상세히 설명하고 그 가부를 물은 바, 전원 이의 없이 찬성하여 만장일치로 그 해임을 가결하다.

제2호 의 안 이사 및 감사 보선의 건

의장은 이사 OOO은 2000년 O월 O일 사망하고, 같은 OOO은 2000년 O월 O일 사임하여 결원이 생겼으므로 그를 보선해야 한다는 취지를 설명하고 무기명 비밀투표로 그 선거를 실시한 결과 별첨 선거관리록과 같이 다음 사람이 이사 및 감사로 선출되다.

이 사 O O O (OOOOOO－OOOOOOO)
OO시 OO구 OO로 OO(OO동)

감 사 O O O (OOOOOO－OOOOOOO)

OO시 OO구 OO로 OO(OO동)

위 피선자들은 즉석에서 각 그 직에 취임할 것을 승낙하다.

의장은 이상으로서 회의목적인 의안 전부를 심의를 종료하였으므로 폐회를 선언하다(회의종료시간 : OO시 OO분).

위 결의를 명확히 하기 위하여 이 의사록을 작성하여 의장과 출석한 조합원이 다음과 같이 기명날인하다.

20OO. O. O.

OO농업협동조합 (직인)
OO시 OO구 OO로 OO(OO동)

의장겸 조합장 성 명 : O O O ㊞
주민등록번호 : OOOOOO－OOOOOOO
주 소 : OO시 OO구 OO로 OO(OO동)

조합원 성 명 : O O O ㊞
주민등록번호 : OOOOOO－OOOOOOO
주 소 : OO시 OO구 OO로 OO(OO동)

조합원 성 명 : O O O ㊞
주민등록번호 : OOOOOO－OOOOOOO
주 소 : OO시 OO구 OO로 OO(OO동)
(이하 생략)

[첨부서류 2] 선거관리록

선 거 관 리 록

1. 선거장소 : OO시 OO구 OO로 OO(OO동) 본 조합 회의실
1. 선거개시 및 종료시각
   20OO년 O월 O일 OO시 OO분 개시
   20OO년 O월 O일 OO시 OO분 종료
1. 선거종사자의 성명
   선거관리자 OOO, OOO, OOO
   투표관리자 OOO, OOO, OOO
   개표관리자 OOO, OOO, OOO
1. 총선거인수 OO명
1. 투표 및 개표결과
   투 표 수 OO표 유효투표 OO표 무효투표 O표
1. 특표수(과반수선 OO표)

이 사	감 사
O O O OO표	O O O OO표
O O O OO표	O O O OO표
O O O OO표	O O O OO표

1. 당선자
   이 사 O O O 감 사 O O O

관리자는 임원선거규정 제O조의 규정에 의하여 선거관리록을 작성하고 의장과 함께 기명 날인하다.

20OO년 O월 O일

OO농업협동조합
OO시 OO구 OO로 OO(OO동)
의 장 O O O ㉑
선거관리자 O O O ㉑

선거관리자 ○ ○ ○ ㊞
선거관리자 ○ ○ ○ ㊞

신청등기소 및 등록면허세/수수료

순번	신청등기소	구분	등록면허세 / 지방교육세	농어촌특별세	세액합계	등기신청수수료
			금 원 금 원	금 원	금 원	금 원
합 계						
등기신청수수료 납부번호						

과 세 표 준 액	금 원

첨 부 서 면

1. 총회(대의원회)의사록 1통 1. 이사회의사록 1통 1. 사임서(인감증명서 첨부) 1통 1. 취임승낙서(인감증명, 주민등록 등(초)본 첨부) 1통	1. 가족관계등록부의 증명서(사망시) 1통 1. 조합장의 인감신고서와 인감대지 각 1통 1. 조합장의 인감증명서 통 1. 등록면허세영수필확인서및통지서 통 1. 위임장(대리인이 신청할 경우) 통

년 월 일

신청인 명 칭
주사무소
조합장 성 명 (인) (전화 :)
주 소
대리인 성 명 (인) (전화 :)
주 소

지방법원 등기소 귀중

- 신청서 작성요령 -
1. 해당란이 부족할 때에는 별지를 이용합니다. 1. 해당 등기신청과 관계없는 사항에 대하여는 "해당없음"으로 기재하거나 삭제하고, 필요한 사항은 추가 기재합니다. 1. 「인감증명법」에 따른 인감증명서 제출과 함께 관련 서면에 인감을 날인하여야 하는 경우, 본인서명사실확인서를 제출하고 관련 서명을 하거나 전자본인서명확인서 발급증을 제출하고 관련 서면에 서명을 하면 인감증명서를 제출하고 관련 서면에 인감을 날인한 것으로 봅니다.

(용지규격 21㎝ × 29.7㎝)

[주] 1. 조합장은 정관이 정한 방법에 따라 총회(또는 대의원회)에서 조합원 중에서 선출하거나, 조합원인 이사 중에서 이사회에서 선출한다(농협 45조 4항).

2. 등록면허세는 변경등기의 등록면허세인 40,200원, 교육세는 등록면허세의 100분의 20(8,040원)을 납부하여야 한다(지방세법 28조). 그러나 명칭·목적·임원등기 등 각종 변경등기신청을 하나의 신청서로 일괄신청하더라도 각각에 대하여 산출한 세액을 합산하여 납부한다. 다만, 수인의 동일한 변경사항이 수개인 경우에는 1건의 등록면허세만 납부한다. 조세특례제한법, 지방세법, 관세법 등에 의하여 등록면허세가 감면되는 경우에 그 감면세액의 100분의 20의 농어촌특별세를 납부하여야 한다(다만, 이것도 면제되는 경우도 있다).

3. 등기신청수수료는 6,000원(서면방문), 4,000원(전자표준양식), 2,000원(전자신청)이며, 명칭, 주사무소, 이사변경등기를 하나의 신청서로 신청할 경우에는 각각의 수수료 각 6,000원(서면방문), 4,000원(전자표준양식), 2,000원(전자신청)을 합산하여야 한다. 다만 같은 란에 기재되는 수인의 임원변경, 퇴임 및 취임등기에는 1건의 등기신청수수료를 납부하면 되고, 등기되는 란이 다른 임원변경과 목적변경의 경우에는 2건의 등기신청수수료인 12,000원(서면방문), 8,000원(전자표준양식), 4,000원(전자신청)을 납부한다.

4. 조합장을 해임한 경우에는 그 해임을 결의한 총회의사록(대의원회에서 해임한 경우에는 대의원회의사록, 이사회의 해임요구가 있는 경우에는 이사회의사록) 첨부하여야 한다. 농업협동조합등기신청서에 첨부하는 의사록은 공증인의 인증을 받지 아니한다.

5. 조합장 선임 및 해임을 결의한 이사회의사록을 첨부한다. 이 의사록은 공증인의 인증을 받지 아니한다.

6. 사임시에는 인감증명법에 의하여 신고한 인장으로 날인하여야 한다. 그러나 회의석상에서 사임한 취지의 기재가 있고 그의 기명날인이 있는 의사록을 첨부한 때에는 이의 첨부를 생략할 수 있다.

7. 취임승낙서에는 인감증명서를 첨부하여야 하나, 그 취임승낙취지가 기재된 피선자의 기명날인이 있는 의사록을 첨부한 경우에는 인감증명서의 첨부를 생략할 수 있다. 다만, 조합장은 인감증명법에 의한 인감증명서와 주민등록등(초)본을 첨부하되, 주민등록번호가 기재된 조합장이 중임되는 경우에는 위 등(초)본을 첨부하지 않아도 된다.
8. 조합장이 변경되면 인감신고서와 인감대지 및 인감증명서를 첨부하되, 중임인 경우에는 등기소에 신고된 인감증명으로 족하다. 새로 취임하는 조합장은 인감증명법에 의한 인감증명서를 첨부하여야 한다.
9. 이 등기는 기존 조합장이 신청한다.

[첨부서류 3] 이사회의사록

이 사 회 의 사 록

20OO년 O월 O일 OO시 OO분, OO시 OO구 OO로 OO(OO동) 당 조합 회의실에서 이사회를 개최하다.

총이사수 : O명　　　　출석이사수 : O명

조합장 OOO는 정관규정에 따라 의장석에 등단하여 위와 같이 법정수에 달하는 이사가 출석하였으므로 본 이사회가 적법히 성립되었음을 알리고 개회를 선언한 후, 다음의 의안을 부의하고 심의를 구하다.

제1호 의 안　조합장 선출의 건

의장인 당 조합의 조합장 OOO이 20OO년 O월 O일 사임하여(또는 ① 사망하여, ② 임기만료로 퇴임하여, ③ 해임되어) 공석이 되었으므로 그를 보선해야 한다는 취지를 설명하고 무기명 비밀투표로 그 선거를 실시한 결과 다음 사람이 조합장으로 선출되다.

조합장 O　O　O (OOOOOO－OOOOOOO)
OO시 OO구 OO로 OO(OO동)

위 피선자는 즉석에서 그 취임을 승낙하다.

의장은 이상으로서 회의목적인 의안 전부의 심의를 종료하였으므로 폐회한다고 선언하다(회의종료시각 : OO시 OO분).

위 결의를 명확히 하기 위하여 이 의사록을 작성하고 의장과 출석한 이사가 기명날인하다.

2OOO. O. O.

OO농업협동조합 (직인)
OO시 OO구 OO로 OO(OO동)

의장겸 조합장 O O O (인)
이 사 O O O (인)
이 사 O O O (인)
이 사 O O O (인)
이 사 O O O (인)
이 사 O O O (인)

서·식·색·인

[ㄱ]

[ㄴ]

[ㅂ]

[ㅅ]

[ㅇ]

[ㅈ]

[ㅊ]

[ㅎ]

편 저 약 력

■ **김 덕 원**(이메일 kdb9004@naver.com)

- 광주지방법원 완도등기소 근무
- 광주지방법원 해남지원 근무
- 법률사무소 율산 사무장
- 변호사 이철원 법률사무소 사무장
- 법무법인 빛고을 종합법률사무소(해남) 사무장

[주요논저]

- 금융기관 민사사건 실무(법률미디어)
- 유형별로 본 답변서·준비서면 총서(진원사)
- 소가·인지산정 사례집(진원사)
- 계약서·내용증명·고소(발)장(진원사)
- 청구·신청취지 작성방법(진원사)
- 가사소송 서식대전(진원사)
- 신 민사집행 서식대전 1, 2(진원사)
- 신 행정소송 서식대전(진원사)
- 주택·상가건물임대차보호법(진원사)
- 유형별 소장의 정리(진원사)
- 신 형사소송 서식총람(진원사)
- 종합법률실무핸드북(진원사)
- 행정소송과 행정심판(진원사)
- 법인등기실무총람(진원사)
- 신 종합법률 실무대전 I·II·III(진원사)
- 알기 쉽게 풀이한 주택·상가건물임대차보호법(진원사)
- 법률실무가를 위한 공탁법 실무(진원사)
- 법률실무가를 위한 가압류·가처분 실무(진원사)
- 부동산등기실무총람(진원사)
- 민사소송 & 전자소송(진원사)
- 소장작성 매뉴얼 및 소송전략(진원사)
- 내용증명·고소(발)장·진정서·탄원서 서식(진원사)
- 나홀로 소송 도우미 형사소송절차실무(진원사)

[제2판] 법률사무원을 위한 법인등기

저 자	김 덕 원	2013년 1월 2일 초 판 발행
발행인	양 진 수	2018년 9월 7일 제2판 인쇄
발행처	진 원 사	2018년 9월 14일 제2판 발행

서울시 송파구 법원로 9길 26, C동 1107호 (문정동, H비즈니스파크)
전화 : 02) 916-1850 / 팩스 : 02) 916-3442
신고번호 제 2018 - 000026호
http://www.jinwonsa.co.kr
http://www.lawbookstore.co.kr
e-mail : hhansin@hanmail.net

ISBN : 978-89-6346-536-4 93360 **정가 46,000 원**